CÓDIGO CIVIL

LEI Nº 10.406, DE 10 DE JANEIRO DE 2002

Atualizado até as alterações publicadas no
DOU de 30 de JANEIRO de 2023

O livro é a porta que se abre para a realização do homem.
Jair Lot Vieira

Supervisão editorial
JAIR LOT VIEIRA

CÓDIGO CIVIL

LEI Nº 10.406, DE 10 DE JANEIRO DE 2002

Atualizado até as alterações publicadas no
DOU de 30 de JANEIRO de 2023

6ª EDIÇÃO
2023

▶ ÍNDICE REMISSIVO
▶ NOTAS REMISSIVAS
▶ SÚMULAS

edipro

Copyright desta edição © 2023 by Edipro Edições Profissionais Ltda.

Todos os direitos reservados. Nenhuma parte deste livro poderá ser reproduzida ou transmitida de qualquer forma ou por quaisquer meios, eletrônicos ou mecânicos, incluindo fotocópia, gravação ou qualquer sistema de armazenamento e recuperação de informações, sem permissão por escrito do editor.

Grafia conforme o novo Acordo Ortográfico da Língua Portuguesa.

6ª edição, 2023.

Atualizada até a Lei nº 14.451, de 21.9.2022, e o *DOU* de 30.1.2023.

Editores: Jair Lot Vieira e Maíra Lot Vieira Micales
Produção editorial: Karine Moreto de Almeida
Notas remissivas e Índice remissivo: Valéria Maria Sant'Anna
Revisão: Equipe Edipro
Diagramação: Ana Laura Padovan
Capa: Karine Moreto de Almeida
Adaptação de capa: Aniele de Macedo Estevo

Dados Internacionais de Catalogação na Publicação (CIP)
(Câmara Brasileira do Livro, SP, Brasil)

Código civil : lei nº 10.406, de 10 de janeiro de 2002 / supervisão editorial Jair Lot Vieira. – 6. ed. – São Paulo : Edipro, 2023.

ISBN 978-65-5660-105-2

1. Direito civil – Leis e legislação – Brasil I. Vieira, Jair Lot.

23-141463 	CDU-347(81)(094.4)

Índice para catálogo sistemático:
1. Brasil : Código civil : 347(81)(094.4)

Inajara Pires de Souza – Bibliotecária
– CRB PR-001652/O

edipro

São Paulo: (11) 3107-7050 • Bauru: (14) 3234-4121
www.edipro.com.br • edipro@edipro.com.br
@editoraedipro @editoraedipro

SUMÁRIO

LEI DE INTRODUÇÃO ÀS NORMAS DO DIREITO BRASILEIRO
DECRETO-LEI Nº 4.657, DE 4 DE SETEMBRO DE 1942
Atualizado até a Lei nº 13.655, de 25.4.2018.

LEI DE INTRODUÇÃO ÀS NORMAS DO DIREITO BRASILEIRO
(arts. 1º a 30) 23

REGULAMENTO DA LEI DE INTRODUÇÃO ÀS NORMAS DO DIREITO BRASILEIRO
DECRETO Nº 9.830, DE 10 DE JUNHO DE 2019 (arts. 1º a 25) 30

CÓDIGO CIVIL
LEI Nº 10.406, DE 10 DE JANEIRO DE 2002
Atualizada até a Lei nº 14.451, de 21.9.2022.

PARTE GERAL
(arts. 1º a 232)

LIVRO I
DAS PESSOAS
(arts. 1º a 78)

TÍTULO I – DAS PESSOAS NATURAIS (arts. 1º a 39) 37
   Capítulo I – Da Personalidade e da Capacidade
   (arts. 1º a 10) 37
   Capítulo II – Dos Direitos da Personalidade
   (arts. 11 a 21) 39

SUMÁRIO — CÓDIGO CIVIL

Capítulo III – Da Ausência (arts. 22 a 39) 40
    Seção I – Da Curadoria dos Bens do Ausente (arts. 22 a 25) 40
    Seção II – Da Sucessão Provisória (arts. 26 a 36) 40
    Seção III – Da Sucessão Definitiva (arts. 37 a 39) 42
TÍTULO II – DAS PESSOAS JURÍDICAS (arts. 40 a 69) 42
    Capítulo I – Disposições Gerais (arts. 40 a 52) 42
    Capítulo II – Das Associações (arts. 53 a 61) 45
    Capítulo III – Das Fundações (arts. 62 a 69) 46
TÍTULO III – DO DOMICÍLIO (arts. 70 a 78) 48

LIVRO II
DOS BENS
(arts. 79 a 103)

TÍTULO ÚNICO – DAS DIFERENTES CLASSES DE BENS
(arts. 79 a 103) 49
    Capítulo I – Dos Bens Considerados em Si Mesmos (arts. 79 a 91) ... 49
        Seção I – Dos Bens Imóveis (arts. 79 a 81) 49
        Seção II – Dos Bens Móveis (arts. 82 a 84) 49
        Seção III – Dos Bens Fungíveis e Consumíveis (arts. 85 e 86) 50
        Seção IV – Dos Bens Divisíveis (arts. 87 e 88) 50
        Seção V – Dos Bens Singulares e Coletivos (arts. 89 a 91) 50
    Capítulo II – Dos Bens Reciprocamente Considerados
    (arts. 92 a 97) 50
    Capítulo III – Dos Bens Públicos (arts. 98 a 103) 51

LIVRO III
DOS FATOS JURÍDICOS
(arts. 104 a 232)

TÍTULO I – DO NEGÓCIO JURÍDICO (arts. 104 a 184) 51
    Capítulo I – Disposições Gerais (arts. 104 a 114) 51
    Capítulo II – Da Representação (arts. 115 a 120) 53
    Capítulo III – Da Condição, do Termo e do Encargo
    (arts. 121 a 137) 53
    Capítulo IV – Dos Defeitos do Negócio Jurídico (arts. 138 a 165) ... 54
        Seção I – Do Erro ou Ignorância (arts. 138 a 144) 54
        Seção II – Do Dolo (arts. 145 a 150) 55

Seção III – Da Coação (arts. 151 a 155) 56
Seção IV – Do Estado de Perigo (art. 156) 56
Seção V – Da Lesão (art. 157) 56
Seção VI – Da Fraude Contra Credores (arts. 158 a 165) 56
Capítulo V – Da Invalidade do Negócio Jurídico
(arts. 166 a 184) 57
TÍTULO II – DOS ATOS JURÍDICOS LÍCITOS (art. 185) 59
TÍTULO III – DOS ATOS ILÍCITOS (arts. 186 a 188) 59
TÍTULO IV – DA PRESCRIÇÃO E DA DECADÊNCIA
(arts. 189 a 211) 60
Capítulo I – Da Prescrição (arts. 189 a 206-A) 60
Seção I – Disposições Gerais (arts. 189 a 196) 60
Seção II – Das Causas que Impedem ou Suspendem
a Prescrição (arts. 197 a 201) 60
Seção III – Das Causas que Interrompem a Prescrição
(arts. 202 a 204) 61
Seção IV – Dos Prazos da Prescrição (arts. 205 a 206-A) 62
Capítulo II – Da Decadência (arts. 207 a 211) 63
TÍTULO V – DA PROVA (arts. 212 a 232) 63

PARTE ESPECIAL
(arts. 233 a 2.027)

LIVRO I
DO DIREITO DAS OBRIGAÇÕES
(arts. 233 a 965)

TÍTULO I – DAS MODALIDADES DAS OBRIGAÇÕES
(arts. 233 a 285) 66
Capítulo I – Das Obrigações de Dar (arts. 233 a 246) 66
Seção I – Das Obrigações de Dar Coisa Certa
(arts. 233 a 242) 66
Seção II – Das Obrigações de Dar Coisa Incerta
(arts. 243 a 246) 67
Capítulo II – Das Obrigações de Fazer (arts. 247 a 249) 67
Capítulo III – Das Obrigações de Não Fazer (arts. 250 e 251) .. 67
Capítulo IV – Das Obrigações Alternativas (arts. 252 a 256) 68

SUMÁRIO — CÓDIGO CIVIL

Capítulo V – Das Obrigações Divisíveis e Indivisíveis
(arts. 257 a 263) 68

Capítulo VI – Das Obrigações Solidárias (arts. 264 a 285) 69

Seção I – Disposições Gerais (arts. 264 a 266) 69

Seção II – Da Solidariedade Ativa (arts. 267 a 274) 69

Seção III – Da Solidariedade Passiva (arts. 275 a 285) 70

TÍTULO II – DA TRANSMISSÃO DAS OBRIGAÇÕES
(arts. 286 a 303) 71

Capítulo I – Da Cessão de Crédito (arts. 286 a 298) 71

Capítulo II – Da Assunção de Dívida (arts. 299 a 303) 72

TÍTULO III – DO ADIMPLEMENTO E EXTINÇÃO DAS OBRIGAÇÕES
(arts. 304 a 388) 73

Capítulo I – Do Pagamento (arts. 304 a 333) 73

Seção I – De Quem Deve Pagar (arts. 304 a 307) 73

Seção II – Daqueles a Quem se Deve Pagar (arts. 308 a 312) 73

Seção III – Do Objeto do Pagamento e Sua Prova
(arts. 313 a 326) 74

Seção IV – Do Lugar do Pagamento (arts. 327 a 330) 75

Seção V – Do Tempo do Pagamento (arts. 331 a 333) 75

Capítulo II – Do Pagamento em Consignação
(arts. 334 a 345) 75

Capítulo III – Do Pagamento com Sub-Rogação
(arts. 346 a 351) 76

Capítulo IV – Da Imputação do Pagamento
(arts. 352 a 355) 77

Capítulo V – Da Dação em Pagamento (arts. 356 a 359) 77

Capítulo VI – Da Novação (arts. 360 a 367) 78

Capítulo VII – Da Compensação (arts. 368 a 380) 78

Capítulo VIII – Da Confusão (arts. 381 a 384) 79

Capítulo IX – Da Remissão das Dívidas (arts. 385 a 388) 80

TÍTULO IV – DO INADIMPLEMENTO DAS OBRIGAÇÕES
(arts. 389 a 420) 80

Capítulo I – Disposições Gerais (arts. 389 a 393) 80

Capítulo II – Da Mora (arts. 394 a 401) 80

Capítulo III – Das Perdas e Danos (arts. 402 a 405) 81

Capítulo IV – Dos Juros Legais (arts. 406 e 407) 82

Capítulo V – Da Cláusula Penal (arts. 408 a 416) 82

Capítulo VI – Das Arras ou Sinal (arts. 417 a 420) 83

TÍTULO V – DOS CONTRATOS EM GERAL (arts. 421 a 480) 83

Capítulo I – Disposições Gerais (arts. 421 a 471) 83

Seção I – Preliminares (arts. 421 a 426) 83

Seção II – Da Formação dos Contratos (arts. 427 a 435) 84

Seção III – Da Estipulação em Favor de Terceiro (arts. 436 a 438) 85

Seção IV – Da Promessa de Fato de Terceiro (arts. 439 e 440) 85

Seção V – Dos Vícios Redibitórios (arts. 441 a 446) 85

Seção VI – Da Evicção (arts. 447 a 457) 86

Seção VII – Dos Contratos Aleatórios (arts. 458 a 461) 87

Seção VIII – Do Contrato Preliminar (arts. 462 a 466) 87

Seção IX – Do Contrato com Pessoa a Declarar (arts. 467 a 471) 88

Capítulo II – Da Extinção do Contrato (arts. 472 a 480) 88

Seção I – Do Distrato (arts. 472 e 473) 88

Seção II – Da Cláusula Resolutiva (arts. 474 e 475) 89

Seção III – Da Exceção de Contrato não Cumprido (arts. 476 e 477) 89

Seção IV – Da Resolução por Onerosidade Excessiva (arts. 478 a 480) 89

TÍTULO VI – DAS VÁRIAS ESPÉCIES DE CONTRATO (arts. 481 a 853) 89

Capítulo I – Da Compra e Venda (arts. 481 a 532) 89

Seção I – Disposições Gerais (arts. 481 a 504) 89

Seção II – Das Cláusulas Especiais à Compra e Venda (arts. 505 a 532) 92

Subseção I – Da Retrovenda (arts. 505 a 508) 92

Subseção II – Da Venda a Contento e da Sujeita a Prova (arts. 509 a 512) 93

Subseção III – Da Preempção ou Preferência (arts. 513 a 520) 93

Subseção IV – Da Venda com Reserva de Domínio (arts. 521 a 528) 94

Subseção V – Da Venda Sobre Documentos (arts. 529 a 532) 94

Capítulo II – Da Troca ou Permuta (art. 533) 95
Capítulo III – Do Contrato Estimatório (arts. 534 a 537) 95
Capítulo IV – Da Doação (arts. 538 a 564) 95
    Seção I – Disposições Gerais (arts. 538 a 554) 95
    Seção II – Da Revogação da Doação (arts. 555 a 564) 97
Capítulo V – Da Locação de Coisas (arts. 565 a 578) 98
Capítulo VI – Do Empréstimo (arts. 579 a 592) 99
    Seção I – Do Comodato (arts. 579 a 585) 99
    Seção II – Do Mútuo (arts. 586 a 592) 100
Capítulo VII – Da Prestação de Serviço (arts. 593 a 609) 101
Capítulo VIII – Da Empreitada (arts. 610 a 626) 102
Capítulo IX – Do Depósito (arts. 627 a 652) 104
    Seção I – Do Depósito Voluntário (arts. 627 a 646) 104
    Seção II – Do Depósito Necessário (arts. 647 a 652) 106
Capítulo X – Do Mandato (arts. 653 a 692) 106
    Seção I – Disposições Gerais (arts. 653 a 666) 106
    Seção II – Das Obrigações do Mandatário (arts. 667 a 674) 108
    Seção III – Das Obrigações do Mandante (arts. 675 a 681) 109
    Seção IV – Da Extinção do Mandato (arts. 682 a 691) 109
    Seção V – Do Mandato Judicial (art. 692) 110
Capítulo XI – Da Comissão (arts. 693 a 709) 110
Capítulo XII – Da Agência e Distribuição (arts. 710 a 721) 112
Capítulo XIII – Da Corretagem (arts. 722 a 729) 113
Capítulo XIV – Do Transporte (arts. 730 a 756) 114
    Seção I – Disposições Gerais (arts. 730 a 733) 114
    Seção II – Do Transporte de Pessoas (arts. 734 a 742) 114
    Seção III – Do Transporte de Coisas (arts. 743 a 756) 115
Capítulo XV – Do Seguro (arts. 757 a 802) 117
    Seção I – Disposições Gerais (arts. 757 a 777) 117
    Seção II – Do Seguro de Dano (arts. 778 a 788) 119
    Seção III – Do Seguro de Pessoa (arts. 789 a 802) 120
Capítulo XVI – Da Constituição de Renda (arts. 803 a 813) 122
Capítulo XVII – Do Jogo e da Aposta (arts. 814 a 817) 123

CÓDIGO CIVIL **SUMÁRIO**

Capítulo XVIII – Da Fiança (arts. 818 a 839) 123

    Seção I – Disposições Gerais (arts. 818 a 826) 123

    Seção II – Dos Efeitos da Fiança (arts. 827 a 836) 124

    Seção III – Da Extinção da Fiança (arts. 837 a 839) 125

Capítulo XIX – Da Transação (arts. 840 a 850) 125

Capítulo XX – Do Compromisso (arts. 851 a 853) 126

TÍTULO VII – DOS ATOS UNILATERAIS (arts. 854 a 886) 126

Capítulo I – Da Promessa de Recompensa
(arts. 854 a 860) 126

Capítulo II – Da Gestão de Negócios (arts. 861 a 875) 127

Capítulo III – Do Pagamento Indevido (arts. 876 a 883) 129

Capítulo IV – Do Enriquecimento Sem Causa
(arts. 884 a 886) 130

TÍTULO VIII – DOS TÍTULOS DE CRÉDITO (arts. 887 a 926) 130

Capítulo I – Disposições Gerais (arts. 887 a 903) 130

Capítulo II – Do Título ao Portador (arts. 904 a 909) 132

Capítulo III – Do Título à Ordem (arts. 910 a 920) 132

Capítulo IV – Do Título Nominativo (arts. 921 a 926) 133

TÍTULO IX – DA RESPONSABILIDADE CIVIL (arts. 927 a 954) 134

Capítulo I – Da Obrigação de Indenizar (arts. 927 a 943) 134

Capítulo II – Da Indenização (arts. 944 a 954) 136

TÍTULO X – DAS PREFERÊNCIAS E PRIVILÉGIOS CREDITÓRIOS
(arts. 955 a 965) 137

LIVRO II
DO DIREITO DE EMPRESA
(arts. 966 a 1.195)

TÍTULO I – DO EMPRESÁRIO (arts. 966 a 980) 139

    Capítulo I – Da Caracterização e da Inscrição
(arts. 966 a 971) 139

    Capítulo II – Da Capacidade (arts. 972 a 980) 141

TÍTULO I-A (art. 980-A) 142

SUMÁRIO — CÓDIGO CIVIL

TÍTULO II – DA SOCIEDADE (arts. 981 a 1.141) 142

  Capítulo Único – Disposições Gerais (arts. 981 a 985) 142

  SUBTÍTULO I – DA SOCIEDADE NÃO PERSONIFICADA
  (arts. 986 a 996) 143

    Capítulo I – Da Sociedade em Comum (arts. 986 a 990) 143

    Capítulo II – Da Sociedade em Conta de Participação
    (arts. 991 a 996) 144

  SUBTÍTULO II – DA SOCIEDADE PERSONIFICADA
  (arts. 997 a 1.141) 145

    Capítulo I – Da Sociedade Simples (arts. 997 a 1.038) 145

      Seção I – Do Contrato Social (arts. 997 a 1.000) 145

      Seção II – Dos Direitos e Obrigações dos Sócios
      (arts. 1.001 a 1.009) 146

      Seção III – Da Administração (arts. 1.010 a 1.021) 147

      Seção IV – Das Relações com Terceiros
      (arts. 1.022 a 1.027) 149

      Seção V – Da Resolução da Sociedade em Relação
      a um Sócio (arts. 1.028 a 1.032) 149

      Seção VI – Da Dissolução (arts. 1.033 a 1.038) 150

    Capítulo II – Da Sociedade em Nome Coletivo
    (arts. 1.039 a 1.044) 152

    Capítulo III – Da Sociedade em Comandita Simples
    (arts. 1.045 a 1.051) 152

    Capítulo IV – Da Sociedade Limitada (arts. 1.052 a 1.087) 153

      Seção I – Disposições Preliminares (arts. 1.052 a 1.054) 153

      Seção II – Das Quotas (arts. 1.055 a 1.059) 154

      Seção III – Da Administração (arts. 1.060 a 1.065) 154

      Seção IV – Do Conselho Fiscal (arts. 1.066 a 1.070) 155

      Seção V – Das Deliberações dos Sócios
      (arts. 1.071 a 1.080-A) 156

      Seção VI – Do Aumento e da Redução do Capital
      (arts. 1.081 a 1.084) 159

      Seção VII – Da Resolução da Sociedade em Relação
      a Sócios Minoritários (arts. 1.085 e 1.086) 160

      Seção VIII – Da Dissolução (art. 1.087) 160

    Capítulo V – Da Sociedade Anônima (arts. 1.088 e 1.089) 160

      Seção Única – Da Caracterização (arts. 1.088 e 1.089) 160

Capítulo VI – Da Sociedade em Comandita por Ações
(arts. 1.090 a 1.092) 160

Capítulo VII – Da Sociedade Cooperativa
(arts. 1.093 a 1.096) 161

Capítulo VIII – Das Sociedades Coligadas
(arts. 1.097 a 1.101) 162

Capítulo IX – Da Liquidação da Sociedade
(arts. 1.102 a 1.112) 162

Capítulo X – Da Transformação, da Incorporação, da Fusão
e da Cisão das Sociedades (arts. 1.113 a 1.122) 164

Capítulo XI – Da Sociedade Dependente de Autorização
(arts. 1.123 a 1.141) 165

    Seção I – Disposições Gerais (arts. 1.123 a 1.125) 165

    Seção II – Da Sociedade Nacional (arts. 1.126 a 1.133) 166

    Seção III – Da Sociedade Estrangeira (arts. 1.134 a 1.141) ... 167

TÍTULO III – DO ESTABELECIMENTO (arts. 1.142 a 1.149) 168

Capítulo Único – Disposições Gerais (arts. 1.142 a 1.149) 168

TÍTULO IV – DOS INSTITUTOS COMPLEMENTARES
(arts. 1.150 a 1.195) 170

Capítulo I – Do Registro (arts. 1.150 a 1.154) 170

Capítulo II – Do Nome Empresarial (arts. 1.155 a 1.168) 171

Capítulo III – Dos Prepostos (arts. 1.169 a 1.178) 172

    Seção I – Disposições Gerais (arts. 1.169 a 1.171) 172

    Seção II – Do Gerente (arts. 1.172 a 1.176) 172

    Seção III – Do Contabilista e outros Auxiliares
    (arts. 1.177 e 1.178) 173

Capítulo IV – Da Escrituração (arts. 1.179 a 1.195) 173

LIVRO III
DO DIREITO DAS COISAS
(arts. 1.196 a 1.510-E)

TÍTULO I – DA POSSE (arts. 1.196 a 1.224) 176

Capítulo I – Da Posse e sua Classificação
(arts. 1.196 a 1.203) 176

Capítulo II – Da Aquisição da Posse (arts. 1.204 a 1.209) 177

Capítulo III – Dos Efeitos da Posse (arts. 1.210 a 1.222) 178

Capítulo IV – Da Perda da Posse (arts. 1.223 e 1.224) 179

SUMÁRIO — CÓDIGO CIVIL

TÍTULO II – DOS DIREITOS REAIS (arts. 1.225 a 1.227) 179

  Capítulo Único – Disposições Gerais (arts. 1.225 a 1.227) 179

TÍTULO III – DA PROPRIEDADE (arts. 1.228 a 1.368-F) 180

  Capítulo I – Da Propriedade em Geral (arts. 1.228 a 1.237) 180

    Seção I – Disposições Preliminares (arts. 1.228 a 1.232) 180

    Seção II – Da Descoberta (arts. 1.233 a 1.237) 181

  Capítulo II – Da Aquisição da Propriedade Imóvel (arts. 1.238 a 1.259) 181

    Seção I – Da Usucapião (arts. 1.238 a 1.244) 181

    Seção II – Da Aquisição pelo Registro do Título (arts. 1.245 a 1.247) 182

    Seção III – Da Aquisição por Acessão (arts. 1.248 a 1.259) 183

      Subseção I – Das Ilhas (art. 1.249) 183

      Subseção II – Da Aluvião (art. 1.250) 183

      Subseção III – Da Avulsão (art. 1.251) 183

      Subseção IV – Do Álveo Abandonado (art. 1.252) 184

      Subseção V – Das Construções e Plantações (arts. 1.253 a 1.259) 184

  Capítulo III – Da Aquisição da Propriedade Móvel (arts. 1.260 a 1.274) 185

    Seção I – Da Usucapião (arts. 1.260 a 1.262) 185

    Seção II – Da Ocupação (art. 1.263) 185

    Seção III – Do Achado do Tesouro (arts. 1.264 a 1.266) 185

    Seção IV – Da Tradição (arts. 1.267 e 1.268) 185

    Seção V – Da Especificação (arts. 1.269 a 1.271) 186

    Seção VI – Da Confusão, da Comissão e da Adjunção (arts. 1.272 a 1.274) 186

  Capítulo IV – Da Perda da Propriedade (arts. 1.275 e 1.276) 186

  Capítulo V – Dos Direitos de Vizinhança (arts. 1.277 a 1.313) 187

    Seção I – Do Uso Anormal da Propriedade (arts. 1.277 a 1.281) 187

    Seção II – Das Árvores Limítrofes (arts. 1.282 a 1.284) 187

    Seção III – Da Passagem Forçada (art. 1.285) 188

    Seção IV – Da Passagem de Cabos e Tubulações (arts. 1.286 e 1.287) 188

Seção V – Das Águas (arts. 1.288 a 1.296) 188

Seção VI – Dos Limites entre Prédios e do Direito de Tapagem
(arts. 1.297 e 1.298) 189

Seção VII – Do Direito de Construir (arts. 1.299 a 1.313) 190

Capítulo VI – Do Condomínio Geral (arts. 1.314 a 1.330) 192

Seção I – Do Condomínio Voluntário (arts. 1.314 a 1.326) 192

Subseção I – Dos Direitos e Deveres dos Condôminos
(arts. 1.314 a 1.322) 192

Subseção II – Da Administração do Condomínio
(arts. 1.323 a 1.326) 193

Seção II – Do Condomínio Necessário (arts. 1.327 a 1.330) 193

Capítulo VII – Do Condomínio Edilício (arts. 1.331 a 1.358-A) 193

Seção I – Disposições Gerais (arts. 1.331 a 1.346) 193

Seção II – Da Administração do Condomínio
(arts. 1.347 a 1.356) 196

Seção III – Da Extinção do Condomínio (arts. 1.357 e 1.358) 199

Seção IV – Do Condomínio de Lotes (art. 1.358-A) 199

Capítulo VII-A – Do Condomínio em Multipropriedade
(arts. 1.358-B a 1.358-U) 199

Seção I – Disposições Gerais (arts. 1.358-B a 1.358-E) 199

Seção II – Da Instituição da Multipropriedade
(arts. 1.358-F a 1.358-H) 200

Seção III – Dos Direitos e das Obrigações do Multiproprietário
(arts. 1.358-I a 1.358-K) 201

Seção IV – Da Transferência da Multipropriedade (art. 1.358-L) ... 202

Seção V – Da Administração da Multipropriedade
(arts. 1.358-M e 1.358-N) 202

Seção VI – Disposições Específicas Relativas às Unidades
Autônomas de Condomínios Edilícios
(arts. 1.358-O a 1.358-U) 203

Capítulo VIII – Da Propriedade Resolúvel (arts. 1.359 e 1.360) 206

Capítulo IX – Da Propriedade Fiduciária (arts. 1.361 a 1.368-B) 206

Capítulo X – Do Fundo de Investimento (arts. 1.368-C a 1.368-F) 207

TÍTULO IV – DA SUPERFÍCIE (arts. 1.369 a 1.377) 208

SUMÁRIO — CÓDIGO CIVIL

TÍTULO V – DAS SERVIDÕES (arts. 1.378 a 1.389) 209

  Capítulo I – Da Constituição das Servidões (arts. 1.378 e 1.379) 209

  Capítulo II – Do Exercício das Servidões (arts. 1.380 a 1.386) 209

  Capítulo III – Da Extinção das Servidões (arts. 1.387 a 1.389) 210

TÍTULO VI – DO USUFRUTO (arts. 1.390 a 1.411) 210

  Capítulo I – Disposições Gerais (arts. 1.390 a 1.393) 210

  Capítulo II – Dos Direitos do Usufrutuário (arts. 1.394 a 1.399) 211

  Capítulo III – Dos Deveres do Usufrutuário (arts. 1.400 a 1.409) 211

  Capítulo IV – Da Extinção do Usufruto (arts. 1.410 e 1.411) 213

TÍTULO VII – DO USO (arts. 1.412 e 1.413) 213

TÍTULO VIII – DA HABITAÇÃO (arts. 1.414 a 1.416) 213

TÍTULO IX – DO DIREITO DO PROMITENTE COMPRADOR
(arts. 1.417 e 1.418) 214

TÍTULO X – DO PENHOR, DA HIPOTECA E DA ANTICRESE
(arts. 1.419 a 1.510) 214

  Capítulo I – Disposições Gerais (arts. 1.419 a 1.430) 214

  Capítulo II – Do Penhor (arts. 1.431 a 1.472) 216

    Seção I – Da Constituição do Penhor (arts. 1.431 e 1.432) 216

    Seção II – Dos Direitos do Credor Pignoratício
(arts. 1.433 e 1.434) 216

    Seção III – Das Obrigações do Credor Pignoratício
(art. 1.435) 216

    Seção IV – Da Extinção do Penhor (arts. 1.436 e 1.437) 217

    Seção V – Do Penhor Rural (arts. 1.438 a 1.446) 217

      Subseção I – Disposições Gerais (arts. 1.438 a 1.441) 217

      Subseção II – Do Penhor Agrícola (arts. 1.442 e 1.443) 218

      Subseção III – Do Penhor Pecuário (arts. 1.444 a 1.446) 218

    Seção VI – Do Penhor Industrial e Mercantil
(arts. 1.447 a 1.450) 218

    Seção VII – Do Penhor de Direitos e Títulos de Crédito
(arts. 1.451 a 1.460) 219

    Seção VIII – Do Penhor de Veículos (arts. 1.461 a 1.466) 220

    Seção IX – Do Penhor Legal (arts. 1.467 a 1.472) 220

Capítulo III – Da Hipoteca (arts. 1.473 a 1.505) 221
    Seção I – Disposições Gerais (arts. 1.473 a 1.488) 221
    Seção II – Da Hipoteca Legal (arts. 1.489 a 1.491) 223
    Seção III – Do Registro da Hipoteca (arts. 1.492 a 1.498) 224
    Seção IV – Da Extinção da Hipoteca (arts. 1.499 a 1.501) 225
    Seção V – Da Hipoteca de Vias Férreas (arts. 1.502 a 1.505) 225
Capítulo IV – Da Anticrese (arts. 1.506 a 1.510) 225
TÍTULO XI – DA LAJE (arts. 1.510-A a 1.510-E) 226

LIVRO IV
DO DIREITO DE FAMÍLIA
(arts. 1.511 a 1.783-A)

TÍTULO I – DO DIREITO PESSOAL (arts. 1.511 a 1.638) 228
SUBTÍTULO I – DO CASAMENTO (arts. 1.511 a 1.590) 228
    Capítulo I – Disposições Gerais (arts. 1.511 a 1.516) 228
    Capítulo II – Da Capacidade para o Casamento
    (arts. 1.517 a 1.520) 229
    Capítulo III – Dos Impedimentos (arts. 1.521 e 1.522) 229
    Capítulo IV – Das Causas Suspensivas
    (arts. 1.523 e 1.524) 229
    Capítulo V – Do Processo de Habilitação
    para o Casamento (arts. 1.525 a 1.532) 230
    Capítulo VI – Da Celebração do Casamento
    (arts. 1.533 a 1.542) 231
    Capítulo VII – Das Provas do Casamento (arts. 1.543 a 1.547) ... 233
    Capítulo VIII – Da Invalidade do Casamento
    (arts. 1.548 a 1.564) 234
    Capítulo IX – Da Eficácia do Casamento (arts. 1.565 a 1.570) 236
    Capítulo X – Da Dissolução da Sociedade e do Vínculo
    Conjugal (arts. 1.571 a 1.582) 237
    Capítulo XI – Da Proteção da Pessoa dos Filhos
    (arts. 1.583 a 1.590) 239
SUBTÍTULO II – DAS RELAÇÕES DE PARENTESCO
(arts. 1.591 a 1.638) 241
    Capítulo I – Disposições Gerais (arts. 1.591 a 1.595) 241
    Capítulo II – Da Filiação (arts. 1.596 a 1.606) 242

Capítulo III – Do Reconhecimento dos Filhos
(arts. 1.607 a 1.617) 243

Capítulo IV – Da Adoção (arts. 1.618 a 1.629) 244

Capítulo V – Do Poder Familiar (arts. 1.630 a 1.638) 244

Seção I – Disposições Gerais (arts. 1.630 a 1.633) 244

Seção II – Do Exercício do Poder Familiar (art. 1.634) 245

Seção III – Da Suspensão e Extinção do Poder Familiar
(arts. 1.635 a 1.638) 245

TÍTULO II – DO DIREITO PATRIMONIAL (arts. 1.639 a 1.722) 246

SUBTÍTULO I – DO REGIME DE BENS ENTRE OS CÔNJUGES
(arts. 1.639 a 1.688) 246

Capítulo I – Disposições Gerais (arts. 1.639 a 1.652) 246

Capítulo II – Do Pacto Antenupcial (arts. 1.653 a 1.657) 249

Capítulo III – Do Regime de Comunhão Parcial
(arts. 1.658 a 1.666) 249

Capítulo IV – Do Regime de Comunhão Universal
(arts. 1.667 a 1.671) 250

Capítulo V – Do Regime de Participação Final nos Aquestos
(arts. 1.672 a 1.686) 251

Capítulo VI – Do Regime de Separação de Bens
(arts. 1.687 e 1.688) 252

*SUBTÍTULO II – DO USUFRUTO E DA ADMINISTRAÇÃO
DOS BENS DE FILHOS MENORES* (arts. 1.689 a 1.693) 252

SUBTÍTULO III – DOS ALIMENTOS (arts. 1.694 a 1.710) 253

SUBTÍTULO IV – DO BEM DE FAMÍLIA (arts. 1.711 a 1.722) 255

TÍTULO III – DA UNIÃO ESTÁVEL (arts. 1.723 a 1.727) 256

**TÍTULO IV – DA TUTELA, DA CURATELA E DA TOMADA
DE DECISÃO APOIADA** (arts. 1.728 a 1.783-A) 257

Capítulo I – Da Tutela (arts. 1.728 a 1.766) 257

Seção I – Dos Tutores (arts. 1.728 a 1.734) 257

Seção II – Dos Incapazes de Exercer a Tutela (art. 1.735) 258

Seção III – Da Escusa dos Tutores (arts. 1.736 a 1.739) 258

Seção IV – Do Exercício da Tutela (arts. 1.740 a 1.752) 259

Seção V – Dos Bens do Tutelado (arts. 1.753 e 1.754) 260

Seção VI – Da Prestação de Contas (arts. 1.755 a 1.762) 261

Seção VII – Da Cessação da Tutela (arts. 1.763 a 1.766) 262

Capítulo II – Da Curatela (arts. 1.767 a 1.783) 262

    Seção I – Dos Interditos (arts. 1.767 a 1.778) 262

    Seção II – Da Curatela do Nascituro e do Enfermo ou Portador de Deficiência Física (arts. 1.779 e 1.780) 263

    Seção III – Do Exercício da Curatela (arts. 1.781 a 1.783) 263

Capítulo III – Da Tomada de Decisão Apoiada (art. 1.783-A) 263

LIVRO V
DO DIREITO DAS SUCESSÕES
(arts. 1.784 a 2.027)

TÍTULO I – DA SUCESSÃO EM GERAL (arts. 1.784 a 1.828) 264

    Capítulo I – Disposições Gerais (arts. 1.784 a 1.790) 264

    Capítulo II – Da Herança e de sua Administração (arts. 1.791 a 1.797) 265

    Capítulo III – Da Vocação Hereditária (arts. 1.798 a 1.803) 266

    Capítulo IV – Da Aceitação e Renúncia da Herança (arts. 1.804 a 1.813) 267

    Capítulo V – Dos Excluídos da Sucessão (arts. 1.814 a 1.818) 268

    Capítulo VI – Da Herança Jacente (arts. 1.819 a 1.823) 269

    Capítulo VII – Da Petição de Herança (arts. 1.824 a 1.828) 270

TÍTULO II – DA SUCESSÃO LEGÍTIMA (arts. 1.829 a 1.856) 270

    Capítulo I – Da Ordem da Vocação Hereditária (arts. 1.829 a 1.844) ... 270

    Capítulo II – Dos Herdeiros Necessários (arts. 1.845 a 1.850) 272

    Capítulo III – Do Direito de Representação (arts. 1.851 a 1.856) 273

TITULO III – DA SUCESSÃO TESTAMENTÁRIA (arts. 1.857 a 1.990) 273

    Capítulo I – Do Testamento em Geral (arts. 1.857 a 1.859) 273

    Capítulo II – Da Capacidade de Testar (arts. 1.860 e 1.861) 273

    Capítulo III – Das Formas Ordinárias do Testamento (arts. 1.862 a 1.880) 274

        Seção I – Disposições Gerais (arts. 1.862 e 1.863) 274

        Seção II – Do Testamento Público (arts. 1.864 a 1.867) 274

        Seção III – Do Testamento Cerrado (arts. 1.868 a 1.875) 274

        Seção IV – Do Testamento Particular (arts. 1.876 a 1.880) 275

SUMÁRIO — CÓDIGO CIVIL

Capítulo IV – Dos Codicilos (arts. 1.881 a 1.885) 276

Capítulo V – Dos Testamentos Especiais (arts. 1.886 a 1.896) 276

    Seção I – Disposições Gerais (arts. 1.886 e 1.887) 276

    Seção II – Do Testamento Marítimo e do Testamento Aeronáutico (arts. 1.888 a 1.892) 276

    Seção III – Do Testamento Militar (arts. 1.893 a 1.896) 277

Capítulo VI – Das Disposições Testamentárias (arts. 1.897 a 1.911) 278

Capítulo VII – Dos Legados (arts. 1.912 a 1.940) 279

    Seção I – Disposições Gerais (arts. 1.912 a 1.922) 279

    Seção II – Dos Efeitos do Legado e do seu Pagamento (arts. 1.923 a 1.938) 280

    Seção III – Da Caducidade dos Legados (arts. 1.939 e 1.940) 282

Capítulo VIII – Do Direito de Acrescer entre Herdeiros e Legatários (arts. 1.941 a 1.946) 282

Capítulo IX – Das Substituições (arts. 1.947 a 1.960) 283

    Seção I – Da Substituição Vulgar e da Recíproca (arts. 1.947 a 1.950) 283

    Seção II – Da Substituição Fideicomissária (arts. 1.951 a 1.960) 283

Capítulo X – Da Deserdação (arts. 1.961 a 1.965) 284

Capítulo XI – Da Redução das Disposições Testamentárias (arts. 1.966 a 1.968) 285

Capítulo XII – Da Revogação do Testamento (arts. 1.969 a 1.972) 285

Capítulo XIII – Do Rompimento do Testamento (arts. 1.973 a 1.975) 286

Capítulo XIV – Do Testamenteiro (arts. 1.976 a 1.990) 286

TÍTULO IV – DO INVENTÁRIO E DA PARTILHA (arts. 1.991 a 2.027) 287

Capítulo I – Do Inventário (art. 1.991) 287

Capítulo II – Dos Sonegados (arts. 1.992 a 1.996) 287

Capítulo III – Do Pagamento das Dívidas (arts. 1.997 a 2.001) 288

Capítulo IV – Da Colação (arts. 2.002 a 2.012) 288

Capítulo V – Da Partilha (arts. 2.013 a 2.022) 290

Capítulo VI – Da Garantia dos Quinhões Hereditários (arts. 2.023 a 2.026) 291

Capítulo VII – Da Anulação da Partilha (art. 2.027) 291

LIVRO COMPLEMENTAR
DAS DISPOSIÇÕES FINAIS E TRANSITÓRIAS
(arts. 2.028 a 2.046)

DAS DISPOSIÇÕES FINAIS E TRANSITÓRIAS (arts. 2.028 a 2.046) 291

ANEXOS 295

Anexo I – Ação Direta de Inconstitucionalidade nº 4.815/DF
[arts. 20 e 21 do CC] 295
Anexo II – Enunciados do Conselho da Justiça Federal 297
Anexo III – Temas Representativos – Turma Nacional de
Uniformização – Corregedoria da Justiça Federal 353
Anexo IV – Súmulas do Supremo Tribunal Federal 354
Anexo V – Súmulas Vinculantes do Supremo Tribunal Federal 357
Anexo VI – Temas com Repercussão Geral do Supremo Tribunal Federal ... 358
Anexo VII – Súmulas do Superior Tribunal de Justiça 360

ÍNDICE REMISSIVO 367

LEI DE INTRODUÇÃO ÀS NORMAS DO DIREITO BRASILEIRO

DECRETO-LEI Nº 4.657, DE 4 DE SETEMBRO DE 1942

Atualizado até a Lei nº 13.655, de 25.4.2018.

Lei de Introdução às Normas do Direito Brasileiro.

(*) Ementa com redação dada pela Lei nº 12.376/2010.

O Presidente da República, usando da atribuição que lhe confere o art. 180 da Constituição, decreta:

Art. 1º. Salvo disposição contrária, a lei começa a vigorar em todo o país 45 (quarenta e cinco) dias depois de oficialmente publicada.

§ 1º. Nos Estados estrangeiros, a obrigatoriedade da lei brasileira, quando admitida, se inicia 3 (três) meses depois de oficialmente publicada.

§ 2º. (Revogado).

(*) § 2º revogado pela Lei nº 12.036/2009.

§ 3º. Se, antes de entrar a lei em vigor, ocorrer nova publicação de seu texto, destinada a correção, o prazo deste artigo e dos parágrafos anteriores começará a correr da nova publicação.

§ 4º. As correções a texto de lei já em vigor consideram-se lei nova.

Art. 2º. Não se destinando à vigência temporária, a lei terá vigor até que outra a modifique ou revogue.

§ 1º. A lei posterior revoga a anterior quando expressamente o declare, quando seja com ela incompatível ou quando regule inteiramente a matéria de que tratava a lei anterior.

§ 2º. A lei nova, que estabeleça disposições gerais ou especiais a par das já existentes, não revoga nem modifica a lei anterior.

§ 3º. Salvo disposição em contrário, a lei revogada não se restaura por ter a lei revogadora perdido a vigência.

Art. 3º. Ninguém se escusa de cumprir a lei, alegando que não a conhece.

(*) Vide Súmula 485 do STJ.

Art. 4º. Quando a lei for omissa, o juiz decidirá o caso de acordo com a analogia, os costumes e os princípios gerais de direito.

Art. 5º. Na aplicação da lei, o juiz atenderá aos fins sociais a que ela se dirige e às exigências do bem comum.

Art. 6º. A Lei em vigor terá efeito imediato e geral, respeitados o ato jurídico perfeito, o direito adquirido e a coisa julgada.

(*) Art. 6º, *caput*, com redação dada pela Lei nº 3.238/1957.

§ 1º. Reputa-se ato jurídico perfeito o já consumado segundo a lei vigente ao tempo em que se efetuou.

(*) § 1º acrescido pela Lei nº 3.238/1957.

§ 2º. Consideram-se adquiridos assim os direitos que o seu titular, ou alguém por ele, possa exercer, como aqueles cujo começo do exercício tenha termo pré-fixo, ou condição preestabelecida inalterável, a arbítrio de outrem.

(*) § 2º acrescido pela Lei nº 3.238/1957.
(*) V. arts. 121, 126, 130, 131 e 135 do CC.

§ 3º. Chama-se coisa julgada ou caso julgado a decisão judicial de que já não caiba recurso.

(*) § 3º acrescido pela Lei nº 3.238/1957.

Art. 7º. A lei do país em que domiciliada a pessoa determina as regras sobre o começo e o fim da personalidade, o nome, a capacidade e os direitos de família.

(*) V. arts. 1º a 10, 11, 21, 22 a 39, 70 a 78 e 1.511 a 1.638 do CC.

§ 1º. Realizando-se o casamento no Brasil, será aplicada a lei brasileira quanto aos impedimentos dirimentes e às formalidades da celebração.

(*) V. arts. 1.517, 1.521, 1.523 e 1.533 a 1.542 do CC.

§ 2º. O casamento de estrangeiros poderá celebrar-se perante autoridades diplomáticas ou consulares do país de ambos os nubentes.

(*) § 2º com redação dada pela Lei nº 3.238/1957.
(*) V. art. 1.544 do CC.

§ 3º. Tendo os nubentes domicílio diverso, regerá os casos de invalidade do matrimônio a lei do primeiro domicílio conjugal.

(*) V. arts. 1.548 a 1.564 do CC.

§ 4º. O regime de bens, legal ou convencional, obedece à lei do país em que tiverem os nubentes domicílio, e, se este for diverso, a do primeiro domicílio conjugal.

(*) V. arts. 1.639 a 1.641 e 1.653 a 1.688 do CC.

§ 5º. O estrangeiro casado, que se naturalizar brasileiro, pode, mediante expressa anuência de seu cônjuge, requerer ao juiz, no ato de entrega do decreto de naturalização, se apostile ao mesmo a adoção do regime de comunhão parcial de bens, respeitados os direitos de terceiros e dada esta adoção ao competente registro.

(*) § 5º com redação dada pela Lei nº 6.515/1977.
(*) V. art. 1.658 a 1.666 do CC.

§ 6º. O divórcio realizado no estrangeiro, se um ou ambos os cônjuges forem brasileiros, só será reconhecido no Brasil depois de 1 (um) ano da data da sentença, salvo se houver sido antecedida de separação judicial por igual prazo, caso em que a homologação produzirá efeito imediato, obedecidas as condições estabelecidas para a eficácia das sentenças estrangeiras no país. O Superior Tribunal de Justiça, na forma de seu regimento interno, poderá reexaminar, a requerimento do interessado, decisões já proferidas em

LEI DE INTRODUÇÃO ÀS NORMAS DO DIREITO BRASILEIRO — ART. 11

pedidos de homologação de sentenças estrangeiras de divórcio de brasileiros, a fim de que passem a produzir todos os efeitos legais.

(*) § 6º com redação dada pela Lei nº 12.036/2009.
(*) V. art. 15 da LINDB.
(*) V. art. 1.571, IV, do CC.
(*) Vide Súmula 381 do STF.

§ 7º. Salvo o caso de abandono, o domicílio do chefe da família estende-se ao outro cônjuge e aos filhos não emancipados, e o do tutor ou curador aos incapazes sob sua guarda.

(*) V. arts. 3º, 4º e 76 do CC.

§ 8º. Quando a pessoa não tiver domicílio, considerar-se-á domiciliada no lugar de sua residência ou naquele em que se encontre.

(*) V. arts. 70 a 73 do CC.
(*) Vide Enunciado 408 do CJF.

Art. 8º. Para qualificar os bens e regular as relações a eles concernentes, aplicar-se-á a lei do país em que estiverem situados.

§ 1º. Aplicar-se-á a lei do país em que for domiciliado o proprietário, quanto aos bens móveis que ele trouxer ou se destinarem a transporte para outros lugares.

§ 2º. O penhor regula-se pela lei do domicílio que tiver a pessoa, em cuja posse se encontre a coisa apenhada.

(*) V. art. 1.431 a 1.472 do CC.

Art. 9º. Para qualificar e reger as obrigações, aplicar-se-á a lei do país em que se constituírem.

§ 1º. Destinando-se a obrigação a ser executada no Brasil e dependendo de forma essencial, será esta observada, admitidas as peculiaridades da lei estrangeira quanto aos requisitos extrínsecos do ato.

§ 2º. A obrigação resultante do contrato reputa-se constituída no lugar em que residir o proponente.

(*) V. art. 435 do CC.

Art. 10. A sucessão por morte ou por ausência obedece à lei do país em que domiciliado o defunto ou o desaparecido, qualquer que seja a natureza e a situação dos bens.

(*) V. arts. 26 a 39 e 1.784 a 1.990 do CC.

§ 1º. A sucessão de bens de estrangeiros, situados no País, será regulada pela lei brasileira em benefício do cônjuge ou dos filhos brasileiros, ou de quem os represente, sempre que não lhes seja mais favorável a lei pessoal do *de cujus*.

(*) § 1º com redação dada pela Lei nº 9.047/1995.

§ 2º. A lei do domicílio do herdeiro ou legatário regula a capacidade para suceder.

(*) V. arts. 1.787 e 1.798 a 1.803 do CC.

Art. 11. As organizações destinadas a fins de interesse coletivo, como as sociedades e as fundações, obedecem à lei do Estado em que se constituírem.

(*) V. arts. 62 a 69 e 981 a 1.141 do CC.

§ 1º. Não poderão, entretanto, ter no Brasil filiais, agências ou estabelecimentos antes de serem os atos constitutivos aprovados pelo Governo brasileiro, ficando sujeitas à lei brasileira.

(*) V. art. 1.134 a 1.141 e 1.150 a 1.154 do CC.

§ 2º. Os Governos estrangeiros, bem como as organizações de qualquer natureza, que eles tenham constituído, dirijam ou hajam investido de funções públicas, não poderão adquirir no Brasil bens imóveis ou susceptíveis de desapropriação.

ART. 12   LEI DE INTRODUÇÃO ÀS NORMAS DO DIREITO BRASILEIRO

§ 3º. Os Governos estrangeiros podem adquirir a propriedade dos prédios necessários à sede dos representantes diplomáticos ou dos agentes consulares.

(*) Vide Lei nº 4.331/1964.

Art. 12. É competente a autoridade judiciária brasileira, quando for o réu domiciliado no Brasil ou aqui tiver de ser cumprida a obrigação.

§ 1º. Só à autoridade judiciária brasileira compete conhecer das ações relativas a imóveis situados no Brasil.

§ 2º. A autoridade judiciária brasileira cumprirá, concedido o *exequatur* e segundo a forma estabelecida pele lei brasileira, as diligências deprecadas por autoridade estrangeira competente, observando a lei desta, quanto ao objeto das diligências.

Art. 13. A prova dos fatos ocorridos em país estrangeiro rege-se pela lei que nele vigorar, quanto ao ônus e aos meios de produzir-se, não admitindo os tribunais brasileiros provas que a lei brasileira desconheça.

(*) V. arts. 109 e 212 a 232 do CC.

Art. 14. Não conhecendo a lei estrangeira, poderá o juiz exigir de quem a invoca prova do texto e da vigência.

Art. 15. Será executada no Brasil a sentença proferida no estrangeiro, que reúna os seguintes requisitos:

(*) V. art. 12, § 2º, da LINDB.

a) haver sido proferida por juiz competente;

b) terem sido os partes citadas ou haver-se legalmente verificado à revelia;

c) ter passado em julgado e estar revestida das formalidades necessárias para a execução no lugar em que foi proferida;

(*) Vide Súmula 420 do STF.

d) estar traduzida por intérprete autorizado;

e) ter sido homologada pelo Supremo Tribunal Federal.

(*) Vide art. 105, I, "i", da CF.

Parágrafo único. (Revogado).

(*) Parágrafo único revogado pela Lei nº 12.036/2009.

Art. 16. Quando, nos termos dos artigos precedentes, se houver de aplicar a lei estrangeira, ter-se-á em vista a disposição desta, sem considerar-se qualquer remissão por ela feita a outra lei.

Art. 17. As leis, atos e sentenças de outro país, bem como quaisquer declarações de vontade, não terão eficácia no Brasil, quando ofenderem a soberania nacional, a ordem pública e os bons costumes.

Art. 18. Tratando-se de brasileiros, são competentes as autoridades consulares brasileiras para lhes celebrar o casamento e os mais atos de Registro Civil e de tabelionato, inclusive o registro de nascimento e de óbito dos filhos de brasileiro ou brasileira nascido no país da sede do Consulado.

(*) Art. 18, *caput*, com redação dada pela Lei nº 3.238/1957.

§ 1º. As autoridades consulares brasileiras também poderão celebrar a separação consensual e o divórcio consensual de brasileiros, não havendo filhos menores ou incapazes do casal e observados os requisitos legais quanto aos prazos, devendo constar da respectiva escritura pública as disposições relativas à descrição

LEI DE INTRODUÇÃO ÀS NORMAS DO DIREITO BRASILEIRO — ART. 22

e à partilha dos bens comuns e à pensão alimentícia e, ainda, ao acordo quanto à retomada pelo cônjuge de seu nome de solteiro ou à manutenção do nome adotado quando se deu o casamento.

(*) § 1º acrescido pela Lei nº 12.874/2013.

§ 2º. É indispensável a assistência de advogado, devidamente constituído, que se dará mediante a subscrição de petição, juntamente com ambas as partes, ou com apenas uma delas, caso a outra constitua advogado próprio, não se fazendo necessário que a assinatura do advogado conste da escritura pública.

(*) § 2º acrescido pela Lei nº 12.874/2013.

Art. 19. Reputam-se válidos todos os atos indicados no artigo anterior e celebrados pelos cônsules brasileiros na vigência do Decreto-Lei nº 4.657, de 4 de setembro de 1942, desde que satisfaçam todos os requisitos legais.

(*) Art. 19, *caput*, acrescido pela Lei nº 3.238/1957.

Parágrafo único. No caso em que a celebração desses atos tiver sido recusada pelas autoridades consulares, com fundamento no artigo 18 do mesmo Decreto-Lei, ao interessado é facultado renovar o pedido dentro em 90 (noventa) dias contados da data da publicação desta lei.

(*) Parágrafo único acrescido pela Lei nº 3.238/1957.

Art. 20. Nas esferas administrativa, controladora e judicial, não se decidirá com base em valores jurídicos abstratos sem que sejam consideradas as consequências práticas da decisão.

Parágrafo único. A motivação demonstrará a necessidade e a adequação da medida imposta ou da invalidação de ato, contrato, ajuste, processo ou norma administrativa, inclusive em face das possíveis alternativas.

(*) Art. 20 acrescido pela Lei nº 13.655/2018.
(*) Vide Decreto nº 9.830/2019, que regulamenta este artigo.

Art. 21. A decisão que, nas esferas administrativa, controladora ou judicial, decretar a invalidação de ato, contrato, ajuste, processo ou norma administrativa deverá indicar de modo expresso suas consequências jurídicas e administrativas.

Parágrafo único. A decisão a que se refere o *caput* deste artigo deverá, quando for o caso, indicar as condições para que a regularização ocorra de modo proporcional e equânime e sem prejuízo aos interesses gerais, não se podendo impor aos sujeitos atingidos ônus ou perdas que, em função das peculiaridades do caso, sejam anormais ou excessivos.

(*) Art. 21 acrescido pela Lei nº 13.655/2018.
(*) Vide Decreto nº 9.830/2019, que regulamenta este artigo.

Art. 22. Na interpretação de normas sobre gestão pública, serão considerados os obstáculos e as dificuldades reais do gestor e as exigências das políticas públicas a seu cargo, sem prejuízo dos direitos dos administrados.

§ 1º. Em decisão sobre regularidade de conduta ou validade de ato, contrato, ajuste, processo ou norma administrativa, serão consideradas as circunstâncias práticas que houverem imposto, limitado ou condicionado a ação do agente.

§ 2º. Na aplicação de sanções, serão consideradas a natureza e a gravidade da infração cometida, os danos que dela provierem para a administração pública, as circunstâncias agravantes ou atenuantes e os antecedentes do agente.

§ 3º. As sanções aplicadas ao agente serão levadas em conta na dosimetria das demais sanções de mesma natureza e relativas ao mesmo fato.

(*) Art. 22 acrescido pela Lei nº 13.655/2018.
(*) Vide Decreto nº 9.830/2019, que regulamenta este artigo.

Art. 23. A decisão administrativa, controladora ou judicial que estabelecer interpretação ou orientação nova sobre norma de conteúdo indeterminado, impondo novo dever ou novo condicionamento de direito, deverá prever regime de transição quando indispensável para que o novo dever ou condicionamento de direito seja cumprido de modo proporcional, equânime e eficiente e sem prejuízo aos interesses gerais.

Parágrafo único. (Vetado).

(*) Art. 23 acrescido pela Lei nº 13.655/2018.
(*) Vide Decreto nº 9.830/2019, que regulamenta este artigo.

Art. 24. A revisão, nas esferas administrativa, controladora ou judicial, quanto à validade de ato, contrato, ajuste, processo ou norma administrativa cuja produção já se houver completado levará em conta as orientações gerais da época, sendo vedado que, com base em mudança posterior de orientação geral, se declarem inválidas situações plenamente constituídas.

Parágrafo único. Consideram-se orientações gerais as interpretações e especificações contidas em atos públicos de caráter geral ou em jurisprudência judicial ou administrativa majoritária, e ainda as adotadas por prática administrativa reiterada e de amplo conhecimento público.

(*) Art. 24 acrescido pela Lei nº 13.655/2018.
(*) Vide Decreto nº 9.830/2019, que regulamenta este artigo.

Art. 25. (Vetado).

(*) Art. 25 acrescido pela Lei nº 13.655/2018.

Art. 26. Para eliminar irregularidade, incerteza jurídica ou situação contenciosa na aplicação do direito público, inclusive no caso de expedição de licença, a autoridade administrativa poderá, após oitiva do órgão jurídico e, quando for o caso, após realização de consulta pública, e presentes razões de relevante interesse geral, celebrar compromisso com os interessados, observada a legislação aplicável, o qual só produzirá efeitos a partir de sua publicação oficial.

§ 1º. O compromisso referido no *caput* deste artigo:

I – buscará solução jurídica proporcional, equânime, eficiente e compatível com os interesses gerais;

II – (vetado);

III – não poderá conferir desoneração permanente de dever ou condicionamento de direito reconhecidos por orientação geral;

IV – deverá prever com clareza as obrigações das partes, o prazo para seu cumprimento e as sanções aplicáveis em caso de descumprimento.

§ 2º. (Vetado).

(*) Art. 26 acrescido pela Lei nº 13.655/2018.
(*) Vide Decreto nº 9.830/2019, que regulamenta este artigo.

Art. 27. A decisão do processo, nas esferas administrativa, controladora ou judicial, poderá impor compensação por benefícios indevidos ou prejuízos anormais ou injustos resultantes do processo ou da conduta dos envolvidos.

§ 1º. A decisão sobre a compensação será motivada, ouvidas previamente as partes sobre seu cabimento, sua forma e, se for o caso, seu valor.

§ 2º. Para prevenir ou regular a compensação, poderá ser celebrado compromisso processual entre os envolvidos.

(*) Art. 27 acrescido pela Lei nº 13.655/2018.
(*) Vide Decreto nº 9.830/2019,
que regulamenta este artigo.

Art. 28. O agente público responderá pessoalmente por suas decisões ou opiniões técnicas em caso de dolo ou erro grosseiro.

§ 1º. (Vetado).
§ 2º. (Vetado).
§ 3º. (Vetado).

(*) Art. 28 acrescido pela Lei nº 13.655/2018.
(*) Vide Decreto nº 9.830/2019,
que regulamenta este artigo.

Art. 29. Em qualquer órgão ou Poder, a edição de atos normativos por autoridade administrativa, salvo os de mera organização interna, poderá ser precedida de consulta pública para manifestação de interessados, preferencialmente por meio eletrônico, a qual será considerada na decisão.

§ 1º. A convocação conterá a minuta do ato normativo e fixará o prazo e demais condições da consulta pública, observadas as normas legais e regulamentares específicas, se houver.

§ 2º. (Vetado).

(*) Art. 29 acrescido pela Lei nº 13.655/2018.
(*) Vide Decreto nº 9.830/2019,
que regulamenta este artigo.

Art. 30. As autoridades públicas devem atuar para aumentar a segurança jurídica na aplicação das normas, inclusive por meio de regulamentos, súmulas administrativas e respostas a consultas.

Parágrafo único. Os instrumentos previstos no *caput* deste artigo terão caráter vinculante em relação ao órgão ou entidade a que se destinam, até ulterior revisão.

(*) Art. 30 acrescido pela Lei nº 13.655/2018.
(*) Vide Decreto nº 9.830/2019,
que regulamenta este artigo.

Rio de Janeiro, 4 de setembro de 1942, 121º da Independência e 54º da República.

Getúlio Vargas
DOU de 4.9.1942 – Retificações: DOU de 8.10.1942 e 17.6.1943

REGULAMENTO DA LEI DE INTRODUÇÃO ÀS NORMAS DO DIREITO BRASILEIRO

DECRETO Nº 9.830, DE 10 DE JUNHO DE 2019

Regulamenta o disposto nos art. 20 ao art. 30 do Decreto-Lei nº 4.657, de 4 de setembro de 1942, que institui a Lei de Introdução às Normas do Direito Brasileiro.

O Presidente da República, no uso das atribuições que lhe confere o art. 84, *caput*, incisos IV e VI, alínea "a", da Constituição, e tendo em vista o disposto nos art. 20 ao art. 30 do Decreto-Lei nº 4.657, de 4 de setembro de 1942,

Decreta:

Capítulo I
DISPOSIÇÕES PRELIMINARES

Objeto

Art. 1º. Este Decreto regulamenta o disposto nos art. 20 ao art. 30 do Decreto-Lei nº 4.657, de 4 de setembro de 1942, que institui a Lei de Introdução às Normas do Direito Brasileiro.

Capítulo II
DA DECISÃO

Motivação e decisão

Art. 2º. A decisão será motivada com a contextualização dos fatos, quando cabível, e com a indicação dos fundamentos de mérito e jurídicos.

§ 1º. A motivação da decisão conterá os seus fundamentos e apresentará a congruência entre as normas e os fatos que a embasaram, de forma argumentativa.

§ 2º. A motivação indicará as normas, a interpretação jurídica, a jurisprudência ou a doutrina que a embasaram.

§ 3º. A motivação poderá ser constituída por declaração de concordância com o conteúdo de notas técnicas, pareceres, informações, decisões ou propostas que precederam a decisão.

Motivação e decisão baseadas em valores jurídicos abstratos

Art. 3º. A decisão que se basear exclusivamente em valores jurídicos abstratos observará o disposto no art. 2º e as consequências práticas da decisão.

§ 1º. Para fins do disposto neste Decreto, consideram-se valores jurídicos abstratos aqueles previstos em normas jurídicas com alto grau de indeterminação e abstração.

§ 2º. Na indicação das consequências práticas da decisão, o decisor apresentará apenas aquelas consequências práticas que, no exercício diligente de sua atuação, consiga vislumbrar diante dos fatos e fundamentos de mérito e jurídicos.

§ 3º. A motivação demonstrará a necessidade e a adequação da medida imposta, inclusive consideradas as possíveis alternativas e observados os critérios de adequação, proporcionalidade e de razoabilidade.

Motivação e decisão na invalidação

Art. 4º. A decisão que decretar invalidação de atos, contratos, ajustes, processos ou normas administrativos observará o disposto no art. 2º e indicará, de modo expresso, as suas consequências jurídicas e administrativas.

§ 1º. A consideração das consequências jurídicas e administrativas é limitada aos fatos e fundamentos de mérito e jurídicos que se espera do decisor no exercício diligente de sua atuação.

§ 2º. A motivação demonstrará a necessidade e a adequação da medida imposta, consideradas as possíveis alternativas e observados os critérios de proporcionalidade e de razoabilidade.

§ 3º. Quando cabível, a decisão a que se refere o *caput* indicará, na modulação de seus efeitos, as condições para que a regularização ocorra de forma proporcional e equânime e sem prejuízo aos interesses gerais.

§ 4º. Na declaração de invalidade de atos, contratos, ajustes, processos ou normas administrativos, o decisor poderá, consideradas as consequências jurídicas e administrativas da decisão para a administração pública e para o administrado:

I – restringir os efeitos da declaração; ou

II – decidir que sua eficácia se iniciará em momento posteriormente definido.

§ 5º. A modulação dos efeitos da decisão buscará a mitigação dos ônus ou das perdas dos administrados ou da administração pública que sejam anormais ou excessivos em função das peculiaridades do caso.

Revisão quanto à validade por mudança de orientação geral

Art. 5º. A decisão que determinar a revisão quanto à validade de atos, contratos, ajustes, processos ou normas administrativos cuja produção de efeitos esteja em curso ou que tenha sido concluída levará em consideração as orientações gerais da época.

§ 1º. É vedado declarar inválida situação plenamente constituída devido à mudança posterior de orientação geral.

§ 2º. O disposto no § 1º não exclui a possibilidade de suspensão de efeitos futuros de relação em curso.

§ 3º. Para fins do disposto neste artigo, consideram-se orientações gerais as interpretações e as especificações contidas em atos públicos de caráter geral ou em jurisprudência judicial ou administrativa majoritária e as adotadas por prática administrativa reiterada e de amplo conhecimento público.

§ 4º. A decisão a que se refere o *caput* será motivada na forma do disposto nos art. 2º, art. 3º ou art. 4º.

Motivação e decisão na nova interpretação de norma de conteúdo indeterminado

Art. 6º. A decisão administrativa que estabelecer interpretação ou orientação nova sobre norma de conteúdo indeterminado e impuser novo dever ou novo condicionamento de direito, preverá regime de transição, quando indispensável para que o novo dever ou o novo condicionamento de direito seja cumprido de modo proporcional, equânime e eficiente e sem prejuízo aos interesses gerais.

§ 1º. A instituição do regime de transição será motivada na forma do disposto nos art. 2º, art. 3º ou art. 4º.

§ 2º. A motivação considerará as condições e o tempo necessário para o cumprimento proporcional, equânime e eficiente do novo dever ou do novo condicionamento de direito e os eventuais prejuízos aos interesses gerais.

§ 3º. Considera-se nova interpretação ou nova orientação aquela que altera o entendimento anterior consolidado.

Regime de transição

Art. 7º. Quando cabível, o regime de transição preverá:

I – os órgãos e as entidades da administração pública e os terceiros destinatários;

II – as medidas administrativas a serem adotadas para adequação à interpretação ou à nova orientação sobre norma de conteúdo indeterminado; e

III – o prazo e o modo para que o novo dever ou novo condicionamento de direito seja cumprido.

Interpretação de normas sobre gestão pública

Art. 8º. Na interpretação de normas sobre gestão pública, serão considerados os obstáculos, as dificuldades reais do agente público e as exigências das políticas públicas a seu cargo, sem prejuízo dos direitos dos administrados.

§ 1º. Na decisão sobre a regularidade de conduta ou a validade de atos, contratos, ajustes, processos ou normas administrativos, serão consideradas as circunstâncias práticas que impuseram, limitaram ou condicionaram a ação do agente público.

§ 2º. A decisão a que se refere o § 1º observará o disposto nos art. 2º, art. 3º ou art. 4º.

Compensação

Art. 9º. A decisão do processo administrativo poderá impor diretamente à pessoa obrigada compensação por benefícios indevidos ou prejuízos anormais ou injustos resultantes do processo ou da conduta dos envolvidos, com a finalidade de evitar procedimentos contenciosos de ressarcimento de danos.

§ 1º. A decisão do processo administrativo é de competência da autoridade pública, que poderá exigir compensação por benefícios indevidamente fruídos pelo particular ou por prejuízos resultantes do processo ou da conduta do particular.

§ 2º. A compensação prevista no *caput* será motivada na forma do disposto nos art. 2º, art. 3º ou art. 4º e será precedida de manifestação das partes obrigadas sobre seu cabimento, sua forma e, se for o caso, seu valor.

§ 3º. A compensação poderá ser efetivada por meio do compromisso com os interessados a que se refere o art. 10.

Capítulo III
DOS INSTRUMENTOS

Compromisso

Art. 10. Na hipótese de a autoridade entender conveniente para eliminar irregularidade, incerteza jurídica ou situações contenciosas na aplicação do direito público, poderá celebrar compromisso com os interessados, observada a legislação aplicável e as seguintes condições:

I – após oitiva do órgão jurídico;

II – após realização de consulta pública, caso seja cabível; e

III – presença de razões de relevante interesse geral.

§ 1º. A decisão de celebrar o compromisso a que se refere o *caput* será motivada na forma do disposto no art. 2º.

§ 2º. O compromisso:

I – buscará solução proporcional, equânime, eficiente e compatível com os interesses gerais;

II – não poderá conferir desoneração permanente de dever ou condicionamento de direito reconhecido por orientação geral; e

III – preverá:

a) as obrigações das partes;

b) o prazo e o modo para seu cumprimento;

c) a forma de fiscalização quanto a sua observância;

d) os fundamentos de fato e de direito;

e) a sua eficácia de título executivo extrajudicial; e

f) as sanções aplicáveis em caso de descumprimento.

§ 3º. O compromisso firmado somente produzirá efeitos a partir de sua publicação.

§ 4º. O processo que subsidiar a decisão de celebrar o compromisso será instruído com:

I – o parecer técnico conclusivo do órgão competente sobre a viabilidade técnica, operacional e, quando for o caso, sobre as obrigações orçamentário-financeiras a serem assumidas;

II – o parecer conclusivo do órgão jurídico sobre a viabilidade jurídica do compromisso, que conterá a análise da minuta proposta;

III – a minuta do compromisso, que conterá as alterações decorrentes das análises técnica e jurídica previstas nos incisos I e II; e

IV – a cópia de outros documentos que possam auxiliar na decisão de celebrar o compromisso.

§ 5º. Na hipótese de o compromisso depender de autorização do Advogado-Geral da União e de Ministro de Estado, nos termos do disposto no § 4º do art. 1º ou no art. 4º-A da Lei nº 9.469, de 10 de julho de 1997, ou ser firmado pela Advocacia-Geral da União, o processo de que trata o § 3º será acompanhado de manifestação de interesse da autoridade máxima do órgão ou da entidade da administração pública na celebração do compromisso.

§ 6º. Na hipótese de que trata o § 5º, a decisão final quanto à celebração do compromisso será do Advogado-Geral da União, nos termos do disposto no parágrafo único do art. 4º-A da Lei nº 9.469, de 1997.

Termo de ajustamento de gestão

Art. 11. Poderá ser celebrado termo de ajustamento de gestão entre os agentes públicos e os órgãos de controle interno da administração pública com a finalidade de corrigir falhas apontadas em ações de controle, aprimorar procedimentos, assegurar a continuidade da execução do objeto, sempre que possível, e garantir o atendimento do interesse geral.

§ 1º. A decisão de celebrar o termo de ajustamento de gestão será motivada na forma do disposto no art. 2º.

§ 2º. Não será celebrado termo de ajustamento de gestão na hipótese de ocorrência de dano ao erário praticado por agentes públicos que agirem com dolo ou erro grosseiro.

§ 3º. A assinatura de termo de ajustamento de gestão será comunicada ao órgão central do sistema de controle interno.

Capítulo IV
DA RESPONSABILIZAÇÃO DO AGENTE PÚBLICO

Responsabilização na hipótese de dolo ou erro grosseiro

Art. 12. O agente público somente poderá ser responsabilizado por suas decisões ou opiniões técnicas se agir ou se omitir com dolo, direto ou eventual, ou cometer erro grosseiro, no desempenho de suas funções.

§ 1º. Considera-se erro grosseiro aquele manifesto, evidente e inescusável praticado com culpa grave, caracterizado por ação ou omissão com elevado grau de negligência, imprudência ou imperícia.

§ 2º. Não será configurado dolo ou erro grosseiro do agente público se não restar comprovada, nos autos do processo de responsabilização, situação ou circunstância fática capaz de caracterizar o dolo ou o erro grosseiro.

§ 3º. O mero nexo de causalidade entre a conduta e o resultado danoso não implica responsabilização, exceto se comprovado o dolo ou o erro grosseiro do agente público.

§ 4º. A complexidade da matéria e das atribuições exercidas pelo agente público serão consideradas em eventual responsabilização do agente público.

§ 5º. O montante do dano ao erário, ainda que expressivo, não poderá, por si só, ser elemento para caracterizar o erro grosseiro ou o dolo.

§ 6º. A responsabilização pela opinião técnica não se estende de forma automática ao decisor que a adotou como fundamento de decidir e somente se configurará se estiverem presentes elementos suficientes para o decisor aferir o dolo ou o erro grosseiro da opinião técnica ou se houver conluio entre os agentes.

§ 7º. No exercício do poder hierárquico, só responderá por culpa *in vigilando* aquele cuja omissão caracterizar erro grosseiro ou dolo.

§ 8º. O disposto neste artigo não exime o agente público de atuar de forma diligente e eficiente no cumprimento dos seus deveres constitucionais e legais.

Análise de regularidade da decisão

Art. 13. A análise da regularidade da decisão não poderá substituir a atribuição do agente público, dos órgãos ou das entidades da administração pública no exercício de suas atribuições e competências, inclusive quanto à definição de políticas públicas.

§ 1º. A atução de órgãos de controle privilegiará ações de prevenção antes de processos sancionadores.

§ 2º. A eventual estimativa de prejuízo causado ao erário não poderá ser considerada isolada e exclusivamente como motivação para se concluir pela irregularidade de atos, contratos, ajustes, processos ou normas administrativos.

Direito de regresso, defesa judicial e extrajudicial

Art. 14. No âmbito do Poder Executivo federal, o direito de regresso previsto no § 6º do art. 37 da Constituição somente será exercido na hipótese de o agente público ter agido com dolo ou erro grosseiro em suas decisões ou opiniões técnicas, nos termos do disposto no art. 28 do Decreto-Lei nº 4.657, de 1942, e com observância aos princípios constitucionais da proporcionalidade e da razoabilidade.

Art. 15. O agente público federal que tiver que se defender, judicial ou extrajudicialmente, por ato ou conduta praticada no exercício regular de suas atribuições institucionais, poderá solicitar à Advocacia-Geral da União que avalie a verossimilhança de suas alegações e a consequente possibilidade de realizar sua defesa, nos termos do disposto no art. 22 da Lei nº 9.028, de 12 de abril de 1995, e nas demais normas de regência.

Decisão que impuser sanção ao agente público

Art. 16. A decisão que impuser sanção ao agente público considerará:

I – a natureza e a gravidade da infração cometida;

II – os danos que dela provierem para a administração pública;

III – as circunstâncias agravantes ou atenuantes;

IV – os antecedentes do agente;

V – o nexo de causalidade; e

VI – a culpabilidade do agente.

§ 1º. A motivação da decisão a que se refere o *caput* observará o disposto neste Decreto.

§ 2º. As sanções aplicadas ao agente público serão levadas em conta na dosimetria das demais sanções da mesma natureza e relativas ao mesmo fato.

Art. 17. O disposto no art. 12 não afasta a possibilidade de aplicação de sanções previstas em normas disciplinares, inclusive nos casos de ação ou de omissão culposas de natureza leve.

Capítulo V
DA SEGURANÇA JURÍDICA NA APLICAÇÃO DAS NORMAS

Consulta pública para edição de atos normativos

Art. 18. A edição de atos normativos por autoridade administrativa poderá ser precedida de consulta pública para manifestação de interessados, preferencialmente por meio eletrônico.

§ 1º. A decisão pela convocação de consulta pública será motivada na forma do disposto no art. 3º.

§ 2º. A convocação de consulta pública conterá a minuta do ato normativo, disponibilizará a motivação do ato e fixará o prazo e as demais condições.

§ 3º. A autoridade decisora não será obrigada a comentar ou considerar individualmente as manifestações apresentadas e poderá agrupar manifestações por conexão e eliminar aquelas repetitivas ou de conteúdo não conexo ou irrelevante para a matéria em apreciação.

§ 4º. As propostas de consulta pública que envolverem atos normativos sujeitos a despacho presidencial serão formuladas nos termos do disposto no Decreto nº 9.191, de 1º de novembro de 2017.

Segurança jurídica na aplicação das normas

Art. 19. As autoridades públicas atuarão com vistas a aumentar a segurança jurídica na aplicação das normas, inclusive por meio de normas complementares, orientações normativas, súmulas, enunciados e respostas a consultas.

Parágrafo único. Os instrumentos previstos no *caput* terão caráter vinculante em relação ao órgão ou à entidade da administração pública a que se destinarem, até ulterior revisão.

Parecer do Advogado-Geral da União e de consultorias jurídicas e súmulas da Advocacia-Geral da União

Art. 20. O parecer do Advogado-Geral da União de que tratam os art. 40 e art. 41 da Lei Complementar nº 73, 10 de fevereiro de 1993, aprovado pelo Presidente da República e publicado no Diário Oficial da União juntamente com o despacho presidencial, vincula os órgãos e as entidades da administração pública federal, que ficam obrigados a lhe dar fiel cumprimento.

§ 1º. O parecer do Advogado-Geral da União aprovado pelo Presidente da República, mas não publicado, obriga apenas as repartições interessadas, a partir do momento em que dele tenham ciência.

§ 2º. Os pareceres de que tratam o *caput* e o § 1º têm prevalência sobre outros mecanismos de uniformização de entendimento.

Art. 21. Os pareceres das consultorias jurídicas e dos órgãos de assessoramento jurídico, de que trata o art. 42 da Lei Complementar nº 73, de 1993, aprovados pelo respectivo Ministro de Estado, vinculam o órgão e as respectivas entidades vinculadas.

Orientações normativas

Art. 22. A autoridade que representa órgão central de sistema poderá editar orientações normativas ou enunciados que vincularão os órgãos setoriais e seccionais.

§ 1º. As controvérsias jurídicas sobre a interpretação de norma, instrução ou orientação de órgão central de sistema poderão ser submetidas à Advocacia-Geral da União.

§ 2º. A submissão à Advocacia-Geral da União de que trata o § 1º será instruída com a posição do órgão jurídico do órgão central de sistema, do órgão jurídico que divergiu e dos outros órgãos que se pronunciaram sobre o caso.

Enunciados

Art. 23. A autoridade máxima de órgão ou da entidade da administração pública poderá editar enunciados que vinculem o próprio órgão ou a entidade e os seus órgãos subordinados.

Transparência

Art. 24. Compete aos órgãos e às entidades da administração pública manter atualizados, em seus sítios eletrônicos, as normas complementares, as orientações normativas, as súmulas e os enunciados a que se referem os art. 19 ao art. 23.

Vigência

Art. 25. Este Decreto entra em vigor na data de sua publicação.

Brasília, 10 de junho de 2019; 198º da Independência e 131º da República.

Jair Messias Bolsonaro
DOU de 11.6.2019

CÓDIGO CIVIL

LEI Nº 10.406, DE 10 DE JANEIRO DE 2002

Atualizada até a Lei nº 14.451, de 21.9.2022.

Institui o Código Civil.

O Presidente da República,

Faço saber que o Congresso Nacional decreta e eu sanciono a seguinte Lei:

PARTE GERAL

LIVRO I
DAS PESSOAS

TÍTULO I
DAS PESSOAS NATURAIS

Capítulo I
DA PERSONALIDADE E DA CAPACIDADE

Art. 1º. Toda pessoa é capaz de direitos e deveres na ordem civil.

(*) V. arts.11 a 21 do CC.
(*) Vide Enunciado 613 do CJF.

Art. 2º. A personalidade civil da pessoa começa do nascimento com vida; mas a lei põe a salvo, desde a concepção, os direitos do nascituro.

(*) V. arts. 542; 1.597; 1.598; 1.609, parágrafo único; 1.690; 1.779; 1.798; 1.799, I; 1.800; e 1.952 do CC.
(*) Vide Enunciados 1 e 2 do CJF.

Art. 3º. São absolutamente incapazes de exercer pessoalmente os atos da vida civil os menores de 16 (dezesseis) anos.

(*) Art. 3º com redação dada pela Lei nº 13.146/2015.

I – (revogado);

(*) Inciso I revogado pela Lei nº 13.146/2015.

II – (revogado);

(*) Inciso II revogado pela Lei nº 13.146/2015.

III – (revogado);

(*) Inciso III revogado pela Lei nº 13.146/2015.
(*) V. arts.166, I; 198, I; 543; 1.690; e 1.728 do CC.

Art. 4º. São incapazes, relativamente a certos atos ou à maneira de os exercer:

(*) Art. 4º, *caput*, com redação dada pela Lei nº 13.146/2015.

ART. 5º   CÓDIGO CIVIL – PARTE GERAL

I – os maiores de 16 (dezesseis) e menores de 18 (dezoito) anos;
(*) V. arts. 666; 1.690; 1.728; e 1.860, parágrafo único, do CC.

II – os ébrios habituais e os viciados em tóxico;
(*) Inciso II com redação dada pela Lei nº 13.146/2015.
(*) V. art. 1.767, III, do CC.

III – aqueles que, por causa transitória ou permanente, não puderem exprimir sua vontade;
(*) Inciso III com redação dada pela Lei nº 13.146/2015.
(*) V. art. 1.767, I, do CC.

IV – os pródigos.
(*) V. arts. 1.767, V; e 1.782 do CC.

Parágrafo único. A capacidade dos indígenas será regulada por legislação especial.
(*) Parágrafo único com redação dada pela Lei nº 13.146/2015.

Art. 5º. A menoridade cessa aos 18 (dezoito) anos completos, quando a pessoa fica habilitada à prática de todos os atos da vida civil.
(*) V. art. 1.635, III, do CC.

Parágrafo único. Cessará, para os menores, a incapacidade:
(*) Vide Enunciado 530 do CJF.

I – pela concessão dos pais, ou de um deles na falta do outro, mediante instrumento público, independentemente de homologação judicial, ou por sentença do juiz, ouvido o tutor, se o menor tiver 16 (dezesseis) anos completos;
(*) V. art. 1.635, II, do CC.
(*) Vide Enunciado 397 do CJF.

II – pelo casamento;
(*) V. arts. 1.511 ss. do CC.

III – pelo exercício de emprego público efetivo;

IV – pela colação de grau em curso de ensino superior;

V – pelo estabelecimento civil ou comercial, ou pela existência de relação de emprego, desde que, em função deles, o menor com 16 (dezesseis) anos completos tenha economia própria.
(*) V. art. 966 do CC.
(*) Vide Enunciado 3 do CJF.

Art. 6º. A existência da pessoa natural termina com a morte; presume-se esta, quanto aos ausentes, nos casos em que a lei autoriza a abertura de sucessão definitiva.
(*) V. arts. 22 a 39 do CC.

Art. 7º. Pode ser declarada a morte presumida, sem decretação de ausência:
(*) V. arts. 22 a 39 do CC.
(*) Vide Enunciado 614 do CJF.

I – se for extremamente provável a morte de quem estava em perigo de vida;

II – se alguém, desaparecido em campanha ou feito prisioneiro, não for encontrado até 2 (dois) anos após o término da guerra.

Parágrafo único. A declaração da morte presumida, nesses casos, somente poderá ser requerida depois de esgotadas as buscas e averiguações, devendo a sentença fixar a data provável do falecimento.

Art. 8º. Se dois ou mais indivíduos falecerem na mesma ocasião, não se podendo averiguar se algum dos comorientes precedeu aos outros, presumir-se-ão simultaneamente mortos.
(*) Vide Enunciado 645 do CJF.

Art. 9º. Serão registrados em registro público:

I – os nascimentos, casamentos e óbitos;
(*) V. arts. 1.512, 1.516, 1.543 e 1.604 do CC.

II – a emancipação por outorga dos pais ou por sentença do juiz;

LIVRO I – DAS PESSOAS — ART. 19

III – a interdição por incapacidade absoluta ou relativa;

IV – a sentença declaratória de ausência e de morte presumida.

Art. 10. Far-se-á averbação em registro público:

I – das sentenças que decretarem a nulidade ou anulação do casamento, o divórcio, a separação judicial e o restabelecimento da sociedade conjugal;

II – dos atos judiciais ou extrajudiciais que declararem ou reconhecerem a filiação;

(*) Vide Enunciados 272 e 273 do CJF.

III – (revogado).

(*) Inciso III revogado pela Lei nº 12.010/2009.

Capítulo II
DOS DIREITOS DA PERSONALIDADE

(*) Vide Enunciado 274 do CJF.

Art. 11. Com exceção dos casos previstos em lei, os direitos da personalidade são intransmissíveis e irrenunciáveis, não podendo o seu exercício sofrer limitação voluntária.

(*) V. art. 11 do CC.
(*) Vide Enunciados 4, 139, 531 e 532 do CJF.

Art. 12. Pode-se exigir que cesse a ameaça, ou a lesão, a direito da personalidade, e reclamar perdas e danos, sem prejuízo de outras sanções previstas em lei.

(*) V. arts. 186, 402 a 405, 927, 935 e 944 a 954 do CC.
(*) Vide Enunciado 613 do CJF.

Parágrafo único. Em se tratando de morto, terá legitimação para requerer a medida prevista neste artigo o cônjuge sobrevivente, ou qualquer parente em linha reta, ou colateral até o quarto grau.

(*) V. arts. 943, 1.591 e 1.592 do CC.
(*) Vide Enunciados 5, 140, 275, 398, 399 e 400 do CJF.

Art. 13. Salvo por exigência médica, é defeso o ato de disposição do próprio corpo, quando importar diminuição permanente da integridade física, ou contrariar os bons costumes.

(*) Vide Enunciados 6, 532 e 646 do CJF.

Parágrafo único. O ato previsto neste artigo será admitido para fins de transplante, na forma estabelecida em lei especial.

(*) Vide Enunciados 276 e 401 do CJF.

Art. 14. É válida, com objetivo científico, ou altruístico, a disposição gratuita do próprio corpo, no todo ou em parte, para depois da morte.

Parágrafo único. O ato de disposição pode ser livremente revogado a qualquer tempo.

(*) Vide Enunciados 277 e 402 do CJF.

Art. 15. Ninguém pode ser constrangido a submeter-se, com risco de vida, a tratamento médico ou a intervenção cirúrgica.

(*) Vide Enunciados 403 e 533 do CJF.

Art. 16. Toda pessoa tem direito ao nome, nele compreendidos o prenome e o sobrenome.

(*) V. arts. 1.565, § 1º; 1.571, § 2º; e 1.578 do CC.

Art. 17. O nome da pessoa não pode ser empregado por outrem em publicações ou representações que a exponham ao desprezo público, ainda quando não haja intenção difamatória.

Art. 18. Sem autorização, não se pode usar o nome alheio em propaganda comercial.

(*) Vide Enunciado 278 do CJF.

Art. 19. O pseudônimo adotado para atividades lícitas goza da proteção que se dá ao nome.

Art. 20. Salvo se autorizadas, ou se necessárias à administração da justiça ou à manutenção da ordem pública, a divulgação de escritos, a transmissão da palavra, ou a publicação, a exposição ou a utilização da imagem de uma pessoa poderão ser proibidas, a seu requerimento e sem prejuízo da indenização que couber, se lhe atingirem a honra, a boa fama ou a respeitabilidade, ou se se destinarem a fins comerciais.

(*) V. arts. 186 a 188 e 953 do CC.
(*) Vide ADI nº 4.815.
(*) Vide Enunciado 5 do CJF.
(*) Vide Súmula 403 do STJ.

Parágrafo único. Em se tratando de morto ou de ausente, são partes legítimas para requerer essa proteção o cônjuge, os ascendentes ou os descendentes.

(*) V. arts. 12, parágrafo único; 22 a 25; e 943 do CC.
(*) Vide Enunciados 275, 279, 399 e 400 do CJF.

Art. 21. A vida privada da pessoa natural é inviolável, e o juiz, a requerimento do interessado, adotará as providências necessárias para impedir ou fazer cessar ato contrário a esta norma.

(*) V. art. 1.513 do CC.
(*) Vide ADI nº 4.815.
(*) Vide Enunciados 404, 405 e 576 do CJF.

Capítulo III
DA AUSÊNCIA

Seção I
Da Curadoria dos Bens do Ausente

Art. 22. Desaparecendo uma pessoa do seu domicílio sem dela haver notícia, se não houver deixado representante ou procurador a quem caiba administrar-lhe os bens, o juiz, a requerimento de qualquer interessado ou do Ministério Público, declarará a ausência, e nomear-lhe-á curador.

(*) V. arts. 6º; 7º; 9º, IV; 198, II; 335, III; 428, II e III; 1.728, I; e 1.759 do CC.

Art. 23. Também se declarará a ausência, e se nomeará curador, quando o ausente deixar mandatário que não queira ou não possa exercer ou continuar o mandato, ou se os seus poderes forem insuficientes.

(*) V. arts. 653 e 682 do CC.

Art. 24. O juiz, que nomear o curador, fixar-lhe-á os poderes e obrigações, conforme as circunstâncias, observando, no que for aplicável, o disposto a respeito dos tutores e curadores.

(*) V. arts. 1.728 a 1.783 do CC.

Art. 25. O cônjuge do ausente, sempre que não esteja separado judicialmente, ou de fato por mais de 2 (dois) anos antes da declaração da ausência, será o seu legítimo curador.

(*) V. arts. 1.570, 1.651, 1.775 e 1.783 do CC.

§ 1º. Em falta do cônjuge, a curadoria dos bens do ausente incumbe aos pais ou aos descendentes, nesta ordem, não havendo impedimento que os iniba de exercer o cargo.

§ 2º. Entre os descendentes, os mais próximos precedem os mais remotos.

§ 3º. Na falta das pessoas mencionadas, compete ao juiz a escolha do curador.

(*) Vide Enunciado 97 do CJF.

Seção II
Da Sucessão Provisória

Art. 26. Decorrido 1 (um) ano da arrecadação dos bens do ausente, ou, se ele deixou representante ou procurador, em se passando 3 (três) anos, poderão os interessados requerer que se declare a ausência e se abra provisoriamente a sucessão.

(*) V. art. 28, § 1º, do CC.

Art. 27. Para o efeito previsto no artigo anterior, somente se consideram interessados:

(*) V. art. 28, § 1º, do CC.

I – o cônjuge não separado judicialmente;

II – os herdeiros presumidos, legítimos ou testamentários;

III – os que tiverem sobre os bens do ausente direito dependente de sua morte;

(*) V. art. 1.951 do CC.

IV – os credores de obrigações vencidas e não pagas.

Art. 28. A sentença que determinar a abertura da sucessão provisória só produzirá efeito 180 (cento e oitenta) dias depois de publicada pela imprensa; mas, logo que passe em julgado, proceder-se-á à abertura do testamento, se houver, e ao inventário e partilha dos bens, como se o ausente fosse falecido.

§ 1º. Findo o prazo a que se refere o art. 26, e não havendo interessados na sucessão provisória, cumpre ao Ministério Público requerê-la ao juízo competente.

§ 2º. Não comparecendo herdeiro ou interessado para requerer o inventário até 30 (trinta) dias depois de passar em julgado a sentença que mandar abrir a sucessão provisória, proceder-se-á à arrecadação dos bens do ausente pela forma estabelecida nos arts. 1.819 a 1.823.

Art. 29. Antes da partilha, o juiz, quando julgar conveniente, ordenará a conversão dos bens móveis, sujeitos a deterioração ou a extravio, em imóveis ou em títulos garantidos pela União.

Art. 30. Os herdeiros, para se imitirem na posse dos bens do ausente, darão garantias da restituição deles, mediante penhores ou hipotecas equivalentes aos quinhões respectivos.

(*) V. arts. 34, 1.431 a 1.472 e 1.473 a 1.505 do CC.

§ 1º. Aquele que tiver direito à posse provisória, mas não puder prestar a garantia exigida neste artigo, será excluído, mantendo-se os bens que lhe deviam caber sob a administração do curador, ou de outro herdeiro designado pelo juiz, e que preste essa garantia.

(*) V. art. 34 do CC.

§ 2º. Os ascendentes, os descendentes e o cônjuge, uma vez provada a sua qualidade de herdeiros, poderão, independentemente de garantia, entrar na posse dos bens do ausente.

Art. 31. Os imóveis do ausente só se poderão alienar, não sendo por desapropriação, ou hipotecar, quando o ordene o juiz, para lhes evitar a ruína.

Art. 32. Empossados nos bens, os sucessores provisórios ficarão representando ativa e passivamente o ausente, de modo que contra eles correrão as ações pendentes e as que de futuro àquele forem movidas.

Art. 33. O descendente, ascendente ou cônjuge que for sucessor provisório do ausente, fará seus todos os frutos e rendimentos dos bens que a este couberem; os outros sucessores, porém, deverão capitalizar metade desses frutos e rendimentos, segundo o disposto no art. 29, de acordo com o representante do Ministério Público, e prestar anualmente contas ao juiz competente.

Parágrafo único. Se o ausente aparecer, e ficar provado que a ausência foi voluntária e injustificada, perderá ele, em favor do sucessor, sua parte nos frutos e rendimentos.

Art. 34. O excluído, segundo o art. 30, da posse provisória poderá, justificando falta de meios, requerer lhe seja entregue metade dos rendimentos do quinhão que lhe tocaria.

Art. 35. Se durante a posse provisória se provar a época exata do falecimento do ausente, considerar-se-á, nessa data, aberta a sucessão em favor dos herdeiros, que o eram àquele tempo.

Art. 36. Se o ausente aparecer, ou se lhe provar a existência, depois de estabelecida a posse provisória, cessarão para logo as vantagens dos sucessores nela imitidos, ficando, todavia, obrigados a tomar as medidas assecuratórias precisas, até a entrega dos bens a seu dono.

Seção III
Da Sucessão Definitiva

Art. 37. Dez (10) anos depois de passada em julgado a sentença que concede a abertura da sucessão provisória, poderão os interessados requerer a sucessão definitiva e o levantamento das cauções prestadas.

(*) V. art. 6º do CC.

Art. 38. Pode-se requerer a sucessão definitiva, também, provando-se que o ausente conta 80 (oitenta) anos de idade, e que de 5 (cinco) datam as últimas notícias dele.

(*) V. art. 6º do CC.

Art. 39. Regressando o ausente nos 10 (dez) anos seguintes à abertura da sucessão definitiva, ou algum de seus descendentes ou ascendentes, aquele ou estes haverão só os bens existentes no estado em que se acharem, os sub-rogados em seu lugar, ou o preço que os herdeiros e demais interessados houverem recebido pelos bens alienados depois daquele tempo.

Parágrafo único. Se, nos 10 (dez) anos a que se refere este artigo, o ausente não regressar, e nenhum interessado promover a sucessão definitiva, os bens arrecadados passarão ao domínio do Município ou do Distrito Federal, se localizados nas respectivas circunscrições, incorporando-se ao domínio da União, quando situados em território federal.

TÍTULO II
DAS PESSOAS JURÍDICAS

Capítulo I
DISPOSIÇÕES GERAIS

Art. 40. As pessoas jurídicas são de direito público, interno ou externo, e de direito privado.

Art. 41. São pessoas jurídicas de direito público interno:

I – a União;

II – os Estados, o Distrito Federal e os Territórios;

III – os Municípios;

IV – as autarquias, inclusive as associações públicas;

(*) Inciso IV com redação dada pela Lei nº 11.107/2005.

V – as demais entidades de caráter público criadas por lei.

Parágrafo único. Salvo disposição em contrário, as pessoas jurídicas de direito público, a que se tenha dado estrutura de direito privado, regem-se, no que couber, quanto ao seu funcionamento, pelas normas deste Código.

(*) Vide Enunciado 141 do CJF.

Art. 42. São pessoas jurídicas de direito público externo os Estados estrangeiros e todas as pessoas que forem regidas pelo direito internacional público.

Art. 43. As pessoas jurídicas de direito público interno são civilmente responsáveis por atos dos seus agentes que nessa qualidade causem danos a terceiros, ressalvado direito regressivo contra os causadores do dano, se houver, por parte destes, culpa ou dolo.

(*) V. arts. 186 e 927 a 954 do CC.

Art. 44. São pessoas jurídicas de direito privado:

(*) V. arts. 2.031 a 2.034 do CC.

I – as associações;

II – as sociedades;

III – as fundações;

IV – as organizações religiosas;

(*) Inciso IV acrescido pela Lei nº 10.825/2003.

V – os partidos políticos;

(*) Inciso V acrescido pela Lei nº 10.825/2003.

VI – (revogado).

(*) Inciso VI acrescido pela Lei nº 12.441/2011 e revogado pela MP nº 1.085/2021, posteriormente convertida com alterações na Lei nº 14.382/2022.

§ 1º. São livres a criação, a organização, a estruturação interna e o funcionamento das organizações religiosas, sendo vedado ao poder público negar-lhes reconhecimento ou registro dos atos constitutivos e necessários ao seu funcionamento.

(*) § 1º acrescido pela Lei nº 10.825/2003.

§ 2º. As disposições concernentes às associações aplicam-se subsidiariamente às sociedades que são objeto do Livro II da Parte Especial deste Código.

(*) § 2º acrescido pela Lei nº 10.825/2003.
(*) Vide Enunciado 280 do CJF.

§ 3º. Os partidos políticos serão organizados e funcionarão conforme o disposto em lei específica.

(*) § 3º acrescido pela Lei nº 10.825/2003.
(*) Vide Enunciados 142, 143 e 144 do CJF.

Art. 45. Começa a existência legal das pessoas jurídicas de direito privado com a inscrição do ato constitutivo no respectivo registro, precedida, quando necessário, de autorização ou aprovação do Poder Executivo, averbando-se no registro todas as alterações por que passar o ato constitutivo.

(*) V. arts. 985 e 998 do CC.

Parágrafo único. Decai em 3 (três) anos o direito de anular a constituição das pessoas jurídicas de direito privado, por defeito do ato respectivo, contado o prazo da publicação de sua inscrição no registro.

Art. 46. O registro declarará:

(*) V. arts. 1.000 e 1.150 a 1.154 do CC.

I – a denominação, os fins, a sede, o tempo de duração e o fundo social, quando houver;

II – o nome e a individualização dos fundadores ou instituidores, e dos diretores;

III – o modo por que se administra e representa, ativa e passivamente, judicial e extrajudicialmente;

IV – se o ato constitutivo é reformável no tocante à administração, e de que modo;

V – se os membros respondem, ou não, subsidiariamente, pelas obrigações sociais;

VI – as condições de extinção da pessoa jurídica e o destino do seu patrimônio, nesse caso.

Art. 47. Obrigam a pessoa jurídica os atos dos administradores, exercidos nos limites de seus poderes definidos no ato constitutivo.

(*) V. arts. 43, 989 e 990 do CC.
(*) Vide Enunciado 145 do CJF.

Art. 48. Se a pessoa jurídica tiver administração coletiva, as decisões se tomarão pela maioria de votos dos presentes, salvo se o ato constitutivo dispuser de modo diverso.

(*) V. arts. 1.010 a 1.021 do CC.

Parágrafo único. Decai em 3 (três) anos o direito de anular as decisões a que se refere este artigo, quando violarem a lei ou estatuto, ou forem eivadas de erro, dolo, simulação ou fraude.

(*) V. arts. 138 a 150, 158 a 165, 167 e 171 do CC.

Art. 48-A. As pessoas jurídicas de direito privado, sem prejuízo do previsto em legislação especial e em seus atos constitutivos, poderão realizar suas assembleias gerais por meio eletrônico, inclusive para os fins do disposto no art. 59 deste Código, respeitados os direitos previstos de participação e de manifestação.

(*) Art. 48-A acrescido pela Lei nº 14.195/2021, alterado pela MP nº 1.085/2021♦ e com redação dada pela Lei nº 14.382/2022.
♦ MP nº 1.085/2021 convertida com alterações na Lei nº 14.382/2022.

Art. 49. Se a administração da pessoa jurídica vier a faltar, o juiz, a requerimento de qualquer interessado, nomear-lhe-á administrador provisório.

Art. 49-A. A pessoa jurídica não se confunde com os seus sócios, associados, instituidores ou administradores.

Parágrafo único. A autonomia patrimonial das pessoas jurídicas é um instrumento lícito de alocação e segregação de riscos, estabelecido pela lei com a finalidade de estimular empreendimentos, para a geração de empregos, tributo, renda e inovação em benefício de todos.

(*) Art. 49-A acrescido pela Lei nº 13.874/2019.

Art. 50. Em caso de abuso da personalidade jurídica, caracterizado pelo desvio de finalidade ou pela confusão patrimonial, pode o juiz, a requerimento da parte, ou do Ministério Público quando lhe couber intervir no processo, desconsiderá-la para que os efeitos de certas e determinadas relações de obrigações sejam estendidos aos bens particulares de administradores ou de sócios da pessoa jurídica beneficiados direta ou indiretamente pelo abuso.

(*) Art. 50, *caput*, com redação dada pela Lei nº 13.874/2019.
(*) Vide Enunciados 7, 51, 146, 281, 282, 283, 284, 285, 406, 487 e 620 do CJF.

§ 1º. Para os fins do disposto neste artigo, desvio de finalidade é a utilização da pessoa jurídica com o propósito de lesar credores e para a prática de atos ilícitos de qualquer natureza.

(*) § 1º acrescido pela Lei nº 13.874/2019.

§ 2º. Entende-se por confusão patrimonial a ausência de separação de fato entre os patrimônios, caracterizada por:

I – cumprimento repetitivo pela sociedade de obrigações do sócio ou do administrador ou vice-versa;

II – transferência de ativos ou de passivos sem efetivas contraprestações, exceto os de valor proporcionalmente insignificante; e

III – outros atos de descumprimento da autonomia patrimonial.

(*) § 2º acrescido pela Lei nº 13.874/2019.

§ 3º. O disposto no *caput* e nos §§ 1º e 2º deste artigo também se aplica à extensão das obrigações de sócios ou de administradores à pessoa jurídica.

(*) § 3º acrescido pela Lei nº 13.874/2019.

§ 4º. A mera existência de grupo econômico sem a presença dos requisitos de que trata o *caput* deste artigo não autoriza a desconsideração da personalidade da pessoa jurídica.

(*) § 4º acrescido pela Lei nº 13.874/2019.

§ 5º. Não constitui desvio de finalidade a mera expansão ou a alteração da finalidade original da atividade econômica específica da pessoa jurídica.

(*) § 5º acrescido pela Lei nº 13.874/2019.

Art. 51. Nos casos de dissolução da pessoa jurídica ou cassada a autorização para seu funcionamento, ela subsistirá para os fins de liquidação, até que esta se conclua.

(*) V. arts. 1.033 a 1.038 e 1.125 do CC.

§ 1º. Far-se-á, no registro onde a pessoa jurídica estiver inscrita, a averbação de sua dissolução.

§ 2º. As disposições para a liquidação das sociedades aplicam-se, no que couber, às demais pessoas jurídicas de direito privado.

§ 3º. Encerrada a liquidação, promover-se-á o cancelamento da inscrição da pessoa jurídica.

(*) Vide Enunciado 663 do CJF.

Art. 52. Aplica-se às pessoas jurídicas, no que couber, a proteção dos direitos da personalidade.

(*) V. arts. 11 a 21 do CC.
(*) Vide Enunciado 286 do CJF.
(*) Vide Súmula 227 do STJ.

Capítulo II
DAS ASSOCIAÇÕES

Art. 53. Constituem-se as associações pela união de pessoas que se organizem para fins não econômicos.

(*) V. arts. 44, I; 2.031; e 2.033 do CC.
(*) Vide Enunciados 534 e 615 do CJF.

Parágrafo único. Não há, entre os associados, direitos e obrigações recíprocos.

Art. 54. Sob pena de nulidade, o estatuto das associações conterá:

I – a denominação, os fins e a sede da associação;

II – os requisitos para a admissão, demissão e exclusão dos associados;

III – os direitos e deveres dos associados;

IV – as fontes de recursos para sua manutenção;

V – o modo de constituição e de funcionamento dos órgãos deliberativos;

(*) Inciso V com redação dada pela Lei nº 11.127/2005.

VI – as condições para a alteração das disposições estatutárias e para a dissolução;

VII – a forma de gestão administrativa e de aprovação das respectivas contas.

(*) Inciso VII acrescido pela Lei nº 11.127/2005.

Art. 55. Os associados devem ter iguais direitos, mas o estatuto poderá instituir categorias com vantagens especiais.

(*) Vide Enunciado 577 do CJF.

Art. 56. A qualidade de associado é intransmissível, se o estatuto não dispuser o contrário.

Parágrafo único. Se o associado for titular de quota ou fração ideal do patrimônio da associação, a transferência daquela não importará, *de per si*, na atribuição da qualidade de associado ao adquirente ou ao herdeiro, salvo disposição diversa do estatuto.

Art. 57. A exclusão do associado só é admissível havendo justa causa, assim reconhecida em procedimento que assegure direito de defesa e de recurso, nos termos previstos no estatuto.

(*) Art. 57 com redação dada pela Lei nº 11.127/2005.
(*) Vide Enunciado 280 do CJF.

Art. 58. Nenhum associado poderá ser impedido de exercer direito ou função que lhe tenha sido legitimamente conferido, a não ser nos casos e pela forma previstos na lei ou no estatuto.

Art. 59. Compete privativamente à assembleia geral:

(*) Art. 59, caput, com redação dada pela Lei nº 11.127/2005.

I – destituir os administradores;

(*) Inciso I com redação dada pela Lei nº 11.127/2005.

II – alterar o estatuto.

(*) Inciso II com redação dada pela Lei nº 11.127/2005.

Parágrafo único. Para as deliberações a que se referem os incisos I e II deste artigo é exigido deliberação da assembleia especialmente convocada para esse fim, cujo quórum será o estabelecido no estatuto, bem como os critérios de eleição dos administradores.

(*) Parágrafo único com redação dada pela Lei nº 11.127/2005.
(*) Vide Enunciado 577 do CJF.

Art. 60. A convocação dos órgãos deliberativos far-se-á na forma do estatuto, garantido a 1/5 (um quinto) dos associados o direito de promovê-la.

(*) Art. 60 com redação dada pela Lei nº 11.127/2005.
(*) Vide Enunciado 280 do CJF.

Art. 61. Dissolvida a associação, o remanescente do seu patrimônio líquido, depois de deduzidas, se for o caso, as quotas ou frações ideais referidas no parágrafo único do art. 56, será destinado à entidade de fins não econômicos designada no estatuto, ou, omisso este, por deliberação dos associados, à instituição municipal, estadual ou federal, de fins idênticos ou semelhantes.

(*) Vide Enunciado 407 do CJF.

§ 1º. Por cláusula do estatuto ou, no seu silêncio, por deliberação dos associados, podem estes, antes da destinação do remanescente referida neste artigo, receber em restituição, atualizado o respectivo valor, as contribuições que tiverem prestado ao patrimônio da associação.

§ 2º. Não existindo no Município, no Estado, no Distrito Federal ou no Território, em que a associação tiver sede, instituição nas condições indicadas neste artigo, o que remanescer do seu patrimônio se devolverá à Fazenda do Estado, do Distrito Federal ou da União.

Capítulo III
DAS FUNDAÇÕES

Art. 62. Para criar uma fundação, o seu instituidor fará, por escritura pública ou testamento, dotação especial de bens livres, especificando o fim a que se destina, e declarando, se quiser, a maneira de administrá-la.

(*) V. arts. 44, III; 1.857; e 2.032 do CC.

Parágrafo único. A fundação somente poderá constituir-se para fins de:

(*) Parágrafo único, caput, com redação dada pela Lei nº 13.151/2015.

I – assistência social;

(*) Inciso I acrescido pela Lei nº 13.151/2015.

II – cultura, defesa e conservação do patrimônio histórico e artístico;

(*) Inciso II acrescido pela Lei nº 13.151/2015.

III – educação;

(*) Inciso III acrescido pela Lei nº 13.151/2015.

IV – saúde;

(*) Inciso IV acrescido pela Lei nº 13.151/2015.

LIVRO I – DAS PESSOAS   ART. 69

V – segurança alimentar e nutricional;
(*) Inciso V acrescido pela Lei nº 13.151/2015.

VI – defesa, preservação e conservação do meio ambiente e promoção do desenvolvimento sustentável;
(*) Inciso VI acrescido pela Lei nº 13.151/2015.

VII – pesquisa científica, desenvolvimento de tecnologias alternativas, modernização de sistemas de gestão, produção e divulgação de informações e conhecimentos técnicos e científicos;
(*) Inciso VII acrescido pela Lei nº 13.151/2015.

VIII – promoção da ética, da cidadania, da democracia e dos direitos humanos;
(*) Inciso VIII acrescido pela Lei nº 13.151/2015.

IX – atividades religiosas; e
(*) Inciso IX acrescido pela Lei nº 13.151/2015.

X – (vetado).
(*) Inciso X acrescido pela Lei nº 13.151/2015.
(*) Vide Enunciados 8 e 9 do CJF.

Art. 63. Quando insuficientes para constituir a fundação, os bens a ela destinados serão, se de outro modo não dispuser o instituidor, incorporados em outra fundação que se proponha a fim igual ou semelhante.

Art. 64. Constituída a fundação por negócio jurídico entre vivos, o instituidor é obrigado a transferir-lhe a propriedade, ou outro direito real, sobre os bens dotados, e, se não o fizer, serão registrados, em nome dela, por mandado judicial.

Art. 65. Aqueles a quem o instituidor cometer a aplicação do patrimônio, em tendo ciência do encargo, formularão logo, de acordo com as suas bases (art. 62), o estatuto da fundação projetada, submetendo-o, em seguida, à aprovação da autoridade competente, com recurso ao juiz.

Parágrafo único. Se o estatuto não for elaborado no prazo assinado pelo instituidor, ou, não havendo prazo, em 180 (cento e oitenta) dias, a incumbência caberá ao Ministério Público.

Art. 66. Velará pelas fundações o Ministério Público do Estado onde situadas.

§ 1º. Se funcionarem no Distrito Federal ou em Território, caberá o encargo ao Ministério Público do Distrito Federal e Territórios.
(*) § 1º com redação dada pela Lei nº 13.151/2015.
(*) Vide Enunciado 10 do CJF.

§ 2º. Se estenderem a atividade por mais de um Estado, caberá o encargo, em cada um deles, ao respectivo Ministério Público.
(*) Vide Enunciado 147 do CJF.

Art. 67. Para que se possa alterar o estatuto da fundação é mister que a reforma:

I – seja deliberada por 2/3 (dois terços) dos competentes para gerir e representar a fundação;

II – não contrarie ou desvirtue o fim desta;

III – seja aprovada pelo órgão do Ministério Público no prazo máximo de 45 (quarenta e cinco) dias, findo o qual ou no caso de o Ministério Público a denegar, poderá o juiz supri-la, a requerimento do interessado.
(*) Inciso III com redação dada pela Lei nº 13.151/2015.

Art. 68. Quando a alteração não houver sido aprovada por votação unânime, os administradores da fundação, ao submeterem o estatuto ao órgão do Ministério Público, requererão que se dê ciência à minoria vencida para impugná-la, se quiser, em 10 (dez) dias.

Art. 69. Tornando-se ilícita, impossível ou inútil a finalidade a que visa a fundação, ou vencido o prazo de sua existência, o órgão do Ministério Público, ou qualquer interessado, lhe promoverá a extinção, incorporando-se o seu patrimônio, salvo disposição em contrário no ato constitutivo, ou no estatuto, em outra fundação, designada pelo juiz, que se proponha a fim igual ou semelhante.

TÍTULO III
DO DOMICÍLIO

Art. 70. O domicílio da pessoa natural é o lugar onde ela estabelece a sua residência com ânimo definitivo.

(*) V. arts. 1.566, II; 1.569; e 1.785 do CC.
(*) V. arts. 7º, 10 e 12 da LINDB.
(*) Vide Enunciado 408 do CJF.

Art. 71. Se, porém, a pessoa natural tiver diversas residências, onde, alternadamente, viva, considerar-se-á domicílio seu qualquer delas.

Art. 72. É também domicílio da pessoa natural, quanto às relações concernentes à profissão, o lugar onde esta é exercida.

Parágrafo único. Se a pessoa exercitar profissão em lugares diversos, cada um deles constituirá domicílio para as relações que lhe corresponderem.

Art. 73. Ter-se-á por domicílio da pessoa natural, que não tenha residência habitual, o lugar onde for encontrada.

(*) V. art. 7º, § 8º, da LINDB.

Art. 74. Muda-se o domicílio, transferindo a residência, com a intenção manifesta de o mudar.

Parágrafo único. A prova da intenção resultará do que declarar a pessoa às municipalidades dos lugares, que deixa, e para onde vai, ou, se tais declarações não fizer, da própria mudança, com as circunstâncias que a acompanharem.

Art. 75. Quanto às pessoas jurídicas, o domicílio é:

I – da União, o Distrito Federal;

II – dos Estados e Territórios, as respectivas capitais;

III – do Município, o lugar onde funcione a administração municipal;

IV – das demais pessoas jurídicas, o lugar onde funcionarem as respectivas diretorias e administrações, ou onde elegerem domicílio especial no seu estatuto ou atos constitutivos.

§ 1º. Tendo a pessoa jurídica diversos estabelecimentos em lugares diferentes, cada um deles será considerado domicílio para os atos nele praticados.

§ 2º. Se a administração, ou diretoria, tiver a sede no estrangeiro, haver-se-á por domicílio da pessoa jurídica, no tocante às obrigações contraídas por cada uma das suas agências, o lugar do estabelecimento, sito no Brasil, a que ela corresponder.

Art. 76. Têm domicílio necessário o incapaz, o servidor público, o militar, o marítimo e o preso.

Parágrafo único. O domicílio do incapaz é o do seu representante ou assistente; o do servidor público, o lugar em que exercer permanentemente suas funções; o do militar, onde servir, e, sendo da Marinha ou da Aeronáutica, a sede do comando a que se encontrar imediatamente subordinado; o do marítimo, onde o navio estiver matriculado; e o do preso, o lugar em que cumprir a sentença.

(*) V. arts. 3º e 4º do CC.
(*) V. art. 7º, § 7º, da LINDB.

Art. 77. O agente diplomático do Brasil, que, citado no estrangeiro, alegar extraterritorialidade sem designar onde tem, no país, o seu domicílio, poderá ser demandado no Distrito Federal ou no último ponto do território brasileiro onde o teve.

Art. 78. Nos contratos escritos, poderão os contratantes especificar domicílio onde se exercitem e cumpram os direitos e obrigações deles resultantes.

(*) V. art. 327 do CC.
(*) V. art. 9º da LINDB.
(*) Vide Súmula 335 do STF.

LIVRO II
DOS BENS

TÍTULO ÚNICO
DAS DIFERENTES CLASSES DE BENS

Capítulo I
DOS BENS CONSIDERADOS EM SI MESMOS

Seção I
Dos Bens Imóveis

Art. 79. São bens imóveis o solo e tudo quanto se lhe incorporar natural ou artificialmente.

(*) V. arts. 92, 95, 1.229, 1.230 e 1.331 a 1.358 do CC.
(*) Vide Enunciado 11 do CJF.

Art. 80. Consideram-se imóveis para os efeitos legais:

I – os direitos reais sobre imóveis e as ações que os asseguram;

(*) V. arts. 1.225 e 1.227 do CC.

II – o direito à sucessão aberta.

(*) V. art. 1.784 do CC.

Art. 81. Não perdem o caráter de imóveis:

I – as edificações que, separadas do solo, mas conservando a sua unidade, forem removidas para outro local;

II – os materiais provisoriamente separados de um prédio, para nele se reempregarem.

(*) V. art. 84 do CC.

Seção II
Dos Bens Móveis

Art. 82. São móveis os bens suscetíveis de movimento próprio, ou de remoção por força alheia, sem alteração da substância ou da destinação econômico-social.

Art. 83. Consideram-se móveis para os efeitos legais:

I – as energias que tenham valor econômico;

II – os direitos reais sobre objetos móveis e as ações correspondentes;

(*) V. art. 1.226 do CC.

III – os direitos pessoais de caráter patrimonial e respectivas ações.

Art. 84. Os materiais destinados a alguma construção, enquanto não forem empregados, conservam sua qualidade de móveis; readquirem essa qualidade os provenientes da demolição de algum prédio.

(*) V. art. 81, II, do CC.

Seção III
Dos Bens Fungíveis e Consumíveis

Art. 85. São fungíveis os móveis que podem substituir-se por outros da mesma espécie, qualidade e quantidade.

(*) V. arts. 369, 586 e 645 do CC.

Art. 86. São consumíveis os bens móveis cujo uso importa destruição imediata da própria substância, sendo também considerados tais os destinados à alienação.

Seção IV
Dos Bens Divisíveis

Art. 87. Bens divisíveis são os que se podem fracionar sem alteração na sua substância, diminuição considerável de valor, ou prejuízo do uso a que se destinam.

Art. 88. Os bens naturalmente divisíveis podem tornar-se indivisíveis por determinação da lei ou por vontade das partes.

Seção V
Dos Bens Singulares e Coletivos

Art. 89. São singulares os bens que, embora reunidos, se consideram *de per si*, independentemente dos demais.

Art. 90. Constitui universalidade de fato a pluralidade de bens singulares que, pertinentes à mesma pessoa, tenham destinação unitária.

Parágrafo único. Os bens que formam essa universalidade podem ser objeto de relações jurídicas próprias.

(*) Vide Enunciado 288 do CJF.

Art. 91. Constitui universalidade de direito o complexo de relações jurídicas, de uma pessoa, dotadas de valor econômico.

(*) Vide Enunciado 288 do CJF.

Capítulo II
DOS BENS RECIPROCAMENTE CONSIDERADOS

Art. 92. Principal é o bem que existe sobre si, abstrata ou concretamente; acessório, aquele cuja existência supõe a do principal.

(*) V. arts. 233, 287, 364 e 822 do CC.

Art. 93. São pertenças os bens que, não constituindo partes integrantes, se destinam, de modo duradouro, ao uso, ao serviço ou ao aformoseamento de outro.

(*) Vide Enunciado 535 do CJF.

Art. 94. Os negócios jurídicos que dizem respeito ao bem principal não abrangem as pertenças, salvo se o contrário resultar da lei, da manifestação de vontade, ou das circunstâncias do caso.

Art. 95. Apesar de ainda não separados do bem principal, os frutos e produtos podem ser objeto de negócio jurídico.

(*) V. arts. 1.214 a 1.216 e 1.232 do CC.

Art. 96. As benfeitorias podem ser voluptuárias, úteis ou necessárias.

§ 1º. São voluptuárias as de mero deleite ou recreio, que não aumentam o uso habitual do bem, ainda que o tornem mais agradável ou sejam de elevado valor.

§ 2º. São úteis as que aumentam ou facilitam o uso do bem.

§ 3º. São necessárias as que têm por fim conservar o bem ou evitar que se deteriore.

(*) V. arts. 1.219 a 1.222; e 1.922, parágrafo único, do CC.

Art. 97. Não se consideram benfeitorias os melhoramentos ou acréscimos sobrevindos ao bem sem a intervenção do proprietário, possuidor ou detentor.

Capítulo III
DOS BENS PÚBLICOS

Art. 98. São públicos os bens do domínio nacional pertencentes às pessoas jurídicas de direito público interno; todos os outros são particulares, seja qual for a pessoa a que pertencerem.

(*) V. arts. 102 e 1.276 do CC.
(*) Vide Súmulas 340 e 650 do STF.

Art. 99. São bens públicos:

I – os de uso comum do povo, tais como rios, mares, estradas, ruas e praças;

II – os de uso especial, tais como edifícios ou terrenos destinados a serviço ou estabelecimento da administração federal, estadual, territorial ou municipal, inclusive os de suas autarquias;

III – os dominicais, que constituem o patrimônio das pessoas jurídicas de direito público, como objeto de direito pessoal, ou real, de cada uma dessas entidades.

Parágrafo único. Não dispondo a lei em contrário, consideram-se dominicais os bens pertencentes às pessoas jurídicas de direito público a que se tenha dado estrutura de direito privado.

(*) Vide Enunciado 287 do CJF.
(*) Vide Súmula 477 do STF.
(*) Vide Súmula 496 do STJ.

Art. 100. Os bens públicos de uso comum do povo e os de uso especial são inalienáveis, enquanto conservarem a sua qualificação, na forma que a lei determinar.

Art. 101. Os bens públicos dominicais podem ser alienados, observadas as exigências da lei.

Art. 102. Os bens públicos não estão sujeitos a usucapião.

(*) Vide Súmula 340 do STF.

Art. 103. O uso comum dos bens públicos pode ser gratuito ou retribuído, conforme for estabelecido legalmente pela entidade a cuja administração pertencerem.

LIVRO III
DOS FATOS JURÍDICOS

TÍTULO I
DO NEGÓCIO JURÍDICO

Capítulo I
DISPOSIÇÕES GERAIS

Art. 104. A validade do negócio jurídico requer:

(*) V. arts. 166, 167, 171 e 2.035 do CC.

I – agente capaz;

(*) V. arts. 3º ao 5º do CC.

II – objeto lícito, possível, determinado ou determinável;

III – forma prescrita ou não defesa em lei.

Art. 105. A incapacidade relativa de uma das partes não pode ser invocada pela outra em benefício próprio, nem aproveita aos cointeressados capazes, salvo se, neste caso, for indivisível o objeto do direito ou da obrigação comum.

(*) V. arts. 87; 88; 104, I; e 180 do CC.

Art. 106. A impossibilidade inicial do objeto não invalida o negócio jurídico se for relativa, ou se cessar antes de realizada a condição a que ele estiver subordinado.

(*) V. arts. 104, II; 123; e 124 do CC.

Art. 107. A validade da declaração de vontade não dependerá de forma especial, senão quando a lei expressamente a exigir.

(*) V. arts. 104, III; 108; 109; e 183 do CC.

Art. 108. Não dispondo a lei em contrário, a escritura pública é essencial à validade dos negócios jurídicos que visem à constituição, transferência, modificação ou renúncia de direitos reais sobre imóveis de valor superior a 30 (trinta) vezes o maior salário mínimo vigente no País.

(*) V. arts. 215, 1.227 e 1.245 do CC.
(*) Vide Enunciado 289 do CJF.

Art. 109. No negócio jurídico celebrado com a cláusula de não valer sem instrumento público, este é da substância do ato.

Art. 110. A manifestação de vontade subsiste ainda que o seu autor haja feito a reserva mental de não querer o que manifestou, salvo se dela o destinatário tinha conhecimento.

(*) V. arts. 112 e 422 do CC.

Art. 111. O silêncio importa anuência, quando as circunstâncias ou os usos o autorizarem, e não for necessária a declaração de vontade expressa.

(*) V. arts. 147, 326, 432, 539, 659 e 1.807 do CC.

Art. 112. Nas declarações de vontade se atenderá mais à intenção nelas consubstanciada do que ao sentido literal da linguagem.

(*) V. arts. 114 e 1.899 do CC.
(*) Vide Enunciados 421 e 621 do CJF.
(*) Vide Súmula 530 do STJ.

Art. 113. Os negócios jurídicos devem ser interpretados conforme a boa-fé e os usos do lugar de sua celebração.

(*) V. arts. 164, 422, 423, 1.201 e 1.202 do CC.
(*) Vide Enunciados 409, 421 e 621 do CJF.
(*) Vide Súmula 530 do STJ.

§ 1º. A interpretação do negócio jurídico deve lhe atribuir o sentido que:

I – for confirmado pelo comportamento das partes posterior à celebração do negócio;

II – corresponder aos usos, costumes e práticas do mercado relativas ao tipo de negócio;

III – corresponder à boa-fé;

IV – for mais benéfico à parte que não redigiu o dispositivo, se identificável; e

V – corresponder a qual seria a razoável negociação das partes sobre a questão discutida, inferida das demais disposições do negócio e da racionalidade econômica das partes, consideradas as informações disponíveis no momento de sua celebração.

(*) § 1º acrescido pela Lei nº 13.874/2019.

§ 2º. As partes poderão livremente pactuar regras de interpretação, de preenchimento de lacunas e de integração dos negócios jurídicos diversas daquelas previstas em lei.

(*) § 2º acrescido pela Lei nº 13.874/2019.

Art. 114. Os negócios jurídicos benéficos e a renúncia interpretam-se estritamente.

(*) V. arts. 112 e 191 do CC.

Capítulo II
DA REPRESENTAÇÃO

Art. 115. Os poderes de representação conferem-se por lei ou pelo interessado.
(*) V. arts. 653 a 692 do CC.

Art. 116. A manifestação de vontade pelo representante, nos limites de seus poderes, produz efeitos em relação ao representado.

Art. 117. Salvo se o permitir a lei ou o representado, é anulável o negócio jurídico que o representante, no seu interesse ou por conta de outrem, celebrar consigo mesmo.

Parágrafo único. Para esse efeito, tem-se como celebrado pelo representante o negócio realizado por aquele em quem os poderes houverem sido subestabelecidos.

Art. 118. O representante é obrigado a provar às pessoas, com quem tratar em nome do representado, a sua qualidade e a extensão de seus poderes, sob pena de, não o fazendo, responder pelos atos que a estes excederem.
(*) V. arts. 673 e 679 do CC.

Art. 119. É anulável o negócio concluído pelo representante em conflito de interesses com o representado, se tal fato era ou devia ser do conhecimento de quem com aquele tratou.

Parágrafo único. É de 180 (cento e oitenta) dias, a contar da conclusão do negócio ou da cessação da incapacidade, o prazo de decadência para pleitear-se a anulação prevista neste artigo.

Art. 120. Os requisitos e os efeitos da representação legal são os estabelecidos nas normas respectivas; os da representação voluntária são os da Parte Especial deste Código.
(*) V. arts. 653 a 692 do CC.

Capítulo III
DA CONDIÇÃO, DO TERMO E DO ENCARGO

Art. 121. Considera-se condição a cláusula que, derivando exclusivamente da vontade das partes, subordina o efeito do negócio jurídico a evento futuro e incerto.
(*) V. arts. 125, 127 e 128 do CC.

Art. 122. São lícitas, em geral, todas as condições não contrárias à lei, à ordem pública ou aos bons costumes; entre as condições defesas se incluem as que privarem de todo efeito o negócio jurídico, ou o sujeitarem ao puro arbítrio de uma das partes.
(*) Vide Súmulas 530 e 543 do STJ.

Art. 123. Invalidam os negócios jurídicos que lhes são subordinados:
(*) V. art. 137 do CC.

I – as condições física ou juridicamente impossíveis, quando suspensivas;
(*) V. arts. 106 e 166 do CC.

II – as condições ilícitas, ou de fazer coisa ilícita;

III – as condições incompreensíveis ou contraditórias.

Art. 124. Têm-se por inexistentes as condições impossíveis, quando resolutivas, e as de não fazer coisa impossível.

Art. 125. Subordinando-se a eficácia do negócio jurídico à condição suspensiva, enquanto esta se não verificar, não se terá adquirido o direito, a que ele visa.

Art. 126. Se alguém dispuser de uma coisa sob condição suspensiva, e, pendente esta, fizer quanto àquela novas disposições, estas não terão valor, realizada a condição, se com ela forem incompatíveis.

Art. 127. Se for resolutiva a condição, enquanto esta se não realizar, vigorará o negócio jurídico, podendo exercer-se desde a conclusão deste o direito por ele estabelecido.

Art. 128. Sobrevindo a condição resolutiva, extingue-se, para todos os efeitos, o direito a que ela se opõe; mas, se aposta a um negócio de execução continuada ou periódica, a sua realização, salvo disposição em contrário, não tem eficácia quanto aos atos já praticados, desde que compatíveis com a natureza da condição pendente e conforme aos ditames de boa-fé.

(*) V. art. 1.359 do CC.

Art. 129. Reputa-se verificada, quanto aos efeitos jurídicos, a condição cujo implemento for maliciosamente obstado pela parte a quem desfavorecer, considerando-se, ao contrário, não verificada a condição maliciosamente levada a efeito por aquele a quem aproveita o seu implemento.

Art. 130. Ao titular do direito eventual, nos casos de condição suspensiva ou resolutiva, é permitido praticar os atos destinados a conservá-lo.

(*) V. art. 6º, § 2º, da LINDB.

Art. 131. O termo inicial suspende o exercício, mas não a aquisição do direito.

(*) V. art. 6º da LINDB.

Art. 132. Salvo disposição legal ou convencional em contrário, computam-se os prazos, excluído o dia do começo, e incluído o do vencimento.

§ 1º. Se o dia do vencimento cair em feriado, considerar-se-á prorrogado o prazo até o seguinte dia útil.

§ 2º. Meado considera-se, em qualquer mês, o seu décimo quinto dia.

§ 3º. Os prazos de meses e anos expiram no dia de igual número do de início, ou no imediato, se faltar exata correspondência.

§ 4º. Os prazos fixados por hora contar-se-ão de minuto a minuto.

Art. 133. Nos testamentos, presume-se o prazo em favor do herdeiro, e, nos contratos, em proveito do devedor, salvo, quanto a esses, se do teor do instrumento, ou das circunstâncias, resultar que se estabeleceu a benefício do credor, ou de ambos os contratantes.

Art. 134. Os negócios jurídicos entre vivos, sem prazo, são exequíveis desde logo, salvo se a execução tiver de ser feita em lugar diverso ou depender de tempo.

(*) V. arts. 331 e 592 do CC.

Art. 135. Ao termo inicial e final aplicam-se, no que couber, as disposições relativas à condição suspensiva e resolutiva.

(*) V. arts. 123, I; e 124 a 130 do CC.

Art. 136. O encargo não suspende a aquisição nem o exercício do direito, salvo quando expressamente imposto no negócio jurídico, pelo disponente, como condição suspensiva.

Art. 137. Considera-se não escrito o encargo ilícito ou impossível, salvo se constituir o motivo determinante da liberalidade, caso em que se invalida o negócio jurídico.

(*) V. arts. 104, II; e 166, III, do CC.

Capítulo IV
DOS DEFEITOS DO NEGÓCIO JURÍDICO

Seção I
Do Erro ou Ignorância

Art. 138. São anuláveis os negócios jurídicos, quando as declarações de vontade emanarem de erro substancial que poderia ser percebido por pessoa de diligência normal, em face das circunstâncias do negócio.

(*) V. art. 171, II; 177; e 178, II, do CC.
(*) Vide Enunciado 12 do CJF.

Art. 139. O erro é substancial quando:

I – interessa à natureza do negócio, ao objeto principal da declaração, ou a alguma das qualidades a ele essenciais;

II – concerne à identidade ou à qualidade essencial da pessoa a quem se refira a declaração de vontade, desde que tenha influído nesta de modo relevante;

(*) V. arts. 1.556, 1.557 e 1.903 do CC.

III – sendo de direito e não implicando recusa à aplicação da lei, for o motivo único ou principal do negócio jurídico.

Art. 140. O falso motivo só vicia a declaração de vontade quando expresso como razão determinante.

Art. 141. A transmissão errônea da vontade por meios interpostos é anulável nos mesmos casos em que o é a declaração direta.

Art. 142. O erro de indicação da pessoa ou da coisa, a que se referir a declaração de vontade, não viciará o negócio quando, por seu contexto e pelas circunstâncias, se puder identificar a coisa ou pessoa cogitada.

(*) V. art. 1.903 do CC.

Art. 143. O erro de cálculo apenas autoriza a retificação da declaração de vontade.

Art. 144. O erro não prejudica a validade do negócio jurídico quando a pessoa, a quem a manifestação de vontade se dirige, se oferecer para executá-la na conformidade da vontade real do manifestante.

Seção II
Do Dolo

Art. 145. São os negócios jurídicos anuláveis por dolo, quando este for a sua causa.

(*) V. arts. 171, II; 177; 178, II; 180; 849; 1.909; e 2.027 do CC.

Art. 146. O dolo acidental só obriga à satisfação das perdas e danos, e é acidental quando, a seu despeito, o negócio seria realizado, embora por outro modo.

Art. 147. Nos negócios jurídicos bilaterais, o silêncio intencional de uma das partes a respeito de fato ou qualidade que a outra parte haja ignorado, constitui omissão dolosa, provando-se que sem ela o negócio não se teria celebrado.

(*) V. arts. 441 a 446, 766 e 773 do CC.

Art. 148. Pode também ser anulado o negócio jurídico por dolo de terceiro, se a parte a quem aproveite dele tivesse ou devesse ter conhecimento; em caso contrário, ainda que subsista o negócio jurídico, o terceiro responderá por todas as perdas e danos da parte a quem ludibriou.

Art. 149. O dolo do representante legal de uma das partes só obriga o representado a responder civilmente até a importância do proveito que teve; se, porém, o dolo for do representante convencional, o representado responderá solidariamente com ele por perdas e danos.

(*) V. arts. 120; 264; 653 a 692; 932; 1.690; 1.747, I; e 1.774 do CC.

Art. 150. Se ambas as partes procederem com dolo, nenhuma pode alegá-lo para anular o negócio, ou reclamar indenização.

Seção III
Da Coação

Art. 151. A coação, para viciar a declaração da vontade, há de ser tal que incuta ao paciente fundado temor de dano iminente e considerável à sua pessoa, à sua família, ou aos seus bens.

(*) V. arts. 171, II; 177; 178, I; 849; 1.909; e 2.027 do CC.

Parágrafo único. Se disser respeito a pessoa não pertencente à família do paciente, o juiz, com base nas circunstâncias, decidirá se houve coação.

Art. 152. No apreciar a coação, ter-se-ão em conta o sexo, a idade, a condição, a saúde, o temperamento do paciente e todas as demais circunstâncias que possam influir na gravidade dela.

Art. 153. Não se considera coação a ameaça do exercício normal de um direito, nem o simples temor reverencial.

Art. 154. Vicia o negócio jurídico a coação exercida por terceiro, se dela tivesse ou devesse ter conhecimento a parte a que aproveite, e esta responderá solidariamente com aquele por perdas e danos.

(*) V. arts. 264 e 402 a 405 do CC.

Art. 155. Subsistirá o negócio jurídico, se a coação decorrer de terceiro, sem que a parte a que aproveite dela tivesse ou devesse ter conhecimento; mas o autor da coação responderá por todas as perdas e danos que houver causado ao coacto.

(*) V. arts. 402 a 405 do CC.

Seção IV
Do Estado de Perigo

Art. 156. Configura-se o estado de perigo quando alguém, premido da necessidade de salvar-se, ou a pessoa de sua família, de grave dano conhecido pela outra parte, assume obrigação excessivamente onerosa.

Parágrafo único. Tratando-se de pessoa não pertencente à família do declarante, o juiz decidirá segundo as circunstâncias.

(*) V. arts. 171, II; e 178, II, do CC.

Seção V
Da Lesão

Art. 157. Ocorre a lesão quando uma pessoa, sob premente necessidade, ou por inexperiência, se obriga a prestação manifestamente desproporcional ao valor da prestação oposta.

§ 1º. Aprecia-se a desproporção das prestações segundo os valores vigentes ao tempo em que foi celebrado o negócio jurídico.

§ 2º. Não se decretará a anulação do negócio, se for oferecido suplemento suficiente, ou se a parte favorecida concordar com a redução do proveito.

(*) V. arts. 171, II; 178, II; 317; e 478 a 480 do CC.
(*) Vide Enunciados 148, 149, 150, 290, 291 e 410 do CJF.

Seção VI
Da Fraude Contra Credores

Art. 158. Os negócios de transmissão gratuita de bens ou remissão de dívida, se os praticar o devedor já insolvente, ou por eles reduzido à insolvência, ainda quando o ignore,

LIVRO III – DOS FATOS JURÍDICOS ART. 166

poderão ser anulados pelos credores quirografários, como lesivos dos seus direitos.

(*) V. arts. 161; 171, II; 177; e 178, II, do CC.

§ 1º. Igual direito assiste aos credores cuja garantia se tornar insuficiente.

(*) Vide Enunciado 151 do CJF.

§ 2º. Só os credores que já o eram ao tempo daqueles atos podem pleitear a anulação deles.

(*) Vide Enunciado 292 do CJF.

Art. 159. Serão igualmente anuláveis os contratos onerosos do devedor insolvente, quando a insolvência for notória, ou houver motivo para ser conhecida do outro contratante.

(*) V. art. 161 do CC.

Art. 160. Se o adquirente dos bens do devedor insolvente ainda não tiver pago o preço e este for, aproximadamente, o corrente, desobrigar-se-á depositando-o em juízo, com a citação de todos os interessados.

(*) V. art. 335 do CC.

Parágrafo único. Se inferior, o adquirente, para conservar os bens, poderá depositar o preço que lhes corresponda ao valor real.

Art. 161. A ação, nos casos dos arts. 158 e 159, poderá ser intentada contra o devedor insolvente, a pessoa que com ele celebrou a estipulação considerada fraudulenta, ou terceiros adquirentes que hajam procedido de má-fé.

(*) V. art. 178, II, do CC.

Art. 162. O credor quirografário, que receber do devedor insolvente o pagamento da dívida ainda não vencida, ficará obrigado a repor, em proveito do acervo sobre que se tenha de efetuar o concurso de credores, aquilo que recebeu.

Art. 163. Presumem-se fraudatórias dos direitos dos outros credores as garantias de dívidas que o devedor insolvente tiver dado a algum credor.

Art. 164. Presumem-se, porém, de boa-fé e valem os negócios ordinários indispensáveis à manutenção de estabelecimento mercantil, rural, ou industrial, ou à subsistência do devedor e de sua família.

(*) V. arts. 113 e 1.142 a 1.149 do CC.

Art. 165. Anulados os negócios fraudulentos, a vantagem resultante reverterá em proveito do acervo sobre que se tenha de efetuar o concurso de credores.

Parágrafo único. Se esses negócios tinham por único objeto atribuir direitos preferenciais, mediante hipoteca, penhor ou anticrese, sua invalidade importará somente na anulação da preferência ajustada.

(*) V. arts. 1.419 a 1.472, 1.473 a 1.505 e 1.506 a 1.510 do CC.

Capítulo V
DA INVALIDADE DO NEGÓCIO JURÍDICO

Art. 166. É nulo o negócio jurídico quando:

I – celebrado por pessoa absolutamente incapaz;

(*) V. arts. 3º; e 104, I, do CC.

II – for ilícito, impossível ou indeterminável o seu objeto;

(*) V. art. 104, II, do CC.

III – o motivo determinante, comum a ambas as partes, for ilícito;

IV – não revestir a forma prescrita em lei;

(*) V. art. 104, III, do CC.

V – for preterida alguma solenidade que a lei considere essencial para a sua validade;

VI – tiver por objetivo fraudar lei imperativa;

VII – a lei taxativamente o declarar nulo, ou proibir-lhe a prática, sem cominar sanção.

(*) Vide Enunciado 616 do CJF.
(*) Vide Súmula 346 do STF.

Art. 167. É nulo o negócio jurídico simulado, mas subsistirá o que se dissimulou, se válido for na substância e na forma.

(*) Vide Enunciado 578 do CJF.

§ 1º. Haverá simulação nos negócios jurídicos quando:

I – aparentarem conferir ou transmitir direitos a pessoas diversas daquelas às quais realmente se conferem, ou transmitem;

II – contiverem declaração, confissão, condição ou cláusula não verdadeira;

III – os instrumentos particulares forem antedatados, ou pós-datados.

§ 2º. Ressalvam-se os direitos de terceiros de boa-fé em face dos contraentes do negócio jurídico simulado.

(*) Vide Enunciados 152, 153 e 293 do CJF.

Art. 168. As nulidades dos artigos antecedentes podem ser alegadas por qualquer interessado, ou pelo Ministério Público, quando lhe couber intervir.

Parágrafo único. As nulidades devem ser pronunciadas pelo juiz, quando conhecer do negócio jurídico ou dos seus efeitos e as encontrar provadas, não lhe sendo permitido supri-las, ainda que a requerimento das partes.

(*) Vide Enunciado 294 do CJF.

Art. 169. O negócio jurídico nulo não é suscetível de confirmação, nem convalesce pelo decurso do tempo.

(*) V. art. 367 do CC.
(*) Vide Enunciados 536 e 537 do CJF.

Art. 170. Se, porém, o negócio jurídico nulo contiver os requisitos de outro, subsistirá este quando o fim a que visavam as partes permitir supor que o teriam querido, se houvessem previsto a nulidade.

(*) Vide Enunciado 13 do CJF.
(*) Vide Súmulas 472 e 530 do STJ.

Art. 171. Além dos casos expressamente declarados na lei, é anulável o negócio jurídico:

I – por incapacidade relativa do agente;

(*) V. arts. 4º, 180 e 181 do CC.

II – por vício resultante de erro, dolo, coação, estado de perigo, lesão ou fraude contra credores.

(*) V. arts. 158 a 165 do CC.

Art. 172. O negócio anulável pode ser confirmado pelas partes, salvo direito de terceiro.

(*) V. art. 367 do CC.
(*) Vide Súmula 346 do STF.

Art. 173. O ato de confirmação deve conter a substância do negócio celebrado e a vontade expressa de mantê-lo.

Art. 174. É escusada a confirmação expressa, quando o negócio já foi cumprido em parte pelo devedor, ciente do vício que o inquinava.

Art. 175. A confirmação expressa, ou a execução voluntária de negócio anulável, nos termos dos arts. 172 a 174, importa a extinção de todas as ações, ou exceções, de que contra ele dispusesse o devedor.

Art. 176. Quando a anulabilidade do ato resultar da falta de auto-

LIVRO III – DOS FATOS JURÍDICOS ART. 186

rização de terceiro, será validado se este a der posteriormente.
(*) V. art. 496 do CC.

Art. 177. A anulabilidade não tem efeito antes de julgada por sentença, nem se pronuncia de ofício; só os interessados a podem alegar, e aproveita exclusivamente aos que a alegarem, salvo o caso de solidariedade ou indivisibilidade.
(*) V. arts. 264 a 285 do CC.

Art. 178. É de 4 (quatro) anos o prazo de decadência para pleitear-se a anulação do negócio jurídico, contado:
(*) V. arts. 207 a 211 do CC.

I – no caso de coação, do dia em que ela cessar;
(*) V. arts. 151 a 155 do CC.

II – no de erro, dolo, fraude contra credores, estado de perigo ou lesão, do dia em que se realizou o negócio jurídico;
(*) V. arts. 138 a 150 e 156 a 165 do CC.

III – no de atos de incapazes, do dia em que cessar a incapacidade.
(*) V. arts. 3º ao 5º do CC.

Art. 179. Quando a lei dispuser que determinado ato é anulável, sem estabelecer prazo para pleitear-se a anulação, será este de 2 (dois) anos, a contar da data da conclusão do ato.
(*) Vide Enunciados 538 e 545 do CJF.
(*) Vide Súmula 494 do STF.

Art. 180. O menor, entre 16 (dezesseis) e 18 (dezoito) anos, não pode, para eximir-se de uma obrigação, invocar a sua idade se dolosamente a ocultou quando inquirido pela outra parte, ou se, no ato de obrigar-se, declarou-se maior.

Art. 181. Ninguém pode reclamar o que, por uma obrigação anulada, pagou a um incapaz, se não provar que reverteu em proveito dele a importância paga.
(*) V. art. 310 do CC.

Art. 182. Anulado o negócio jurídico, restituir-se-ão as partes ao estado em que antes dele se achavam, e, não sendo possível restituí-las, serão indenizadas com o equivalente.

Art. 183. A invalidade do instrumento não induz a do negócio jurídico sempre que este puder provar-se por outro meio.

Art. 184. Respeitada a intenção das partes, a invalidade parcial de um negócio jurídico não o prejudicará na parte válida, se esta for separável; a invalidade da obrigação principal implica a das obrigações acessórias, mas a destas não induz a da obrigação principal.
(*) V. art. 92 do CC.

TÍTULO II
DOS ATOS JURÍDICOS LÍCITOS

Art. 185. Aos atos jurídicos lícitos, que não sejam negócios jurídicos, aplicam-se, no que couber, as disposições do Título anterior.

TÍTULO III
DOS ATOS ILÍCITOS

Art. 186. Aquele que, por ação ou omissão voluntária, negligência ou imprudência, violar direito e causar dano a outrem, ainda que exclusivamente moral, comete ato ilícito.
(*) V. arts. 12, 43, 475, 884 e 927 a 954 do CC.
(*) Vide Enunciados 411, 550 e 551 do CJF.
(*) Vide Tema Representativo 108 do TNU-CJF.
(*) Vide Temas 130, 707 e 940 do STF.
(*) Vide Súmulas 37, 43, 221, 227, 362, 370, 387, 388, 402, 403, 479, 498, 595 e 624 do STJ.

Art. 187. Também comete ato ilícito o titular de um direito que, ao exercê-lo, excede manifestamente os limites impostos pelo seu fim econômico ou social, pela boa-fé ou pelos bons costumes.
(*) V. arts. 496 e 927 a 954 do CC.
(*) Vide Enunciados 37, 159, 217, 412, 413, 414, 539 e 617 do CJF.
(*) Vide Súmula 532 do STJ.

Art. 188. Não constituem atos ilícitos:
I – os praticados em legítima defesa ou no exercício regular de um direito reconhecido;
(*) V. art. 930, parágrafo único, do CC.
(*) Vide Súmula 476 do STJ.
II – a deterioração ou destruição da coisa alheia, ou a lesão a pessoa, a fim de remover perigo iminente.
(*) V. arts. 929; e 930, *caput*, do CC.
Parágrafo único. No caso do inciso II, o ato será legítimo somente quando as circunstâncias o tornarem absolutamente necessário, não excedendo os limites do indispensável para a remoção do perigo.

TÍTULO IV
DA PRESCRIÇÃO E DA DECADÊNCIA

Capítulo I
DA PRESCRIÇÃO

Seção I
Disposições Gerais
(*) V. arts. 882 e 2.028 do CC.
(*) Vide Súmula Vinculante 8 do STF.

Art. 189. Violado o direito, nasce para o titular a pretensão, a qual se extingue, pela prescrição, nos prazos a que aludem os arts. 205 e 206.
(*) Vide Enunciados 14 e 579 do CJF.

Art. 190. A exceção prescreve no mesmo prazo em que a pretensão.
(*) Vide Enunciado 415 do CJF.

Art. 191. A renúncia da prescrição pode ser expressa ou tácita, e só valerá, sendo feita, sem prejuízo de terceiro, depois que a prescrição se consumar; tácita é a renúncia quando se presume de fatos do interessado, incompatíveis com a prescrição.
(*) Vide Enunciados 295 e 581 do CJF.

Art. 192. Os prazos de prescrição não podem ser alterados por acordo das partes.

Art. 193. A prescrição pode ser alegada em qualquer grau de jurisdição, pela parte a quem aproveita.
(*) Vide Súmula 150 do STF.

Art. 194. (Revogado).
(*) Art. 194 revogado pela Lei nº 11.280/2006.

Art. 195. Os relativamente incapazes e as pessoas jurídicas têm ação contra os seus assistentes ou representantes legais, que derem causa à prescrição, ou não a alegarem oportunamente.
(*) V. arts. 4º, 40 a 44 e 208 do CC.

Art. 196. A prescrição iniciada contra uma pessoa continua a correr contra o seu sucessor.

Seção II
Das Causas que Impedem ou Suspendem a Prescrição

Art. 197. Não corre a prescrição:
I – entre os cônjuges, na constância da sociedade conjugal;
(*) V. art. 1.571 do CC.
(*) Vide Enunciado 296 do CJF.
II – entre ascendentes e descendentes, durante o poder familiar;
(*) V. arts. 1.630 a 1.638 do CC.
(*) Vide Súmula 149 do STF.

LIVRO III – DOS FATOS JURÍDICOS   ART. 204

III – entre tutelados ou curatelados e seus tutores ou curadores, durante a tutela ou curatela.
(*) V. arts. 1.728 a 1.733 do CC.

Art. 198. Também não corre a prescrição:
I – contra os incapazes de que trata o art. 3º;
(*) V. art. 208 do CC.
II – contra os ausentes do País em serviço público da União, dos Estados ou dos Municípios;
(*) Vide Enunciado 156 do CJF.
III – contra os que se acharem servindo nas Forças Armadas, em tempo de guerra.

Art. 199. Não corre igualmente a prescrição:
I – pendendo condição suspensiva;
(*) V. art. 125 do CC.
II – não estando vencido o prazo;
III – pendendo ação de evicção.
(*) V. arts. 447 a 457 do CC.

Art. 200. Quando a ação se originar de fato que deva ser apurado no juízo criminal, não correrá a prescrição antes da respectiva sentença definitiva.
(*) V. art. 935 do CC.

Art. 201. Suspensa a prescrição em favor de um dos credores solidários, só aproveitam os outros se a obrigação for indivisível.
(*) V. arts. 257 a 263 e 267 a 274 do CC.

Seção III
Das Causas que Interrompem a Prescrição

Art. 202. A interrupção da prescrição, que somente poderá ocorrer uma vez, dar-se-á:
I – por despacho do juiz, mesmo incompetente, que ordenar a citação, se o interessado a promover no prazo e na forma da lei processual;
(*) Vide Enunciados 416 e 417 do CJF.
II – por protesto, nas condições do inciso antecedente;
III – por protesto cambial;
(*) Vide Súmula 153 do STF.
IV – pela apresentação do título de crédito em juízo de inventário ou em concurso de credores;
V – por qualquer ato judicial que constitua em mora o devedor;
VI – por qualquer ato inequívoco, ainda que extrajudicial, que importe reconhecimento do direito pelo devedor.
(*) Vide Súmula 154 do STF.
(*) Vide Tema Representativo 83 do TNU-CJF.

Parágrafo único. A prescrição interrompida recomeça a correr da data do ato que a interrompeu, ou do último ato do processo para a interromper.

Art. 203. A prescrição pode ser interrompida por qualquer interessado.
(*) V. art. 193 do CC.

Art. 204. A interrupção da prescrição por um credor não aproveita aos outros; semelhantemente, a interrupção operada contra o codevedor, ou seu herdeiro, não prejudica aos demais coobrigados.

§ 1º. A interrupção por um dos credores solidários aproveita aos outros; assim como a interrupção efetuada contra o devedor solidário envolve os demais e seus herdeiros.
(*) V. arts. 264 a 285 do CC.

§ 2º. A interrupção operada contra um dos herdeiros do devedor solidário não prejudica os outros herdeiros ou devedores, senão quando se trate de obrigações e direitos indivisíveis.
(*) V. arts. 87, 88 e 257 a 263 do CC.

§ 3º. A interrupção produzida contra o principal devedor prejudica o fiador.
(*) V. arts. 817 a 839 do CC.

Seção IV
Dos Prazos da Prescrição

Art. 205. A prescrição ocorre em 10 (dez) anos, quando a lei não lhe haja fixado prazo menor.
(*) V. art. 2.028 do CC.
(*) Vide Temas Representativos 42 e 89 do TNU-CJF.
(*) Vide Súmula 443 do STF.
(*) Vide Súmula 412 do STJ.

Art. 206. Prescreve:
(*) Vide Temas 899 e 999 do STF.

§ 1º. Em 1 (um) ano:
I – a pretensão dos hospedeiros ou fornecedores de víveres destinados a consumo no próprio estabelecimento, para o pagamento da hospedagem ou dos alimentos;
II – a pretensão do segurado contra o segurador, ou a deste contra aquele, contado o prazo:
a) para o segurado, no caso de seguro de responsabilidade civil, da data em que é citado para responder à ação de indenização proposta pelo terceiro prejudicado, ou da data que a este indeniza, com a anuência do segurador;
b) quanto aos demais seguros, da ciência do fato gerador da pretensão;
(*) V. arts. 757 a 802 do CC.
(*) Vide Súmula 151 do STF.

III – a pretensão dos tabeliães, auxiliares da justiça, serventuários judiciais, árbitros e peritos, pela percepção de emolumentos, custas e honorários;
IV – a pretensão contra os peritos, pela avaliação dos bens que entraram para a formação do capital de sociedade anônima, contado da publicação da ata da assembleia que aprovar o laudo;
V – a pretensão dos credores não pagos contra os sócios ou acionistas e os liquidantes, contado o prazo da publicação da ata de encerramento da liquidação da sociedade.

§ 2º. Em 2 (dois) anos, a pretensão para haver prestações alimentares, a partir da data em que se vencerem.
(*) V. arts. 197, II; 198, I; 948, II; e 1.635, II e III, do CC.

§ 3º. Em 3 (três) anos:
I – a pretensão relativa a aluguéis de prédios urbanos ou rústicos;
(*) Vide Enunciado 418 do CJF.

II – a pretensão para receber prestações vencidas de rendas temporárias ou vitalícias;
(*) Vide Súmulas 291 e 427 do STJ.

III – a pretensão para haver juros, dividendos ou quaisquer prestações acessórias, pagáveis, em períodos não maiores de 1 (um) ano, com capitalização ou sem ela;
IV – a pretensão de ressarcimento de enriquecimento sem causa;
(*) V. arts. 884 a 886 do CC.
(*) Vide Súmula 547 do STJ.

V – a pretensão de reparação civil;
(*) V. arts. 186, 187, 402 a 405 e 927 a 943 do CC.
(*) Vide Enunciados 419, 420 e 580 do CJF.

VI – a pretensão de restituição dos lucros ou dividendos recebidos de má-fé, correndo o prazo da data em que foi deliberada a distribuição;
VII – a pretensão contra as pessoas em seguida indicadas por violação da lei ou do estatuto, contado o prazo:
a) para os fundadores, da publicação dos atos constitutivos da sociedade anônima;
b) para os administradores, ou fiscais, da apresentação, aos sócios, do balanço referente ao exercício em que a violação tenha sido praticada, ou da reunião ou assembleia geral que dela deva tomar conhecimento;
c) para os liquidantes, da primeira assembleia semestral posterior à violação;
VIII – a pretensão para haver o pagamento de título de crédito, a con-

LIVRO III – DOS FATOS JURÍDICOS   ART. 215

tar do vencimento, ressalvadas as disposições de lei especial;

IX – a pretensão do beneficiário contra o segurador, e a do terceiro prejudicado, no caso de seguro de responsabilidade civil obrigatório.

(*) Vide Súmula 405 do STJ.

§ 4º. Em 4 (quatro) anos, a pretensão relativa à tutela, a contar da data da aprovação das contas.

§ 5º. Em 5 (cinco) anos:

I – a pretensão de cobrança de dívidas líquidas constantes de instrumento público ou particular;

(*) Vide Súmulas 143, 503, 504 e 547 do STJ.

II – a pretensão dos profissionais liberais em geral, procuradores judiciais, curadores e professores pelos seus honorários, contado o prazo da conclusão dos serviços, da cessação dos respectivos contratos ou mandato;

III – a pretensão do vencedor para haver do vencido o que despendeu em juízo.

Art. 206-A. A prescrição intercorrente observará o mesmo prazo de prescrição da pretensão, observadas as causas de impedimento, de suspensão e de interrupção da prescrição previstas neste Código e observado o disposto no art. 921 da Lei nº 13.105, de 16 de março de 2015 (Código de Processo Civil).

(*) Art. 206-A acrescido pela MP nº 1.040/2021♦, alterado pela Lei nº 14.195/2021 e pela MP nº 1.085/2021♦♦, e com redação dada pela Lei nº 14.382/2022.

♦ MP nº 1.040/2021 convertida com alterações na Lei nº 14.195/2021.

♦♦ MP nº 1.085/2021 convertida com alterações na Lei nº 14.382/2022.

Capítulo II
DA DECADÊNCIA

Art. 207. Salvo disposição legal em contrário, não se aplicam à decadência as normas que impedem, suspendem ou interrompem a prescrição.

Art. 208. Aplica-se à decadência o disposto nos arts. 195 e 198, inciso I.

Art. 209. É nula a renúncia à decadência fixada em lei.

Art. 210. Deve o juiz, de ofício, conhecer da decadência, quando estabelecida por lei.

Art. 211. Se a decadência for convencional, a parte a quem aproveita pode alegá-la em qualquer grau de jurisdição, mas o juiz não pode suprir a alegação.

TÍTULO V
DA PROVA

Art. 212. Salvo o negócio a que se impõe forma especial, o fato jurídico pode ser provado mediante:

I – confissão;

(*) V. arts. 107, 213 e 214 do CC.
(*) Vide Enunciado 157 do CJF.

II – documento;

(*) V. arts. 107 a 109 e 215 a 226 do CC.
(*) Vide Enunciados 297 e 298 do CJF.

III – testemunha;

(*) V. arts. 227 e 228 do CC.

IV – presunção;

V – perícia.

Art. 213. Não tem eficácia a confissão se provém de quem não é capaz de dispor do direito a que se referem os fatos confessados.

Parágrafo único. Se feita a confissão por um representante, somente é eficaz nos limites em que este pode vincular o representado.

Art. 214. A confissão é irrevogável, mas pode ser anulada se decorreu de erro de fato ou de coação.

Art. 215. A escritura pública, lavrada em notas de tabelião, é documento dotado de fé pública, fazendo prova plena.

§ 1º. Salvo quando exigidos por lei outros requisitos, a escritura pública deve conter:

I – data e local de sua realização;

II – reconhecimento da identidade e capacidade das partes e de quantos hajam comparecido ao ato, por si, como representantes, intervenientes ou testemunhas;

III – nome, nacionalidade, estado civil, profissão, domicílio e residência das partes e demais comparecentes, com a indicação, quando necessário, do regime de bens do casamento, nome do outro cônjuge e filiação;

IV – manifestação clara da vontade das partes e dos intervenientes;

V – referência ao cumprimento das exigências legais e fiscais inerentes à legitimidade do ato;

VI – declaração de ter sido lida na presença das partes e demais comparecentes, ou de que todos a leram;

VII – assinatura das partes e dos demais comparecentes, bem como a do tabelião ou seu substituto legal, encerrando o ato.

(*) Vide Enunciado 158 do CJF.

§ 2º. Se algum comparecente não puder ou não souber escrever, outra pessoa capaz assinará por ele, a seu rogo.

§ 3º. A escritura será redigida na língua nacional.

§ 4º. Se qualquer dos comparecentes não souber a língua nacional e o tabelião não entender o idioma em que se expressa, deverá comparecer tradutor público para servir de intérprete, ou, não o havendo na localidade, outra pessoa capaz que, a juízo do tabelião, tenha idoneidade e conhecimento bastantes.

§ 5º. Se algum dos comparecentes não for conhecido do tabelião, nem puder identificar-se por documento, deverão participar do ato pelo menos 2 (duas) testemunhas que o conheçam e atestem sua identidade.

Art. 216. Farão a mesma prova que os originais as certidões textuais de qualquer peça judicial, do protocolo das audiências, ou de outro qualquer livro a cargo do escrivão, sendo extraídas por ele, ou sob a sua vigilância, e por ele subscritas, assim como os traslados de autos, quando por outro escrivão consertados.

Art. 217. Terão a mesma força probante os traslados e as certidões, extraídos por tabelião ou oficial de registro, de instrumentos ou documentos lançados em suas notas.

Art. 218. Os traslados e as certidões considerar-se-ão instrumentos públicos, se os originais se houverem produzido em juízo como prova de algum ato.

Art. 219. As declarações constantes de documentos assinados presumem-se verdadeiras em relação aos signatários.

Parágrafo único. Não tendo relação direta, porém, com as disposições principais ou com a legitimidade das partes, as declarações enunciativas não eximem os interessados em sua veracidade do ônus de prová-las.

Art. 220. A anuência ou a autorização de outrem, necessária à validade de um ato, provar-se-á do mesmo modo que este, e constará, sempre que se possa, do próprio instrumento.

Art. 221. O instrumento particular, feito e assinado, ou somente assinado por quem esteja na livre disposição e administração de seus bens, prova as obrigações convencionais de qualquer valor; mas os seus efeitos, bem como os da cessão, não se operam, a respeito de terceiros, antes de registrado no registro público.

LIVRO III – DOS FATOS JURÍDICOS ART. 232

Parágrafo único. A prova do instrumento particular pode suprir-se pelas outras de caráter legal.

Art. 222. O telegrama, quando lhe for contestada a autenticidade, faz prova mediante conferência com o original assinado.

Art. 223. A cópia fotográfica de documento, conferida por tabelião de notas, valerá como prova de declaração da vontade, mas, impugnada sua autenticidade, deverá ser exibido o original.

Parágrafo único. A prova não supre a ausência do título de crédito, ou do original, nos casos em que a lei ou as circunstâncias condicionarem o exercício do direito à sua exibição.

Art. 224. Os documentos redigidos em língua estrangeira serão traduzidos para o português para ter efeitos legais no País.

Art. 225. As reproduções fotográficas, cinematográficas, os registros fonográficos e, em geral, quaisquer outras reproduções mecânicas ou eletrônicas de fatos ou de coisas fazem prova plena destes, se a parte, contra quem forem exibidos, não lhes impugnar a exatidão.

(*) Vide Enunciado 298 do CJF.

Art. 226. Os livros e fichas dos empresários e sociedades provam contra as pessoas a que pertencem, e, em seu favor, quando, escriturados sem vício extrínseco ou intrínseco, forem confirmados por outros subsídios.

Parágrafo único. A prova resultante dos livros e fichas não é bastante nos casos em que a lei exige escritura pública, ou escrito particular revestido de requisitos especiais, e pode ser ilidida pela comprovação da falsidade ou inexatidão dos lançamentos.

(*) V. arts. 1.179 a 1.195 do CC.

Art. 227. (Revogado).

(*) Art. 227, *caput*, revogado pela Lei nº 13.105/2015.

Parágrafo único. Qualquer que seja o valor do negócio jurídico, a prova testemunhal é admissível como subsidiária ou complementar da prova por escrito.

Art. 228. Não podem ser admitidos como testemunhas:

I – os menores de 16 (dezesseis) anos;

II – (revogado);

(*) Inciso II revogado pela Lei nº 13.146/2015.

III – (revogado);

(*) Inciso III revogado pela Lei nº 13.146/2015.

IV – o interessado no litígio, o amigo íntimo ou o inimigo capital das partes;

V – os cônjuges, os ascendentes, os descendentes e os colaterais, até o terceiro grau de alguma das partes, por consanguinidade, ou afinidade.

§ 1º. Para a prova de fatos que só elas conheçam, pode o juiz admitir o depoimento das pessoas a que se refere este artigo.

(*) § 1º com redação dada pela Lei nº 13.146/2015.

§ 2º. A pessoa com deficiência poderá testemunhar em igualdade de condições com as demais pessoas, sendo-lhe assegurados todos os recursos de tecnologia assistiva.

(*) § 2º acrescido pela Lei nº 13.146/2015.

Arts. 229 e 230. (Revogados).

(*) Arts. 229 e 230 revogados pela Lei nº 13.146/2015.

Art. 231. Aquele que se nega a submeter-se a exame médico necessário não poderá aproveitar-se de sua recusa.

Art. 232. A recusa à perícia médica ordenada pelo juiz poderá suprir a prova que se pretendia obter com o exame.

PARTE ESPECIAL

LIVRO I
DO DIREITO DAS OBRIGAÇÕES

TÍTULO I
DAS MODALIDADES DAS OBRIGAÇÕES

Capítulo I
DAS OBRIGAÇÕES DE DAR

Seção I
Das Obrigações de Dar Coisa Certa

Art. 233. A obrigação de dar coisa certa abrange os acessórios dela embora não mencionados, salvo se o contrário resultar do título ou das circunstâncias do caso.

(*) V. arts. 92 a 97 do CC.

Art. 234. Se, no caso do artigo antecedente, a coisa se perder, sem culpa do devedor, antes da tradição, ou pendente a condição suspensiva, fica resolvida a obrigação para ambas as partes; se a perda resultar de culpa do devedor, responderá este pelo equivalente e mais perdas e danos.

(*) V. arts. 125, 239, 248, 250, 256, 389, 402 a 407, 444, 458, 492, 509, 611 e 1.267 do CC.

Art. 235. Deteriorada a coisa, não sendo o devedor culpado, poderá o credor resolver a obrigação, ou aceitar a coisa, abatido de seu preço o valor que perdeu.

(*) V. art. 240 do CC.

Art. 236. Sendo culpado o devedor, poderá o credor exigir o equivalente, ou aceitar a coisa no estado em que se acha, com direito a reclamar, em um ou em outro caso, indenização das perdas e danos.

(*) V. arts. 239, 389 e 402 a 405 do CC.
(*) Vide Enunciado 15 do CJF.

Art. 237. Até a tradição pertence ao devedor a coisa, com os seus melhoramentos e acrescidos, pelos quais poderá exigir aumento no preço; se o credor não anuir, poderá o devedor resolver a obrigação.

(*) V. art. 1.267, parágrafo único, do CC.

Parágrafo único. Os frutos percebidos são do devedor, cabendo ao credor os pendentes.

(*) V. arts. 1.214 a 1.216 do CC.

Art. 238. Se a obrigação for de restituir coisa certa, e esta, sem culpa do devedor, se perder antes da tradição, sofrerá o credor a perda, e a obrigação se resolverá, ressalvados os seus direitos até o dia da perda.

(*) V. arts. 241; e 1.267, parágrafo único, do CC.

Art. 239. Se a coisa se perder por culpa do devedor, responderá este pelo equivalente, mais perdas e danos.

(*) V. arts. 234 e 402 a 405 do CC.

Art. 240. Se a coisa restituível se deteriorar sem culpa do devedor, recebê-la-á o credor, tal qual se ache, sem direito a indenização; se por culpa do devedor, observar-se-á o disposto no art. 239.

(*) V. arts. 402 a 405 do CC.
(*) Vide Enunciado 15 do CJF.

Art. 241. Se, no caso do art. 238, sobrevier melhoramento ou acréscimo à coisa, sem despesa ou trabalho do devedor, lucrará o credor, desobrigado de indenização.

Art. 242. Se para o melhoramento, ou aumento, empregou o devedor trabalho ou dispêndio, o caso se regulará pelas normas deste Código atinentes às benfeitorias realizadas pelo possuidor de boa-fé ou de má-fé.

(*) V. arts. 96 e 1.219 a 1.222 do CC.

Parágrafo único. Quanto aos frutos percebidos, observar-se-á, do mesmo modo, o disposto neste Código, acerca do possuidor de boa-fé ou de má-fé.

(*) V. arts. 95 e 1.214 a 1.217 do CC.

Seção II
Das Obrigações de Dar Coisa Incerta

Art. 243. A coisa incerta será indicada, ao menos, pelo gênero e pela quantidade.

(*) Vide Enunciado 160 do CJF.

Art. 244. Nas coisas determinadas pelo gênero e pela quantidade, a escolha pertence ao devedor, se o contrário não resultar do título da obrigação; mas não poderá dar a coisa pior, nem será obrigado a prestar a melhor.

(*) V. art. 344 do CC.

Art. 245. Cientificado da escolha o credor, vigorará o disposto na Seção antecedente.

(*) V. arts. 233 a 242 e 313 do CC.

Art. 246. Antes da escolha, não poderá o devedor alegar perda ou deterioração da coisa, ainda que por força maior ou caso fortuito.

(*) V. art. 393 do CC.

Capítulo II
DAS OBRIGAÇÕES DE FAZER

Art. 247. Incorre na obrigação de indenizar perdas e danos o devedor que recusar a prestação a ele só imposta, ou só por ele exequível.

(*) V. arts. 402 a 405 do CC.

Art. 248. Se a prestação do fato tornar-se impossível sem culpa do devedor, resolver-se-á a obrigação; se por culpa dele, responderá por perdas e danos.

(*) V. arts. 402 a 405 do CC.

Art. 249. Se o fato puder ser executado por terceiro, será livre ao credor mandá-lo executar à custa do devedor, havendo recusa ou mora deste, sem prejuízo da indenização cabível.

(*) V. arts. 389, 394 e 402 a 405 do CC.

Parágrafo único. Em caso de urgência, pode o credor, independentemente de autorização judicial, executar ou mandar executar o fato, sendo depois ressarcido.

Capítulo III
DAS OBRIGAÇÕES DE NÃO FAZER

Art. 250. Extingue-se a obrigação de não fazer, desde que, sem culpa do devedor, se lhe torne impossível abster-se do ato, que se obrigou a não praticar.

Art. 251. Praticado pelo devedor o ato, a cuja abstenção se obrigara, o credor pode exigir dele que o desfaça, sob pena de se desfazer à sua custa, ressarcindo o culpado perdas e danos.

(*) V. arts. 390 e 402 a 405 do CC.
(*) Vide Enunciado 647 do CJF.

Parágrafo único. Em caso de urgência, poderá o credor desfazer ou mandar desfazer, independentemente de autorização judicial, sem prejuízo do ressarcimento devido.

Capítulo IV
DAS OBRIGAÇÕES ALTERNATIVAS

Art. 252. Nas obrigações alternativas, a escolha cabe ao devedor, se outra coisa não se estipulou.

(*) V. art. 342 do CC.

§ 1º. Não pode o devedor obrigar o credor a receber parte em uma prestação e parte em outra.

(*) V. art. 314 do CC.

§ 2º. Quando a obrigação for de prestações periódicas, a faculdade de opção poderá ser exercida em cada período.

§ 3º. No caso de pluralidade de optantes, não havendo acordo unânime entre eles, decidirá o juiz, findo o prazo por este assinado para a deliberação.

§ 4º. Se o título deferir a opção a terceiro, e este não quiser, ou não puder exercê-la, caberá ao juiz a escolha se não houver acordo entre as partes.

Art. 253. Se uma das duas prestações não puder ser objeto de obrigação ou se tornada inexequível, subsistirá o débito quanto à outra.

Art. 254. Se, por culpa do devedor, não se puder cumprir nenhuma das prestações, não competindo ao credor a escolha, ficará aquele obrigado a pagar o valor da que por último se impossibilitou, mais as perdas e danos que o caso determinar.

(*) V. arts. 389 e 402 a 405 do CC.

Art. 255. Quando a escolha couber ao credor e uma das prestações tornar-se impossível por culpa do devedor, o credor terá direito de exigir a prestação subsistente ou o valor da outra, com perdas e danos; se, por culpa do devedor, ambas as prestações se tornarem inexequíveis, poderá o credor reclamar o valor de qualquer das duas, além da indenização por perdas e danos.

(*) V. arts. 389 e 402 a 405 do CC.

Art. 256. Se todas as prestações se tornarem impossíveis sem culpa do devedor, extinguir-se-á a obrigação.

Capítulo V
DAS OBRIGAÇÕES DIVISÍVEIS E INDIVISÍVEIS

Art. 257. Havendo mais de um devedor ou mais de um credor em obrigação divisível, esta presume-se dividida em tantas obrigações, iguais e distintas, quantos os credores ou devedores.

(*) V. art. 265 do CC.

Art. 258. A obrigação é indivisível quando a prestação tem por objeto uma coisa ou um fato não suscetíveis de divisão, por sua natureza, por motivo de ordem econômica, ou dada a razão determinante do negócio jurídico.

Art. 259. Se, havendo dois ou mais devedores, a prestação não

LIVRO I – DO DIREITO DAS OBRIGAÇÕES   ART. 268

for divisível, cada um será obrigado pela dívida toda.

Parágrafo único. O devedor, que paga a dívida, sub-roga-se no direito do credor em relação aos outros coobrigados.

(*) V. art. 346, III, do CC.

Art. 260. Se a pluralidade for dos credores, poderá cada um destes exigir a dívida inteira; mas o devedor ou devedores se desobrigarão, pagando:

I – a todos conjuntamente;

II – a um, dando este caução de ratificação dos outros credores.

(*) V. art. 267 do CC.

Art. 261. Se um só dos credores receber a prestação por inteiro, a cada um dos outros assistirá o direito de exigir dele em dinheiro a parte que lhe caiba no total.

Art. 262. Se um dos credores remitir a dívida, a obrigação não ficará extinta para com os outros; mas estes só a poderão exigir, descontada a quota do credor remitente.

Parágrafo único. O mesmo critério se observará no caso de transação, novação, compensação ou confusão.

(*) V. arts. 360 a 384 e 840 a 850 do CC.

Art. 263. Perde a qualidade de indivisível a obrigação que se resolver em perdas e danos.

§ 1º. Se, para efeito do disposto neste artigo, houver culpa de todos os devedores, responderão todos por partes iguais.

§ 2º. Se for de um só a culpa, ficarão exonerados os outros, respondendo só esse pelas perdas e danos.

(*) V. arts. 271 e 402 a 405 do CC.

(*) Vide Enunciado 540 do CJF.

Capítulo VI
DAS OBRIGAÇÕES SOLIDÁRIAS

Seção I
Disposições Gerais

Art. 264. Há solidariedade, quando na mesma obrigação concorre mais de um credor, ou mais de um devedor, cada um com direito, ou obrigado, à dívida toda.

Art. 265. A solidariedade não se presume; resulta da lei ou da vontade das partes.

(*) V. arts. 149; 154; 256 a 258; 271; 275; 276; 383; 388; 518; 585; 680; 756; 829; 914, § 1º; 942; 1.012; 1.016; 1.052; 1.056, § 2º; 1.091, § 1º; 1.146; 1.173, parágrafo único; 1.177, parágrafo único; 1.460; 1.644; 1.752, § 2º; e 1.986 do CC.

(*) Vide Súmula 26 do STJ.

Art. 266. A obrigação solidária pode ser pura e simples para um dos cocredores ou codevedores, e condicional, ou a prazo, ou pagável em lugar diferente, para o outro.

(*) Vide Enunciado 347 do CJF.

Seção II
Da Solidariedade Ativa

Art. 267. Cada um dos credores solidários tem direito a exigir do devedor o cumprimento da prestação por inteiro.

(*) V. arts. 260 e 261 do CC.

Art. 268. Enquanto alguns dos credores solidários não demandarem o devedor comum, a qualquer daqueles poderá este pagar.

Art. 269. O pagamento feito a um dos credores solidários extingue a dívida até o montante do que foi pago.

Art. 270. Se um dos credores solidários falecer deixando herdeiros, cada um destes só terá direito a exigir e receber a quota do crédito que corresponder ao seu quinhão hereditário, salvo se a obrigação for indivisível.

Art. 271. Convertendo-se a prestação em perdas e danos, subsiste, para todos os efeitos, a solidariedade.

(*) V. arts. 264 e 402 a 405 do CC.

Art. 272. O credor que tiver remitido a dívida ou recebido o pagamento responderá aos outros pela parte que lhes caiba.

(*) V. art. 388 do CC.

Art. 273. A um dos credores solidários não pode o devedor opor as exceções pessoais oponíveis aos outros.

Art. 274. O julgamento contrário a um dos credores solidários não atinge os demais, mas o julgamento favorável aproveita-lhes, sem prejuízo de exceção pessoal que o devedor tenha direito de invocar em relação a qualquer deles.

(*) Art. 274 com redação dada pela Lei nº 13.105/2015.

Seção III
Da Solidariedade Passiva

Art. 275. O credor tem direito a exigir e receber de um ou de alguns dos devedores, parcial ou totalmente, a dívida comum; se o pagamento tiver sido parcial, todos os demais devedores continuam obrigados solidariamente pelo resto.

Parágrafo único. Não importará renúncia da solidariedade a proposição de ação pelo credor contra um ou alguns dos devedores.

(*) V. arts. 265; e 333, parágrafo único, do CC.
(*) Vide Enunciado 348 do CJF.

Art. 276. Se um dos devedores solidários falecer deixando herdeiros, nenhum destes será obrigado a pagar senão a quota que corresponder ao seu quinhão hereditário, salvo se a obrigação for indivisível; mas todos reunidos serão considerados como um devedor solidário em relação aos demais devedores.

(*) V. arts. 257 a 263, 264, 1.792, 1.821 e 1.997 do CC.

Art. 277. O pagamento parcial feito por um dos devedores e a remissão por ele obtida não aproveitam aos outros devedores, senão até à concorrência da quantia paga ou relevada.

(*) V. arts. 257 e 385 a 388 do CC.

Art. 278. Qualquer cláusula, condição ou obrigação adicional, estipulada entre um dos devedores solidários e o credor, não poderá agravar a posição dos outros sem consentimento destes.

(*) V. arts. 121 a 137 do CC.

Art. 279. Impossibilitando-se a prestação por culpa de um dos devedores solidários, subsiste para todos o encargo de pagar o equivalente; mas pelas perdas e danos só responde o culpado.

(*) V. arts. 402 a 405 do CC.

Art. 280. Todos os devedores respondem pelos juros da mora, ainda que a ação tenha sido proposta somente contra um; mas o culpado responde aos outros pela obrigação acrescida.

(*) V. arts. 394 a 401 e 406 e 407 do CC.

LIVRO I – DO DIREITO DAS OBRIGAÇÕES ART. 292

Art. 281. O devedor demandado pode opor ao credor as exceções que lhe forem pessoais e as comuns a todos; não lhe aproveitando as exceções pessoais a outro codevedor.

Art. 282. O credor pode renunciar à solidariedade em favor de um, de alguns ou de todos os devedores.

Parágrafo único. Se o credor exonerar da solidariedade um ou mais devedores, subsistirá a dos demais.

(*) V. arts. 284 e 385 a 388 do CC.
(*) Vide Enunciados 348, 349, 350 e 351 do CJF.

Art. 283. O devedor que satisfez a dívida por inteiro tem direito a exigir de cada um dos codevedores a sua quota, dividindo-se igualmente por todos a do insolvente, se o houver, presumindo-se iguais, no débito, as partes de todos os codevedores.

(*) V. art. 346, III, do CC.

Art. 284. No caso de rateio entre os codevedores, contribuirão também os exonerados da solidariedade pelo credor, pela parte que na obrigação incumbia ao insolvente.

(*) V. art. 282 do CC.
(*) Vide Enunciado 350 do CJF.

Art. 285. Se a dívida solidária interessar exclusivamente a um dos devedores, responderá este por toda ela para com aquele que pagar.

TÍTULO II
DA TRANSMISSÃO DAS OBRIGAÇÕES

Capítulo I
DA CESSÃO DE CRÉDITO

Art. 286. O credor pode ceder o seu crédito, se a isso não se opuser a natureza da obrigação, a lei, ou a convenção com o devedor; a cláusula proibitiva da cessão não poderá ser oposta ao cessionário de boa-fé, se não constar do instrumento da obrigação.

(*) V. arts. 347, 348 e 358 do CC.

Art. 287. Salvo disposição em contrário, na cessão de um crédito abrangem-se todos os seus acessórios.

(*) V. art. 92 do CC.

Art. 288. É ineficaz, em relação a terceiros, a transmissão de um crédito, se não celebrar-se mediante instrumento público, ou instrumento particular revestido das solenidades do § 1º do art. 654.

(*) V. art. 221 do CC.
(*) Vide Enunciado 618 do CJF.

Art. 289. O cessionário de crédito hipotecário tem o direito de fazer averbar a cessão no registro do imóvel.

Art. 290. A cessão do crédito não tem eficácia em relação ao devedor, senão quando a este notificada; mas por notificado se tem o devedor que, em escrito público ou particular, se declarou ciente da cessão feita.

(*) V. art. 377 do CC.
(*) Vide Enunciado 618 do CJF.

Art. 291. Ocorrendo várias cessões do mesmo crédito, prevalece a que se completar com a tradição do título do crédito cedido.

(*) V. arts. 1.267 e 1.268 do CC.

Art. 292. Fica desobrigado o devedor que, antes de ter conhecimento da cessão, paga ao credor primitivo, ou que, no caso de mais de uma cessão notificada, paga ao cessionário que lhe apresenta, com o título de cessão, o da obrigação cedida; quando o crédito constar de escritura pública, prevalecerá a prioridade da notificação.

Art. 293. Independentemente do conhecimento da cessão pelo devedor, pode o cessionário exercer os atos conservatórios do direito cedido.

Art. 294. O devedor pode opor ao cessionário as exceções que lhe competirem, bem como as que, no momento em que veio a ter conhecimento da cessão, tinha contra o cedente.

Art. 295. Na cessão por título oneroso, o cedente, ainda que não se responsabilize, fica responsável ao cessionário pela existência do crédito ao tempo em que lhe cedeu; a mesma responsabilidade lhe cabe nas cessões por título gratuito, se tiver procedido de má-fé.

Art. 296. Salvo estipulação em contrário, o cedente não responde pela solvência do devedor.

Art. 297. O cedente, responsável ao cessionário pela solvência do devedor, não responde por mais do que daquele recebeu, com os respectivos juros; mas tem de ressarcir-lhe as despesas da cessão e as que o cessionário houver feito com a cobrança.

Art. 298. O crédito, uma vez penhorado, não pode mais ser transferido pelo credor que tiver conhecimento da penhora; mas o devedor que o pagar, não tendo notificação dela, fica exonerado, subsistindo somente contra o credor os direitos de terceiro.

(*) V. art. 312 do CC.

Capítulo II
DA ASSUNÇÃO DE DÍVIDA

Art. 299. É facultado a terceiro assumir a obrigação do devedor, com o consentimento expresso do credor, ficando exonerado o devedor primitivo, salvo se aquele, ao tempo da assunção, era insolvente e o credor o ignorava.

Parágrafo único. Qualquer das partes pode assinar prazo ao credor para que consinta na assunção da dívida, interpretando-se o seu silêncio como recusa.

(*) V. art. 311 do CC.
(*) Vide Enunciados 16 e 648 do CJF.

Art. 300. Salvo assentimento expresso do devedor primitivo, consideram-se extintas, a partir da assunção da dívida, as garantias especiais por ele originariamente dadas ao credor.

(*) Vide Enunciados 352 e 422 do CJF.

Art. 301. Se a substituição do devedor vier a ser anulada, restaura-se o débito, com todas as suas garantias, salvo as garantias prestadas por terceiros, exceto se este conhecia o vício que inquinava a obrigação.

(*) Vide Enunciado 423 do CJF.

Art. 302. O novo devedor não pode opor ao credor as exceções pessoais que competiam ao devedor primitivo.

Art. 303. O adquirente de imóvel hipotecado pode tomar a seu cargo o pagamento do crédito garantido; se o credor, notificado, não impugnar em 30 (trinta) dias a transferência do débito, entender-se-á dado o assentimento.

(*) V. art. 1.479 do CC.
(*) Vide Súmula 308 do STJ.
(*) Vide Enunciados 353 e 424 do CJF.

TÍTULO III
DO ADIMPLEMENTO E EXTINÇÃO DAS OBRIGAÇÕES

Capítulo I
DO PAGAMENTO

Seção I
De Quem Deve Pagar

Art. 304. Qualquer interessado na extinção da dívida pode pagá-la, usando, se o credor se opuser, dos meios conducentes à exoneração do devedor.

(*) V. arts. 334; 346, III; 394; e 831 do CC.

Parágrafo único. Igual direito cabe ao terceiro não interessado, se o fizer em nome e à conta do devedor, salvo oposição deste.

Art. 305. O terceiro não interessado, que paga a dívida em seu próprio nome, tem direito a reembolsar-se do que pagar; mas não se sub-roga nos direitos do credor.

(*) V. arts. 346, II; 394; 871; e 872 do CC.

Parágrafo único. Se pagar antes de vencida a dívida, só terá direito ao reembolso no vencimento.

Art. 306. O pagamento feito por terceiro, com desconhecimento ou oposição do devedor, não obriga a reembolsar aquele que pagou, se o devedor tinha meios para ilidir a ação.

Art. 307. Só terá eficácia o pagamento que importar transmissão da propriedade, quando feito por quem possa alienar o objeto em que ele consistiu.

Parágrafo único. Se se der em pagamento coisa fungível, não se poderá mais reclamar do credor que, de boa-fé, a recebeu e consumiu, ainda que o solvente não tivesse o direito de aliená-la.

(*) V. art. 85 do CC.

Seção II
Daqueles a Quem se Deve Pagar

Art. 308. O pagamento deve ser feito ao credor ou a quem de direito o represente, sob pena de só valer depois de por ele ratificado, ou tanto quanto reverter em seu proveito.

(*) V. arts. 662; 673; 873; e 905, *caput*, do CC.
(*) Vide Enunciado 425 do CJF.

Art. 309. O pagamento feito de boa-fé ao credor putativo é válido, ainda provado depois que não era credor.

(*) V. art. 113 do CC.

Art. 310. Não vale o pagamento cientemente feito ao credor incapaz de quitar, se o devedor não provar que em benefício dele efetivamente reverteu.

(*) V. art. 181 do CC.

Art. 311. Considera-se autorizado a receber o pagamento o portador da quitação, salvo se as circunstâncias contrariarem a presunção daí resultante.

(*) V. art. 320 do CC.

Art. 312. Se o devedor pagar ao credor, apesar de intimado da penhora feita sobre o crédito, ou da impugnação a ele oposta por terceiros, o pagamento não valerá contra estes, que poderão constranger o devedor a pagar de novo, ficando-lhe ressalvado o regresso contra o credor.

(*) V. arts. 298, 876 e 1.460 do CC.

Seção III
Do Objeto do Pagamento e sua Prova

Art. 313. O credor não é obrigado a receber prestação diversa da que lhe é devida, ainda que mais valiosa.

(*) V. art. 356 do CC.

Art. 314. Ainda que a obrigação tenha por objeto prestação divisível, não pode o credor ser obrigado a receber, nem o devedor a pagar, por partes, se assim não se ajustou.

(*) V. arts. 87, 88, 257 e 258 do CC.

Art. 315. As dívidas em dinheiro deverão ser pagas no vencimento, em moeda corrente e pelo valor nominal, salvo o disposto nos artigos subsequentes.

Art. 316. É lícito convencionar o aumento progressivo de prestações sucessivas.

Art. 317. Quando, por motivos imprevisíveis, sobrevier desproporção manifesta entre o valor da prestação devida e o do momento de sua execução, poderá o juiz corrigi-lo, a pedido da parte, de modo que assegure, quanto possível, o valor real da prestação.

(*) V. art. 478 do CC.

(*) Vide Enunciado 17 do CJF.

Art. 318. São nulas as convenções de pagamento em ouro ou em moeda estrangeira, bem como para compensar a diferença entre o valor desta e o da moeda nacional, excetuados os casos previstos na legislação especial.

Art. 319. O devedor que paga tem direito a quitação regular, e pode reter o pagamento, enquanto não lhe seja dada.

(*) V. art. 396 do CC.

(*) Vide Enunciado 18 do CJF.

Art. 320. A quitação, que sempre poderá ser dada por instrumento particular, designará o valor e a espécie da dívida quitada, o nome do devedor, ou quem por este pagou, o tempo e o lugar do pagamento, com a assinatura do credor, ou do seu representante.

Parágrafo único. Ainda sem os requisitos estabelecidos neste artigo valerá a quitação, se de seus termos ou das circunstâncias resultar haver sido paga a dívida.

Art. 321. Nos débitos, cuja quitação consista na devolução do título, perdido este, poderá o devedor exigir, retendo o pagamento, declaração do credor que inutilize o título desaparecido.

Art. 322. Quando o pagamento for em quotas periódicas, a quitação da última estabelece, até prova em contrário, a presunção de estarem solvidas as anteriores.

Art. 323. Sendo a quitação do capital sem reserva dos juros, estes presumem-se pagos.

Art. 324. A entrega do título ao devedor firma a presunção do pagamento.

(*) V. art. 386 do CC.

Parágrafo único. Ficará sem efeito a quitação assim operada se o credor provar, em 60 (sessenta) dias, a falta do pagamento.

Art. 325. Presumem-se a cargo do devedor as despesas com o pagamento e a quitação; se ocorrer aumento por fato do credor, suportará este a despesa acrescida.

Art. 326. Se o pagamento se houver de fazer por medida, ou peso, entender-se-á, no silêncio das

LIVRO I – DO DIREITO DAS OBRIGAÇÕES — ART. 335

partes, que aceitaram os do lugar da execução.

Seção IV
Do Lugar do Pagamento

Art. 327. Efetuar-se-á o pagamento no domicílio do devedor, salvo se as partes convencionarem diversamente, ou se o contrário resultar da lei, da natureza da obrigação ou das circunstâncias.

(*) V. arts. 70 a 78 do CC.

Parágrafo único. Designados dois ou mais lugares, cabe ao credor escolher entre eles.

Art. 328. Se o pagamento consistir na tradição de um imóvel, ou em prestações relativas a imóvel, far-se-á no lugar onde situado o bem.

(*) V. arts. 341, 1.267 e 1.268 do CC.

Art. 329. Ocorrendo motivo grave para que se não efetue o pagamento no lugar determinado, poderá o devedor fazê-lo em outro, sem prejuízo para o credor.

Art. 330. O pagamento reiteradamente feito em outro local faz presumir renúncia do credor relativamente ao previsto no contrato.

Seção V
Do Tempo do Pagamento

Art. 331. Salvo disposição legal em contrário, não tendo sido ajustada época para o pagamento, pode o credor exigi-lo imediatamente.

(*) V. arts. 134, 337, 397, 592 e 939 do CC.

Art. 332. As obrigações condicionais cumprem-se na data do implemento da condição, cabendo ao credor a prova de que deste teve ciência o devedor.

(*) V. arts. 121, 125, 127 e 128 do CC.

Art. 333. Ao credor assistirá o direito de cobrar a dívida antes de vencido o prazo estipulado no contrato ou marcado neste Código:

(*) V. arts. 476, 477, 590 e 1.425 do CC.

I – no caso de falência do devedor, ou de concurso de credores;

II – se os bens, hipotecados ou empenhados, forem penhorados em execução por outro credor;

(*) V. arts. 1.425, § 2º; e 1.431 a 1.472 do CC.

III – se cessarem, ou se se tornarem insuficientes, as garantias do débito, fidejussórias, ou reais, e o devedor, intimado, se negar a reforçá-las.

(*) V. art. 826 do CC.

Parágrafo único. Nos casos deste artigo, se houver, no débito, solidariedade passiva, não se reputará vencido quanto aos outros devedores solventes.

(*) V. arts. 264 e 275 a 285 do CC.

Capítulo II
DO PAGAMENTO EM CONSIGNAÇÃO

Art. 334. Considera-se pagamento, e extingue a obrigação, o depósito judicial ou em estabelecimento bancário da coisa devida, nos casos e forma legais.

Art. 335. A consignação tem lugar:

(*) V. arts. 635 e 641 do CC.

I – se o credor não puder, ou, sem justa causa, recusar receber o pagamento, ou dar quitação na devida forma;

(*) V. arts. 304, 319 e 320 do CC.

II – se o credor não for, nem mandar receber a coisa no lugar, tempo e condição devidos;

(*) V. arts. 327 a 333 e 341 do CC.

III – se o credor for incapaz de receber, for desconhecido, declarado ausente, ou residir em lugar incerto ou de acesso perigoso ou difícil;

(*) V. art. 22 do CC.

IV – se ocorrer dúvida sobre quem deva legitimamente receber o objeto do pagamento;

(*) V. arts. 344 e 345 do CC.

V – se pender litígio sobre o objeto do pagamento.

(*) V. arts. 344 e 345 do CC.

Art. 336. Para que a consignação tenha força de pagamento, será mister concorram, em relação às pessoas, ao objeto, modo e tempo, todos os requisitos sem os quais não é válido o pagamento.

(*) V. arts. 304 a 312, 315 e 319 a 333 do CC.

Art. 337. O depósito requerer-se-á no lugar do pagamento, cessando, tanto que se efetue, para o depositante, os juros da dívida e os riscos, salvo se for julgado improcedente.

(*) V. arts. 327 a 330 do CC.

Art. 338. Enquanto o credor não declarar que aceita o depósito, ou não o impugnar, poderá o devedor requerer o levantamento, pagando as respectivas despesas, e subsistindo a obrigação para todas as consequências de direito.

Art. 339. Julgado procedente o depósito, o devedor já não poderá levantá-lo, embora o credor consinta, senão de acordo com os outros devedores e fiadores.

Art. 340. O credor que, depois de contestar a lide ou aceitar o depósito, aquiescer no levantamento, perderá a preferência e a garantia que lhe competiam com respeito à coisa consignada, ficando para logo desobrigados os codevedores e fiadores que não tenham anuído.

Art. 341. Se a coisa devida for imóvel ou corpo certo que deva ser entregue no mesmo lugar onde está, poderá o devedor citar o credor para vir ou mandar recebê-la, sob pena de ser depositada.

(*) V. arts. 328; e 335, II, do CC.

Art. 342. Se a escolha da coisa indeterminada competir ao credor, será ele citado para esse fim, sob cominação de perder o direito e de ser depositada a coisa que o devedor escolher; feita a escolha pelo devedor, proceder-se-á como no artigo antecedente.

(*) V. arts. 244, 252, 255 e 256 do CC.

Art. 343. As despesas com o depósito, quando julgado procedente, correrão à conta do credor, e, no caso contrário, à conta do devedor.

Art. 344. O devedor de obrigação litigiosa exonerar-se-á mediante consignação, mas, se pagar a qualquer dos pretendidos credores, tendo conhecimento do litígio, assumirá o risco do pagamento.

Art. 345. Se a dívida se vencer, pendendo litígio entre credores que se pretendem mutuamente excluir, poderá qualquer deles requerer a consignação.

Capítulo III
DO PAGAMENTO COM SUB-ROGAÇÃO

Art. 346. A sub-rogação opera-se, de pleno direito, em favor:

(*) V. art. 359, parágrafo único, do CC.

LIVRO I – DO DIREITO DAS OBRIGAÇÕES　　ART. 356

I – do credor que paga a dívida do devedor comum;
(*) V. arts. 259 e 1.478 do CC.

II – do adquirente do imóvel hipotecado, que paga o credor hipotecário, bem como do terceiro que efetiva o pagamento para não ser privado de direito sobre imóvel;
(*) V. arts. 1.479; e 1.481, § 4º, do CC.

III – do terceiro interessado, que paga a dívida pela qual era ou podia ser obrigado, no todo ou em parte.
(*) V. arts. 304 e 831 do CC.

Art. 347. A sub-rogação é convencional:
I – quando o credor recebe o pagamento de terceiro e expressamente lhe transfere todos os seus direitos;
(*) V. arts. 304, 305 e 348 do CC.

II – quando terceira pessoa empresta ao devedor a quantia precisa para solver a dívida, sob a condição expressa de ficar o mutuante sub-rogado nos direitos do credor satisfeito.
(*) V. arts. 286 a 298 do CC.

Art. 348. Na hipótese do inciso I do artigo antecedente, vigorará o disposto quanto à cessão do crédito.
(*) V. arts. 286 a 298 do CC.

Art. 349. A sub-rogação transfere ao novo credor todos os direitos, ações, privilégios e garantias do primitivo, em relação à dívida, contra o devedor principal e os fiadores.
(*) V. arts. 786, 800 e 899 do CC.
(*) Vide Súmula 188 do STF.

Art. 350. Na sub-rogação legal o sub-rogado não poderá exercer os direitos e as ações do credor, senão até à soma que tiver desembolsado para desobrigar o devedor.

Art. 351. O credor originário, só em parte reembolsado, terá preferência ao sub-rogado, na cobrança da dívida restante, se os bens do devedor não chegarem para saldar inteiramente o que a um e outro dever.

Capítulo IV
DA IMPUTAÇÃO DO PAGAMENTO

Art. 352. A pessoa obrigada por dois ou mais débitos da mesma natureza, a um só credor, tem o direito de indicar a qual deles oferece pagamento, se todos forem líquidos e vencidos.
(*) V. arts. 331 a 333, 355 e 379 do CC.

Art. 353. Não tendo o devedor declarado em qual das dívidas líquidas e vencidas quer imputar o pagamento, se aceitar a quitação de uma delas, não terá direito a reclamar contra a imputação feita pelo credor, salvo provando haver ele cometido violência ou dolo.

Art. 354. Havendo capital e juros, o pagamento imputar-se-á primeiro nos juros vencidos, e depois no capital, salvo estipulação em contrário, ou se o credor passar a quitação por conta do capital.
(*) Vide Súmula 464 do STJ.

Art. 355. Se o devedor não fizer a indicação do art. 352, e a quitação for omissa quanto à imputação, esta se fará nas dívidas líquidas e vencidas em primeiro lugar. Se as dívidas forem todas líquidas e vencidas ao mesmo tempo, a imputação far-se-á na mais onerosa.

Capítulo V
DA DAÇÃO EM PAGAMENTO

Art. 356. O credor pode consentir em receber prestação diversa da que lhe é devida.
(*) V. arts. 313; e 838, III, do CC.

Art. 357. Determinado o preço da coisa dada em pagamento, as relações entre as partes regular-se-ão pelas normas do contrato de compra e venda.

(*) V. arts. 481 a 532 do CC.

Art. 358. Se for título de crédito a coisa dada em pagamento, a transferência importará em cessão.

(*) V. arts. 286 a 298 do CC.

Art. 359. Se o credor for evicto da coisa recebida em pagamento, restabelecer-se-á a obrigação primitiva, ficando sem efeito a quitação dada, ressalvados os direitos de terceiros.

(*) V. arts. 447 a 457 do CC.

Capítulo VI
DA NOVAÇÃO

Art. 360. Dá-se a novação:

I – quando o devedor contrai com o credor nova dívida para extinguir e substituir a anterior;

II – quando novo devedor sucede ao antigo, ficando este quite com o credor;

III – quando, em virtude de obrigação nova, outro credor é substituído ao antigo, ficando o devedor quite com este.

Art. 361. Não havendo ânimo de novar, expresso ou tácito mas inequívoco, a segunda obrigação confirma simplesmente a primeira.

Art. 362. A novação por substituição do devedor pode ser efetuada independentemente de consentimento deste.

Art. 363. Se o novo devedor for insolvente, não tem o credor, que o aceitou, ação regressiva contra o primeiro, salvo se este obteve por má-fé a substituição.

(*) V. art. 955 do CC.

Art. 364. A novação extingue os acessórios e garantias da dívida, sempre que não houver estipulação em contrário. Não aproveitará, contudo, ao credor ressalvar o penhor, a hipoteca ou a anticrese, se os bens dados em garantia pertencerem a terceiro que não foi parte na novação.

(*) V. arts. 287, 1.431 a 1.472, 1.473 a 1.505; e 1.506 a 1.510 do CC.

Art. 365. Operada a novação entre o credor e um dos devedores solidários, somente sobre os bens do que contrair a nova obrigação subsistem as preferências e garantias do crédito novado. Os outros devedores solidários ficam por esse fato exonerados.

(*) V. arts. 275 a 285 do CC.

Art. 366. Importa exoneração do fiador a novação feita sem seu consenso com o devedor principal.

(*) V. arts. 835; e 838, I, do CC.
(*) Vide Enunciado 547 do CJF.

Art. 367. Salvo as obrigações simplesmente anuláveis, não podem ser objeto de novação obrigações nulas ou extintas.

(*) V. arts. 166 a 184 do CC.

Capítulo VII
DA COMPENSAÇÃO

Art. 368. Se 2 (duas) pessoas forem ao mesmo tempo credor e devedor uma da outra, as duas obrigações extinguem-se, até onde se compensarem.

Art. 369. A compensação efetua-se entre dívidas líquidas, vencidas e de coisas fungíveis.

(*) V. arts. 85 e 372 do CC.

Art. 370. Embora sejam do mesmo gênero as coisas fungíveis, objeto das duas prestações, não se compensarão, verificando-se que diferem na qualidade, quando especificada no contrato.
(*) V. art. 85 do CC.

Art. 371. O devedor somente pode compensar com o credor o que este lhe dever; mas o fiador pode compensar sua dívida com a de seu credor ao afiançado.
(*) V. art. 376 do CC.

Art. 372. Os prazos de favor, embora consagrados pelo uso geral, não obstam a compensação.

Art. 373. A diferença de causa nas dívidas não impede a compensação, exceto:
I – se provier de esbulho, furto ou roubo;
(*) V. art. 1.210 do CC.
II – se uma se originar de comodato, depósito ou alimentos;
(*) V. arts. 579 a 585, 627 a 652 e 1.694 a 1.710 do CC.
III – se uma for de coisa não suscetível de penhora.

Art. 374. (Revogado).
(*) Art. 374 revogado pela Lei nº 10.677/2003.
(*) Vide Enunciado 19 do CJF.

Art. 375. Não haverá compensação quando as partes, por mútuo acordo, a excluírem, ou no caso de renúncia prévia de uma delas.

Art. 376. Obrigando-se por terceiro uma pessoa, não pode compensar essa dívida com a que o credor dele lhe dever.
(*) V. art. 371 do CC.

Art. 377. O devedor que, notificado, nada opõe à cessão que o credor faz a terceiros dos seus direitos, não pode opor ao cessionário a compensação, que antes da cessão teria podido opor ao cedente. Se, porém, a cessão lhe não tiver sido notificada, poderá opor ao cessionário compensação do crédito que antes tinha contra o cedente.
(*) V. art. 290 do CC.

Art. 378. Quando as duas dívidas não são pagáveis no mesmo lugar, não se podem compensar sem dedução das despesas necessárias à operação.
(*) V. arts. 325 e 327 do CC.

Art. 379. Sendo a mesma pessoa obrigada por várias dívidas compensáveis, serão observadas, no compensá-las, as regras estabelecidas quanto à imputação do pagamento.
(*) V. arts. 352 a 355 do CC.
(*) Vide Súmula 464 do STJ.

Art. 380. Não se admite a compensação em prejuízo de direito de terceiro. O devedor que se torne credor do seu credor, depois de penhorado o crédito deste, não pode opor ao exequente a compensação, de que contra o próprio credor disporia.

Capítulo VIII
DA CONFUSÃO

Art. 381. Extingue-se a obrigação, desde que na mesma pessoa se confundam as qualidades de credor e devedor.
(*) V. art. 262, parágrafo único, do CC.
(*) Vide Súmula 421 do STJ.

Art. 382. A confusão pode verificar-se a respeito de toda a dívida, ou só de parte dela.
(*) V. art. 1.436, IV, § 2º, do CC.

Art. 383. A confusão operada na pessoa do credor ou devedor solidário só extingue a obrigação até a concorrência da respectiva parte no crédito, ou na dívida, subsistindo quanto ao mais a solidariedade.

(*) V. art. 264 do CC.

Art. 384. Cessando a confusão, para logo se restabelece, com todos os seus acessórios, a obrigação anterior.

Capítulo IX
DA REMISSÃO DAS DÍVIDAS

Art. 385. A remissão da dívida, aceita pelo devedor, extingue a obrigação, mas sem prejuízo de terceiro.

(*) V. art. 185 do CC.

Art. 386. A devolução voluntária do título da obrigação, quando por escrito particular, prova desoneração do devedor e seus coobrigados, se o credor for capaz de alienar, e o devedor capaz de adquirir.

(*) V. art. 324 do CC.

Art. 387. A restituição voluntária do objeto empenhado prova a renúncia do credor à garantia real, não a extinção da dívida.

Art. 388. A remissão concedida a um dos codevedores extingue a dívida na parte a ele correspondente; de modo que, ainda reservando o credor a solidariedade contra os outros, já lhes não pode cobrar o débito sem dedução da parte remitida.

(*) V. arts. 264, 272, 277 e 282 do CC.

TÍTULO IV
DO INADIMPLEMENTO DAS OBRIGAÇÕES

Capítulo I
DISPOSIÇÕES GERAIS

Art. 389. Não cumprida a obrigação, responde o devedor por perdas e danos, mais juros e atualização monetária segundo índices oficiais regularmente estabelecidos, e honorários de advogado.

(*) V. arts. 394 a 407 e 409 do CC.
(*) Vide Enunciados 161, 426 e 548 do CJF.
(*) Vide Súmula Vinculante 47 do STF.

Art. 390. Nas obrigações negativas o devedor é havido por inadimplente desde o dia em que executou o ato de que se devia abster.

(*) V. arts. 250 e 251 do CC.

Art. 391. Pelo inadimplemento das obrigações respondem todos os bens do devedor.

Art. 392. Nos contratos benéficos, responde por simples culpa o contratante, a quem o contrato aproveite, e por dolo aquele a quem não favoreça. Nos contratos onerosos, responde cada uma das partes por culpa, salvo as exceções previstas em lei.

(*) Vide Súmula 145 do STJ.

Art. 393. O devedor não responde pelos prejuízos resultantes de caso fortuito ou força maior, se expressamente não se houver por eles responsabilizado.

Parágrafo único. O caso fortuito ou de força maior verifica-se no fato necessário, cujos efeitos não era possível evitar ou impedir.

(*) V. art. 492 do CC.
(*) Vide Enunciado 443 do CJF.

Capítulo II
DA MORA

Art. 394. Considera-se em mora o devedor que não efetuar o pagamento e o credor que não quiser recebê-lo no tempo, lugar e forma que a lei ou a convenção estabelecer.

(*) V. arts. 327 a 333 e 396 do CC.
(*) Vide Súmula 380 do STJ.

LIVRO I – DO DIREITO DAS OBRIGAÇÕES ART. 404

Art. 395. Responde o devedor pelos prejuízos a que sua mora der causa, mais juros, atualização dos valores monetários segundo índices oficiais regularmente estabelecidos, e honorários de advogado.
(*) V. arts. 402 a 405 do CC.
Parágrafo único. Se a prestação, devido à mora, se tornar inútil ao credor, este poderá enjeitá-la, e exigir a satisfação das perdas e danos.
(*) Vide Enunciados 162 e 354 do CJF.

Art. 396. Não havendo fato ou omissão imputável ao devedor, não incorre este em mora.
(*) Vide Enunciado 354 do CJF.
(*) Vide Súmula 369 do STJ.

Art. 397. O inadimplemento da obrigação, positiva e líquida, no seu termo, constitui de pleno direito em mora o devedor.
Parágrafo único. Não havendo termo, a mora se constitui mediante interpelação judicial ou extrajudicial.
(*) Vide Enunciados 427 e 619 do CJF.
(*) Vide Súmula 76 do STJ.

Art. 398. Nas obrigações provenientes de ato ilícito, considera-se o devedor em mora, desde que o praticou.
(*) Vide Enunciado 163 do CJF.
(*) Vide Súmula 54 do STJ.

Art. 399. O devedor em mora responde pela impossibilidade da prestação, embora essa impossibilidade resulte de caso fortuito ou de força maior, se estes ocorrerem durante o atraso; salvo se provar isenção de culpa, ou que o dano sobreviria ainda quando a obrigação fosse oportunamente desempenhada.
(*) V. art. 393 do CC.

Art. 400. A mora do credor subtrai o devedor isento de dolo à responsabilidade pela conservação da coisa, obriga o credor a ressarcir as despesas empregadas em conservá-la, e sujeita-o a recebê-la pela estimação mais favorável ao devedor, se o seu valor oscilar entre o dia estabelecido para o pagamento e o da sua efetivação.
(*) V. art. 492, § 2º, do CC.

Art. 401. Purga-se a mora:
I – por parte do devedor, oferecendo este a prestação mais a importância dos prejuízos decorrentes do dia da oferta;
II – por parte do credor, oferecendo-se este a receber o pagamento e sujeitando-se aos efeitos da mora até a mesma data.
(*) Vide Súmula 173 do STF.

Capítulo III
DAS PERDAS E DANOS

Art. 402. Salvo as exceções expressamente previstas em lei, as perdas e danos devidas ao credor abrangem, além do que ele efetivamente perdeu, o que razoavelmente deixou de lucrar.
(*) V. art. 416 do CC.
(*) Vide Súmulas 412 e 562 do STF.
(*) Vide Enunciado 658 do CJF.

Art. 403. Ainda que a inexecução resulte de dolo do devedor, as perdas e danos só incluem os prejuízos efetivos e os lucros cessantes por efeito dela direto e imediato, sem prejuízo do disposto na lei processual.

Art. 404. As perdas e danos, nas obrigações de pagamento em dinheiro, serão pagas com atualização monetária segundo índices oficiais regularmente estabelecidos, abrangendo juros, custas e honorários de advogado, sem prejuízo da pena convencional.
(*) V. art. 407 do CC.
(*) Vide Enunciado 161 do CJF.

ART. 405 CÓDIGO CIVIL – PARTE ESPECIAL

Parágrafo único. Provado que os juros da mora não cobrem o prejuízo, e não havendo pena convencional, pode o juiz conceder ao credor indenização suplementar.

Art. 405. Contam-se os juros de mora desde a citação inicial.

(*) V. art. 395 do CC.
(*) Vide Enunciados 163 e 428 do CJF.
(*) Vide Súmula 163 do STF.
(*) Vide Súmula 54 do STJ.

Capítulo IV
DOS JUROS LEGAIS

Art. 406. Quando os juros moratórios não forem convencionados, ou o forem sem taxa estipulada, ou quando provierem de determinação da lei, serão fixados segundo a taxa que estiver em vigor para a mora do pagamento de impostos devidos à Fazenda Nacional.

(*) V. arts. 354, 395, 405 e 591 do CC.
(*) Vide Enunciados 20 e 164 do CJF.
(*) Vide Tema Representativo 55 do TNU-CJF.
(*) Vide Súmula 618 do STF.
(*) Vide Temas 33 e 98 do STF.
(*) Vide Súmulas 379, 523 e 530 do STJ.

Art. 407. Ainda que se não alegue prejuízo, é obrigado o devedor aos juros da mora que se contarão assim às dívidas em dinheiro, como às prestações de outra natureza, uma vez que lhes esteja fixado o valor pecuniário por sentença judicial, arbitramento, ou acordo entre as partes.

(*) V. arts. 394 a 401, 404, 405 e 677 do CC.
(*) Vide Súmula 121 do STF.

Capítulo V
DA CLÁUSULA PENAL

Art. 408. Incorre de pleno direito o devedor na cláusula penal, desde que, culposamente, deixe de cumprir a obrigação ou se constitua em mora.

(*) V. arts. 397 e 847 do CC.
(*) Vide Enunciado 354 do CJF.

Art. 409. A cláusula penal estipulada conjuntamente com a obrigação, ou em ato posterior, pode referir-se à inexecução completa da obrigação, à de alguma cláusula especial ou simplesmente à mora.

Art. 410. Quando se estipular a cláusula penal para o caso de total inadimplemento da obrigação, esta converter-se-á em alternativa a benefício do credor.

Art. 411. Quando se estipular a cláusula penal para o caso de mora, ou em segurança especial de outra cláusula determinada, terá o credor o arbítrio de exigir a satisfação da pena cominada, juntamente com o desempenho da obrigação principal.

(*) V. arts. 394 e 404 do CC.

Art. 412. O valor da cominação imposta na cláusula penal não pode exceder o da obrigação principal.

Art. 413. A penalidade deve ser reduzida equitativamente pelo juiz se a obrigação principal tiver sido cumprida em parte, ou se o montante da penalidade for manifestamente excessivo, tendo-se em vista a natureza e a finalidade do negócio.

(*) Vide Enunciados 165, 355, 356, 357, 358, 359, 429 e 649 do CJF.

Art. 414. Sendo indivisível a obrigação, todos os devedores, caindo em falta um deles, incorrerão na pena; mas esta só se poderá demandar integralmente do culpado, respondendo cada um dos outros somente pela sua quota.

(*) V. arts. 257 a 263 do CC.

Parágrafo único. Aos não culpados fica reservada a ação regressiva

LIVRO I – DO DIREITO DAS OBRIGAÇÕES   ART. 421-A

contra aquele que deu causa à aplicação da pena.

Art. 415. Quando a obrigação for divisível, só incorre na pena o devedor ou o herdeiro do devedor que a infringir, e proporcionalmente à sua parte na obrigação.

(*) V. arts. 257 a 263 do CC.

Art. 416. Para exigir a pena convencional, não é necessário que o credor alegue prejuízo.

Parágrafo único. Ainda que o prejuízo exceda ao previsto na cláusula penal, não pode o credor exigir indenização suplementar se assim não foi convencionado. Se o tiver sido, a pena vale como mínimo da indenização, competindo ao credor provar o prejuízo excedente.

(*) Vide Enunciado 430 do CJF.

Capítulo VI
DAS ARRAS OU SINAL

Art. 417. Se, por ocasião da conclusão do contrato, uma parte der à outra, a título de arras, dinheiro ou outro bem móvel, deverão as arras, em caso de execução, ser restituídas ou computadas na prestação devida, se do mesmo gênero da principal.

(*) Vide Enunciado 165 do CJF.

Art. 418. Se a parte que deu as arras não executar o contrato, poderá a outra tê-lo por desfeito, retendo-as; se a inexecução for de quem recebeu as arras, poderá quem as houver dado o contrato por desfeito, e exigir sua devolução mais o equivalente, com atualização monetária segundo índices oficiais regularmente estabelecidos, juros e honorários de advogado.

(*) V. arts. 406 e 407 do CC.

Art. 419. A parte inocente pode pedir indenização suplementar, se provar maior prejuízo, valendo as arras como taxa mínima. Pode, também, a parte inocente exigir a execução do contrato, com as perdas e danos, valendo as arras como o mínimo da indenização.

(*) V. arts. 402 a 405 do CC.

Art. 420. Se no contrato for estipulado o direito de arrependimento para qualquer das partes, as arras ou sinal terão função unicamente indenizatória. Neste caso, quem as deu perdê-las-á em benefício da outra parte; e quem as recebeu devolvê-las-á, mais o equivalente. Em ambos os casos não haverá direito a indenização suplementar.

(*) Vide Súmula 412 do STF.

TÍTULO V
DOS CONTRATOS EM GERAL

Capítulo I
DISPOSIÇÕES GERAIS

Seção I
Preliminares

(*) Vide Enunciados 167 e 421 do CJF.

Art. 421. A liberdade contratual será exercida nos limites da função social do contrato.

(*) Art. 421, *caput*, com redação dada pela Lei nº 13.874/2019.
(*) V. art. 113 do CC.
(*) Vide Enunciados 21, 22, 23, 166, 360, 361, 431, 582, 621 e 650 do CJF.

Parágrafo único. Nas relações contratuais privadas, prevalecerão o princípio da intervenção mínima e a excepcionalidade da revisão contratual.

(*) Parágrafo único acrescido pela Lei nº 13.874/2019.

Art. 421-A. Os contratos civis e empresariais presumem-se paritários e simétricos até a presença de elementos concretos que justifiquem o afastamento dessa presunção, ressalvados os regimes jurídicos previstos em leis especiais, garantido também que:

I – as partes negociantes poderão estabelecer parâmetros objetivos para a interpretação das cláusulas negociais e de seus pressupostos de revisão ou de resolução;

II – a alocação de riscos definida pelas partes deve ser respeitada e observada; e

III – a revisão contratual somente ocorrerá de maneira excepcional e limitada.

(*) Art. 421-A acrescido pela Lei nº 13.874/2019.

Art. 422. Os contratantes são obrigados a guardar, assim na conclusão do contrato, como em sua execução, os princípios de probidade e boa-fé.

(*) Vide Enunciados 24, 25, 26, 27, 168, 169, 170, 361, 363, 432 e 546 do CJF.
(*) Vide Súmulas 472 e 609 do STJ.

Art. 423. Quando houver no contrato de adesão cláusulas ambíguas ou contraditórias, dever-se-á adotar a interpretação mais favorável ao aderente.

(*) Vide Enunciados 171 e 362 do CJF.

Art. 424. Nos contratos de adesão, são nulas as cláusulas que estipulem a renúncia antecipada do aderente a direito resultante da natureza do negócio.

(*) V. arts. 166 a 184 do CC.
(*) Vide Enunciados 171, 172, 364 e 433 do CJF.

Art. 425. É lícito às partes estipular contratos atípicos, observadas as normas gerais fixadas neste Código.

(*) V. art. 2.035 do CC.
(*) Vide Enunciado 582 do CJF.

Art. 426. Não pode ser objeto de contrato a herança de pessoa viva.

(*) V. art. 2.018 do CC.

Seção II
Da Formação dos Contratos

Art. 427. A proposta de contrato obriga o proponente, se o contrário não resultar dos termos dela, da natureza do negócio, ou das circunstâncias do caso.

(*) V. arts. 107 e 138 do CC.

Art. 428. Deixa de ser obrigatória a proposta:

I – se, feita sem prazo a pessoa presente, não foi imediatamente aceita. Considera-se também presente a pessoa que contrata por telefone ou por meio de comunicação semelhante;

II – se, feita sem prazo a pessoa ausente, tiver decorrido tempo suficiente para chegar a resposta ao conhecimento do proponente;

III – se, feita a pessoa ausente, não tiver sido expedida a resposta dentro do prazo dado;

IV – se, antes dela, ou simultaneamente, chegar ao conhecimento da outra parte a retratação do proponente.

Art. 429. A oferta ao público equivale a proposta quando encerra os requisitos essenciais ao contrato, salvo se o contrário resultar das circunstâncias ou dos usos.

Parágrafo único. Pode revogar-se a oferta pela mesma via de sua divulgação, desde que ressalvada esta faculdade na oferta realizada.

Art. 430. Se a aceitação, por circunstância imprevista, chegar tarde ao conhecimento do proponente, este comunicá-lo-á imediatamente ao aceitante, sob pena de responder por perdas e danos.

(*) V. arts. 402 a 405 do CC.

Art. 431. A aceitação fora do prazo, com adições, restrições, ou modificações, importará nova proposta.

LIVRO I – DO DIREITO DAS OBRIGAÇÕES — ART. 443

Art. 432. Se o negócio for daqueles em que não seja costume a aceitação expressa, ou o proponente a tiver dispensado, reputar-se-á concluído o contrato, não chegando a tempo a recusa.

Art. 433. Considera-se inexistente a aceitação, se antes dela ou com ela chegar ao proponente a retratação do aceitante.

Art. 434. Os contratos entre ausentes tornam-se perfeitos desde que a aceitação é expedida, exceto:

I – no caso do artigo antecedente;

II – se o proponente se houver comprometido a esperar resposta;

III – se ela não chegar no prazo convencionado.

Art. 435. Reputar-se-á celebrado o contrato no lugar em que foi proposto.

(*) Vide Enunciado 173 do CJF.

Seção III
Da Estipulação em Favor de Terceiro

Art. 436. O que estipula em favor de terceiro pode exigir o cumprimento da obrigação.

Parágrafo único. Ao terceiro, em favor de quem se estipulou a obrigação, também é permitido exigi-la, ficando, todavia, sujeito às condições e normas do contrato, se a ele anuir, e o estipulante não o inovar nos termos do art. 438.

Art. 437. Se ao terceiro, em favor de quem se fez o contrato, se deixar o direito de reclamar-lhe a execução, não poderá o estipulante exonerar o devedor.

Art. 438. O estipulante pode reservar-se o direito de substituir o terceiro designado no contrato, independentemente da sua anuência e da do outro contratante.

(*) V. arts. 791 e 792 do CC.

Parágrafo único. A substituição pode ser feita por ato entre vivos ou por disposição de última vontade.

Seção IV
Da Promessa de Fato de Terceiro

Art. 439. Aquele que tiver prometido fato de terceiro responderá por perdas e danos, quando este o não executar.

(*) V. arts. 402 a 405 do CC.

Parágrafo único. Tal responsabilidade não existirá se o terceiro for o cônjuge do promitente, dependendo da sua anuência o ato a ser praticado, e desde que, pelo regime do casamento, a indenização, de algum modo, venha a recair sobre os seus bens.

Art. 440. Nenhuma obrigação haverá para quem se comprometer por outrem, se este, depois de se ter obrigado, faltar à prestação.

Seção V
Dos Vícios Redibitórios

Art. 441. A coisa recebida em virtude de contrato comutativo pode ser enjeitada por vícios ou defeitos ocultos, que a tornem imprópria ao uso a que é destinada, ou lhe diminuam o valor.

(*) V. arts. 138; 139, I; 442; e 445 do CC.

Parágrafo único. É aplicável a disposição deste artigo às doações onerosas.

(*) V. arts. 136 e 538 a 564 do CC.
(*) Vide Enunciado 583 do CJF.

Art. 442. Em vez de rejeitar a coisa, redibindo o contrato (art. 441), pode o adquirente reclamar abatimento no preço.

Art. 443. Se o alienante conhecia o vício ou defeito da coisa, restituirá o que recebeu com perdas e danos; se o não conhecia, tão somente restituirá o valor recebido, mais as despesas do contrato.

(*) V. arts. 402 a 405 do CC.

Art. 444. A responsabilidade do alienante subsiste ainda que a coisa pereça em poder do alienatário, se perecer por vício oculto, já existente ao tempo da tradição.

(*) V. arts. 1.267 e 1.268 do CC.

Art. 445. O adquirente decai do direito de obter a redibição ou abatimento no preço no prazo de 30 (trinta) dias se a coisa for móvel, e de 1 (um) ano se for imóvel, contado da entrega efetiva; se já estava na posse, o prazo conta-se da alienação, reduzido à metade.

(*) V. arts. 441, 442 e 446 do CC.

§ 1º. Quando o vício, por sua natureza, só puder ser conhecido mais tarde, o prazo contar-se-á do momento em que dele tiver ciência, até o prazo máximo de 180 (cento e oitenta) dias, em se tratando de bens móveis; e de 1 (um) ano, para os imóveis.

(*) Vide Enunciado 174 do CJF.

§ 2º. Tratando-se de venda de animais, os prazos de garantia por vícios ocultos serão os estabelecidos em lei especial, ou, na falta desta, pelos usos locais, aplicando-se o disposto no parágrafo antecedente se não houver regras disciplinando a matéria.

(*) Vide Enunciado 28 do CJF.

Art. 446. Não correrão os prazos do artigo antecedente na constância de cláusula de garantia; mas o adquirente deve denunciar o defeito ao alienante nos 30 (trinta) dias seguintes ao seu descobrimento, sob pena de decadência.

Seção VI
Da Evicção

Art. 447. Nos contratos onerosos, o alienante responde pela evicção. Subsiste esta garantia ainda que a aquisição se tenha realizado em hasta pública.

(*) Vide Enunciado 651 do CJF.

Art. 448. Podem as partes, por cláusula expressa, reforçar, diminuir ou excluir a responsabilidade pela evicção.

Art. 449. Não obstante a cláusula que exclui a garantia contra a evicção, se esta se der, tem direito o evicto a receber o preço que pagou pela coisa evicta, se não soube do risco da evicção, ou, dele informado, não o assumiu.

Art. 450. Salvo estipulação em contrário, tem direito o evicto, além da restituição integral do preço ou das quantias que pagou:

I – à indenização dos frutos que tiver sido obrigado a restituir;

II – à indenização pelas despesas dos contratos e pelos prejuízos que diretamente resultarem da evicção;

III – às custas judiciais e aos honorários do advogado por ele constituído.

Parágrafo único. O preço, seja a evicção total ou parcial, será o do valor da coisa, na época em que se evenceu, e proporcional ao desfalque sofrido, no caso de evicção parcial.

Art. 451. Subsiste para o alienante esta obrigação, ainda que a coisa alienada esteja deteriorada, exceto havendo dolo do adquirente.

(*) V. arts. 145 a 150 do CC.

Art. 452. Se o adquirente tiver auferido vantagens das deteriorações, e não tiver sido condenado a indenizá-las, o valor das vantagens

LIVRO I – DO DIREITO DAS OBRIGAÇÕES   ART. 463

será deduzido da quantia que lhe houver de dar o alienante.

Art. 453. As benfeitorias necessárias ou úteis, não abonadas ao que sofreu a evicção, serão pagas pelo alienante.
(*) V. arts. 96 e 97 do CC.

Art. 454. Se as benfeitorias abonadas ao que sofreu a evicção tiverem sido feitas pelo alienante, o valor delas será levado em conta na restituição devida.

Art. 455. Se parcial, mas considerável, for a evicção, poderá o evicto optar entre a rescisão do contrato e a restituição da parte do preço correspondente ao desfalque sofrido. Se não for considerável, caberá somente direito a indenização.
(*) V. art. 442 do CC.

Art. 456. (Revogado).
(*) Art. 456 revogado pela Lei nº 13.105/2015.
(*) Os Enunciados 29 e 434 do CJF interpretavam este artigo.

Art. 457. Não pode o adquirente demandar pela evicção, se sabia que a coisa era alheia ou litigiosa.

Seção VII
Dos Contratos Aleatórios

Art. 458. Se o contrato for aleatório, por dizer respeito a coisas ou fatos futuros, cujo risco de não virem a existir um dos contratantes assuma, terá o outro direito de receber integralmente o que lhe foi prometido, desde que de sua parte não tenha havido dolo ou culpa, ainda que nada do avençado venha a existir.
(*) V. arts. 145 a 150 do CC.

Art. 459. Se for aleatório, por serem objeto dele coisas futuras, tomando o adquirente a si o risco de virem a existir em qualquer quantidade, terá também direito o alienante a todo o preço, desde que de sua parte não tiver concorrido culpa, ainda que a coisa venha a existir em quantidade inferior à esperada.

Parágrafo único. Mas, se da coisa nada vier a existir, alienação não haverá, e o alienante restituirá o preço recebido.

Art. 460. Se for aleatório o contrato, por se referir a coisas existentes, mas expostas a risco, assumido pelo adquirente, terá igualmente direito o alienante a todo o preço, posto que a coisa já não existisse, em parte, ou de todo, no dia do contrato.

Art. 461. A alienação aleatória a que se refere o artigo antecedente poderá ser anulada como dolosa pelo prejudicado, se provar que o outro contratante não ignorava a consumação do risco, a que no contrato se considerava exposta a coisa.

Seção VIII
Do Contrato Preliminar

Art. 462. O contrato preliminar, exceto quanto à forma, deve conter todos os requisitos essenciais ao contrato a ser celebrado.
(*) V. arts. 421 a 426 do CC.

Art. 463. Concluído o contrato preliminar, com observância do disposto no artigo antecedente, e desde que dele não conste cláusula de arrependimento, qualquer das partes terá o direito de exigir a celebração do definitivo, assinando prazo à outra para que o efetive.
(*) V. arts. 420, 1.417 e 1.418 do CC.
(*) Vide Súmula 413 do STF.

Parágrafo único. O contrato preliminar deverá ser levado ao registro competente.

(*) Vide Enunciados 30 e 435 do CJF.

Art. 464. Esgotado o prazo, poderá o juiz, a pedido do interessado, suprir a vontade da parte inadimplente, conferindo caráter definitivo ao contrato preliminar, salvo se a isto se opuser a natureza da obrigação.

Art. 465. Se o estipulante não der execução ao contrato preliminar, poderá a outra parte considerá-lo desfeito, e pedir perdas e danos.

(*) V. arts. 402 a 405 do CC.
(*) Vide Súmula 412 do STF.

Art. 466. Se a promessa de contrato for unilateral, o credor, sob pena de ficar a mesma sem efeito, deverá manifestar-se no prazo nela previsto, ou, inexistindo este, no que lhe for razoavelmente assinado pelo devedor.

Seção IX
Do Contrato com Pessoa a Declarar

Art. 467. No momento da conclusão do contrato, pode uma das partes reservar-se a faculdade de indicar a pessoa que deve adquirir os direitos e assumir as obrigações dele decorrentes.

(*) V. art. 469 do CC.

Art. 468. Essa indicação deve ser comunicada à outra parte no prazo de 5 (cinco) dias da conclusão do contrato, se outro não tiver sido estipulado.

Parágrafo único. A aceitação da pessoa nomeada não será eficaz se não se revestir da mesma forma que as partes usaram para o contrato.

(*) V. arts. 469 e 470 do CC.

Art. 469. A pessoa, nomeada de conformidade com os artigos antecedentes, adquire os direitos e assume as obrigações decorrentes do contrato, a partir do momento em que este foi celebrado.

Art. 470. O contrato será eficaz somente entre os contratantes originários:

I – se não houver indicação de pessoa, ou se o nomeado se recusar a aceitá-la;

II – se a pessoa nomeada era insolvente, e a outra pessoa o desconhecia no momento da indicação.

Art. 471. Se a pessoa a nomear era incapaz ou insolvente no momento da nomeação, o contrato produzirá seus efeitos entre os contratantes originários.

(*) V. arts. 3º ao 5º; 105; 171, I; 283; 284; e 296 a 298 do CC.

Capítulo II
DA EXTINÇÃO DO CONTRATO

Seção I
Do Distrato

Art. 472. O distrato faz-se pela mesma forma exigida para o contrato.

(*) Vide Enunciado 584 do CJF.

Art. 473. A resilição unilateral, nos casos em que a lei expressa ou implicitamente o permita, opera mediante denúncia notificada à outra parte.

Parágrafo único. Se, porém, dada a natureza do contrato, uma das partes houver feito investimentos consideráveis para a sua execução, a denúncia unilateral só produzirá efeito depois de transcorrido prazo com-

LIVRO I – DO DIREITO DAS OBRIGAÇÕES ART. 481

patível com a natureza e o vulto dos investimentos.

Seção II
Da Cláusula Resolutiva

Art. 474. A cláusula resolutiva expressa opera de pleno direito; a tácita depende de interpelação judicial.

(*) V. arts. 127, 128, 476 e 477 do CC.
(*) Vide Enunciado 436 do CJF.

Art. 475. A parte lesada pelo inadimplemento pode pedir a resolução do contrato, se não preferir exigir-lhe o cumprimento, cabendo, em qualquer dos casos, indenização por perdas e danos.

(*) V. arts. 186, 389, 402 a 405 e 927 do CC.
(*) Vide Enunciados 31, 361, 437, 548 e 586 do CJF.

Seção III
Da Exceção de Contrato não Cumprido

Art. 476. Nos contratos bilaterais, nenhum dos contratantes, antes de cumprida a sua obrigação, pode exigir o implemento da do outro.

(*) V. art. 333 do CC.
(*) Vide Enunciado 652 do CJF.

Art. 477. Se, depois de concluído o contrato, sobrevier a uma das partes contratantes diminuição em seu patrimônio capaz de comprometer ou tornar duvidosa a prestação pela qual se obrigou, pode a outra recusar-se à prestação que lhe incumbe, até que aquela satisfaça a que lhe compete ou dê garantia bastante de satisfazê-la.

(*) V. art. 495 do CC.
(*) Vide Enunciado 438 do CJF.

Seção IV
Da Resolução por Onerosidade Excessiva

Art. 478. Nos contratos de execução continuada ou diferida, se a prestação de uma das partes se tornar excessivamente onerosa, com extrema vantagem para a outra, em virtude de acontecimentos extraordinários e imprevisíveis, poderá o devedor pedir a resolução do contrato. Os efeitos da sentença que a decretar retroagirão à data da citação.

(*) Vide Enunciados 166, 175, 176, 365, 366, 439 e 440 do CJF.

Art. 479. A resolução poderá ser evitada, oferecendo-se o réu a modificar equitativamente as condições do contrato.

(*) Vide Enunciado 367 do CJF.

Art. 480. Se no contrato as obrigações couberem a apenas uma das partes, poderá ela pleitear que a sua prestação seja reduzida, ou alterado o modo de executá-la, a fim de evitar a onerosidade excessiva.

(*) Os arts. 480-A e 480-B, acrescidos pela MP nº 881/2019, não foram agasalhados pela Lei nº 13.874/2019, que instituiu a Declaração de Direitos de Liberdade Econômica e estabeleceu garantias de livre mercado.

TÍTULO VI
DAS VÁRIAS ESPÉCIES DE CONTRATO

Capítulo I
DA COMPRA E VENDA

Seção I
Disposições Gerais

Art. 481. Pelo contrato de compra e venda, um dos contratantes se obriga a transferir o domínio de certa coisa, e o outro, a pagar-lhe certo preço em dinheiro.

Art. 482. A compra e venda, quando pura, considerar-se-á obrigatória e perfeita, desde que as partes acordarem no objeto e no preço.

(*) V. arts. 417 a 420, 485 e 486 do CC.

Art. 483. A compra e venda pode ter por objeto coisa atual ou futura. Neste caso, ficará sem efeito o contrato se esta não vier a existir, salvo se a intenção das partes era de concluir contrato aleatório.

(*) V. arts. 458 a 461 do CC.
(*) Vide Enunciado 653 do CJF.

Art. 484. Se a venda se realizar à vista de amostras, protótipos ou modelos, entender-se-á que o vendedor assegura ter a coisa as qualidades que a elas correspondem.

(*) V. arts. 441 a 446 do CC.

Parágrafo único. Prevalece a amostra, o protótipo ou o modelo, se houver contradição ou diferença com a maneira pela qual se descreveu a coisa no contrato.

Art. 485. A fixação do preço pode ser deixada ao arbítrio de terceiro, que os contratantes logo designarem ou prometerem designar. Se o terceiro não aceitar a incumbência, ficará sem efeito o contrato, salvo quando acordarem os contratantes designar outra pessoa.

Art. 486. Também se poderá deixar a fixação do preço à taxa de mercado ou de bolsa, em certo e determinado dia e lugar.

(*) V. art. 318 do CC.

Art. 487. É lícito às partes fixar o preço em função de índices ou parâmetros, desde que suscetíveis de objetiva determinação.

Art. 488. Convencionada a venda sem fixação de preço ou de critérios para a sua determinação, se não houver tabelamento oficial, entende-se que as partes se sujeitaram ao preço corrente nas vendas habituais do vendedor.

Parágrafo único. Na falta de acordo, por ter havido diversidade de preço, prevalecerá o termo médio.

(*) Vide Enunciado 441 do CJF.

Art. 489. Nulo é o contrato de compra e venda, quando se deixa ao arbítrio exclusivo de uma das partes a fixação do preço.

(*) V. art. 122 do CC.

Art. 490. Salvo cláusula em contrário, ficarão as despesas de escritura e registro a cargo do comprador, e a cargo do vendedor as da tradição.

(*) V. arts. 533, I; 1.267; e 1.268 do CC.

Art. 491. Não sendo a venda a crédito, o vendedor não é obrigado a entregar a coisa antes de receber o preço.

(*) V. arts. 476 e 477 do CC.

Art. 492. Até o momento da tradição, os riscos da coisa correm por conta do vendedor, e os do preço por conta do comprador.

(*) V. arts. 237, 246, 1.267 e 1.268 do CC.

§ 1º. Todavia, os casos fortuitos, ocorrentes no ato de contar, marcar ou assinalar coisas, que comumente se recebem, contando, pesando, medindo ou assinalando, e que já tiverem sido postas à disposição do comprador, correrão por conta deste.

(*) V. art. 393, parágrafo único, do CC.

§ 2º. Correrão também por conta do comprador os riscos das referidas coisas, se estiver em mora de as receber, quando postas à sua disposição no tempo, lugar e pelo modo ajustados.

(*) V. art. 400 do CC.

Art. 493. A tradição da coisa vendida, na falta de estipulação expressa, dar-se-á no lugar onde ela se encontrava, ao tempo da venda.

(*) V. arts. 327 a 330 do CC.

Art. 494. Se a coisa for expedida para lugar diverso, por ordem do comprador, por sua conta correrão os riscos, uma vez entregue a quem haja de transportá-la, salvo se das instruções dele se afastar o vendedor.

Art. 495. Não obstante o prazo ajustado para o pagamento, se antes da tradição o comprador cair em insolvência, poderá o vendedor sobrestar na entrega da coisa, até que o comprador lhe dê caução de pagar no tempo ajustado.

(*) V. arts. 1.267 e 1.268 do CC.

Art. 496. É anulável a venda de ascendente a descendente, salvo se os outros descendentes e o cônjuge do alienante expressamente houverem consentido.

Parágrafo único. Em ambos os casos, dispensa-se o consentimento do cônjuge se o regime de bens for o da separação obrigatória.

(*) Vide Enunciados 177, 368 e 545 do CJF.

Art. 497. Sob pena de nulidade, não podem ser comprados, ainda que em hasta pública:

I – pelos tutores, curadores, testamenteiros e administradores, os bens confiados à sua guarda ou administração;

(*) V. art. 1.749 do CC.

II – pelos servidores públicos, em geral, os bens ou direitos da pessoa jurídica a que servirem, ou que estejam sob sua administração direta ou indireta;

III – pelos juízes, secretários de tribunais, arbitradores, peritos e outros serventuários ou auxiliares da justiça, os bens ou direitos sobre que se litigar em tribunal, juízo ou conselho, no lugar onde servirem, ou a que se estender a sua autoridade;

IV – pelos leiloeiros e seus prepostos, os bens de cuja venda estejam encarregados.

Parágrafo único. As proibições deste artigo estendem-se à cessão de crédito.

(*) V. arts. 286 a 298 do CC.

Art. 498. A proibição contida no inciso III do artigo antecedente, não compreende os casos de compra e venda ou cessão e ntre coerdeiros, ou em pagamento de dívida, ou para garantia de bens já pertencentes a pessoas designadas no referido inciso.

Art. 499. É lícita a compra e venda entre cônjuges, com relação a bens excluídos da comunhão.

Art. 500. Se, na venda de um imóvel, se estipular o preço por medida de extensão, ou se determinar a respectiva área, e esta não corresponder, em qualquer dos casos, às dimensões dadas, o comprador terá o direito de exigir o complemento da área, e, não sendo isso possível, o de reclamar a resolução do contrato ou abatimento proporcional ao preço.

§ 1º. Presume-se que a referência às dimensões foi simplesmente enunciativa, quando a diferença encontrada não exceder de 1/20 (um vigésimo) da área total enunciada, ressalvado ao comprador o direito de provar que, em tais circunstâncias, não teria realizado o negócio.

(*) V. art. 445 do CC.

§ 2º. Se em vez de falta houver excesso, e o vendedor provar que tinha motivos para ignorar a medida exata da área vendida, caberá ao comprador, à sua escolha, completar o valor correspondente ao preço ou devolver o excesso.

§ 3º. Não haverá complemento de área, nem devolução de excesso, se o imóvel for vendido como coisa certa e discriminada, tendo sido apenas enunciativa a referência às suas dimensões, ainda que não conste, de modo expresso, ter sido a venda *ad corpus*.

Art. 501. Decai do direito de propor as ações previstas no artigo antecedente o vendedor ou o comprador que não o fizer no prazo de 1 (um) ano, a contar do registro do título.

Parágrafo único. Se houver atraso na imissão de posse no imóvel, atribuível ao alienante, a partir dela fluirá o prazo de decadência.

Art. 502. O vendedor, salvo convenção em contrário, responde por todos os débitos que gravem a coisa até o momento da tradição.

(*) V. art. 422 e 492 do CC.
(*) Vide Súmula 158 do STF.

Art. 503. Nas coisas vendidas conjuntamente, o defeito oculto de uma não autoriza a rejeição de todas.

(*) V. arts. 441 a 446 do CC.

Art. 504. Não pode um condômino em coisa indivisível vender a sua parte a estranhos, se outro consorte a quiser, tanto por tanto. O condômino, a quem não se der conhecimento da venda, poderá, depositando o preço, haver para si a parte vendida a estranhos, se o requerer no prazo de 180 (cento e oitenta) dias, sob pena de decadência.

Parágrafo único. Sendo muitos os condôminos, preferirá o que tiver benfeitorias de maior valor e, na falta de benfeitorias, o de quinhão maior. Se as partes forem iguais, haverão a parte vendida os comproprietários, que a quiserem, depositando previamente o preço.

(*) V. arts. 1.314 a 1.330 do CC.
(*) Vide Enunciado 623 do CJF.

Seção II
Das Cláusulas Especiais
à Compra e Venda

Subseção I
Da Retrovenda

Art. 505. O vendedor de coisa imóvel pode reservar-se o direito de recobrá-la no prazo máximo de decadência de 3 (três) anos, restituindo o preço recebido e reembolsando as despesas do comprador, inclusive as que, durante o período de resgate, se efetuaram com a sua autorização escrita, ou para a realização de benfeitorias necessárias.

(*) V. arts. 207 a 211 do CC.

Art. 506. Se o comprador se recusar a receber as quantias a que faz jus, o vendedor, para exercer o direito de resgate, as depositará judicialmente.

Parágrafo único. Verificada a insuficiência do depósito judicial, não será o vendedor restituído no domínio da coisa, até e enquanto não for integralmente pago o comprador.

(*) V. arts. 334 a 345 do CC.

Art. 507. O direito de retrato, que é cessível e transmissível a herdeiros e legatários, poderá ser exercido contra o terceiro adquirente.

(*) V. arts. 286 a 298 do CC.

Art. 508. Se a 2 (duas) ou mais pessoas couber o direito de retrato sobre o mesmo imóvel, e só uma o exercer, poderá o comprador intimar as outras para nele acordarem, prevalecendo o pacto em favor de quem haja efetuado o depósito, contanto que seja integral.

LIVRO I – DO DIREITO DAS OBRIGAÇÕES   ART. 519

Subseção II
Da Venda a Contento e da Sujeita a Prova

Art. 509. A venda feita a contento do comprador entende-se realizada sob condição suspensiva, ainda que a coisa lhe tenha sido entregue; e não se reputará perfeita, enquanto o adquirente não manifestar seu agrado.

(*) V. arts. 122, 125, 127, 128, 135 e 234 do CC.

Art. 510. Também a venda sujeita a prova presume-se feita sob a condição suspensiva de que a coisa tenha as qualidades asseguradas pelo vendedor e seja idônea para o fim a que se destina.

(*) V. arts. 122, 125, 127, 128, 135 e 234 do CC.

Art. 511. Em ambos os casos, as obrigações do comprador, que recebeu, sob condição suspensiva, a coisa comprada, são as de mero comodatário, enquanto não manifeste aceitá-la.

(*) V. arts. 579 a 585 do CC.

Art. 512. Não havendo prazo estipulado para a declaração do comprador, o vendedor terá direito de intimá-lo, judicial ou extrajudicialmente, para que o faça em prazo improrrogável.

Subseção III
Da Preempção ou Preferência

Art. 513. A preempção, ou preferência, impõe ao comprador a obrigação de oferecer ao vendedor a coisa que aquele vai vender, ou dar em pagamento, para que este use de seu direito de prelação na compra, tanto por tanto.

(*) V. arts. 1.373; 1.440; e 1.481, § 1º, do CC.

Parágrafo único. O prazo para exercer o direito de preferência não poderá exceder a 180 (cento e oitenta) dias, se a coisa for móvel, ou a 2 (dois) anos, se imóvel.

Art. 514. O vendedor pode também exercer o seu direito de prelação, intimando o comprador, quando lhe constar que este vai vender a coisa.

Art. 515. Aquele que exerce a preferência está, sob pena de a perder, obrigado a pagar, em condições iguais, o preço encontrado, ou o ajustado.

Art. 516. Inexistindo prazo estipulado, o direito de preempção caducará, se a coisa for móvel, não se exercendo nos 3 (três) dias, e, se for imóvel, não se exercendo nos 60 (sessenta) dias subsequentes à data em que o comprador tiver notificado o vendedor.

Art. 517. Quando o direito de preempção for estipulado a favor de dois ou mais indivíduos em comum, só pode ser exercido em relação à coisa no seu todo. Se alguma das pessoas, a quem ele toque, perder ou não exercer o seu direito, poderão as demais utilizá-lo na forma sobredita.

Art. 518. Responderá por perdas e danos o comprador, se alienar a coisa sem ter dado ao vendedor ciência do preço e das vantagens que por ela lhe oferecem. Responderá solidariamente o adquirente, se tiver procedido de má-fé.

(*) V. art. 264, 275 a 285 e 402 a 405 do CC.

Art. 519. Se a coisa expropriada para fins de necessidade ou utilidade pública, ou por interesse social, não tiver o destino para que se desapropriou, ou não for utilizada em obras ou serviços públicos, caberá ao expropriado direito de preferência, pelo preço atual da coisa.

(*) Vide Enunciado 592 do CJF.

Art. 520. O direito de preferência não se pode ceder nem passa aos herdeiros.

Subseção IV
Da Venda com Reserva de Domínio

Art. 521. Na venda de coisa móvel, pode o vendedor reservar para si a propriedade, até que o preço esteja integralmente pago.

(*) V. arts. 82 a 84 e 523 do CC.

Art. 522. A cláusula de reserva de domínio será estipulada por escrito e depende de registro no domicílio do comprador para valer contra terceiros.

Art. 523. Não pode ser objeto de venda com reserva de domínio a coisa insuscetível de caracterização perfeita, para estremá-la de outras congêneres. Na dúvida, decide-se a favor do terceiro adquirente de boa-fé.

Art. 524. A transferência de propriedade ao comprador dá-se no momento em que o preço esteja integralmente pago. Todavia, pelos riscos da coisa responde o comprador, a partir de quando lhe foi entregue.

(*) V. arts. 319 e 491 do CC.

Art. 525. O vendedor somente poderá executar a cláusula de reserva de domínio após constituir o comprador em mora, mediante protesto do título ou interpelação judicial.

(*) V. art. 394 do CC.

Art. 526. Verificada a mora do comprador, poderá o vendedor mover contra ele a competente ação de cobrança das prestações vencidas e vincendas e o mais que lhe for devido; ou poderá recuperar a posse da coisa vendida.

(*) V. arts. 394 a 401 do CC.

Art. 527. Na segunda hipótese do artigo antecedente, é facultado ao vendedor reter as prestações pagas até o necessário para cobrir a depreciação da coisa, as despesas feitas e o mais que de direito lhe for devido. O excedente será devolvido ao comprador; e o que faltar lhe será cobrado, tudo na forma da lei processual.

Art. 528. Se o vendedor receber o pagamento à vista, ou, posteriormente, mediante financiamento de instituição do mercado de capitais, a esta caberá exercer os direitos e ações decorrentes do contrato, a benefício de qualquer outro. A operação financeira e a respectiva ciência do comprador constarão do registro do contrato.

(*) Vide Enunciado 178 do CJF.

Subseção V
Da Venda Sobre Documentos

Art. 529. Na venda sobre documentos, a tradição da coisa é substituída pela entrega do seu título representativo e dos outros documentos exigidos pelo contrato ou, no silêncio deste, pelos usos.

Parágrafo único. Achando-se a documentação em ordem, não pode o comprador recusar o pagamento, a pretexto de defeito de qualidade ou do estado da coisa vendida, salvo se o defeito já houver sido comprovado.

Art. 530. Não havendo estipulação em contrário, o pagamento deve ser efetuado na data e no lugar da entrega dos documentos.

(*) V. art. 9º da LINDB.

Art. 531. Se entre os documentos entregues ao comprador figurar apólice de seguro que cubra os riscos do transporte, correm estes à conta do comprador, salvo se, ao ser concluído

LIVRO I – DO DIREITO DAS OBRIGAÇÕES — ART. 541

o contrato, tivesse o vendedor ciência da perda ou avaria da coisa.

(*) V. arts. 754 e 757 a 788 do CC.

Art. 532. Estipulado o pagamento por intermédio de estabelecimento bancário, caberá a este efetuá-lo contra a entrega dos documentos, sem obrigação de verificar a coisa vendida, pela qual não responde.

Parágrafo único. Nesse caso, somente após a recusa do estabelecimento bancário a efetuar o pagamento, poderá o vendedor pretendê-lo, diretamente do comprador.

Capítulo II
DA TROCA OU PERMUTA

Art. 533. Aplicam-se à troca as disposições referentes à compra e venda, com as seguintes modificações:

(*) V. arts. 481 a 532 do CC.

I – salvo disposição em contrário, cada um dos contratantes pagará por metade as despesas com o instrumento da troca;

(*) V. art. 490 do CC.

II – é anulável a troca de valores desiguais entre ascendentes e descendentes, sem consentimento dos outros descendentes e do cônjuge do alienante.

(*) V. art. 179 do CC.
(*) Vide Súmula 494 do STF.

Capítulo III
DO CONTRATO ESTIMATÓRIO

Art. 534. Pelo contrato estimatório, o consignante entrega bens móveis ao consignatário, que fica autorizado a vendê-los, pagando àquele o preço ajustado, salvo se preferir, no prazo estabelecido, restituir-lhe a coisa consignada.

(*) Vide Enunciado 32 do CJF.

Art. 535. O consignatário não se exonera da obrigação de pagar o preço, se a restituição da coisa, em sua integridade, se tornar impossível, ainda que por fato a ele não imputável.

Art. 536. A coisa consignada não pode ser objeto de penhora ou sequestro pelos credores do consignatário, enquanto não pago integralmente o preço.

Art. 537. O consignante não pode dispor da coisa antes de lhe ser restituída ou de lhe ser comunicada a restituição.

Capítulo IV
DA DOAÇÃO

Seção I
Disposições Gerais

Art. 538. Considera-se doação o contrato em que uma pessoa, por liberalidade, transfere do seu patrimônio bens ou vantagens para o de outra.

(*) Vide Enunciado 549 do CJF.

Art. 539. O doador pode fixar prazo ao donatário, para declarar se aceita ou não a liberalidade. Desde que o donatário, ciente do prazo, não faça, dentro dele, a declaração, entender-se-á que aceitou, se a doação não for sujeita a encargo.

(*) V. art. 441, parágrafo único, do CC.

Art. 540. A doação feita em contemplação do merecimento do donatário não perde o caráter de liberalidade, como não o perde a doação remuneratória, ou a gravada, no excedente ao valor dos serviços remunerados ou ao encargo imposto.

(*) V. art. 441, parágrafo único; e 564 do CC.

Art. 541. A doação far-se-á por escritura pública ou instrumento particular.

Parágrafo único. A doação verbal será válida, se, versando sobre bens móveis e de pequeno valor, se lhe seguir *incontinenti* a tradição.

(*) V. arts. 1.267 e 1.268 do CC.
(*) Vide Enunciado 622 do CJF.

Art. 542. A doação feita ao nascituro valerá, sendo aceita pelo seu representante legal.

(*) V. arts. 2º; 1.630 a 1.633; 1.748, II; 1.779, *caput*; e 1.781 do CC.

Art. 543. Se o donatário for absolutamente incapaz, dispensa-se a aceitação, desde que se trate de doação pura.

(*) V. art. 3º do CC.

Art. 544. A doação de ascendentes a descendentes, ou de um cônjuge a outro, importa adiantamento do que lhes cabe por herança.

(*) V. arts. 1.846, 1.847, 2.002 a 2.012 e 2.022 do CC.
(*) Vide Enunciado 654 do CJF.

Art. 545. A doação em forma de subvenção periódica ao beneficiado extingue-se morrendo o doador, salvo se este outra coisa dispuser, mas não poderá ultrapassar a vida do donatário.

Art. 546. A doação feita em contemplação de casamento futuro com certa e determinada pessoa, quer pelos nubentes entre si, quer por terceiro a um deles, a ambos, ou aos filhos que, de futuro, houverem um do outro, não pode ser impugnada por falta de aceitação, e só ficará sem efeito se o casamento não se realizar.

Art. 547. O doador pode estipular que os bens doados voltem ao seu patrimônio, se sobreviver ao donatário.

Parágrafo único. Não prevalece cláusula de reversão em favor de terceiro.

(*) V. art. 1.359 do CC.

Art. 548. É nula a doação de todos os bens sem reserva de parte, ou renda suficiente para a subsistência do doador.

Art. 549. Nula é também a doação quanto à parte que exceder à de que o doador, no momento da liberalidade, poderia dispor em testamento.

(*) V. arts. 1.789, 1.845, 1.846, 2.005, 2.007 e 2.008 do CC.

Art. 550. A doação do cônjuge adúltero ao seu cúmplice pode ser anulada pelo outro cônjuge, ou por seus herdeiros necessários, até 2 (dois) anos depois de dissolvida a sociedade conjugal.

(*) V. arts. 793, 1.642. 1.647 e 1.845 a 1.850 do CC.
(*) Vide Súmula 382 do STF.

Art. 551. Salvo declaração em contrário, a doação em comum a mais de uma pessoa entende-se distribuída entre elas por igual.

Parágrafo único. Se os donatários, em tal caso, forem marido e mulher, subsistirá na totalidade a doação para o cônjuge sobrevivo.

Art. 552. O doador não é obrigado a pagar juros moratórios, nem é sujeito às consequências da evicção ou do vício redibitório. Nas doações para casamento com certa e determinada pessoa, o doador ficará sujeito à evicção, salvo convenção em contrário.

(*) V. arts. 441 a 446 e 447 a 457 do CC.

Art. 553. O donatário é obrigado a cumprir os encargos da doação, caso forem a benefício do doador, de terceiro, ou do interesse geral.

(*) V. arts. 136, 137, 436 a 438 e 555 do CC.

Parágrafo único. Se desta última espécie for o encargo, o Ministério Público poderá exigir sua execução, depois da morte do doador, se este não tiver feito.

LIVRO I – DO DIREITO DAS OBRIGAÇÕES ART. 564

Art. 554. A doação a entidade futura caducará se, em 2 (dois) anos, esta não estiver constituída regularmente.

(*) V. art. 49 do CC.

Seção II
Da Revogação da Doação

Art. 555. A doação pode ser revogada por ingratidão do donatário, ou por inexecução do encargo.

(*) V. arts. 553, 557, 559 e 562 do CC.

Art. 556. Não se pode renunciar antecipadamente o direito de revogar a liberalidade por ingratidão do donatário.

Art. 557. Podem ser revogadas por ingratidão as doações:

I – se o donatário atentou contra a vida do doador ou cometeu crime de homicídio doloso contra ele;

II – se cometeu contra ele ofensa física;

III – se o injuriou gravemente ou o caluniou;

IV – se, podendo ministrá-los, recusou ao doador os alimentos de que este necessitava.

(*) V. arts. 1.694 a 1.710 do CC.
(*) Vide Enunciado 33 do CJF.

Art. 558. Pode ocorrer também a revogação quando o ofendido, nos casos do artigo anterior, for o cônjuge, ascendente, descendente, ainda que adotivo, ou irmão do doador.

(*) V. art. 1.596 do CC.

Art. 559. A revogação por qualquer desses motivos deverá ser pleiteada dentro de 1 (um) ano, a contar de quando chegue ao conhecimento do doador o fato que a autorizar, e de ter sido o donatário o seu autor.

Art. 560. O direito de revogar a doação não se transmite aos herdeiros do doador, nem prejudica os do donatário. Mas aqueles podem prosseguir na ação iniciada pelo doador, continuando-a contra os herdeiros do donatário, se este falecer depois de ajuizada a lide.

Art. 561. No caso de homicídio doloso do doador, a ação caberá aos seus herdeiros, exceto se aquele houver perdoado.

Art. 562. A doação onerosa pode ser revogada por inexecução do encargo, se o donatário incorrer em mora. Não havendo prazo para o cumprimento, o doador poderá notificar judicialmente o donatário, assinando-lhe prazo razoável para que cumpra a obrigação assumida.

(*) V. arts. 390, 397 e 553 do CC.

Art. 563. A revogação por ingratidão não prejudica os direitos adquiridos por terceiros, nem obriga o donatário a restituir os frutos percebidos antes da citação válida; mas sujeita-o a pagar os posteriores, e, quando não possa restituir em espécie as coisas doadas, a indenizá-la pelo meio termo do seu valor.

(*) V. art. 1.360 do CC.

Art. 564. Não se revogam por ingratidão:

I – as doações puramente remuneratórias;

(*) V. art. 540 do CC.

II – as oneradas com encargo já cumprido;

III – as que se fizerem em cumprimento de obrigação natural;

IV – as feitas para determinado casamento.

(*) V. art. 546 do CC.

Capítulo V
DA LOCAÇÃO DE COISAS
(*) V. art. 2.036 do CC.

Art. 565. Na locação de coisas, uma das partes se obriga a ceder à outra, por tempo determinado ou não, o uso e gozo de coisa não fungível, mediante certa retribuição.

(*) V. art. 85 do CC.
(*) Vide Súmula 423 do STJ.

Art. 566. O locador é obrigado:

I – a entregar ao locatário a coisa alugada, com suas pertenças, em estado de servir ao uso a que se destina, e a mantê-la nesse estado, pelo tempo do contrato, salvo cláusula expressa em contrário;

II – a garantir-lhe, durante o tempo do contrato, o uso pacífico da coisa.

(*) V. art. 568 do CC.

Art. 567. Se, durante a locação, se deteriorar a coisa alugada, sem culpa do locatário, a este caberá pedir redução proporcional do aluguel, ou resolver o contrato, caso já não sirva a coisa para o fim a que se destinava.

Art. 568. O locador resguardará o locatário dos embaraços e turbações de terceiros, que tenham ou pretendam ter direitos sobre a coisa alugada, e responderá pelos seus vícios, ou defeitos, anteriores à locação.

(*) V. arts. 566, II; e 569, III, do CC.

Art. 569. O locatário é obrigado:

I – a servir-se da coisa alugada para os usos convencionados ou presumidos, conforme a natureza dela e as circunstâncias, bem como tratá-la com o mesmo cuidado como se sua fosse;

(*) V. art. 570 do CC.

II – a pagar pontualmente o aluguel nos prazos ajustados, e, em falta de ajuste, segundo o costume do lugar;

III – a levar ao conhecimento do locador as turbações de terceiros, que se pretendam fundadas em direito;

IV – a restituir a coisa, finda a locação, no estado em que a recebeu, salvas as deteriorações naturais ao uso regular.

(*) V. art. 575 do CC.

Art. 570. Se o locatário empregar a coisa em uso diverso do ajustado, ou do a que se destina, ou se ela se danificar por abuso do locatário, poderá o locador, além de rescindir o contrato, exigir perdas e danos.

(*) V. arts. 402 a 405; e 569, I, do CC.

Art. 571. Havendo prazo estipulado à duração do contrato, antes do vencimento não poderá o locador reaver a coisa alugada, senão ressarcindo ao locatário as perdas e danos resultantes, nem o locatário devolvê-la ao locador, senão pagando, proporcionalmente, a multa prevista no contrato.

Parágrafo único. O locatário gozará do direito de retenção, enquanto não for ressarcido.

(*) V. art. 578 do CC.

Art. 572. Se a obrigação de pagar o aluguel pelo tempo que faltar constituir indenização excessiva, será facultado ao juiz fixá-la em bases razoáveis.

(*) V. art. 5º da LINDB.

Art. 573. A locação por tempo determinado cessa de pleno direito findo o prazo estipulado, independentemente de notificação ou aviso.

Art. 574. Se, findo o prazo, o locatário continuar na posse da coisa

LIVRO I – DO DIREITO DAS OBRIGAÇÕES ART. 582

alugada, sem oposição do locador, presumir-se-á prorrogada a locação pelo mesmo aluguel, mas sem prazo determinado.

Art. 575. Se, notificado o locatário, não restituir a coisa, pagará, enquanto a tiver em seu poder, o aluguel que o locador arbitrar, e responderá pelo dano que ela venha a sofrer, embora proveniente de caso fortuito.

Parágrafo único. Se o aluguel arbitrado for manifestamente excessivo, poderá o juiz reduzi-lo, mas tendo sempre em conta o seu caráter de penalidade.

Art. 576. Se a coisa for alienada durante a locação, o adquirente não ficará obrigado a respeitar o contrato, se nele não for consignada a cláusula da sua vigência no caso de alienação, e não constar de registro.

§ 1º. O registro a que se refere este artigo será o de Títulos e Documentos do domicílio do locador, quando a coisa for móvel; e será o Registro de Imóveis da respectiva circunscrição, quando imóvel.

§ 2º. Em se tratando de imóvel, e ainda no caso em que o locador não esteja obrigado a respeitar o contrato, não poderá ele despedir o locatário, senão observado o prazo de 90 (noventa) dias após a notificação.

(*) Vide Súmula 442 do STF.

Art. 577. Morrendo o locador ou o locatário, transfere-se aos seus herdeiros a locação por tempo determinado.

Art. 578. Salvo disposição em contrário, o locatário goza do direito de retenção, no caso de benfeitorias necessárias, ou no de benfeitorias úteis, se estas houverem sido feitas com expresso consentimento do locador.

(*) V. arts. 96; e 571, parágrafo único, do CC.
(*) Vide Súmula 158 do STF.
(*) Vide Súmula 335 do CJF.

Capítulo VI
DO EMPRÉSTIMO

Seção I
Do Comodato

Art. 579. O comodato é o empréstimo gratuito de coisas não fungíveis. Perfaz-se com a tradição do objeto.

(*) V. arts. 85, 1.267 e 1.268 do CC.

Art. 580. Os tutores, curadores e em geral todos os administradores de bens alheios não poderão dar em comodato, sem autorização especial, os bens confiados à sua guarda.

(*) V. arts. 1.749 e 1.774 do CC.

Art. 581. Se o comodato não tiver prazo convencional, presumir-se-lhe-á o necessário para o uso concedido; não podendo o comodante, salvo necessidade imprevista e urgente, reconhecida pelo juiz, suspender o uso e gozo da coisa emprestada, antes de findo o prazo convencional, ou o que se determine pelo uso outorgado.

(*) V. arts. 472 a 475 do CC.

Art. 582. O comodatário é obrigado a conservar, como se sua própria fora, a coisa emprestada, não podendo usá-la senão de acordo com o contrato ou a natureza dela, sob pena de responder por perdas e danos. O comodatário constituído em mora, além de por ela responder, pagará, até restituí-la, o aluguel da coisa que for arbitrado pelo comodante.

(*) V. arts. 397, 399 e 402 a 405 do CC.
(*) Vide Enunciado 180 do CJF.

Art. 583. Se, correndo risco o objeto do comodato juntamente com outros do comodatário, antepuser este a salvação dos seus abandonando o do comodante, responderá pelo dano ocorrido, ainda que se possa atribuir a caso fortuito, ou força maior.

(*) V. art. 393, parágrafo único, do CC.

Art. 584. O comodatário não poderá jamais recobrar do comodante as despesas feitas com o uso e gozo da coisa emprestada.

(*) V. arts. 241 e 242 do CC.

Art. 585. Se 2 (duas) ou mais pessoas forem simultaneamente comodatárias de uma coisa, ficarão solidariamente responsáveis para com o comodante.

(*) V. arts. 264, 265 e 275 a 285 do CC.

Seção II
Do Mútuo

Art. 586. O mútuo é o empréstimo de coisas fungíveis. O mutuário é obrigado a restituir ao mutuante o que dele recebeu em coisa do mesmo gênero, qualidade e quantidade.

(*) V. arts. 85 e 645 do CC.

Art. 587. Este empréstimo transfere o domínio da coisa emprestada ao mutuário, por cuja conta correm todos os riscos dela desde a tradição.

(*) V. arts. 1.267 e 1.268 do CC.

Art. 588. O mútuo feito a pessoa menor, sem prévia autorização daquele sob cuja guarda estiver, não pode ser reavido nem do mutuário, nem de seus fiadores.

(*) V. arts. 5º; 180; 824, parágrafo único; e 837 do CC.

Art. 589. Cessa a disposição do artigo antecedente:

I – se a pessoa, de cuja autorização necessitava o mutuário para contrair o empréstimo, o ratificar posteriormente;

(*) V. arts. 172 e 175 do CC.

II – se o menor, estando ausente essa pessoa, se viu obrigado a contrair o empréstimo para os seus alimentos habituais;

III – se o menor tiver bens ganhos com o seu trabalho. Mas, em tal caso, a execução do credor não lhes poderá ultrapassar as forças;

IV – se o empréstimo reverteu em benefício do menor;

V – se o menor obteve o empréstimo maliciosamente.

Art. 590. O mutuante pode exigir garantia da restituição, se antes do vencimento o mutuário sofrer notória mudança em sua situação econômica.

(*) V. arts. 333, 472, 476 e 477 do CC.

Art. 591. Destinando-se o mútuo a fins econômicos, presumem-se devidos juros, os quais, sob pena de redução, não poderão exceder a taxa a que se refere o art. 406, permitida a capitalização anual.

(*) Vide Súmulas 530, 539 e 541 do STJ.
(*) Vide Enunciado 34 do CJF.

Art. 592. Não se tendo convencionado expressamente, o prazo do mútuo será:

(*) V. art. 331 do CC.

I – até a próxima colheita, se o mútuo for de produtos agrícolas, assim para o consumo, como para semeadura;

II – de 30 (trinta) dias, pelo menos, se for de dinheiro;

III – do espaço de tempo que declarar o mutuante, se for de qualquer outra coisa fungível.

Capítulo VII
DA PRESTAÇÃO DE SERVIÇO

Art. 593. A prestação de serviço, que não estiver sujeita às leis trabalhistas ou a lei especial, reger-se-á pelas disposições deste Capítulo.

(*) Vide Enunciado 541 do CJF.

Art. 594. Toda a espécie de serviço ou trabalho lícito, material ou imaterial, pode ser contratada mediante retribuição.

Art. 595. No contrato de prestação de serviço, quando qualquer das partes não souber ler, nem escrever, o instrumento poderá ser assinado a rogo e subscrito por 2 (duas) testemunhas.

Art. 596. Não se tendo estipulado, nem chegado a acordo as partes, fixar-se-á por arbitramento a retribuição, segundo o costume do lugar, o tempo de serviço e sua qualidade.

Art. 597. A retribuição pagar-se-á depois de prestado o serviço, se, por convenção, ou costume, não houver de ser adiantada, ou paga em prestações.

Art. 598. A prestação de serviço não se poderá convencionar por mais de 4 (quatro) anos, embora o contrato tenha por causa o pagamento de dívida de quem o presta, ou se destine à execução de certa e determinada obra. Neste caso, decorridos 4 (quatro) anos, dar-se-á por findo o contrato, ainda que não concluída a obra.

Art. 599. Não havendo prazo estipulado, nem se podendo inferir da natureza do contrato, ou do costume do lugar, qualquer das partes, a seu arbítrio, mediante prévio aviso, pode resolver o contrato.

Parágrafo único. Dar-se-á o aviso:

I – com antecedência de 8 (oito) dias, se o salário se houver fixado por tempo de 1 (um) mês, ou mais;

II – com antecipação de 4 (quatro) dias, se o salário se tiver ajustado por semana, ou quinzena;

III – de véspera, quando se tenha contratado por menos de 7 (sete) dias.

Art. 600. Não se conta no prazo do contrato o tempo em que o prestador de serviço, por culpa sua, deixou de servir.

Art. 601. Não sendo o prestador de serviço contratado para certo e determinado trabalho, entender-se-á que se obrigou a todo e qualquer serviço compatível com as suas forças e condições.

Art. 602. O prestador de serviço contratado por tempo certo, ou por obra determinada, não se pode ausentar, ou despedir, sem justa causa, antes de preenchido o tempo, ou concluída a obra.

Parágrafo único. Se se despedir sem justa causa, terá direito à retribuição vencida, mas responderá por perdas e danos. O mesmo dar-se-á, se despedido por justa causa.

(*) V. arts. 402 a 405 do CC.

Art. 603. Se o prestador de serviço for despedido sem justa causa, a outra parte será obrigada a pagar-lhe por inteiro a retribuição vencida, e por metade a que lhe tocaria de então ao termo legal do contrato.

Art. 604. Findo o contrato, o prestador de serviço tem direito a exigir da outra parte a declaração de que o contrato está findo. Igual direito lhe cabe, se for despedido sem justa causa, ou se tiver havido motivo justo para deixar o serviço.

Art. 605. Nem aquele a quem os serviços são prestados, poderá transferir a outrem o direito aos serviços ajustados, nem o prestador de serviços, sem aprazimento da outra parte, dar substituto que os preste.
(*) V. art. 609 do CC.

Art. 606. Se o serviço for prestado por quem não possua título de habilitação, ou não satisfaça requisitos outros estabelecidos em lei, não poderá quem os prestou cobrar a retribuição normalmente correspondente ao trabalho executado. Mas se deste resultar benefício para a outra parte, o juiz atribuirá a quem o prestou uma compensação razoável, desde que tenha agido com boa-fé.
(*) V. arts. 422 e 596 do CC.
(*) V. art. 5º da LINDB.

Parágrafo único. Não se aplica a segunda parte deste artigo, quando a proibição da prestação de serviço resultar de lei de ordem pública.

Art. 607. O contrato de prestação de serviço acaba com a morte de qualquer das partes. Termina, ainda, pelo escoamento do prazo, pela conclusão da obra, pela rescisão do contrato mediante aviso prévio, por inadimplemento de qualquer das partes ou pela impossibilidade da continuação do contrato, motivada por força maior.
(*) V. arts. 472 a 477, 599 e 626 do CC.

Art. 608. Aquele que aliciar pessoas obrigadas em contrato escrito a prestar serviço a outrem pagará a este a importância que ao prestador de serviço, pelo ajuste desfeito, houvesse de caber durante 2 (dois) anos.

Art. 609. A alienação do prédio agrícola, onde a prestação dos serviços se opera, não importa a rescisão do contrato, salvo ao prestador opção entre continuá-lo com o adquirente da propriedade ou com o primitivo contratante.
(*) V. art. 605 do CC.

Capítulo VIII
DA EMPREITADA

Art. 610. O empreiteiro de uma obra pode contribuir para ela só com seu trabalho ou com ele e os materiais.

§ 1º. A obrigação de fornecer os materiais não se presume; resulta da lei ou da vontade das partes.

§ 2º. O contrato para elaboração de um projeto não implica a obrigação de executá-lo, ou de fiscalizar-lhe a execução.

Art. 611. Quando o empreiteiro fornece os materiais, correm por sua conta os riscos até o momento da entrega da obra, a contento de quem a encomendou, se este não estiver em mora de receber. Mas se estiver, por sua conta correrão os riscos.
(*) V. arts. 234, 394, 400, 615 e 617 do CC.

Art. 612. Se o empreiteiro só forneceu mão de obra, todos os riscos em que não tiver culpa correrão por conta do dono.

Art. 613. Sendo a empreitada unicamente de lavor (art. 610), se a coisa perecer antes de entregue, sem mora do dono nem culpa do empreiteiro, este perderá a retribuição, se não provar que a perda resultou de defeito dos materiais e que em tempo reclamara contra a sua quantidade ou qualidade.

Art. 614. Se a obra constar de partes distintas, ou for de natureza das que se determinam por medida, o empreiteiro terá direito a que também se verifique por medida, ou segundo as partes em que se dividir, podendo exigir o pagamento na proporção da obra executada.

§ 1º. Tudo o que se pagou presume-se verificado.

§ 2º. O que se mediu presume-se verificado se, em 30 (trinta) dias, a contar da medição, não forem denunciados os vícios ou defeitos pelo dono da obra ou por quem estiver incumbido da sua fiscalização.

Art. 615. Concluída a obra de acordo com o ajuste, ou o costume do lugar, o dono é obrigado a recebê-la. Poderá, porém, rejeitá-la, se o empreiteiro se afastou das instruções recebidas e dos planos dados, ou das regras técnicas em trabalhos de tal natureza.

(*) V. art. 476 do CC.

Art. 616. No caso da segunda parte do artigo antecedente, pode quem encomendou a obra, em vez de enjeitá-la, recebê-la com abatimento no preço.

(*) V. art. 442 do CC.

Art. 617. O empreiteiro é obrigado a pagar os materiais que recebeu, se por imperícia ou negligência os inutilizar.

(*) V. arts. 186 e 927 do CC.

Art. 618. Nos contratos de empreitada de edifícios ou outras construções consideráveis, o empreiteiro de materiais e execução responderá, durante o prazo irredutível de 5 (cinco) anos, pela solidez e segurança do trabalho, assim em razão dos materiais, como do solo.

Parágrafo único. Decairá do direito assegurado neste artigo o dono da obra que não propuser a ação contra o empreiteiro, nos 180 (cento e oitenta) dias seguintes ao aparecimento do vício ou defeito.

(*) V. arts. 622 e 937 do CC.
(*) Vide Enunciado 181 do CJF.

Art. 619. Salvo estipulação em contrário, o empreiteiro que se incumbir de executar uma obra, segundo plano aceito por quem a encomendou, não terá direito a exigir acréscimo no preço, ainda que sejam introduzidas modificações no projeto, a não ser que estas resultem de instruções escritas do dono da obra.

(*) V. arts. 478, 480 e 625 do CC.

Parágrafo único. Ainda que não tenha havido autorização escrita, o dono da obra é obrigado a pagar ao empreiteiro os aumentos e acréscimos, segundo o que for arbitrado, se, sempre presente à obra, por continuadas visitas, não podia ignorar o que se estava passando, e nunca protestou.

Art. 620. Se ocorrer diminuição no preço do material ou da mão de obra superior a 1/10 (um décimo) do preço global convencionado, poderá este ser revisto, a pedido do dono da obra, para que se lhe assegure a diferença apurada.

(*) V. arts. 478 e 884 a 886 do CC.

Art. 621. Sem anuência de seu autor, não pode o proprietário da obra introduzir modificações no projeto por ele aprovado, ainda que a execução seja confiada a terceiros, a não ser que, por motivos supervenientes ou razões de ordem técnica, fique comprovada a inconveniência ou a excessiva onerosidade de execução do projeto em sua forma originária.

(*) V. arts. 478 e 625 do CC.

Parágrafo único. A proibição deste artigo não abrange alterações de pouca monta, ressalvada sempre a unidade estética da obra projetada.

Art. 622. Se a execução da obra for confiada a terceiros, a responsabilidade do autor do projeto respectivo, desde que não assuma a direção ou fiscalização daquela, ficará limitada aos danos resultantes de defeitos previstos no art. 618 e seu parágrafo único.

Art. 623. Mesmo após iniciada a construção, pode o dono da obra suspendê-la, desde que pague ao empreiteiro as despesas e lucros relativos aos serviços já feitos, mais indenização razoável, calculada em função do que ele teria ganho, se concluída a obra.

Art. 624. Suspensa a execução da empreitada sem justa causa, responde o empreiteiro por perdas e danos.

(*) V. arts. 402 a 405 do CC.

Art. 625. Poderá o empreiteiro suspender a obra:

I – por culpa do dono, ou por motivo de força maior;

II – quando, no decorrer dos serviços, se manifestarem dificuldades imprevisíveis de execução, resultantes de causas geológicas ou hídricas, ou outras semelhantes, de modo que torne a empreitada excessivamente onerosa, e o dono da obra se opuser ao reajuste do preço inerente ao projeto por ele elaborado, observados os preços;

III – se as modificações exigidas pelo dono da obra, por seu vulto e natureza, forem desproporcionais ao projeto aprovado, ainda que o dono se disponha a arcar com o acréscimo de preço.

Art. 626. Não se extingue o contrato de empreitada pela morte de qualquer das partes, salvo se ajustado em consideração às qualidades pessoais do empreiteiro.

(*) V. art. 607 do CC.

Capítulo IX
DO DEPÓSITO

Seção I
Do Depósito Voluntário

Art. 627. Pelo contrato de depósito recebe o depositário um objeto móvel, para guardar, até que o depositante o reclame.

(*) V. arts. 640, 645, 646, 652 e 751 do CC.

Art. 628. O contrato de depósito é gratuito, exceto se houver convenção em contrário, se resultante de atividade negocial ou se o depositário o praticar por profissão.

(*) V. art. 651 do CC.

Parágrafo único. Se o depósito for oneroso e a retribuição do depositário não constar de lei, nem resultar de ajuste, será determinada pelos usos do lugar, e, na falta destes, por arbitramento.

Art. 629. O depositário é obrigado a ter na guarda e conservação da coisa depositada o cuidado e diligência que costuma com o que lhe pertence, bem como a restituí-la, com todos os frutos e acrescidos, quando o exija o depositante.

(*) Vide Súmula 179 do STJ.
(*) Vide Súmula Vinculante 25 do STF.

Art. 630. Se o depósito se entregou fechado, colado, selado, ou lacrado, nesse mesmo estado se manterá.

Art. 631. Salvo disposição em contrário, a restituição da coisa deve dar-se no lugar em que tiver de ser guardada. As despesas de restituição correm por conta do depositante.

LIVRO I – DO DIREITO DAS OBRIGAÇÕES   ART. 643

Art. 632. Se a coisa houver sido depositada no interesse de terceiro, e o depositário tiver sido cientificado deste fato pelo depositante, não poderá ele exonerar-se restituindo a coisa a este, sem consentimento daquele.

Art. 633. Ainda que o contrato fixe prazo à restituição, o depositário entregará o depósito logo que se lhe exija, salvo se tiver o direito de retenção a que se refere o art. 644, se o objeto for judicialmente embargado, se sobre ele pender execução, notificada ao depositário, ou se houver motivo razoável de suspeitar que a coisa foi dolosamente obtida.

(*) V. arts. 634 e 638 do CC.

Art. 634. No caso do artigo antecedente, última parte, o depositário, expondo o fundamento da suspeita, requererá que se recolha o objeto ao Depósito Público.

(*) V. art. 638 do CC.

Art. 635. Ao depositário será facultado, outrossim, requerer depósito judicial da coisa, quando, por motivo plausível, não a possa guardar, e o depositante não queira recebê-la.

(*) V. arts. 334 a 345 e 641 do CC.

Art. 636. O depositário, que por força maior houver perdido a coisa depositada e recebido outra em seu lugar, é obrigado a entregar a segunda ao depositante, e ceder-lhe as ações que no caso tiver contra o terceiro responsável pela restituição da primeira.

(*) V. arts. 286 a 298 do CC.

Art. 637. O herdeiro do depositário, que de boa-fé vendeu a coisa depositada, é obrigado a assistir o depositante na reivindicação, e a restituir ao comprador o preço recebido.

(*) V. arts. 447 e 1.792 do CC.

Art. 638. Salvo os casos previstos nos arts. 633 e 634, não poderá o depositário furtar-se à restituição do depósito, alegando não pertencer a coisa ao depositante, ou opondo compensação, exceto se noutro depósito se fundar.

(*) V. arts. 373, II; e 629 do CC.

Art. 639. Sendo dois ou mais depositantes, e divisível a coisa, a cada um só entregará o depositário a respectiva parte, salvo se houver entre eles solidariedade.

(*) V. arts. 87, 260 e 264 a 285 do CC.

Art. 640. Sob pena de responder por perdas e danos, não poderá o depositário, sem licença expressa do depositante, servir-se da coisa depositada, nem a dar em depósito a outrem.

(*) V. arts. 402 a 405 do CC.

Parágrafo único. Se o depositário, devidamente autorizado, confiar a coisa em depósito a terceiro, será responsável se agiu com culpa na escolha deste.

Art. 641. Se o depositário se tornar incapaz, a pessoa que lhe assumir a administração dos bens diligenciará imediatamente restituir a coisa depositada e, não querendo ou não podendo o depositante recebê-la, recolhê-la-á ao Depósito Público ou promoverá nomeação de outro depositário.

(*) V. arts. 334 e 335 do CC.

Art. 642. O depositário não responde pelos casos de força maior; mas, para que lhe valha a escusa, terá de prová-los.

(*) V. art. 393, parágrafo único, do CC.

Art. 643. O depositante é obrigado a pagar ao depositário as despesas feitas com a coisa, e os prejuízos que do depósito provierem.

Art. 644. O depositário poderá reter o depósito até que se lhe pague a retribuição devida, o líquido valor das despesas, ou dos prejuízos a que se refere o artigo anterior, provando imediatamente esses prejuízos ou essas despesas.

(*) V. art. 633 do CC.

Parágrafo único. Se essas dívidas, despesas ou prejuízos não forem provados suficientemente, ou forem ilíquidos, o depositário poderá exigir caução idônea do depositante ou, na falta desta, a remoção da coisa para o Depósito Público, até que se liquidem.

Art. 645. O depósito de coisas fungíveis, em que o depositário se obrigue a restituir objetos do mesmo gênero, qualidade e quantidade, regular-se-á pelo disposto acerca do mútuo.

(*) V. arts. 85 e 586 a 592 do CC.

Art. 646. O depósito voluntário provar-se-á por escrito.

(*) V. art. 648, parágrafo único, do CC.

Seção II
Do Depósito Necessário

Art. 647. É depósito necessário:

I – o que se faz em desempenho de obrigação legal;

(*) V. art. 648, *caput*, do CC.

II – o que se efetua por ocasião de alguma calamidade, como o incêndio, a inundação, o naufrágio ou o saque.

(*) V. art. 648, parágrafo único, do CC.

Art. 648. O depósito a que se refere o inciso I do artigo antecedente, reger-se-á pela disposição da respectiva lei, e, no silêncio ou deficiência dela, pelas concernentes ao depósito voluntário.

Parágrafo único. As disposições deste artigo aplicam-se aos depósitos previstos no inciso II do artigo antecedente, podendo estes certificarem-se por qualquer meio de prova.

Art. 649. Aos depósitos previstos no artigo antecedente é equiparado o das bagagens dos viajantes ou hóspedes nas hospedarias onde estiverem.

(*) V. arts. 650; 651; e 1.467, I, do CC.

Parágrafo único. Os hospedeiros responderão como depositários, assim como pelos furtos e roubos que perpetrarem as pessoas empregadas ou admitidas nos seus estabelecimentos.

Art. 650. Cessa, nos casos do artigo antecedente, a responsabilidade dos hospedeiros, se provarem que os fatos prejudiciais aos viajantes ou hóspedes não podiam ter sido evitados.

(*) V. art. 393 do CC.

Art. 651. O depósito necessário não se presume gratuito. Na hipótese do art. 649, a remuneração pelo depósito está incluída no preço da hospedagem.

(*) V. art. 628 do CC.

Art. 652. Seja o depósito voluntário ou necessário, o depositário que não o restituir quando exigido será compelido a fazê-lo mediante prisão não excedente a 1 (um) ano, e ressarcir os prejuízos.

(*) Vide Súmulas 304, 305 e 419 do STJ.

Capítulo X
DO MANDATO

Seção I
Disposições Gerais

Art. 653. Opera-se o mandato quando alguém recebe de outrem poderes para, em seu nome, praticar

LIVRO I – DO DIREITO DAS OBRIGAÇÕES   ART. 664

atos ou administrar interesses. A procuração é o instrumento do mandato.

(*) V. arts. 656; 660; 662; 663; e 1.652, II, do CC.

Art. 654. Todas as pessoas capazes são aptas para dar procuração mediante instrumento particular, que valerá desde que tenha a assinatura do outorgante.

(*) V. arts. 5º, 657 e 666 do CC.

§ 1º. O instrumento particular deve conter a indicação do lugar onde foi passado, a qualificação do outorgante e do outorgado, a data e o objetivo da outorga com a designação e a extensão dos poderes conferidos.

§ 2º. O terceiro com quem o mandatário tratar poderá exigir que a procuração traga a firma reconhecida.

Art. 655. Ainda quando se outorgue mandato por instrumento público, pode substabelecer-se mediante instrumento particular.

(*) V. art. 657 do CC.
(*) Vide Enunciado 182 do CJF.

Art. 656. O mandato pode ser expresso ou tácito, verbal ou escrito.

(*) V. arts. 657 e 1.324 do CC.

Art. 657. A outorga do mandato está sujeita à forma exigida por lei para o ato a ser praticado. Não se admite mandato verbal quando o ato deva ser celebrado por escrito.

(*) V. arts. 108, 109 e 654 do CC.

Art. 658. O mandato presume-se gratuito quando não houver sido estipulada retribuição, exceto se o seu objeto corresponder ao daqueles que o mandatário trata por ofício ou profissão lucrativa.

Parágrafo único. Se o mandato for oneroso, caberá ao mandatário a retribuição prevista em lei ou no contrato. Sendo estes omissos, será ela determinada pelos usos do lugar, ou, na falta destes, por arbitramento.

(*) V. art. 676 do CC.

Art. 659. A aceitação do mandato pode ser tácita, e resulta do começo de execução.

Art. 660. O mandato pode ser especial a um ou mais negócios determinadamente, ou geral a todos os do mandante.

Art. 661. O mandato em termos gerais só confere poderes de administração.

§ 1º. Para alienar, hipotecar, transigir, ou praticar outros quaisquer atos que exorbitem da administração ordinária, depende a procuração de poderes especiais e expressos.

(*) Vide Enunciado 183 do CJF.

§ 2º. O poder de transigir não importa o de firmar compromisso.

(*) V. arts. 840 a 850 e 851 a 853 do CC.

Art. 662. Os atos praticados por quem não tenha mandato, ou o tenha sem poderes suficientes, são ineficazes em relação àquele em cujo nome foram praticados, salvo se este os ratificar.

(*) V. arts. 665, 673, 679 e 873 do CC.

Parágrafo único. A ratificação há de ser expressa, ou resultar de ato inequívoco, e retroagirá à data do ato.

Art. 663. Sempre que o mandatário estipular negócios expressamente em nome do mandante, será este o único responsável; ficará, porém, o mandatário pessoalmente obrigado, se agir no seu próprio nome, ainda que o negócio seja de conta do mandante.

Art. 664. O mandatário tem o direito de reter, do objeto da operação que lhe foi cometida, quanto baste para pagamento de tudo que lhe for devido em consequência do mandato.

(*) V. art. 681 do CC.
(*) Vide Enunciado 184 do CJF.

Art. 665. O mandatário que exceder os poderes do mandato, ou proceder contra eles, será considerado mero gestor de negócios, enquanto o mandante lhe não ratificar os atos.

(*) V. arts. 662, 678 e 861 a 875 do CC.

Art. 666. O maior de 16 (dezesseis) e menor de 18 (dezoito) anos não emancipado pode ser mandatário, mas o mandante não tem ação contra ele senão de conformidade com as regras gerais, aplicáveis às obrigações contraídas por menores.

(*) V. arts. 5º, 180, 181, 654 e 681 do CC.

Seção II
Das Obrigações do Mandatário

Art. 667. O mandatário é obrigado a aplicar toda sua diligência habitual na execução do mandato, e a indenizar qualquer prejuízo causado por culpa sua ou daquele a quem substabelecer, sem autorização, poderes que devia exercer pessoalmente.

§ 1º. Se, não obstante proibição do mandante, o mandatário se fizer substituir na execução do mandato, responderá ao seu constituinte pelos prejuízos ocorridos sob a gerência do substituto, embora provenientes de caso fortuito, salvo provando que o caso teria sobrevindo, ainda que não tivesse havido substabelecimento.

(*) V. art. 393, parágrafo único, do CC.

§ 2º. Havendo poderes de substabelecer, só serão imputáveis ao mandatário os danos causados pelo substabelecido, se tiver agido com culpa na escolha deste ou nas instruções dadas a ele.

§ 3º. Se a proibição de substabelecer constar da procuração, os atos praticados pelo substabelecido não obrigam o mandante, salvo ratificação expressa, que retroagirá à data do ato.

§ 4º. Sendo omissa a procuração quanto ao substabelecimento, o procurador será responsável se o substabelecido proceder culposamente.

Art. 668. O mandatário é obrigado a dar contas de sua gerência ao mandante, transferindo-lhe as vantagens provenientes do mandato, por qualquer título que seja.

(*) V. art. 685 do CC.

Art. 669. O mandatário não pode compensar os prejuízos a que deu causa com os proveitos que, por outro lado, tenha granjeado ao seu constituinte.

Art. 670. Pelas somas que devia entregar ao mandante ou recebeu para despesa, mas empregou em proveito seu, pagará o mandatário juros, desde o momento em que abusou.

(*) V. arts. 406, 407 e 677 do CC.

Art. 671. Se o mandatário, tendo fundos ou crédito do mandante, comprar, em nome próprio, algo que devera comprar para o mandante, por ter sido expressamente designado no mandato, terá este ação para obrigá-lo à entrega da coisa comprada.

Art. 672. Sendo dois ou mais os mandatários nomeados no mesmo instrumento, qualquer deles poderá exercer os poderes outorgados, se não forem expressamente declarados conjuntos, nem especificamente designados para atos diferentes, ou subordinados a atos sucessivos. Se os mandatários forem declarados conjuntos, não terá eficácia o ato praticado sem interferência de todos, salvo

LIVRO I – DO DIREITO DAS OBRIGAÇÕES ART. 682

havendo ratificação, que retroagirá à data do ato.

(*) V. arts. 265 e 662 do CC.

Art. 673. O terceiro que, depois de conhecer os poderes do mandatário, com ele celebrar negócio jurídico exorbitante do mandato, não tem ação contra o mandatário, salvo se este lhe prometeu ratificação do mandante ou se responsabilizou pessoalmente.

(*) V. art. 662 do CC.

Art. 674. Embora ciente da morte, interdição ou mudança de estado do mandante, deve o mandatário concluir o negócio já começado, se houver perigo na demora.

(*) V. arts. 682, II e III; e 689 do CC.

Seção III
Das Obrigações do Mandante

Art. 675. O mandante é obrigado a satisfazer todas as obrigações contraídas pelo mandatário, na conformidade do mandato conferido, e adiantar a importância das despesas necessárias à execução dele, quando o mandatário lho pedir.

(*) V. arts. 665, 673 e 678 do CC.

Art. 676. É obrigado o mandante a pagar ao mandatário a remuneração ajustada e as despesas da execução do mandato, ainda que o negócio não surta o esperado efeito, salvo tendo o mandatário culpa.

(*) V. arts. 658, 677, 678 e 680 do CC.

Art. 677. As somas adiantadas pelo mandatário, para a execução do mandato, vencem juros desde a data do desembolso.

(*) V. arts. 406, 407 e 670 do CC.

Art. 678. É igualmente obrigado o mandante a ressarcir ao mandatário as perdas que este sofrer com a execução do mandato, sempre que não resultem de culpa sua ou de excesso de poderes.

(*) V. arts. 186, 402 a 405, 665, 673 e 675 do CC.

Art. 679. Ainda que o mandatário contrarie as instruções do mandante, se não exceder os limites do mandato, ficará o mandante obrigado para com aqueles com quem o seu procurador contratou; mas terá contra este ação pelas perdas e danos resultantes da inobservância das instruções.

(*) V. arts. 402 a 405, 662, 665 e 673 do CC.

Art. 680. Se o mandato for outorgado por 2 (duas) ou mais pessoas, e para negócio comum, cada uma ficará solidariamente responsável ao mandatário por todos os compromissos e efeitos do mandato, salvo direito regressivo, pelas quantias que pagar, contra os outros mandantes.

(*) V. arts. 264, 275 e 283 a 285 do CC.

Art. 681. O mandatário tem sobre a coisa de que tenha a posse em virtude do mandato, direito de retenção, até se reembolsar do que no desempenho do encargo despendeu.

(*) V. art. 664 do CC.
(*) Vide Enunciado 184 do CJF.

Seção IV
Da Extinção do Mandato

Art. 682. Cessa o mandato:

I – pela revogação ou pela renúncia;

(*) V. arts. 684, 687 e 688 do CC.

II – pela morte ou interdição de uma das partes;

(*) V. arts. 674, 689, 690 e 691 do CC.

III – pela mudança de estado que inabilite o mandante a conferir os poderes, ou o mandatário para os exercer;

ART. 683   CÓDIGO CIVIL – PARTE ESPECIAL

IV – pelo término do prazo ou pela conclusão do negócio.

Art. 683. Quando o mandato contiver a cláusula de irrevogabilidade e o mandante o revogar, pagará perdas e danos.

(*) V. arts. 402 a 405 do CC.

Art. 684. Quando a cláusula de irrevogabilidade for condição de um negócio bilateral, ou tiver sido estipulada no exclusivo interesse do mandatário, a revogação do mandato será ineficaz.

(*) Vide Enunciado 655 do CJF.

Art. 685. Conferido o mandato com a cláusula "em causa própria", a sua revogação não terá eficácia, nem se extinguirá pela morte de qualquer das partes, ficando o mandatário dispensado de prestar contas, e podendo transferir para si os bens móveis ou imóveis objeto do mandato, obedecidas as formalidades legais.

Art. 686. A revogação do mandato, notificada somente ao mandatário, não se pode opor aos terceiros que, ignorando-a, de boa-fé com ele trataram; mas ficam salvas ao constituinte as ações que no caso lhe possam caber contra o procurador.

(*) V. art. 689 do CC.

Parágrafo único. É irrevogável o mandato que contenha poderes de cumprimento ou confirmação de negócios encetados, aos quais se ache vinculado.

Art. 687. Tanto que for comunicada ao mandatário a nomeação de outro, para o mesmo negócio, considerar-se-á revogado o mandato anterior.

Art. 688. A renúncia do mandato será comunicada ao mandante, que, se for prejudicado pela sua inoportunidade, ou pela falta de tempo, a fim de prover à substituição do procurador, será indenizado pelo mandatário, salvo se este provar que não podia continuar no mandato sem prejuízo considerável, e que não lhe era dado substabelecer.

(*) V. art. 682, I, do CC.

Art. 689. São válidos, a respeito dos contratantes de boa-fé, os atos com estes ajustados em nome do mandante pelo mandatário, enquanto este ignorar a morte daquele ou a extinção do mandato, por qualquer outra causa.

(*) V. art. 686 do CC.

Art. 690. Se falecer o mandatário, pendente o negócio a ele cometido, os herdeiros, tendo ciência do mandato, avisarão o mandante, e providenciarão a bem dele, como as circunstâncias exigirem.

Art. 691. Os herdeiros, no caso do artigo antecedente, devem limitar-se às medidas conservatórias, ou continuar os negócios pendentes que se não possam demorar sem perigo, regulando-se os seus serviços dentro desse limite, pelas mesmas normas a que os do mandatário estão sujeitos.

Seção V
Do Mandato Judicial

Art. 692. O mandato judicial fica subordinado às normas que lhe dizem respeito, constantes da legislação processual, e, supletivamente, às estabelecidas neste Código.

Capítulo XI
DA COMISSÃO

Art. 693. O contrato de comissão tem por objeto a aquisição

LIVRO I – DO DIREITO DAS OBRIGAÇÕES   ART. 704

ou a venda de bens pelo comissário, em seu próprio nome, à conta do comitente.

(*) V. art. 709 do CC.

Art. 694. O comissário fica diretamente obrigado para com as pessoas com quem contratar, sem que estas tenham ação contra o comitente, nem este contra elas, salvo se o comissário ceder seus direitos a qualquer das partes.

Art. 695. O comissário é obrigado a agir de conformidade com as ordens e instruções do comitente, devendo, na falta destas, não podendo pedi-las a tempo, proceder segundo os usos em casos semelhantes.

Parágrafo único. Ter-se-ão por justificados os atos do comissário, se deles houver resultado vantagem para o comitente, e ainda no caso em que, não admitindo demora a realização do negócio, o comissário agiu de acordo com os usos.

Art. 696. No desempenho das suas incumbências o comissário é obrigado a agir com cuidado e diligência, não só para evitar qualquer prejuízo ao comitente, mas ainda para lhe proporcionar o lucro que razoavelmente se podia esperar do negócio.

Parágrafo único. Responderá o comissário, salvo motivo de força maior, por qualquer prejuízo que, por ação ou omissão, ocasionar ao comitente.

(*) V. art. 393, parágrafo único, do CC.

Art. 697. O comissário não responde pela insolvência das pessoas com quem tratar, exceto em caso de culpa e no do artigo seguinte.

(*) V. art. 955 do CC.

Art. 698. Se do contrato de comissão constar a cláusula *del credere*, responderá o comissário solidariamente com as pessoas com que houver tratado em nome do comitente, caso em que, salvo estipulação em contrário, o comissário tem direito a remuneração mais elevada, para compensar o ônus assumido.

Art. 699. Presume-se o comissário autorizado a conceder dilação do prazo para pagamento, na conformidade dos usos do lugar onde se realizar o negócio, se não houver instruções diversas do comitente.

Art. 700. Se houver instruções do comitente proibindo prorrogação de prazos para pagamento, ou se esta não for conforme os usos locais, poderá o comitente exigir que o comissário pague *incontinenti* ou responda pelas consequências da dilação concedida, procedendo-se de igual modo se o comissário não der ciência ao comitente dos prazos concedidos e de quem é seu beneficiário.

Art. 701. Não estipulada a remuneração devida ao comissário, será ela arbitrada segundo os usos correntes no lugar.

Art. 702. No caso de morte do comissário, ou, quando, por motivo de força maior, não puder concluir o negócio, será devida pelo comitente uma remuneração proporcional aos trabalhos realizados.

(*) V. arts. 393, parágrafo único; e 884 a 886 do CC.

Art. 703. Ainda que tenha dado motivo à dispensa, terá o comissário direito a ser remunerado pelos serviços úteis prestados ao comitente, ressalvado a este o direito de exigir daquele os prejuízos sofridos.

Art. 704. Salvo disposição em contrário, pode o comitente, a qualquer tempo, alterar as instruções dadas ao comissário, entendendo-se por elas regidos também os negócios pendentes.

Art. 705. Se o comissário for despedido sem justa causa, terá direito a ser remunerado pelos trabalhos prestados, bem como a ser ressarcido pelas perdas e danos resultantes de sua dispensa.

(*) V. arts. 402 a 405 do CC.

Art. 706. O comitente e o comissário são obrigados a pagar juros um ao outro; o primeiro pelo que o comissário houver adiantado para cumprimento de suas ordens; e o segundo pela mora na entrega dos fundos que pertencerem ao comitente.

(*) V. arts. 394 a 401, 406 e 407 do CC.

Art. 707. O crédito do comissário, relativo a comissões e despesas feitas, goza de privilégio geral, no caso de falência ou insolvência do comitente.

(*) V. art. 965, VIII, do CC.

Art. 708. Para reembolso das despesas feitas, bem como para recebimento das comissões devidas, tem o comissário direito de retenção sobre os bens e valores em seu poder em virtude da comissão.

(*) V. art. 644 do CC.

Art. 709. São aplicáveis à comissão, no que couber, as regras sobre mandato.

(*) V. arts. 653 a 692 do CC.

Capítulo XII
DA AGÊNCIA E DISTRIBUIÇÃO

Art. 710. Pelo contrato de agência, uma pessoa assume, em caráter não eventual e sem vínculos de dependência, a obrigação de promover, à conta de outra, mediante retribuição, a realização de certos negócios, em zona determinada, caracterizando-se a distribuição quando o agente tiver à sua disposição a coisa a ser negociada.

Parágrafo único. O proponente pode conferir poderes ao agente para que este o represente na conclusão dos contratos.

Art. 711. Salvo ajuste, o proponente não pode constituir, ao mesmo tempo, mais de um agente, na mesma zona, com idêntica incumbência; nem pode o agente assumir o encargo de nela tratar de negócios do mesmo gênero, à conta de outros proponentes.

Art. 712. O agente, no desempenho que lhe foi cometido, deve agir com toda diligência, atendo-se às instruções recebidas do proponente.

Art. 713. Salvo estipulação diversa, todas as despesas com a agência ou distribuição correm a cargo do agente ou distribuidor.

Art. 714. Salvo ajuste, o agente ou distribuidor terá direito à remuneração correspondente aos negócios concluídos dentro de sua zona, ainda que sem a sua interferência.

Art. 715. O agente ou distribuidor tem direito à indenização se o proponente, sem justa causa, cessar o atendimento das propostas ou reduzi-lo tanto que se torna antieconômica a continuação do contrato.

Art. 716. A remuneração será devida ao agente também quando o negócio deixar de ser realizado por fato imputável ao proponente.

Art. 717. Ainda que dispensado por justa causa, terá o agente direito a ser remunerado pelos serviços úteis prestados ao proponente, sem embargo de haver este perdas e danos pelos prejuízos sofridos.

(*) V. arts. 186 e 402 a 405 do CC.

Art. 718. Se a dispensa se der sem culpa do agente, terá ele direito à remuneração até então devida, inclusive sobre os negócios pendentes, além das indenizações previstas em lei especial.

Art. 719. Se o agente não puder continuar o trabalho por motivo de força maior, terá direito à remuneração correspondente aos serviços realizados, cabendo esse direito aos herdeiros no caso de morte.

Art. 720. Se o contrato for por tempo indeterminado, qualquer das partes poderá resolvê-lo, mediante aviso prévio de 90 (noventa) dias, desde que transcorrido prazo compatível com a natureza e o vulto do investimento exigido do agente.

Parágrafo único. No caso de divergência entre as partes, o juiz decidirá da razoabilidade do prazo e do valor devido.

Art. 721. Aplicam-se ao contrato de agência e distribuição, no que couber, as regras concernentes ao mandato e à comissão e as constantes de lei especial.

(*) V. arts. 653 a 692 e 693 a 709 do CC.

Capítulo XIII
DA CORRETAGEM

Art. 722. Pelo contrato de corretagem, uma pessoa, não ligada a outra em virtude de mandato, de prestação de serviços ou por qualquer relação de dependência, obriga-se a obter para a segunda um ou mais negócios, conforme as instruções recebidas.

(*) V. arts. 593 a 609, 653 a 692 e 729 do CC.

Art. 723. O corretor é obrigado a executar a mediação com diligência e prudência, e a prestar ao cliente, espontaneamente, todas as informações sobre o andamento do negócio.

(*) Art. 723, *caput*, com redação dada pela Lei nº 12.236/2010.

Parágrafo único. Sob pena de responder por perdas e danos, o corretor prestará ao cliente todos os esclarecimentos acerca da segurança ou do risco do negócio, das alterações de valores e de outros fatores que possam influir nos resultados da incumbência.

(*) Parágrafo único acrescido pela Lei nº 12.236/2010.

Art. 724. A remuneração do corretor, se não estiver fixada em lei, nem ajustada entre as partes, será arbitrada segundo a natureza do negócio e os usos locais.

Art. 725. A remuneração é devida ao corretor uma vez que tenha conseguido o resultado previsto no contrato de mediação, ou ainda que este não se efetive em virtude de arrependimento das partes.

Art. 726. Iniciado e concluído o negócio diretamente entre as partes, nenhuma remuneração será devida ao corretor; mas se, por escrito, for ajustada a corretagem com exclusividade, terá o corretor direito à remuneração integral, ainda que realizado o negócio sem a sua mediação, salvo se comprovada sua inércia ou ociosidade.

Art. 727. Se, por não haver prazo determinado, o dono do negócio dispensar o corretor, e o negócio se realizar posteriormente, como fruto da sua mediação, a corretagem lhe será devida; igual solução se adotará se o negócio se realizar após a decorrência do prazo contratual, mas por efeito dos trabalhos do corretor.

Art. 728. Se o negócio se concluir com a intermediação de mais de um corretor, a remuneração será paga a todos em partes iguais, salvo ajuste em contrário.

Art. 729. Os preceitos sobre corretagem constantes deste Código não excluem a aplicação de outras normas da legislação especial.

Capítulo XIV
DO TRANSPORTE

Seção I
Disposições Gerais

(*) V. art. 8º, § 1º, da LINDB.

Art. 730. Pelo contrato de transporte alguém se obriga, mediante retribuição, a transportar, de um lugar para outro, pessoas ou coisas.

(*) V. art. 927, parágrafo único, do CC.

Art. 731. O transporte exercido em virtude de autorização, permissão ou concessão, rege-se pelas normas regulamentares e pelo que for estabelecido naqueles atos, sem prejuízo do disposto neste Código.

Art. 732. Aos contratos de transporte, em geral, são aplicáveis, quando couber, desde que não contrariem as disposições deste Código, os preceitos constantes da legislação especial e de tratados e convenções internacionais.

(*) Vide Enunciados 369 e 559 do CJF.

Art. 733. Nos contratos de transporte cumulativo, cada transportador se obriga a cumprir o contrato relativamente ao respectivo percurso, respondendo pelos danos nele causados a pessoas e coisas.

(*) V. art. 756 do CC.

§ 1º. O dano, resultante do atraso ou da interrupção da viagem, será determinado em razão da totalidade do percurso.

§ 2º. Se houver substituição de algum dos transportadores no decorrer do percurso, a responsabilidade solidária estender-se-á ao substituto.

(*) V. arts. 275 a 285; e 927, parágrafo único, do CC.

Seção II
Do Transporte de Pessoas

Art. 734. O transportador responde pelos danos causados às pessoas transportadas e suas bagagens, salvo motivo de força maior, sendo nula qualquer cláusula excludente da responsabilidade.

(*) V. arts. 186; 393, parágrafo único; 789 a 802; e 927, parágrafo único, do CC.
(*) Vide Súmulas 161 e 187 do STF.

Parágrafo único. É lícito ao transportador exigir a declaração do valor da bagagem a fim de fixar o limite da indenização.

(*) V. arts. 750 e 944 do CC.

Art. 735. A responsabilidade contratual do transportador por acidente com o passageiro não é elidida por culpa de terceiro, contra o qual tem ação regressiva.

(*) V. arts. 927, parágrafo único; 932, III; 933; 934; e 942, parágrafo único, do CC.

Art. 736. Não se subordina às normas do contrato de transporte o feito gratuitamente, por amizade ou cortesia.

(*) Vide Súmula 145 do STJ.

Parágrafo único. Não se considera gratuito o transporte quando, embora feito sem remuneração, o transportador auferir vantagens indiretas.

(*) Vide Enunciado 559 do CJF.

LIVRO I – DO DIREITO DAS OBRIGAÇÕES ART. 744

Art. 737. O transportador está sujeito aos horários e itinerários previstos, sob pena de responder por perdas e danos, salvo motivo de força maior.

(*) V. arts. 393, parágrafo único; e 402 a 405 do CC.

Art. 738. A pessoa transportada deve sujeitar-se às normas estabelecidas pelo transportador, constantes no bilhete ou afixadas à vista dos usuários, abstendo-se de quaisquer atos que causem incômodo ou prejuízo aos passageiros, danifiquem o veículo, ou dificultem ou impeçam a execução normal do serviço.

Parágrafo único. Se o prejuízo sofrido pela pessoa transportada for atribuível à transgressão de normas e instruções regulamentares, o juiz reduzirá equitativamente a indenização, na medida em que a vítima houver concorrido para a ocorrência do dano.

(*) V. art. 945 do CC.

Art. 739. O transportador não pode recusar passageiros, salvo os casos previstos nos regulamentos, ou se as condições de higiene ou de saúde do interessado o justificarem.

Art. 740. O passageiro tem direito a rescindir o contrato de transporte antes de iniciada a viagem, sendo-lhe devida a restituição do valor da passagem, desde que feita a comunicação ao transportador em tempo de ser renegociada.

(*) V. arts. 472 a 475 do CC.

§ 1º. Ao passageiro é facultado desistir do transporte, mesmo depois de iniciada a viagem, sendo-lhe devida a restituição do valor correspondente ao trecho não utilizado, desde que provado que outra pessoa haja sido transportada em seu lugar.

§ 2º. Não terá direito ao reembolso do valor da passagem o usuário que deixar de embarcar, salvo se provado que outra pessoa foi transportada em seu lugar, caso em que lhe será restituído o valor do bilhete não utilizado.

§ 3º. Nas hipóteses previstas neste artigo, o transportador terá direito de reter até 5% (cinco por cento) da importância a ser restituída ao passageiro, a título de multa compensatória.

Art. 741. Interrompendo-se a viagem por qualquer motivo alheio à vontade do transportador, ainda que em consequência de evento imprevisível, fica ele obrigado a concluir o transporte contratado em outro veículo da mesma categoria, ou, com a anuência do passageiro, por modalidade diferente, à sua custa, correndo também por sua conta as despesas de estada e alimentação do usuário, durante a espera de novo transporte.

Art. 742. O transportador, uma vez executado o transporte, tem direito de retenção sobre a bagagem de passageiro e outros objetos pessoais deste, para garantir-se do pagamento do valor da passagem que não tiver sido feito no início ou durante o percurso.

(*) V. art. 644 do CC.

Seção III
Do Transporte de Coisas

Art. 743. A coisa, entregue ao transportador, deve estar caracterizada pela sua natureza, valor, peso e quantidade, e o mais que for necessário para que não se confunda com outras, devendo o destinatário ser indicado ao menos pelo nome e endereço.

Art. 744. Ao receber a coisa, o transportador emitirá conhecimento com a menção dos dados que a identifiquem, obedecido o disposto em lei especial.

Parágrafo único. O transportador poderá exigir que o remetente lhe entregue, devidamente assinada, a relação discriminada das coisas a serem transportadas, em duas vias, uma das quais, por ele devidamente autenticada, ficará fazendo parte integrante do conhecimento.

Art. 745. Em caso de informação inexata ou falsa descrição no documento a que se refere o artigo antecedente, será o transportador indenizado pelo prejuízo que sofrer, devendo a ação respectiva ser ajuizada no prazo de 120 (cento e vinte) dias, a contar daquele ato, sob pena de decadência.

Art. 746. Poderá o transportador recusar a coisa cuja embalagem seja inadequada, bem como a que possa pôr em risco a saúde das pessoas, ou danificar o veículo e outros bens.

Art. 747. O transportador deverá obrigatoriamente recusar a coisa cujo transporte ou comercialização não sejam permitidos, ou que venha desacompanhada dos documentos exigidos por lei ou regulamento.

Art. 748. Até a entrega da coisa, pode o remetente desistir do transporte e pedi-la de volta, ou ordenar seja entregue a outro destinatário, pagando, em ambos os casos, os acréscimos de despesa decorrentes da contraordem, mais as perdas e danos que houver.

(*) V. arts. 402 a 405 e 473 do CC.

Art. 749. O transportador conduzirá a coisa ao seu destino, tomando todas as cautelas necessárias para mantê-la em bom estado e entregá-la no prazo ajustado ou previsto.

Art. 750. A responsabilidade do transportador, limitada ao valor constante do conhecimento, começa no momento em que ele, ou seus prepostos, recebem a coisa; termina quando é entregue ao destinatário, ou depositada em juízo, se aquele não for encontrado.

(*) V. art. 927, parágrafo único, do CC.

Art. 751. A coisa, depositada ou guardada nos armazéns do transportador, em virtude de contrato de transporte, rege-se, no que couber, pelas disposições relativas a depósito.

(*) V. arts. 627 a 652 do CC.

Art. 752. Desembarcadas as mercadorias, o transportador não é obrigado a dar aviso ao destinatário, se assim não foi convencionado, dependendo também de ajuste a entrega a domicílio, e devem constar do conhecimento de embarque as cláusulas de aviso ou de entrega a domicílio.

Art. 753. Se o transporte não puder ser feito ou sofrer longa interrupção, o transportador solicitará, *incontinenti*, instruções ao remetente, e zelará pela coisa, por cujo perecimento ou deterioração responderá, salvo força maior.

§ 1º. Perdurando o impedimento, sem motivo imputável ao transportador e sem manifestação do remetente, poderá aquele depositar a coisa em juízo, ou vendê-la, obedecidos os preceitos legais e regulamentares, ou os usos locais, depositando o valor.

(*) V. arts. 334 a 345 do CC.

§ 2º. Se o impedimento for responsabilidade do transportador, este poderá depositar a coisa, por sua conta e risco, mas só poderá vendê-la se perecível.

§ 3º. Em ambos os casos, o transportador deve informar o remetente da efetivação do depósito ou da venda.

§ 4º. Se o transportador mantiver a coisa depositada em seus próprios armazéns, continuará a responder pela sua guarda e conservação, sendo-lhe devida, porém, uma remuneração pela custódia, a qual poderá ser contratualmente ajustada ou se conformará aos usos adotados em cada sistema de transporte.

(*) V. arts. 627 a 652 do CC.

Art. 754. As mercadorias devem ser entregues ao destinatário, ou a quem apresentar o conhecimento endossado, devendo aquele que as receber conferi-las e apresentar as reclamações que tiver, sob pena de decadência dos direitos.

Parágrafo único. No caso de perda parcial ou de avaria não perceptível à primeira vista, o destinatário conserva a sua ação contra o transportador, desde que denuncie o dano em 10 (dez) dias a contar da entrega.

(*) V. arts. 207 a 211 e 744 do CC.
(*) Vide Tema Representativo 108 do TNU-CJF.
(*) Vide Súmula 109 do STJ.

Art. 755. Havendo dúvida acerca de quem seja o destinatário, o transportador deve depositar a mercadoria em juízo, se não lhe for possível obter instruções do remetente; se a demora puder ocasionar a deterioração da coisa, o transportador deverá vendê-la, depositando o saldo em juízo.

(*) V. arts. 334 a 345 do CC.

Art. 756. No caso de transporte cumulativo, todos os transportadores respondem solidariamente pelo dano causado perante o remetente, ressalvada a apuração final da responsabilidade entre eles, de modo que o ressarcimento recaia, por inteiro, ou proporcionalmente, naquele ou naqueles em cujo percurso houver ocorrido o dano.

(*) V. arts. 264, 275 a 285 e 733 do CC.

Capítulo XV
DO SEGURO

Seção I
Disposições Gerais

(*) Vide Enunciado 374 do CJF.
(*) Vide Súmula 473 do STJ.

Art. 757. Pelo contrato de seguro, o segurador se obriga, mediante o pagamento do prêmio, a garantir interesse legítimo do segurado, relativo a pessoa ou a coisa, contra riscos predeterminados.

Parágrafo único. Somente pode ser parte, no contrato de seguro, como segurador, entidade para tal fim legalmente autorizada.

(*) Vide Enunciados 185 e 370 do CJF.
(*) Vide Súmulas 31, 402, 465, 537 e 632 do STJ.

Art. 758. O contrato de seguro prova-se com a exibição da apólice ou do bilhete do seguro, e, na falta deles, por documento comprobatório do pagamento do respectivo prêmio.

Art. 759. A emissão da apólice deverá ser precedida de proposta escrita com a declaração dos elementos essenciais do interesse a ser garantido e do risco.

(*) V. art. 768 do CC.

Art. 760. A apólice ou o bilhete de seguro serão nominativos, à ordem ou ao portador, e mencionarão os riscos assumidos, o início e o fim de sua validade, o limite da garantia e o prêmio devido, e, quando for o caso, o nome do segurado e o do beneficiário.

Parágrafo único. No seguro de pessoas, a apólice ou o bilhete não podem ser ao portador.

(*) V. arts. 785 e 791 a 793 do CC.

Art. 761. Quando o risco for assumido em cosseguro, a apólice indicará o segurador que administrará o contrato e representará os demais, para todos os seus efeitos.

Art. 762. Nulo será o contrato para garantia de risco proveniente de ato doloso do segurado, do beneficiário, ou de representante de um ou de outro.

(*) V. arts. 145 a 150 e 790 do CC.

Art. 763. Não terá direito a indenização o segurado que estiver em mora no pagamento do prêmio, se ocorrer o sinistro antes de sua purgação.

(*) V. arts. 394 a 401 do CC.
(*) Vide Enunciados 371 e 376 do CJF.

Art. 764. Salvo disposição especial, o fato de se não ter verificado o risco, em previsão do qual se faz o seguro, não exime o segurado de pagar o prêmio.

(*) V. art. 773 do CC.

Art. 765. O segurado e o segurador são obrigados a guardar na conclusão e na execução do contrato, a mais estrita boa-fé e veracidade, tanto a respeito do objeto como das circunstâncias e declarações a ele concernentes.

(*) V. arts. 422, 762, 766, 768, 773, 778 e 781 do CC.
(*) Vide Enunciados 542, 543, 585, 656 e 657 do CJF.
(*) Vide Súmulas 465 e 609 do STJ.

Art. 766. Se o segurado, por si ou por seu representante, fizer declarações inexatas ou omitir circunstâncias que possam influir na aceitação da proposta ou na taxa do prêmio, perderá o direito à garantia, além de ficar obrigado ao prêmio vencido.

(*) V. art. 149 do CC.
(*) Vide Enunciado 372 do CJF.
(*) Vide Súmula 609 do STJ.

Parágrafo único. Se a inexatidão ou omissão nas declarações não resultar de má-fé do segurado, o segurador terá direito a resolver o contrato, ou a cobrar, mesmo após o sinistro, a diferença do prêmio.

(*) V. art. 765 do CC.
(*) Vide Enunciado 585 do CJF.

Art. 767. No seguro à conta de outrem, o segurador pode opor ao segurado quaisquer defesas que tenha contra o estipulante, por descumprimento das normas de conclusão do contrato, ou de pagamento do prêmio.

Art. 768. O segurado perderá o direito à garantia se agravar intencionalmente o risco objeto do contrato.

(*) V. arts. 757, 759, 765 e 769 do CC.
(*) Vide Súmula 620 do STJ.

Art. 769. O segurado é obrigado a comunicar ao segurador, logo que saiba, todo incidente suscetível de agravar consideravelmente o risco coberto, sob pena de perder o direito à garantia, se provar que silenciou de má-fé.

(*) V. arts. 422, 765, 768, 770 e 773 do CC.

§ 1º. O segurador, desde que o faça nos 15 (quinze) dias seguintes ao recebimento do aviso da agravação do risco sem culpa do segurado, poderá dar-lhe ciência, por escrito, de sua decisão de resolver o contrato.

§ 2º. A resolução só será eficaz 30 (trinta) dias após a notificação, devendo ser restituída pelo segurador a diferença do prêmio.

(*) V. art. 473 do CC.

Art. 770. Salvo disposição em contrário, a diminuição do risco no curso do contrato não acarreta a redução do prêmio estipulado; mas, se a redução do risco for considerável, o segurado poderá exigir a revisão do prêmio, ou a resolução do contrato.

Art. 771. Sob pena de perder o direito à indenização, o segurado participará o sinistro ao segurador, logo que o saiba, e tomará as provi-

LIVRO I – DO DIREITO DAS OBRIGAÇÕES — ART. 784

dências imediatas para minorar-lhe as consequências.

(*) Vide Súmula 229 do STJ.

Parágrafo único. Correm à conta do segurador, até o limite fixado no contrato, as despesas de salvamento consequente ao sinistro.

Art. 772. A mora do segurador em pagar o sinistro obriga à atualização monetária da indenização devida segundo índices oficiais regularmente estabelecidos, sem prejuízo dos juros moratórios.

(*) V. arts. 389, 394 a 401, 406 e 407 do CC.

Art. 773. O segurador que, ao tempo do contrato, sabe estar passado o risco de que o segurado se pretende cobrir, e, não obstante, expede a apólice, pagará em dobro o prêmio estipulado.

Art. 774. A recondução tácita do contrato pelo mesmo prazo, mediante expressa cláusula contratual, não poderá operar mais de uma vez.

Art. 775. Os agentes autorizados do segurador presumem-se seus representantes para todos os atos relativos aos contratos que agenciarem.

Art. 776. O segurador é obrigado a pagar em dinheiro o prejuízo resultante do risco assumido, salvo se convencionada a reposição da coisa.

(*) V. art. 206, § 1º, II, do CC.

Art. 777. O disposto no presente Capítulo aplica-se, no que couber, aos seguros regidos por leis próprias.

Seção II
Do Seguro de Dano

(*) Vide Súmula 257 do STJ.

Art. 778. Nos seguros de dano, a garantia prometida não pode ultrapassar o valor do interesse segurado no momento da conclusão do contrato, sob pena do disposto no art. 766, e sem prejuízo da ação penal que no caso couber.

(*) Vide Súmula 188 do STF.

Art. 779. O risco do seguro compreenderá todos os prejuízos resultantes ou consequentes, como sejam os estragos ocasionados para evitar o sinistro, minorar o dano, ou salvar a coisa.

Art. 780. A vigência da garantia, no seguro de coisas transportadas, começa no momento em que são pelo transportador recebidas, e cessa com a sua entrega ao destinatário.

(*) V. art. 750 do CC.

Art. 781. A indenização não pode ultrapassar o valor do interesse segurado no momento do sinistro, e, em hipótese alguma, o limite máximo da garantia fixado na apólice, salvo em caso de mora do segurador.

(*) V. arts. 394 a 401, 765, 776, 778, 782 e 783 do CC.

Art. 782. O segurado que, na vigência do contrato, pretender obter novo seguro sobre o mesmo interesse, e contra o mesmo risco junto a outro segurador, deve previamente comunicar sua intenção por escrito ao primeiro, indicando a soma por que pretende segurar-se, a fim de se comprovar a obediência ao disposto no art. 778.

(*) V. arts. 765, 778, 781 e 789 do CC.

Art. 783. Salvo disposição em contrário, o seguro de um interesse por menos do que valha acarreta a redução proporcional da indenização, no caso de sinistro parcial.

Art. 784. Não se inclui na garantia o sinistro provocado por vício intrínseco da coisa segurada, não declarado pelo segurado.

Parágrafo único. Entende-se por vício intrínseco o defeito próprio da coisa, que se não encontra normalmente em outras da mesma espécie.

Art. 785. Salvo disposição em contrário, admite-se a transferência do contrato a terceiro com a alienação ou cessão do interesse segurado.

(*) V. art. 959, I, do CC.

§ 1º. Se o instrumento contratual é nominativo, a transferência só produz efeitos em relação ao segurador mediante aviso escrito assinado pelo cedente e pelo cessionário.

§ 2º. A apólice ou o bilhete à ordem só se transfere por endosso em preto, datado e assinado pelo endossante e pelo endossatário.

(*) Vide Súmula 465 do STJ.

Art. 786. Paga a indenização, o segurador sub-roga-se, nos limites do valor respectivo, nos direitos e ações que competirem ao segurado contra o autor do dano.

(*) V. arts. 346 a 351 e 800 do CC.
(*) Vide Enunciado 552 do CJF.
(*) Vide Súmulas 151 e 188 do STF.

§ 1º. Salvo dolo, a sub-rogação não tem lugar se o dano foi causado pelo cônjuge do segurado, seus descendentes ou ascendentes, consanguíneos ou afins.

§ 2º. É ineficaz qualquer ato do segurado que diminua ou extinga, em prejuízo do segurador, os direitos a que se refere este artigo.

Art. 787. No seguro de responsabilidade civil, o segurador garante o pagamento de perdas e danos devidos pelo segurado a terceiro.

(*) V. arts. 402 a 405 do CC.
(*) Vide Enunciado 544 do CJF.
(*) Vide Súmula 529 do STJ.

§ 1º. Tão logo saiba o segurado das consequências de ato seu, suscetível de lhe acarretar a responsabilidade incluída na garantia, comunicará o fato ao segurador.

(*) V. art. 771 do CC.

§ 2º. É defeso ao segurado reconhecer sua responsabilidade ou confessar a ação, bem como transigir com o terceiro prejudicado, ou indenizá-lo diretamente, sem anuência expressa do segurador.

(*) V. art. 422 do CC.
(*) Vide Enunciados 373 e 546 do CJF.

§ 3º. Intentada a ação contra o segurado, dará este ciência da lide ao segurador.

§ 4º. Subsistirá a responsabilidade do segurado perante o terceiro, se o segurador for insolvente.

(*) V. art. 955 do CC.

Art. 788. Nos seguros de responsabilidade legalmente obrigatórios, a indenização por sinistro será paga pelo segurador diretamente ao terceiro prejudicado.

Parágrafo único. Demandado em ação direta pela vítima do dano, o segurador não poderá opor a exceção de contrato não cumprido pelo segurado, sem promover a citação deste para integrar o contraditório.

Seção III
Do Seguro de Pessoa

Art. 789. Nos seguros de pessoas, o capital segurado é livremente estipulado pelo proponente, que pode contratar mais de um seguro sobre o mesmo interesse, com o mesmo ou diversos seguradores.

(*) Vide Súmula 402 do STJ.

Art. 790. No seguro sobre a vida de outros, o proponente é obrigado a declarar, sob pena de falsidade, o seu interesse pela preservação da vida do segurado.

LIVRO I – DO DIREITO DAS OBRIGAÇÕES — ART. 798

Parágrafo único. Até prova em contrário, presume-se o interesse, quando o segurado é cônjuge, ascendente ou descendente do proponente.
(*) Vide Enunciado 186 do CJF.

Art. 791. Se o segurado não renunciar à faculdade, ou se o seguro não tiver como causa declarada a garantia de alguma obrigação, é lícita a substituição do beneficiário, por ato entre vivos ou de última vontade.
(*) V. art. 1.857 do CC.

Parágrafo único. O segurador, que não for cientificado oportunamente da substituição, desobrigar-se-á pagando o capital segurado ao antigo beneficiário.
(*) V. art. 438 do CC.

Art. 792. Na falta de indicação da pessoa ou beneficiário, ou se por qualquer motivo não prevalecer a que for feita, o capital segurado será pago por metade ao cônjuge não separado judicialmente, e o restante aos herdeiros do segurado, obedecida a ordem da vocação hereditária.
(*) V. arts. 1.798 a 1.803 e 1.857 do CC.

Parágrafo único. Na falta das pessoas indicadas neste artigo, serão beneficiários os que provarem que a morte do segurado os privou dos meios necessários à subsistência.

Art. 793. É válida a instituição do companheiro como beneficiário, se ao tempo do contrato o segurado era separado judicialmente, ou já se encontrava separado de fato.
(*) V. arts. 1.723 a 1.727 do CC.

Art. 794. No seguro de vida ou de acidentes pessoais para o caso de morte, o capital estipulado não está sujeito às dívidas do segurado, nem se considera herança para todos os efeitos de direito.

Art. 795. É nula, no seguro de pessoa, qualquer transação para pagamento reduzido do capital segurado.
(*) V. arts. 422 e 840 a 850 do CC.

Art. 796. O prêmio, no seguro de vida, será conveniado por prazo limitado, ou por toda a vida do segurado.
(*) Vide Enunciado 542 do CJF.

Parágrafo único. Em qualquer hipótese, no seguro individual, o segurador não terá ação para cobrar o prêmio vencido, cuja falta de pagamento, nos prazos previstos, acarretará, conforme se estipular, a resolução do contrato, com a restituição da reserva já formada, ou a redução do capital garantido proporcionalmente ao prêmio pago.

Art. 797. No seguro de vida para o caso de morte, é lícito estipular-se um prazo de carência, durante o qual o segurador não responde pela ocorrência do sinistro.

Parágrafo único. No caso deste artigo o segurador é obrigado a devolver ao beneficiário o montante da reserva técnica já formada.
(*) Vide Enunciado 542 do CJF.
(*) Vide Súmula 610 do STJ.

Art. 798. O beneficiário não tem direito ao capital estipulado quando o segurado se suicida nos primeiros 2 (dois) anos de vigência inicial do contrato, ou da sua recondução depois de suspenso, observado o disposto no parágrafo único do artigo antecedente.
(*) Vide Súmula 610 do STJ.

Parágrafo único. Ressalvada a hipótese prevista neste artigo, é nula a cláusula contratual que exclui o pagamento do capital por suicídio do segurado.
(*) Vide Enunciado 187 do CJF.

Art. 799. O segurador não pode eximir-se ao pagamento do seguro, ainda que da apólice conste a restrição, se a morte ou a incapacidade do segurado provier da utilização de meio de transporte mais arriscado, da prestação de serviço militar, da prática de esporte, ou de atos de humanidade em auxílio de outrem.

Art. 800. Nos seguros de pessoas, o segurador não pode sub-rogar-se nos direitos e ações do segurado, ou do beneficiário, contra o causador do sinistro.

Art. 801. O seguro de pessoas pode ser estipulado por pessoa natural ou jurídica em proveito de grupo que a ela, de qualquer modo, se vincule.

§ 1º. O estipulante não representa o segurador perante o grupo segurado, e é o único responsável, para com o segurador, pelo cumprimento de todas as obrigações contratuais.

§ 2º. A modificação da apólice em vigor dependerá da anuência expressa de segurados que representem 3/4 (três quartos) do grupo.

(*) Vide Enunciado 375 do CJF.

Art. 802. Não se compreende nas disposições desta Seção a garantia do reembolso de despesas hospitalares ou de tratamento médico, nem o custeio das despesas de luto e de funeral do segurado.

Capítulo XVI
DA CONSTITUIÇÃO DE RENDA

Art. 803. Pode uma pessoa, pelo contrato de constituição de renda, obrigar-se para com outra a uma prestação periódica, a título gratuito.

(*) V. art. 813 do CC.

Art. 804. O contrato pode ser também a título oneroso, entregando-se bens móveis ou imóveis à pessoa que se obriga a satisfazer as prestações a favor do credor ou de terceiros.

(*) V. art. 809 do CC.

Art. 805. Sendo o contrato a título oneroso, pode o credor, ao contratar, exigir que o rendeiro lhe preste garantia real, ou fidejussória.

Art. 806. O contrato de constituição de renda será feito a prazo certo, ou por vida, podendo ultrapassar a vida do devedor mas não a do credor, seja ele o contratante, seja terceiro.

(*) V. art. 808 do CC.

Art. 807. O contrato de constituição de renda requer escritura pública.

(*) V. arts. 108 e 109 do CC.

Art. 808. É nula a constituição de renda em favor de pessoa já falecida, ou que, nos 30 (trinta) dias seguintes, vier a falecer de moléstia que já sofria, quando foi celebrado o contrato.

(*) V. art. 806 do CC.

Art. 809. Os bens dados em compensação da renda caem, desde a tradição, no domínio da pessoa que por aquela se obrigou.

(*) V. arts. 1.267, 1.268 e 1.359 do CC.

Art. 810. Se o rendeiro, ou censuário, deixar de cumprir a obrigação estipulada, poderá o credor da renda acioná-lo, tanto para que lhe pague as prestações atrasadas como para que lhe dê garantias das futuras, sob pena de rescisão do contrato.

(*) V. art. 475 do CC.

Art. 811. O credor adquire o direito à renda dia a dia, se a prestação não houver de ser paga adiantada, no começo de cada um dos períodos prefixos.

Art. 812. Quando a renda for constituída em benefício de 2 (duas) ou mais pessoas, sem determinação da parte de cada uma, entende-se que os seus direitos são iguais; e, salvo estipulação diversa, não adquirirão os sobreviventes direito à parte dos que morrerem.

Art. 813. A renda constituída por título gratuito pode, por ato do instituidor, ficar isenta de todas as execuções pendentes e futuras.

Parágrafo único. A isenção prevista neste artigo prevalece de pleno direito em favor dos montepios e pensões alimentícias.

Capítulo XVII
DO JOGO E DA APOSTA

Art. 814. As dívidas de jogo ou de aposta não obrigam a pagamento; mas não se pode recobrar a quantia, que voluntariamente se pagou, salvo se foi ganha por dolo, ou se o perdente é menor ou interdito.

(*) V. arts. 816 e 882 do CC.

§ 1º. Estende-se esta disposição a qualquer contrato que encubra ou envolva reconhecimento, novação ou fiança de dívida de jogo; mas a nulidade resultante não pode ser oposta ao terceiro de boa-fé.

(*) V. arts. 360 a 367 do CC.

§ 2º. O preceito contido neste artigo tem aplicação, ainda que se trate de jogo não proibido, só se excetuando os jogos e apostas legalmente permitidos.

§ 3º. Excetuam-se, igualmente, os prêmios oferecidos ou prometidos para o vencedor em competição de natureza esportiva, intelectual ou artística, desde que os interessados se submetam às prescrições legais e regulamentares.

Art. 815. Não se pode exigir reembolso do que se emprestou para jogo ou aposta, no ato de apostar ou jogar.

Art. 816. As disposições dos arts. 814 e 815 não se aplicam aos contratos sobre títulos de bolsa, mercadorias ou valores, em que se estipulem a liquidação exclusivamente pela diferença entre o preço ajustado e a cotação que eles tiverem no vencimento do ajuste.

Art. 817. O sorteio para dirimir questões ou dividir coisas comuns considera-se sistema de partilha ou processo de transação, conforme o caso.

(*) V. arts. 840 a 850 e 2.013 a 2.022 do CC.

Capítulo XVIII
DA FIANÇA

Seção I
Disposições Gerais

Art. 818. Pelo contrato de fiança, uma pessoa garante satisfazer ao credor uma obrigação assumida pelo devedor, caso este não a cumpra.

(*) Vide Súmula 332 do STJ.

Art. 819. A fiança dar-se-á por escrito, e não admite interpretação extensiva.

(*) V. art. 114 do CC.
(*) Vide Súmulas 214 e 656 do STJ.

Art. 819-A. (Vetado).

(*) Art. 819-A acrescido pela Lei nº 10.931/2004.

Art. 820. Pode-se estipular a fiança, ainda que sem consentimento do devedor ou contra a sua vontade.

Art. 821. As dívidas futuras podem ser objeto de fiança; mas o fiador, neste caso, não será demandado senão depois que se fizer certa e líquida a obrigação do principal devedor.

Art. 822. Não sendo limitada, a fiança compreenderá todos os acessórios da dívida principal, inclusive as despesas judiciais, desde a citação do fiador.

(*) V. art. 92 do CC.

Art. 823. A fiança pode ser de valor inferior ao da obrigação principal e contraída em condições menos onerosas, e, quando exceder o valor da dívida, ou for mais onerosa que ela, não valerá senão até ao limite da obrigação afiançada.

(*) V. art. 830 do CC.

Art. 824. As obrigações nulas não são suscetíveis de fiança, exceto se a nulidade resultar apenas de incapacidade pessoal do devedor.

Parágrafo único. A exceção estabelecida neste artigo não abrange o caso de mútuo feito a menor.

Art. 825. Quando alguém houver de oferecer fiador, o credor não pode ser obrigado a aceitá-lo se não for pessoa idônea, domiciliada no município onde tenha de prestar a fiança, e não possua bens suficientes para cumprir a obrigação.

Art. 826. Se o fiador se tornar insolvente ou incapaz, poderá o credor exigir que seja substituído.

Seção II
Dos Efeitos da Fiança

Art. 827. O fiador demandado pelo pagamento da dívida tem direito a exigir, até a contestação da lide, que sejam primeiro executados os bens do devedor.

Parágrafo único. O fiador que alegar o benefício de ordem, a que se refere este artigo, deve nomear bens do devedor, sitos no mesmo município, livres e desembargados, quantos bastem para solver o débito.

(*) V. art. 839 do CC.

Art. 828. Não aproveita este benefício ao fiador:

(*) V. art. 838 do CC.

I – se ele o renunciou expressamente;

(*) Vide Enunciado 364 do CJF.

II – se se obrigou como principal pagador, ou devedor solidário;

(*) V. arts. 264 a 285 do CC.

III – se o devedor for insolvente, ou falido.

(*) V. art. 839 do CC.

Art. 829. A fiança conjuntamente prestada a um só débito por mais de uma pessoa importa o compromisso de solidariedade entre elas, se declaradamente não se reservarem o benefício de divisão.

(*) V. arts. 264, 275 a 285 e 819 do CC.

Parágrafo único. Estipulado este benefício, cada fiador responde unicamente pela parte que, em proporção, lhe couber no pagamento.

Art. 830. Cada fiador pode fixar no contrato a parte da dívida que toma sob sua responsabilidade, caso em que não será por mais obrigado.

Art. 831. O fiador que pagar integralmente a dívida fica sub-rogado nos direitos do credor; mas só poderá demandar a cada um dos outros fiadores pela respectiva quota.

(*) V. art. 346, III, do CC.

Parágrafo único. A parte do fiador insolvente distribuir-se-á pelos outros.

Art. 832. O devedor responde também perante o fiador por todas as perdas e danos que este pagar, e pelos que sofrer em razão da fiança.

(*) V. arts. 402 a 405 do CC.

LIVRO I – DO DIREITO DAS OBRIGAÇÕES — ART. 843

Art. 833. O fiador tem direito aos juros do desembolso pela taxa estipulada na obrigação principal, e, não havendo taxa convencionada, aos juros legais da mora.
(*) V. arts. 406 e 407 do CC.

Art. 834. Quando o credor, sem justa causa, demorar a execução iniciada contra o devedor, poderá o fiador promover-lhe o andamento.

Art. 835. O fiador poderá exonerar-se da fiança que tiver assinado sem limitação de tempo, sempre que lhe convier, ficando obrigado por todos os efeitos da fiança, durante 60 (sessenta) dias após a notificação do credor.
(*) V. art. 366 do CC.
(*) Vide Enunciado 547 do CJF.

Art. 836. A obrigação do fiador passa aos herdeiros; mas a responsabilidade da fiança se limita ao tempo decorrido até a morte do fiador, e não pode ultrapassar as forças da herança.
(*) V. arts. 1.792, 1.821 e 1.997 do CC.

Seção III
Da Extinção da Fiança

Art. 837. O fiador pode opor ao credor as exceções que lhe forem pessoais, e as extintivas da obrigação que competem ao devedor principal, se não provierem simplesmente de incapacidade pessoal, salvo o caso do mútuo feito a pessoa menor.
(*) V. arts. 366; 371; 376; 588; 814, § 1º; 824; e 844, § 1º, do CC.

Art. 838. O fiador, ainda que solidário, ficará desobrigado:
(*) V. arts. 828 e 829 do CC.
I – se, sem consentimento seu, o credor conceder moratória ao devedor;
II – se, por fato do credor, for impossível a sub-rogação nos seus direitos e preferências;
(*) V. arts. 346 a 351 do CC.
III – se o credor, em pagamento da dívida, aceitar amigavelmente do devedor objeto diverso do que este era obrigado a lhe dar, ainda que depois venha a perdê-lo por evicção.
(*) V. arts. 356 a 359 e 447 a 457 do CC.

Art. 839. Se for invocado o benefício da excussão e o devedor, retardando-se a execução, cair em insolvência, ficará exonerado o fiador que o invocou, se provar que os bens por ele indicados eram, ao tempo da penhora, suficientes para a solução da dívida afiançada.

Capítulo XIX
DA TRANSAÇÃO

Art. 840. É lícito aos interessados prevenirem ou terminarem o litígio mediante concessões mútuas.
(*) V. arts. 661 e 817 do CC.

Art. 841. Só quanto a direitos patrimoniais de caráter privado se permite a transação.
(*) V. art. 846 do CC.

Art. 842. A transação far-se-á por escritura pública, nas obrigações em que a lei o exige, ou por instrumento particular, nas em que ela o admite; se recair sobre direitos contestados em juízo, será feita por escritura pública, ou por termo nos autos, assinado pelos transigentes e homologado pelo juiz.
(*) V. arts. 107 a 109 do CC.

Art. 843. A transação interpreta-se restritivamente, e por ela não se transmitem, apenas se declaram ou reconhecem direitos.

Art. 844. A transação não aproveita, nem prejudica senão aos que nela intervierem, ainda que diga respeito a coisa indivisível.

(*) V. arts. 87, 88, 257 a 263 e 314 do CC.

§ 1º. Se for concluída entre o credor e o devedor, desobrigará o fiador.

§ 2º. Se entre um dos credores solidários e o devedor, extingue a obrigação deste para com os outros credores.

(*) V. arts. 267 a 274 do CC.

§ 3º. Se entre um dos devedores solidários e seu credor, extingue a dívida em relação aos codevedores.

(*) V. arts. 275 a 285 do CC.
(*) Vide Enunciado 442 do CJF.

Art. 845. Dada a evicção da coisa renunciada por um dos transigentes, ou por ele transferida à outra parte, não revive a obrigação extinta pela transação; mas ao evicto cabe o direito de reclamar perdas e danos.

(*) V. arts. 402 a 405 e 447 a 457 do CC.

Parágrafo único. Se um dos transigentes adquirir, depois da transação, novo direito sobre a coisa renunciada ou transferida, a transação feita não o inibirá de exercê-lo.

Art. 846. A transação concernente a obrigações resultantes de delito não extingue a ação penal pública.

Art. 847. É admissível, na transação, a pena convencional.

(*) V. arts. 408 a 416 do CC.

Art. 848. Sendo nula qualquer das cláusulas da transação, nula será esta.

(*) V. arts. 166 a 170 do CC.

Parágrafo único. Quando a transação versar sobre diversos direitos contestados, independentes entre si, o fato de não prevalecer em relação a um não prejudicará os demais.

Art. 849. A transação só se anula por dolo, coação, ou erro essencial quanto à pessoa ou coisa controversa.

(*) V. arts. 138, 139, 145 a 150 e 151 a 155 do CC.

Parágrafo único. A transação não se anula por erro de direito a respeito das questões que foram objeto de controvérsia entre as partes.

Art. 850. É nula a transação a respeito do litígio decidido por sentença passada em julgado, se dela não tinha ciência algum dos transatores, ou quando, por título ulteriormente descoberto, se verificar que nenhum deles tinha direito sobre o objeto da transação.

Capítulo XX
DO COMPROMISSO

Art. 851. É admitido compromisso, judicial ou extrajudicial, para resolver litígios entre pessoas que podem contratar.

Art. 852. É vedado compromisso para solução de questões de estado, de direito pessoal de família e de outras que não tenham caráter estritamente patrimonial.

Art. 853. Admite-se nos contratos a cláusula compromissória, para resolver divergências mediante juízo arbitral, na forma estabelecida em lei especial.

TÍTULO VII
DOS ATOS UNILATERAIS

Capítulo I
DA PROMESSA DE RECOMPENSA

Art. 854. Aquele que, por anúncios públicos, se comprometer

LIVRO I – DO DIREITO DAS OBRIGAÇÕES — ART. 864

a recompensar, ou gratificar, a quem preencha certa condição, ou desempenhe certo serviço, contrai obrigação de cumprir o prometido.

(*) V. art. 427 do CC.

Art. 855. Quem quer que, nos termos do artigo antecedente, fizer o serviço, ou satisfizer a condição, ainda que não pelo interesse da promessa, poderá exigir a recompensa estipulada.

(*) V. art. 121 do CC.

Art. 856. Antes de prestado o serviço ou preenchida a condição, pode o promitente revogar a promessa, contanto que o faça com a mesma publicidade; se houver assinado prazo à execução da tarefa, entender-se-á que renuncia o arbítrio de retirar, durante ele, a oferta.

(*) V. art. 859 do CC.

Parágrafo único. O candidato de boa-fé, que houver feito despesas, terá direito a reembolso.

(*) V. art. 422 do CC.

Art. 857. Se o ato contemplado na promessa for praticado por mais de um indivíduo, terá direito à recompensa o que primeiro o executou.

Art. 858. Sendo simultânea a execução, a cada um tocará quinhão igual na recompensa; se esta não for divisível, conferir-se-á por sorteio, e o que obtiver a coisa dará ao outro o valor de seu quinhão.

(*) V. art. 817 do CC.

Art. 859. Nos concursos que se abrirem com promessa pública de recompensa, é condição essencial, para valerem, a fixação de um prazo, observadas também as disposições dos parágrafos seguintes.

(*) V. art. 856 do CC.

§ 1º. A decisão da pessoa nomeada, nos anúncios, como juiz, obriga os interessados.

§ 2º. Em falta de pessoa designada para julgar o mérito dos trabalhos que se apresentarem, entender-se-á que o promitente se reservou essa função.

§ 3º. Se os trabalhos tiverem mérito igual, proceder-se-á de acordo com os arts. 857 e 858.

Art. 860. As obras premiadas, nos concursos de que trata o artigo antecedente, só ficarão pertencendo ao promitente, se assim for estipulado na publicação da promessa.

Capítulo II
DA GESTÃO DE NEGÓCIOS

Art. 861. Aquele que, sem autorização do interessado, intervém na gestão de negócio alheio, dirigi-lo-á segundo o interesse e a vontade presumível de seu dono, ficando responsável a este e às pessoas com que tratar.

(*) V. arts. 665, 866, 869, 873 e 874 do CC.

Art. 862. Se a gestão foi iniciada contra a vontade manifesta ou presumível do interessado, responderá o gestor até pelos casos fortuitos, não provando que teriam sobrevindo, ainda quando se houvesse abatido♦.

♦ Publicação oficial: "abatido".
Entendemos que seria: "abstido". (N.E.)

(*) V. arts. 868 e 874 do CC.

Art. 863. No caso do artigo antecedente, se os prejuízos da gestão excederem o seu proveito, poderá o dono do negócio exigir que o gestor restitua as coisas ao estado anterior, ou o indenize da diferença.

Art. 864. Tanto que se possa, comunicará o gestor ao dono do negócio a gestão que assumiu, aguardando-lhe a resposta, se da espera não resultar perigo.

Art. 865. Enquanto o dono não providenciar, velará o gestor pelo negócio, até o levar a cabo, esperando, se aquele falecer durante a gestão, as instruções dos herdeiros, sem se descuidar, entretanto, das medidas que o caso reclame.

(*) V. art. 674 do CC.

Art. 866. O gestor envidará toda sua diligência habitual na administração do negócio, ressarcindo ao dono o prejuízo resultante de qualquer culpa na gestão.

(*) V. arts. 667, 862 e 868 do CC.

Art. 867. Se o gestor se fizer substituir por outrem, responderá pelas faltas do substituto, ainda que seja pessoa idônea, sem prejuízo da ação que a ele, ou ao dono do negócio, contra ela possa caber.

(*) V. arts. 275 a 285 e 667 do CC.

Parágrafo único. Havendo mais de um gestor, solidária será a sua responsabilidade.

(*) V. art. 672 do CC.

Art. 868. O gestor responde pelo caso fortuito quando fizer operações arriscadas, ainda que o dono costumasse fazê-las, ou quando preterir interesse deste em proveito de interesses seus.

Parágrafo único. Querendo o dono aproveitar-se da gestão, será obrigado a indenizar o gestor das despesas necessárias, que tiver feito, e dos prejuízos, que por motivo da gestão, houver sofrido.

(*) V. art. 393 do CC.

Art. 869. Se o negócio for utilmente administrado, cumprirá ao dono as obrigações contraídas em seu nome, reembolsando ao gestor as despesas necessárias ou úteis que houver feito, com os juros legais, desde o desembolso, respondendo ainda pelos prejuízos que este houver sofrido por causa da gestão.

(*) V. arts. 406, 407, 861, 868, 870, 873 e 874 do CC.

§ 1º. A utilidade, ou necessidade, da despesa, apreciar-se-á não pelo resultado obtido, mas segundo as circunstâncias da ocasião em que se fizerem.

§ 2º. Vigora o disposto neste artigo, ainda quando o gestor, em erro quanto ao dono do negócio, der a outra pessoa as contas da gestão.

Art. 870. Aplica-se a disposição do artigo antecedente, quando a gestão se proponha a acudir a prejuízos iminentes, ou redunde em proveito do dono do negócio ou da coisa; mas a indenização ao gestor não excederá, em importância, as vantagens obtidas com a gestão.

Art. 871. Quando alguém, na ausência do indivíduo obrigado a alimentos, por ele os prestar a quem se devem, poder-lhes-á reaver do devedor a importância, ainda que este não ratifique o ato.

(*) V. arts. 305, 872 e 1.694 a 1.710 do CC.

Art. 872. Nas despesas do enterro, proporcionadas aos usos locais e à condição do falecido, feitas por terceiro, podem ser cobradas da pessoa que teria a obrigação de alimentar a que veio a falecer, ainda mesmo que esta não tenha deixado bens.

(*) V. arts. 1.694 a 1.710 do CC.

Parágrafo único. Cessa o disposto neste artigo e no antecedente, em se provando que o gestor fez essas despesas com o simples intento de bem-fazer.

Art. 873. A ratificação pura e simples do dono do negócio retroage ao dia do começo da gestão, e produz todos os efeitos do mandato.

(*) V. arts. 172 e 653 a 692 do CC.

LIVRO I – DO DIREITO DAS OBRIGAÇÕES ART. 883

Art. 874. Se o dono do negócio, ou da coisa, desaprovar a gestão, considerando-a contrária aos seus interesses, vigorará o disposto nos arts. 862 e 863, salvo o estabelecido nos arts. 869 e 870.

Art. 875. Se os negócios alheios forem conexos ao do gestor, de tal arte que se não possam gerir separadamente, haver-se-á o gestor por sócio daquele cujos interesses agenciar de envolta com os seus.

Parágrafo único. No caso deste artigo, aquele em cujo benefício interveio o gestor só é obrigado na razão das vantagens que lograr.

Capítulo III
DO PAGAMENTO INDEVIDO

Art. 876. Todo aquele que recebeu o que lhe não era devido fica obrigado a restituir; obrigação que incumbe àquele que recebe dívida condicional antes de cumprida a condição.

(*) V. arts. 125 e 880 do CC.

Art. 877. Àquele que voluntariamente pagou o indevido incumbe a prova de tê-lo feito por erro.

(*) Vide Súmula 322 do STJ.

Art. 878. Aos frutos, acessões, benfeitorias e deteriorações sobrevindas à coisa dada em pagamento indevido, aplica-se o disposto neste Código sobre o possuidor de boa-fé ou de má-fé, conforme o caso.

(*) V. arts. 1.214, 1.216 a 1.220 e 1.222 do CC.

Art. 879. Se aquele que indevidamente recebeu um imóvel o tiver alienado em boa-fé, por título oneroso, responde somente pela quantia recebida; mas, se agiu de má-fé, além do valor do imóvel, responde por perdas e danos.

(*) V. arts. 402 a 405 do CC.

Parágrafo único. Se o imóvel foi alienado por título gratuito, ou se, alienado por título oneroso, o terceiro adquirente agiu de má-fé, cabe ao que pagou por erro o direito de reivindicação.

Art. 880. Fica isento de restituir pagamento indevido aquele que, recebendo-o como parte de dívida verdadeira, inutilizou o título, deixou prescrever a pretensão ou abriu mão das garantias que asseguravam seu direito; mas aquele que pagou dispõe de ação regressiva contra o verdadeiro devedor e seu fiador.

(*) V. art. 305 do CC.

Art. 881. Se o pagamento indevido tiver consistido no desempenho de obrigação de fazer ou para eximir-se da obrigação de não fazer, aquele que recebeu a prestação fica na obrigação de indenizar o que a cumpriu, na medida do lucro obtido.

(*) V. arts. 247 a 251 do CC.

Art. 882. Não se pode repetir o que se pagou para solver dívida prescrita, ou cumprir obrigação judicialmente inexigível.

(*) V. art. 814 do CC.

Art. 883. Não terá direito à repetição aquele que deu alguma coisa para obter fim ilícito, imoral, ou proibido por lei.

(*) V. art. 814 do CC.

Parágrafo único. No caso deste artigo, o que se deu reverterá em favor de estabelecimento local de beneficência, a critério do juiz.

Capítulo IV
DO ENRIQUECIMENTO SEM CAUSA

Art. 884. Aquele que, sem justa causa, se enriquecer à custa de outrem, será obrigado a restituir o indevidamente auferido, feita a atualização dos valores monetários.

(*) Vide Enunciados 35, 188, 482, 487, 551 e 620 do CJF.
(*) Vide Súmula 543 do STJ.

Parágrafo único. Se o enriquecimento tiver por objeto coisa determinada, quem a recebeu é obrigado a restituí-la, e, se a coisa não mais subsistir, a restituição se fará pelo valor do bem na época em que foi exigido.

Art. 885. A restituição é devida, não só quando não tenha havido causa que justifique o enriquecimento, mas também se esta deixou de existir.

Art. 886. Não caberá a restituição por enriquecimento, se a lei conferir ao lesado outros meios para se ressarcir do prejuízo sofrido.

(*) Vide Enunciado 36 do CJF.

TÍTULO VIII
DOS TÍTULOS DE CRÉDITO

Capítulo I
DISPOSIÇÕES GERAIS

Art. 887. O título de crédito, documento necessário ao exercício do direito literal e autônomo nele contido, somente produz efeito quando preencha os requisitos da lei.

(*) V. art. 889 do CC.

Art. 888. A omissão de qualquer requisito legal, que tire ao escrito a sua validade como título de crédito, não implica a invalidade do negócio jurídico que lhe deu origem.

(*) V. arts. 166 a 184 do CC.

Art. 889. Deve o título de crédito conter a data da emissão, a indicação precisa dos direitos que confere, e a assinatura do emitente.

(*) Vide Súmula 387 do STF.
(*) Vide Súmula 475 do STJ.

§ 1º. É à vista o título de crédito que não contenha indicação de vencimento.

(*) V. art. 331 do CC.

§ 2º. Considera-se lugar de emissão e de pagamento, quando não indicado no título, o domicílio do emitente.

(*) V. art. 327 do CC.

§ 3º. O título poderá ser emitido a partir dos caracteres criados em computador ou meio técnico equivalente e que constem da escrituração do emitente, observados os requisitos mínimos previstos neste artigo.

(*) Vide Enunciados 461 e 462 do CJF.

Art. 890. Consideram-se não escritas no título a cláusula de juros, a proibitiva de endosso, a excludente de responsabilidade pelo pagamento ou por despesas, a que dispense a observância de termos e formalidade prescritas, e a que, além dos limites fixados em lei, exclua ou restrinja direitos e obrigações.

Art. 891. O título de crédito, incompleto ao tempo da emissão, deve ser preenchido de conformidade com os ajustes realizados.

Parágrafo único. O descumprimento dos ajustes previstos neste artigo pelos que deles participaram, não constitui motivo de oposição ao terceiro portador, salvo se este, ao adquirir o título, tiver agido de má-fé.

Art. 892. Aquele que, sem ter poderes, ou excedendo os que tem, lança a sua assinatura em título de crédito, como mandatário ou representante de outrem, fica pessoalmente obrigado, e, pagando o título, tem ele os mesmos direitos que teria o suposto mandante ou representado.

(*) V. arts. 661 a 663 e 665 do CC.

Art. 893. A transferência do título de crédito implica a de todos os direitos que lhe são inerentes.

Art. 894. O portador de título representativo de mercadoria tem o direito de transferi-lo, de conformidade com as normas que regulam a sua circulação, ou de receber aquela independentemente de quaisquer formalidades, além da entrega do título devidamente quitado.

Art. 895. Enquanto o título de crédito estiver em circulação, só ele poderá ser dado em garantia, ou ser objeto de medidas judiciais, e não, separadamente, os direitos ou mercadorias que representa.

Art. 896. O título de crédito não pode ser reivindicado do portador que o adquiriu de boa-fé e na conformidade das normas que disciplinam a sua circulação.

Art. 897. O pagamento de título de crédito, que contenha obrigação de pagar soma determinada, pode ser garantido por aval.

(*) V. arts. 899 e 900 do CC.
(*) Vide Enunciado 463 do CJF.
(*) Vide Súmula 189 do STF.
(*) Vide Súmula 26 do STJ.

Parágrafo único. É vedado o aval parcial.

Art. 898. O aval deve ser dado no verso ou no anverso do próprio título.

§ 1º. Para a validade do aval, dado no anverso do título, é suficiente a simples assinatura do avalista.

§ 2º. Considera-se não escrito o aval cancelado.

(*) Vide Súmula 189 do STF.

Art. 899. O avalista equipara-se àquele cujo nome indicar; na falta de indicação, ao emitente ou devedor final.

(*) Vide Súmula 26 do STJ.

§ 1º. Pagando o título, tem o avalista ação de regresso contra o seu avalizado e demais coobrigados anteriores.

§ 2º. Subsiste a responsabilidade do avalista, ainda que nula a obrigação daquele a quem se equipara, a menos que a nulidade decorra de vício de forma.

Art. 900. O aval posterior ao vencimento produz os mesmos efeitos do anteriormente dado.

Art. 901. Fica validamente desonerado o devedor que paga título de crédito ao legítimo portador, no vencimento, sem oposição, salvo se agiu de má-fé.

Parágrafo único. Pagando, pode o devedor exigir do credor, além da entrega do título, quitação regular.

(*) V. arts. 319 a 321 e 324 do CC.

Art. 902. Não é o credor obrigado a receber o pagamento antes do vencimento do título, e aquele que o paga, antes do vencimento, fica responsável pela validade do pagamento.

§ 1º. No vencimento, não pode o credor recusar pagamento, ainda que parcial.

§ 2º. No caso de pagamento parcial, em que se não opera a tradição do título, além da quitação em separado, outra deverá ser firmada no próprio título.

Art. 903. Salvo disposição diversa em lei especial, regem-se os títulos de crédito pelo disposto neste Código.

(*) Vide Enunciados 52 e 464 do CJF.

Capítulo II
DO TÍTULO AO PORTADOR

Art. 904. A transferência de título ao portador se faz por simples tradição.

Art. 905. O possuidor de título ao portador tem direito à prestação nele indicada, mediante a sua simples apresentação ao devedor.

(*) V. arts. 308 a 315 do CC.

Parágrafo único. A prestação é devida ainda que o título tenha entrado em circulação contra a vontade do emitente.

Art. 906. O devedor só poderá opor ao portador exceção fundada em direito pessoal, ou em nulidade de sua obrigação.

Art. 907. É nulo o título ao portador emitido sem autorização de lei especial.

Art. 908. O possuidor de título dilacerado, porém identificável, tem direito a obter do emitente a substituição do anterior, mediante a restituição do primeiro e o pagamento das despesas.

Art. 909. O proprietário, que perder ou extraviar título, ou for injustamente desapossado dele, poderá obter novo título em juízo, bem como impedir sejam pagos a outrem capital e rendimentos.

(*) V. art. 321 do CC.

Parágrafo único. O pagamento, feito antes de ter ciência da ação referida neste artigo, exonera o devedor, salvo se se provar que ele tinha conhecimento do fato.

Capítulo III
DO TÍTULO À ORDEM

Art. 910. O endosso deve ser lançado pelo endossante no verso ou anverso do próprio título.

(*) V. arts. 920 e 923 do CC.

§ 1º. Pode o endossante designar o endossatário, e para validade do endosso, dado no verso do título, é suficiente a simples assinatura do endossante.

§ 2º. A transferência por endosso completa-se com a tradição do título.

(*) V. arts. 324 e 904 do CC.

§ 3º. Considera-se não escrito o endosso cancelado, total ou parcialmente.

Art. 911. Considera-se legítimo possuidor o portador do título à ordem com série regular e ininterrupta de endossos, ainda que o último seja em branco.

Parágrafo único. Aquele que paga o título está obrigado a verificar a regularidade da série de endossos, mas não a autenticidade das assinaturas.

Art. 912. Considera-se não escrita no endosso qualquer condição a que o subordine o endossante.

Parágrafo único. É nulo o endosso parcial.

Art. 913. O endossatário de endosso em branco pode mudá-lo para endosso em preto, completando-o com o seu nome ou de terceiro; pode endossar novamente o título, em branco ou em preto; ou pode transferi-lo sem novo endosso.

Art. 914. Ressalvada cláusula expressa em contrário, constante do endosso, não responde o endossante pelo cumprimento da prestação constante do título.

LIVRO I – DO DIREITO DAS OBRIGAÇÕES ART. 923

§ 1º. Assumindo responsabilidade pelo pagamento, o endossante se torna devedor solidário.

(*) V. arts. 264 e 275 a 285 do CC.

§ 2º. Pagando o título, tem o endossante ação de regresso contra os coobrigados anteriores.

Art. 915. O devedor, além das exceções fundadas nas relações pessoais que tiver com o portador, só poderá opor a este as exceções relativas à forma do título e ao seu conteúdo literal, à falsidade da própria assinatura, a defeito de capacidade ou de representação no momento da subscrição, e à falta de requisito necessário ao exercício da ação.

(*) V. arts. 906; 916; 917, § 3º; e 918, § 2º, do CC.

Art. 916. As exceções, fundadas em relação do devedor com os portadores precedentes, somente poderão ser por ele opostas ao portador, se este, ao adquirir o título, tiver agido de má-fé.

(*) V. arts. 906; 915; 917, § 3º; e 918, § 2º, do CC.

Art. 917. A cláusula constitutiva de mandato, lançada no endosso, confere ao endossatário o exercício dos direitos inerentes ao título, salvo restrição expressamente estatuída.

§ 1º. O endossatário de endosso-mandato só pode endossar novamente o título na qualidade de procurador, com os mesmos poderes que recebeu.

§ 2º. Com a morte ou a superveniente incapacidade do endossante, não perde eficácia o endosso-mandato.

§ 3º. Pode o devedor opor ao endossatário de endosso-mandato somente as exceções que tiver contra o endossante.

(*) V. arts. 906; 915; 916; e 918, § 2º, do CC.
(*) Vide Súmula 476 do STJ.

Art. 918. A cláusula constitutiva de penhor, lançada no endosso, confere ao endossatário o exercício dos direitos inerentes ao título.

(*) V. arts. 1.458 a 1.460 do CC.

§ 1º. O endossatário de endosso-penhor só pode endossar novamente o título na qualidade de procurador.

§ 2º. Não pode o devedor opor ao endossatário de endosso-penhor as exceções que tinha contra o endossante, salvo se aquele tiver agido de má-fé.

(*) V. arts. 906; 915; 916; e 917, § 3º, do CC.

Art. 919. A aquisição de título à ordem, por meio diverso do endosso, tem efeito de cessão civil.

(*) V. arts. 286 a 298 do CC.

Art. 920. O endosso posterior ao vencimento produz os mesmos efeitos do anterior.

Capítulo IV
DO TÍTULO NOMINATIVO

Art. 921. É título nominativo o emitido em favor de pessoa cujo nome conste no registro do emitente.

Art. 922. Transfere-se o título nominativo mediante termo, em registro do emitente, assinado pelo proprietário e pelo adquirente.

Art. 923. O título nominativo também pode ser transferido por endosso que contenha o nome do endossatário.

(*) V. art. 910 do CC.

§ 1º. A transferência mediante endosso só tem eficácia perante o emitente, uma vez feita a competente averbação em seu registro, podendo o emitente exigir do endossatário que comprove a autenticidade da assinatura do endossante.

§ 2º. O endossatário, legitimado por série regular e ininterrupta de endossos, tem o direito de obter a averbação no registro do emitente, comprovada a autenticidade das assinaturas de todos os endossantes.

§ 3º. Caso o título original contenha o nome do primitivo proprietário, tem direito o adquirente a obter do emitente novo título, em seu nome, devendo a emissão do novo título constar no registro do emitente.

Art. 924. Ressalvada proibição legal, pode o título nominativo ser transformado em à ordem ou ao portador, a pedido do proprietário e à sua custa.

(*) V. arts. 904 a 909 e 910 a 920 do CC.

Art. 925. Fica desonerado de responsabilidade o emitente que de boa-fé fizer a transferência pelos modos indicados nos artigos antecedentes.

Art. 926. Qualquer negócio ou medida judicial, que tenha por objeto o título, só produz efeito perante o emitente ou terceiros, uma vez feita a competente averbação no registro do emitente.

TÍTULO IX
DA RESPONSABILIDADE CIVIL

Capítulo I
DA OBRIGAÇÃO DE INDENIZAR

Art. 927. Aquele que, por ato ilícito (arts. 186 e 187), causar dano a outrem, fica obrigado a repará-lo.

(*) V. arts. 43, 934 e 944 a 954 do CC.

(*) Vide Súmulas 28, 161, 229, 362, 403, 490, 491, 492 e 562 do STF.

(*) Vide Súmulas 37, 43, 130, 145, 186, 221, 227, 246, 362, 388, 403, 479, 595, 624 e 652 do STJ.

Parágrafo único. Haverá obrigação de reparar o dano, independentemente de culpa, nos casos especificados em lei, ou quando a atividade normalmente desenvolvida pelo autor do dano implicar, por sua natureza, risco para os direitos de outrem.

(*) Vide Enunciados 38, 189, 377, 443, 444, 445, 446, 447, 448, 551, 553, 554, 555, 587, 588, 589, 658 e 659 do CJF.

(*) Vide Temas Representativos 48 e 185 do TNU-CJF.

(*) Vide Temas 362, 366, 512, 999 e 1.055 do STF.

Art. 928. O incapaz responde pelos prejuízos que causar, se as pessoas por ele responsáveis não tiverem obrigação de fazê-lo ou não dispuserem de meios suficientes.

(*) V. arts. 3º; 4º; 932 a 934; 942, parágrafo único; e 944 a 954 do CC.

Parágrafo único. A indenização prevista neste artigo, que deverá ser equitativa, não terá lugar se privar do necessário o incapaz ou as pessoas que dele dependem.

(*) Vide Enunciados 39, 40, 41, 449 e 660 do CJF.

Art. 929. Se a pessoa lesada, ou o dono da coisa, no caso do inciso II do art. 188, não forem culpados do perigo, assistir-lhes-á direito à indenização do prejuízo que sofreram.

Art. 930. No caso do inciso II do art. 188, se o perigo ocorrer por culpa de terceiro, contra este terá o autor do dano ação regressiva para haver a importância que tiver ressarcido ao lesado.

Parágrafo único. A mesma ação competirá contra aquele em defesa de quem se causou o dano (art. 188, inciso I).

Art. 931. Ressalvados outros casos previstos em lei especial, os empresários individuais e as empresas respondem independentemente

LIVRO I – DO DIREITO DAS OBRIGAÇÕES — ART. 940

de culpa pelos danos causados pelos produtos postos em circulação.

(*) Vide Enunciados 42, 43, 190, 378, 562 e 661 do CJF.

Art. 932. São também responsáveis pela reparação civil:

(*) V. arts. 934 e 942 do CC.
(*) Vide Enunciado 451 do CJF.

I – os pais, pelos filhos menores que estiverem sob sua autoridade e em sua companhia;

(*) Vide Enunciados 450 e 590 do CJF.

II – o tutor e o curador, pelos pupilos e curatelados, que se acharem nas mesmas condições;

(*) Vide Enunciado 662 do CJF.

III – o empregador ou comitente, por seus empregados, serviçais e prepostos, no exercício do trabalho que lhes competir, ou em razão dele;

(*) V. art. 149 do CC.
(*) Vide Enunciado 191 do CJF.

IV – os donos de hotéis, hospedarias, casas ou estabelecimentos onde se albergue por dinheiro, mesmo para fins de educação, pelos seus hóspedes, moradores e educandos;

V – os que gratuitamente houverem participado nos produtos do crime, até a concorrente quantia.

Art. 933. As pessoas indicadas nos incisos I a V do artigo antecedente, ainda que não haja culpa de sua parte, responderão pelos atos praticados pelos terceiros ali referidos.

(*) Vide Enunciado 451 do CJF.

Art. 934. Aquele que ressarcir o dano causado por outrem pode reaver o que houver pago daquele por quem pagou, salvo se o causador do dano for descendente seu, absoluta ou relativamente incapaz.

(*) Vide Enunciado 44 do CJF.
(*) Vide Súmulas 187 e 188 do STF.

Art. 935. A responsabilidade civil é independente da criminal, não se podendo questionar mais sobre a existência do fato, ou sobre quem seja o seu autor, quando estas questões se acharem decididas no juízo criminal.

(*) Vide Enunciado 45 do CJF.

Art. 936. O dono, ou detentor, do animal ressarcirá o dano por este causado, se não provar culpa da vítima ou força maior.

(*) V. arts. 186; 393; 945; e 1.297, § 3º, do CC.
(*) Vide Enunciado 452 do CJF.

Art. 937. O dono de edifício ou construção responde pelos danos que resultarem de sua ruína, se esta provier de falta de reparos, cuja necessidade fosse manifesta.

(*) V. arts. 186; 618; 927, parágrafo único; 929; 930; e 1.280 do CC.
(*) Vide Enunciado 556 do CJF.

Art. 938. Aquele que habitar prédio, ou parte dele, responde pelo dano proveniente das coisas que dele caírem ou forem lançadas em lugar indevido.

(*) V. arts. 1.331 a 1.358 do CC.
(*) Vide Enunciado 557 do CJF.

Art. 939. O credor que demandar o devedor antes de vencida a dívida, fora dos casos em que a lei o permita, ficará obrigado a esperar o tempo que faltava para o vencimento, a descontar os juros correspondentes, embora estipulados, e a pagar as custas em dobro.

(*) V. arts. 333, 941 e 1.425 do CC.

Art. 940. Aquele que demandar por dívida já paga, no todo ou em parte, sem ressalvar as quantias recebidas ou pedir mais do que for

ART. 941

devido, ficará obrigado a pagar ao devedor, no primeiro caso, o dobro do que houver cobrado e, no segundo, o equivalente do que dele exigir, salvo se houver prescrição.

(*) V. art. 941 do CC.
(*) Vide Súmula 159 do STF.

Art. 941. As penas previstas nos arts. 939 e 940 não se aplicarão quando o autor desistir da ação antes de contestada a lide, salvo ao réu o direito de haver indenização por algum prejuízo que prove ter sofrido.

Art. 942. Os bens do responsável pela ofensa ou violação do direito de outrem ficam sujeitos à reparação do dano causado; e, se a ofensa tiver mais de um autor, todos responderão solidariamente pela reparação.

(*) V. arts. 186, 275 a 285, 391 e 927 do CC.
(*) Vide Enunciado 453 do CJF.

Parágrafo único. São solidariamente responsáveis com os autores os coautores e as pessoas designadas no art. 932.

(*) V. art. 264 do CC.
(*) Vide Enunciado 558 do CJF.

Art. 943. O direito de exigir reparação e a obrigação de prestá-la transmitem-se com a herança.

(*) Vide Enunciado 454 do CJF.
(*) Vide Súmula 642 do STJ.

Capítulo II
DA INDENIZAÇÃO

Art. 944. A indenização mede-se pela extensão do dano.

(*) V. arts. 186, 884 e 927 do CC.
(*) Vide Enunciados 46, 379, 455, 456, 457, 458, 550, 551 e 629 do CJF.

Parágrafo único. Se houver excessiva desproporção entre a gravidade da culpa e o dano, poderá o juiz reduzir, equitativamente, a indenização.

(*) Vide Enunciado 46 do CJF.

Art. 945. Se a vítima tiver concorrido culposamente para o evento danoso, a sua indenização será fixada tendo-se em conta a gravidade de sua culpa em confronto com a do autor do dano.

(*) Vide Enunciados 47, 459 e 630 do CJF.

Art. 946. Se a obrigação for indeterminada, e não houver na lei ou no contrato disposição fixando a indenização devida pelo inadimplente, apurar-se-á o valor das perdas e danos na forma que a lei processual determinar.

(*) Vide Enunciado 631 do CJF.

Art. 947. Se o devedor não puder cumprir a prestação na espécie ajustada, substituir-se-á pelo seu valor, em moeda corrente.

Art. 948. No caso de homicídio, a indenização consiste, sem excluir outras reparações:

(*) V. art. 951 do CC.

I – no pagamento das despesas com o tratamento da vítima, seu funeral e o luto da família;

II – na prestação de alimentos às pessoas a quem o morto os devia, levando-se em conta a duração provável da vida da vítima.

(*) V. arts. 1.694 a 1.710 do CC.
(*) Vide Enunciado 560 do CJF.

Art. 949. No caso de lesão ou outra ofensa à saúde, o ofensor indenizará o ofendido das despesas do tratamento e dos lucros cessantes até ao fim da convalescença, além de algum outro prejuízo que o ofendido prove haver sofrido.

(*) V. art. 951 do CC.
(*) Vide Enunciado 192 do CJF.

LIVRO I – DO DIREITO DAS OBRIGAÇÕES ART. 956

Art. 950. Se da ofensa resultar defeito pelo qual o ofendido não possa exercer o seu ofício ou profissão, ou se lhe diminua a capacidade de trabalho, a indenização, além das despesas do tratamento e lucros cessantes até ao fim da convalescença, incluirá pensão correspondente à importância do trabalho para que se inabilitou, ou da depreciação que ele sofreu.

Parágrafo único. O prejudicado, se preferir, poderá exigir que a indenização seja arbitrada e paga de uma só vez.

(*) V. art. 951 do CC.
(*) Vide Súmula 490 do STF.
(*) Vide Enunciados 48, 192 e 381 do CJF.

Art. 951. O disposto nos arts. 948, 949 e 950 aplica-se ainda no caso de indenização devida por aquele que, no exercício de atividade profissional, por negligência, imprudência ou imperícia, causar a morte do paciente, agravar-lhe o mal, causar-lhe lesão, ou inabilitá-lo para o trabalho.

(*) Vide Súmula 341 do STF.
(*) Vide Enunciado 460 do CJF.

Art. 952. Havendo usurpação ou esbulho do alheio, além da restituição da coisa, a indenização consistirá em pagar o valor das suas deteriorações e o devido a título de lucros cessantes; faltando a coisa, dever-se-á reembolsar o seu equivalente ao prejudicado.

Parágrafo único. Para se restituir o equivalente, quando não exista a própria coisa, estimar-se-á ela pelo seu preço ordinário e pelo de afeição, contanto que este não se avantaje àquele.

(*) Vide Súmula 562 do STF.
(*) Vide Enunciado 561 do CJF.

Art. 953. A indenização por injúria, difamação ou calúnia consistirá na reparação do dano que delas resulte ao ofendido.

Parágrafo único. Se o ofendido não puder provar prejuízo material, caberá ao juiz fixar, equitativamente, o valor da indenização, na conformidade das circunstâncias do caso.

Art. 954. A indenização por ofensa à liberdade pessoal consistirá no pagamento das perdas e danos que sobrevierem ao ofendido, e se este não puder provar prejuízo, tem aplicação o disposto no parágrafo único do artigo antecedente.

(*) V. arts. 402 a 405 do CC.

Parágrafo único. Consideram-se ofensivos da liberdade pessoal:

I – o cárcere privado;

II – a prisão por queixa ou denúncia falsa e de má-fé;

III – a prisão ilegal.

(*) Vide Súmula Vinculante 11 do STF.

TÍTULO X
DAS PREFERÊNCIAS E PRIVILÉGIOS CREDITÓRIOS

Art. 955. Procede-se à declaração de insolvência toda vez que as dívidas excedam à importância dos bens do devedor.

Art. 956. A discussão entre os credores pode versar quer sobre a preferência entre eles disputada, quer sobre a nulidade, simulação, fraude, ou falsidade das dívidas e contratos.

(*) V. arts. 158 a 165, 166, 167 e 171 do CC.

Art. 957. Não havendo título legal à preferência, terão os credores igual direito sobre os bens do devedor comum.

Art. 958. Os títulos legais de preferência são os privilégios e os direitos reais.

(*) V. arts. 964, 965 e 1.225 do CC.
(*) Vide Súmula 478 do STJ.

Art. 959. Conservam seus respectivos direitos os credores, hipotecários ou privilegiados:

(*) V. arts. 1.473 a 1.505 do CC.

I – sobre o preço do seguro da coisa gravada com hipoteca ou privilégio, ou sobre a indenização devida, havendo responsável pela perda ou danificação da coisa;

(*) V. art. 1.425, IV, do CC.

II – sobre o valor da indenização, se a coisa obrigada a hipoteca ou privilégio for desapropriada.

(*) V. art. 1.425, V, do CC.

Art. 960. Nos casos a que se refere o artigo antecedente, o devedor do seguro, ou da indenização, exonera-se pagando sem oposição dos credores hipotecários ou privilegiados.

Art. 961. O crédito real prefere ao pessoal de qualquer espécie; o crédito pessoal privilegiado, ao simples; e o privilégio especial, ao geral.

(*) V. arts. 963 a 965 do CC.
(*) Vide Súmula 478 do STJ.

Art. 962. Quando concorrerem aos mesmos bens, e por título igual, dois ou mais credores da mesma classe especialmente privilegiados, haverá entre eles rateio proporcional ao valor dos respectivos créditos, se o produto não bastar para o pagamento integral de todos.

Art. 963. O privilégio especial só compreende os bens sujeitos, por expressa disposição de lei, ao pagamento do crédito que ele favorece; e o geral, todos os bens não sujeitos a crédito real nem a privilégio especial.

Art. 964. Têm privilégio especial:

I – sobre a coisa arrecadada e liquidada, o credor de custas e despesas judiciais feitas com a arrecadação e liquidação;

II – sobre a coisa salvada, o credor por despesas de salvamento;

III – sobre a coisa beneficiada, o credor por benfeitorias necessárias ou úteis;

(*) V. arts. 96 e 1.219 do CC.

IV – sobre os prédios rústicos ou urbanos, fábricas, oficinas, ou quaisquer outras construções, o credor de materiais, dinheiro, ou serviços para a sua edificação, reconstrução, ou melhoramento;

V – sobre os frutos agrícolas, o credor por sementes, instrumentos e serviços à cultura, ou à colheita;

VI – sobre as alfaias e utensílios de uso doméstico, nos prédios rústicos ou urbanos, o credor de aluguéis, quanto às prestações do ano corrente e do anterior;

VII – sobre os exemplares da obra existente na massa do editor, o autor dela, ou seus legítimos representantes, pelo crédito fundado contra aquele no contrato da edição;

VIII – sobre o produto da colheita, para a qual houver concorrido com o seu trabalho, e precipuamente a quaisquer outros créditos, ainda que reais, o trabalhador agrícola, quanto à dívida dos seus salários;

IX – sobre os produtos do abate, o credor por animais.

(*) Inciso IX acrescido pela Lei nº 13.176/2015.

Art. 965. Goza de privilégio geral, na ordem seguinte, sobre os bens do devedor:

I – o crédito por despesa de seu funeral, feito segundo a condição do morto e o costume do lugar;

II – o crédito por custas judiciais, ou por despesas com a arrecadação e liquidação da massa;

III – o crédito por despesas com o luto do cônjuge sobrevivo e dos filhos do devedor falecido, se foram moderadas;

IV – o crédito por despesas com a doença de que faleceu o devedor, no semestre anterior à sua morte;

V – o crédito pelos gastos necessários à mantença do devedor falecido e sua família, no trimestre anterior ao falecimento;

VI – o crédito pelos impostos devidos à Fazenda Pública, no ano corrente e no anterior;

VII – o crédito pelos salários dos empregados do serviço doméstico do devedor, nos seus derradeiros 6 (seis) meses de vida;

VIII – os demais créditos de privilégio geral.

LIVRO II
DO DIREITO DE EMPRESA

TÍTULO I
DO EMPRESÁRIO

(*) V. art. 2.037 do CC.

Capítulo I
DA CARACTERIZAÇÃO E DA INSCRIÇÃO

Art. 966. Considera-se empresário quem exerce profissionalmente atividade econômica organizada para a produção ou a circulação de bens ou de serviços.

(*) V. arts. 972, 974, 975, 983, 2.031 e 2.037 do CC.

Parágrafo único. Não se considera empresário quem exerce profissão intelectual, de natureza científica, literária ou artística, ainda com o concurso de auxiliares ou colaboradores, salvo se o exercício da profissão constituir elemento de empresa.

(*) V. arts. 1.155 e 1.156 do CC.

(*) Vide Enunciados 53, 54, 193, 194, 195, 196, 197 e 382 do CJF.

Art. 967. É obrigatória a inscrição do empresário no Registro Público de Empresas Mercantis da respectiva sede, antes do início de sua atividade.

(*) V. arts. 44 a 46, 52, 968, 969, 971, 979, 982, 984, 985 e 1.150 a 1.154 do CC.

(*) Vide Enunciados 198 e 199 do CJF.

Art. 968. A inscrição do empresário far-se-á mediante requerimento que contenha:

(*) V. arts. 971 e 984 do CC.

I – o seu nome, nacionalidade, domicílio, estado civil e, se casado, o regime de bens;

(*) V. arts. 70 a 72; e 75, IV, §§ 1º e 2º, do CC.

ART. 969 CÓDIGO CIVIL – PARTE ESPECIAL

II – a firma, com a respectiva assinatura autógrafa que poderá ser substituída pela assinatura autenticada com certificação digital ou meio equivalente que comprove a sua autenticidade, ressalvado o disposto no inciso I do § 1º do art. 4º da Lei Complementar nº 123, de 14 de dezembro de 2006;

(*) Inciso II com redação dada pela Lei Complementar nº 147/2014.

III – o capital;

IV – o objeto e a sede da empresa.

(*) V. arts. 969, 1.142 e 1.150 do CC.

(*) Vide Enunciados 55 e 466 do CJF.

§ 1º. Com as indicações estabelecidas neste artigo, a inscrição será tomada por termo no livro próprio do Registro Público de Empresas Mercantis, e obedecerá a número de ordem contínuo para todos os empresários inscritos.

§ 2º. À margem da inscrição, e com as mesmas formalidades, serão averbadas quaisquer modificações nela ocorrentes.

§ 3º. Caso venha a admitir sócios, o empresário individual poderá solicitar ao Registro Público de Empresas Mercantis a transformação de seu registro de empresário para registro de sociedade empresária, observado, no que couber, o disposto nos arts. 1.113 a 1.115 deste Código.

(*) § 3º acrescido pela Lei Complementar nº 128/2008.

(*) Vide Enunciado 465 do CJF.

§ 4º. O processo de abertura, registro, alteração e baixa do microempreendedor individual de que trata o art. 18-A da Lei Complementar nº 123, de 14 de dezembro de 2006, bem como qualquer exigência para o início de seu funcionamento deverão ter trâmite especial e simplificado, preferentemente eletrônico, opcional para o empreendedor, na forma a ser disciplinada pelo Comitê para Gestão da Rede Nacional para a Simplificação do Registro e da Legalização de Empresas e Negócios – CGSIM, de que trata o inciso III do art. 2º da mesma Lei.

(*) § 4º acrescido pela Lei nº 12.470/2011.

§ 5º. Para fins do disposto no § 4º, poderão ser dispensados o uso da firma, com a respectiva assinatura autógrafa, o capital, requerimentos, demais assinaturas, informações relativas à nacionalidade, estado civil e regime de bens, bem como remessa de documentos, na forma estabelecida pelo CGSIM.

(*) § 5º acrescido pela Lei nº 12.470/2011.

Art. 969. O empresário que instituir sucursal, filial ou agência, em lugar sujeito à jurisdição de outro Registro Público de Empresas Mercantis, neste deverá também inscrevê-la, com a prova da inscrição originária.

Parágrafo único. Em qualquer caso, a constituição do estabelecimento secundário deverá ser averbada no Registro Público de Empresas Mercantis da respectiva sede.

(*) V. arts. 968, IV; e 1.150 do CC.

(*) Vide Enunciado 55 do CJF.

Art. 970. A lei assegurará tratamento favorecido, diferenciado e simplificado ao empresário rural e ao pequeno empresário, quanto à inscrição e aos efeitos daí decorrentes.

(*) V. art. 1.179, § 2º, do CC.

(*) Vide Enunciado 200 do CJF.

Art. 971. O empresário, cuja atividade rural constitua sua principal profissão, pode, observadas as formalidades de que tratam o art. 968 e

LIVRO II – DO DIREITO DE EMPRESA ART. 975

seus parágrafos, requerer inscrição no Registro Público de Empresas Mercantis da respectiva sede, caso em que, depois de inscrito, ficará equiparado, para todos os efeitos, ao empresário sujeito a registro.

(*) V. arts. 984 e 1.150 do CC.
(*) Vide Enunciados 201 e 202 do CJF.

Parágrafo único. Aplica-se o disposto no *caput* deste artigo à associação que desenvolva atividade futebolística em caráter habitual e profissional, caso em que, com a inscrição, será considerada empresária, para todos os efeitos.

(*) Parágrafo único acrescido pela Lei nº 14.193/2021.

Capítulo II
DA CAPACIDADE

(*) V. art. 7º da LINDB.

Art. 972. Podem exercer a atividade de empresário os que estiverem em pleno gozo da capacidade civil e não forem legalmente impedidos.

(*) V. art. 5º do CC.
(*) Vide Enunciados 197 e 396 do CJF.

Art. 973. A pessoa legalmente impedida de exercer atividade própria de empresário, se a exercer, responderá pelas obrigações contraídas.

Art. 974. Poderá o incapaz, por meio de representante ou devidamente assistido, continuar a empresa antes exercida por ele enquanto capaz, por seus pais ou pelo autor de herança.

(*) V. arts. 3º, 4º e 976 do CC.
(*) Vide Enunciado 203 do CJF.

§ 1º. Nos casos deste artigo, precederá autorização judicial, após exame das circunstâncias e dos riscos da empresa, bem como da conveniência em continuá-la, podendo a autorização ser revogada pelo juiz, ouvidos os pais, tutores ou representantes legais do menor ou do interdito, sem prejuízo dos direitos adquiridos por terceiros.

§ 2º. Não ficam sujeitos ao resultado da empresa os bens que o incapaz já possuía, ao tempo da sucessão ou da interdição, desde que estranhos ao acervo daquela, devendo tais fatos constar do alvará que conceder a autorização.

§ 3º. O Registro Público de Empresas Mercantis a cargo das Juntas Comerciais deverá registrar contratos ou alterações contratuais de sociedade que envolva sócio incapaz, desde que atendidos, de forma conjunta, os seguintes pressupostos:

(*) § 3º, *caput*, acrescido pela Lei nº 12.399/2011.

I – o sócio incapaz não pode exercer a administração da sociedade;

(*) Inciso I acrescido pela Lei nº 12.399/2011.

II – o capital social deve ser totalmente integralizado;

(*) Inciso II acrescido pela Lei nº 12.399/2011.

III – o sócio relativamente incapaz deve ser assistido e o absolutamente incapaz deve ser representado por seus representantes legais.

(*) Inciso III acrescido pela Lei nº 12.399/2011.
(*) Vide Enunciado 467 do CJF.

Art. 975. Se o representante ou assistente do incapaz for pessoa que, por disposição de lei, não puder exercer atividade de empresário, nomeará, com a aprovação do juiz, um ou mais gerentes.

(*) V. arts. 1.172 a 1.176 do CC.

§ 1º. Do mesmo modo será nomeado gerente em todos os casos em que o juiz entender ser conveniente.

§ 2º. A aprovação do juiz não exime o representante ou assistente do menor ou do interdito da responsabilidade pelos atos dos gerentes nomeados.

Art. 976. A prova da emancipação e da autorização do incapaz, nos casos do art. 974, e a de eventual revogação desta, serão inscritas ou averbadas no Registro Público de Empresas Mercantis.

(*) V. arts. 5º, parágrafo único, V; e 968, § 2º, do CC.

Parágrafo único. O uso da nova firma caberá, conforme o caso, ao gerente; ou ao representante do incapaz; ou a este, quando puder ser autorizado.

(*) V. arts. 1.172 a 1.176 do CC.

Art. 977. Faculta-se aos cônjuges contratar sociedade, entre si ou com terceiros, desde que não tenham casado no regime da comunhão universal de bens, ou no da separação obrigatória.

(*) V. arts. 1.641 e 1.667 a 1.671 do CC.
(*) Vide Enunciados 204 e 205 do CJF.

Art. 978. O empresário casado pode, sem necessidade de outorga conjugal, qualquer que seja o regime de bens, alienar os imóveis que integrem o patrimônio da empresa ou gravá-los de ônus real.

(*) V. arts. 1.642 e 1.647 do CC.

Art. 979. Além de no Registro Civil, serão arquivados e averbados, no Registro Público de Empresas Mercantis, os pactos e declarações antenupciais do empresário, o título de doação, herança, ou legado, de bens clausulados de incomunicabilidade ou inalienabilidade.

(*) V. arts. 1.653 a 1.657 e 1.674 do CC.

Art. 980. A sentença que decretar ou homologar a separação judicial do empresário e o ato de reconciliação não podem ser opostos a terceiros, antes de arquivados e averbados no Registro Público de Empresas Mercantis.

(*) V. art. 1.571, III, do CC.

TÍTULO I-A

(*) Título I-A acrescido pela Lei nº 12.441/2011 e revogado pela MP nº 1.085/2021, posteriormente convertida com alterações na Lei nº 14.382/2022.

Art. 980-A. (Revogado).

(*) Art. 980-A acrescido pela Lei nº 12.441/2011, alterado pela Lei nº 13.874/2019 e revogado pela MP nº 1.085/2021, posteriormente convertida com alterações na Lei nº 14.382/2022.

TÍTULO II
DA SOCIEDADE

Capítulo Único
DISPOSIÇÕES GERAIS

Art. 981. Celebram contrato de sociedade as pessoas que reciprocamente se obrigam a contribuir, com bens ou serviços, para o exercício de atividade econômica e a partilha, entre si, dos resultados.

(*) A Lei nº 14.195/2021 propôs nova redação para o *caput* deste art. 981, porém teve seu texto vetado pelo Ministério da Economia.
(*) Vide Enunciados 396, 474 e 475 do CJF.

Parágrafo único. A atividade pode restringir-se à realização de um ou mais negócios determinados.

(*) Vide Enunciado 206 do CJF.

Art. 982.
Salvo as exceções expressas, considera-se empresária a sociedade que tem por objeto o exercício de atividade própria de empresário sujeito a registro (art. 967); e, simples, as demais.

Parágrafo único. Independentemente de seu objeto, considera-se empresária a sociedade por ações; e, simples, a cooperativa.

(*) V. arts. 1.088, 1.089 e 1.093 a 1.096 do CC.

(*) Vide Enunciados 196, 207 e 476 do CJF.

Art. 983.
A sociedade empresária deve constituir-se segundo um dos tipos regulados nos arts. 1.039 a 1.092; a sociedade simples pode constituir-se de conformidade com um desses tipos, e, não o fazendo, subordina-se às normas que lhe são próprias.

(*) A Lei nº 14.195/2021 propôs nova redação para o *caput* deste art. 983, porém teve seu texto vetado pelo Ministério da Economia.

(*) V. art. 997 a 1.038 do CC.

Parágrafo único. Ressalvam-se as disposições concernentes à sociedade em conta de participação e à cooperativa, bem como as constantes de leis especiais que, para o exercício de certas atividades, imponham a constituição da sociedade segundo determinado tipo.

(*) V. arts. 991 a 996 e 1.093 a 1.096 do CC.

(*) Vide Enunciados 57, 208, 474, 475 e 477 do CJF.

Art. 984.
A sociedade que tenha por objeto o exercício de atividade própria de empresário rural e seja constituída, ou transformada, de acordo com um dos tipos de sociedade empresária, pode, com as formalidades do art. 968, requerer inscrição no Registro Público de Empresas Mercantis da sua sede, caso em que, depois de inscrita, ficará equiparada, para todos os efeitos, à sociedade empresária.

Parágrafo único. Embora já constituída a sociedade segundo um daqueles tipos, o pedido de inscrição se subordinará, no que for aplicável, às normas que regem a transformação.

(*) Vide Enunciados 201 e 202 do CJF.

Art. 985.
A sociedade adquire personalidade jurídica com a inscrição, no registro próprio e na forma da lei, dos seus atos constitutivos (arts. 45 e 1.150).

(*) Vide Enunciados 209 e 396 do CJF.

SUBTÍTULO I
DA SOCIEDADE NÃO PERSONIFICADA

Capítulo I
DA SOCIEDADE EM COMUM

(*) Vide Enunciado 58 do CJF.

Art. 986.
Enquanto não inscritos os atos constitutivos, reger-se-á a sociedade, exceto por ações em organização, pelo disposto neste Capítulo, observadas, subsidiariamente e no que com ele forem compatíveis, as normas da sociedade simples.

(*) A Lei nº 14.195/2021 propôs nova redação para este art. 986, porém teve seu texto vetado pelo Ministério da Economia.

(*) V. arts. 997 a 1.038 do CC.

(*) Vide Enunciados 208, 209 e 383 do CJF.

Art. 987.
Os sócios, nas relações entre si ou com terceiros, somente por escrito podem provar a exis-

tência da sociedade, mas os terceiros podem prová-la de qualquer modo.

(*) V. art. 212 do CC.

Art. 988. Os bens e dívidas sociais constituem patrimônio especial, do qual os sócios são titulares em comum.

(*) Vide Enunciado 210 do CJF.

Art. 989. Os bens sociais respondem pelos atos de gestão praticados por qualquer dos sócios, salvo pacto expresso limitativo de poderes, que somente terá eficácia contra o terceiro que o conheça ou deva conhecer.

(*) V. art. 47 do CC.
(*) Vide Enunciado 211 do CJF.

Art. 990. Todos os sócios respondem solidária e ilimitadamente pelas obrigações sociais, excluído do benefício de ordem, previsto no art. 1.024, aquele que contratou pela sociedade.

(*) Vide Enunciados 59 e 212 do CJF.

Capítulo II
DA SOCIEDADE EM CONTA DE PARTICIPAÇÃO

Art. 991. Na sociedade em conta de participação, a atividade constitutiva do objeto social é exercida unicamente pelo sócio ostensivo, em seu nome individual e sob sua própria e exclusiva responsabilidade, participando os demais dos resultados correspondentes.

(*) V. art. 1.162 do CC.

Parágrafo único. Obriga-se perante terceiro tão somente o sócio ostensivo; e, exclusivamente perante este, o sócio participante, nos termos do contrato social.

(*) Vide Enunciado 208 do CJF.

Art. 992. A constituição da sociedade em conta de participação independe de qualquer formalidade e pode provar-se por todos os meios de direito.

(*) V. arts. 104 e 212 do CC.

Art. 993. O contrato social produz efeito somente entre os sócios, e a eventual inscrição de seu instrumento em qualquer registro não confere personalidade jurídica à sociedade.

Parágrafo único. Sem prejuízo do direito de fiscalizar a gestão dos negócios sociais, o sócio participante não pode tomar parte nas relações do sócio ostensivo com terceiros, sob pena de responder solidariamente com este pelas obrigações em que intervier.

(*) V. arts. 275 a 285 do CC.

Art. 994. A contribuição do sócio participante constitui, com a do sócio ostensivo, patrimônio especial, objeto da conta de participação relativa aos negócios sociais.

§ 1º. A especialização patrimonial somente produz efeitos em relação aos sócios.

§ 2º. A falência do sócio ostensivo acarreta a dissolução da sociedade e a liquidação da respectiva conta, cujo saldo constituirá crédito quirografário.

§ 3º. Falindo o sócio participante, o contrato social fica sujeito às normas que regulam os efeitos da falência nos contratos bilaterais do falido.

Art. 995. Salvo estipulação em contrário, o sócio ostensivo não pode admitir novo sócio sem o consentimento expresso dos demais.

Art. 996. Aplica-se à sociedade em conta de participação, subsidiariamente e no que com ela for compatível, o disposto para a sociedade simples, e a sua liquidação rege-se pelas normas relativas à prestação de contas, na forma da lei processual.

(*) A Lei nº 14.195/2021 propôs nova redação para o *caput* deste art. 996, porém teve seu texto vetado pelo Ministério da Economia.

(*) V. arts. 997 a 1.038 do CC.

Parágrafo único. Havendo mais de um sócio ostensivo, as respectivas contas serão prestadas e julgadas no mesmo processo.

SUBTÍTULO II
DA SOCIEDADE PERSONIFICADA

Capítulo I
DA SOCIEDADE SIMPLES

Seção I
Do Contrato Social

Art. 997. A sociedade constitui-se mediante contrato escrito, particular ou público, que, além de cláusulas estipuladas pelas partes, mencionará:

(*) V. arts. 999, 1.041 e 1.054 do CC.

(*) Vide Enunciado 384 do CJF.

I – nome, nacionalidade, estado civil, profissão e residência dos sócios, se pessoas naturais, e a firma ou a denominação, nacionalidade e sede dos sócios, se jurídicas;

II – denominação, objeto, sede e prazo da sociedade;

(*) Vide Enunciados 213 e 466 do CJF.

III – capital da sociedade, expresso em moeda corrente, podendo compreender qualquer espécie de bens, suscetíveis de avaliação pecuniária;

(*) Vide Enunciado 478 do CJF.

IV – a quota de cada sócio no capital social, e o modo de realizá-la;

V – as prestações a que se obriga o sócio, cuja contribuição consista em serviços;

(*) A Lei nº 14.195/2021 propôs nova redação para este inciso V, porém teve seu texto vetado pelo Ministério da Economia.

(*) V. art. 1.006 do CC.

(*) Vide Enunciado 222 do CJF.

VI – as pessoas naturais incumbidas da administração da sociedade, e seus poderes e atribuições;

VII – a participação de cada sócio nos lucros e nas perdas;

(*) V. art. 1.007 do CC.

(*) Vide Enunciado 479 do CJF.

VIII – se os sócios respondem, ou não, subsidiariamente, pelas obrigações sociais.

(*) Vide Enunciado 61 do CJF.

Parágrafo único. É ineficaz em relação a terceiros qualquer pacto separado, contrário ao disposto no instrumento do contrato.

(*) V. arts. 981 e 983 do CC.

(*) Vide Enunciados 206, 214 e 383 do CJF.

Art. 998. Nos 30 (trinta) dias subsequentes à sua constituição, a sociedade deverá requerer a inscrição do contrato social no Registro Civil das Pessoas Jurídicas do local de sua sede.

(*) V. arts. 45, 46 e 1.150 a 1.154 do CC.

(*) Vide Enunciados 215 e 383 do CJF.

§ 1º. O pedido de inscrição será acompanhado do instrumento autenticado do contrato, e, se algum sócio nele houver sido representado por procurador, o da respectiva procuração, bem como, se for o caso, da prova de autorização da autoridade competente.

§ 2º. Com todas as indicações enumeradas no artigo antecedente, será a inscrição tomada por termo no livro de registro próprio, e obedecerá a número de ordem contínua para todas as sociedades inscritas.

Art. 999. As modificações do contrato social, que tenham por objeto matéria indicada no art. 997, dependem do consentimento de todos os sócios; as demais podem ser decididas por maioria absoluta de votos, se o contrato não determinar a necessidade de deliberação unânime.

(*) V. arts. 45, 1.002, 1.003 e 2.033 do CC.

Parágrafo único. Qualquer modificação do contrato social será averbada, cumprindo-se as formalidades previstas no artigo antecedente.

(*) Vide Enunciados 383 e 385 do CJF.

Art. 1.000. A sociedade simples que instituir sucursal, filial ou agência na circunscrição de outro Registro Civil das Pessoas Jurídicas, neste deverá também inscrevê-la, com a prova da inscrição originária.

(*) V. art. 997 do CC.

Parágrafo único. Em qualquer caso, a constituição da sucursal, filial ou agência deverá ser averbada no Registro Civil da respectiva sede.

Seção II
Dos Direitos e Obrigações dos Sócios

Art. 1.001. As obrigações dos sócios começam imediatamente com o contrato, se este não fixar outra data, e terminam quando, liquidada a sociedade, se extinguirem as responsabilidades sociais.

Art. 1.002. O sócio não pode ser substituído no exercício das suas funções, sem o consentimento dos demais sócios, expresso em modificação do contrato social.

(*) V. art. 999 do CC.

Art. 1.003. A cessão total ou parcial de quota, sem a correspondente modificação do contrato social com o consentimento dos demais sócios, não terá eficácia quanto a estes e à sociedade.

Parágrafo único. Até 2 (dois) anos depois de averbada a modificação do contrato, responde o cedente solidariamente com o cessionário, perante a sociedade e terceiros, pelas obrigações que tinha como sócio.

(*) V. arts. 275 a 285, 999, 1.032 e 1.057 do CC.

Art. 1.004. Os sócios são obrigados, na forma e prazo previstos, às contribuições estabelecidas no contrato social, e aquele que deixar de fazê-lo, nos 30 (trinta) dias seguintes ao da notificação pela sociedade, responderá perante esta pelo dano emergente da mora.

(*) V. arts. 394 a 441; 927; e 997, IV, do CC.

Parágrafo único. Verificada a mora, poderá a maioria dos demais sócios preferir, à indenização, a exclusão do sócio remisso, ou reduzir-lhe a quota ao montante já realizado, aplicando-se, em ambos os casos, o disposto no § 1º do art. 1.031.

(*) V. art. 1.030 do CC.
(*) Vide Enunciado 216 do CJF.

Art. 1.005. O sócio que, a título de quota social, transmitir domínio, posse ou uso, responde pela evicção; e pela solvência do devedor, aquele que transferir crédito.

(*) V. arts. 297, 447 a 457 e 1.004 do CC.

Art. 1.006. O sócio, cuja contribuição consista em serviços, não pode, salvo convenção em contrário, empregar-se em atividade estranha à sociedade, sob pena de ser privado de seus lucros e dela excluído.

(*) V. arts. 997, V; e 1.030 do CC.
(*) Vide Enunciado 206 do CJF.

Art. 1.007. Salvo estipulação em contrário, o sócio participa dos lucros e das perdas, na proporção das respectivas quotas, mas aquele, cuja contribuição consiste em serviços, somente participa dos lucros na proporção da média do valor das quotas.

(*) A Lei nº 14.195/2021 propôs nova redação para este art. 1.007, porém teve seu texto vetado pelo Ministério da Economia.
(*) V. art. 997, V e VII, do CC.
(*) Vide Enunciado 206 do CJF.

Art. 1.008. É nula a estipulação contratual que exclua qualquer sócio de participar dos lucros e das perdas.

(*) V. arts. 997 e 1.007 do CC.

Art. 1.009. A distribuição de lucros ilícitos ou fictícios acarreta responsabilidade solidária dos administradores que a realizarem e dos sócios que os receberem, conhecendo ou devendo conhecer-lhes a ilegitimidade.

(*) V. arts. 264 a 285 do CC.
(*) Vide Enunciados 59 e 487 do CJF.

Seção III
Da Administração

Art. 1.010. Quando, por lei ou pelo contrato social, competir aos sócios decidir sobre os negócios da sociedade, as deliberações serão tomadas por maioria de votos, contados segundo o valor das quotas de cada um.

(*) V. art. 1.072 do CC.

§ 1º. Para formação da maioria absoluta são necessários votos correspondentes a mais de metade do capital.

§ 2º. Prevalece a decisão sufragada por maior número de sócios no caso de empate, e, se este persistir, decidirá o juiz.

§ 3º. Responde por perdas e danos o sócio que, tendo em alguma operação interesse contrário ao da sociedade, participar da deliberação que a aprove graças a seu voto.

(*) V. arts. 402 a 405 do CC.
(*) Vide Enunciado 217 do CJF.

Art. 1.011. O administrador da sociedade deverá ter, no exercício de suas funções, o cuidado e a diligência que todo homem ativo e probo costuma empregar na administração de seus próprios negócios.

(*) V. arts. 653 a 691 do CC.

§ 1º. Não podem ser administradores, além das pessoas impedidas por lei especial, os condenados a pena que vede, ainda que temporariamente, o acesso a cargos públicos; ou por crime falimentar, de prevaricação, peita ou suborno, concussão, peculato; ou contra a economia popular, contra o sistema financeiro nacional, contra as normas de defesa da concorrência, contra as relações de consumo, a fé pública ou a propriedade, enquanto perdurarem os efeitos da condenação.

(*) V. arts. 972 a 980; e 1.066, § 1º, do CC.
(*) Vide Enunciado 60 do CJF.

§ 2º. Aplicam-se à atividade dos administradores, no que couber, as disposições concernentes ao mandato.

(*) V. arts. 653 a 691 do CC.
(*) Vide Enunciado 218 do CJF.

Art. 1.012. O administrador, nomeado por instrumento em separado, deve averbá-lo à margem da inscrição da sociedade, e, pelos atos que praticar, antes de requerer a averbação, responde pessoal e solidariamente com a sociedade.

(*) V. arts. 264 e 275 a 285 do CC.

Art. 1.013. A administração da sociedade, nada dispondo o contrato social, compete separadamente a cada um dos sócios.

(*) V. art. 1.060 do CC.

§ 1º. Se a administração competir separadamente a vários administradores, cada um pode impugnar operação pretendida por outro, cabendo a decisão aos sócios, por maioria de votos.

§ 2º. Responde por perdas e danos perante a sociedade o administrador que realizar operações, sabendo ou devendo saber que estava agindo em desacordo com a maioria.

(*) V. arts. 402 a 405 do CC.

Art. 1.014. Nos atos de competência conjunta de vários administradores, torna-se necessário o concurso de todos, salvo nos casos urgentes, em que a omissão ou retardo das providências possa ocasionar dano irreparável ou grave.

Art. 1.015. No silêncio do contrato, os administradores podem praticar todos os atos pertinentes à gestão da sociedade; não constituindo objeto social, a oneração ou a venda de bens imóveis depende do que a maioria dos sócios decidir.

Parágrafo único. (Revogado).

(*) Parágrafo único revogado pela Lei nº 14.195/2021.
(*) Vide Enunciado 219 do CJF.

Art. 1.016. Os administradores respondem solidariamente perante a sociedade e os terceiros prejudicados, por culpa no desempenho de suas funções.

(*) V. arts. 264, 275 a 285 e 1.070 do CC.
(*) Vide Enunciados 59, 220 e 487 do CJF.

Art. 1.017. O administrador que, sem consentimento escrito dos sócios, aplicar créditos ou bens sociais em proveito próprio ou de terceiros, terá de restituí-los à sociedade, ou pagar o equivalente, com todos os lucros resultantes, e, se houver prejuízo, por ele também responderá.

Parágrafo único. Fica sujeito às sanções o administrador que, tendo em qualquer operação interesse contrário ao da sociedade, tome parte na correspondente deliberação.

(*) Vide Enunciado 59 do CJF.

Art. 1.018. Ao administrador é vedado fazer-se substituir no exercício de suas funções, sendo-lhe facultado, nos limites de seus poderes, constituir mandatários da sociedade, especificados no instrumento os atos e operações que poderão praticar.

(*) V. arts. 653 a 691 e 1.012 do CC.

Art. 1.019. São irrevogáveis os poderes do sócio investido na ad-

LIVRO II – DO DIREITO DE EMPRESA   ART. 1.028

ministração por cláusula expressa do contrato social, salvo justa causa, reconhecida judicialmente, a pedido de qualquer dos sócios.

Parágrafo único. São revogáveis, a qualquer tempo, os poderes conferidos a sócio por ato separado, ou a quem não seja sócio.

Art. 1.020. Os administradores são obrigados a prestar aos sócios contas justificadas de sua administração, e apresentar-lhes o inventário anualmente, bem como o balanço patrimonial e o de resultado econômico.

(*) V. arts. 1.065; 1.069, III; 1.078, I, § 3º; e 1.179 a 1.195 do CC.

Art. 1.021. Salvo estipulação que determine época própria, o sócio pode, a qualquer tempo, examinar os livros e documentos, e o estado da caixa e da carteira da sociedade.

Seção IV
Das Relações com Terceiros

Art. 1.022. A sociedade adquire direitos, assume obrigações e procede judicialmente, por meio de administradores com poderes especiais, ou, não os havendo, por intermédio de qualquer administrador.

Art. 1.023. Se os bens da sociedade não lhe cobrirem as dívidas, respondem os sócios pelo saldo, na proporção em que participem das perdas sociais, salvo cláusula de responsabilidade solidária.

(*) V. arts. 275 a 285 do CC.
(*) Vide Enunciado 61 do CJF.

Art. 1.024. Os bens particulares dos sócios não podem ser executados por dívidas da sociedade, senão depois de executados os bens sociais.

(*) V. art. 990 do CC.

Art. 1.025. O sócio, admitido em sociedade já constituída, não se exime das dívidas sociais anteriores à admissão.

(*) V. art. 1.003, parágrafo único, do CC.

Art. 1.026. O credor particular de sócio pode, na insuficiência de outros bens do devedor, fazer recair a execução sobre o que a este couber nos lucros da sociedade, ou na parte que lhe tocar em liquidação.

(*) Vide Enunciados 387, 388 e 389 do CJF.

Parágrafo único. Se a sociedade não estiver dissolvida, pode o credor requerer a liquidação da quota do devedor, cujo valor, apurado na forma do art. 1.031, será depositado em dinheiro, no juízo da execução, até 90 (noventa) dias após aquela liquidação.

(*) V. art. 1.030, parágrafo único, do CC.
(*) Vide Enunciado 386 do CJF.

Art. 1.027. Os herdeiros do cônjuge de sócio, ou o cônjuge do que se separou judicialmente, não podem exigir desde logo a parte que lhes couber na quota social, mas concorrer à divisão periódica dos lucros, até que se liquide a sociedade.

(*) V. art. 1.028, III, do CC.

Seção V
Da Resolução da Sociedade em Relação a um Sócio

Art. 1.028. No caso de morte de sócio, liquidar-se-á sua quota, salvo:

I – se o contrato dispuser diferentemente;

II – se os sócios remanescentes optarem pela dissolução da sociedade;

(*) V. arts. 1.033 a 1.038 do CC.

III – se, por acordo com os herdeiros, regular-se a substituição do sócio falecido.

(*) V. arts. 997, 999 e 1.032 do CC.
(*) Vide Enunciado 221 do CJF.

Art. 1.029. Além dos casos previstos na lei ou no contrato, qualquer sócio pode retirar-se da sociedade; se de prazo indeterminado, mediante notificação aos demais sócios, com antecedência mínima de 60 (sessenta) dias; se de prazo determinado, provando judicialmente justa causa.

(*) V. art. 1.031 do CC.

Parágrafo único. Nos 30 (trinta) dias subsequentes à notificação, podem os demais sócios optar pela dissolução da sociedade.

(*) V. arts. 1.033 a 1.038 do CC.

Art. 1.030. Ressalvado o disposto no art. 1.004 e seu parágrafo único, pode o sócio ser excluído judicialmente, mediante iniciativa da maioria dos demais sócios, por falta grave no cumprimento de suas obrigações, ou, ainda, por incapacidade superveniente.

Parágrafo único. Será de pleno direito excluído da sociedade o sócio declarado falido, ou aquele cuja quota tenha sido liquidada nos termos do parágrafo único do art. 1.026.

(*) V. arts. 1.031, 1.034 e 1.085 do CC.
(*) Vide Enunciados 67, 216 e 481 do CJF.

Art. 1.031. Nos casos em que a sociedade se resolver em relação a um sócio, o valor da sua quota, considerada pelo montante efetivamente realizado, liquidar-se-á, salvo disposição contratual em contrário, com base na situação patrimonial da sociedade, à data da resolução, verificada em balanço especialmente levantado.

§ 1º. O capital social sofrerá a correspondente redução, salvo se os demais sócios suprirem o valor da quota.

§ 2º. A quota liquidada será paga em dinheiro, no prazo de 90 (noventa) dias, a partir da liquidação, salvo acordo, ou estipulação contratual em contrário.

(*) V. arts. 1.026, parágrafo único; 1.077; 1.086; e 1.114 do CC.
(*) Vide Enunciados 62 e 482 do CJF.
(*) Vide Súmula 265 do STF.

Art. 1.032. A retirada, exclusão ou morte do sócio, não o exime, ou a seus herdeiros, da responsabilidade pelas obrigações sociais anteriores, até 2 (dois) anos após averbada a resolução da sociedade; nem nos dois primeiros casos, pelas posteriores e em igual prazo, enquanto não se requerer a averbação.

(*) V. arts. 1.003, parágrafo único; e 1.086 do CC.

Seção VI
Da Dissolução

(*) Vide Súmula 435 do STJ.

Art. 1.033. Dissolve-se a sociedade quando ocorrer:

I – o vencimento do prazo de duração, salvo se, vencido este e sem

LIVRO II – DO DIREITO DE EMPRESA — ART. 1.038

oposição de sócio, não entrar a sociedade em liquidação, caso em que se prorrogará por tempo indeterminado;

II – o consenso unânime dos sócios;

III – a deliberação dos sócios, por maioria absoluta, na sociedade de prazo indeterminado;

(*) Vide Enunciado 67 do CJF.

IV – (revogado);

(*) Inciso IV revogado pela Lei nº 14.195/2021.

V – a extinção, na forma da lei, de autorização para funcionar.

(*) V. arts. 51; 1.037, *caput*; 1.044; 1.051; 1.123; 2.033; e 2.034 do CC.

Parágrafo único. (Revogado).

(*) Parágrafo único alterado pela Lei nº 12.441/2011 e revogado pela Lei nº 14.195/2021.

Art. 1.034. A sociedade pode ser dissolvida judicialmente, a requerimento de qualquer dos sócios, quando:

I – anulada a sua constituição;

II – exaurido o fim social, ou verificada a sua inexequibilidade.

Art. 1.035. O contrato pode prever outras causas de dissolução, a serem verificadas judicialmente quando contestadas.

Art. 1.036. Ocorrida a dissolução, cumpre aos administradores providenciar imediatamente a investidura do liquidante, e restringir a gestão própria aos negócios inadiáveis, vedadas novas operações, pelas quais responderão solidária e ilimitadamente.

Parágrafo único. Dissolvida de pleno direito a sociedade, pode o sócio requerer, desde logo, a liquidação judicial.

(*) V. arts. 275 a 285 do CC.

(*) Vide Enunciado 487 do CJF.

Art. 1.037. Ocorrendo a hipótese prevista no inciso V do art. 1.033, o Ministério Público, tão logo lhe comunique a autoridade competente, promoverá a liquidação judicial da sociedade, se os administradores não o tiverem feito nos 30 (trinta) dias seguintes à perda da autorização, ou se o sócio não houver exercido a faculdade assegurada no parágrafo único do artigo antecedente.

Parágrafo único. Caso o Ministério Público não promova a liquidação judicial da sociedade nos 15 (quinze) dias subsequentes ao recebimento da comunicação, a autoridade competente para conceder a autorização nomeará interventor com poderes para requerer a medida e administrar a sociedade até que seja nomeado o liquidante.

(*) V. arts. 51, 1.111, 1.112 e 1.123 do CC.

Art. 1.038. Se não estiver designado no contrato social, o liquidante será eleito por deliberação dos sócios, podendo a escolha recair em pessoa estranha à sociedade.

(*) V. arts. 1.103 a 1.105 do CC.

§ 1º. O liquidante pode ser destituído, a todo tempo:

I – se eleito pela forma prevista neste artigo, mediante deliberação dos sócios;

II – em qualquer caso, por via judicial, a requerimento de um ou mais sócios, ocorrendo justa causa.

§ 2º. A liquidação da sociedade se processa de conformidade com o disposto no Capítulo IX, deste Subtítulo.

(*) V. arts. 1.102 a 1.112 do CC.

Capítulo II
DA SOCIEDADE EM NOME COLETIVO
(*) V. art. 983 do CC.

Art. 1.039. Somente pessoas físicas podem tomar parte na sociedade em nome coletivo, respondendo todos os sócios, solidária e ilimitadamente, pelas obrigações sociais.

(*) V. arts. 275 a 285 do CC.

Parágrafo único. Sem prejuízo da responsabilidade perante terceiros, podem os sócios, no ato constitutivo, ou por unânime convenção posterior, limitar entre si a responsabilidade de cada um.

Art. 1.040. A sociedade em nome coletivo se rege pelas normas deste Capítulo e, no que seja omisso, pelas do Capítulo antecedente.

Art. 1.041. O contrato deve mencionar, além das indicações referidas no art. 997, a firma social.

Art. 1.042. A administração da sociedade compete exclusivamente a sócios, sendo o uso da firma, nos limites do contrato, privativo dos que tenham os necessários poderes.

Art. 1.043. O credor particular de sócio não pode, antes de dissolver-se a sociedade, pretender a liquidação da quota do devedor.

Parágrafo único. Poderá fazê-lo quando:

I – a sociedade houver sido prorrogada tacitamente;

II – tendo ocorrido prorrogação contratual, for acolhida judicialmente oposição do credor, levantada no prazo de 90 (noventa) dias, contado da publicação do ato dilatório.

(*) Vide Enunciados 63 e 489 do CJF.

Art. 1.044. A sociedade se dissolve de pleno direito por qualquer das causas enumeradas no art. 1.033 e, se empresária, também pela declaração da falência.

(*) V. arts. 982; 983; 1.051, I; e 1.087 do CC.

Capítulo III
DA SOCIEDADE EM COMANDITA SIMPLES
(*) V. art. 983 do CC.

Art. 1.045. Na sociedade em comandita simples tomam parte sócios de duas categorias: os comanditados, pessoas físicas, responsáveis solidária e ilimitadamente pelas obrigações sociais; e os comanditários, obrigados somente pelo valor de sua quota.

(*) V. arts. 265 e 966 do CC.

Parágrafo único. O contrato deve discriminar os comanditados e os comanditários.

Art. 1.046. Aplicam-se à sociedade em comandita simples as normas da sociedade em nome coletivo, no que forem compatíveis com as deste Capítulo.

Parágrafo único. Aos comanditados cabem os mesmos direitos e obrigações dos sócios da sociedade em nome coletivo.

(*) V. arts. 1.039 a 1.044 do CC.

Art. 1.047. Sem prejuízo da faculdade de participar das deliberações da sociedade e de lhe fiscalizar as operações, não pode o comandi-

LIVRO II – DO DIREITO DE EMPRESA　ART. 1.053

tário praticar qualquer ato de gestão, nem ter o nome na firma social, sob pena de ficar sujeito às responsabilidades de sócio comanditado.

Parágrafo único. Pode o comanditário ser constituído procurador da sociedade, para negócio determinado e com poderes especiais.

Art. 1.048. Somente após averbada a modificação do contrato, produz efeito, quanto a terceiros, a diminuição da quota do comanditário, em consequência de ter sido reduzido o capital social, sempre sem prejuízo dos credores preexistentes.

(*) V. art. 1.045, parágrafo único, do CC.

Art. 1.049. O sócio comanditário não é obrigado à reposição de lucros recebidos de boa-fé e de acordo com o balanço.

Parágrafo único. Diminuído o capital social por perdas supervenientes, não pode o comanditário receber quaisquer lucros, antes de reintegrado aquele.

Art. 1.050. No caso de morte de sócio comanditário, a sociedade, salvo disposição do contrato, continuará com os seus sucessores, que designarão quem os represente.

Art. 1.051. Dissolve-se de pleno direito a sociedade:

I – por qualquer das causas previstas no art. 1.044;

II – quando por mais de 180 (cento e oitenta) dias perdurar a falta de uma das categorias de sócio.

Parágrafo único. Na falta de sócio comanditado, os comanditários nomearão administrador provisório para praticar, durante o período referido no inciso II e sem assumir a condição de sócio, os atos de administração.

(*) V. art. 1.033 do CC.
(*) Vide Enunciado 489 do CJF.

Capítulo IV
DA SOCIEDADE LIMITADA
(*) V. art. 983 do CC.

Seção I
Disposições Preliminares

Art. 1.052. Na sociedade limitada, a responsabilidade de cada sócio é restrita ao valor de suas quotas, mas todos respondem solidariamente pela integralização do capital social.

(*) V. arts. 264; 275 a 285; 1.056, § 2º; e 1.158, § 3º, do CC.
(*) Vide Enunciado 65 do CJF.

§ 1º. A sociedade limitada pode ser constituída por 1 (uma) ou mais pessoas.

(*) § 1º acrescido pela Lei nº 13.874/2019.

§ 2º. Se for unipessoal, aplicar-se-ão ao documento de constituição do sócio único, no que couber, as disposições sobre o contrato social.

(*) § 2º acrescido pela Lei nº 13.874/2019.

Art. 1.053. A sociedade limitada rege-se, nas omissões deste Capítulo, pelas normas da sociedade simples.

(*) V. arts. 997 a 1.038 do CC.

Parágrafo único. O contrato social poderá prever a regência supletiva da sociedade limitada pelas normas da sociedade anônima.

(*) A Lei nº 14.195/2021 propôs nova redação para este art. 1.053, porém teve seu texto vetado pelo Ministério da Economia.
(*) Vide Enunciados 217, 222 e 223 do CJF.

Art. 1.054. O contrato mencionará, no que couber, as indicações do art. 997, e, se for o caso, a firma social.

(*) V. arts. 1.064 e 1.158 do CC.
(*) Vide Enunciado 214 do CJF.

Seção II
Das Quotas

Art. 1.055. O capital social divide-se em quotas, iguais ou desiguais, cabendo uma ou diversas a cada sócio.

§ 1º. Pela exata estimação de bens conferidos ao capital social respondem solidariamente todos os sócios, até o prazo de 5 (cinco) anos da data do registro da sociedade.

(*) V. arts. 275 a 285 do CC.

§ 2º. É vedada contribuição que consista em prestação de serviços.

Art. 1.056. A quota é indivisível em relação à sociedade, salvo para efeito de transferência, caso em que se observará o disposto no artigo seguinte.

§ 1º. No caso de condomínio de quota, os direitos a ela inerentes somente podem ser exercidos pelo condômino representante, ou pelo inventariante do espólio de sócio falecido.

§ 2º. Sem prejuízo do disposto no art. 1.052, os condôminos de quota indivisa respondem solidariamente pelas prestações necessárias à sua integralização.

(*) V. arts. 264 e 275 a 285 do CC.
(*) Vide Enunciado 224 do CJF.

Art. 1.057. Na omissão do contrato, o sócio pode ceder sua quota, total ou parcialmente, a quem seja sócio, independentemente de audiência dos outros, ou a estranho, se não houver oposição de titulares de mais de 1/4 (um quarto) do capital social.

(*) V. art. 1.081, § 2º, do CC.

Parágrafo único. A cessão terá eficácia quanto à sociedade e terceiros, inclusive para os fins do parágrafo único do art. 1.003, a partir da averbação do respectivo instrumento, subscrito pelos sócios anuentes.

(*) Vide Enunciados 225 e 391 do CJF.

Art. 1.058. Não integralizada a quota de sócio remisso, os outros sócios podem, sem prejuízo do disposto no art. 1.004 e seu parágrafo único, tomá-la para si ou transferi-la a terceiros, excluindo o primitivo titular e devolvendo-lhe o que houver pago, deduzidos os juros da mora, as prestações estabelecidas no contrato mais as despesas.

(*) Vide Enunciados 216 e 391 do CJF.

Art. 1.059. Os sócios serão obrigados à reposição dos lucros e das quantias retiradas, a qualquer título, ainda que autorizados pelo contrato, quando tais lucros ou quantia se distribuírem com prejuízo do capital.

Seção III
Da Administração

Art. 1.060. A sociedade limitada é administrada por uma ou mais pessoas designadas no contrato social ou em ato separado.

(*) V. arts. 1.013 e 1.172 do CC.

Parágrafo único. A administração atribuída no contrato a todos os sócios não se estende de pleno direito aos que posteriormente adquiram essa qualidade.

Art. 1.061. A designação de administradores não sócios dependerá da aprovação de, no mínimo, 2/3 (dois terços) dos sócios, enquanto o capital não estiver integralizado, e da aprovação de titulares de quotas correspondentes a mais da metade do capital social, após a integralização.

(*) Art. 1.061 alterado pela Lei nº 12.375/2010 e com redação dada pela Lei nº 14.451/2022.

(*) V. art. 1.076, caput, do CC.

Art. 1.062. O administrador designado em ato separado investir-se-á no cargo mediante termo de posse no livro de atas da administração.

§ 1º. Se o termo não for assinado nos 30 (trinta) dias seguintes à designação, esta se tornará sem efeito.

§ 2º. Nos 10 (dez) dias seguintes ao da investidura, deve o administrador requerer seja averbada sua nomeação no registro competente, mencionando o seu nome, nacionalidade, estado civil, residência, com exibição de documento de identidade, o ato e a data da nomeação e o prazo de gestão.

(*) Vide Enunciado 66 do CJF.

Art. 1.063. O exercício do cargo de administrador cessa pela destituição, em qualquer tempo, do titular, ou pelo término do prazo se, fixado no contrato ou em ato separado, não houver recondução.

§ 1º. Tratando-se de sócio nomeado administrador no contrato, sua destituição somente se opera pela aprovação de titulares de quotas correspondentes a mais da metade do capital social, salvo disposição contratual diversa.

(*) § 1º com redação dada pela Lei nº 13.792/2019.

(*) V. art. 1.076, caput, do CC.

§ 2º. A cessação do exercício do cargo de administrador deve ser averbada no registro competente, mediante requerimento apresentado nos 10 (dez) dias seguintes ao da ocorrência.

§ 3º. A renúncia de administrador torna-se eficaz, em relação à sociedade, desde o momento em que esta toma conhecimento da comunicação escrita do renunciante; e, em relação a terceiros, após a averbação e publicação.

(*) Vide Enunciado 489 do CJF.

Art. 1.064. O uso da firma ou denominação social é privativo dos administradores que tenham os necessários poderes.

Art. 1.065. Ao término de cada exercício social, proceder-se-á à elaboração do inventário, do balanço patrimonial e do balanço de resultado econômico.

(*) V. arts. 1.179 a 1.195 do CC.

Seção IV
Do Conselho Fiscal

Art. 1.066. Sem prejuízo dos poderes da assembleia dos sócios, pode o contrato instituir conselho fiscal composto de três ou mais membros e respectivos suplentes, sócios ou não, residentes no País, eleitos na assembleia anual prevista no art. 1.078.

§ 1º. Não podem fazer parte do conselho fiscal, além dos inelegíveis enumerados no § 1º do art. 1.011, os membros dos demais órgãos da sociedade ou de outra por ela controlada, os empregados de quaisquer delas ou dos respectivos administradores, o cônjuge ou parente destes até o terceiro grau.

§ 2º. É assegurado aos sócios minoritários, que representarem pelo menos 1/5 (um quinto) do capital social, o direito de eleger, separadamente, um dos membros do conselho fiscal e o respectivo suplente.

Art. 1.067. O membro ou suplente eleito, assinando termo de posse lavrado no livro de atas e pareceres do conselho fiscal, em que se mencione o seu nome, nacionalidade, estado civil, residência e a data da escolha, ficará investido nas suas funções, que exercerá, salvo cessação anterior, até a subsequente assembleia anual.

Parágrafo único. Se o termo não for assinado nos 30 (trinta) dias seguintes ao da eleição, esta se tornará sem efeito.

Art. 1.068. A remuneração dos membros do conselho fiscal será fixada, anualmente, pela assembleia dos sócios que os eleger.

Art. 1.069. Além de outras atribuições determinadas na lei ou no contrato social, aos membros do conselho fiscal incumbem, individual ou conjuntamente, os deveres seguintes:

(*) V. art. 1.020 do CC.

I – examinar, pelo menos trimestralmente, os livros e papéis da sociedade e o estado da caixa e da carteira, devendo os administradores ou liquidantes prestar-lhes as informações solicitadas;

II – lavrar no livro de atas e pareceres do conselho fiscal o resultado dos exames referidos no inciso I deste artigo;

III – exarar no mesmo livro e apresentar à assembleia anual dos sócios parecer sobre os negócios e as operações sociais do exercício em que servirem, tomando por base o balanço patrimonial e o de resultado econômico;

IV – denunciar os erros, fraudes ou crimes que descobrirem, sugerindo providências úteis à sociedade;

V – convocar a assembleia dos sócios se a diretoria retardar por mais de 30 (trinta) dias a sua convocação anual, ou sempre que ocorram motivos graves e urgentes;

(*) V. arts. 1.065; e 1.073, II, do CC.

VI – praticar, durante o período da liquidação da sociedade, os atos a que se refere este artigo, tendo em vista as disposições especiais reguladoras da liquidação.

Art. 1.070. As atribuições e poderes conferidos pela lei ao conselho fiscal não podem ser outorgados a outro órgão da sociedade, e a responsabilidade de seus membros obedece à regra que define a dos administradores (art. 1.016).

Parágrafo único. O conselho fiscal poderá escolher para assisti-lo no exame dos livros, dos balanços e das contas, contabilista legalmente habilitado, mediante remuneração aprovada pela assembleia dos sócios.

Seção V
Das Deliberações dos Sócios

Art. 1.071. Dependem da deliberação dos sócios, além de outras matérias indicadas na lei ou no contrato:

I – a aprovação das contas da administração;

II – a designação dos administradores, quando feita em ato separado;

(*) V. arts. 1.060; 1.061; e 1.076, II, do CC.

III – a destituição dos administradores;

(*) V. arts. 1.063; e 1.076, II, do CC.

LIVRO II – DO DIREITO DE EMPRESA ART. 1.074

IV – o modo de sua remuneração, quando não estabelecido no contrato;

(*) V. art. 1.076, II, do CC.

V – a modificação do contrato social;

(*) V. arts. 1.076, II; e 1.081 a 1.086 do CC.

VI – a incorporação, a fusão e a dissolução da sociedade, ou a cessação do estado de liquidação;

(*) V. art. 1.076, II, do CC.

VII – a nomeação e destituição dos liquidantes e o julgamento das suas contas;

(*) V. art. 1.038 do CC.

VIII – o pedido de concordata.

(*) V. arts. 1.072, § 4º; e 1.076, II, do CC.

(*) Vide Enunciado 227 do CJF.

Art. 1.072. As deliberações dos sócios, obedecido o disposto no art. 1.010, serão tomadas em reunião ou em assembleia, conforme previsto no contrato social, devendo ser convocadas pelos administradores nos casos previstos em lei ou no contrato.

§ 1º. A deliberação em assembleia será obrigatória se o número dos sócios for superior a 10 (dez).

(*) V. art. 1.079 do CC.

§ 2º. Dispensam-se as formalidades de convocação previstas no § 3º do art. 1.152, quando todos os sócios comparecerem ou se declararem, por escrito, cientes do local, data, hora e ordem do dia.

(*) Vide Enunciado 228 do CJF.

§ 3º. A reunião ou a assembleia tornam-se dispensáveis quando todos os sócios decidirem, por escrito, sobre a matéria que seria objeto delas.

(*) Vide Enunciado 228 do CJF.

§ 4º. No caso do inciso VIII do artigo antecedente, os administradores, se houver urgência e com autorização de titulares de mais da metade do capital social, podem requerer concordata preventiva.

(*) Vide Súmula 190 do STF.

§ 5º. As deliberações tomadas de conformidade com a lei e o contrato vinculam todos os sócios, ainda que ausentes ou dissidentes.

(*) V. art. 1.080 do CC.

§ 6º. Aplica-se às reuniões dos sócios, nos casos omissos no contrato, o disposto na presente Seção sobre a assembleia.

Art. 1.073. A reunião ou a assembleia podem também ser convocadas:

I – por sócio, quando os administradores retardarem a convocação, por mais de 60 (sessenta) dias, nos casos previstos em lei ou no contrato, ou por titulares de mais de 1/5 (um quinto) do capital, quando não atendido, no prazo de 8 (oito) dias, pedido de convocação fundamentado, com indicação das matérias a serem tratadas;

II – pelo conselho fiscal, se houver, nos casos a que se refere o inciso V do art. 1.069.

Art. 1.074. A assembleia dos sócios instala-se com a presença, em primeira convocação, de titulares de no mínimo 3/4 (três quartos) do capital social, e, em segunda, com qualquer número.

§ 1º. O sócio pode ser representado na assembleia por outro sócio, ou por advogado, mediante outorga de mandato com especificação dos atos autorizados, devendo o instrumento ser levado a registro, juntamente com a ata.

(*) Vide Enunciado 484 do CJF.

ART. 1.075 CÓDIGO CIVIL – PARTE ESPECIAL

§ 2º. Nenhum sócio, por si ou na condição de mandatário, pode votar matéria que lhe diga respeito diretamente.

(*) Vide Enunciado 226 do CJF.

Art. 1.075. A assembleia será presidida e secretariada por sócios escolhidos entre os presentes.

§ 1º. Dos trabalhos e deliberações será lavrada, no livro de atas da assembleia, ata assinada pelos membros da mesa e por sócios participantes da reunião, quantos bastem à validade das deliberações, mas sem prejuízo dos que queiram assiná-la.

§ 2º. Cópia da ata autenticada pelos administradores, ou pela mesa, será, nos 20 (vinte) dias subsequentes à reunião, apresentada ao Registro Público de Empresas Mercantis para arquivamento e averbação.

§ 3º. Ao sócio, que a solicitar, será entregue cópia autenticada da ata.

Art. 1.076. Ressalvado o disposto no art. 1.061, as deliberações dos sócios serão tomadas:

(*) Art. 1.076, *caput*, com redação dada pela Lei nº 13.792/2019.

I – (revogado);

(*) Inciso I revogado pela Lei nº 14.451/2022.

II – pelos votos correspondentes a mais da metade do capital social, nos casos previstos nos incisos II, III, IV, V, VI e VIII do *caput* do art. 1.071 deste Código;

(*) Inciso II com redação dada pela Lei nº 14.451/2022.

III – pela maioria de votos dos presentes, nos demais casos previstos na lei ou no contrato, se este não exigir maioria mais elevada.

(*) Vide Enunciados 227 e 1.076 do CJF.

Art. 1.077. Quando houver modificação do contrato, fusão da sociedade, incorporação de outra, ou dela por outra, terá o sócio que dissentiu o direito de retirar-se da sociedade, nos 30 (trinta) dias subsequentes à reunião, aplicando-se, no silêncio do contrato social antes vigente, o disposto no art. 1.031.

(*) V. arts. 1.113 a 1.122 do CC.

(*) Vide Enunciado 392 do CJF.

Art. 1.078. A assembleia dos sócios deve realizar-se ao menos uma vez por ano, nos 4 (quatro) meses seguintes à ao♦ término do exercício social, com o objetivo de:

♦ Publicação oficial: "à ao".
Entendemos que seria: "ao". (N.E.)

I – tomar as contas dos administradores e deliberar sobre o balanço patrimonial e o de resultado econômico;

(*) V. arts. 1.020 e 1.065 do CC.

II – designar administradores, quando for o caso;

III – tratar de qualquer outro assunto constante da ordem do dia.

(*) V. art. 1.066 do CC.

§ 1º. Até 30 (trinta) dias antes da data marcada para a assembleia, os documentos referidos no inciso I deste artigo devem ser postos, por escrito, e com a prova do respectivo recebimento, à disposição dos sócios que não exerçam a administração.

§ 2º. Instalada a assembleia, proceder-se-á à leitura dos documentos referidos no parágrafo antecedente, os quais serão submetidos, pelo presidente, a discussão e votação, nesta não podendo tomar parte os membros da administração e, se houver, os do conselho fiscal.

(*) V. art. 1.074, § 2º, do CC.

§ 3º. A aprovação, sem reserva, do balanço patrimonial e do de resul-

LIVRO II – DO DIREITO DE EMPRESA ART. 1.084

tado econômico, salvo erro, dolo ou simulação, exonera de responsabilidade os membros da administração e, se houver, os do conselho fiscal.

(*) V. arts. 138 a 150 e 167 do CC.
(*) Vide Enunciado 228 do CJF.

§ 4º. Extingue-se em 2 (dois) anos o direito de anular a aprovação a que se refere o parágrafo antecedente.

Art. 1.079. Aplica-se às reuniões dos sócios, nos casos omissos no contrato, o estabelecido nesta Seção sobre a assembleia, obedecido o disposto no § 1º do art. 1.072.

Art. 1.080. As deliberações infringentes do contrato ou da lei tornam ilimitada a responsabilidade dos que expressamente as aprovaram.

(*) Vide Enunciados 229 e 487 do CJF.

Art. 1.080-A. O sócio poderá participar e votar a distância em reunião ou em assembleia, nos termos do regulamento do órgão competente do Poder Executivo federal.

Parágrafo único. A reunião ou assembleia poderá ser realizada de forma digital, respeitados os direitos legalmente previstos de participação e de manifestação dos sócios e os demais requisitos regulamentares.

(*) Art. 1.080-A acrescido pela Lei nº 14.030/2020.

Seção VI
Do Aumento e da Redução do Capital

Art. 1.081. Ressalvado o disposto em lei especial, integralizadas as quotas, pode ser o capital aumentado, com a correspondente modificação do contrato.

§ 1º. Até 30 (trinta) dias após a deliberação, terão os sócios preferência para participar do aumento, na proporção das quotas de que sejam titulares.

§ 2º. À cessão do direito de preferência, aplica-se o disposto no *caput* do art. 1.057.

§ 3º. Decorrido o prazo da preferência, e assumida pelos sócios, ou por terceiros, a totalidade do aumento, haverá reunião ou assembleia dos sócios, para que seja aprovada a modificação do contrato.

Art. 1.082. Pode a sociedade reduzir o capital, mediante a correspondente modificação do contrato:

I – depois de integralizado, se houver perdas irreparáveis;

(*) V. art. 1.083 do CC.

II – se excessivo em relação ao objeto da sociedade.

(*) V. art. 1.084 do CC.

Art. 1.083. No caso do inciso I do artigo antecedente, a redução do capital será realizada com a diminuição proporcional do valor nominal das quotas, tornando-se efetiva a partir da averbação, no Registro Público de Empresas Mercantis, da ata da assembleia que a tenha aprovado.

Art. 1.084. No caso do inciso II do art. 1.082, a redução do capital será feita restituindo-se parte do valor das quotas aos sócios, ou dispensando-se as prestações ainda devidas, com diminuição proporcional, em ambos os casos, do valor nominal das quotas.

§ 1º. No prazo de 90 (noventa) dias, contado da data da publicação da ata da assembleia que aprovar a redução, o credor quirografário, por título líquido anterior a essa data, poderá opor-se ao deliberado.

(*) Vide Enunciado 489 do CJF.

§ 2º. A redução somente se tornará eficaz se, no prazo estabelecido no parágrafo antecedente, não for impugnada, ou se provado o pagamento da dívida ou o depósito judicial do respectivo valor.

§ 3º. Satisfeitas as condições estabelecidas no parágrafo antecedente, proceder-se-á à averbação, no Registro Público de Empresas Mercantis, da ata que tenha aprovado a redução.

Seção VII
Da Resolução da Sociedade em Relação a Sócios Minoritários

Art. 1.085. Ressalvado o disposto no art. 1.030, quando a maioria dos sócios, representativa de mais da metade do capital social, entender que um ou mais sócios estão pondo em risco a continuidade da empresa, em virtude de atos de inegável gravidade, poderá excluí-los da sociedade, mediante alteração do contrato social, desde que prevista neste a exclusão por justa causa.

Parágrafo único. Ressalvado o caso em que haja apenas dois sócios na sociedade, a exclusão de um sócio somente poderá ser determinada em reunião ou assembleia especialmente convocada para esse fim, ciente o acusado em tempo hábil para permitir seu comparecimento e o exercício do direito de defesa.

(*) Parágrafo único com redação dada pela Lei nº 13.792/2019.

(*) Vide Enunciado 67 do CJF.

Art. 1.086. Efetuado o registro da alteração contratual, aplicar-se-á o disposto nos arts. 1.031 e 1.032.

Seção VIII
Da Dissolução

Art. 1.087. A sociedade dissolve-se, de pleno direito, por qualquer das causas previstas no art. 1.044.

Capítulo V
DA SOCIEDADE ANÔNIMA

(*) V. art. 983 do CC.

Seção Única
Da Caracterização

Art. 1.088. Na sociedade anônima ou companhia, o capital divide-se em ações, obrigando-se cada sócio ou acionista somente pelo preço de emissão das ações que subscrever ou adquirir.

(*) Vide Enunciado 68 do CJF.

Art. 1.089. A sociedade anônima rege-se por lei especial, aplicando-se-lhe, nos casos omissos, as disposições deste Código.

(*) Vide Enunciados 68 e 230 do CJF.

(*) Vide Lei nº 6.404/1976, que dispõe sobre as Sociedades por Ações.

Capítulo VI
DA SOCIEDADE EM COMANDITA POR AÇÕES

(*) V. art. 983 do CC.

Art. 1.090. A sociedade em comandita por ações tem o capital dividido em ações, regendo-se pelas normas relativas à sociedade anônima, sem prejuízo das modificações constantes deste Capítulo, e opera sob firma ou denominação.

(*) V. art. 1.161 do CC.

Art. 1.091. Somente o acionista tem qualidade para administrar

LIVRO II – DO DIREITO DE EMPRESA ART. 1.096

a sociedade e, como diretor, responde subsidiária e ilimitadamente pelas obrigações da sociedade.

§ 1º. Se houver mais de um diretor, serão solidariamente responsáveis, depois de esgotados os bens sociais.

(*) V. arts. 264 e 275 a 285 do CC.

§ 2º. Os diretores serão nomeados no ato constitutivo da sociedade, sem limitação de tempo, e somente poderão ser destituídos por deliberação de acionistas que representem no mínimo 2/3 (dois terços) do capital social.

§ 3º. O diretor destituído ou exonerado continua, durante 2 (dois) anos, responsável pelas obrigações sociais contraídas sob sua administração.

(*) Vide Enunciado 59 do CJF.

Art. 1.092. A assembleia geral não pode, sem o consentimento dos diretores, mudar o objeto essencial da sociedade, prorrogar-lhe o prazo de duração, aumentar ou diminuir o capital social, criar debêntures, ou partes beneficiárias.

Capítulo VII
DA SOCIEDADE COOPERATIVA

(*) V. arts. 982, parágrafo único; e 983 do CC.

Art. 1.093. A sociedade cooperativa reger-se-á pelo disposto no presente Capítulo, ressalvada a legislação especial.

(*) V. art. 1.159 do CC.
(*) Vide Enunciado 69 do CJF.

Art. 1.094. São características da sociedade cooperativa:

(*) V. art. 1.096 do CC.

I – variabilidade, ou dispensa do capital social;

II – concurso de sócios em número mínimo necessário a compor a administração da sociedade, sem limitação de número máximo;

III – limitação do valor da soma de quotas do capital social que cada sócio poderá tomar;

IV – intransferibilidade das quotas do capital a terceiros estranhos à sociedade, ainda que por herança;

V – quórum, para a assembleia geral funcionar e deliberar, fundado no número de sócios presentes à reunião, e não no capital social representado;

VI – direito de cada sócio a um só voto nas deliberações, tenha ou não capital a sociedade, e qualquer que seja o valor de sua participação;

VII – distribuição dos resultados, proporcionalmente ao valor das operações efetuadas pelo sócio com a sociedade, podendo ser atribuído juro fixo ao capital realizado;

VIII – indivisibilidade do fundo de reserva entre os sócios, ainda que em caso de dissolução da sociedade.

(*) Vide Enunciado 206 do CJF.

Art. 1.095. Na sociedade cooperativa, a responsabilidade dos sócios pode ser limitada ou ilimitada.

§ 1º. É limitada a responsabilidade na cooperativa em que o sócio responde somente pelo valor de suas quotas e pelo prejuízo verificado nas operações sociais, guardada a proporção de sua participação nas mesmas operações.

§ 2º. É ilimitada a responsabilidade na cooperativa em que o sócio responde solidária e ilimitadamente pelas obrigações sociais.

Art. 1.096. No que a lei for omissa, aplicam-se as disposições referentes à sociedade simples, resguardadas as características estabelecidas no art. 1.094.

(*) A Lei nº 14.195/2021 propôs nova redação para este art. 1.096, porém teve seu texto vetado pelo Ministério da Economia.

(*) V. arts. 997 a 1.038 do CC.

Capítulo VIII
DAS SOCIEDADES COLIGADAS

Art. 1.097. Consideram-se coligadas as sociedades que, em suas relações de capital, são controladas, filiadas, ou de simples participação, na forma dos artigos seguintes.

(*) V. art. 1.188, parágrafo único, do CC.

Art. 1.098. É controlada:

I – a sociedade de cujo capital outra sociedade possua a maioria dos votos nas deliberações dos quotistas ou da assembleia geral e o poder de eleger a maioria dos administradores;

II – a sociedade cujo controle, referido no inciso antecedente, esteja em poder de outra, mediante ações ou quotas possuídas por sociedades ou sociedades por esta já controladas.

Art. 1.099. Diz-se coligada ou filiada a sociedade de cujo capital outra sociedade participa com 10% (dez por cento) ou mais, do capital da outra, sem controlá-la.

Art. 1.100. É de simples participação a sociedade de cujo capital outra sociedade possua menos de 10% (dez por cento) do capital com direito de voto.

Art. 1.101. Salvo disposição especial de lei, a sociedade não pode participar de outra, que seja sua sócia, por montante superior, segundo o balanço, ao das próprias reservas, excluída a reserva legal.

Parágrafo único. Aprovado o balanço em que se verifique ter sido excedido esse limite, a sociedade não poderá exercer o direito de voto correspondente às ações ou quotas em excesso, as quais devem ser alienadas nos 180 (cento e oitenta) dias seguintes àquela aprovação.

Capítulo IX
DA LIQUIDAÇÃO DA SOCIEDADE

(*) V. arts. 44, 1.038, 2.033 e 2.034 do CC.

Art. 1.102. Dissolvida a sociedade e nomeado o liquidante na forma do disposto neste Livro, procede-se à sua liquidação, de conformidade com os preceitos deste Capítulo, ressalvado o disposto no ato constitutivo ou no instrumento da dissolução.

Parágrafo único. O liquidante, que não seja administrador da sociedade, investir-se-á nas funções, averbada a sua nomeação no registro próprio.

Art. 1.103. Constituem deveres do liquidante:

I – averbar e publicar a ata, sentença ou instrumento de dissolução da sociedade;

II – arrecadar os bens, livros e documentos da sociedade, onde quer que estejam;

III – proceder, nos 15 (quinze) dias seguintes ao da sua investidura e com a assistência, sempre que possível, dos administradores, à elaboração do inventário e do balanço geral do ativo e do passivo;

IV – ultimar os negócios da sociedade, realizar o ativo, pagar o passivo e partilhar o remanescente entre os sócios ou acionistas;

V – exigir dos quotistas, quando insuficiente o ativo à solução do passivo, a integralização de suas quotas

LIVRO II – DO DIREITO DE EMPRESA — ART. 1.110

e, se for o caso, as quantias necessárias, nos limites da responsabilidade de cada um e proporcionalmente à respectiva participação nas perdas, repartindo-se, entre os sócios solventes e na mesma proporção, o devido pelo insolvente;

VI – convocar assembleia dos quotistas, cada 6 (seis) meses, para apresentar relatório e balanço do estado da liquidação, prestando conta dos atos praticados durante o semestre, ou sempre que necessário;

VII – confessar a falência da sociedade e pedir concordata, de acordo com as formalidades prescritas para o tipo de sociedade liquidanda;

VIII – finda a liquidação, apresentar aos sócios o relatório da liquidação e as suas contas finais;

IX – averbar a ata da reunião ou da assembleia, ou o instrumento firmado pelos sócios, que considerar encerrada a liquidação.

Parágrafo único. Em todos os atos, documentos ou publicações, o liquidante empregará a firma ou denominação social sempre seguida da cláusula "em liquidação" e de sua assinatura individual, com a declaração de sua qualidade.

Art. 1.104. As obrigações e a responsabilidade do liquidante regem-se pelos preceitos peculiares às dos administradores da sociedade liquidanda.

Art. 1.105. Compete ao liquidante representar a sociedade e praticar todos os atos necessários à sua liquidação, inclusive alienar bens móveis ou imóveis, transigir, receber e dar quitação.

Parágrafo único. Sem estar expressamente autorizado pelo contrato social, ou pelo voto da maioria dos sócios, não pode o liquidante gravar de ônus reais os móveis e imóveis, contrair empréstimos, salvo quando indispensáveis ao pagamento de obrigações inadiáveis, nem prosseguir, embora para facilitar a liquidação, na atividade social.

Art. 1.106. Respeitados os direitos dos credores preferenciais, pagará o liquidante as dívidas sociais proporcionalmente, sem distinção entre vencidas e vincendas, mas, em relação a estas, com desconto.

(*) V. arts. 955 a 965 do CC.

Parágrafo único. Se o ativo for superior ao passivo, pode o liquidante, sob sua responsabilidade pessoal, pagar integralmente as dívidas vencidas.

Art. 1.107. Os sócios podem resolver, por maioria de votos, antes de ultimada a liquidação, mas depois de pagos os credores, que o liquidante faça rateios por antecipação da partilha, à medida em que se apurem os haveres sociais.

Art. 1.108. Pago o passivo e partilhado o remanescente, convocará o liquidante assembleia dos sócios para a prestação final de contas.

Art. 1.109. Aprovadas as contas, encerra-se a liquidação, e a sociedade se extingue, ao ser averbada no registro próprio a ata da assembleia.

Parágrafo único. O dissidente tem o prazo de 30 (trinta) dias, a contar da publicação da ata, devidamente averbada, para promover a ação que couber.

(*) Vide Enunciado 489 do CJF.

Art. 1.110. Encerrada a liquidação, o credor não satisfeito só terá direito a exigir dos sócios, individualmente, o pagamento do seu crédito, até o limite da soma por eles recebida em partilha, e a propor contra o liquidante ação de perdas e danos.

(*) V. arts. 402 a 405 do CC.

Art. 1.111. No caso de liquidação judicial, será observado o disposto na lei processual.

Art. 1.112. No curso de liquidação judicial, o juiz convocará, se necessário, reunião ou assembleia para deliberar sobre os interesses da liquidação, e as presidirá, resolvendo sumariamente as questões suscitadas.

Parágrafo único. As atas das assembleias serão, em cópia autêntica, apensadas ao processo judicial.

Capítulo X
DA TRANSFORMAÇÃO, DA INCORPORAÇÃO, DA FUSÃO E DA CISÃO DAS SOCIEDADES

(*) V. arts. 1.033, parágrafo único, e 2.033 do CC.
(*) Vide Enunciados 230, 231 e 232 do CJF.

Art. 1.113. O ato de transformação independe de dissolução ou liquidação da sociedade, e obedecerá aos preceitos reguladores da constituição e inscrição próprios do tipo em que vai converter-se.

(*) V. art. 968, § 2º, do CC.

Art. 1.114. A transformação depende do consentimento de todos os sócios, salvo se prevista no ato constitutivo, caso em que o dissidente poderá retirar-se da sociedade, aplicando-se, no silêncio do estatuto ou do contrato social, o disposto no art. 1.031.

Art. 1.115. A transformação não modificará nem prejudicará, em qualquer caso, os direitos dos credores.

Parágrafo único. A falência da sociedade transformada somente produzirá efeitos em relação aos sócios que, no tipo anterior, a eles estariam sujeitos, se o pedirem os titulares de créditos anteriores à transformação, e somente a estes beneficiará.

Art. 1.116. Na incorporação, uma ou várias sociedades são absorvidas por outra, que lhes sucede em todos os direitos e obrigações, devendo todas aprová-la, na forma estabelecida para os respectivos tipos.

(*) Vide Enunciados 70, 231 e 232 do CJF.

Art. 1.117. A deliberação dos sócios da sociedade incorporada deverá aprovar as bases da operação e o projeto de reforma do ato constitutivo.

§ 1º. A sociedade que houver de ser incorporada tomará conhecimento desse ato, e, se o aprovar, autorizará os administradores a praticar o necessário à incorporação, inclusive a subscrição em bens pelo valor da diferença que se verificar entre o ativo e o passivo.

§ 2º. A deliberação dos sócios da sociedade incorporadora compreenderá a nomeação dos peritos para a avaliação do patrimônio líquido da sociedade, que tenha de ser incorporada.

(*) V. art. 1.076, I, do CC.
(*) Vide Enunciado 232 do CJF.

Art. 1.118. Aprovados os atos da incorporação, a incorporadora declarará extinta a incorporada, e promoverá a respectiva averbação no registro próprio.

Art. 1.119. A fusão determina a extinção das sociedades que se

LIVRO II – DO DIREITO DE EMPRESA   ART. 1.125

unem, para formar sociedade nova, que a elas sucederá nos direitos e obrigações.

Art. 1.120. A fusão será decidida, na forma estabelecida para os respectivos tipos, pelas sociedades que pretendam unir-se.

§ 1º. Em reunião ou assembleia dos sócios de cada sociedade, deliberada a fusão e aprovado o projeto do ato constitutivo da nova sociedade, bem como o plano de distribuição do capital social, serão nomeados os peritos para a avaliação do patrimônio da sociedade.

§ 2º. Apresentados os laudos, os administradores convocarão reunião ou assembleia dos sócios para tomar conhecimento deles, decidindo sobre a constituição definitiva da nova sociedade.

§ 3º. É vedado aos sócios votar o laudo de avaliação do patrimônio da sociedade de que façam parte.

(*) V. art. 1.074, § 2º, do CC.
(*) Vide Enunciado 232 do CJF.

Art. 1.121. Constituída a nova sociedade, aos administradores incumbe fazer inscrever, no registro próprio da sede, os atos relativos à fusão.

(*) V. art. 968, § 2º, do CC.

Art. 1.122. Até 90 (noventa) dias após publicados os atos relativos à incorporação, fusão ou cisão, o credor anterior, por ela prejudicado, poderá promover judicialmente a anulação deles.

§ 1º. A consignação em pagamento prejudicará a anulação pleiteada.

§ 2º. Sendo ilíquida a dívida, a sociedade poderá garantir-lhe a execução, suspendendo-se o processo de anulação.

§ 3º. Ocorrendo, no prazo deste artigo, a falência da sociedade incorporadora, da sociedade nova ou da cindida, qualquer credor anterior terá direito a pedir a separação dos patrimônios, para o fim de serem os créditos pagos pelos bens das respectivas massas.

(*) Vide Enunciados 231 e 489 do CJF.

Capítulo XI
DA SOCIEDADE DEPENDENTE DE AUTORIZAÇÃO

Seção I
Disposições Gerais

(*) V. arts. 45, *caput*, 1.132 e 1.133 do CC.
(*) V. art. 11, § 1º, da LINDB.

Art. 1.123. A sociedade que dependa de autorização do Poder Executivo para funcionar reger-se-á por este título, sem prejuízo do disposto em lei especial.

Parágrafo único. A competência para a autorização será sempre do Poder Executivo federal.

Art. 1.124. Na falta de prazo estipulado em lei ou em ato do poder público, será considerada caduca a autorização se a sociedade não entrar em funcionamento nos 12 (doze) meses seguintes à respectiva publicação.

Art. 1.125. Ao Poder Executivo é facultado, a qualquer tempo, cassar a autorização concedida a sociedade nacional ou estrangeira que infringir disposição de ordem pública ou praticar atos contrários aos fins declarados no seu estatuto.

Seção II
Da Sociedade Nacional

Art. 1.126. É nacional a sociedade organizada de conformidade com a lei brasileira e que tenha no País a sede de sua administração.

Parágrafo único. Quando a lei exigir que todos ou alguns sócios sejam brasileiros, as ações da sociedade anônima revestirão, no silêncio da lei, a forma nominativa. Qualquer que seja o tipo da sociedade, na sua sede ficará arquivada cópia autêntica do documento comprobatório da nacionalidade dos sócios.

Art. 1.127. Não haverá mudança de nacionalidade de sociedade brasileira sem o consentimento unânime dos sócios ou acionistas.

Art. 1.128. O requerimento de autorização de sociedade nacional deve ser acompanhado de cópia do contrato, assinada por todos os sócios, ou, tratando-se de sociedade anônima, de cópia, autenticada pelos fundadores, dos documentos exigidos pela lei especial.

Parágrafo único. Se a sociedade tiver sido constituída por escritura pública, bastará juntar-se ao requerimento a respectiva certidão.

(*) V. art. 1.131 do CC.

Art. 1.129. Ao Poder Executivo é facultado exigir que se procedam a alterações ou aditamento no contrato ou no estatuto, devendo os sócios, ou, tratando-se de sociedade anônima, os fundadores, cumprir as formalidades legais para revisão dos atos constitutivos, e juntar ao processo prova regular.

(*) V. art. 1.131 do CC.

Art. 1.130. Ao Poder Executivo é facultado recusar a autorização, se a sociedade não atender às condições econômicas, financeiras ou jurídicas especificadas em lei.

Art. 1.131. Expedido o decreto de autorização, cumprirá à sociedade publicar os atos referidos nos arts. 1.128 e 1.129, em 30 (trinta) dias, no órgão oficial da União, cujo exemplar representará prova para inscrição, no registro próprio, dos atos constitutivos da sociedade.

(*) V. art. 1.135, parágrafo único, do CC.

Parágrafo único. A sociedade promoverá, também no órgão oficial da União e no prazo de 30 (trinta) dias, a publicação do termo de inscrição.

(*) V. art. 1.136, § 1º, do CC.

Art. 1.132. As sociedades anônimas nacionais, que dependam de autorização do Poder Executivo para funcionar, não se constituirão sem obtê-la, quando seus fundadores pretenderem recorrer a subscrição pública para a formação do capital.

§ 1º. Os fundadores deverão juntar ao requerimento cópias autênticas do projeto do estatuto e do prospecto.

§ 2º. Obtida a autorização e constituída a sociedade, proceder-se-á à inscrição dos seus atos constitutivos.

(*) V. art. 1.089 do CC.

Art. 1.133. Dependem de aprovação as modificações do contrato ou do estatuto de sociedade sujeita a autorização do Poder Executivo, salvo se decorrerem de aumento do capital social, em virtude de utilização de reservas ou reavaliação do ativo.

LIVRO II – DO DIREITO DE EMPRESA   ART. 1.136

Seção III
Da Sociedade Estrangeira

Art. 1.134. A sociedade estrangeira, qualquer que seja o seu objeto, não pode, sem autorização do Poder Executivo, funcionar no País, ainda que por estabelecimentos subordinados, podendo, todavia, ressalvados os casos expressos em lei, ser acionista de sociedade anônima brasileira.

(*) V. arts. 1.089; e 1.141, § 1º, do CC.
(*) V. arts. 11 e 17 da LINDB.

§ 1º. Ao requerimento de autorização devem juntar-se:

I – prova de se achar a sociedade constituída conforme a lei de seu país;

II – inteiro teor do contrato ou do estatuto;

III – relação dos membros de todos os órgãos da administração da sociedade, com nome, nacionalidade, profissão, domicílio e, salvo quanto a ações ao portador, o valor da participação de cada um no capital da sociedade;

IV – cópia do ato que autorizou o funcionamento no Brasil e fixou o capital destinado às operações no território nacional;

V – prova de nomeação do representante no Brasil, com poderes expressos para aceitar as condições exigidas para a autorização;

VI – último balanço.

§ 2º. Os documentos serão autenticados, de conformidade com a lei nacional da sociedade requerente, legalizados no consulado brasileiro da respectiva sede e acompanhados de tradução em vernáculo.

(*) Vide Enunciado 486 do CJF.

Art. 1.135. É facultado ao Poder Executivo, para conceder a autorização, estabelecer condições convenientes à defesa dos interesses nacionais.

(*) V. arts. 1.128 e 1.129 do CC.

Parágrafo único. Aceitas as condições, expedirá o Poder Executivo decreto de autorização, do qual constará o montante de capital destinado às operações no País, cabendo à sociedade promover a publicação dos atos referidos no art. 1.131 e no § 1º do art. 1.134.

Art. 1.136. A sociedade autorizada não pode iniciar sua atividade antes de inscrita no registro próprio do lugar em que se deva estabelecer.

(*) V. art. 968, § 2º, do CC.

§ 1º. O requerimento de inscrição será instruído com exemplar da publicação exigida no parágrafo único do artigo antecedente, acompanhado de documento do depósito em dinheiro, em estabelecimento bancário oficial, do capital ali mencionado.

§ 2º. Arquivados esses documentos, a inscrição será feita por termo em livro especial para as sociedades estrangeiras, com número de ordem contínuo para todas as sociedades inscritas; no termo constarão:

I – nome, objeto, duração e sede da sociedade no estrangeiro;

II – lugar da sucursal, filial ou agência, no País;

III – data e número do decreto de autorização;

IV – capital destinado às operações no País;

V – individuação do seu representante permanente.

§ 3º. Inscrita a sociedade, promover-se-á a publicação determinada no parágrafo único do art. 1.131.

Art. 1.137. A sociedade estrangeira autorizada a funcionar ficará sujeita às leis e aos tribunais brasileiros, quanto aos atos ou operações praticados no Brasil.

Parágrafo único. A sociedade estrangeira funcionará no território nacional com o nome que tiver em seu país de origem, podendo acrescentar as palavras "do Brasil" ou "para o Brasil".

Art. 1.138. A sociedade estrangeira autorizada a funcionar é obrigada a ter, permanentemente, representante no Brasil, com poderes para resolver quaisquer questões e receber citação judicial pela sociedade.

Parágrafo único. O representante somente pode agir perante terceiros depois de arquivado e averbado o instrumento de sua nomeação.

(*) V. art. 968, § 2º, do CC.

Art. 1.139. Qualquer modificação no contrato ou no estatuto dependerá da aprovação do Poder Executivo, para produzir efeitos no território nacional.

Art. 1.140. A sociedade estrangeira deve, sob pena de lhe ser cassada a autorização, reproduzir no órgão oficial da União, e do Estado, se for o caso, as publicações que, segundo a sua lei nacional, seja obrigada a fazer relativamente ao balanço patrimonial e ao de resultado econômico, bem como aos atos de sua administração.

(*) V. arts. 1.188 e 1.189 do CC.

Parágrafo único. Sob pena, também, de lhe ser cassada a autorização, a sociedade estrangeira deverá publicar o balanço patrimonial e o de resultado econômico das sucursais, filiais ou agências existentes no País.

Art. 1.141. Mediante autorização do Poder Executivo, a sociedade estrangeira admitida a funcionar no País pode nacionalizar-se, transferindo sua sede para o Brasil.

(*) V. art. 75, IV, do CC.
(*) V. art. 11 da LINDB.

§ 1º. Para o fim previsto neste artigo, deverá a sociedade, por seus representantes, oferecer, com o requerimento, os documentos exigidos no art. 1.134, e ainda a prova da realização do capital, pela forma declarada no contrato, ou no estatuto, e do ato em que foi deliberada a nacionalização.

§ 2º. O Poder Executivo poderá impor as condições que julgar convenientes à defesa dos interesses nacionais.

§ 3º. Aceitas as condições pelo representante, proceder-se-á, após a expedição do decreto de autorização, à inscrição da sociedade e publicação do respectivo termo.

TÍTULO III
DO ESTABELECIMENTO

Capítulo Único
DISPOSIÇÕES GERAIS

(*) Vide Enunciado 233 do CJF.
(*) Vide Súmula 645 do STF.

Art. 1.142. Considera-se estabelecimento todo complexo de bens organizado, para exercício da empresa, por empresário, ou por sociedade empresária.

(*) Vide Enunciado 488 do CJF.
(*) Vide Súmula 451 do STJ.

§ 1º. O estabelecimento não se confunde com o local onde se exerce a atividade empresarial, que poderá ser físico ou virtual.

(*) § 1º acrescido pela Lei nº 14.195/2021, alterado pela MP nº 1.085/2021♦ e com redação dada pela Lei nº 14.382/2022.

♦ MP nº 1.085/2021 convertida com alterações na Lei nº 14.382/2022.

§ 2º. Quando o local onde se exerce a atividade empresarial for virtual, o endereço informado para fins de registro poderá ser, conforme o caso, o endereço do empresário individual ou o de um dos sócios da sociedade empresária.

(*) § 2º acrescido pela Lei nº 14.195/2021, alterado pela MP nº 1.085/2021♦ e com redação dada pela Lei nº 14.382/2022.
♦ MP nº 1.085/2021 convertida com alterações na Lei nº 14.382/2022.

§ 3º. Quando o local onde se exerce a atividade empresarial for físico, a fixação do horário de funcionamento competirá ao Município, observada a regra geral prevista no inciso II do *caput* do art. 3º da Lei nº 13.874, de 20 de setembro de 2019.

(*) § 3º acrescido pela Lei nº 14.195/2021, alterado pela MP nº 1.085/2021♦ e com redação dada pela Lei nº 14.382/2022.
♦ MP nº 1.085/2021 convertida com alterações na Lei nº 14.382/2022.

Art. 1.143. Pode o estabelecimento ser objeto unitário de direitos e de negócios jurídicos, translativos ou constitutivos, que sejam compatíveis com a sua natureza.

Art. 1.144. O contrato que tenha por objeto a alienação, o usufruto ou arrendamento do estabelecimento, só produzirá efeitos quanto a terceiros depois de averbado à margem da inscrição do empresário, ou da sociedade empresária, no Registro Público de Empresas Mercantis, e de publicado na imprensa oficial.

(*) V. art. 968, § 2º, do CC.
(*) Vide Enunciados 393 e 489 do CJF.

Art. 1.145. Se ao alienante não restarem bens suficientes para solver o seu passivo, a eficácia da alienação do estabelecimento depende do pagamento de todos os credores, ou do consentimento destes, de modo expresso ou tácito, em 30 (trinta) dias a partir de sua notificação.

Art. 1.146. O adquirente do estabelecimento responde pelo pagamento dos débitos anteriores à transferência, desde que regularmente contabilizados, continuando o devedor primitivo solidariamente obrigado pelo prazo de 1 (um) ano, a partir, quanto aos créditos vencidos, da publicação, e, quanto aos outros, da data do vencimento.

(*) V. arts. 264 e 275 a 285 do CC.
(*) Vide Enunciado 489 do CJF.

Art. 1.147. Não havendo autorização expressa, o alienante do estabelecimento não pode fazer concorrência ao adquirente, nos 5 (cinco) anos subsequentes à transferência.

(*) Vide Enunciado 490 do CJF.

Parágrafo único. No caso de arrendamento ou usufruto do estabelecimento, a proibição prevista neste artigo persistirá durante o prazo do contrato.

Art. 1.148. Salvo disposição em contrário, a transferência importa a sub-rogação do adquirente nos contratos estipulados para exploração do estabelecimento, se não tiverem caráter pessoal, podendo os terceiros rescindir o contrato em 90 (noventa) dias a contar da publicação da transferência, se ocorrer justa causa, ressalvada, neste caso, a responsabilidade do alienante.

(*) V. arts. 346; e 1.152, § 1º, do CC.
(*) Vide Enunciados 234 e 489 do CJF.

Art. 1.149. A cessão dos créditos referentes ao estabelecimento transferido produzirá efeito em relação aos respectivos devedores, desde o momento da publicação da transferência, mas o devedor ficará exonerado se de boa-fé pagar ao cedente.

(*) V. arts. 286 a 298 do CC.
(*) Vide Enunciado 489 do CJF.

TÍTULO IV
DOS INSTITUTOS COMPLEMENTARES

Capítulo I
DO REGISTRO

Art. 1.150. O empresário e a sociedade empresária vinculam-se ao Registro Público de Empresas Mercantis a cargo das Juntas Comerciais, e a sociedade simples ao Registro Civil das Pessoas Jurídicas, o qual deverá obedecer às normas fixadas para aquele registro, se a sociedade simples adotar um dos tipos de sociedade empresária.

(*) A Lei nº 14.195/2021 propôs nova redação para este art. 1.150, porém teve seu texto vetado pelo Ministério da Economia.

(*) V. arts. 45; 968, IV; 969; 971; 979; 980; e 997 a 1.000 do CC.

(*) Vide Enunciados 55 e 209 do CJF.

Art. 1.151. O registro dos atos sujeitos à formalidade exigida no artigo antecedente será requerido pela pessoa obrigada em lei, e, no caso de omissão ou demora, pelo sócio ou qualquer interessado.

§ 1º. Os documentos necessários ao registro deverão ser apresentados no prazo de 30 (trinta) dias, contado da lavratura dos atos respectivos.

§ 2º. Requerido além do prazo previsto neste artigo, o registro somente produzirá efeito a partir da data de sua concessão.

§ 3º. As pessoas obrigadas a requerer o registro responderão por perdas e danos, em caso de omissão ou demora.

(*) V. arts. 402 a 405 do CC.

Art. 1.152. Cabe ao órgão incumbido do registro verificar a regularidade das publicações determinadas em lei, de acordo com o disposto nos parágrafos deste artigo.

§ 1º. Salvo exceção expressa, as publicações ordenadas neste Livro serão feitas no órgão oficial da União ou do Estado, conforme o local da sede do empresário ou da sociedade, e em jornal de grande circulação.

§ 2º. As publicações das sociedades estrangeiras serão feitas nos órgãos oficiais da União e do Estado onde tiverem sucursais, filiais ou agências.

§ 3º. O anúncio de convocação da assembleia de sócios será publicado por 3 (três) vezes, ao menos, devendo mediar, entre a data da primeira inserção e a da realização da assembleia, o prazo mínimo de 8 (oito) dias, para a primeira convocação, e de 5 (cinco) dias, para as posteriores.

(*) V. art. 1.072, § 2º, do CC.

Art. 1.153. Cumpre à autoridade competente, antes de efetivar o registro, verificar a autenticidade e a legitimidade do signatário do requerimento, bem como fiscalizar a observância das prescrições legais concernentes ao ato ou aos documentos apresentados.

Parágrafo único. Das irregularidades encontradas deve ser notificado o requerente, que, se for o caso, poderá saná-las, obedecendo às formalidades da lei.

Art. 1.154. O ato sujeito a registro, ressalvadas disposições especiais da lei, não pode, antes do cumprimento das respectivas formalidades, ser oposto a terceiro, salvo prova de que este o conhecia.

Parágrafo único. O terceiro não pode alegar ignorância, desde que cumpridas as referidas formalidades.

Capítulo II
DO NOME EMPRESARIAL

Art. 1.155. Considera-se nome empresarial a firma ou a denominação adotada, de conformidade com este Capítulo, para o exercício de empresa.

Parágrafo único. Equipara-se ao nome empresarial, para os efeitos da proteção da lei, a denominação das sociedades simples, associações e fundações.

(*) A Lei nº 14.195/2021 propôs nova redação para este art. 1.155, porém teve seu texto vetado pelo Ministério da Economia.

Art. 1.156. O empresário opera sob firma constituída por seu nome, completo ou abreviado, aditando-lhe, se quiser, designação mais precisa da sua pessoa ou do gênero de atividade.

(*) V. art. 966 do CC.

Art. 1.157. A sociedade em que houver sócios de responsabilidade ilimitada operará sob firma, na qual somente os nomes daqueles poderão figurar, bastando para formá-la aditar ao nome de um deles a expressão "e companhia" ou sua abreviatura.

Parágrafo único. Ficam solidária e ilimitadamente responsáveis pelas obrigações contraídas sob a firma social aqueles que, por seus nomes, figurarem na firma da sociedade de que trata este artigo.

(*) V. arts. 264 a 266 e 275 a 285 do CC.

Art. 1.158. Pode a sociedade limitada adotar firma ou denominação, integradas pela palavra final "limitada" ou a sua abreviatura.

§ 1º. A firma será composta com o nome de um ou mais sócios, desde que pessoas físicas, de modo indicativo da relação social.

§ 2º. A denominação deve designar o objeto da sociedade, sendo permitido nela figurar o nome de um ou mais sócios.

§ 3º. A omissão da palavra "limitada" determina a responsabilidade solidária e ilimitada dos administradores que assim empregarem a firma ou a denominação da sociedade.

(*) V. arts. 275 a 285 e 1.052 a 1.087 do CC.

Art. 1.159. A sociedade cooperativa funciona sob denominação integrada pelo vocábulo "cooperativa".

(*) V. arts. 1.093 a 1.096 do CC.

Art. 1.160. A sociedade anônima opera sob denominação integrada pelas expressões sociedade anônima ou companhia, por extenso ou abreviadamente, facultada a designação do objeto social.

(*) Art. 1.160, *caput*, alterado pela Lei nº 14.195/2021 e pela MP nº 1.085/2021♦, e com redação dada pela Lei nº 14.382/2022.
  ♦ MP nº 1.085/2021 convertida com alterações na Lei nº 14.382/2022.
(*) V. arts. 1.088 e 1.089 do CC.

Parágrafo único. Pode constar da denominação o nome do fundador, acionista, ou pessoa que haja concorrido para o bom êxito da formação da empresa.

Art. 1.161. A sociedade em comandita por ações pode, em lugar de firma, adotar denominação aditada da expressão comandita por ações, facultada a designação do objeto social.

(*) Art. 1.161 alterado pela Lei nº 14.195/2021 e pela MP nº 1.085/2021♦, e com redação dada pela Lei nº 14.382/2022.
  ♦ MP nº 1.085/2021 convertida com alterações na Lei nº 14.382/2022.
(*) V. arts. 1.090 a 1.092 do CC.

Art. 1.162. A sociedade em conta de participação não pode ter firma ou denominação.

(*) V. arts. 991 a 996 do CC.

Art. 1.163. O nome de empresário deve distinguir-se de qualquer outro já inscrito no mesmo registro.

Parágrafo único. Se o empresário tiver nome idêntico ao de outros já inscritos, deverá acrescentar designação que o distinga.

Art. 1.164. O nome empresarial não pode ser objeto de alienação.

Parágrafo único. O adquirente de estabelecimento, por ato entre vivos, pode, se o contrato o permitir, usar o nome do alienante, precedido do seu próprio, com a qualificação de sucessor.

(*) V. arts. 1.143 e 1.144 do CC.

Art. 1.165. O nome de sócio que vier a falecer, for excluído ou se retirar, não pode ser conservado na firma social.

Art. 1.166. A inscrição do empresário, ou dos atos constitutivos das pessoas jurídicas, ou as respectivas averbações, no registro próprio, asseguram o uso exclusivo do nome nos limites do respectivo Estado.

(*) V. art. 1.154, parágrafo único, do CC.

(*) Vide Enunciado 491 do CJF.

Parágrafo único. O uso previsto neste artigo estender-se-á a todo o território nacional, se registrado na forma da lei especial.

Art. 1.167. Cabe ao prejudicado, a qualquer tempo, ação para anular a inscrição do nome empresarial feita com violação da lei ou do contrato.

Art. 1.168. A inscrição do nome empresarial será cancelada, a requerimento de qualquer interessado, quando cessar o exercício da atividade para que foi adotado, ou quando ultimar-se a liquidação da sociedade que o inscreveu.

Capítulo III
DOS PREPOSTOS

Seção I
Disposições Gerais

Art. 1.169. O preposto não pode, sem autorização escrita, fazer-se substituir no desempenho da preposição, sob pena de responder pessoalmente pelos atos do substituto e pelas obrigações por ele contraídas.

Art. 1.170. O preposto, salvo autorização expressa, não pode negociar por conta própria ou de terceiro, nem participar, embora indiretamente, de operação do mesmo gênero da que lhe foi cometida, sob pena de responder por perdas e danos e de serem retidos pelo preponente os lucros da operação.

(*) V. arts. 402 a 405 do CC.

Art. 1.171. Considera-se perfeita a entrega de papéis, bens ou valores ao preposto, encarregado pelo preponente, se os recebeu sem protesto, salvo nos casos em que haja prazo para reclamação.

Seção II
Do Gerente

Art. 1.172. Considera-se gerente o preposto permanente no exer-

LIVRO II – DO DIREITO DE EMPRESA   ART. 1.179

cício da empresa, na sede desta, ou em sucursal, filial ou agência.

Art. 1.173. Quando a lei não exigir poderes especiais, considera-se o gerente autorizado a praticar todos os atos necessários ao exercício dos poderes que lhe foram outorgados.

Parágrafo único. Na falta de estipulação diversa, consideram-se solidários os poderes conferidos a dois ou mais gerentes.

Art. 1.174. As limitações contidas na outorga de poderes, para serem opostas a terceiros, dependem do arquivamento e averbação do instrumento no Registro Público de Empresas Mercantis, salvo se provado serem conhecidas da pessoa que tratou com o gerente.

(*) V. arts. 968, § 2º; e 1.154 do CC.

Parágrafo único. Para o mesmo efeito e com idêntica ressalva, deve a modificação ou revogação do mandato ser arquivada e averbada no Registro Público de Empresas Mercantis.

(*) V. arts. 660, 661 e 1.182 do CC.

Art. 1.175. O preponente responde com o gerente pelos atos que este pratique em seu próprio nome, mas à conta daquele.

(*) V. arts. 275 a 285; 932, III; 933; 1.177; e 1.178 do CC.

Art. 1.176. O gerente pode estar em juízo em nome do preponente, pelas obrigações resultantes do exercício da sua função.

Seção III
Do Contabilista e outros Auxiliares

Art. 1.177. Os assentos lançados nos livros ou fichas do preponente, por qualquer dos prepostos encarregados de sua escrituração, produzem, salvo se houver procedido de má-fé, os mesmos efeitos como se o fossem por aquele.

(*) V. arts. 226; 932, III; 933; 1.175; e 1.178 do CC.

Parágrafo único. No exercício de suas funções, os prepostos são pessoalmente responsáveis, perante os preponentes, pelos atos culposos; e, perante terceiros, solidariamente com o preponente, pelos atos dolosos.

(*) V. arts. 275 a 285 do CC.

Art. 1.178. Os preponentes são responsáveis pelos atos de quaisquer prepostos, praticados nos seus estabelecimentos e relativos à atividade da empresa, ainda que não autorizados por escrito.

(*) V. arts. 932, III; 933; 1.175; e 1.177 do CC.

Parágrafo único. Quando tais atos forem praticados fora do estabelecimento, somente obrigarão o preponente nos limites dos poderes conferidos por escrito, cujo instrumento pode ser suprido pela certidão ou cópia autêntica do seu teor.

Capítulo IV
DA ESCRITURAÇÃO

Art. 1.179. O empresário e a sociedade empresária são obrigados a seguir um sistema de contabilidade, mecanizado ou não, com base na escrituração uniforme de seus livros, em correspondência com a documentação respectiva, e a levantar anualmente o balanço patrimonial e o de resultado econômico.

§ 1º. Salvo o disposto no art. 1.180, o número e a espécie de livros ficam a critério dos interessados.

§ 2º. É dispensado das exigências deste artigo o pequeno empresário a que se refere o art. 970.

(*) V. arts. 1.020 e 1.065 do CC.
(*) Vide Enunciado 235 do CJF.

Art. 1.180. Além dos demais livros exigidos por lei, é indispensável o Diário, que pode ser substituído por fichas no caso de escrituração mecanizada ou eletrônica.

Parágrafo único. A adoção de fichas não dispensa o uso de livro apropriado para o lançamento do balanço patrimonial e do de resultado econômico.

(*) V. arts. 226, 1.184 e 1.185 do CC.

Art. 1.181. Salvo disposição especial de lei, os livros obrigatórios e, se for o caso, as fichas, antes de postos em uso, devem ser autenticados no Registro Público de Empresas Mercantis.

Parágrafo único. A autenticação não se fará sem que esteja inscrito o empresário, ou a sociedade empresária, que poderá fazer autenticar livros não obrigatórios.

Art. 1.182. Sem prejuízo do disposto no art. 1.174, a escrituração ficará sob a responsabilidade de contabilista legalmente habilitado, salvo se nenhum houver na localidade.

(*) V. arts. 1.177 e 1.178 do CC.

Art. 1.183. A escrituração será feita em idioma e moeda corrente nacionais e em forma contábil, por ordem cronológica de dia, mês e ano, sem intervalos em branco, nem entrelinhas, borrões, rasuras, emendas ou transportes para as margens.

(*) V. art. 226 do CC.

Parágrafo único. É permitido o uso de código de números ou de abreviaturas, que constem de livro próprio, regularmente autenticado.

Art. 1.184. No Diário serão lançadas, com individuação, clareza e caracterização do documento respectivo, dia a dia, por escrita direta ou reprodução, todas as operações relativas ao exercício da empresa.

§ 1º. Admite-se a escrituração resumida do Diário, com totais que não excedam o período de 30 (trinta) dias, relativamente a contas cujas operações sejam numerosas ou realizadas fora da sede do estabelecimento, desde que utilizados livros auxiliares regularmente autenticados, para registro individualizado, e conservados os documentos que permitam a sua perfeita verificação.

§ 2º. Serão lançados no Diário o balanço patrimonial e o de resultado econômico, devendo ambos ser assinados por técnico em Ciências Contábeis legalmente habilitado e pelo empresário ou sociedade empresária.

(*) V. arts. 1.180 e 1.181 do CC.

Art. 1.185. O empresário ou sociedade empresária que adotar o sistema de fichas de lançamentos poderá substituir o livro Diário pelo livro Balancetes Diários e Balanços, observadas as mesmas formalidades extrínsecas exigidas para aquele.

Art. 1.186. O livro Balancetes Diários e Balanços será escriturado de modo que registre:

I – a posição diária de cada uma das contas ou títulos contábeis, pelo respectivo saldo, em forma de balancetes diários;

II – o balanço patrimonial e o de resultado econômico, no encerramento do exercício.

Art. 1.187. Na coleta dos elementos para o inventário serão observados os critérios de avaliação a seguir determinados:

LIVRO II – DO DIREITO DE EMPRESA   ART. 1.191

I – os bens destinados à exploração da atividade serão avaliados pelo custo de aquisição, devendo, na avaliação dos que se desgastam ou depreciam com o uso, pela ação do tempo ou outros fatores, atender-se à desvalorização respectiva, criando-se fundos de amortização para assegurar-lhes a substituição ou a conservação do valor;

II – os valores mobiliários, matéria-prima, bens destinados à alienação, ou que constituem produtos ou artigos da indústria ou comércio da empresa, podem ser estimados pelo custo de aquisição ou de fabricação, ou pelo preço corrente, sempre que este for inferior ao preço de custo, e quando o preço corrente ou venal estiver acima do valor do custo de aquisição, ou fabricação, e os bens forem avaliados pelo preço corrente, a diferença entre este e o preço de custo não será levada em conta para a distribuição de lucros, nem para as percentagens referentes a fundos de reserva;

III – o valor das ações e dos títulos de renda fixa pode ser determinado com base na respectiva cotação da Bolsa de Valores; os não cotados e as participações não acionárias serão considerados pelo seu valor de aquisição;

IV – os créditos serão considerados de conformidade com o presumível valor de realização, não se levando em conta os prescritos ou de difícil liquidação, salvo se houver, quanto aos últimos, previsão equivalente.

Parágrafo único. Entre os valores do ativo podem figurar, desde que se preceda, anualmente, à sua amortização:

I – as despesas de instalação da sociedade, até o limite correspondente a 10% (dez por cento) do capital social;

II – os juros pagos aos acionistas da sociedade anônima, no período antecedente ao início das operações sociais, à taxa não superior a 12% (doze por cento) ao ano, fixada no estatuto;

III – a quantia efetivamente paga a título de aviamento de estabelecimento adquirido pelo empresário ou sociedade.

Art. 1.188. O balanço patrimonial deverá exprimir, com fidelidade e clareza, a situação real da empresa e, atendidas as peculiaridades desta, bem como as disposições das leis especiais, indicará, distintamente, o ativo e o passivo.

(*) V. art. 1.053, parágrafo único, do CC.

Parágrafo único. Lei especial disporá sobre as informações que acompanharão o balanço patrimonial, em caso de sociedades coligadas.

(*) V. arts. 1.097 a 1.101 do CC.

Art. 1.189. O balanço de resultado econômico, ou demonstração da conta de lucros e perdas, acompanhará o balanço patrimonial e dele constarão crédito e débito, na forma da lei especial.

(*) V. arts. 1.020 e 1.065 do CC.

Art. 1.190. Ressalvados os casos previstos em lei, nenhuma autoridade, juiz ou tribunal, sob qualquer pretexto, poderá fazer ou ordenar diligência para verificar se o empresário ou a sociedade empresária observam, ou não, em seus livros e fichas, as formalidades prescritas em lei.

(*) V. arts. 226; 1.078, I, § 3º; 1.140; e 1.179 do CC.

Art. 1.191. O juiz só poderá autorizar a exibição integral dos livros e papéis de escrituração quando necessária para resolver questões relativas a sucessão, comunhão ou sociedade, administração ou gestão à conta de outrem, ou em caso de falência.

(*) V. arts. 226 e 1.190 do CC.

§ 1º. O juiz ou tribunal que conhecer de medida cautelar ou de ação pode, a requerimento ou de ofício, ordenar que os livros de qualquer das partes, ou de ambas, sejam examinados na presença do empresário ou da sociedade empresária a que pertencerem, ou de pessoas por estes nomeadas, para deles se extrair o que interessar à questão.

§ 2º. Achando-se os livros em outra jurisdição, nela se fará o exame, perante o respectivo juiz.

(*) Vide Súmulas 260, 390 e 439 do STF.

Art. 1.192. Recusada a apresentação dos livros, nos casos do artigo antecedente, serão apreendidos judicialmente e, no do seu § 1º, ter-se-á como verdadeiro o alegado pela parte contrária para se provar pelos livros.

Parágrafo único. A confissão resultante da recusa pode ser elidida por prova documental em contrário.

Art. 1.193. As restrições estabelecidas neste Capítulo ao exame da escrituração, em parte ou por inteiro, não se aplicam às autoridades fazendárias, no exercício da fiscalização do pagamento de impostos, nos termos estritos das respectivas leis especiais.

Art. 1.194. O empresário e a sociedade empresária são obrigados a conservar em boa guarda toda a escrituração, correspondência e mais papéis concernentes à sua atividade, enquanto não ocorrer prescrição ou decadência no tocante aos atos neles consignados.

(*) V. arts. 205 a 211 do CC.

Art. 1.195. As disposições deste Capítulo aplicam-se às sucursais, filiais ou agências, no Brasil, do empresário ou sociedade com sede em país estrangeiro.

(*) V. arts. 1.134 a 1.141 do CC.

LIVRO III
DO DIREITO DAS COISAS

TÍTULO I
DA POSSE

Capítulo I
DA POSSE E SUA CLASSIFICAÇÃO

Art. 1.196. Considera-se possuidor todo aquele que tem de fato o exercício, pleno ou não, de algum dos poderes inerentes à propriedade.

(*) V. arts. 1.199, 1.204, 1.208, 1.210, 1.223 e 1.228 do CC.

(*) Vide Enunciados 236, 492, 563 e 593 do CJF.

Art. 1.197. A posse direta, de pessoa que tem a coisa em seu poder, temporariamente, em virtude de direito pessoal, ou real, não anula a indireta, de quem aquela foi havida, podendo o possuidor direto defender a sua posse contra o indireto.

(*) V. arts. 1.210, § 1º; e 1.267, parágrafo único, do CC.

(*) Vide Enunciados 76 e 502 do CJF.

Art. 1.198. Considera-se detentor aquele que, achando-se em relação de dependência para com outro, conserva a posse em nome deste e

LIVRO III – DO DIREITO DAS COISAS   ART. 1.209

em cumprimento de ordens ou instruções suas.

(*) V. art. 1.208 do CC.

Parágrafo único. Aquele que começou a comportar-se do modo como prescreve este artigo, em relação ao bem e à outra pessoa, presume-se detentor, até que prove o contrário.

(*) Vide Enunciados 301 e 493 do CJF.

Art. 1.199. Se 2 (duas) ou mais pessoas possuírem coisa indivisa, poderá cada uma exercer sobre ela atos possessórios, contanto que não excluam os dos outros compossuidores.

(*) V. art. 1.314 do CC.

Art. 1.200. É justa a posse que não for violenta, clandestina ou precária.

(*) V. art. 1.208 do CC.
(*) Vide Enunciado 302 do CJF.

Art. 1.201. É de boa-fé a posse, se o possuidor ignora o vício, ou o obstáculo que impede a aquisição da coisa.

(*) V. arts. 1.214, 1.217, 1.219, 1.242 e 1.260 do CC.

Parágrafo único. O possuidor com justo título tem por si a presunção de boa-fé, salvo prova em contrário, ou quando a lei expressamente não admite esta presunção.

(*) Vide Enunciados 303 e 309 do CJF.

Art. 1.202. A posse de boa-fé só perde este caráter no caso e desde o momento em que as circunstâncias façam presumir que o possuidor não ignora que possui indevidamente.

Art. 1.203. Salvo prova em contrário, entende-se manter a posse o mesmo caráter com que foi adquirida.

(*) Vide Enunciado 237 do CJF.

Capítulo II
DA AQUISIÇÃO DA POSSE

Art. 1.204. Adquire-se a posse desde o momento em que se torna possível o exercício, em nome próprio, de qualquer dos poderes inerentes à propriedade.

(*) Vide Enunciado 301 do CJF.

Art. 1.205. A posse pode ser adquirida:

I – pela própria pessoa que a pretende ou por seu representante;

(*) V. art. 116 do CC.

II – por terceiro sem mandato, dependendo de ratificação.

(*) V. art. 662 do CC.
(*) Vide Enunciados 77 e 236 do CJF.

Art. 1.206. A posse transmite-se aos herdeiros ou legatários do possuidor com os mesmos caracteres.

(*) V. arts. 1.203 e 1.784 do CC.

Art. 1.207. O sucessor universal continua de direito a posse do seu antecessor; e ao sucessor singular é facultado unir sua posse à do antecessor, para os efeitos legais.

(*) V. arts. 80, II; 1.203; 1.206; 1.243; e 1.784 do CC.
(*) Vide Enunciado 494 do CJF.

Art. 1.208. Não induzem posse os atos de mera permissão ou tolerância assim como não autorizam a sua aquisição os atos violentos, ou clandestinos, senão depois de cessar a violência ou a clandestinidade.

(*) V. arts. 1.200 e 1.203 do CC.
(*) Vide Súmula 619 do STJ.

Art. 1.209. A posse do imóvel faz presumir, até prova contrária, a das coisas móveis que nele estiverem.

Capítulo III
DOS EFEITOS DA POSSE

Art. 1.210. O possuidor tem direito a ser mantido na posse em caso de turbação, restituído no de esbulho, e segurado de violência iminente, se tiver justo receio de ser molestado.

(*) Vide Súmula 487 do STF.

§ 1º. O possuidor turbado, ou esbulhado, poderá manter-se ou restituir-se por sua própria força, contanto que o faça logo; os atos de defesa, ou de desforço, não podem ir além do indispensável à manutenção, ou restituição da posse.

(*) V. art. 1.224 do CC.
(*) Vide Enunciado 495 do CJF.

§ 2º. Não obsta à manutenção ou reintegração na posse a alegação de propriedade, ou de outro direito sobre a coisa.

(*) Vide Enunciados 78, 79, 238 e 239 do CJF.

Art. 1.211. Quando mais de uma pessoa se disser possuidora, manter-se-á provisoriamente a que tiver a coisa, se não estiver manifesto que a obteve de alguma das outras por modo vicioso.

Art. 1.212. O possuidor pode intentar a ação de esbulho, ou a de indenização, contra o terceiro, que recebeu a coisa esbulhada sabendo que o era.

(*) Vide Enunciados 80 e 236 do CJF.

Art. 1.213. O disposto nos artigos antecedentes não se aplica às servidões não aparentes, salvo quando os respectivos títulos provierem do possuidor do prédio serviente, ou daqueles de quem este o houve.

(*) V. arts. 1.378 a 1.389 do CC.
(*) Vide Súmula 415 do STF.

Art. 1.214. O possuidor de boa-fé tem direito, enquanto ela durar, aos frutos percebidos.

(*) V. arts. 1.201 e 1.216 do CC.

Parágrafo único. Os frutos pendentes ao tempo em que cessar a boa-fé devem ser restituídos, depois de deduzidas as despesas da produção e custeio; devem ser também restituídos os frutos colhidos com antecipação.

(*) Vide Enunciado 302 do CJF.

Art. 1.215. Os frutos naturais e industriais reputam-se colhidos e percebidos, logo que são separados; os civis reputam-se percebidos dia por dia.

Art. 1.216. O possuidor de má-fé responde por todos os frutos colhidos e percebidos, bem como pelos que, por culpa sua, deixou de perceber, desde o momento em que se constituiu de má-fé; tem direito às despesas da produção e custeio.

(*) V. art. 1.214 do CC.

Art. 1.217. O possuidor de boa-fé não responde pela perda ou deterioração da coisa, a que não der causa.

(*) V. art. 1.201 do CC.

Art. 1.218. O possuidor de má-fé responde pela perda, ou deterioração da coisa, ainda que acidentais, salvo se provar que de igual modo se teriam dado, estando ela na posse do reivindicante.

(*) V. art. 1.202 do CC.

Art. 1.219. O possuidor de boa-fé tem direito à indenização das benfeitorias necessárias e úteis, bem como, quanto às voluptuárias, se não lhe forem pagas, a levantá-las, quando o puder sem detrimento da coisa, e poderá exercer o direito de retenção pelo valor das benfeitorias necessárias e úteis.

(*) V. arts. 96, 97 e 1.201 do CC.

(*) Vide Enunciado 81 do CJF.
(*) Vide Súmula 158 do STF.

Art. 1.220. Ao possuidor de má-fé serão ressarcidas somente as benfeitorias necessárias; não lhe assiste o direito de retenção pela importância destas, nem o de levantar as voluptuárias.
(*) V. arts. 96, § 3°; e 1.202 do CC.

Art. 1.221. As benfeitorias compensam-se com os danos, e só obrigam ao ressarcimento se ao tempo da evicção ainda existirem.
(*) V. arts. 368 a 380 do CC.

Art. 1.222. O reivindicante, obrigado a indenizar as benfeitorias ao possuidor de má-fé, tem o direito de optar entre o seu valor atual e o seu custo; ao possuidor de boa-fé indenizará pelo valor atual.

**Capítulo IV
DA PERDA DA POSSE**

Art. 1.223. Perde-se a posse quando cessa, embora contra a vontade do possuidor, o poder sobre o bem, ao qual se refere o art. 1.196.

Art. 1.224. Só se considera perdida a posse para quem não presenciou o esbulho, quando, tendo notícia dele, se abstém de retornar♦ a coisa, ou, tentando recuperá-la, é violentamente repelido.
♦ Publicação oficial: "retornar".
Entendemos que seria: "retomar". (N.E.)
(*) V. art. 1.210, § 1°, do CC.

**TÍTULO II
DOS DIREITOS REAIS**

**Capítulo Único
DISPOSIÇÕES GERAIS**

Art. 1.225. São direitos reais:
(*) V. arts. 80, I; e 108 do CC.

I – a propriedade;
(*) V. arts. 1.228 a 1.368 do CC.
II – a superfície;
(*) V. arts. 1.369 a 1.377 do CC.
III – as servidões;
(*) V. arts. 1.378 a 1.389 do CC.
IV – o usufruto;
(*) V. arts. 1.390 a 1.411 do CC.
V – o uso;
(*) V. arts. 1.412 e 1.413 do CC.
VI – a habitação;
(*) V. arts. 1.414 a 1.416 do CC.
VII – o direito do promitente comprador do imóvel;
(*) V. arts. 1.417 e 1.418 do CC.
VIII – o penhor;
(*) V. arts. 1.431 a 1.472 do CC.
IX – a hipoteca;
(*) V. arts. 1.473 a 1.505 do CC.
X – a anticrese;
(*) V. arts. 1.506 a 1.510 do CC.
XI – a concessão de uso especial para fins de moradia;
(*) Inciso XI acrescido pela Lei n° 11.481/2007.
XII – a concessão de direito real de uso; e
(*) Inciso acrescido pela Lei n° 11.481/2007 e alterado pela Lei n° 13.465/2017.
XIII – a laje.
(*) Inciso XIII acrescido pela Lei n° 13.465/2017.

Art. 1.226. Os direitos reais sobre coisas móveis, quando constituídos, ou transmitidos por atos entre vivos, só se adquirem com a tradição.
(*) V. arts. 1.267 e 1.268 do CC.

Art. 1.227. Os direitos reais sobre imóveis constituídos, ou transmitidos por atos entre vivos, só se adquirem com o registro no Cartório de Registro de Imóveis dos referidos títulos (arts. 1.245 a 1.247), salvo os casos expressos neste Código.
(*) V. arts. 108, 215, 1.391, 1.417, 1.492 e 1.509 do CC.
(*) Vide Enunciado 511 do CJF.

TÍTULO III
DA PROPRIEDADE

Capítulo I
DA PROPRIEDADE EM GERAL

Seção I
Disposições Preliminares

Art. 1.228. O proprietário tem a faculdade de usar, gozar e dispor da coisa, e o direito de reavê-la do poder de quem quer que injustamente a possua ou detenha.

(*) V. arts. 1.231 e 1.784 do CC.

§ 1º. O direito de propriedade deve ser exercido em consonância com as suas finalidades econômicas e sociais e de modo que sejam preservados, de conformidade com o estabelecido em lei especial, a flora, a fauna, as belezas naturais, o equilíbrio ecológico e o patrimônio histórico e artístico, bem como evitada a poluição do ar e das águas.

(*) Vide Enunciados 507 e 508 do CJF.

§ 2º. São defesos os atos que não trazem ao proprietário qualquer comodidade, ou utilidade, e sejam animados pela intenção de prejudicar outrem.

(*) V. arts. 1.277 e 1.299 a 1.313 do CC.
(*) Vide Enunciados 49 e 508 do CJF.

§ 3º. O proprietário pode ser privado da coisa, nos casos de desapropriação, por necessidade ou utilidade pública ou interesse social, bem como no de requisição, em caso de perigo público iminente.

(*) V. art. 519 do CC.
(*) Vide Enunciados 305 e 311 do CJF.
(*) Vide Súmula 23 do STF.

§ 4º. O proprietário também pode ser privado da coisa se o imóvel reivindicado consistir em extensa área, na posse ininterrupta e de boa-fé, por mais de 5 (cinco) anos, de considerável número de pessoas, e estas nela houverem realizado, em conjunto ou separadamente, obras e serviços considerados pelo juiz de interesse social e econômico relevante.

(*) Vide Enunciados 304, 305, 306, 309, 310 e 496 do CJF.

§ 5º. No caso do parágrafo antecedente, o juiz fixará a justa indenização devida ao proprietário; pago o preço, valerá a sentença como título para o registro do imóvel em nome dos possuidores.

(*) Vide Enunciados 82, 83, 84, 240, 241, 304, 308 e 496 do CJF.
(*) Vide Súmulas 378 e 618 do STF.

Art. 1.229. A propriedade do solo abrange a do espaço aéreo e subsolo correspondentes, em altura e profundidade úteis ao seu exercício, não podendo o proprietário opor-se a atividades que sejam realizadas, por terceiros, a uma altura ou profundidade tais, que não tenha ele interesse legítimo em impedi-las.

(*) V. art. 1.310 do CC.

Art. 1.230. A propriedade do solo não abrange as jazidas, minas e demais recursos minerais, os potenciais de energia hidráulica, os monumentos arqueológicos e outros bens referidos por leis especiais.

Parágrafo único. O proprietário do solo tem o direito de explorar os recursos minerais de emprego imediato na construção civil, desde que não submetidos a transformação industrial, obedecido o disposto em lei especial.

(*) V. art. 1.392, § 2º, do CC.

Art. 1.231. A propriedade presume-se plena e exclusiva, até prova em contrário.

(*) Vide Súmula 496 do STJ.

Art. 1.232. Os frutos e mais produtos da coisa pertencem, ainda quando separados, ao seu proprietário, salvo se, por preceito jurídico especial, couberem a outrem.

(*) V. arts. 95, 1.214 a 1.216 e 1.255 a 1.257 do CC.

LIVRO III – DO DIREITO DAS COISAS   ART. 1.240

Seção II
Da Descoberta

Art. 1.233. Quem quer que ache coisa alheia perdida há de restituí-la ao dono ou legítimo possuidor.

Parágrafo único. Não o conhecendo, o descobridor fará por encontrá-lo, e, se não o encontrar, entregará a coisa achada à autoridade competente.

Art. 1.234. Aquele que restituir a coisa achada, nos termos do artigo antecedente, terá direito a uma recompensa não inferior a 5% (cinco por cento) do seu valor, e à indenização pelas despesas que houver feito com a conservação e transporte da coisa, se o dono não preferir abandoná-la.

Parágrafo único. Na determinação do montante da recompensa, considerar-se-á o esforço desenvolvido pelo descobridor para encontrar o dono, ou o legítimo possuidor, as possibilidades que teria este de encontrar a coisa e a situação econômica de ambos.

Art. 1.235. O descobridor responde pelos prejuízos causados ao proprietário ou possuidor legítimo, quando tiver procedido com dolo.

Art. 1.236. A autoridade competente dará conhecimento da descoberta através da imprensa e outros meios de informação, somente expedindo editais se o seu valor os comportar.

Art. 1.237. Decorridos 60 (sessenta) dias da divulgação da notícia pela imprensa, ou do edital, não se apresentando quem comprove a propriedade sobre a coisa, será esta vendida em hasta pública e, deduzidas do preço as despesas, mais a recompensa do descobridor, pertencerá o remanescente ao Município em cuja circunscrição se deparou o objeto perdido.

Parágrafo único. Sendo de diminuto valor, poderá o Município abandonar a coisa em favor de quem a achou.

Capítulo II
DA AQUISIÇÃO DA PROPRIEDADE IMÓVEL

Seção I
Da Usucapião
(*) V. art. 102 do CC.
(*) Vide Enunciado 627 do CJF.
(*) Vide Tema 815 do STF.
(*) Vide Súmula 193 do STJ.

Art. 1.238. Aquele que, por 15 (quinze) anos, sem interrupção, nem oposição, possuir como seu um imóvel, adquire-lhe a propriedade, independentemente de título e boa-fé; podendo requerer ao juiz que assim o declare por sentença, a qual servirá de título para o registro no Cartório de Registro de Imóveis.

(*) V. art. 1.379 do CC.
(*) Vide Enunciados 564 e 596 do CJF.
(*) Vide Súmulas 237, 263, 340, e 391 do STF.
(*) Vide Súmula 11 do STJ.

Parágrafo único. O prazo estabelecido neste artigo reduzir-se-á a 10 (dez) anos se o possuidor houver estabelecido no imóvel a sua moradia habitual, ou nele realizado obras ou serviços de caráter produtivo.

(*) V. art. 2.029 do CC.
(*) Vide Enunciado 497 do CJF.

Art. 1.239. Aquele que, não sendo proprietário de imóvel rural ou urbano, possua como sua, por 5 (cinco) anos ininterruptos, sem oposição, área de terra em zona rural não superior a 50 (cinquenta) hectares, tornando-a produtiva por seu trabalho ou de sua família, tendo nela sua moradia, adquirir-lhe-á a propriedade.

(*) Vide Enunciados 312, 313, 507 e 594 do CJF.

Art. 1.240. Aquele que possuir, como sua, área urbana de até

ART. 1.240-A CÓDIGO CIVIL – PARTE ESPECIAL

250 m² (duzentos e cinquenta metros quadrados), por 5 (cinco) anos ininterruptamente e sem oposição, utilizando-a para sua moradia ou de sua família, adquirir-lhe-á o domínio, desde que não seja proprietário de outro imóvel urbano ou rural.

§ 1º. O título de domínio e a concessão de uso serão conferidos ao homem ou à mulher, ou a ambos, independentemente do estado civil.

§ 2º. O direito previsto no parágrafo antecedente não será reconhecido ao mesmo possuidor mais de uma vez.

(*) Vide Enunciados 313 e 314 do CJF.

Art. 1.240-A. Aquele que exercer, por 2 (dois) anos ininterruptamente e sem oposição, posse direta, com exclusividade, sobre imóvel urbano de até 250 m² (duzentos e cinquenta metros quadrados) cuja propriedade divida com ex-cônjuge ou ex-companheiro que abandonou o lar, utilizando-o para sua moradia ou de sua família, adquirir-lhe-á o domínio integral, desde que não seja proprietário de outro imóvel urbano ou rural.

(*) Art. 1.240-A, *caput*, acrescido pela Lei nº 12.424/2011.

(*) Vide Enunciados 85, 498, 500, 501, 502, 595 e 664 do CJF.

§ 1º. O direito previsto no *caput* não será reconhecido ao mesmo possuidor mais de uma vez.

(*) § 1º acrescido pela Lei nº 12.424/2011.

§ 2º. (Vetado).

(*) § 2º acrescido pela Lei nº 12.424/2011.

Art. 1.241. Poderá o possuidor requerer ao juiz seja declarada adquirida, mediante usucapião, a propriedade imóvel.

Parágrafo único. A declaração obtida na forma deste artigo constituirá título hábil para o registro no Cartório de Registro de Imóveis.

(*) Vide Enunciados 302, 315, 316 e 596 do CJF.

Art. 1.242. Adquire também a propriedade do imóvel aquele que, contínua e incontestadamente, com justo título e boa-fé, o possuir por 10 (dez) anos.

(*) V. arts. 1.201 e 1.379 do CC.

(*) Vide Enunciados 86, 302 e 564 do CJF.

(*) Vide Súmula 340 do STF.

Parágrafo único. Será de 5 (cinco) anos o prazo previsto neste artigo se o imóvel houver sido adquirido, onerosamente, com base no registro constante do respectivo cartório, cancelada posteriormente, desde que os possuidores nele tiverem estabelecido a sua moradia, ou realizado investimentos de interesse social e econômico.

(*) V. art. 2.029 do CC.

(*) Vide Enunciado 569 do CJF.

Art. 1.243. O possuidor pode, para o fim de contar o tempo exigido pelos artigos antecedentes, acrescentar à sua posse a dos seus antecessores (art. 1.207), contanto que todas sejam contínuas, pacíficas e, nos casos do art. 1.242, com justo título e de boa-fé.

(*) V. art. 1.262 do CC.

(*) Vide Enunciado 317 do CJF.

Art. 1.244. Estende-se ao possuidor o disposto quanto ao devedor acerca das causas que obstam, suspendem ou interrompem a prescrição, as quais também se aplicam à usucapião.

(*) V. art. 197 a 206 e 1.262 do CC.

Seção II
Da Aquisição pelo Registro do Título

Art. 1.245. Transfere-se entre vivos a propriedade mediante o registro do título translativo no Registro de Imóveis.

(*) V. arts. 1.226, 1.246 e 1.247 do CC.

(*) Vide Enunciados 87 e 511 do CJF.

LIVRO III – DO DIREITO DAS COISAS   ART. 1.251

§ 1º. Enquanto não se registrar o título translativo, o alienante continua a ser havido como dono do imóvel.
(*) V. art. 1.227 do CC.

§ 2º. Enquanto não se promover, por meio de ação própria, a decretação de invalidade do registro, e o respectivo cancelamento, o adquirente continua a ser havido como dono do imóvel.
(*) Vide Enunciado 503 do CJF.

Art. 1.246. O registro é eficaz desde o momento em que se apresentar o título ao oficial do registro, e este o prenotar no protocolo.
(*) V. art. 1.227 do CC.

Art. 1.247. Se o teor do registro não exprimir a verdade, poderá o interessado reclamar que se retifique ou anule.
(*) V. arts. 1.227; e 1.245, § 2º, do CC.
(*) Vide Enunciado 624 do CJF.

Parágrafo único. Cancelado o registro, poderá o proprietário reivindicar o imóvel, independentemente da boa-fé ou do título do terceiro adquirente.

Seção III
Da Aquisição por Acessão

Art. 1.248. A acessão pode dar-se:
I – por formação de ilhas;
(*) V. art. 1.249 do CC.
II – por aluvião;
(*) V. art. 1.250 do CC.
III – por avulsão;
(*) V. art. 1.251 do CC.
IV – por abandono de álveo;
(*) V. art. 1.252 do CC.
V – por plantações ou construções.
(*) V. art. 1.253 do CC.

Subseção I
Das Ilhas

Art. 1.249. As ilhas que se formarem em correntes comuns ou particulares pertencem aos proprietários ribeirinhos fronteiros, observadas as regras seguintes:

I – as que se formarem no meio do rio consideram-se acréscimos sobrevindos aos terrenos ribeirinhos fronteiros de ambas as margens, na proporção de suas testadas, até a linha que dividir o álveo em duas partes iguais;

II – as que se formarem entre a referida linha e uma das margens consideram-se acréscimos aos terrenos ribeirinhos fronteiros desse mesmo lado;

III – as que se formarem pelo desdobramento de um novo braço do rio continuam a pertencer aos proprietários dos terrenos à custa dos quais se constituíram.

Subseção II
Da Aluvião

Art. 1.250. Os acréscimos formados, sucessiva e imperceptivelmente, por depósitos e aterros naturais ao longo das margens das correntes, ou pelo desvio das águas destas, pertencem aos donos dos terrenos marginais, sem indenização.

Parágrafo único. O terreno aluvial, que se formar em frente de prédios de proprietários diferentes, dividir-se-á entre eles, na proporção da testada de cada um sobre a antiga margem.

Subseção III
Da Avulsão

Art. 1.251. Quando, por força natural violenta, uma porção de terra se destacar de um prédio e se juntar a outro, o dono deste adquirirá a propriedade do acréscimo, se indenizar o dono do primeiro ou, sem indenização, se, em 1 (um) ano, ninguém houver reclamado.

Parágrafo único. Recusando-se ao pagamento de indenização, o dono do prédio a que se juntou a porção de terra deverá aquiescer a que se remova a parte acrescida.

Subseção IV
Do Álveo Abandonado

Art. 1.252. O álveo abandonado de corrente pertence aos proprietários ribeirinhos das duas margens, sem que tenham indenização os donos dos terrenos por onde as águas abrirem novo curso, entendendo-se que os prédios marginais se estendem até o meio do álveo.

Subseção V
Das Construções e Plantações

Art. 1.253. Toda construção ou plantação existente em um terreno presume-se feita pelo proprietário e à sua custa, até que se prove o contrário.

Art. 1.254. Aquele que semeia, planta ou edifica em terreno próprio com sementes, plantas ou materiais alheios, adquire a propriedade destes; mas fica obrigado a pagar-lhes o valor, além de responder por perdas e danos, se agiu de má-fé.

(*) V. arts. 402 a 405 e 1.214 a 1.222 do CC.

Art. 1.255. Aquele que semeia, planta ou edifica em terreno alheio perde, em proveito do proprietário, as sementes, plantas e construções; se procedeu de boa-fé, terá direito à indenização.

(*) Vide Súmula 619 do STJ.

Parágrafo único. Se a construção ou a plantação exceder consideravelmente o valor do terreno, aquele que, de boa-fé, plantou ou edificou, adquirirá a propriedade do solo, mediante pagamento da indenização fixada judicialmente, se não houver acordo.

Art. 1.256. Se de ambas as partes houve má-fé, adquirirá o proprietário as sementes, plantas e construções, devendo ressarcir o valor das acessões.

Parágrafo único. Presume-se má-fé no proprietário, quando o trabalho de construção, ou lavoura, se fez em sua presença e sem impugnação sua.

Art. 1.257. O disposto no artigo antecedente aplica-se ao caso de não pertencerem as sementes, plantas ou materiais a quem de boa-fé os empregou em solo alheio.

Parágrafo único. O proprietário das sementes, plantas ou materiais poderá cobrar do proprietário do solo a indenização devida, quando não puder havê-la do plantador ou construtor.

Art. 1.258. Se a construção, feita parcialmente em solo próprio, invade solo alheio em proporção não superior à vigésima parte deste, adquire o construtor de boa-fé a propriedade da parte do solo invadido, se o valor da construção exceder o dessa parte, e responde por indenização que represente, também, o valor da área perdida e a desvalorização da área remanescente.

Parágrafo único. Pagando em décuplo as perdas e danos previstos neste artigo, o construtor de má-fé adquire a propriedade da parte do solo que invadiu, se em proporção à vigésima parte deste e o valor da construção exceder consideravelmente o dessa parte e não se puder demolir a porção invasora sem grave prejuízo para a construção.

(*) V. arts. 402 a 405 do CC.
(*) Vide Enunciado 318 do CJF.

Art. 1.259. Se o construtor estiver de boa-fé, e a invasão do solo alheio exceder a vigésima parte deste, adquire a propriedade da parte do solo invadido, e responde por perdas e danos que abranjam o valor que a invasão acrescer à construção, mais o da área perdida e o da desvalorização da área remanescente; se de má-fé, é obrigado a demolir o que nele construiu, pagando as perdas e danos apurados, que serão devidos em dobro.

(*) V. arts. 402 a 405 do CC.

Capítulo III
DA AQUISIÇÃO DA PROPRIEDADE MÓVEL

Seção I
Da Usucapião

Art. 1.260. Aquele que possuir coisa móvel como sua, contínua e incontestadamente durante 3 (três) anos, com justo título e boa-fé, adquirir-lhe-á a propriedade.

(*) V. arts. 1.201 e 1.208 de CC.
(*) Vide Enunciado 86 do CJF.
(*) Vide Súmula 193 do STJ.

Art. 1.261. Se a posse da coisa móvel se prolongar por 5 (cinco) anos, produzirá usucapião, independentemente de título ou boa-fé.

Art. 1.262. Aplica-se à usucapião das coisas móveis o disposto nos arts. 1.243 e 1.244.

Seção II
Da Ocupação

Art. 1.263. Quem se assenhorear de coisa sem dono para logo lhe adquire a propriedade, não sendo essa ocupação defesa por lei.

(*) V. arts. 1.233 a 1.237 do CC.

Seção III
Do Achado do Tesouro

Art. 1.264. O depósito antigo de coisas preciosas, oculto e de cujo dono não haja memória, será dividido por igual entre o proprietário do prédio e o que achar o tesouro casualmente.

(*) V. art. 1.392, § 3º, do CC.

Art. 1.265. O tesouro pertencerá por inteiro ao proprietário do prédio, se for achado por ele, ou em pesquisa que ordenou, ou por terceiro não autorizado.

Art. 1.266. Achando-se em terreno aforado, o tesouro será dividido por igual entre o descobridor e o enfiteuta, ou será deste por inteiro quando ele mesmo seja o descobridor.

(*) V. art. 2.038 do CC.

Seção IV
Da Tradição

Art. 1.267. A propriedade das coisas não se transfere pelos negócios jurídicos antes da tradição.

Parágrafo único. Subentende-se a tradição quando o transmitente continua a possuir pelo constituto possessório; quando cede ao adquirente o direito à restituição da coisa, que se encontra em poder de terceiro; ou quando o adquirente já está na posse da coisa, por ocasião do negócio jurídico.

Art. 1.268. Feita por quem não seja proprietário, a tradição não aliena a propriedade, exceto se a coisa, oferecida ao público, em leilão ou estabelecimento comercial, for transferida em circunstâncias tais que, ao adquirente de boa-fé, como a qualquer pessoa, o alienante se afigurar dono.

§ 1º. Se o adquirente estiver de boa-fé e o alienante adquirir depois a propriedade, considera-se realizada a transferência desde o momento em que ocorreu a tradição.

(*) V. art. 1.420, § 1º, do CC.

§ 2º. Não transfere a propriedade a tradição, quando tiver por título um negócio jurídico nulo.

(*) V. arts. 166, 167 e 170 do CC.

Seção V
Da Especificação

Art. 1.269. Aquele que, trabalhando em matéria-prima em parte alheia, obtiver espécie nova, desta será proprietário, se não se puder restituir à forma anterior.

(*) V. arts. 1.271 e 1.274 do CC.

Art. 1.270. Se toda a matéria for alheia, e não se puder reduzir à forma precedente, será do especificador de boa-fé a espécie nova.

§ 1º. Sendo praticável a redução, ou quando impraticável, se a espécie nova se obteve de má-fé, pertencerá ao dono da matéria-prima.

(*) V. art. 1.271 do CC.

§ 2º. Em qualquer caso, inclusive o da pintura em relação à tela, da escultura, escritura e outro qualquer trabalho gráfico em relação à matéria-prima, a espécie nova será do especificador, se o seu valor exceder consideravelmente o da matéria-prima.

Art. 1.271. Aos prejudicados, nas hipóteses dos arts. 1.269 e 1.270, se ressarcirá o dano que sofrerem, menos ao especificador de má-fé, no caso do § 1º do artigo antecedente, quando irredutível a especificação.

Seção VI
Da Confusão, da Comissão♦ e da Adjunção

♦ Publicação oficial: "comissão".
Entendemos que seria: "comistão". (N.E.)

Art. 1.272. As coisas pertencentes a diversos donos, confundidas, misturadas ou adjuntadas sem o consentimento deles, continuam a pertencer-lhes, sendo possível separá-las sem deterioração.

(*) V. art. 87 do CC.

§ 1º. Não sendo possível a separação das coisas, ou exigindo dispêndio excessivo, subsiste indiviso o todo, cabendo a cada um dos donos quinhão proporcional ao valor da coisa com que entrou para a mistura ou agregado.

§ 2º. Se uma das coisas puder considerar-se principal, o dono sê-lo-á do todo, indenizando os outros.

(*) V. art. 92 do CC.

Art. 1.273. Se a confusão, comissão♦ ou adjunção se operou de má-fé, à outra parte caberá escolher entre adquirir a propriedade do todo, pagando o que não for seu, abatida a indenização que lhe for devida, ou renunciar ao que lhe pertencer, caso em que será indenizado.

♦ Publicação oficial: "comissão".
Entendemos que seria: "comistão". (N.E.)

Art. 1.274. Se da união de matérias de natureza diversa se formar espécie nova, à confusão, comissão♦ ou adjunção aplicam-se as normas dos arts. 1.272 e 1.273.

♦ Publicação oficial: "comissão".
Entendemos que seria: "comistão". (N.E.)
(*) V. arts. 1.269 e 1.271 do CC.

Capítulo IV
DA PERDA DA PROPRIEDADE

Art. 1.275. Além das causas consideradas neste Código, perde-se a propriedade:

I – por alienação;
II – pela renúncia;
III – por abandono;

(*) Vide Enunciado 565 do CJF.

IV – por perecimento da coisa;
V – por desapropriação.

(*) V. art. 519 do CC.

Parágrafo único. Nos casos dos incisos I e II, os efeitos da perda da propriedade imóvel serão subordinados ao

LIVRO III – DO DIREITO DAS COISAS   ART. 1.284

registro do título transmissivo ou do ato renunciativo no Registro de Imóveis.

Art. 1.276. O imóvel urbano que o proprietário abandonar, com a intenção de não mais o conservar em seu patrimônio, e que se não encontrar na posse de outrem, poderá ser arrecadado, como bem vago, e passar, 3 (três) anos depois, à propriedade do Município ou à do Distrito Federal, se se achar nas respectivas circunscrições.

§ 1º. O imóvel situado na zona rural, abandonado nas mesmas circunstâncias, poderá ser arrecadado, como bem vago, e passar, 3 (três) anos depois, à propriedade da União, onde quer que ele se localize.

§ 2º. Presumir-se-á de modo absoluto a intenção a que se refere este artigo, quando, cessados os atos de posse, deixar o proprietário de satisfazer os ônus fiscais.

(*) V. arts. 26, 98, 1.819, 1.823 e 1.844 do CC.
(*) Vide Enunciados 242, 243, 316 e 597 do CJF.

Capítulo V
DOS DIREITOS DE VIZINHANÇA

Seção I
Do Uso Anormal da Propriedade

Art. 1.277. O proprietário ou o possuidor de um prédio tem o direito de fazer cessar as interferências prejudiciais à segurança, ao sossego e à saúde dos que o habitam, provocadas pela utilização de propriedade vizinha.

Parágrafo único. Proíbem-se as interferências considerando-se a natureza da utilização, a localização do prédio, atendidas as normas que distribuem as edificações em zonas, e os limites ordinários de tolerância dos moradores da vizinhança.

(*) V. art. 1.228, § 2º, do CC.
(*) Vide Enunciado 319 do CJF.

Art. 1.278. O direito a que se refere o artigo antecedente não prevalece quando as interferências forem justificadas por interesse público, caso em que o proprietário ou o possuidor, causador delas, pagará ao vizinho indenização cabal.

Art. 1.279. Ainda que por decisão judicial devam ser toleradas as interferências, poderá o vizinho exigir a sua redução, ou eliminação, quando estas se tornarem possíveis.

Art. 1.280. O proprietário ou o possuidor tem direito a exigir do dono do prédio vizinho a demolição, ou a reparação deste, quando ameace ruína, bem como que lhe preste caução pelo dano iminente.

(*) V. art. 937 do CC.

Art. 1.281. O proprietário ou o possuidor de um prédio, em que alguém tenha direito de fazer obras, pode, no caso de dano iminente, exigir do autor delas as necessárias garantias contra o prejuízo eventual.

(*) V. arts. 1.311 e 1.313 do CC.

Seção II
Das Árvores Limítrofes

Art. 1.282. A árvore, cujo tronco estiver na linha divisória, presume-se pertencer em comum aos donos dos prédios confinantes.

(*) V. arts. 1.327 a 1.330 do CC.

Art. 1.283. As raízes e os ramos de árvore, que ultrapassarem a estrema do prédio, poderão ser cortados, até o plano vertical divisório, pelo proprietário do terreno invadido.

Art. 1.284. Os frutos caídos de árvore do terreno vizinho pertencem ao dono do solo onde caíram, se este for de propriedade particular.

Seção III
Da Passagem Forçada

Art. 1.285. O dono do prédio que não tiver acesso a via pública, nascente ou porto, pode, mediante pagamento de indenização cabal, constranger o vizinho a lhe dar passagem, cujo rumo será judicialmente fixado, se necessário.

§ 1º. Sofrerá o constrangimento o vizinho cujo imóvel mais natural e facilmente se prestar à passagem.

§ 2º. Se ocorrer alienação parcial do prédio, de modo que uma das partes perca o acesso a via pública, nascente ou porto, o proprietário da outra deve tolerar a passagem.

§ 3º. Aplica-se o disposto no parágrafo antecedente ainda quando, antes da alienação, existia passagem através de imóvel vizinho, não estando o proprietário deste constrangido, depois, a dar uma outra.

(*) V. arts. 1.378 a 1.389 do CC.
(*) Vide Enunciado 88 do CJF.
(*) Vide Súmula 415 do STF.

Seção IV
Da Passagem de Cabos e Tubulações

(*) V. art. 1.294 do CC.

Art. 1.286. Mediante recebimento de indenização que atenda, também, à desvalorização da área remanescente, o proprietário é obrigado a tolerar a passagem, através de seu imóvel, de cabos, tubulações e outros condutos subterrâneos de serviços de utilidade pública, em proveito de proprietários vizinhos, quando de outro modo for impossível ou excessivamente onerosa.

Parágrafo único. O proprietário prejudicado pode exigir que a instalação seja feita de modo menos gravoso ao prédio onerado, bem como, depois, seja removida, à sua custa, para outro local do imóvel.

Art. 1.287. Se as instalações oferecerem grave risco, será facultado ao proprietário do prédio onerado exigir a realização de obras de segurança.

Seção V
Das Águas

Art. 1.288. O dono ou o possuidor do prédio inferior é obrigado a receber as águas que correm naturalmente do superior, não podendo realizar obras que embaracem o seu fluxo; porém a condição natural e anterior do prédio inferior não pode ser agravada por obras feitas pelo dono ou possuidor do prédio superior.

Art. 1.289. Quando as águas, artificialmente levadas ao prédio superior, ou aí colhidas, correrem dele para o inferior, poderá o dono deste reclamar que se desviem, ou se lhe indenize o prejuízo que sofrer.

Parágrafo único. Da indenização será deduzido o valor do benefício obtido.

Art. 1.290. O proprietário de nascente, ou do solo onde caem águas pluviais, satisfeitas as necessidades de seu consumo, não pode impedir, ou desviar o curso natural das águas remanescentes pelos prédios inferiores.

Art. 1.291. O possuidor do imóvel superior não poderá poluir as águas indispensáveis às primeiras necessidades da vida dos possuidores dos imóveis inferiores; as demais, que poluir, deverá recuperar, ressarcindo os danos que estes sofrerem, se não for possível a recuperação ou o desvio do curso artificial das águas.

(*) V. art. 1.309 do CC.
(*) Vide Enunciado 244 do CJF.

Art. 1.292. O proprietário tem direito de construir barragens, açudes, ou outras obras para represamento de água em seu prédio; se as águas represadas invadirem prédio alheio, será o seu proprietário indenizado pelo dano sofrido, deduzido o valor do benefício obtido.

Art. 1.293. É permitido a quem quer que seja, mediante prévia indenização aos proprietários prejudicados, construir canais, através de prédios alheios, para receber as águas a que tenha direito, indispensáveis às primeiras necessidades da vida, e, desde que não cause prejuízo considerável à agricultura e à indústria, bem como para o escoamento de águas supérfluas ou acumuladas, ou a drenagem de terrenos.

(*) Vide Enunciado 598 do CJF.

§ 1º. Ao proprietário prejudicado, em tal caso, também assiste direito a ressarcimento pelos danos que de futuro lhe advenham da infiltração ou irrupção das águas, bem como da deterioração das obras destinadas a canalizá-las.

§ 2º. O proprietário prejudicado poderá exigir que seja subterrânea a canalização que atravessa áreas edificadas, pátios, hortas, jardins ou quintais.

§ 3º. O aqueduto será construído de maneira que cause o menor prejuízo aos proprietários dos imóveis vizinhos, e a expensas do seu dono, a quem incumbem também as despesas de conservação.

(*) V. art. 1.296 do CC.
(*) Vide Enunciado 245 do CJF.

Art. 1.294. Aplica-se ao direito de aqueduto o disposto nos arts. 1.286 e 1.287.

Art. 1.295. O aqueduto não impedirá que os proprietários cerquem os imóveis e construam sobre ele, sem prejuízo para a sua segurança e conservação; os proprietários dos imóveis poderão usar das águas do aqueduto para as primeiras necessidades da vida.

Art. 1.296. Havendo no aqueduto águas supérfluas, outros poderão canalizá-las, para os fins previstos no art. 1.293, mediante pagamento de indenização aos proprietários prejudicados e ao dono do aqueduto, de importância equivalente às despesas que então seriam necessárias para a condução das águas até o ponto de derivação.

Parágrafo único. Têm preferência os proprietários dos imóveis atravessados pelo aqueduto.

Seção VI
Dos Limites entre Prédios e do Direito de Tapagem
(*) V. arts. 1.327 a 1.330 do CC.

Art. 1.297. O proprietário tem direito a cercar, murar, valar ou tapar de qualquer modo o seu prédio, urbano ou rural, e pode constranger o seu confinante a proceder com ele à demarcação entre os dois prédios, a aviventar rumos apagados e a renovar marcos destruídos ou arruinados, repartindo-se proporcionalmente entre os interessados as respectivas despesas.

§ 1º. Os intervalos, muros, cercas e os tapumes divisórios, tais como sebes vivas, cercas de arame ou de madeira, valas ou banquetas, presumem-se, até prova em contrário, pertencer a ambos os proprietários confinantes, sendo estes obrigados, de conformidade com os costumes da localidade, a concorrer, em partes iguais, para as despesas de sua construção e conservação.

§ 2º. As sebes vivas, as árvores, ou plantas quaisquer, que servem de marco divisório, só podem ser cortadas, ou arrancadas, de comum acordo entre proprietários.

§ 3º. A construção de tapumes especiais para impedir a passagem de animais de pequeno porte, ou para outro fim, pode ser exigida de quem provocou a necessidade deles, pelo proprietário, que não está obrigado a concorrer para as despesas.

(*) V. art. 936 do CC.

Art. 1.298. Sendo confusos, os limites, em falta de outro meio, se determinarão de conformidade com a posse justa; e, não se achando ela provada, o terreno contestado se dividirá por partes iguais entre os prédios, ou, não sendo possível a divisão cômoda, se adjudicará a um deles, mediante indenização ao outro.

Seção VII
Do Direito de Construir

Art. 1.299. O proprietário pode levantar em seu terreno as construções que lhe aprouver, salvo o direito dos vizinhos e os regulamentos administrativos.

(*) V. arts. 1.277 a 1.298 do CC.

Art. 1.300. O proprietário construirá de maneira que o seu prédio não despeje águas, diretamente, sobre o prédio vizinho.

(*) V. arts. 1.288 a 1.298 do CC.

Art. 1.301. É defeso abrir janelas, ou fazer eirado, terraço ou varanda, a menos de metro e meio do terreno vizinho.

(*) Vide Súmulas 120 e 414 do STF.

§ 1º. As janelas cuja visão não incida sobre a linha divisória, bem como as perpendiculares, não poderão ser abertas a menos de 75 cm (setenta e cinco centímetros).

§ 2º. As disposições deste artigo não abrangem as aberturas para luz ou ventilação, não maiores de 10 cm (dez centímetros) de largura sobre 20 (vinte) de comprimento e construídas a mais de 2 m (dois metros) de altura de cada piso.

Art. 1.302. O proprietário pode, no lapso de ano e dia após a conclusão da obra, exigir que se desfaça janela, sacada, terraço ou goteira sobre o seu prédio; escoado o prazo, não poderá, por sua vez, edificar sem atender ao disposto no artigo antecedente, nem impedir, ou dificultar, o escoamento das águas da goteira, com prejuízo para o prédio vizinho.

(*) V. art. 1.312 do CC.

Parágrafo único. Em se tratando de vãos, ou aberturas para luz, seja qual for a quantidade, altura e disposição, o vizinho poderá, a todo tempo, levantar a sua edificação, ou contramuro, ainda que lhes vede a claridade.

Art. 1.303. Na zona rural, não será permitido levantar edificações a menos de 3 m (três metros) do terreno vizinho.

Art. 1.304. Nas cidades, vilas e povoados cuja edificação estiver adstrita a alinhamento, o dono de um terreno pode nele edificar, madeirando na parede divisória do prédio contíguo, se ela suportar a nova construção; mas terá de embolsar ao vizinho metade do valor da parede e do chão correspondentes.

(*) V. arts. 1.327 a 1.330 do CC.

Art. 1.305. O confinante, que primeiro construir, pode assentar a parede divisória até meia espessura no terreno contíguo, sem perder por isso o direito a haver meio valor dela se o vizinho a travejar, caso em que o

LIVRO III – DO DIREITO DAS COISAS

primeiro fixará a largura e a profundidade do alicerce.

(*) V. art. 1.312 do CC.

Parágrafo único. Se a parede divisória pertencer a um dos vizinhos, e não tiver capacidade para ser travejada pelo outro, não poderá este fazer-lhe alicerce ao pé sem prestar caução àquele, pelo risco a que expõe a construção anterior.

(*) V. arts. 1.327 a 1.330 do CC.

Art. 1.306. O condômino da parede-meia pode utilizá-la até ao meio da espessura, não pondo em risco a segurança ou a separação dos dois prédios, e avisando previamente o outro condômino das obras que ali tenciona fazer; não pode sem consentimento do outro, fazer, na parede-meia, armários, ou obras semelhantes, correspondendo a outras, da mesma natureza, já feitas do lado oposto.

(*) V. arts. 1.327 a 1.330 do CC.

Art. 1.307. Qualquer dos confinantes pode altear a parede divisória, se necessário reconstruindo-a, para suportar o alteamento; arcará com todas as despesas, inclusive de conservação, ou com metade, se o vizinho adquirir meação também na parte aumentada.

(*) V. arts. 1.327 a 1.330 do CC.

Art. 1.308. Não é lícito encostar à parede divisória chaminés, fogões, fornos ou quaisquer aparelhos ou depósitos suscetíveis de produzir infiltrações ou interferências prejudiciais ao vizinho.

Parágrafo único. A disposição anterior não abrange as chaminés ordinárias e os fogões de cozinha.

Art. 1.309. São proibidas construções capazes de poluir, ou inutilizar, para uso ordinário, a água do poço, ou nascente alheia, a elas preexistentes.

(*) V. art. 1.291 do CC.

Art. 1.310. Não é permitido fazer escavações ou quaisquer obras que tirem ao poço ou à nascente de outrem a água indispensável às suas necessidades normais.

(*) V. arts. 1.288 a 1.296 do CC.

Art. 1.311. Não é permitida a execução de qualquer obra ou serviço suscetível de provocar desmoronamento ou deslocação de terra, ou que comprometa a segurança do prédio vizinho, senão após haverem sido feitas as obras acautelatórias.

(*) V. arts. 1.280 e 1.281 do CC.

Parágrafo único. O proprietário do prédio vizinho tem direito a ressarcimento pelos prejuízos que sofrer, não obstante haverem sido realizadas as obras acautelatórias.

Art. 1.312. Todo aquele que violar as proibições estabelecidas nesta Seção é obrigado a demolir as construções feitas, respondendo por perdas e danos.

(*) V. arts. 402 a 405, 1.280, 1.281 e 1.302 do CC.

Art. 1.313. O proprietário ou ocupante do imóvel é obrigado a tolerar que o vizinho entre no prédio, mediante prévio aviso, para:

I – dele temporariamente usar, quando indispensável à reparação, construção, reconstrução ou limpeza de sua casa ou do muro divisório;

II – apoderar-se de coisas suas, inclusive animais que aí se encontrem casualmente.

§ 1º. O disposto neste artigo aplica-se aos casos de limpeza ou reparação de esgotos, goteiras, aparelhos higiênicos, poços e nascentes e ao aparo de cerca viva.

§ 2º. Na hipótese do inciso II, uma vez entregues as coisas buscadas pelo vizinho, poderá ser impedida a sua entrada no imóvel.

ART. 1.314 CÓDIGO CIVIL – PARTE ESPECIAL

§ 3º. Se do exercício do direito assegurado neste artigo provier dano, terá o prejudicado direito a ressarcimento.
(*) V. art. 1.281 do CC.

Capítulo VI
DO CONDOMÍNIO GERAL

Seção I
Do Condomínio Voluntário

Subseção I
Dos Direitos e Deveres dos Condôminos

Art. 1.314. Cada condômino pode usar da coisa conforme sua destinação, sobre ela exercer todos os direitos compatíveis com a indivisão, reivindicá-la de terceiro, defender a sua posse e alhear a respectiva parte ideal, ou gravá-la.
(*) V. arts. 504 e 1.199 do CC.

Parágrafo único. Nenhum dos condôminos pode alterar a destinação da coisa comum, nem dar posse, uso ou gozo dela a estranhos, sem o consenso dos outros.

Art. 1.315. O condômino é obrigado, na proporção de sua parte, a concorrer para as despesas de conservação ou divisão da coisa, e a suportar os ônus a que estiver sujeita.

Parágrafo único. Presumem-se iguais as partes ideais dos condôminos.

Art. 1.316. Pode o condômino eximir-se do pagamento das despesas e dívidas, renunciando à parte ideal.

§ 1º. Se os demais condôminos assumem as despesas e as dívidas, a renúncia lhes aproveita, adquirindo a parte ideal de quem renunciou, na proporção dos pagamentos que fizerem.

§ 2º. Se não há condômino que faça os pagamentos, a coisa comum será dividida.

Art. 1.317. Quando a dívida houver sido contraída por todos os condôminos, sem se discriminar a parte de cada um na obrigação, nem se estipular solidariedade, entende-se que cada qual se obrigou proporcionalmente ao seu quinhão na coisa comum.
(*) V. arts. 275 a 285 do CC.

Art. 1.318. As dívidas contraídas por um dos condôminos em proveito da comunhão, e durante ela, obrigam o contratante; mas terá este ação regressiva contra os demais.

Art. 1.319. Cada condômino responde aos outros pelos frutos que percebeu da coisa e pelo dano que lhe causou.
(*) V. art. 1.326 do CC.

Art. 1.320. A todo tempo será lícito ao condômino exigir a divisão da coisa comum, respondendo o quinhão de cada um pela sua parte nas despesas da divisão.
(*) V. art. 1.322 do CC.

§ 1º. Podem os condôminos acordar que fique indivisa a coisa comum por prazo não maior de 5 (cinco) anos, suscetível de prorrogação ulterior.

§ 2º. Não poderá exceder de 5 (cinco) anos a indivisão estabelecida pelo doador ou pelo testador.

§ 3º. A requerimento de qualquer interessado e se graves razões o aconselharem, pode o juiz determinar a divisão da coisa comum antes do prazo.

Art. 1.321. Aplicam-se à divisão do condomínio, no que couber, as regras de partilha de herança (arts. 2.013 a 2.022).

Art. 1.322. Quando a coisa for indivisível, e os consortes não quiserem adjudicá-la a um só, inde-

LIVRO III – DO DIREITO DAS COISAS   ART. 1.331

nizando os outros, será vendida e repartido o apurado, preferindo-se, na venda, em condições iguais de oferta, o condômino ao estranho, e entre os condôminos aquele que tiver na coisa benfeitorias mais valiosas, e, não as havendo, o de quinhão maior.

(*) V. arts. 87, 96 e 504 do CC.

Parágrafo único. Se nenhum dos condôminos tem benfeitorias na coisa comum e participam todos do condomínio em partes iguais, realizar-se-á licitação entre estranhos e, antes de adjudicada a coisa àquele que ofereceu maior lanço, proceder-se-á à licitação entre os condôminos, a fim de que a coisa seja adjudicada a quem afinal oferecer melhor lanço, preferindo, em condições iguais, o condômino ao estranho.

Subseção II
Da Administração do Condomínio

Art. 1.323. Deliberando a maioria sobre a administração da coisa comum, escolherá o administrador, que poderá ser estranho ao condomínio; resolvendo alugá-la, preferir-se-á, em condições iguais, o condômino ao que não o é.

Art. 1.324. O condômino que administrar sem oposição dos outros presume-se representante comum.

Art. 1.325. A maioria será calculada pelo valor dos quinhões.

§ 1º. As deliberações serão obrigatórias, sendo tomadas por maioria absoluta.

§ 2º. Não sendo possível alcançar maioria absoluta, decidirá o juiz, a requerimento de qualquer condômino, ouvidos os outros.

§ 3º. Havendo dúvida quanto ao valor do quinhão, será este avaliado judicialmente.

Art. 1.326. Os frutos da coisa comum, não havendo em contrário estipulação ou disposição de última vontade, serão partilhados na proporção dos quinhões.

(*) V. art. 1.319 do CC.

Seção II
Do Condomínio Necessário

Art. 1.327. O condomínio por meação de paredes, cercas, muros e valas regula-se pelo disposto neste Código (arts. 1.297 e 1.298; 1.304 a 1.307).

Art. 1.328. O proprietário que tiver direito a estremar um imóvel com paredes, cercas, muros, valas ou valados, tê-lo-á igualmente a adquirir meação na parede, muro, valado ou cerca do vizinho, embolsando-lhe metade do que atualmente valer a obra e o terreno por ela ocupado (art. 1.297).

Art. 1.329. Não convindo os dois no preço da obra, será este arbitrado por peritos, a expensas de ambos os confinantes.

Art. 1.330. Qualquer que seja o valor da meação, enquanto aquele que pretender a divisão não o pagar ou depositar, nenhum uso poderá fazer na parede, muro, vala, cerca ou qualquer outra obra divisória.

Capítulo VII
DO CONDOMÍNIO EDILÍCIO

Seção I
Disposições Gerais

Art. 1.331. Pode haver, em edificações, partes que são propriedade exclusiva, e partes que são propriedade comum dos condôminos.

ART. 1.332 CÓDIGO CIVIL – PARTE ESPECIAL

§ 1º. As partes suscetíveis de utilização independente, tais como apartamentos, escritórios, salas, lojas e sobrelojas, com as respectivas frações ideais no solo e nas outras partes comuns, sujeitam-se à propriedade exclusiva, podendo ser alienadas e gravadas livremente por seus proprietários, exceto os abrigos para veículos, que não poderão ser alienados ou alugados a pessoas estranhas ao condomínio, salvo autorização expressa na convenção de condomínio.

(*) § 1º com redação dada pela Lei nº 12.607/2012.

§ 2º. O solo, a estrutura do prédio, o telhado, a rede geral de distribuição de água, esgoto, gás e eletricidade, a calefação e refrigeração centrais, e as demais partes comuns, inclusive o acesso ao logradouro público, são utilizados em comum pelos condôminos, não podendo ser alienados separadamente, ou divididos.

§ 3º. A cada unidade imobiliária caberá, como parte inseparável, uma fração ideal no solo e nas outras partes comuns, que será identificada em forma decimal ou ordinária no instrumento de instituição do condomínio.

(*) § 3º com redação dada pela Lei nº 10.931/2004.

§ 4º. Nenhuma unidade imobiliária pode ser privada do acesso ao logradouro público.

§ 5º. O terraço de cobertura é parte comum, salvo disposição contrária da escritura de constituição do condomínio.

(*) Vide Enunciados 89, 90, 91 e 247 do CJF.

Art. 1.332. Institui-se o condomínio edilício por ato entre vivos ou testamento, registrado no Cartório de Registro de Imóveis, devendo constar daquele ato, além do disposto em lei especial:

I – a discriminação e individualização das unidades de propriedade exclusiva, estremadas uma das outras e das partes comuns;

II – a determinação da fração ideal atribuída a cada unidade, relativamente ao terreno e partes comuns;

III – o fim a que as unidades se destinam.

(*) V. arts. 1.334; 1.857; e 2.035, parágrafo único, do CC.
(*) Vide Enunciados 504 e 596 do CJF.

Art. 1.333. A convenção que constitui o condomínio edilício deve ser subscrita pelos titulares de, no mínimo, 2/3 (dois terços) das frações ideais e torna-se, desde logo, obrigatória para os titulares de direito sobre as unidades, ou para quantos sobre elas tenham posse ou detenção.

Parágrafo único. Para ser oponível contra terceiros, a convenção do condomínio deverá ser registrada no Cartório de Registro de Imóveis.

(*) Vide Súmula 260 do STJ.
(*) Vide Enunciado 504 do CJF.

Art. 1.334. Além das cláusulas referidas no art. 1.332 e das que os interessados houverem por bem estipular, a convenção determinará:

I – a quota proporcional e o modo de pagamento das contribuições dos condôminos para atender às despesas ordinárias e extraordinárias do condomínio;

II – sua forma de administração;

III – a competência das assembleias, forma de sua convocação e quórum exigido para as deliberações;

IV – as sanções a que estão sujeitos os condôminos, ou possuidores;

V – o regimento interno.

§ 1º. A convenção poderá ser feita por escritura pública ou por instrumento particular.

§ 2º. São equiparados aos proprietários, para os fins deste artigo, salvo disposição em contrário, os promitentes compradores e os cessionários de direitos relativos às unidades autônomas.

(*) Vide Enunciados 248 e 504 do CJF.

Art. 1.335. São direitos do condômino:

I – usar, fruir e livremente dispor das suas unidades;

(*) Vide Enunciado 566 do CJF.

II – usar das partes comuns, conforme a sua destinação, e contanto que não exclua a utilização dos demais compossuidores;

III – votar nas deliberações da assembleia e delas participar, estando quite.

Art. 1.336. São deveres do condômino:

I – contribuir para as despesas do condomínio na proporção das suas frações ideais, salvo disposição em contrário na convenção;

(*) Inciso I com redação dada pela Lei nº 10.931/2004.

II – não realizar obras que comprometam a segurança da edificação;

III – não alterar a forma e a cor da fachada, das partes e esquadrias externas;

IV – dar às suas partes a mesma destinação que tem a edificação, e não as utilizar de maneira prejudicial ao sossego, salubridade e segurança dos possuidores, ou aos bons costumes.

(*) V. art. 938 do CC.

§ 1º. O condômino que não pagar a sua contribuição ficará sujeito aos juros moratórios convencionados ou, não sendo previstos, os de 1% (um por cento) ao mês e multa de até 2% (dois por cento) sobre o débito.

(*) Vide Enunciado 505 do CJF.

§ 2º. O condômino, que não cumprir qualquer dos deveres estabelecidos nos incisos II a IV, pagará a multa prevista no ato constitutivo ou na convenção, não podendo ela ser superior a 5 (cinco) vezes o valor de suas contribuições mensais, independentemente das perdas e danos que se apurarem; não havendo disposição expressa, caberá à assembleia geral, por 2/3 (dois terços) no mínimo dos condôminos restantes, deliberar sobre a cobrança da multa.

Art. 1.337. O condômino, ou possuidor, que não cumpre reiteradamente com os seus deveres perante o condomínio poderá, por deliberação de 3/4 (três quartos) dos condôminos restantes, ser constrangido a pagar multa correspondente até ao quíntuplo do valor atribuído à contribuição para as despesas condominiais, conforme a gravidade das faltas e a reiteração, independentemente das perdas e danos que se apurem.

Parágrafo único. O condômino ou possuidor que, por seu reiterado comportamento antissocial, gerar incompatibilidade de convivência com os demais condôminos ou possuidores, poderá ser constrangido a pagar multa correspondente ao décuplo do valor atribuído à contribuição para as despesas condominiais, até ulterior deliberação da assembleia.

(*) V. arts. 402 a 405 do CC.
(*) Vide Enunciados 92 e 508 do CJF.

Art. 1.338. Resolvendo o condômino alugar área no abrigo para veículos, preferir-se-á, em condições iguais, qualquer dos condôminos a estranhos, e, entre todos, os possuidores.

(*) V. arts. 565 a 578 do CC.
(*) Vide Enunciado 320 do CJF.

Art. 1.339. Os direitos de cada condômino às partes comuns são inseparáveis de sua propriedade exclusiva; são também inseparáveis das frações ideais correspondentes as unidades imobiliárias, com as suas partes acessórias.

ART. 1.340

§ 1º. Nos casos deste artigo é proibido alienar ou gravar os bens em separado.

§ 2º. É permitido ao condômino alienar parte acessória de sua unidade imobiliária a outro condômino, só podendo fazê-lo a terceiro se essa faculdade constar do ato constitutivo do condomínio, e se a ela não se opuser a respectiva assembleia geral.

Art. 1.340. As despesas relativas a partes comuns de uso exclusivo de um condômino, ou de alguns deles, incumbem a quem delas se serve.

Art. 1.341. A realização de obras no condomínio depende:

I – se voluptuárias, de voto de 2/3 (dois terços) dos condôminos;

(*) V. art. 96, § 1º, do CC.

II – se úteis, de voto da maioria dos condôminos.

(*) V. art. 96, § 2º, do CC.

§ 1º. As obras ou reparações necessárias podem ser realizadas, independentemente de autorização, pelo síndico, ou, em caso de omissão ou impedimento deste, por qualquer condômino.

§ 2º. Se as obras ou reparos necessários forem urgentes e importarem em despesas excessivas, determinada sua realização, o síndico ou o condômino que tomou a iniciativa delas dará ciência à assembleia, que deverá ser convocada imediatamente.

§ 3º. Não sendo urgentes, as obras ou reparos necessários, que importarem em despesas excessivas, somente poderão ser efetuadas após autorização da assembleia, especialmente convocada pelo síndico, ou, em caso de omissão ou impedimento deste, por qualquer dos condôminos.

§ 4º. O condômino que realizar obras ou reparos necessários será reembolsado das despesas que efetuar, não tendo direito à restituição das que fizer com obras ou reparos de outra natureza, embora de interesse comum.

Art. 1.342. A realização de obras, em partes comuns, em acréscimo às já existentes, a fim de lhes facilitar ou aumentar a utilização, depende da aprovação de 2/3 (dois terços) dos votos dos condôminos, não sendo permitidas construções, nas partes comuns, suscetíveis de prejudicar a utilização, por qualquer dos condôminos, das partes próprias, ou comuns.

Art. 1.343. A construção de outro pavimento, ou, no solo comum, de outro edifício, destinado a conter novas unidades imobiliárias, depende da aprovação da unanimidade dos condôminos.

Art. 1.344. Ao proprietário do terraço de cobertura incumbem as despesas da sua conservação, de modo que não haja danos às unidades imobiliárias inferiores.

Art. 1.345. O adquirente de unidade responde pelos débitos do alienante, em relação ao condomínio, inclusive multas e juros moratórios.

Art. 1.346. É obrigatório o seguro de toda a edificação contra o risco de incêndio ou destruição, total ou parcial.

(*) V. arts. 757 e 758 do CC.

Seção II
Da Administração do Condomínio

Art. 1.347. A assembleia escolherá um síndico, que poderá não ser condômino, para administrar o condomínio, por prazo não superior a 2 (dois) anos, o qual poderá renovar-se.

Art. 1.348. Compete ao síndico:

(*) V. arts. 115 a 120 do CC.

I – convocar a assembleia dos condôminos;

LIVRO III – DO DIREITO DAS COISAS   **ART. 1.353**

II – representar, ativa e passivamente, o condomínio, praticando, em juízo ou fora dele, os atos necessários à defesa dos interesses comuns;

III – dar imediato conhecimento à assembleia da existência de procedimento judicial ou administrativo, de interesse do condomínio;

IV – cumprir e fazer cumprir a convenção, o regimento interno e as determinações da assembleia;

V – diligenciar a conservação e a guarda das partes comuns e zelar pela prestação dos serviços que interessem aos possuidores;

VI – elaborar o orçamento da receita e da despesa relativa a cada ano;

VII – cobrar dos condôminos as suas contribuições, bem como impor e cobrar as multas devidas;

VIII – prestar contas à assembleia, anualmente e quando exigidas;

IX – realizar o seguro da edificação.

§ 1º. Poderá a assembleia investir outra pessoa, em lugar do síndico, em poderes de representação.

§ 2º. O síndico pode transferir a outrem, total ou parcialmente, os poderes de representação ou as funções administrativas, mediante aprovação da assembleia, salvo disposição em contrário da convenção.

Art. 1.349. A assembleia, especialmente convocada para o fim estabelecido no § 2º do artigo antecedente, poderá, pelo voto da maioria absoluta de seus membros, destituir o síndico que praticar irregularidades, não prestar contas, ou não administrar convenientemente o condomínio.

Art. 1.350. Convocará o síndico, anualmente, reunião da assembleia dos condôminos, na forma prevista na convenção, a fim de aprovar o orçamento das despesas, as contribuições dos condôminos e a prestação de contas, e eventualmente eleger-lhe o substituto e alterar o regimento interno.

§ 1º. Se o síndico não convocar a assembleia, 1/4 (um quarto) dos condôminos poderá fazê-lo.

§ 2º. Se a assembleia não se reunir, o juiz decidirá, a requerimento de qualquer condômino.

Art. 1.351. Depende da aprovação de 2/3 (dois terços) dos votos dos condôminos a alteração da convenção, bem como a mudança da destinação do edifício ou da unidade imobiliária.

(*) Art. 1.351 alterado pela Lei nº 10.931/2004 e com redação dada pela Lei nº 14.405/2022.

(*) V. arts. 1.333 e 1.334 do CC.

(*) Vide Enunciado 665 do CJF.

Art. 1.352. Salvo quando exigido quórum especial, as deliberações da assembleia serão tomadas, em primeira convocação, por maioria de votos dos condôminos presentes que representem pelo menos metade das frações ideais.

Parágrafo único. Os votos serão proporcionais às frações ideais no solo e nas outras partes comuns pertencentes a cada condômino, salvo disposição diversa da convenção de constituição do condomínio.

Art. 1.353. Em segunda convocação, a assembleia poderá deliberar por maioria dos votos dos presentes, salvo quando exigido quórum especial.

§ 1º. Quando a deliberação exigir quórum especial previsto em lei ou em convenção e ele não for atingido, a assembleia poderá, por decisão da maioria dos presentes, autorizar o presidente a converter a reunião em sessão permanente, desde que cumulativamente:

I – sejam indicadas a data e a hora da sessão em seguimento, que não poderá ultrapassar 60 (sessenta) dias, e identificadas as deliberações pretendidas, em razão do quórum especial não atingido;

II – fiquem expressamente convocados os presentes e sejam obrigatoriamente convocadas as unidades ausentes, na forma prevista em convenção;

III – seja lavrada ata parcial, relativa ao segmento presencial da reunião da assembleia, da qual deverão constar as transcrições circunstanciadas de todos os argumentos até então apresentados relativos à ordem do dia, que deverá ser remetida aos condôminos ausentes;

IV – seja dada continuidade às deliberações no dia e na hora designados, e seja a ata correspondente lavrada em seguimento à que estava parcialmente redigida, com a consolidação de todas as deliberações.

(*) § 1º acrescido pela Lei nº 14.309/2022.

§ 2º. Os votos consignados na primeira sessão ficarão registrados, sem que haja necessidade de comparecimento dos condôminos para sua confirmação, os quais poderão, se estiverem presentes no encontro seguinte, requerer a alteração do seu voto até o desfecho da deliberação pretendida.

(*) § 2º acrescido pela Lei nº 14.309/2022.

§ 3º. A sessão permanente poderá ser prorrogada tantas vezes quantas necessárias, desde que a assembleia seja concluída no prazo total de 90 (noventa) dias, contado da data de sua abertura inicial.

(*) § 3º acrescido pela Lei nº 14.309/2022.

Art. 1.354. A assembleia não poderá deliberar se todos os condôminos não forem convocados para a reunião.

Art. 1.354-A. A convocação, a realização e a deliberação de quaisquer modalidades de assembleia poderão dar-se de forma eletrônica, desde que:

I – tal possibilidade não seja vedada na convenção de condomínio;

II – sejam preservados aos condôminos os direitos de voz, de debate e de voto.

§ 1º. Do instrumento de convocação deverá constar que a assembleia será realizada por meio eletrônico, bem como as instruções sobre acesso, manifestação e forma de coleta de votos dos condôminos.

§ 2º. A administração do condomínio não poderá ser responsabilizada por problemas decorrentes dos equipamentos de informática ou da conexão à internet dos condôminos ou de seus representantes nem por quaisquer outras situações que não estejam sob o seu controle.

§ 3º. Somente após a somatória de todos os votos e a sua divulgação será lavrada a respectiva ata, também eletrônica, e encerrada a assembleia geral.

§ 4º. A assembleia eletrônica deverá obedecer aos preceitos de instalação, de funcionamento e de encerramento previstos no edital de convocação e poderá ser realizada de forma híbrida, com a presença física e virtual de condôminos concomitantemente no mesmo ato.

§ 5º. Normas complementares relativas às assembleias eletrônicas poderão ser previstas no regimento interno do condomínio e definidas mediante aprovação da maioria simples dos presentes em assembleia convocada para essa finalidade.

§ 6º. Os documentos pertinentes à ordem do dia poderão ser disponibilizados de forma física ou eletrônica aos participantes.

(*) Art. 1.354-A acrescido pela Lei nº 14.309/2022.

Art. 1.355. Assembleias extraordinárias poderão ser convocadas pelo síndico ou por 1/4 (um quarto) dos condôminos.

Art. 1.356. Poderá haver no condomínio um conselho fiscal, composto de 3 (três) membros, eleitos pela assembleia, por prazo não superior a 2 (dois) anos, ao qual compete dar parecer sobre as contas do síndico.

LIVRO III – DO DIREITO DAS COISAS   ART. 1.358-C

Seção III
Da Extinção do Condomínio

Art. 1.357. Se a edificação for total ou consideravelmente destruída, ou ameace ruína, os condôminos deliberarão em assembleia sobre a reconstrução, ou venda, por votos que representem metade mais uma das frações ideais.

§ 1º. Deliberada a reconstrução, poderá o condômino eximir-se do pagamento das despesas respectivas, alienando os seus direitos a outros condôminos, mediante avaliação judicial.

§ 2º. Realizada a venda, em que se preferirá, em condições iguais de oferta, o condômino ao estranho, será repartido o apurado entre os condôminos, proporcionalmente ao valor das suas unidades imobiliárias.

(*) V. art. 1.358 do CC.

Art. 1.358. Se ocorrer desapropriação, a indenização será repartida na proporção a que se refere o § 2º do artigo antecedente.

(*) V. art. 1.275 do CC.
(*) Vide Enunciado 89 do CJF.

Seção IV
Do Condomínio de Lotes
(*) Seção acrescida pela Lei nº 13.465/2017.

Art. 1.358-A. Pode haver, em terrenos, partes designadas de lotes que são propriedade exclusiva e partes que são propriedade comum dos condôminos.

(*) Art. 1.358-A, *caput*, acrescido pela Lei nº 13.465/2017.

§ 1º. A fração ideal de cada condômino poderá ser proporcional à área do solo de cada unidade autônoma, ao respectivo potencial construtivo ou a outros critérios indicados no ato de instituição.

(*) § 1º acrescido pela Lei nº 13.465/2017.

§ 2º. Aplica-se, no que couber, ao condomínio de lotes:

I – o disposto sobre condomínio edilício neste Capítulo, respeitada a legislação urbanística; e

II – o regime jurídico das incorporações imobiliárias de que trata o Capítulo I do Título II da Lei nº 4.591, de 16 de dezembro de 1964, equiparando-se o empreendedor ao incorporador quanto aos aspectos civis e registrários.

(*) § 2º acrescido pela Lei nº 13.465/2017, alterado pela MP nº 1.085/2021♦ e com redação dada pela Lei nº 14.382/2022.
  ♦ MP nº 1.085/2021 convertida com alterações na Lei nº 14.382/2022.

§ 3º. Para fins de incorporação imobiliária, a implantação de toda a infraestrutura ficará a cargo do empreendedor.

(*) § 3º acrescido pela Lei nº 13.465/2017.
(*) Vide Enunciados 625 e 628 do CJF.

CAPÍTULO VII-A
DO CONDOMÍNIO
EM MULTIPROPRIEDADE
(*) Capítulo VII-A acrescido pela Lei nº 13.777/2018.

Seção I
Disposições Gerais
(*) Seção I acrescida pela Lei nº 13.777/2018.

Art. 1.358-B. A multipropriedade reger-se-á pelo disposto neste Capítulo e, de forma supletiva e subsidiária, pelas demais disposições deste Código e pelas disposições das Leis nºs 4.591, de 16 de dezembro de 1964, e 8.078, de 11 de setembro de 1990 (Código de Defesa do Consumidor).

(*) Art. 1.358-B acrescido pela Lei nº 13.777/2018.

Art. 1.358-C. Multipropriedade é o regime de condomínio em que cada um dos proprietários de um mesmo imóvel é titular de uma fração de tempo, à qual corresponde a faculdade de uso e gozo, com exclusividade, da totalidade do imóvel, a ser exercida pelos proprietários de forma alternada.

Parágrafo único. A multipropriedade não se extinguirá automaticamente se todas as frações de tempo forem do mesmo multiproprietário.

(*) Art. 1.358-C acrescido pela Lei nº 13.777/2018.

Art. 1.358-D. O imóvel objeto da multipropriedade:

I – é indivisível, não se sujeitando a ação de divisão ou de extinção de condomínio;

II – inclui as instalações, os equipamentos e o mobiliário destinados a seu uso e gozo.

(*) Art. 1.358-D acrescido pela Lei nº 13.777/2018.

Art. 1.358-E. Cada fração de tempo é indivisível.

§ 1º. O período correspondente a cada fração de tempo será de, no mínimo, 7 (sete) dias, seguidos ou intercalados, e poderá ser:

I – fixo e determinado, no mesmo período de cada ano;

II – flutuante, caso em que a determinação do período será realizada de forma periódica, mediante procedimento objetivo que respeite, em relação a todos os multiproprietários, o princípio da isonomia, devendo ser previamente divulgado; ou

III – misto, combinando os sistemas fixo e flutuante.

§ 2º. Todos os multiproprietários terão direito a uma mesma quantidade mínima de dias seguidos durante o ano, podendo haver a aquisição de frações maiores que a mínima, com o correspondente direito ao uso por períodos também maiores.

(*) Art. 1.358-E acrescido pela Lei nº 13.777/2018.

Seção II
Da Instituição da Multipropriedade
(*) Seção II acrescida pela Lei nº 13.777/2018.

Art. 1.358-F. Institui-se a multipropriedade por ato entre vivos ou testamento, registrado no competente cartório de registro de imóveis, devendo constar daquele ato a duração dos períodos correspondentes a cada fração de tempo.

(*) Art. 1.358-F acrescido pela Lei nº 13.777/2018.

Art. 1.358-G. Além das cláusulas que os multiproprietários decidirem estipular, a convenção de condomínio em multipropriedade determinará:

I – os poderes e deveres dos multiproprietários, especialmente em matéria de instalações, equipamentos e mobiliário do imóvel, de manutenção ordinária e extraordinária, de conservação e limpeza e de pagamento da contribuição condominial;

II – o número máximo de pessoas que podem ocupar simultaneamente o imóvel no período correspondente a cada fração de tempo;

III – as regras de acesso do administrador condominial ao imóvel para cumprimento do dever de manutenção, conservação e limpeza;

IV – a criação de fundo de reserva para reposição e manutenção dos equipamentos, instalações e mobiliário;

V – o regime aplicável em caso de perda ou destruição parcial ou total do imóvel, inclusive para efeitos de participação no risco ou no valor do seguro, da indenização ou da parte restante;

VI – as multas aplicáveis ao multiproprietário nas hipóteses de descumprimento de deveres.

(*) Art. 1.358-G acrescido pela Lei nº 13.777/2018.

Art. 1.358-H. O instrumento de instituição da multipropriedade ou a convenção de condomínio em multipropriedade poderá estabelecer o limite máximo de frações de tempo no mesmo imóvel que poderão ser detidas pela mesma pessoa natural ou jurídica.

Parágrafo único. Em caso de instituição da multipropriedade para posterior venda das frações de tempo a terceiros, o atendimento a eventual limite de frações de tempo por titular estabelecido no instrumento de instituição será obrigatório somente após a venda das frações.

(*) Art. 1.358-H acrescido pela Lei nº 13.777/2018.

Seção III
Dos Direitos e das Obrigações do Multiproprietário
(*) Seção III acrescida pela Lei nº 13.777/2018.

Art. 1.358-I. São direitos do multiproprietário, além daqueles previstos no instrumento de instituição e na convenção de condomínio em multipropriedade:

I – usar e gozar, durante o período correspondente à sua fração de tempo, do imóvel e de suas instalações, equipamentos e mobiliário;

II – ceder a fração de tempo em locação ou comodato;

III – alienar a fração de tempo, por ato entre vivos ou por causa de morte, a título oneroso ou gratuito, ou onerá-la, devendo a alienação e a qualificação do sucessor, ou a oneração, ser informadas ao administrador;

IV – participar e votar, pessoalmente ou por intermédio de representante ou procurador, desde que esteja quite com as obrigações condominiais, em:

a) assembleia geral do condomínio em multipropriedade, e o voto do multiproprietário corresponderá à quota de sua fração de tempo no imóvel;

b) assembleia geral do condomínio edilício, quando for o caso, e o voto do multiproprietário corresponderá à quota de sua fração de tempo em relação à quota de poder político atribuído à unidade autônoma na respectiva convenção de condomínio edilício.

(*) Art. 1.358-I acrescido pela Lei nº 13.777/2018.

Art. 1.358-J. São obrigações do multiproprietário, além daquelas previstas no instrumento de instituição e na convenção de condomínio em multipropriedade:

I – pagar a contribuição condominial do condomínio em multipropriedade e, quando for o caso, do condomínio edilício, ainda que renuncie ao uso e gozo, total ou parcial, do imóvel, das áreas comuns ou das respectivas instalações, equipamentos e mobiliário;

II – responder por danos causados ao imóvel, às instalações, aos equipamentos e ao mobiliário por si, por qualquer de seus acompanhantes, convidados ou prepostos ou por pessoas por ele autorizadas;

III – comunicar imediatamente ao administrador os defeitos, avarias e vícios no imóvel dos quais tiver ciência durante a utilização;

IV – não modificar, alterar ou substituir o mobiliário, os equipamentos e as instalações do imóvel;

V – manter o imóvel em estado de conservação e limpeza condizente com os fins a que se destina e com a natureza da respectiva construção;

VI – usar o imóvel, bem como suas instalações, equipamentos e mobiliário, conforme seu destino e natureza;

VII – usar o imóvel exclusivamente durante o período correspondente à sua fração de tempo;

VIII – desocupar o imóvel, impreterivelmente, até o dia e hora fixados no instrumento de instituição ou na convenção de condomínio em multipropriedade, sob pena de multa diária, conforme convencionado no instrumento pertinente;

IX – permitir a realização de obras ou reparos urgentes.

§ 1º. Conforme previsão que deverá constar da respectiva convenção de condomínio em multipropriedade, o multiproprietário estará sujeito a:

I – multa, no caso de descumprimento de qualquer de seus deveres;

II – multa progressiva e perda temporária do direito de utilização do imóvel no período correspondente à sua fração de tempo, no caso de descumprimento reiterado de deveres.

§ 2º. A responsabilidade pelas despesas referentes a reparos no imóvel, bem como suas instalações, equipamentos e mobiliário, será:

I – de todos os multiproprietários, quando decorrentes do uso normal e do desgaste natural do imóvel;

II – exclusivamente do multiproprietário responsável pelo uso anormal, sem prejuízo de multa, quando decorrentes de uso anormal do imóvel.

§ 3º. (Vetado).

§ 4º. (Vetado).

§ 5º. (Vetado).

(*) Art. 1.358-J acrescido pela Lei nº 13.777/2018.

Art. 1.358-K. Para os efeitos do disposto nesta Seção, são equiparados aos multiproprietários os promitentes compradores e os cessionários de direitos relativos a cada fração de tempo.

(*) Art. 1.358-K acrescido pela Lei nº 13.777/2018.

Seção IV
Da Transferência
da Multipropriedade

(*) Seção IV acrescida pela Lei nº 13.777/2018.

Art. 1.358-L. A transferência do direito de multipropriedade e a sua produção de efeitos perante terceiros dar-se-ão na forma da lei civil e não dependerão da anuência ou cientificação dos demais multiproprietários.

§ 1º. Não haverá direito de preferência na alienação de fração de tempo, salvo se estabelecido no instrumento de instituição ou na convenção do condomínio em multipropriedade em favor dos demais multiproprietários ou do instituidor do condomínio em multipropriedade.

§ 2º. O adquirente será solidariamente responsável com o alienante pelas obrigações de que trata o § 5º do art. 1.358-J deste Código caso não obtenha a declaração de inexistência de débitos referente à fração de tempo no momento de sua aquisição.

(*) Art. 1.358-L acrescido pela Lei nº 13.777/2018.

Seção V
Da Administração
da Multipropriedade

(*) Seção V acrescida pela Lei nº 13.777/2018.

Art. 1.358-M. A administração do imóvel e de suas instalações, equipamentos e mobiliário será de responsabilidade da pessoa indicada no instrumento de instituição ou na convenção de condomínio em multipropriedade, ou, na falta de indicação, de pessoa escolhida em assembleia geral dos condôminos.

§ 1º. O administrador exercerá, além daquelas previstas no instrumento de instituição e na convenção de condomínio em multipropriedade, as seguintes atribuições:

I – coordenação da utilização do imóvel pelos multiproprietários durante o período correspondente a suas respectivas frações de tempo;

II – determinação, no caso dos sistemas flutuante ou misto, dos períodos concretos de uso e gozo exclusivos de cada multiproprietário em cada ano;

III – manutenção, conservação e limpeza do imóvel;

IV – troca ou substituição de instalações, equipamentos ou mobiliário, inclusive:

a) determinar a necessidade da troca ou substituição;

b) providenciar os orçamentos necessários para a troca ou substituição;

c) submeter os orçamentos à aprovação pela maioria simples dos condôminos em assembleia;

V – elaboração do orçamento anual, com previsão das receitas e despesas;

VI – cobrança das quotas de custeio de responsabilidade dos multiproprietários;

VII – pagamento, por conta do condomínio edilício ou voluntário, com os fundos comuns arrecadados, de todas as despesas comuns.

§ 2º. A convenção de condomínio em multipropriedade poderá regrar de forma diversa a atribuição prevista no inciso IV do § 1º deste artigo.

(*) Art. 1.358-M acrescido pela Lei nº 13.777/2018.

Art. 1.358-N. O instrumento de instituição poderá prever fração de tempo destinada à realização, no imóvel e em suas instalações, em seus equipamentos e em seu mobiliário, de reparos indispensáveis ao exercício normal do direito de multipropriedade.

§ 1º. A fração de tempo de que trata o *caput* deste artigo poderá ser atribuída:

I – ao instituidor da multipropriedade; ou

II – aos multiproprietários, proporcionalmente às respectivas frações.

§ 2º. Em caso de emergência, os reparos de que trata o *caput* deste artigo poderão ser feitos durante o período correspondente à fração de tempo de um dos multiproprietários.

(*) Art. 1.358-N acrescido pela Lei nº 13.777/2018.

Seção VI
Disposições Específicas Relativas às Unidades Autônomas de Condomínios Edilícios

(*) Seção VI acrescida pela Lei nº 13.777/2018.

Art. 1.358-O. O condomínio edilício poderá adotar o regime de multipropriedade em parte ou na totalidade de suas unidades autônomas, mediante:

I – previsão no instrumento de instituição; ou

II – deliberação da maioria absoluta dos condôminos.

Parágrafo único. No caso previsto no inciso I do *caput* deste artigo, a iniciativa e a responsabilidade para a instituição do regime da multipropriedade serão atribuídas às mesmas pessoas e observarão os mesmos requisitos indicados nas alíneas a, b e c e no § 1º do art. 31 da Lei nº 4.591, de 16 de dezembro de 1964.

(*) Art. 1.358-O acrescido pela Lei nº 13.777/2018.

Art. 1.358-P. Na hipótese do art. 1.358-O, a convenção de condomínio edilício deve prever, além das matérias elencadas nos arts. 1.332, 1.334 e, se for o caso, 1.358-G deste Código:

I – a identificação das unidades sujeitas ao regime da multipropriedade, no caso de empreendimentos mistos;

II – a indicação da duração das frações de tempo de cada unidade autônoma sujeita ao regime da multipropriedade;

III – a forma de rateio, entre os multiproprietários de uma mesma unidade autônoma, das contribuições condominiais relativas à unidade, que, salvo se disciplinada de forma diversa no instrumento de instituição ou na convenção de condomínio em multipropriedade, será proporcional à fração de tempo de cada multiproprietário;

IV – a especificação das despesas ordinárias, cujo custeio será obrigatório, independentemente do uso e gozo do imóvel e das áreas comuns;

V – os órgãos de administração da multipropriedade;

VI – a indicação, se for o caso, de que o empreendimento conta com sistema de administração de intercâmbio, na forma prevista no § 2º do art. 23 da Lei nº 11.771, de 17 de setembro de 2008, seja do período de fruição da fração de tempo, seja do local de fruição, caso em que a responsabilidade e as obrigações da companhia de intercâmbio limitam-se ao contido na documentação de sua contratação;

VII – a competência para a imposição de sanções e o respectivo procedimento, especialmente nos casos de mora no cumprimento das obrigações de custeio e nos casos de descumprimento da obrigação de desocupar o imóvel até o dia e hora previstos;

VIII – o quórum exigido para a deliberação de adjudicação da fração de tempo na hipótese de inadimplemento do respectivo multiproprietário;

IX – o quórum exigido para a deliberação de alienação, pelo condomínio edilício, da fração de tempo adjudicada em virtude do inadimplemento do respectivo multiproprietário.

(*) Art. 1.358-P acrescido pela Lei nº 13.777/2018.

Art. 1.358-Q. Na hipótese do art. 1.358-O deste Código, o regimento interno do condomínio edilício deve prever:

I – os direitos dos multiproprietários sobre as partes comuns do condomínio edilício;

II – os direitos e obrigações do administrador, inclusive quanto ao acesso ao imóvel para cumprimento do dever de manutenção, conservação e limpeza;

III – as condições e regras para uso das áreas comuns;

IV – os procedimentos a serem observados para uso e gozo dos imóveis e das instalações, equipamentos e mobiliário destinados ao regime da multipropriedade;

V – o número máximo de pessoas que podem ocupar simultaneamente o imóvel no período correspondente a cada fração de tempo;

VI – as regras de convivência entre os multiproprietários e os ocupantes de unidades autônomas não sujeitas ao regime da multipropriedade, quando se tratar de empreendimentos mistos;

VII – a forma de contribuição, destinação e gestão do fundo de reserva específico para cada imóvel, para reposição e manutenção dos equipamentos, instalações e mobiliário, sem prejuízo do fundo de reserva do condomínio edilício;

VIII – a possibilidade de realização de assembleias não presenciais, inclusive por meio eletrônico;

IX – os mecanismos de participação e representação dos titulares;

X – o funcionamento do sistema de reserva, os meios de confirmação e os requisitos a serem cumpridos pelo multiproprietário quando não exercer diretamente sua faculdade de uso;

XI – a descrição dos serviços adicionais, se existentes, e as regras para seu uso e custeio.

Parágrafo único. O regimento interno poderá ser instituído por escritura pública ou por instrumento particular.

(*) Art. 1.358-Q acrescido pela Lei nº 13.777/2018.

Art. 1.358-R. O condomínio edilício em que tenha sido instituído o regime de multipropriedade em parte

LIVRO III – DO DIREITO DAS COISAS ART. 1.358-U

ou na totalidade de suas unidades autônomas terá necessariamente um administrador profissional.

§ 1º. O prazo de duração do contrato de administração será livremente convencionado.

§ 2º. O administrador do condomínio referido no *caput* deste artigo será também o administrador de todos os condomínios em multipropriedade de suas unidades autônomas.

§ 3º. O administrador será mandatário legal de todos os multiproprietários, exclusivamente para a realização dos atos de gestão ordinária da multipropriedade, incluindo manutenção, conservação e limpeza do imóvel e de suas instalações, equipamentos e mobiliário.

§ 4º. O administrador poderá modificar o regimento interno quanto aos aspectos estritamente operacionais da gestão da multipropriedade no condomínio edilício.

§ 5º. O administrador pode ser ou não um prestador de serviços de hospedagem.

(*) Art. 1.358-R acrescido pela Lei nº 13.777/2018.

Art. 1.358-S. Na hipótese de inadimplemento, por parte do multiproprietário, da obrigação de custeio das despesas ordinárias ou extraordinárias, é cabível, na forma da lei processual civil, a adjudicação ao condomínio edilício da fração de tempo correspondente.

Parágrafo único. Na hipótese de o imóvel objeto da multipropriedade ser parte integrante de empreendimento em que haja sistema de locação das frações de tempo no qual os titulares possam ou sejam obrigados a locar suas frações de tempo exclusivamente por meio de uma administração única, repartindo entre si as receitas das locações independentemente da efetiva ocupação de cada unidade autônoma, poderá a convenção do condomínio edilício regrar que em caso de inadimplência:

I – o inadimplente fique proibido de utilizar o imóvel até a integral quitação da dívida;

II – a fração de tempo do inadimplente passe a integrar o *pool* da administradora;

III – a administradora do sistema de locação fique automaticamente munida de poderes e obrigada a, por conta e ordem do inadimplente, utilizar a integralidade dos valores líquidos a que o inadimplente tiver direito para amortizar suas dívidas condominiais, seja do condomínio edilício, seja do condomínio em multipropriedade, até sua integral quitação, devendo eventual saldo ser imediatamente repassado ao multiproprietário.

(*) Art. 1.358-S acrescido pela Lei nº 13.777/2018.

Art. 1.358-T. O multiproprietário somente poderá renunciar de forma translativa a seu direito de multipropriedade em favor do condomínio edilício.

Parágrafo único. A renúncia de que trata o *caput* deste artigo só é admitida se o multiproprietário estiver em dia com as contribuições condominiais, com os tributos imobiliários e, se houver, com o foro ou a taxa de ocupação.

(*) Art. 1.358-T acrescido pela Lei nº 13.777/2018.

Art. 1.358-U. As convenções dos condomínios edilícios, os memoriais de loteamentos e os instrumentos de venda dos lotes em loteamentos urbanos poderão limitar ou impedir a instituição da multipropriedade nos respectivos imóveis, vedação que somente poderá ser alterada no mínimo pela maioria absoluta dos condôminos.

(*) Art. 1.358-U acrescido pela Lei nº 13.777/2018.

Capítulo VIII
DA PROPRIEDADE RESOLÚVEL

Art. 1.359. Resolvida a propriedade pelo implemento da condição ou pelo advento do termo, entendem-se também resolvidos os direitos reais concedidos na sua pendência, e o proprietário, em cujo favor se opera a resolução, pode reivindicar a coisa do poder de quem a possua ou detenha.

(*) V. arts. 128, 547 e 1.953 do CC.
(*) Vide Enunciado 509 do CJF.

Art. 1.360. Se a propriedade se resolver por outra causa superveniente, o possuidor, que a tiver adquirido por título anterior à sua resolução, será considerado proprietário perfeito, restando à pessoa, em cujo benefício houve a resolução, ação contra aquele cuja propriedade se resolveu para haver a própria coisa ou o seu valor.

(*) Vide Enunciado 509 do CJF.

Capítulo IX
DA PROPRIEDADE FIDUCIÁRIA

Art. 1.361. Considera-se fiduciária a propriedade resolúvel de coisa móvel infungível que o devedor, com escopo de garantia, transfere ao credor.

§ 1º. Constitui-se a propriedade fiduciária com o registro do contrato, celebrado por instrumento público ou particular, que lhe serve de título, no Registro de Títulos e Documentos do domicílio do devedor, ou, em se tratando de veículos, na repartição competente para o licenciamento, fazendo-se a anotação no certificado de registro.

(*) Vide Enunciado 506 do CJF.
(*) Vide Tema 349 do STF.

§ 2º. Com a constituição da propriedade fiduciária, dá-se o desdobramento da posse, tornando-se o devedor possuidor direto da coisa.

(*) V. art. 1.197 do CC.

§ 3º. A propriedade superveniente, adquirida pelo devedor, torna eficaz, desde o arquivamento, a transferência da propriedade fiduciária.

(*) Vide Súmulas 28 e 92 do STJ.

Art. 1.362. O contrato, que serve de título à propriedade fiduciária, conterá:

I – o total da dívida, ou sua estimativa;

II – o prazo, ou a época do pagamento;

III – a taxa de juros, se houver;

IV – a descrição da coisa objeto da transferência, com os elementos indispensáveis à sua identificação.

(*) V. art. 1.361, § 1º, do CC.

Art. 1.363. Antes de vencida a dívida, o devedor, a suas expensas e risco, pode usar a coisa segundo sua destinação, sendo obrigado, como depositário:

I – a empregar na guarda da coisa a diligência exigida por sua natureza;

II – a entregá-la ao credor, se a dívida não for paga no vencimento.

Art. 1.364. Vencida a dívida, e não paga, fica o credor obrigado a vender, judicial ou extrajudicialmente, a coisa a terceiros, a aplicar o preço no pagamento de seu crédito e das despesas de cobrança, e a entregar o saldo, se houver, ao devedor.

(*) Vide Enunciados 325, 511, 567 e 591 do CJF.
(*) Vide Súmulas 72 e 245 do STJ.

Art. 1.365. É nula a cláusula que autoriza o proprietário fiduciário a ficar com a coisa alienada em garantia, se a dívida não for paga no vencimento.

Parágrafo único. O devedor pode, com a anuência do credor, dar seu direito eventual à coisa em pagamento da dívida, após o vencimento desta.

Art. 1.366. Quando, vendida a coisa, o produto não bastar para o pagamento da dívida e das despesas de cobrança, continuará o devedor obrigado pelo restante.

Art. 1.367. A propriedade fiduciária em garantia de bens móveis ou imóveis sujeita-se às disposições do Capítulo I do Título X do Livro III da Parte Especial deste Código e, no que for específico, à legislação especial pertinente, não se equiparando, para quaisquer efeitos, à propriedade plena de que trata o art. 1.231.

(*) Art. 1.367 com redação dada pela Lei nº 13.043/2014.

Art. 1.368. O terceiro, interessado ou não, que pagar a dívida, se sub-rogará de pleno direito no crédito e na propriedade fiduciária.

(*) V. arts. 346 a 351 do CC.

Art. 1.368-A. As demais espécies de propriedade fiduciária ou de titularidade fiduciária submetem-se à disciplina específica das respectivas leis especiais, somente se aplicando as disposições deste Código naquilo que não for incompatível com a legislação especial.

(*) Art. 1.368-A acrescido pela Lei nº 10.931/2004.
(*) Vide Enunciados 323 e 324 do CJF.

Art. 1.368-B. A alienação fiduciária em garantia de bem móvel ou imóvel confere direito real de aquisição ao fiduciante, seu cessionário ou sucessor.

(*) Art. 1.368-B, caput, acrescido pela Lei nº 13.043/2014.

Parágrafo único. O credor fiduciário que se tornar proprietário pleno do bem, por efeito de realização da garantia, mediante consolidação da propriedade, adjudicação, dação ou outra forma pela qual lhe tenha sido transmitida a propriedade plena, passa a responder pelo pagamento dos tributos sobre a propriedade e a posse, taxas, despesas condominiais e quaisquer outros encargos, tributários ou não, incidentes sobre o bem objeto da garantia, a partir da data em que vier a ser imitido na posse direta do bem.

(*) Parágrafo único acrescido pela Lei nº 13.043/2014.

CAPÍTULO X
DO FUNDO DE INVESTIMENTO
(*) Capítulo X acrescido pela Lei nº 13.874/2019.

Art. 1.368-C. O fundo de investimento é uma comunhão de recursos, constituído sob a forma de condomínio de natureza especial, destinado à aplicação em ativos financeiros, bens e direitos de qualquer natureza.

§ 1º. Não se aplicam ao fundo de investimento as disposições constantes dos arts. 1.314 ao 1.358-A deste Código.

§ 2º. Competirá à Comissão de Valores Mobiliários disciplinar o disposto no caput deste artigo.

§ 3º. O registro dos regulamentos dos fundos de investimentos na Comissão de Valores Mobiliários é condição suficiente para garantir a sua publicidade e a oponibilidade de efeitos em relação a terceiros.

(*) Art. 1.368-C acrescido pela Lei nº 13.874/2019.

Art. 1.368-D. O regulamento do fundo de investimento poderá, observado o disposto na regulamentação a que se refere o § 2º do art. 1.368-C desta Lei, estabelecer:

I – a limitação da responsabilidade de cada investidor ao valor de suas cotas;

II – a limitação da responsabilidade, bem como parâmetros de sua aferição, dos prestadores de serviços do fundo de investimento, perante o condomínio e entre si, ao cumprimento dos deveres particulares de cada um, sem solidariedade; e

III – classes de cotas com direitos e obrigações distintos, com possibilidade de constituir patrimônio segregado para cada classe.

§ 1º. A adoção da responsabilidade limitada por fundo de investimento constituído sem a limitação de responsabilidade somente abrangerá fatos ocorridos após a respectiva mudança em seu regulamento.

§ 2º. A avaliação de responsabilidade dos prestadores de serviço deverá levar sempre em consideração os riscos inerentes às aplicações nos mercados de atuação do fundo de investimento e a natureza de obrigação de meio de seus serviços.

§ 3º. O patrimônio segregado referido no inciso III do *caput* deste artigo só responderá por obrigações vinculadas à classe respectiva, nos termos do regulamento.

(*) Art. 1.368-D acrescido pela Lei nº 13.874/2019.

Art. 1.368-E. Os fundos de investimento respondem diretamente pelas obrigações legais e contratuais por eles assumidas, e os prestadores de serviço não respondem por essas obrigações, mas respondem pelos prejuízos que causarem quando procederem com dolo ou má-fé.

§ 1º. Se o fundo de investimento com limitação de responsabilidade não possuir patrimônio suficiente para responder por suas dívidas, aplicam-se as regras de insolvência previstas nos arts. 955 a 965 deste Código.

§ 2º. A insolvência pode ser requerida judicialmente por credores, por deliberação própria dos cotistas do fundo de investimento, nos termos de seu regulamento, ou pela Comissão de Valores Mobiliários.

(*) Art. 1.368-E acrescido pela Lei nº 13.874/2019.

Art. 1.368-F. O fundo de investimento constituído por lei específica e regulamentado pela Comissão de Valores Mobiliários deverá, no que couber, seguir as disposições deste Capítulo.

(*) Art. 1.368-F acrescido pela Lei nº 13.874/2019.

TÍTULO IV
DA SUPERFÍCIE

Art. 1.369. O proprietário pode conceder a outrem o direito de construir ou de plantar em seu terreno, por tempo determinado, mediante escritura pública devidamente registrada no Cartório de Registro de Imóveis.

Parágrafo único. O direito de superfície não autoriza obra no subsolo, salvo se for inerente ao objeto da concessão.

(*) Vide Enunciados 93, 249, 250, 251, 321 e 568 do CJF.

Art. 1.370. A concessão da superfície será gratuita ou onerosa; se onerosa, estipularão as partes se o pagamento será feito de uma só vez, ou parceladamente.

Art. 1.371. O superficiário responderá pelos encargos e tributos que incidirem sobre o imóvel.

(*) Vide Enunciado 94 do CJF.

Art. 1.372. O direito de superfície pode transferir-se a terceiros e, por morte do superficiário, aos seus herdeiros.

(*) V. art. 1.784 do CC.

Parágrafo único. Não poderá ser estipulado pelo concedente, a nenhum título, qualquer pagamento pela transferência.

(*) V. arts. 513 a 520 do CC.

Art. 1.373. Em caso de alienação do imóvel ou do direito de superfície, o superficiário ou o proprietário tem direito de preferência, em igualdade de condições.

(*) Vide Enunciado 510 do CJF.

Art. 1.374. Antes do termo final, resolver-se-á a concessão se o superficiário der ao terreno destinação diversa daquela para que foi concedida.

Art. 1.375. Extinta a concessão, o proprietário passará a ter a propriedade plena sobre o terreno, construção ou plantação, independentemente de indenização, se as partes não houverem estipulado o contrário.

Art. 1.376. No caso de extinção do direito de superfície em consequência de desapropriação, a indenização cabe ao proprietário e ao superficiário, no valor correspondente ao direito real de cada um.

(*) Vide Enunciado 322 do CJF.

Art. 1.377. O direito de superfície, constituído por pessoa jurídica de direito público interno, rege-se por este Código, no que não for diversamente disciplinado em lei especial.

TÍTULO V
DAS SERVIDÕES

Capítulo I
DA CONSTITUIÇÃO DAS SERVIDÕES

(*) Vide Súmulas 120 e 415 do STF.
(*) Vide Súmula 56 do STJ.

Art. 1.378. A servidão proporciona utilidade para o prédio dominante, e grava o prédio serviente, que pertence a diverso dono, e constitui-se mediante declaração expressa dos proprietários, ou por testamento, e subsequente registro no Cartório de Registro de Imóveis.

(*) V. arts. 1.225, III; e 1.227 do CC.

Art. 1.379. O exercício incontestado e contínuo de uma servidão aparente, por 10 (dez) anos, nos termos do art. 1.242, autoriza o interessado a registrá-la em seu nome no Registro de Imóveis, valendo-lhe como título a sentença que julgar consumado a usucapião.

Parágrafo único. Se o possuidor não tiver título, o prazo da usucapião será de 20 (vinte) anos.

(*) V. art. 1.238 do CC.
(*) Vide Enunciado 251 do CJF.

Capítulo II
DO EXERCÍCIO DAS SERVIDÕES

Art. 1.380. O dono de uma servidão pode fazer todas as obras necessárias à sua conservação e uso, e, se a servidão pertencer a mais de um prédio, serão as despesas rateadas entre os respectivos donos.

Art. 1.381. As obras a que se refere o artigo antecedente devem ser feitas pelo dono do prédio dominante, se o contrário não dispuser expressamente o título.

Art. 1.382. Quando a obrigação incumbir ao dono do prédio serviente, este poderá exonerar-se, abandonando, total ou parcialmente, a propriedade ao dono do dominante.

Parágrafo único. Se o proprietário do prédio dominante se recusar a receber a propriedade do serviente, ou parte dela, caber-lhe-á custear as obras.

Art. 1.383. O dono do prédio serviente não poderá embaraçar de modo algum o exercício legítimo da servidão.

Art. 1.384. A servidão pode ser removida, de um local para outro, pelo dono do prédio serviente e à sua custa, se em nada diminuir as vantagens do prédio dominante, ou pelo dono deste e à sua custa, se houver considerável incremento da utilidade e não prejudicar o prédio serviente.

Art. 1.385. Restringir-se-á o exercício da servidão às necessidades do prédio dominante, evitando-se, quanto possível, agravar o encargo ao prédio serviente.

§ 1º. Constituída para certo fim, a servidão não se pode ampliar a outro.

§ 2º. Nas servidões de trânsito, a de maior inclui a de menor ônus, e a menor exclui a mais onerosa.

§ 3º. Se as necessidades da cultura, ou da indústria, do prédio dominante impuserem à servidão maior largueza, o dono do serviente é obrigado a sofrê-la; mas tem direito a ser indenizado pelo excesso.

Art. 1.386. As servidões prediais são indivisíveis, e subsistem, no caso de divisão dos imóveis, em benefício de cada uma das porções do prédio dominante, e continuam a gravar cada uma das do prédio serviente, salvo se, por natureza, ou destino, só se aplicarem a certa parte de um ou de outro.

Capítulo III
DA EXTINÇÃO DAS SERVIDÕES

Art. 1.387. Salvo nas desapropriações, a servidão, uma vez registrada, só se extingue, com respeito a terceiros, quando cancelada.

Parágrafo único. Se o prédio dominante estiver hipotecado, e a servidão se mencionar no título hipotecário, será também preciso, para a cancelar, o consentimento do credor.

(*) V. arts. 1.473 a 1.505 do CC.

Art. 1.388. O dono do prédio serviente tem direito, pelos meios judiciais, ao cancelamento do registro, embora o dono do prédio dominante lho impugne:

I – quando o titular houver renunciado a sua servidão;

II – quando tiver cessado, para o prédio dominante, a utilidade ou a comodidade, que determinou a constituição da servidão;

III – quando o dono do prédio serviente resgatar a servidão.

Art. 1.389. Também se extingue a servidão, ficando ao dono do prédio serviente a faculdade de fazê-la cancelar, mediante a prova da extinção:

I – pela reunião dos dois prédios no domínio da mesma pessoa;

II – pela supressão das respectivas obras por efeito de contrato, ou de outro título expresso;

III – pelo não uso, durante 10 (dez) anos contínuos.

TÍTULO VI
DO USUFRUTO

Capítulo I
DISPOSIÇÕES GERAIS

Art. 1.390. O usufruto pode recair em um ou mais bens, móveis ou imóveis, em um patrimônio inteiro, ou parte deste, abrangendo-lhe, no todo ou em parte, os frutos e utilidades.

Art. 1.391. O usufruto de imóveis, quando não resulte de usu-

LIVRO III – DO DIREITO DAS COISAS   ART. 1.400

capião, constituir-se-á mediante registro no Cartório de Registro de Imóveis.
(*) V. art. 1.227 do CC.

Art. 1.392. Salvo disposição em contrário, o usufruto estende-se aos acessórios da coisa e seus acrescidos.

§ 1º. Se, entre os acessórios e os acrescidos, houver coisas consumíveis, terá o usufrutuário o dever de restituir, findo o usufruto, as que ainda houver e, das outras, o equivalente em gênero, qualidade e quantidade, ou, não sendo possível, o seu valor, estimado ao tempo da restituição.

§ 2º. Se há no prédio em que recai o usufruto florestas ou os recursos minerais a que se refere o art. 1.230, devem o dono e o usufrutuário prefixar-lhe a extensão do gozo e a maneira de exploração.

§ 3º. Se o usufruto recai sobre universalidade ou quota-parte de bens, o usufrutuário tem direito à parte do tesouro achado por outrem, e ao preço pago pelo vizinho do prédio usufruído, para obter meação em parede, cerca, muro, vala ou valado.
(*) V. arts. 85, 86, 90, 92, 96, 97, 1.248, 1.345 e 1.264 a 1.266 do CC.

Art. 1.393. Não se pode transferir o usufruto por alienação; mas o seu exercício pode ceder-se por título gratuito ou oneroso.
(*) V. art. 1.399 do CC.

Capítulo II
DOS DIREITOS DO USUFRUTUÁRIO

Art. 1.394. O usufrutuário tem direito à posse, uso, administração e percepção dos frutos.
(*) V. arts. 1.196, 1.197, 1.392, 1.395, 1.396, 1.397, 1.398, 1.401 e 1.402 do CC.

Art. 1.395. Quando o usufruto recai em títulos de crédito, o usufrutuário tem direito a perceber os frutos e a cobrar as respectivas dívidas.
(*) V. arts. 887 a 903 do CC.

Parágrafo único. Cobradas as dívidas, o usufrutuário aplicará, de imediato, a importância em títulos da mesma natureza, ou em títulos da dívida pública federal, com cláusula de atualização monetária segundo índices oficiais regularmente estabelecidos.

Art. 1.396. Salvo direito adquirido por outrem, o usufrutuário faz seus os frutos naturais, pendentes ao começar o usufruto, sem encargo de pagar as despesas de produção.
(*) V. art. 1.215 do CC.

Parágrafo único. Os frutos naturais, pendentes ao tempo em que cessa o usufruto, pertencem ao dono, também sem compensação das despesas.

Art. 1.397. As crias dos animais pertencem ao usufrutuário, deduzidas quantas bastem para inteirar as cabeças de gado existentes ao começar o usufruto.

Art. 1.398. Os frutos civis, vencidos na data inicial do usufruto, pertencem ao proprietário, e ao usufrutuário os vencidos na data em que cessa o usufruto.
(*) V. art. 1.215 do CC.

Art. 1.399. O usufrutuário pode usufruir em pessoa, ou mediante arrendamento, o prédio, mas não mudar-lhe a destinação econômica, sem expressa autorização do proprietário.
(*) V. art. 1.393 do CC.

Capítulo III
DOS DEVERES DO USUFRUTUÁRIO

Art. 1.400. O usufrutuário, antes de assumir o usufruto, inventariará, à sua custa, os bens que receber, determinando o estado em que se acham, e dará caução, fidejussória ou real, se lha exigir o dono, de velar-lhes pela conservação, e entregá-los findo o usufruto.

Parágrafo único. Não é obrigado à caução o doador que se reservar o usufruto da coisa doada.

Art. 1.401. O usufrutuário que não quiser ou não puder dar caução suficiente perderá o direito de administrar o usufruto; e, neste caso, os bens serão administrados pelo proprietário, que ficará obrigado, mediante caução, a entregar ao usufrutuário o rendimento deles, deduzidas as despesas de administração, entre as quais se incluirá a quantia fixada pelo juiz como remuneração do administrador.

Art. 1.402. O usufrutuário não é obrigado a pagar as deteriorações resultantes do exercício regular do usufruto.

Art. 1.403. Incumbem ao usufrutuário:

I – as despesas ordinárias de conservação dos bens no estado em que os recebeu;

II – as prestações e os tributos devidos pela posse ou rendimento da coisa usufruída.

Art. 1.404. Incumbem ao dono as reparações extraordinárias e as que não forem de custo módico; mas o usufrutuário lhe pagará os juros do capital despendido com as que forem necessárias à conservação, ou aumentarem o rendimento da coisa usufruída.

§ 1º. Não se consideram módicas as despesas superiores a 2/3 (dois terços) do líquido rendimento em 1 (um) ano.

§ 2º. Se o dono não fizer as reparações a que está obrigado, e que são indispensáveis à conservação da coisa, o usufrutuário pode realizá-las, cobrando daquele a importância despendida.

Art. 1.405. Se o usufruto recair num patrimônio, ou parte deste, será o usufrutuário obrigado aos juros da dívida que onerar o patrimônio ou a parte dele.

Art. 1.406. O usufrutuário é obrigado a dar ciência ao dono de qualquer lesão produzida contra a posse da coisa, ou os direitos deste.

Art. 1.407. Se a coisa estiver segurada, incumbe ao usufrutuário pagar, durante o usufruto, as contribuições do seguro.

§ 1º. Se o usufrutuário fizer o seguro, ao proprietário caberá o direito dele resultante contra o segurador.

§ 2º. Em qualquer hipótese, o direito do usufrutuário fica sub-rogado no valor da indenização do seguro.

(*) V. arts. 757 a 788 e 1.410 do CC.

Art. 1.408. Se um edifício sujeito a usufruto for destruído sem culpa do proprietário, não será este obrigado a reconstruí-lo, nem o usufruto se restabelecerá, se o proprietário reconstruir à sua custa o prédio; mas se a indenização do seguro for aplicada à reconstrução do prédio, restabelecer-se-á o usufruto.

(*) V. arts. 1.275, IV; e 1.410 do CC.

Art. 1.409. Também fica sub-rogada no ônus do usufruto, em lugar do prédio, a indenização paga, se ele for desapropriado, ou a importância do dano, ressarcido pelo ter-

LIVRO III – DO DIREITO DAS COISAS   ART. 1.416

ceiro responsável no caso de danificação ou perda.

(*) V. art. 1.410 do CC.

Capítulo IV
DA EXTINÇÃO DO USUFRUTO

Art. 1.410. O usufruto extingue-se, cancelando-se o registro no Cartório de Registro de Imóveis:

I – pela renúncia ou morte do usufrutuário;

(*) V. art. 1.921 do CC.

II – pelo termo de sua duração;

III – pela extinção da pessoa jurídica, em favor de quem o usufruto foi constituído, ou, se ela perdurar, pelo decurso de 30 (trinta) anos da data em que se começou a exercer;

IV – pela cessação do motivo de que se origina;

V – pela destruição da coisa, guardadas as disposições dos arts. 1.407, 1.408, 2ª parte, e 1.409;

(*) V. arts. 1.215; e 1.392, § 1º, do CC.

VI – pela consolidação;

VII – por culpa do usufrutuário, quando aliena, deteriora, ou deixa arruinar os bens, não lhes acudindo com os reparos de conservação, ou quando, no usufruto de títulos de crédito, não dá às importâncias recebidas a aplicação prevista no parágrafo único do art. 1.395;

VIII – Pelo não uso, ou não fruição, da coisa em que o usufruto recai (arts. 1.390 e 1.399).

(*) Vide Enunciado 252 do CJF.

Art. 1.411. Constituído o usufruto em favor de 2 (duas) ou mais pessoas, extinguir-se-á a parte em relação a cada uma das que falecerem, salvo se, por estipulação expressa, o quinhão desses couber ao sobrevivente.

(*) V. art. 1.946 do CC.

TÍTULO VII
DO USO

Art. 1.412. O usuário usará da coisa e perceberá os seus frutos, quanto o exigirem as necessidades suas e de sua família.

§ 1º. Avaliar-se-ão as necessidades pessoais do usuário conforme a sua condição social e o lugar onde viver.

§ 2º. As necessidades da família do usuário compreendem as de seu cônjuge, dos filhos solteiros e das pessoas de seu serviço doméstico.

Art. 1.413. São aplicáveis ao uso, no que não for contrário à sua natureza, as disposições relativas ao usufruto.

(*) V. arts. 1.390 a 1.411 do CC.

TÍTULO VIII
DA HABITAÇÃO

Art. 1.414. Quando o uso consistir no direito de habitar gratuitamente casa alheia, o titular deste direito não a pode alugar, nem emprestar, mas simplesmente ocupá-la com sua família.

(*) V. art. 1.831 do CC.

Art. 1.415. Se o direito real de habitação for conferido a mais de uma pessoa, qualquer delas que sozinha habite a casa não terá de pagar aluguel à outra, ou às outras, mas não as pode inibir de exercerem, querendo, o direito, que também lhes compete, de habitá-la.

(*) V. art. 1.831 do CC.

Art. 1.416. São aplicáveis à habitação, no que não for contrário à sua natureza, as disposições relativas ao usufruto.

(*) V. arts. 1.390 a 1.411 do CC.

TÍTULO IX
DO DIREITO DO PROMITENTE COMPRADOR

Art. 1.417. Mediante promessa de compra e venda, em que se não pactuou arrependimento, celebrada por instrumento público ou particular, e registrada no Cartório de Registro de Imóveis, adquire o promitente comprador direito real à aquisição do imóvel.

(*) V. arts. 417 a 420 do CC.
(*) Vide Enunciado 253 do CJF.
(*) Vide Súmula 76 do STJ.

Art. 1.418. O promitente comprador, titular de direito real, pode exigir do promitente vendedor, ou de terceiros, a quem os direitos deste forem cedidos, a outorga da escritura definitiva de compra e venda, conforme o disposto no instrumento preliminar; e, se houver recusa, requerer ao juiz a adjudicação do imóvel.

(*) Vide Súmula 239 do STJ.
(*) Vide Enunciado 95 do CJF.

TÍTULO X
DO PENHOR, DA HIPOTECA E DA ANTICRESE

Capítulo I
DISPOSIÇÕES GERAIS

Art. 1.419. Nas dívidas garantidas por penhor, anticrese ou hipoteca, o bem dado em garantia fica sujeito, por vínculo real, ao cumprimento da obrigação.

(*) V. arts. 961, 1.431 a 1.472, 1.473 a 1.505 e 1.506 a 1.510 do CC.

Art. 1.420. Só aquele que pode alienar poderá empenhar, hipotecar ou dar em anticrese; só os bens que se podem alienar poderão ser dados em penhor, anticrese ou hipoteca.

(*) V. arts. 1.314; 1.431 a 1.472; 1.473 a 1.505; 1.506 a 1.510; 1.647, I; 1.691, *caput*; 1.717; e 1.848 do CC.

§ 1º. A propriedade superveniente torna eficaz, desde o registro, as garantias reais estabelecidas por quem não era dono.

(*) V. arts. 1.268, § 1º; e 1.912 do CC.
(*) Vide Enunciado 505 do CJF.

§ 2º. A coisa comum a dois ou mais proprietários não pode ser dada em garantia real, na sua totalidade, sem o consentimento de todos; mas cada um pode individualmente dar em garantia real a parte que tiver.

(*) V. arts. 87 e 1.314 do CC.

Art. 1.421. O pagamento de uma ou mais prestações da dívida não importa exoneração correspondente da garantia, ainda que esta compreenda vários bens, salvo disposição expressa no título ou na quitação.

Art. 1.422. O credor hipotecário e o pignoratício têm o direito de excutir a coisa hipotecada ou empenhada, e preferir, no pagamento, a outros credores, observada, quanto à hipoteca, a prioridade no registro.

(*) V. arts. 958, 959, 961 e 1.493 do CC.

Parágrafo único. Excetuam-se da regra estabelecida neste artigo as dívidas que, em virtude de outras leis, devam, ser pagas precipuamente a quaisquer outros créditos.

(*) V. art. 964 do CC.
(*) Vide Súmula 478 do STJ.

Art. 1.423. O credor anticrético tem direito a reter em seu poder o bem, enquanto a dívida não for paga; extingue-se esse direito decorridos 15 (quinze) anos da data de sua constituição.

(*) V. arts. 1.506 a 1.510 do CC.

LIVRO III – DO DIREITO DAS COISAS — ART. 1.430

Art. 1.424. Os contratos de penhor, anticrese ou hipoteca declararão, sob pena de não terem eficácia:

I – o valor do crédito, sua estimação, ou valor máximo;

II – o prazo fixado para pagamento;

III – a taxa dos juros, se houver;

IV – o bem dado em garantia com as suas especificações.

(*) V. arts. 1.431 a 1.472, 1.473 a 1.505 e 1.506 a 1.510 do CC.

(*) Vide Enunciados 666 e 667 do CJF.

Art. 1.425. A dívida considera-se vencida:

I – se, deteriorando-se, ou depreciando-se o bem dado em segurança, desfalcar a garantia, e o devedor, intimado, não a reforçar ou substituir;

II – se o devedor cair em insolvência ou falir;

(*) V. arts. 322; e 333, II, do CC.

III – se as prestações não forem pontualmente pagas, toda vez que deste modo se achar estipulado o pagamento. Neste caso, o recebimento posterior da prestação atrasada importa renúncia do credor ao seu direito de execução imediata;

(*) V. art. 401, II, do CC.

IV – se perecer o bem dado em garantia, e não for substituído;

V – se se desapropriar o bem dado em garantia, hipótese na qual se depositará a parte do preço que for necessária para o pagamento integral do credor.

(*) V. arts. 959, II; e 1.275, V, do CC.

§ 1º. Nos casos de perecimento da coisa dada em garantia, esta se sub-rogará na indenização do seguro, ou no ressarcimento do dano, em benefício do credor, a quem assistirá sobre ela preferência até seu completo reembolso.

§ 2º. Nos casos dos incisos IV e V, só se vencerá a hipoteca antes do prazo estipulado, se o perecimento, ou a desapropriação recair sobre o bem dado em garantia, e esta não abranger outras; subsistindo, no caso contrário, a dívida reduzida, com a respectiva garantia sobre os demais bens, não desapropriados ou destruídos.

(*) V. arts. 1.473 a 1.505 do CC.

Art. 1.426. Nas hipóteses do artigo anterior, de vencimento antecipado da dívida, não se compreendem os juros correspondentes ao tempo ainda não decorrido.

Art. 1.427. Salvo cláusula expressa, o terceiro que presta garantia real por dívida alheia não fica obrigado a substituí-la, ou reforçá-la, quando, sem culpa sua, se perca, deteriore, ou desvalorize.

Art. 1.428. É nula a cláusula que autoriza o credor pignoratício, anticrético ou hipotecário a ficar com o objeto da garantia, se a dívida não for paga no vencimento.

(*) Vide Enunciado 626 do CJF.

Parágrafo único. Após o vencimento, poderá o devedor dar a coisa em pagamento da dívida.

Art. 1.429. Os sucessores do devedor não podem remir parcialmente o penhor ou a hipoteca na proporção dos seus quinhões; qualquer deles, porém, pode fazê-lo no todo.

(*) V. arts. 1.431 a 1.472 e 1.473 a 1.505 do CC.

Parágrafo único. O herdeiro ou sucessor que fizer a remição fica sub-rogado nos direitos do credor pelas quotas que houver satisfeito.

Art. 1.430. Quando, excutido o penhor, ou executada a hipoteca, o produto não bastar para pagamento da dívida e despesas judiciais, continuará o devedor obrigado pessoalmente pelo restante.

(*) V. arts. 1.435, V; e 1.488, § 3º, do CC.

Capítulo II
DO PENHOR

(*) V. art. 8º, § 2º, da LINDB.

Seção I
Da Constituição do Penhor

Art. 1.431. Constitui-se o penhor pela transferência efetiva da posse que, em garantia do débito ao credor ou a quem o represente, faz o devedor, ou alguém por ele, de uma coisa móvel, suscetível de alienação.

(*) V. arts. 1.196, 1.267 e 1.268 do CC.

Parágrafo único. No penhor rural, industrial, mercantil e de veículos, as coisas empenhadas continuam em poder do devedor, que as deve guardar e conservar.

(*) Vide Enunciado 668 do CJF.

Art. 1.432. O instrumento do penhor deverá ser levado a registro, por qualquer dos contratantes; o do penhor comum será registrado no Cartório de Títulos e Documentos.

(*) V. arts. 1.438, 1.452 e 1.462 do CC.

Seção II
Dos Direitos
do Credor Pignoratício

Art. 1.433. O credor pignoratício tem direito:

I – à posse da coisa empenhada;

(*) V. arts. 1.196 a 1.224 do CC.

II – à retenção dela, até que o indenizem das despesas devidamente justificadas, que tiver feito, não sendo ocasionadas por culpa sua;

III – ao ressarcimento do prejuízo que houver sofrido por vício da coisa empenhada;

IV – a promover a execução judicial, ou a venda amigável, se lhe permitir expressamente o contrato, ou lhe autorizar o devedor mediante procuração;

V – a apropriar-se dos frutos da coisa empenhada que se encontra em seu poder;

(*) V. art. 1.435, III, do CC.

VI – a promover a venda antecipada, mediante prévia autorização judicial, sempre que haja receio fundado de que a coisa empenhada se perca ou deteriore, devendo o preço ser depositado. O dono da coisa empenhada pode impedir a venda antecipada, substituindo-a, ou oferecendo outra garantia real idônea.

Art. 1.434. O credor não pode ser constrangido a devolver a coisa empenhada, ou uma parte dela, antes de ser integralmente pago, podendo o juiz, a requerimento do proprietário, determinar que seja vendida apenas uma das coisas, ou parte da coisa empenhada, suficiente para o pagamento do credor.

Seção III
Das Obrigações
do Credor Pignoratício

Art. 1.435. O credor pignoratício é obrigado:

I – à custódia da coisa, como depositário, e a ressarcir ao dono a perda ou deterioração de que for culpado, podendo ser compensada na dívida, até a concorrente quantia, a importância da responsabilidade;

(*) V. arts. 368 a 380 e 627 a 652 do CC.

II – à defesa da posse da coisa empenhada e a dar ciência, ao dono dela, das circunstâncias que tornarem necessário o exercício de ação possessória;

(*) V. arts. 1.210 a 1.222 do CC.

III – a imputar o valor dos frutos, de que se apropriar (art. 1.433, inciso V) nas despesas de guarda e conservação, nos juros e no capital da obrigação garantida, sucessivamente;

IV – a restituí-la, com os respectivos frutos e acessões, uma vez paga a dívida;

V – a entregar o que sobeje do preço, quando a dívida for paga, no caso do inciso IV do art. 1.433.

(*) V. arts. 1.428; e 1.436, V, do CC.

Seção IV
Da Extinção do Penhor

Art. 1.436. Extingue-se o penhor:

I – extinguindo-se a obrigação;

II – perecendo a coisa;

III – renunciando o credor;

IV – confundindo-se na mesma pessoa as qualidades de credor e de dono da coisa;

(*) V. arts. 381 a 384 do CC.

V – dando-se a adjudicação judicial, a remissão♦ ou a venda da coisa empenhada, feita pelo credor ou por ele autorizada.

♦ Publicação oficial: "remissão".
Entendemos que seria: "remição". (N.E.)

§ 1º. Presume-se a renúncia do credor quando consentir na venda particular do penhor sem reserva de preço, quando restituir a sua posse ao devedor, ou quando anuir à sua substituição por outra garantia.

§ 2º. Operando-se a confusão tão somente quanto a parte da dívida pignoratícia, subsistirá inteiro o penhor quanto ao resto.

(*) V. arts. 381 a 384 do CC.

Art. 1.437. Produz efeitos a extinção do penhor depois de averbado o cancelamento do registro, à vista da respectiva prova.

Seção V
Do Penhor Rural

Subseção I
Disposições Gerais

Art. 1.438. Constitui-se o penhor rural mediante instrumento público ou particular, registrado no Cartório de Registro de Imóveis da circunscrição em que estiverem situadas as coisas empenhadas.

Parágrafo único. Prometendo pagar em dinheiro a dívida, que garante com penhor rural, o devedor poderá emitir, em favor do credor, cédula rural pignoratícia, na forma determinada em lei especial.

Art. 1.439. O penhor agrícola e o penhor pecuário não podem ser convencionados por prazos superiores aos das obrigações garantidas.

(*) Art. 1.439 com redação dada pela Lei nº 12.873/2013.
(*) V. arts. 1.442 a 1.446 do CC.

§ 1º. Embora vencidos os prazos, permanece a garantia, enquanto subsistirem os bens que a constituem.

§ 2º. A prorrogação deve ser averbada à margem do registro respectivo, mediante requerimento do credor e do devedor.

Art. 1.440. Se o prédio estiver hipotecado, o penhor rural poderá constituir-se independentemente da anuência do credor hipotecário, mas não lhe prejudica o direito de preferência, nem restringe a extensão da hipoteca, ao ser executada.

(*) V. arts. 513 a 520 do CC.

Art. 1.441. Tem o credor direito a verificar o estado das coisas empenhadas, inspecionando-as onde se acharem, por si ou por pessoa que credenciar.

Subseção II
Do Penhor Agrícola

Art. 1.442. Podem ser objeto de penhor:

I – máquinas e instrumentos de agricultura;

II – colheitas pendentes, ou em via de formação;

(*) V. art. 1.443 do CC.

III – frutos acondicionados ou armazenados;

IV – lenha cortada e carvão vegetal;

V – animais do serviço ordinário de estabelecimento agrícola.

(*) V. art. 1.439 do CC.

Art. 1.443. O penhor agrícola que recai sobre colheita pendente, ou em via de formação, abrange a imediatamente seguinte, no caso de frustrar-se ou ser insuficiente a que se deu em garantia.

Parágrafo único. Se o credor não financiar a nova safra, poderá o devedor constituir com outrem novo penhor, em quantia máxima equivalente à do primeiro; o segundo penhor terá preferência sobre o primeiro, abrangendo este apenas o excesso apurado na colheita seguinte.

Subseção III
Do Penhor Pecuário

Art. 1.444. Podem ser objeto de penhor os animais que integram a atividade pastoril, agrícola ou de laticínios.

(*) V. art. 1.439 do CC.

Art. 1.445. O devedor não poderá alienar os animais empenhados sem prévio consentimento, por escrito, do credor.

Parágrafo único. Quando o devedor pretende alienar o gado empenhado ou, por negligência, ameace prejudicar o credor, poderá este requerer se depositem os animais sob a guarda de terceiro, ou exigir que se lhe pague a dívida de imediato.

Art. 1.446. Os animais da mesma espécie, comprados para substituir os mortos, ficam sub-rogados no penhor.

Parágrafo único. Presume-se a substituição prevista neste artigo, mas não terá eficácia contra terceiros, se não constar de menção adicional ao respectivo contrato, a qual deverá ser averbada.

Seção VI
Do Penhor Industrial e Mercantil

Art. 1.447. Podem ser objeto de penhor máquinas, aparelhos, materiais, instrumentos, instalados e em funcionamento, com os acessórios ou sem eles; animais, utilizados na indústria; sal e bens destinados à exploração das salinas; produtos de suinocultura, animais destinados à industrialização de carnes e derivados; matérias-primas e produtos industrializados.

Parágrafo único. Regula-se pelas disposições relativas aos armazéns gerais o penhor das mercadorias neles depositadas.

Art. 1.448. Constitui-se o penhor industrial, ou o mercantil, mediante instrumento público ou particular, registrado no Cartório de Registro de Imóveis da circunscrição onde estiverem situadas as coisas empenhadas.

Parágrafo único. Prometendo pagar em dinheiro a dívida, que garante com penhor industrial ou mercantil, o devedor poderá emitir, em favor do credor, cédula do respectivo crédito, na forma e para os fins que a lei especial determinar.

Art. 1.449. O devedor não pode, sem o consentimento por escrito do credor, alterar as coisas empenhadas ou mudar-lhes a situação, nem delas dispor. O devedor que, anuindo o credor, alienar as coisas empenhadas, deverá repor outros bens da mesma natureza, que ficarão sub-rogados no penhor.

Art. 1.450. Tem o credor direito a verificar o estado das coisas empenhadas, inspecionando-as onde se acharem, por si ou por pessoa que credenciar.

Seção VII
Do Penhor de Direitos e Títulos de Crédito

Art. 1.451. Podem ser objeto de penhor direitos, suscetíveis de cessão, sobre coisas móveis.

(*) V. art. 83, II, do CC.

Art. 1.452. Constitui-se o penhor de direito mediante instrumento público ou particular, registrado no Registro de Títulos e Documentos.

Parágrafo único. O titular de direito empenhado deverá entregar ao credor pignoratício os documentos comprobatórios desse direito, salvo se tiver interesse legítimo em conservá-los.

Art. 1.453. O penhor de crédito não tem eficácia senão quando notificado ao devedor; por notificado tem-se o devedor que, em instrumento público ou particular, declarar-se ciente da existência do penhor.

Art. 1.454. O credor pignoratício deve praticar os atos necessários à conservação e defesa do direito empenhado e cobrar os juros e mais prestações acessórias compreendidas na garantia.

Art. 1.455. Deverá o credor pignoratício cobrar o crédito empenhado, assim que se torne exigível. Se este consistir numa prestação pecuniária, depositará a importância recebida, de acordo com o devedor pignoratício, ou onde o juiz determinar; se consistir na entrega da coisa, nesta se sub-rogará o penhor.

Parágrafo único. Estando vencido o crédito pignoratício, tem o credor direito a reter, da quantia recebida, o que lhe é devido, restituindo o restante ao devedor; ou a excutir a coisa a ele entregue.

(*) V. arts. 1.433 e 1.434 do CC.

Art. 1.456. Se o mesmo crédito for objeto de vários penhores, só ao credor pignoratício, cujo direito prefira aos demais, o devedor deve pagar; responde por perdas e danos aos demais credores o credor preferente que, notificado por qualquer um deles, não promover oportunamente a cobrança.

(*) V. arts. 402 a 405 do CC.

Art. 1.457. O titular do crédito empenhado só pode receber o pagamento com a anuência, por escrito, do credor pignoratício, caso em que o penhor se extinguirá.

(*) V. arts. 1.436 e 1.437 do CC.

Art. 1.458. O penhor, que recai sobre título de crédito, constitui-se mediante instrumento público ou particular ou endosso pignoratício, com a tradição do título ao credor, regendo-se pelas Disposições Gerais deste Título e, no que couber, pela presente Seção.

Art. 1.459. Ao credor, em penhor de título de crédito, compete o direito de:

I – conservar a posse do título e recuperá-la de quem quer que o detenha;

II – usar dos meios judiciais convenientes para assegurar os seus di-

ART. 1.460 CÓDIGO CIVIL – PARTE ESPECIAL

reitos, e os do credor do título empenhado;

III – fazer intimar ao devedor do título que não pague ao seu credor, enquanto durar o penhor;

(*) V. art. 1.460 do CC.

IV – receber a importância consubstanciada no título e os respectivos juros, se exigíveis, restituindo o título ao devedor, quando este solver a obrigação.

Art. 1.460. O devedor do título empenhado que receber a intimação prevista no inciso III do artigo antecedente, ou se der por ciente do penhor, não poderá pagar ao seu credor. Se o fizer, responderá solidariamente por este, por perdas e danos, perante o credor pignoratício.

(*) V. arts. 264 a 285 e 402 a 405 do CC.

Parágrafo único. Se o credor der quitação ao devedor do título empenhado, deverá saldar imediatamente a dívida, em cuja garantia se constituiu o penhor.

Seção VIII
Do Penhor de Veículos

Art. 1.461. Podem ser objeto de penhor os veículos empregados em qualquer espécie de transporte ou condução.

(*) V. arts. 730 a 756 do CC.

Art. 1.462. Constitui-se o penhor, a que se refere o artigo antecedente, mediante instrumento público ou particular, registrado no Cartório de Títulos e Documentos do domicílio do devedor, e anotado no certificado de propriedade.

Parágrafo único. Prometendo pagar em dinheiro a dívida garantida com o penhor, poderá o devedor emitir cédula de crédito, na forma e para os fins que a lei especial determinar.

Art. 1.463. (Revogado).

(*) Art. 1.463 revogado pela Lei nº 14.179/2021.

Art. 1.464. Tem o credor direito a verificar o estado do veículo empenhado, inspecionando-o onde se achar, por si ou por pessoa que credenciar.

Art. 1.465. A alienação, ou a mudança, do veículo empenhado sem prévia comunicação ao credor importa no vencimento antecipado do crédito pignoratício.

(*) V. arts. 1.425 e 1.426 do CC.

Art. 1.466. O penhor de veículos só se pode convencionar pelo prazo máximo de 2 (dois) anos, prorrogável até o limite de igual tempo, averbada a prorrogação à margem do registro respectivo.

Seção IX
Do Penhor Legal

Art. 1.467. São credores pignoratícios, independentemente de convenção:

I – os hospedeiros, ou fornecedores de pousada ou alimento, sobre as bagagens, móveis, joias ou dinheiro que os seus consumidores ou fregueses tiverem consigo nas respectivas casas ou estabelecimentos, pelas despesas ou consumo que aí tiverem feito;

II – o dono do prédio rústico ou urbano, sobre os bens móveis que o rendeiro ou inquilino tiver guarnecendo o mesmo prédio, pelos aluguéis ou rendas.

(*) V. arts. 932, IV; 933; 1.419; 1.469; e 1.470 do CC.

Art. 1.468. A conta das dívidas enumeradas no inciso I do artigo

LIVRO III – DO DIREITO DAS COISAS   ART. 1.477

antecedente será extraída conforme a tabela impressa, prévia e ostensivamente exposta na casa, dos preços de hospedagem, da pensão ou dos gêneros fornecidos, sob pena de nulidade do penhor.

Art. 1.469. Em cada um dos casos do art. 1.467, o credor poderá tomar em garantia um ou mais objetos até o valor da dívida.

Art. 1.470. Os credores, compreendidos no art. 1.467, podem fazer efetivo o penhor, antes de recorrerem à autoridade judiciária, sempre que haja perigo na demora, dando aos devedores comprovante dos bens de que se apossarem.

Art. 1.471. Tomado o penhor, requererá o credor, ato contínuo, a sua homologação judicial.

Art. 1.472. Pode o locatário impedir a constituição do penhor mediante caução idônea.

Capítulo III
DA HIPOTECA

Seção I
Disposições Gerais

Art. 1.473. Podem ser objeto de hipoteca:

I – os imóveis e os acessórios dos imóveis conjuntamente com eles;

(*) V. arts. 79 a 81 e 92 do CC.

II – o domínio direto;

(*) V. art. 2.038 do CC.

III – o domínio útil;

(*) V. art. 2.038 do CC.

IV – as estradas de ferro;

(*) V. arts. 1.502 a 1.505 do CC.

V – os recursos naturais a que se refere o art. 1.230, independentemente do solo onde se acham;

VI – os navios;

VII – as aeronaves;

VIII – o direito de uso especial para fins de moradia;

(*) Inciso VIII acrescido pela Lei nº 11.481/2007.

IX – o direito real de uso;

(*) Inciso IX acrescido pela Lei nº 11.481/2007.

X – a propriedade superficiária.

(*) Inciso X acrescido pela Lei nº 11.481/2007.

§ 1º. A hipoteca dos navios e das aeronaves reger-se-á pelo disposto em lei especial.

(*) § 1º, primitivo parágrafo único, renumerado pela Lei nº 11.481/2007.

§ 2º. Os direitos de garantia instituídos nas hipóteses dos incisos IX e X do *caput* deste artigo ficam limitados à duração da concessão ou direito de superfície, caso tenham sido transferidos por período determinado.

(*) § 2º acrescido pela Lei nº 11.481/2007.

Art. 1.474. A hipoteca abrange todas as acessões, melhoramentos ou construções do imóvel. Subsistem os ônus reais constituídos e registrados, anteriormente à hipoteca, sobre o mesmo imóvel.

(*) V. arts. 94 a 97 e 1.248 a 1.259 do CC.

Art. 1.475. É nula a cláusula que proíba ao proprietário alienar imóvel hipotecado.

Parágrafo único. Pode convencionar-se que vencerá o crédito hipotecário, se o imóvel for alienado.

(*) V. arts. 303 e 1.479 do CC.

Art. 1.476. O dono do imóvel hipotecado pode constituir outra hipoteca sobre ele, mediante novo título, em favor do mesmo ou de outro credor.

Art. 1.477. Salvo o caso de insolvência do devedor, o credor da segunda hipoteca, embora vencida, não poderá executar o imóvel antes de vencida a primeira.

Parágrafo único. Não se considera insolvente o devedor por faltar ao pagamento das obrigações garantidas por hipotecas posteriores à primeira.

Art. 1.478. Se o devedor da obrigação garantida pela primeira hipoteca não se oferecer, no vencimento, para pagá-la, o credor da segunda pode promover-lhe a extinção, consignando a importância e citando o primeiro credor para recebê-la e o devedor para pagá-la; se este não pagar, o segundo credor, efetuando o pagamento, se sub-rogará nos direitos da hipoteca anterior, sem prejuízo dos que lhe competirem contra o devedor comum.

(*) V. art. 346, I, do CC.

Parágrafo único. Se o primeiro credor estiver promovendo a execução da hipoteca, o credor da segunda depositará a importância do débito e as despesas judiciais.

Art. 1.479. O adquirente do imóvel hipotecado, desde que não se tenha obrigado pessoalmente a pagar as dívidas aos credores hipotecários, poderá exonerar-se da hipoteca, abandonando-lhes o imóvel.

(*) V. arts. 303; 1.475; e 1.480, parágrafo único, do CC.

Art. 1.480. O adquirente notificará o vendedor e os credores hipotecários, deferindo-lhes, conjuntamente, a posse do imóvel, ou o depositará em juízo.

(*) V. art. 346, II, do CC.

Parágrafo único. Poderá o adquirente exercer a faculdade de abandonar o imóvel hipotecado, até as 24 (vinte e quatro) horas subsequentes à citação, com que se inicia o procedimento executivo.

Art. 1.481. Dentro em 30 (trinta) dias, contados do registro do título aquisitivo, tem o adquirente do imóvel hipotecado o direito de remi-lo, citando os credores hipotecários e propondo importância não inferior ao preço por que o adquiriu.

(*) V. arts. 346, II; 831; e 1.499, V, do CC.

§ 1º. Se o credor impugnar o preço da aquisição ou a importância oferecida, realizar-se-á licitação, efetuando-se a venda judicial a quem oferecer maior preço, assegurada preferência ao adquirente do imóvel.

(*) V. arts. 513 a 520 do CC.

§ 2º. Não impugnado pelo credor, o preço da aquisição ou o preço proposto pelo adquirente, haver-se-á por definitivamente fixado para a remissão♦ do imóvel, que ficará livre de hipoteca, uma vez pago ou depositado o preço.

♦ Publicação oficial: "remissão". Entendemos que seria: "remição". (N.E.)

§ 3º. Se o adquirente deixar de remir o imóvel, sujeitando-o a execução, ficará obrigado a ressarcir os credores hipotecários da desvalorização que, por sua culpa, o mesmo vier a sofrer, além das despesas judiciais da execução.

§ 4º. Disporá de ação regressiva contra o vendedor o adquirente que ficar privado do imóvel em consequência de licitação ou penhora, o que pagar a hipoteca, o que, por causa de adjudicação ou licitação, desembolsar com o pagamento da hipoteca importância excedente à da compra e o que suportar custas e despesas judiciais.

Arts. 1.482 e 1.483. (Revogados).

(*) Arts. 1.482 e 1.483 revogados pela Lei nº 13.105/2015.

Art. 1.484. É lícito aos interessados fazer constar das escrituras

LIVRO III – DO DIREITO DAS COISAS ART. 1.489

o valor entre si ajustado dos imóveis hipotecados, o qual, devidamente atualizado, será a base para as arrematações, adjudicações e remições, dispensada a avaliação.

Art. 1.485. Mediante simples averbação, requerida por ambas as partes, poderá prorrogar-se a hipoteca, até 30 (trinta) anos da data do contrato. Desde que perfaça esse prazo, só poderá subsistir o contrato de hipoteca reconstituindo-se por novo título e novo registro; e, nesse caso, lhe será mantida a precedência, que então lhe competir.

(*) Art. 1.485 com redação dada pela Lei nº 10.931/2004.
(*) V. art. 1.498 do CC.

Art. 1.486. Podem o credor e o devedor, no ato constitutivo da hipoteca, autorizar a emissão da correspondente cédula hipotecária, na forma e para os fins previstos em lei especial.

Art. 1.487. A hipoteca pode ser constituída para garantia de dívida futura ou condicionada, desde que determinado o valor máximo do crédito a ser garantido.

(*) V. arts. 121 a 137 do CC.

§ 1º. Nos casos deste artigo, a execução da hipoteca dependerá de prévia e expressa concordância do devedor quanto à verificação da condição, ou ao montante da dívida.

§ 2º. Havendo divergência entre o credor e o devedor, caberá àquele fazer prova de seu crédito. Reconhecido este, o devedor responderá, inclusive, por perdas e danos, em razão da superveniente desvalorização do imóvel.

(*) V. arts. 402 a 405 do CC.

Art. 1.488. Se o imóvel, dado em garantia hipotecária, vier a ser loteado, ou se nele se constituir condomínio edilício, poderá o ônus ser dividido, gravando cada lote ou unidade autônoma, se o requererem ao juiz o credor, o devedor ou os donos, obedecida a proporção entre o valor de cada um deles e o crédito.

(*) V. arts. 1.331 a 1.358 do CC.

§ 1º. O credor só poderá se opor ao pedido de desmembramento do ônus, provando que o mesmo importa em diminuição de sua garantia.

§ 2º. Salvo convenção em contrário, todas as despesas judiciais ou extrajudiciais necessárias ao desmembramento do ônus correm por conta de quem o requerer.

§ 3º. O desmembramento do ônus não exonera o devedor originário da responsabilidade a que se refere o art. 1.430, salvo anuência do credor.

Seção II
Da Hipoteca Legal
(*) V. art. 2.040 do CC.

Art. 1.489. A lei confere hipoteca:

I – às pessoas de direito público interno (art. 41) sobre os imóveis pertencentes aos encarregados da cobrança, guarda ou administração dos respectivos fundos e rendas;

II – aos filhos, sobre os imóveis do pai ou da mãe que passar a outras núpcias, antes de fazer o inventário do casal anterior;

(*) V. arts. 1.523, I; e 1.641, I, do CC.

III – ao ofendido, ou aos seus herdeiros, sobre os imóveis do delinquente, para satisfação do dano causado pelo delito e pagamento das despesas judiciais;

(*) V. arts. 186 e 927 a 954 do CC.

IV – ao coerdeiro, para garantia do seu quinhão ou torna da partilha, sobre o imóvel adjudicado ao herdeiro reponente;

V – ao credor sobre o imóvel arrematado, para garantia do pagamento do restante do preço da arrematação.

Art. 1.490. O credor da hipoteca legal, ou quem o represente, poderá, provando a insuficiência dos imóveis especializados, exigir do devedor que seja reforçado com outros.

Art. 1.491. A hipoteca legal pode ser substituída por caução de títulos da dívida pública federal ou estadual, recebidos pelo valor de sua cotação mínima no ano corrente; ou por outra garantia, a critério do juiz, a requerimento do devedor.

Seção III
Do Registro da Hipoteca

Art. 1.492. As hipotecas serão registradas no cartório do lugar do imóvel, ou no de cada um deles, se o título se referir a mais de um.

(*) V. art. 1.502 do CC.

Parágrafo único. Compete aos interessados, exibido o título, requerer o registro da hipoteca.

(*) V. art. 1.497 do CC.

Art. 1.493. Os registros e averbações seguirão a ordem em que forem requeridas, verificando-se ela pela da sua numeração sucessiva no protocolo.

Parágrafo único. O número de ordem determina a prioridade, e esta a preferência entre as hipotecas.

(*) V. art. 1.422 do CC.

Art. 1.494. (Revogado).

(*) Art. 1.494 revogado pela MP nº 1.085/2021, posteriormente convertida com alterações na Lei nº 14.382/2022.

Art. 1.495. Quando se apresentar ao oficial do registro título de hipoteca que mencione a constituição de anterior, não registrada, sobrestará ele na inscrição da nova, depois de a prenotar, até 30 (trinta) dias, aguardando que o interessado inscreva a precedente; esgotado o prazo, sem que se requeira a inscrição desta, a hipoteca ulterior será registrada e obterá preferência.

Art. 1.496. Se tiver dúvida sobre a legalidade do registro requerido, o oficial fará, ainda assim, a prenotação do pedido. Se a dúvida, dentro em 90 (noventa) dias, for julgada improcedente, o registro efetuar-se-á com o mesmo número que teria na data da prenotação; no caso contrário, cancelada esta, receberá o registro o número correspondente à data em que se tornar a requerer.

Art. 1.497. As hipotecas legais, de qualquer natureza, deverão ser registradas e especializadas.

(*) V. art. 1.492 do CC.

§ 1º. O registro e a especialização das hipotecas legais incumbem a quem está obrigado a prestar a garantia, mas os interessados podem promover a inscrição delas, ou solicitar ao Ministério Público que o faça.

(*) V. art. 1.489 do CC.

§ 2º. As pessoas, às quais incumbir o registro e a especialização das hipotecas legais, estão sujeitas a perdas e danos pela omissão.

(*) V. arts. 402 a 405 do CC.

Art. 1.498. Vale o registro da hipoteca, enquanto a obrigação perdurar; mas a especialização, em completando 20 (vinte) anos, deve ser renovada.

(*) V. art. 1.485 do CC.

Seção IV
Da Extinção da Hipoteca

Art. 1.499. A hipoteca extingue-se:

(*) V. arts. 1.275, 1.425 e 1.501 do CC.

I – pela extinção da obrigação principal;
II – pelo perecimento da coisa;
III – pela resolução da propriedade;
(*) V. arts. 1.359 e 1.360 do CC.
(*) Vide Enunciado 509 do CJF.
IV – pela renúncia do credor;
V – pela remição;
(*) V. arts. 1.478, 1.481 e 1.484 do CC.
VI – pela arrematação ou adjudicação.
(*) V. art. 1.501 do CC.

Art. 1.500. Extingue-se ainda a hipoteca com a averbação, no Registro de Imóveis, do cancelamento do registro, à vista da respectiva prova.

Art. 1.501. Não extinguirá a hipoteca, devidamente registrada, a arrematação ou adjudicação, sem que tenham sido notificados judicialmente os respectivos credores hipotecários, que não forem de qualquer modo partes na execução.

Seção V
Da Hipoteca de Vias Férreas

Art. 1.502. As hipotecas sobre as estradas de ferro serão registradas no Município da estação inicial da respectiva linha.

(*) V. arts. 1.473, IV; e 1.492 do CC.

Art. 1.503. Os credores hipotecários não podem embaraçar a exploração da linha, nem contrariar as modificações, que a administração deliberar, no leito da estrada, em suas dependências, ou no seu material.

Art. 1.504. A hipoteca será circunscrita à linha ou às linhas especificadas na escritura e ao respectivo material de exploração, no estado em que ao tempo da execução estiverem; mas os credores hipotecários poderão opor-se à venda da estrada, à de suas linhas, de seus ramais ou de parte considerável do material de exploração; bem como à fusão com outra empresa, sempre que com isso a garantia do débito enfraquecer.

Art. 1.505. Na execução das hipotecas será intimado o representante da União ou do Estado, para, dentro em 15 (quinze) dias, remir a estrada de ferro hipotecada, pagando o preço da arrematação ou da adjudicação.

Capítulo IV
DA ANTICRESE

Art. 1.506. Pode o devedor ou outrem por ele, com a entrega do imóvel ao credor, ceder-lhe o direito de perceber, em compensação da dívida, os frutos e rendimentos.

§ 1º. É permitido estipular que os frutos e rendimentos do imóvel sejam percebidos pelo credor à conta de juros, mas se o seu valor ultrapassar a taxa máxima permitida em lei para as operações financeiras, o remanescente será imputado ao capital.

§ 2º. Quando a anticrese recair sobre bem imóvel, este poderá ser hipotecado pelo devedor ao credor anticrético, ou a terceiros, assim como o imóvel hipotecado poderá ser dado em anticrese.

Art. 1.507. O credor anticrético pode administrar os bens dados em anticrese e fruir seus frutos e utilidades, mas deverá apresentar anualmente balanço, exato e fiel, de sua administração.

(*) V. art. 1.509 do CC.

§ 1º. Se o devedor anticrético não concordar com o que se contém no balanço, por ser inexato, ou ruinosa a administração, poderá impugná-lo, e, se o quiser, requerer a transformação em arrendamento, fixando o juiz o valor mensal do aluguel, o qual poderá ser corrigido anualmente.

§ 2º. O credor anticrético pode, salvo pacto em sentido contrário, arrendar os bens dados em anticrese a terceiro, mantendo, até ser pago, direito de retenção do imóvel, embora o aluguel desse arrendamento não seja vinculativo para o devedor.

(*) V. arts. 1.423 e 1.509 do CC.

Art. 1.508. O credor anticrético responde pelas deteriorações que, por culpa sua, o imóvel vier a sofrer, e pelos frutos e rendimentos que, por sua negligência, deixar de perceber.

Art. 1.509. O credor anticrético pode vindicar os seus direitos contra o adquirente dos bens, os credores quirografários e os hipotecários posteriores ao registro da anticrese.

(*) V. arts. 1.423 e 1.507, caput, e § 2º, do CC.

§ 1º. Se executar os bens por falta de pagamento da dívida, ou permitir que outro credor o execute, sem opor o seu direito de retenção ao exequente, não terá preferência sobre o preço.

§ 2º. O credor anticrético não terá preferência sobre a indenização do seguro, quando o prédio seja destruído, nem, se forem desapropriados os bens, com relação à desapropriação.

(*) V. art. 1.425, § 1º, do CC.

Art. 1.510. O adquirente dos bens dados em anticrese poderá remi-los, antes do vencimento da dívida, pagando a sua totalidade à data do pedido de remição e imitir-se-á, se for o caso, na sua posse.

TÍTULO XI
DA LAJE

(*) Título acrescido pela Lei nº 13.465/2017.
(*) Vide Enunciado 627 do CJF.

Art. 1.510-A. O proprietário de uma construção-base poderá ceder a superfície superior ou inferior de sua construção a fim de que o titular da laje mantenha unidade distinta daquela originalmente construída sobre o solo.

(*) Vide Enunciado 669 do CJF.

§ 1º. O direito real de laje contempla o espaço aéreo ou o subsolo de terrenos públicos ou privados, tomados em projeção vertical, como unidade imobiliária autônoma, não contemplando as demais áreas edificadas ou não pertencentes ao proprietário da construção-base.

§ 2º. O titular do direito real de laje responderá pelos encargos e tributos que incidirem sobre a sua unidade.

§ 3º. Os titulares da laje, unidade imobiliária autônoma constituída em matrícula própria, poderão dela usar, gozar e dispor.

§ 4º. A instituição do direito real de laje não implica a atribuição de fração ideal de terreno ao titular da laje ou a participação proporcional em áreas já edificadas.

§ 5º. Os Municípios e o Distrito Federal poderão dispor sobre posturas edilícias e urbanísticas associadas ao direito real de laje.

§ 6º. O titular da laje poderá ceder a superfície de sua construção para a instituição de um sucessivo direito real de laje, desde que haja autorização expressa dos titulares da construção-base e das demais lajes, respeitadas as posturas edilícias e urbanísticas vigentes.

(*) Art. 1.510-A acrescido pela Lei nº 13.465/2017.

Art. 1.510-B. É expressamente vedado ao titular da laje prejudicar com obras novas ou com falta de reparação a segurança, a linha arquitetônica ou o arranjo estético do edifício, observadas as posturas previstas em legislação local.

(*) Art. 1.510-B acrescido pela Lei nº 13.465/2017.

Art. 1.510-C. Sem prejuízo, no que couber, das normas aplicáveis aos condomínios edilícios, para fins do direito real de laje, as despesas necessárias à conservação e fruição das partes que sirvam a todo o edifício e ao pagamento de serviços de interesse comum serão partilhadas entre o proprietário da construção-base e o titular da laje, na proporção que venha a ser estipulada em contrato.

§ 1º. São partes que servem a todo o edifício:

I – os alicerces, colunas, pilares, paredes-mestras e todas as partes restantes que constituam a estrutura do prédio;

II – o telhado ou os terraços de cobertura, ainda que destinados ao uso exclusivo do titular da laje;

III – as instalações gerais de água, esgoto, eletricidade, aquecimento, ar condicionado, gás, comunicações e semelhantes que sirvam a todo o edifício; e

IV – em geral, as coisas que sejam afetadas ao uso de todo o edifício.

§ 2º. É assegurado, em qualquer caso, o direito de qualquer interessado em promover reparações urgentes na construção na forma do parágrafo único do art. 249 deste Código.

(*) Art. 1.510-C acrescido pela Lei nº 13.465/2017.

Art. 1.510-D. Em caso de alienação de qualquer das unidades sobrepostas, terão direito de preferência, em igualdade de condições com terceiros, os titulares da construção-base e da laje, nessa ordem, que serão cientificados por escrito para que se manifestem no prazo de trinta dias, salvo se o contrato dispuser de modo diverso.

§ 1º. O titular da construção-base ou da laje a quem não se der conhecimento da alienação poderá, mediante depósito do respectivo preço, haver para si a parte alienada a terceiros, se o requerer no prazo decadencial de cento e oitenta dias, contado da data de alienação.

§ 2º. Se houver mais de uma laje, terá preferência, sucessivamente, o titular das lajes ascendentes e o titular das lajes descendentes, assegurada a prioridade para a laje mais próxima à unidade sobreposta a ser alienada.

(*) Art. 1.510-D acrescido pela Lei nº 13.465/2017.

Art. 1.510-E. A ruína da construção-base implica extinção do direito real de laje, salvo:

(*) Art. 1.510-E, caput, acrescido pela Lei nº 13.465/2017.

I – se este tiver sido instituído sobre o subsolo;

(*) Inciso I acrescido pela Lei nº 13.465/2017.

II – se a construção-base for reconstruída no prazo de 5 (cinco) anos.

(*) Inciso II acrescido pela Lei nº 13.465/2017 e com redação dada pela Lei nº 14.382/2022.

Parágrafo único. O disposto neste artigo não afasta o direito a eventual reparação civil contra o culpado pela ruína.

(*) Parágrafo único acrescido pela Lei nº 13.465/2017.

LIVRO IV
DO DIREITO DE FAMÍLIA

TÍTULO I
DO DIREITO PESSOAL

SUBTÍTULO I
DO CASAMENTO

Capítulo I
DISPOSIÇÕES GERAIS

Art. 1.511. O casamento estabelece comunhão plena de vida, com base na igualdade de direitos e deveres dos cônjuges.

(*) V. arts. 1.565 a 1.570 e 1.573 do CC.

Art. 1.512. O casamento é civil e gratuita a sua celebração.

Parágrafo único. A habilitação para o casamento, o registro e a primeira certidão serão isentos de selos, emolumentos e custas, para as pessoas cuja pobreza for declarada, sob as penas da lei.

(*) V. art. 1.515 do CC.

Art. 1.513. É defeso a qualquer pessoa, de direito público ou privado, interferir na comunhão de vida instituída pela família.

Art. 1.514. O casamento se realiza no momento em que o homem e a mulher manifestam, perante o juiz, a sua vontade de estabelecer vínculo conjugal, e o juiz os declara casados.

(*) Vide Resolução 175 do CNJ.
(*) Vide Enunciado 601 do CJF.

Art. 1.515. O casamento religioso, que atender às exigências da lei para a validade do casamento civil, equipara-se a este, desde que registrado no registro próprio, produzindo efeitos a partir da data de sua celebração.

(*) V. arts. 1.512 e 1.543 do CC.

Art. 1.516. O registro do casamento religioso submete-se aos mesmos requisitos exigidos para o casamento civil.

§ 1º. O registro civil do casamento religioso deverá ser promovido dentro de 90 (noventa) dias de sua realização, mediante comunicação do celebrante ao ofício competente, ou por iniciativa de qualquer interessado, desde que haja sido homologada previamente a habilitação regulada neste Código. Após o referido prazo, o registro dependerá de nova habilitação.

(*) V. arts. 1.525 a 1.532 do CC.

§ 2º. O casamento religioso, celebrado sem as formalidades exigidas neste Código, terá efeitos civis se, a requerimento do casal, for registrado, a qualquer tempo, no registro civil, mediante prévia habilitação perante a autoridade competente e observado o prazo do art. 1.532.

§ 3º. Será nulo o registro civil do casamento religioso se, antes dele, qualquer dos consorciados houver contraído com outrem casamento civil.

(*) V. arts. 1.521, VI, e 1.515 do CC.

LIVRO IV – DO DIREITO DE FAMÍLIA   ART. 1.523

Capítulo II
DA CAPACIDADE PARA O CASAMENTO

Art. 1.517. O homem e a mulher com 16 (dezesseis) anos podem casar, exigindo-se autorização de ambos os pais, ou de seus representantes legais, enquanto não atingida a maioridade civil.

Parágrafo único. Se houver divergência entre os pais, aplica-se o disposto no parágrafo único do art. 1.631.

(*) V. arts. 5º; 1.519; 1.520; 1.551 a 1.553; 1.555; 1.560, § 1º; e 1.634, III, do CC.
(*) Vide Enunciado 512 do CJF.

Art. 1.518. Até a celebração do casamento podem os pais ou tutores revogar a autorização.

(*) Art. 1.518 com redação dada pela Lei nº 13.146/2015.

Art. 1.519. A denegação do consentimento, quando injusta, pode ser suprida pelo juiz.

Art. 1.520. Não será permitido, em qualquer caso, o casamento de quem não atingiu a idade núbil, observado o disposto no art. 1.517 deste Código.

(*) Art. 1.520 com redação dada pela Lei nº 13.811/2019.
(*) V. arts. 1.550, I; 1.551; e 1.641, I, do CC.
(*) Vide Enunciado 329 do CJF.

Capítulo III
DOS IMPEDIMENTOS

Art. 1.521. Não podem casar:
(*) V. arts. 1.529; e 1.723, § 1º, do CC.

I – os ascendentes com os descendentes, seja o parentesco natural ou civil;

(*) V. art. 1.591 do CC.

II – os afins em linha reta;
(*) V. art. 1.595 do CC.

III – o adotante com quem foi cônjuge do adotado e o adotado com quem o foi do adotante;

IV – os irmãos, unilaterais ou bilaterais, e demais colaterais, até o terceiro grau inclusive;

(*) V. art. 1.592 do CC.
(*) Vide Enunciado 98 do CJF.

V – o adotado com o filho do adotante;

VI – as pessoas casadas;
(*) V. art. 1.723, § 1º, do CC.
(*) Vide Tema 529 do STF.

VII – o cônjuge sobrevivente com o condenado por homicídio ou tentativa de homicídio contra o seu consorte.

Art. 1.522. Os impedimentos podem ser opostos, até o momento da celebração do casamento, por qualquer pessoa capaz.

(*) V. art. 1.529 do CC.

Parágrafo único. Se o juiz, ou o oficial de registro, tiver conhecimento da existência de algum impedimento, será obrigado a declará-lo.

Capítulo IV
DAS CAUSAS SUSPENSIVAS

(*) Vide Enunciado 330 do CJF.

Art. 1.523. Não devem casar:
(*) V. arts. 1.529; 1.641, I; e 1.723, § 2º, do CC.

I – o viúvo ou a viúva que tiver filho do cônjuge falecido, enquanto não fizer inventário dos bens do casal e der partilha aos herdeiros;

(*) V. art. 1.489, II, do CC.

II – a viúva, ou a mulher cujo casamento se desfez por ser nulo ou ter

ART. 1.524   CÓDIGO CIVIL – PARTE ESPECIAL

sido anulado, até 10 (dez) meses depois do começo da viuvez, ou da dissolução da sociedade conjugal;

(*) V. arts. 1.597, II; e 1.598 do CC.

III – o divorciado, enquanto não houver sido homologada ou decidida a partilha dos bens do casal;

(*) V. art. 1.581 do CC.

IV – o tutor ou o curador e os seus descendentes, ascendentes, irmãos, cunhados ou sobrinhos, com a pessoa tutelada ou curatelada, enquanto não cessar a tutela ou curatela, e não estiverem saldadas as respectivas contas.

(*) V. arts. 1.755 a 1.762, 1.763 a 1.766 e 1.781 do CC.

Parágrafo único. É permitido aos nubentes solicitar ao juiz que não lhes sejam aplicadas as causas suspensivas previstas nos incisos I, III e IV deste artigo, provando-se a inexistência de prejuízo, respectivamente, para o herdeiro, para o ex-cônjuge e para a pessoa tutelada ou curatelada; no caso do inciso II, a nubente deverá provar nascimento de filho, ou inexistência de gravidez, na fluência do prazo.

Art. 1.524. As causas suspensivas da celebração do casamento podem ser arguidas pelos parentes em linha reta de um dos nubentes, sejam consanguíneos ou afins, e pelos colaterais em segundo grau, sejam também consanguíneos ou afins.

(*) V. arts. 1.591 a 1.595 do CC.

Capítulo V
DO PROCESSO DE HABILITAÇÃO PARA O CASAMENTO

Art. 1.525. O requerimento de habilitação para o casamento será firmado por ambos os nubentes, de próprio punho, ou, a seu pedido, por procurador, e deve ser instruído com os seguintes documentos:

(*) V. art. 1.542 do CC.
(*) V. arts. 7º, 18 e 19 da LINDB.

I – certidão de nascimento ou documento equivalente;

(*) V. arts. 1.517; 1.550, I; e 1.641, II, do CC.

II – autorização por escrito das pessoas sob cuja dependência legal estiverem, ou ato judicial que a supra;

(*) V. arts. 1.517 a 1.519; e 1.550, II, do CC.

III – declaração de 2 (duas) testemunhas maiores, parentes ou não, que atestem conhecê-los e afirmem não existir impedimento que os iniba de casar;

(*) V. art. 228 do CC.

IV – declaração do estado civil, do domicílio e da residência atual dos contraentes e de seus pais, se forem conhecidos;

(*) V. art. 1.521, VI, do CC.

V – certidão de óbito do cônjuge falecido, de sentença declaratória de nulidade ou de anulação de casamento, transitada em julgado, ou do registro da sentença de divórcio.

Art. 1.526. A habilitação será feita pessoalmente perante o oficial do Registro Civil, com a audiência do Ministério Público.

(*) Art. 1.526, *caput*, com redação dada pela Lei nº 12.133/2009.

Parágrafo único. Caso haja impugnação do oficial, do Ministério Público ou de terceiro, a habilitação será submetida ao juiz.

(*) Parágrafo único acrescido pela Lei nº 12.133/2009.

Art. 1.527. Estando em ordem a documentação, o oficial extrai-

LIVRO IV – DO DIREITO DE FAMÍLIA   ART. 1.535

rá o edital, que se afixará durante 15 (quinze) dias nas circunscrições do Registro Civil de ambos os nubentes, e, obrigatoriamente, se publicará na imprensa local, se houver.

Parágrafo único. A autoridade competente, havendo urgência, poderá dispensar a publicação.

(*) V. arts. 1.539 e 1.540 do CC.
(*) Vide Enunciado 513 do CJF.

Art. 1.528. É dever do oficial do registro esclarecer os nubentes a respeito dos fatos que podem ocasionar a invalidade do casamento, bem como sobre os diversos regimes de bens.

(*) V. arts. 1.548 a 1.564 e 1.639 a 1.688 do CC.
(*) Vide Enunciado 331 do CJF.

Art. 1.529. Tanto os impedimentos quanto as causas suspensivas serão opostos em declaração escrita e assinada, instruída com as provas do fato alegado, ou com a indicação do lugar onde possam ser obtidas.

(*) V. arts. 1.521 a 1.524 do CC.

Art. 1.530. O oficial do registro dará aos nubentes ou a seus representantes nota da oposição, indicando os fundamentos, as provas e o nome de quem a ofereceu.

Parágrafo único. Podem os nubentes requerer prazo razoável para fazer prova contrária aos fatos alegados, e promover as ações civis e criminais contra o oponente de má-fé.

Art. 1.531. Cumpridas as formalidades dos arts. 1.526 e 1.527 e verificada a inexistência de fato obstativo, o oficial do registro extrairá o certificado de habilitação.

Art. 1.532. A eficácia da habilitação será de 90 (noventa) dias, a contar da data em que foi extraído o certificado.

Capítulo VI
DA CELEBRAÇÃO DO CASAMENTO

Art. 1.533. Celebrar-se-á o casamento, no dia, hora e lugar previamente designados pela autoridade que houver de presidir o ato, mediante petição dos contraentes, que se mostrem habilitados com a certidão do art. 1.531.

(*) V. arts. 1.542 e 1.726 do CC.

Art. 1.534. A solenidade realizar-se-á na sede do cartório, com toda publicidade, a portas abertas, presentes pelo menos 2 (duas) testemunhas, parentes ou não dos contraentes, ou, querendo as partes e consentindo a autoridade celebrante, noutro edifício público ou particular.

(*) V. art. 1.539 do CC.

§ 1º. Quando o casamento for em edifício particular, ficará este de portas abertas durante o ato.

§ 2º. Serão quatro as testemunhas na hipótese do parágrafo anterior e se algum dos contraentes não souber ou não puder escrever.

Art. 1.535. Presentes os contraentes, em pessoa ou por procurador especial, juntamente com as testemunhas e o oficial do registro, o presidente do ato, ouvida aos nubentes a afirmação de que pretendem casar por livre e espontânea vontade, declarará efetuado o casamento, nestes termos: "De acordo com a vontade que ambos acabais de afirmar perante mim, de vos receberdes por marido e mulher, eu, em nome da lei, vos declaro casados."

(*) V. arts. 1.514, 1.538 e 1.542 do CC.

Art. 1.536. Do casamento, logo depois de celebrado, lavrar-se-á o assento no livro de registro. No assento, assinado pelo presidente do ato, pelos cônjuges, as testemunhas, e o oficial do registro, serão exarados:

I – os prenomes, sobrenomes, datas de nascimento, profissão, domicílio e residência atual dos cônjuges;

(*) V. art. 1.565, § 1º, do CC.

II – os prenomes, sobrenomes, datas de nascimento ou de morte, domicílio e residência atual dos pais;

III – o prenome e sobrenome do cônjuge precedente e a data da dissolução do casamento anterior;

IV – a data da publicação dos proclamas e da celebração do casamento;

V – a relação dos documentos apresentados ao oficial do registro;

VI – o prenome, sobrenome, profissão, domicílio e residência atual das testemunhas;

VII – o regime do casamento, com a declaração da data e do cartório em cujas notas foi lavrada a escritura antenupcial, quando o regime não for o da comunhão parcial, ou o obrigatoriamente estabelecido.

(*) V. art. 1.641 do CC.

Art. 1.537. O instrumento da autorização para casar transcrever-se-á integralmente na escritura antenupcial.

(*) V. arts. 215; 220; 1.517 a 1.520; 1.525, II; 1.634, III; e 1.653 do CC.

Art. 1.538. A celebração do casamento será imediatamente suspensa se algum dos contraentes:

I – recusar a solene afirmação da sua vontade;

II – declarar que esta não é livre e espontânea;

III – manifestar-se arrependido.

Parágrafo único. O nubente que, por algum dos fatos mencionados neste artigo, der causa à suspensão do ato, não será admitido a retratar-se no mesmo dia.

Art. 1.539. No caso de moléstia grave de um dos nubentes, o presidente do ato irá celebrá-lo onde se encontrar o impedido, sendo urgente, ainda que à noite, perante 2 (duas) testemunhas que saibam ler e escrever.

(*) V. arts. 1.527, parágrafo único; e 1.534 do CC.

§ 1º. A falta ou impedimento da autoridade competente para presidir o casamento suprir-se-á por qualquer dos seus substitutos legais, e a do oficial do Registro Civil por outro *ad hoc*, nomeado pelo presidente do ato.

§ 2º. O termo avulso, lavrado pelo oficial *ad hoc*, será registrado no respectivo registro dentro em 5 (cinco) dias, perante 2 (duas) testemunhas, ficando arquivado.

Art. 1.540. Quando algum dos contraentes estiver em iminente risco de vida, não obtendo a presença da autoridade à qual incumba presidir o ato, nem a de seu substituto, poderá o casamento ser celebrado na presença de 6 (seis) testemunhas, que com os nubentes não tenham parentesco em linha reta, ou, na colateral, até segundo grau.

(*) V. art. 1.527, parágrafo único, do CC.

Art. 1.541. Realizado o casamento, devem as testemunhas comparecer perante a autoridade judicial mais próxima, dentro em 10 (dez) dias, pedindo que lhes tome por termo a declaração de:

LIVRO IV – DO DIREITO DE FAMÍLIA **ART. 1.545**

I – que foram convocadas por parte do enfermo;

II – que este parecia em perigo de vida, mas em seu juízo;

III – que, em sua presença, declararam os contraentes, livre e espontaneamente, receber-se por marido e mulher.

§ 1º. Autuado o pedido e tomadas as declarações, o juiz procederá às diligências necessárias para verificar se os contraentes podiam ter-se habilitado, na forma ordinária, ouvidos os interessados que o requererem, dentro em 15 (quinze) dias.

§ 2º. Verificada a idoneidade dos cônjuges para o casamento, assim o decidirá a autoridade competente, com recurso voluntário às partes.

§ 3º. Se da decisão não se tiver recorrido, ou se ela passar em julgado, apesar dos recursos interpostos, o juiz mandará registrá-la no livro do Registro dos Casamentos.

§ 4º. O assento assim lavrado retrotrairá os efeitos do casamento, quanto ao estado dos cônjuges, à data da celebração.

§ 5º. Serão dispensadas as formalidades deste e do artigo antecedente, se o enfermo convalescer e puder ratificar o casamento na presença da autoridade competente e do oficial do registro.

Art. 1.542. O casamento pode celebrar-se mediante procuração, por instrumento público, com poderes especiais.

(*) V. art. 657 do CC.

§ 1º. A revogação do mandato não necessita chegar ao conhecimento do mandatário; mas, celebrado o casamento sem que o mandatário ou o outro contraente tivessem ciência da revogação, responderá o mandante por perdas e danos.

(*) V. arts. 402 a 405; e 1.550, V, do CC.

§ 2º. O nubente que não estiver em iminente risco de vida poderá fazer-se representar no casamento nuncupativo.

§ 3º. A eficácia do mandato não ultrapassará 90 (noventa) dias.

§ 4º. Só por instrumento público se poderá revogar o mandato.

(*) V. art. 7º, § 1º, da LINDB.

Capítulo VII
DAS PROVAS
DO CASAMENTO

Art. 1.543. O casamento celebrado no Brasil prova-se pela certidão do registro.

Parágrafo único. Justificada a falta ou perda do registro civil, é admissível qualquer outra espécie de prova.

(*) V. arts. 1.515 e 1.516 do CC.
(*) V. art. 7º, § 1º, da LINDB.

Art. 1.544. O casamento de brasileiro, celebrado no estrangeiro, perante as respectivas autoridades ou os cônsules brasileiros, deverá ser registrado em 180 (cento e oitenta) dias, a contar da volta de um ou de ambos os cônjuges ao Brasil, no cartório do respectivo domicílio, ou, em sua falta, no 1º Ofício da Capital do Estado em que passarem a residir.

(*) V. arts. 7º, 13, 18 e 19 da LINDB.

Art. 1.545. O casamento de pessoas que, na posse do estado de casadas, não possam manifestar vontade, ou tenham falecido, não se pode contestar em prejuízo da prole comum,

ART. 1.546

salvo mediante certidão do Registro Civil que prove que já era casada alguma delas, quando contraiu o casamento impugnado.

Art. 1.546. Quando a prova da celebração legal do casamento resultar de processo judicial, o registro da sentença no livro do Registro Civil produzirá, tanto no que toca aos cônjuges como no que respeita aos filhos, todos os efeitos civis desde a data do casamento.

Art. 1.547. Na dúvida entre as provas favoráveis e contrárias, julgar-se-á pelo casamento, se os cônjuges, cujo casamento se impugna, viverem ou tiverem vivido na posse do estado de casados.

Capítulo VIII
DA INVALIDADE DO CASAMENTO

Art. 1.548. É nulo o casamento contraído:

I – (revogado);

(*) Inciso I revogado pela Lei nº 13.146/2015.

II – por infringência de impedimento.

(*) V. arts. 1.521, 1.522 e 1.561 do CC.

Art. 1.549. A decretação de nulidade de casamento, pelos motivos previstos no artigo antecedente, pode ser promovida mediante ação direta, por qualquer interessado, ou pelo Ministério Público.

Art. 1.550. É anulável o casamento:

(*) V. arts. 1.551; 1.556; e 1.561, *caput*, do CC.

I – de quem não completou a idade mínima para casar;

(*) V. arts. 1.517 a 1.520 do CC.

II – do menor em idade núbil, quando não autorizado por seu representante legal;

(*) V. arts. 1.517, 1.555 e 1.641 do CC.

III – por vício da vontade, nos termos dos arts. 1.556 a 1.558;

(*) V. art. 1.560, IV, do CC.

IV – do incapaz de consentir ou manifestar, de modo inequívoco, o consentimento;

(*) V. art. 1.560, I, do CC.

V – realizado pelo mandatário, sem que ele ou o outro contraente soubesse da revogação do mandato, e não sobrevindo coabitação entre os cônjuges;

(*) V. arts. 1.552 e 1.560, § 2º, do CC.

VI – por incompetência da autoridade celebrante.

(*) V. arts. 1.554 e 1.560, II, do CC.

§ 1º. Equipara-se à revogação a invalidade do mandato judicialmente decretada.

(*) § 1º com redação dada pela Lei nº 13.146/2015.

§ 2º. A pessoa com deficiência mental ou intelectual em idade núbia poderá contrair matrimônio, expressando sua vontade diretamente ou por meio de seu responsável ou curador.

(*) § 2º acrescido pela Lei nº 13.146/2015.

Art. 1.551. Não se anulará, por motivo de idade, o casamento de que resultou gravidez.

(*) V. arts. 1.517; 1.520; e 1.550, I e II, do CC.

Art. 1.552. A anulação do casamento dos menores de 16 (dezesseis) anos será requerida:

(*) V. arts. 1.551; 1.555; e 1.560, § 1º, do CC.

I – pelo próprio cônjuge menor;

II – por seus representantes legais;

III – por seus ascendentes.

Art. 1.553. O menor que não atingiu a idade núbil poderá, depois

LIVRO IV – DO DIREITO DE FAMÍLIA   ART. 1.560

de completá-la, confirmar seu casamento, com a autorização de seus representantes legais, se necessária, ou com suprimento judicial.

(*) V. arts. 1.517 e 1.519 do CC.

Art. 1.554. Subsiste o casamento celebrado por aquele que, sem possuir a competência exigida na lei, exercer publicamente as funções de juiz de casamentos e, nessa qualidade, tiver registrado o ato no Registro Civil.

(*) V. art. 1.550, V, do CC.

Art. 1.555. O casamento do menor em idade núbil, quando não autorizado por seu representante legal, só poderá ser anulado se a ação for proposta em 180 (cento e oitenta) dias, por iniciativa do incapaz, ao deixar de sê-lo, de seus representantes legais ou de seus herdeiros necessários.

(*) V. arts. 1.517 a 1.520, 1.551 e 1.845 do CC.

§ 1º. O prazo estabelecido neste artigo será contado do dia em que cessou a incapacidade, no primeiro caso; a partir do casamento, no segundo; e, no terceiro, da morte do incapaz.

§ 2º. Não se anulará o casamento quando à sua celebração houverem assistido os representantes legais do incapaz, ou tiverem, por qualquer modo, manifestado sua aprovação.

Art. 1.556. O casamento pode ser anulado por vício da vontade, se houve por parte de um dos nubentes, ao consentir, erro essencial quanto à pessoa do outro.

(*) V. arts. 138; 139, II; e 1.557 do CC.

Art. 1.557. Considera-se erro essencial sobre a pessoa do outro cônjuge:

(*) V. art. 1.560, III, do CC.

I – o que diz respeito à sua identidade, sua honra e boa fama, sendo esse erro tal que o seu conhecimento ulterior torne insuportável a vida em comum ao cônjuge enganado;

II – a ignorância de crime, anterior ao casamento, que, por sua natureza, torne insuportável a vida conjugal;

III – a ignorância, anterior ao casamento, de defeito físico irremediável que não caracterize deficiência ou de moléstia grave e transmissível, por contágio ou por herança, capaz de pôr em risco a saúde do outro cônjuge ou de sua descendência;

(*) Inciso III com redação dada pela Lei nº 13.146/2015.
(*) V. art. 1.559 do CC.

IV – (revogado).

(*) Inciso IV revogado pela Lei nº 13.146/2015.

Art. 1.558. É anulável o casamento em virtude de coação, quando o consentimento de um ou de ambos os cônjuges houver sido captado mediante fundado temor de mal considerável e iminente para a vida, a saúde e a honra, sua ou de seus familiares.

(*) V. arts. 151 a 155; e 1.560, IV, do CC.

Art. 1.559. Somente o cônjuge que incidiu em erro, ou sofreu coação, pode demandar a anulação do casamento; mas a coabitação, havendo ciência do vício, valida o ato, ressalvadas as hipóteses dos incisos III e IV♦ do art. 1.557.

♦ O inciso IV do art. 1.557 foi revogado pela Lei nº 13.146/2015.

Art. 1.560. O prazo para ser intentada a ação de anulação do casamento, a contar da data da celebração, é de:

I – 180 (cento e oitenta) dias, no caso do inciso IV do art. 1.550;

ART. 1.561 CÓDIGO CIVIL – PARTE ESPECIAL

II – 2 (dois) anos, se incompetente a autoridade celebrante;

(*) V. art. 1.550, V, do CC.

III – 3 (três) anos, nos casos dos incisos I a IV do art. 1.557;

IV – 4 (quatro) anos, se houver coação.

(*) V. arts. 1.558 e 1.559 do CC.

§ 1º. Extingue-se, em 180 (cento e oitenta) dias, o direito de anular o casamento dos menores de 16 (dezesseis) anos, contado o prazo para o menor do dia em que perfez essa idade; e da data do casamento, para seus representantes legais ou ascendentes.

§ 2º. Na hipótese do inciso V do art. 1.550, o prazo para anulação do casamento é de 180 (cento e oitenta) dias, a partir da data em que o mandante tiver conhecimento da celebração.

Art. 1.561. Embora anulável ou mesmo nulo, se contraído de boa-fé por ambos os cônjuges, o casamento, em relação a estes como aos filhos, produz todos os efeitos até o dia da sentença anulatória.

(*) V. arts. 1.563 e 1.564 do CC.

§ 1º. Se um dos cônjuges estava de boa-fé ao celebrar o casamento, os seus efeitos civis só a ele e aos filhos aproveitarão.

§ 2º. Se ambos os cônjuges estavam de má-fé ao celebrar o casamento, os seus efeitos civis só aos filhos aproveitarão.

Art. 1.562. Antes de mover a ação de nulidade do casamento, a de anulação, a de separação judicial, a de divórcio direto ou a de dissolução de união estável, poderá requerer a parte, comprovando sua necessidade, a separação de corpos, que será concedida pelo juiz com a possível brevidade.

Art. 1.563. A sentença que decretar a nulidade do casamento retroagirá à data da sua celebração, sem prejudicar a aquisição de direitos, a título oneroso, por terceiros de boa-fé, nem a resultante de sentença transitada em julgado.

Art. 1.564. Quando o casamento for anulado por culpa de um dos cônjuges, este incorrerá:

I – na perda de todas as vantagens havidas do cônjuge inocente;

II – na obrigação de cumprir as promessas que lhe fez no contrato antenupcial.

(*) V. arts. 1.653 a 1.657 do CC.

Capítulo IX
DA EFICÁCIA DO CASAMENTO

Art. 1.565. Pelo casamento, homem e mulher assumem mutuamente a condição de consortes, companheiros e responsáveis pelos encargos da família.

§ 1º. Qualquer dos nubentes, querendo, poderá acrescer ao seu o sobrenome do outro.

(*) V. arts. 1.571, § 2º; e 1.578 do CC.

§ 2º. O planejamento familiar é de livre decisão do casal, competindo ao Estado propiciar recursos educacionais e financeiros para o exercício desse direito, vedado qualquer tipo de coerção por parte de instituições privadas ou públicas.

(*) V. art. 1.513 do CC.
(*) Vide Enunciado 99 do CJF.
(*) Vide Resolução CNJ nº 175/2013.

Art. 1.566. São deveres de ambos os cônjuges:

(*) V. art. 1.511 do CC.

LIVRO IV – DO DIREITO DE FAMÍLIA   ART. 1.572

I – fidelidade recíproca;
II – vida em comum, no domicílio conjugal;
III – mútua assistência;
IV – sustento, guarda e educação dos filhos;
V – respeito e consideração mútuos.

Art. 1.567. A direção da sociedade conjugal será exercida, em colaboração, pelo marido e pela mulher, sempre no interesse do casal e dos filhos.

(*) V. arts. 1.642, 1.643, 1.647 e 1.651 do CC.

Parágrafo único. Havendo divergência, qualquer dos cônjuges poderá recorrer ao juiz, que decidirá tendo em consideração aqueles interesses.

(*) V. arts. 1.631, parágrafo único; e 1.648 do CC.

Art. 1.568. Os cônjuges são obrigados a concorrer, na proporção de seus bens e dos rendimentos do trabalho, para o sustento da família e a educação dos filhos, qualquer que seja o regime patrimonial.

(*) V. arts. 1.565; 1.566, III e IV; e 1.688 do CC.

Art. 1.569. O domicílio do casal será escolhido por ambos os cônjuges, mas um e outro podem ausentar-se do domicílio conjugal para atender a encargos públicos, ao exercício de sua profissão, ou a interesses particulares relevantes.

(*) V. art. 72 do CC.

Art. 1.570. Se qualquer dos cônjuges estiver em lugar remoto ou não sabido, encarcerado por mais de 180 (cento e oitenta) dias, interditado judicialmente ou privado, episodicamente, de consciência, em virtude de enfermidade ou de acidente, o outro exercerá com exclusividade a direção da família, cabendo-lhe a administração dos bens.

(*) V. arts. 25, 1.651 e 1.775 do CC.

Capítulo X
DA DISSOLUÇÃO DA SOCIEDADE E DO VÍNCULO CONJUGAL

(*) Vide Enunciado 571 do CJF.

Art. 1.571. A sociedade conjugal termina:

I – pela morte de um dos cônjuges;
II – pela nulidade ou anulação do casamento;

(*) V. arts. 1.548 a 1.564 do CC.

III – pela separação judicial;

(*) V. arts. 1.572 a 1.578 do CC.
(*) Vide Enunciado 514 do CJF.

IV – pelo divórcio.

(*) Vide Emenda Constitucional nº 66/2010, que instituiu o divórcio direto (art. 226, § 6º, da CF).
(*) V. arts. 1.579 a 1.582 do CC.

§ 1º. O casamento válido só se dissolve pela morte de um dos cônjuges ou pelo divórcio, aplicando-se a presunção estabelecida neste Código quanto ao ausente.

(*) V. arts. 6º e 22 a 39 do CC.

§ 2º. Dissolvido o casamento pelo divórcio direto ou por conversão, o cônjuge poderá manter o nome de casado; salvo, no segundo caso, dispondo em contrário a sentença de separação judicial.

(*) V. arts. 1.565, § 1º; 1.578; e 1.581 do CC.
(*) Vide Enunciado 602 do CJF.

Art. 1.572. Qualquer dos cônjuges poderá propor a ação de separação judicial, imputando ao outro qualquer ato que importe grave

ART. 1.573 — CÓDIGO CIVIL – PARTE ESPECIAL

violação dos deveres do casamento e torne insuportável a vida em comum.

(*) Vide Emenda Constitucional nº 66/2010, que instituiu o divórcio direto (art. 226, § 6º, da CF).

§ 1º. A separação judicial pode também ser pedida se um dos cônjuges provar ruptura da vida em comum há mais de 1 (um) ano e a impossibilidade de sua reconstituição.

§ 2º. O cônjuge pode ainda pedir a separação judicial quando o outro estiver acometido de doença mental grave, manifestada após o casamento, que torne impossível a continuação da vida em comum, desde que, após uma duração de 2 (dois) anos, a enfermidade tenha sido reconhecida de cura improvável.

§ 3º. No caso do parágrafo 2º, reverterão ao cônjuge enfermo, que não houver pedido a separação judicial, os remanescentes dos bens que levou para o casamento, e se o regime dos bens adotado o permitir, a meação dos adquiridos na constância da sociedade conjugal.

(*) Vide Enunciado 100 do CJF.

Art. 1.573. Podem caracterizar a impossibilidade da comunhão de vida a ocorrência de algum dos seguintes motivos:

I – adultério;

(*) V. art. 1.566, I, do CC.

II – tentativa de morte;

III – sevícia ou injúria grave;

IV – abandono voluntário do lar conjugal, durante 1 (um) ano contínuo;

(*) V. art. 1.566, II, do CC.

V – condenação por crime infamante;

VI – conduta desonrosa.

(*) V. art. 1.566, V, do CC.

Parágrafo único. O juiz poderá considerar outros fatos que tornem evidente a impossibilidade da vida em comum.

(*) Vide Enunciado 254 do CJF.

Art. 1.574. Dar-se-á a separação judicial por mútuo consentimento dos cônjuges se forem casados por mais de 1 (um) ano e o manifestarem perante o juiz, sendo por ele devidamente homologada a convenção.

(*) Vide Enunciado 515 do CJF.

Parágrafo único. O juiz pode recusar a homologação e não decretar a separação judicial se apurar que a convenção não preserva suficientemente os interesses dos filhos ou de um dos cônjuges.

(*) Vide Emenda Constitucional nº 66/2010, que instituiu o divórcio direto (art. 226, § 6º, da CF).

(*) Vide Enunciado 516 do CJF.

Art. 1.575. A sentença de separação judicial importa a separação de corpos e a partilha de bens.

(*) V. arts. 980, 1.562 e 1.576 do CC.

Parágrafo único. A partilha de bens poderá ser feita mediante proposta dos cônjuges e homologada pelo juiz ou por este decidida.

(*) V. art. 1.581 do CC.
(*) Vide Enunciado 255 do CJF.

Art. 1.576. A separação judicial põe termo aos deveres de coabitação e fidelidade recíproca e ao regime de bens.

Parágrafo único. O procedimento judicial da separação caberá somente aos cônjuges, e, no caso de incapacidade, serão representados pelo curador, pelo ascendente ou pelo irmão.

Art. 1.577. Seja qual for a causa da separação judicial e o modo

LIVRO IV – DO DIREITO DE FAMÍLIA   ART. 1.583

como esta se faça, é lícito aos cônjuges restabelecer, a todo tempo, a sociedade conjugal, por ato regular em juízo.

Parágrafo único. A reconciliação em nada prejudicará o direito de terceiros, adquirido antes e durante o estado de separado, seja qual for o regime de bens.

Art. 1.578. O cônjuge declarado culpado na ação de separação judicial perde o direito de usar o sobrenome do outro, desde que expressamente requerido pelo cônjuge inocente e se a alteração não acarretar:

I – evidente prejuízo para a sua identificação;

II – manifesta distinção entre o seu nome de família e o dos filhos havidos da união dissolvida;

III – dano grave reconhecido na decisão judicial.

§ 1º. O cônjuge inocente na ação de separação judicial poderá renunciar, a qualquer momento, ao direito de usar o sobrenome do outro.

§ 2º. Nos demais casos caberá a opção pela conservação do nome de casado.

Art. 1.579. O divórcio não modificará os direitos e deveres dos pais em relação aos filhos.

Parágrafo único. Novo casamento de qualquer dos pais, ou de ambos, não poderá importar restrições aos direitos e deveres previstos neste artigo.

(*) V. arts. 1.634 e 1.636 do CC.

Art. 1.580. Decorrido 1 (um) ano do trânsito em julgado da sentença que houver decretado a separação judicial, ou da decisão concessiva da medida cautelar de separação de corpos, qualquer das partes poderá requerer sua conversão em divórcio.

§ 1º. A conversão em divórcio da separação judicial dos cônjuges será decretada por sentença, da qual não constará referência à causa que a determinou.

§ 2º. O divórcio poderá ser requerido, por um ou por ambos os cônjuges, no caso de comprovada separação de fato por mais de 2 (dois) anos.

(*) Vide Emenda Constitucional nº 66/2010, que instituiu o divórcio direto (art. 226, § 6º, da CF).

(*) Vide Enunciado 517 do CJF.

Art. 1.581. O divórcio pode ser concedido sem que haja prévia partilha de bens.

Art. 1.582. O pedido de divórcio somente competirá aos cônjuges.

Parágrafo único. Se o cônjuge for incapaz para propor a ação ou defender-se, poderá fazê-lo o curador, o ascendente ou o irmão.

Capítulo XI
DA PROTEÇÃO DA PESSOA DOS FILHOS

Art. 1.583. A guarda será unilateral ou compartilhada.

(*) Art. 1.583, caput, com redação dada pela Lei nº 11.698/2008.

(*) V. arts. 1.589 e 1.590 do CC.

(*) Vide Enunciado 335 do CJF.

§ 1º. Compreende-se por guarda unilateral a atribuída a um só dos genitores ou a alguém que o substitua (art. 1.584, § 5º) e, por guarda compartilhada a responsabilização conjunta e o exercício de direitos e deveres do pai e da mãe que não vivam sob o mesmo teto, concernentes ao poder familiar dos filhos comuns.

(*) § 1º acrescido pela Lei nº 11.698/2008.

ART. 1.584 CÓDIGO CIVIL – PARTE ESPECIAL

§ 2º. Na guarda compartilhada, o tempo de convívio com os filhos deve ser dividido de forma equilibrada com a mãe e com o pai, sempre tendo em vista as condições fáticas e os interesses dos filhos.

(*) § 2º acrescido pela Lei nº 11.698/2008, e com redação dada pela Lei nº 13.058/2014.
(*) V. arts. 1.694 e 1.701 do CC.
(*) Vide Enunciados 603, 604, 605, 606, 607 e 671 do CJF.

§ 3º. Na guarda compartilhada, a cidade considerada base de moradia dos filhos será aquela que melhor atender aos interesses dos filhos.

(*) § 3º acrescido pela Lei nº 11.698/2008 e com redação dada pela Lei nº 13.058/2014.

§ 4º. (Vetado).

(*) § 4º acrescido pela Lei nº 11.698/2008.

§ 5º. A guarda unilateral obriga o pai ou a mãe que não a detenha a supervisionar os interesses dos filhos, e, para possibilitar tal supervisão, qualquer dos genitores sempre será parte legítima para solicitar informações e/ou prestação de contas, objetivas ou subjetivas, em assuntos ou situações que direta ou indiretamente afetem a saúde física e psicológica e a educação de seus filhos.

(*) § 5º acrescido pela Lei nº 13.058/2014.
(*) Vide Enunciados 101 e 518 do CJF.

Art. 1.584. A guarda, unilateral ou compartilhada, poderá ser:

(*) Art. 1.584, *caput*, com redação dada pela Lei nº 11.698/2008.
(*) V. arts. 1.586 e 1.612 do CC.

I – requerida, por consenso, pelo pai e pela mãe, ou por qualquer deles, em ação autônoma de separação, de divórcio, de dissolução de união estável ou em medida cautelar;

(*) Inciso I acrescido pela Lei nº 11.698/2008.

II – decretada pelo juiz, em atenção a necessidades específicas do filho, ou em razão da distribuição de tempo necessário ao convívio deste com o pai e com a mãe.

(*) Inciso II acrescido pela Lei nº 11.698/2008.

§ 1º. Na audiência de conciliação, o juiz informará ao pai e à mãe o significado da guarda compartilhada, a sua importância, a similitude de deveres e direitos atribuídos aos genitores e as sanções pelo descumprimento de suas cláusulas.

(*) § 1º acrescido pela Lei nº 11.698/2008.

§ 2º. Quando não houver acordo entre a mãe e o pai quanto à guarda do filho, encontrando-se ambos os genitores aptos a exercer o poder familiar, será aplicada a guarda compartilhada, salvo se um dos genitores declarar ao magistrado que não deseja a guarda do menor.

(*) § 2º acrescido pela Lei nº 11.698/2008 e com redação dada pela Lei nº 13.058/2014.

§ 3º. Para estabelecer as atribuições do pai e da mãe e os períodos de convivência sob guarda compartilhada, o juiz, de ofício ou a requerimento do Ministério Público, poderá basear-se em orientação técnico-profissional ou de equipe interdisciplinar, que deverá visar à divisão equilibrada do tempo com o pai e com a mãe.

(*) § 3º acrescido pela Lei nº 11.698/2008 e com redação dada pela Lei nº 13.058/2014.

§ 4º. A alteração não autorizada ou o descumprimento imotivado de cláusula de guarda unilateral ou compartilhada poderá implicar a redução de prerrogativas atribuídas ao seu detentor.

(*) § 4º acrescido pela Lei nº 11.698/2008 e com redação dada pela Lei nº 13.058/2014.

§ 5º. Se o juiz verificar que o filho não deve permanecer sob a guarda

LIVRO IV – DO DIREITO DE FAMÍLIA   ART. 1.591

do pai ou da mãe, deferirá a guarda a pessoa que revele compatibilidade com a natureza da medida, considerados, de preferência, o grau de parentesco e as relações de afinidade e afetividade.

(*) § 5º acrescido pela Lei nº 11.698/2008 e com redação dada pela Lei nº 13.058/2014.
(*) Vide Enunciados 334 e 335 do CJF.

§ 6º. Qualquer estabelecimento público ou privado é obrigado a prestar informações a qualquer dos genitores sobre os filhos destes, sob pena de multa de R$ 200,00 (duzentos reais) a R$ 500,00 (quinhentos reais) por dia pelo não atendimento da solicitação.

(*) § 6º acrescido pela Lei nº 13.058/2014.
(*) Vide Enunciado 518 do CJF.

Art. 1.585. Em sede de medida cautelar de separação de corpos, em sede de medida cautelar de guarda ou em outra sede de fixação liminar de guarda, a decisão sobre guarda de filhos, mesmo que provisória, será proferida preferencialmente após a oitiva de ambas as partes perante o juiz, salvo se a proteção aos interesses dos filhos exigir a concessão de liminar sem a oitiva da outra parte, aplicando-se as disposições do art. 1.584.

(*) Art. 1.585 com redação dada pela Lei nº 13.058/2014.
(*) V. art. 1.562 do CC.

Art. 1.586. Havendo motivos graves, poderá o juiz, em qualquer caso, a bem dos filhos, regular de maneira diferente da estabelecida nos artigos antecedentes a situação deles para com os pais.

Art. 1.587. No caso de invalidade do casamento, havendo filhos comuns, observar-se-á o disposto nos arts. 1.584 e 1.586.

(*) V. arts. 1.548 a 1.564 do CC.

Art. 1.588. O pai ou a mãe que contrair novas núpcias não perde o direito de ter consigo os filhos, que só lhe poderão ser retirados por mandado judicial, provado que não são tratados convenientemente.

(*) V. arts. 1.579, parágrafo único; e 1.636 do CC.
(*) Vide Enunciados 337 e 338 do CJF.

Art. 1.589. O pai ou a mãe, em cuja guarda não estejam os filhos, poderá visitá-los e tê-los em sua companhia, segundo o que acordar com o outro cônjuge, ou for fixado pelo juiz, bem como fiscalizar sua manutenção e educação.

(*) V. art. 1.579 do CC.

Parágrafo único. O direito de visita estende-se a qualquer dos avós, a critério do juiz, observados os interesses da criança ou do adolescente.

(*) Parágrafo único acrescido pela Lei nº 12.398/2011.
(*) Vide Enunciado 672 do CJF.

Art. 1.590. As disposições relativas à guarda e prestação de alimentos aos filhos menores estendem-se aos maiores incapazes.

SUBTÍTULO II
DAS RELAÇÕES DE PARENTESCO

Capítulo I
DISPOSIÇÕES GERAIS

Art. 1.591. São parentes em linha reta as pessoas que estão umas para com as outras na relação de ascendentes e descendentes.

(*) V. art. 1.521, I, do CC.

Art. 1.592. São parentes em linha colateral ou transversal, até o quarto grau, as pessoas provenientes de um só tronco, sem descenderem uma da outra.

Art. 1.593. O parentesco é natural ou civil, conforme resulte de consanguinidade ou outra origem.

(*) Vide Enunciados 103, 256, 519 e 608 do CJF.

Art. 1.594. Contam-se, na linha reta, os graus de parentesco pelo número de gerações, e, na colateral, também pelo número delas, subindo de um dos parentes até ao ascendente comum, e descendo até encontrar o outro parente.

Art. 1.595. Cada cônjuge ou companheiro é aliado aos parentes do outro pelo vínculo da afinidade.

§ 1º. O parentesco por afinidade limita-se aos ascendentes, aos descendentes e aos irmãos do cônjuge ou companheiro.

§ 2º. Na linha reta, a afinidade não se extingue com a dissolução do casamento ou da união estável.

(*) V. art. 1.521, II, do CC.

Capítulo II
DA FILIAÇÃO

Art. 1.596. Os filhos, havidos ou não da relação de casamento, ou por adoção, terão os mesmos direitos e qualificações, proibidas quaisquer designações discriminatórias relativas à filiação.

(*) Vide Enunciados 339, 608 e 632 do CJF.

Art. 1.597. Presumem-se concebidos na constância do casamento os filhos:

(*) V. art. 1.598 do CC.

I – nascidos 180 (cento e oitenta) dias, pelo menos, depois de estabelecida a convivência conjugal;

II – nascidos nos 300 (trezentos) dias subsequentes à dissolução da sociedade conjugal, por morte, separação judicial, nulidade e anulação do casamento;

III – havidos por fecundação artificial homóloga, mesmo que falecido o marido;

(*) Vide Enunciados 106, 257, 258 e 633 do CJF.

IV – havidos, a qualquer tempo, quando se tratar de embriões excedentários, decorrentes de concepção artificial homóloga;

(*) Vide Enunciado 107 do CJF.

V – havidos por inseminação artificial heteróloga, desde que tenha prévia autorização do marido.

(*) Vide Enunciados 104 e 105 do CJF.

Art. 1.598. Salvo prova em contrário, se, antes de decorrido o prazo previsto no inciso II do art. 1.523, a mulher contrair novas núpcias e lhe nascer algum filho, este se presume do primeiro marido, se nascido dentro dos 300 (trezentos) dias a contar da data do falecimento deste e, do segundo, se o nascimento ocorrer após esse período e já decorrido o prazo a que se refere o inciso I do art. 1.597.

Art. 1.599. A prova da impotência do cônjuge para gerar, à época da concepção, ilide a presunção da paternidade.

Art. 1.600. Não basta o adultério da mulher, ainda que confessado, para ilidir a presunção legal da paternidade.

Art. 1.601. Cabe ao marido o direito de contestar a paternidade dos filhos nascidos de sua mulher, sendo tal ação imprescritível.

(*) V. art. 1.602 do CC.

Parágrafo único. Contestada a filiação, os herdeiros do impugnante têm direito de prosseguir na ação.

(*) Vide Enunciados 258 e 520 do CJF.

Art. 1.602. Não basta a confissão materna para excluir a paternidade.

Art. 1.603. A filiação prova-se pela certidão do termo de nascimento registrada no Registro Civil.

(*) Vide Enunciado 108 do CJF.

Art. 1.604. Ninguém pode vindicar estado contrário ao que resulta do registro de nascimento, salvo provando-se erro ou falsidade do registro.

(*) V. art. 1.608 do CC.

Art. 1.605. Na falta, ou defeito, do termo de nascimento, poderá provar-se a filiação por qualquer modo admissível em direito:

(*) V. arts. 212 a 232 do CC.

I – quando houver começo de prova por escrito, proveniente dos pais, conjunta ou separadamente;

II – quando existirem veementes presunções resultantes de fatos já certos.

(*) Vide Enunciado 109 do CJF.

Art. 1.606. A ação de prova de filiação compete ao filho, enquanto viver, passando aos herdeiros, se ele morrer menor ou incapaz.

Parágrafo único. Se iniciada a ação pelo filho, os herdeiros poderão continuá-la, salvo se julgado extinto o processo.

(*) V. arts. 1.615 e 1.616 do CC.
(*) Vide Enunciado 521 do CJF.

Capítulo III
DO RECONHECIMENTO DOS FILHOS

(*) Vide Tema 622 do STF.
(*) Vide Súmula 301 do STJ.

Art. 1.607. O filho havido fora do casamento pode ser reconhecido pelos pais, conjunta ou separadamente.

(*) Vide Enunciado 570 do CJF.

Art. 1.608. Quando a maternidade constar do termo do nascimento do filho, a mãe só poderá contestá-la, provando a falsidade do termo, ou das declarações nele contidas.

(*) V. art. 1.604 do CC.

Art. 1.609. O reconhecimento dos filhos havidos fora do casamento é irrevogável e será feito:

I – no registro do nascimento;

II – por escritura pública ou escrito particular, a ser arquivado em cartório;

III – por testamento, ainda que incidentalmente manifestado;

(*) V. arts. 1.610 e 1.857 do CC.

IV – por manifestação direta e expressa perante o juiz, ainda que o reconhecimento não haja sido o objeto único e principal do ato que o contém.

Parágrafo único. O reconhecimento pode preceder o nascimento do filho ou ser posterior ao seu falecimento, se ele deixar descendentes.

(*) Vide Enunciado 570 do CJF.

Art. 1.610. O reconhecimento não pode ser revogado, nem mesmo quando feito em testamento.

(*) V. art. 1.609, III, do CC.

Art. 1.611. O filho havido fora do casamento, reconhecido por um dos cônjuges, não poderá residir no lar conjugal sem o consentimento do outro.

Art. 1.612. O filho reconhecido, enquanto menor, ficará sob a guarda do genitor que o reconheceu, e, se ambos o reconheceram e não houver acordo, sob a de quem melhor atender aos interesses do menor.

(*) V. arts. 1.584, 1.586 e 1.633 do CC.

Art. 1.613. São ineficazes a condição e o termo apostos ao ato de reconhecimento do filho.

(*) V. arts. 121, 131, 135 e 136 do CC.

Art. 1.614. O filho maior não pode ser reconhecido sem o seu consentimento, e o menor pode impugnar o reconhecimento, nos 4 (quatro) anos que se seguirem à maioridade, ou à emancipação.

Art. 1.615. Qualquer pessoa, que justo interesse tenha, pode contestar a ação de investigação de paternidade, ou maternidade.

(*) Vide Súmula 149 do STF.

Art. 1.616. A sentença que julgar procedente a ação de investigação produzirá os mesmos efeitos do reconhecimento; mas poderá ordenar que o filho se crie e eduque fora da companhia dos pais ou daquele que lhe contestou essa qualidade.

Art. 1.617. A filiação materna ou paterna pode resultar de casamento declarado nulo, ainda mesmo sem as condições do putativo.

(*) V. art. 1.561 do CC.

Capítulo IV
DA ADOÇÃO

Art. 1.618. A adoção de crianças e adolescentes será deferida na forma prevista pela Lei nº 8.069, de 13 de julho de 1990 – Estatuto da Criança e do Adolescente.

(*) Art. 1.618 com redação dada pela Lei nº 12.010/2009.

Art. 1.619. A adoção de maiores de 18 (dezoito) anos dependerá da assistência efetiva do poder público e de sentença constitutiva, aplicando-se, no que couber, as regras gerais da Lei nº 8.069, de 13 de julho de 1990 – Estatuto da Criança e do Adolescente.

(*) Art. 1.619 com redação dada pela Lei nº 12.010/2009.

Arts. 1.620 a 1.629. (Revogados).

(*) Arts. 1.620 a 1.629 revogados pela Lei nº 12.010/2009.

Capítulo V
DO PODER FAMILIAR

Seção I
Disposições Gerais

Art. 1.630. Os filhos estão sujeitos ao poder familiar, enquanto menores.

(*) Vide Enunciado 112 do CJF.

Art. 1.631. Durante o casamento e a união estável, compete o poder familiar aos pais; na falta ou impedimento de um deles, o outro o exercerá com exclusividade.

Parágrafo único. Divergindo os pais quanto ao exercício do poder familiar, é assegurado a qualquer deles recorrer ao juiz para solução do desacordo.

Art. 1.632. A separação judicial, o divórcio e a dissolução da união estável não alteram as relações entre pais e filhos senão quanto ao direito, que aos primeiros cabe, de terem em sua companhia os segundos.

LIVRO IV – DO DIREITO DE FAMÍLIA ART. 1.636

Art. 1.633. O filho, não reconhecido pelo pai, fica sob poder familiar exclusivo da mãe; se a mãe não for conhecida ou capaz de exercê-lo, dar-se-á tutor ao menor.

(*) V. art. 1.612 do CC.

Seção II
Do Exercício do Poder Familiar

Art. 1.634. Compete a ambos os pais, qualquer que seja a sua situação conjugal, o pleno exercício do poder familiar, que consiste em, quanto aos filhos:

(*) Art. 1.634, *caput*, com redação dada pela Lei nº 13.058/2014.

(*) V. arts. 1.583 a 1.590, 1.631, 1.637 e 1.638 do CC.

I – dirigir-lhes a criação e a educação;

(*) Inciso I com redação dada pela Lei nº 13.058/2014.

II – exercer a guarda unilateral ou compartilhada nos termos do art. 1.584;

(*) Inciso II com redação dada pela Lei nº 13.058/2014.

(*) V. arts. 1.612 e 1.632 do CC.

III – conceder-lhes ou negar-lhes consentimento para casarem;

(*) Inciso III com redação dada pela Lei nº 13.058/2014.

(*) V. art. 1.517, *caput*, do CC.

IV – conceder-lhes ou negar-lhes consentimento para viajarem ao exterior;

(*) Inciso IV com redação dada pela Lei nº 13.058/2014.

V – conceder-lhes ou negar-lhes consentimento para mudarem sua residência permanente para outro Município;

(*) Inciso V com redação dada pela Lei nº 13.058/2014.

VI – nomear-lhes tutor por testamento ou documento autêntico, se o outro dos pais não lhe sobreviver, ou o sobrevivo não puder exercer o poder familiar;

(*) Inciso VI com redação dada pela Lei nº 13.058/2014.

(*) V. arts. 1.729, 1.730 e 1.857 do CC.

VII – representá-los judicial e extrajudicialmente até os 16 (dezesseis) anos, nos atos da vida civil, e assisti-los, após essa idade, nos atos em que forem partes, suprindo-lhes o consentimento;

(*) Inciso VII com redação dada pela Lei nº 13.058/2014.

VIII – reclamá-los de quem ilegalmente os detenha;

(*) Inciso VIII acrescido pela Lei nº 13.058/2014.

IX – exigir que lhes prestem obediência, respeito e os serviços próprios de sua idade e condição.

(*) Inciso IX acrescido pela Lei nº 13.058/2014.

Seção III
Da Suspensão e Extinção do Poder Familiar

Art. 1.635. Extingue-se o poder familiar:

I – pela morte dos pais ou do filho;

II – pela emancipação, nos termos do art. 5º, parágrafo único;

(*) Vide Enunciado 530 do CJF.

III – pela maioridade;

IV – pela adoção;

V – por decisão judicial, na forma do artigo 1.638.

(*) Vide Enunciado 673 do CJF.

Art. 1.636. O pai ou a mãe que contrai novas núpcias, ou estabelece união estável, não perde, quanto aos filhos do relacionamento anterior, os direitos ao poder familiar, exercendo-os sem qualquer interferência do novo cônjuge ou companheiro.

ART. 1.637 CÓDIGO CIVIL – PARTE ESPECIAL

Parágrafo único. Igual preceito ao estabelecido neste artigo aplica-se ao pai ou à mãe solteiros que casarem ou estabelecerem união estável.

(*) V. art. 1.588 do CC.

Art. 1.637. Se o pai, ou a mãe, abusar de sua autoridade, faltando aos deveres a eles inerentes ou arruinando os bens dos filhos, cabe ao juiz, requerendo algum parente, ou o Ministério Público, adotar a medida que lhe pareça reclamada pela segurança do menor e seus haveres, até suspendendo o poder familiar, quando convenha.

(*) V. arts. 1.638, IV, e 1.691 do CC.

Parágrafo único. Suspende-se igualmente o exercício do poder familiar ao pai ou à mãe condenados por sentença irrecorrível, em virtude de crime cuja pena exceda a 2 (dois) anos de prisão.

Art. 1.638. Perderá por ato judicial o poder familiar o pai ou a mãe que:

(*) V. art. 1.635, V, do CC.

I – castigar imoderadamente o filho;

II – deixar o filho em abandono;

III – praticar atos contrários à moral e aos bons costumes;

IV – incidir, reiteradamente, nas faltas previstas no artigo antecedente.

V – entregar de forma irregular o filho a terceiros para fins de adoção.

(*) Inciso V acrescido pela Lei nº 13.509/2017.

Parágrafo único. Perderá também por ato judicial o poder familiar aquele que:

(*) Parágrafo único, *caput*, acrescido pela Lei nº 13.715/2018.

I – praticar contra outrem igualmente titular do mesmo poder familiar:

(*) Inciso I acrescido pela Lei nº 13.715/2018.

a) homicídio, feminicídio ou lesão corporal de natureza grave ou seguida de morte, quando se tratar de crime doloso envolvendo violência doméstica e familiar ou menosprezo ou discriminação à condição de mulher;

(*) Alínea "a" acrescida pela Lei nº 13.715/2018.

b) estupro ou outro crime contra a dignidade sexual sujeito à pena de reclusão;

(*) Alínea "b" acrescida pela Lei nº 13.715/2018.

II – praticar contra filho, filha ou outro descendente:

(*) Inciso II acrescido pela Lei nº 13.715/2018.

a) homicídio, feminicídio ou lesão corporal de natureza grave ou seguida de morte, quando se tratar de crime doloso envolvendo violência doméstica e familiar ou menosprezo ou discriminação à condição de mulher;

(*) Alínea "a" acrescida pela Lei nº 13.715/2018.

b) estupro, estupro de vulnerável ou outro crime contra a dignidade sexual sujeito à pena de reclusão.

(*) Alínea "b" acrescida pela Lei nº 13.715/2018.

TÍTULO II
DO DIREITO PATRIMONIAL

SUBTÍTULO I
DO REGIME DE BENS ENTRE OS CÔNJUGES

(*) V. art. 2.039 do CC.

Capítulo I
DISPOSIÇÕES GERAIS

Art. 1.639. É lícito aos nubentes, antes de celebrado o casamento, estipular, quanto aos seus bens, o que lhes aprouver.

(*) V. arts. 1.640 e 1.641 do CC.

LIVRO IV – DO DIREITO DE FAMÍLIA — ART. 1.643

§ 1º. O regime de bens entre os cônjuges começa a vigorar desde a data do casamento.

§ 2º. É admissível alteração do regime de bens, mediante autorização judicial em pedido motivado de ambos os cônjuges, apurada a procedência das razões invocadas e ressalvados os direitos de terceiros.

(*) V. art. 499 do CC.
(*) Vide Enunciados 113, 260, 262 e 331do CJF.

Art. 1.640. Não havendo convenção, ou sendo ela nula ou ineficaz, vigorará, quanto aos bens entre os cônjuges, o regime da comunhão parcial.

Parágrafo único. Poderão os nubentes, no processo de habilitação, optar por qualquer dos regimes que este código regula. Quanto à forma, reduzir-se-á a termo a opção pela comunhão parcial, fazendo-se o pacto antenupcial por escritura pública, nas demais escolhas.

(*) V. arts. 1.528, 1.653 a 1.657 e 1.658 a 1.666 do CC.
(*) Vide Enunciados 331 e 609 do CJF.

Art. 1.641. É obrigatório o regime da separação de bens no casamento:

I – das pessoas que o contraírem com inobservância das causas suspensivas da celebração do casamento;

(*) V. arts. 1.523 e 1.524 do CC.

II – da pessoa maior de 70 (setenta) anos;

(*) Inciso II com redação dada pela Lei nº 12.344/2010.
(*) Vide Enunciado 261 do CJF.
(*) Vide Súmula 377 do STF.
(*) Vide Súmula 655 do STJ.

III – de todos os que dependerem, para casar, de suprimento judicial.

(*) V. arts. 977; 1.517; 1.519; e 1.634, III, do CC.
(*) Vide Enunciados 262 e 634 do CJF.

Art. 1.642. Qualquer que seja o regime de bens, tanto o marido quanto a mulher podem livremente:

(*) V. arts. 499, 550, 978, 1.643 e 1.647 do CC.

I – praticar todos os atos de disposição e de administração necessários ao desempenho de sua profissão, com as limitações estabelecida no inciso I do art. 1.647;

II – administrar os bens próprios;

(*) V. arts. 1.663, § 1º; 1.665; e 1.666 do CC.

III – desobrigar ou reivindicar os imóveis que tenham sido gravados ou alienados sem o seu consentimento ou sem suprimento judicial;

(*) V. arts. 1.645 e 1.646 do CC.
(*) Vide Enunciado 340 do CJF.

IV – demandar a rescisão dos contratos de fiança e doação, ou a invalidação do aval, realizados pelo outro cônjuge com infração do disposto nos incisos III e IV do art. 1.647;

(*) V. arts. 1.645; 1.646; e 1.647, III e IV, do CC.
(*) Vide Súmula 332 do STJ.

V – reivindicar os bens comuns, móveis ou imóveis, doados ou transferidos pelo outro cônjuge ao concubino, desde que provado que os bens não foram adquiridos pelo esforço comum destes, se o casal estiver separado de fato por mais de 5 (cinco) anos;

(*) V. arts. 1.645; e 1.647, parágrafo único, do CC.

VI – praticar todos os atos que não lhes forem vedados expressamente.

Art. 1.643. Podem os cônjuges, independentemente de autorização um do outro:

(*) V. art. 1.664 do CC.

I – comprar, ainda a crédito, as coisas necessárias à economia doméstica;

II – obter, por empréstimo, as quantias que a aquisição dessas coisas possa exigir.

Art. 1.644. As dívidas contraídas para os fins do artigo antecedente obrigam solidariamente ambos os cônjuges.

(*) V. arts. 275 a 285 do CC.

Art. 1.645. As ações fundadas nos incisos III, IV e V do art. 1.642 competem ao cônjuge prejudicado e a seus herdeiros.

Art. 1.646. No caso dos incisos III e IV do art. 1.642, o terceiro, prejudicado com a sentença favorável ao autor, terá direito regressivo contra o cônjuge, que realizou o negócio jurídico, ou seus herdeiros.

Art. 1.647. Ressalvado o disposto no art. 1.648, nenhum dos cônjuges pode, sem autorização do outro, exceto no regime da separação absoluta:

(*) V. arts. 220, 978, 1.649 e 1.650 do CC.

I – alienar ou gravar de ônus real os bens imóveis;

(*) V. arts. 496; 499; 533, II; 1.642, I; e 1.645 do CC.

(*) Vide Enunciado 340 do CJF.

II – pleitear, como autor ou réu, acerca desses bens ou direitos;

III – prestar fiança ou aval;

(*) V. arts. 1.642, IV; e 1.645 do CC.

(*) Vide Súmula 332 do STJ.

(*) Vide Enunciado 114 do CJF.

IV – fazer doação, não sendo remuneratória, de bens comuns, ou dos que possam integrar futura meação.

(*) V. arts. 538 a 554; 1.642, IV; e 1.645 do CC.

Parágrafo único. São válidas as doações nupciais feitas aos filhos quando casarem ou estabelecerem economia separada.

Art. 1.648. Cabe ao juiz, nos casos do artigo antecedente, suprir a outorga, quando um dos cônjuges a denegue sem motivo justo, ou lhe seja impossível concedê-la.

(*) V. arts. 1.567 e 1.570 do CC.

Art. 1.649. A falta de autorização, não suprida pelo juiz, quando necessária (art. 1.647), tornará anulável o ato praticado, podendo o outro cônjuge pleitear-lhe a anulação, até 2 (dois) anos depois de terminada a sociedade conjugal.

Parágrafo único. A aprovação torna válido o ato, desde que feita por instrumento público, ou particular, autenticado.

Art. 1.650. A decretação de invalidade dos atos praticados sem outorga, sem consentimento, ou sem suprimento do juiz, só poderá ser demandada pelo cônjuge a quem cabia concedê-la, ou por seus herdeiros.

(*) V. arts. 1.642, 1.645 e 1.646 do CC.

Art. 1.651. Quando um dos cônjuges não puder exercer a administração dos bens que lhe incumbe, segundo o regime de bens, caberá ao outro:

(*) V. arts. 25, 1.567, 1.570 e 1.775 do CC.

I – gerir os bens comuns e os do consorte;

II – alienar os bens móveis comuns;

III – alienar os imóveis comuns e os móveis ou imóveis do consorte, mediante autorização judicial.

Art. 1.652. O cônjuge, que estiver na posse dos bens particulares do outro, será para com este e seus herdeiros responsável:

(*) V. arts. 1.659, 1.668 e 1.783 do CC.

LIVRO IV – DO DIREITO DE FAMÍLIA **ART. 1.660**

I – como usufrutuário, se o rendimento for comum;

(*) V. arts. 1.390 a 1.411 do CC.

II – como procurador, se tiver mandato expresso ou tácito para os administrar;

(*) V. arts. 663 e 667 a 674 do CC.

III – como depositário, se não for usufrutuário, nem administrador.

(*) V. arts. 627 a 652; 1.659, I; e 1.687 do CC.

Capítulo II
DO PACTO ANTENUPCIAL

Art. 1.653. É nulo o pacto antenupcial se não for feito por escritura pública, e ineficaz se não lhe seguir o casamento.

(*) V. arts. 1.536, VII; 1.537; e 1.564, II, do CC.

Art. 1.654. A eficácia do pacto antenupcial, realizado por menor, fica condicionada à aprovação de seu representante legal, salvo as hipóteses de regime obrigatório de separação de bens.

Art. 1.655. É nula a convenção ou cláusula dela que contravenha disposição absoluta de lei.

(*) Vide Enunciado 635 do CJF.

Art. 1.656. No pacto antenupcial, que adotar o regime de participação final nos aquestos, poder-se-á convencionar a livre disposição dos bens imóveis, desde que particulares.

(*) V. arts. 499 e 1.672 a 1.686 do CC.

Art. 1.657. As convenções antenupciais não terão efeito perante terceiros senão depois de registradas, em livro especial, pelo oficial do Registro de Imóveis do domicílio dos cônjuges.

(*) V. art. 979 do CC.

Capítulo III
DO REGIME
DE COMUNHÃO PARCIAL

Art. 1.658. No regime de comunhão parcial, comunicam-se os bens que sobrevierem ao casal, na constância do casamento, com as exceções dos artigos seguintes.

Art. 1.659. Excluem-se da comunhão:

(*) V. art. 1.661 do CC.

I – os bens que cada cônjuge possuir ao casar, e os que lhe sobrevierem, na constância do casamento, por doação ou sucessão, e os sub-rogados em seu lugar;

II – os bens adquiridos com valores exclusivamente pertencentes a um dos cônjuges em sub-rogação dos bens particulares;

III – as obrigações anteriores ao casamento;

IV – as obrigações provenientes de atos ilícitos, salvo reversão em proveito do casal;

(*) Vide Enunciado 674 do CJF.

V – os bens de uso pessoal, os livros e instrumentos de profissão;

VI – os proventos do trabalho pessoal de cada cônjuge;

VII – as pensões, meios-soldos, montepios e outras rendas semelhantes.

(*) V. art. 499 do CC.

Art. 1.660. Entram na comunhão:

I – os bens adquiridos na constância do casamento por título oneroso, ainda que só em nome de um dos cônjuges;

II – os bens adquiridos por fato eventual, com ou sem o concurso de trabalho ou despesa anterior;

III – os bens adquiridos por doação, herança ou legado, em favor de ambos os cônjuges;

IV – as benfeitorias em bens particulares de cada cônjuge;

(*) V. arts. 96 e 97 do CC.

V – os frutos dos bens comuns, ou dos particulares de cada cônjuge, percebidos na constância do casamento, ou pendentes ao tempo de cessar a comunhão.

Art. 1.661. São incomunicáveis os bens cuja aquisição tiver por título uma causa anterior ao casamento.

Art. 1.662. No regime da comunhão parcial, presumem-se adquiridos na constância do casamento os bens móveis, quando não se provar que o foram em data anterior.

Art. 1.663. A administração do patrimônio comum compete a qualquer dos cônjuges.

§ 1º. As dívidas contraídas no exercício da administração obrigam os bens comuns e particulares do cônjuge que os administra, e os do outro na razão do proveito que houver auferido.

§ 2º. A anuência de ambos os cônjuges é necessária para os atos, a título gratuito, que impliquem cessão do uso ou gozo dos bens comuns.

(*) V. arts. 538 a 554 do CC.

§ 3º. Em caso de malversação dos bens, o juiz poderá atribuir a administração a apenas um dos cônjuges.

Art. 1.664. Os bens da comunhão respondem pelas obrigações contraídas pelo marido ou pela mulher para atender aos encargos da família, às despesas de administração e às decorrentes de imposição legal.

(*) V. arts. 1.643; e 1.663, § 1º, do CC.

Art. 1.665. A administração e a disposição dos bens constitutivos do patrimônio particular competem ao cônjuge proprietário, salvo convenção diversa em pacto antenupcial.

(*) V. arts. 1.639; 1.642, II; e 1.647, I, do CC.

Art. 1.666. As dívidas, contraídas por qualquer dos cônjuges na administração de seus bens particulares e em benefício destes, não obrigam os bens comuns.

Capítulo IV
DO REGIME
DE COMUNHÃO UNIVERSAL

Art. 1.667. O regime de comunhão universal importa a comunicação de todos os bens presentes e futuros dos cônjuges e suas dívidas passivas, com as exceções do artigo seguinte.

Art. 1.668. São excluídos da comunhão:

I – os bens doados ou herdados com a cláusula de incomunicabilidade e os sub-rogados em seu lugar;

II – os bens gravados de fideicomisso e o direito do herdeiro fideicomissário, antes de realizada a condição suspensiva;

(*) V. arts. 1.951 a 1.960 do CC.

III – as dívidas anteriores ao casamento, salvo se provierem de despesas com seus aprestos, ou reverterem em proveito comum;

IV – as doações antenupciais feitas por um dos cônjuges ao outro com a cláusula de incomunicabilidade;

V – Os bens referidos nos incisos V a VII do art. 1.659.

(*) V. art. 499 do CC.

Art. 1.669. A incomunicabilidade dos bens enumerados no artigo antecedente não se estende aos frutos, quando se percebam ou vençam durante o casamento.

Art. 1.670. Aplica-se ao regime da comunhão universal o disposto no Capítulo antecedente, quanto à administração dos bens.

(*) V. arts. 1.663 a 1.666 do CC.

Art. 1.671. Extinta a comunhão, e efetuada a divisão do ativo e do passivo, cessará a responsabilidade de cada um dos cônjuges para com os credores do outro.

(*) V. arts. 1.571 a 1.582 do CC.

Capítulo V
DO REGIME DE PARTICIPAÇÃO FINAL NOS AQUESTOS

Art. 1.672. No regime de participação final nos aquestos, cada cônjuge possui patrimônio próprio, consoante disposto no artigo seguinte, e lhe cabe, à época da dissolução da sociedade conjugal, direito à metade dos bens adquiridos pelo casal, a título oneroso, na constância do casamento.

Art. 1.673. Integram o patrimônio próprio os bens que cada cônjuge possuía ao casar e os por ele adquiridos, a qualquer título, na constância do casamento.

Parágrafo único. A administração desses bens é exclusiva de cada cônjuge, que os poderá livremente alienar, se forem móveis.

(*) V. arts. 82 a 84 e 499 do CC.

Art. 1.674. Sobrevindo a dissolução da sociedade conjugal, apurar-se-á o montante dos aquestos, excluindo-se da soma dos patrimônios próprios:

I – os bens anteriores ao casamento e os que em seu lugar se sub-rogaram;

II – os que sobrevieram a cada cônjuge por sucessão ou liberalidade;

III – as dívidas relativas a esses bens.

Parágrafo único. Salvo prova em contrário, presumem-se adquiridos durante o casamento os bens móveis.

(*) V. arts. 499 e 1.680 do CC.

Art. 1.675. Ao determinar-se o montante dos aquestos, computar-se-á o valor das doações feitas por um dos cônjuges, sem a necessária autorização do outro; nesse caso, o bem poderá ser reivindicado pelo cônjuge prejudicado ou por seus herdeiros, ou declarado no monte partilhável, por valor equivalente ao da época da dissolução.

(*) V. art. 1.647, IV, do CC.

Art. 1.676. Incorpora-se ao monte o valor dos bens alienados em detrimento da meação, se não houver preferência do cônjuge lesado, ou de seus herdeiros, de os reivindicar.

Art. 1.677. Pelas dívidas posteriores ao casamento, contraídas por um dos cônjuges, somente este responderá, salvo prova de terem revertido, parcial ou totalmente, em benefício do outro.

Art. 1.678. Se um dos cônjuges solveu uma dívida do outro com bens do seu patrimônio, o valor do pagamento deve ser atualizado e imputado, na data da dissolução, à meação do outro cônjuge.

Art. 1.679. No caso de bens adquiridos pelo trabalho conjunto, terá cada um dos cônjuges uma quota igual no condomínio ou no crédito por aquele modo estabelecido.

Art. 1.680. As coisas móveis, em face de terceiros, presumem-se do domínio do cônjuge devedor, salvo se o bem for de uso pessoal do outro.

(*) V. arts. 82 a 84; e 1.674, parágrafo único, do CC.

Art. 1.681. Os bens imóveis são de propriedade do cônjuge cujo nome constar no registro.

Parágrafo único. Impugnada a titularidade, caberá ao cônjuge proprietário provar a aquisição regular dos bens.

Art. 1.682. O direito à meação não é renunciável, cessível ou penhorável na vigência do regime matrimonial.

Art. 1.683. Na dissolução do regime de bens por separação judicial ou por divórcio, verificar-se-á o montante dos aquestos à data em que cessou a convivência.

Art. 1.684. Se não for possível nem conveniente a divisão de todos os bens em natureza, calcular-se-á o valor de alguns ou de todos para reposição em dinheiro ao cônjuge não proprietário.

Parágrafo único. Não se podendo realizar a reposição em dinheiro, serão avaliados e, mediante autorização judicial, alienados tantos bens quantos bastarem.

Art. 1.685. Na dissolução da sociedade conjugal por morte, verificar-se-á a meação do cônjuge sobrevivente de conformidade com os artigos antecedentes, deferindo-se a herança aos herdeiros na forma estabelecida neste Código.

(*) V. arts. 1.784 ss. do CC.

Art. 1.686. As dívidas de um dos cônjuges, quando superiores à sua meação, não obrigam ao outro, ou a seus herdeiros.

Capítulo VI
DO REGIME
DE SEPARAÇÃO DE BENS

Art. 1.687. Estipulada a separação de bens, estes permanecerão sob a administração exclusiva de cada um dos cônjuges, que os poderá livremente alienar ou gravar de ônus real.

(*) V. arts. 499, 1.652 e 1.838 do CC.

Art. 1.688. Ambos os cônjuges são obrigados a contribuir para as despesas do casal na proporção dos rendimentos de seu trabalho e de seus bens, salvo estipulação em contrário no pacto antenupcial.

(*) V. art. 1.568 do CC.

SUBTÍTULO II
DO USUFRUTO
E DA ADMINISTRAÇÃO DOS
BENS DE FILHOS MENORES

Art. 1.689. O pai e a mãe, enquanto no exercício do poder familiar:

I – são usufrutuários dos bens dos filhos;

(*) V. arts. 1.390 a 1.411 do CC.

II – têm a administração dos bens dos filhos menores sob sua autoridade.

(*) V. art. 1.637, *caput*, do CC.

Art. 1.690. Compete aos pais, e na falta de um deles ao outro, com exclusividade, representar os filhos menores de 16 (dezesseis) anos, bem como assisti-los até completarem a maioridade ou serem emancipados.

LIVRO IV – DO DIREITO DE FAMÍLIA ART. 1.697

Parágrafo único. Os pais devem decidir em comum as questões relativas aos filhos e a seus bens; havendo divergência, poderá qualquer deles recorrer ao juiz para a solução necessária.

Art. 1.691. Não podem os pais alienar, ou gravar de ônus real os imóveis dos filhos, nem contrair, em nome deles, obrigações que ultrapassem os limites da simples administração, salvo por necessidade ou evidente interesse da prole, mediante prévia autorização do juiz.

(*) V. art. 1.637, *caput*, do CC.

Parágrafo único. Podem pleitear a declaração de nulidade dos atos previstos neste artigo:

I – os filhos;

II – os herdeiros;

III – o representante legal.

Art. 1.692. Sempre que no exercício do poder familiar colidir o interesse dos pais com o do filho, a requerimento deste ou do Ministério Público o juiz lhe dará curador especial.

Art. 1.693. Excluem-se do usufruto e da administração dos pais:

(*) V. arts. 1.390 a 1.411 do CC.

I – os bens adquiridos pelo filho havido fora do casamento, antes do reconhecimento;

II – os valores auferidos pelo filho maior de 16 (dezesseis) anos, no exercício de atividade profissional e os bens com tais recursos adquiridos;

III – os bens deixados ou doados ao filho, sob a condição de não serem usufruídos, ou administrados, pelos pais;

(*) V. art. 1.816 do CC.

IV – os bens que aos filhos couberem na herança, quando os pais forem excluídos da sucessão.

(*) V. art. 1.814 do CC.

SUBTÍTULO III
DOS ALIMENTOS

Art. 1.694. Podem os parentes, os cônjuges ou companheiros pedir uns aos outros os alimentos de que necessitem para viver de modo compatível com a sua condição social, inclusive para atender às necessidades de sua educação.

(*) V. arts. 1.695 a 1.698, 1.700 e 1.701 do CC.
(*) Vide Enunciados 607 e 675 do CJF.

§ 1º. Os alimentos devem ser fixados na proporção das necessidades do reclamante e dos recursos da pessoa obrigada.

(*) V. art. 1.699 do CC.
(*) Vide Enunciado 573 do CJF.

§ 2º. Os alimentos serão apenas os indispensáveis à subsistência, quando a situação de necessidade resultar de culpa de quem os pleiteia.

(*) Vide Enunciado 522 do CJF.

Art. 1.695. São devidos os alimentos quando quem os pretende não tem bens suficientes, nem pode prover, pelo seu trabalho, à própria mantença, e aquele, de quem se reclamam, pode fornecê-los, sem desfalque do necessário ao seu sustento.

(*) Vide Enunciados 342 e 572 do CJF.

Art. 1.696. O direito à prestação de alimentos é recíproco entre pais e filhos, e extensivo a todos os ascendentes, recaindo a obrigação nos mais próximos em grau, uns em falta de outros.

(*) Vide Enunciados 341 a 343 e 522 do CJF.

Art. 1.697. Na falta dos ascendentes cabe a obrigação aos descendentes, guardada a ordem de sucessão e, faltando estes, aos irmãos, assim germanos como unilaterais.

(*) Vide Enunciado 343 do CJF.

Art. 1.698. Se o parente, que deve alimentos em primeiro lugar, não estiver em condições de suportar totalmente o encargo, serão chamados a concorrer os de grau imediato; sendo várias as pessoas obrigadas a prestar alimentos, todas devem concorrer na proporção dos respectivos recursos, e, intentada ação contra uma delas, poderão as demais ser chamadas a integrar a lide.

(*) V. art. 1.694, § 1º, do CC.
(*) Vide Enunciado 523 do CJF.
(*) Vide Súmula 596 do STJ.

Art. 1.699. Se, fixados os alimentos, sobrevier mudança na situação financeira de quem os supre, ou na de quem os recebe, poderá o interessado reclamar ao juiz, conforme as circunstâncias, exoneração, redução ou majoração do encargo.

Art. 1.700. A obrigação de prestar alimentos transmite-se aos herdeiros do devedor, na forma do art. 1.694.

(*) Vide Enunciado 343 do CJF.

Art. 1.701. A pessoa obrigada a suprir alimentos poderá pensionar o alimentando, ou dar-lhe hospedagem e sustento, sem prejuízo do dever de prestar o necessário à sua educação, quando menor.

(*) V. art. 1.920 do CC.
(*) Vide Enunciados 344 e 607 do CJF.

Parágrafo único. Compete ao juiz, se as circunstâncias o exigirem, fixar a forma do cumprimento da prestação.

(*) Vide Enunciado 572 do CJF.

Art. 1.702. Na separação judicial litigiosa, sendo um dos cônjuges inocente e desprovido de recursos, prestar-lhe-á o outro a pensão alimentícia que o juiz fixar, obedecidos os critérios estabelecidos no art. 1.694.

Art. 1.703. Para a manutenção dos filhos, os cônjuges separados judicialmente contribuirão na proporção de seus recursos.

(*) V. art. 1.568 do CC.
(*) Vide Súmulas 277, 358 e 621 do STJ.

Art. 1.704. Se um dos cônjuges separados judicialmente vier a necessitar de alimentos, será o outro obrigado a prestá-los mediante pensão a ser fixada pelo juiz, caso não tenha sido declarado culpado na ação de separação judicial.

Parágrafo único. Se o cônjuge declarado culpado vier a necessitar de alimentos, e não tiver parentes em condições de prestá-los, nem aptidão para o trabalho, o outro cônjuge será obrigado a assegurá-los, fixando o juiz o valor indispensável à sobrevivência.

Art. 1.705. Para obter alimentos, o filho havido fora do casamento pode acionar o genitor, sendo facultado ao juiz determinar, a pedido de qualquer das partes, que a ação se processe em segredo de justiça.

Art. 1.706. Os alimentos provisionais serão fixados pelo juiz, nos termos da lei processual.

(*) Vide Enunciado 522 do CJF.

Art. 1.707. Pode o credor não exercer, porém lhe é vedado renunciar o direito a alimentos, sendo o respectivo crédito insuscetível de cessão, compensação ou penhora.

(*) V. art. 206, § 2º, do CC.
(*) Vide Enunciado 263 do CJF.

Art. 1.708. Com o casamento, a união estável ou o concubinato do credor, cessa o dever de prestar alimentos.

Parágrafo único. Com relação ao credor cessa, também, o direito a ali-

LIVRO IV – DO DIREITO DE FAMÍLIA ART. 1.715

mentos, se tiver procedimento indigno em relação ao devedor.

(*) Vide Enunciados 264, 265 e 345 do CJF.

Art. 1.709. O novo casamento do cônjuge devedor não extingue a obrigação constante da sentença de divórcio.

Art. 1.710. As prestações alimentícias, de qualquer natureza, serão atualizadas segundo índice oficial regularmente estabelecido.

SUBTÍTULO IV
DO BEM DE FAMÍLIA

Art. 1.711. Podem os cônjuges, ou a entidade familiar, mediante escritura pública ou testamento, destinar parte de seu patrimônio para instituir bem de família, desde que não ultrapasse 1/3 (um terço) do patrimônio líquido existente ao tempo da instituição, mantidas as regras sobre a impenhorabilidade do imóvel residencial estabelecida em lei especial.

(*) V. art. 1.857 do CC.

Parágrafo único. O terceiro poderá igualmente instituir bem de família por testamento ou doação, dependendo a eficácia do ato da aceitação expressa de ambos os cônjuges beneficiados ou da entidade familiar beneficiada.

(*) V. art. 1.714 do CC.
(*) Vide Súmulas 364, 449 e 549 do STJ.

Art. 1.712. O bem de família consistirá em prédio residencial urbano ou rural, com suas pertenças e acessórios, destinando-se em ambos os casos a domicílio familiar, e poderá abranger valores mobiliários, cuja renda será aplicada na conservação do imóvel e no sustento da família.

(*) V. arts. 92 e 93 do CC.

Art. 1.713. Os valores mobiliários, destinados aos fins previstos no artigo antecedente, não poderão exceder o valor do prédio instituído em bem de família, à época de sua instituição.

§ 1º. Deverão os valores mobiliários ser devidamente individualizados no instrumento de instituição do bem de família.

§ 2º. Se se tratar de títulos nominativos, a sua instituição como bem de família deverá constar dos respectivos livros de registro.

(*) V. arts. 921 a 926 do CC.

§ 3º. O instituidor poderá determinar que a administração dos valores mobiliários seja confiada a instituição financeira, bem como disciplinar a forma de pagamento da respectiva renda aos beneficiários, caso em que a responsabilidade dos administradores obedecerá às regras do contrato de depósito.

(*) V. arts. 627 a 652 e 1.718 do CC.

Art. 1.714. O bem de família, quer instituído pelos cônjuges ou por terceiro, constitui-se pelo registro de seu título no Registro de Imóveis.

(*) V. art. 1.711, parágrafo único, do CC.

Art. 1.715. O bem de família é isento de execução por dívidas posteriores à sua instituição, salvo as que provierem de tributos relativos ao prédio, ou de despesas de condomínio.

(*) V. art. 1.711 do CC.

Parágrafo único. No caso de execução pelas dívidas referidas neste artigo, o saldo existente será aplicado em outro prédio, como bem de família, ou em títulos da dívida pública, para sustento familiar, salvo se motivos relevantes aconselharem outra solução, a critério do juiz.

Art. 1.716. A isenção de que trata o artigo antecedente durará enquanto viver um dos cônjuges, ou, na falta destes, até que os filhos completem a maioridade.

(*) V. art. 1.722 do CC.

Art. 1.717. O prédio e os valores mobiliários, constituídos como bem da família, não podem ter destino diverso do previsto no art. 1.712 ou serem alienados sem o consentimento dos interessados e seus representantes legais, ouvido o Ministério Público.

(*) V. art. 1.719 do CC.

Art. 1.718. Qualquer forma de liquidação da entidade administradora, a que se refere o § 3º do art. 1.713, não atingirá os valores a ela confiados, ordenando o juiz a sua transferência para outra instituição semelhante, obedecendo-se, no caso de falência, ao disposto sobre pedido de restituição.

Art. 1.719. Comprovada a impossibilidade da manutenção do bem de família nas condições em que foi instituído, poderá o juiz, a requerimento dos interessados, extingui-lo ou autorizar a sub-rogação dos bens que o constituem em outros, ouvidos o instituidor e o Ministério Público.

Art. 1.720. Salvo disposição em contrário do ato de instituição, a administração do bem de família compete a ambos os cônjuges, resolvendo o juiz em caso de divergência.

(*) V. art. 1.567 do CC.

Parágrafo único. Com o falecimento de ambos os cônjuges, a administração passará ao filho mais velho, se for maior, e, do contrário, a seu tutor.

Art. 1.721. A dissolução da sociedade conjugal não extingue o bem de família.

Parágrafo único. Dissolvida a sociedade conjugal pela morte de um dos cônjuges, o sobrevivente poderá pedir a extinção do bem de família, se for o único bem do casal.

(*) V. arts. 1.571 a 1.582 do CC.

Art. 1.722. Extingue-se, igualmente, o bem de família com a morte de ambos os cônjuges e a maioridade dos filhos, desde que não sujeitos a curatela.

TÍTULO III
DA UNIÃO ESTÁVEL

Art. 1.723. É reconhecida como entidade familiar a união estável entre o homem e a mulher, configurada na convivência pública, contínua e duradoura e estabelecida com o objetivo de constituição de família.

(*) O STF declarou a aplicabilidade do regime da união estável às uniões homoafetivas em 5.5.2011 ao julgar procedente a ADIn nº 4.277 e a ADPF 132 com eficácia *erga omnes* e efeito vinculante.

(*) Vide Enunciado 524 do CJF.

§ 1º. A união estável não se constituirá se ocorrerem os impedimentos do art. 1.521; não se aplicando a incidência do inciso VI no caso de a pessoa casada se achar separada de fato ou judicialmente.

(*) Vide Enunciado 525 do CJF.

§ 2º. As causas suspensivas do art. 1.523 não impedirão a caracterização da união estável.

Art. 1.724. As relações pessoais entre os companheiros obedecerão aos deveres de lealdade, respei-

LIVRO IV – DO DIREITO DE FAMÍLIA — **ART. 1.733**

to e assistência, e de guarda, sustento e educação dos filhos.

(*) V. arts. 1.566, 1.583 a 1.590 e 1.694 a 1.710 do CC.

Art. 1.725. Na união estável, salvo contrato escrito entre os companheiros, aplica-se às relações patrimoniais, no que couber, o regime da comunhão parcial de bens.

(*) V. arts. 1.641 e 1.658 a 1.666 do CC.
(*) Vide Enunciados 115 e 346 do CJF.
(*) Vide Súmula 655 do STJ.

Art. 1.726. A união estável poderá converter-se em casamento, mediante pedido dos companheiros ao juiz e assento no Registro Civil.

(*) Vide Enunciado 526 do CJF.
(*) Vide Resolução 175 do CNJ.

Art. 1.727. As relações não eventuais entre o homem e a mulher, impedidos de casar, constituem concubinato.

(*) V. arts. 1.521; e 1.723, § 1º, do CC.
(*) Vide Súmulas 380 e 382 do STF.

TÍTULO IV
DA TUTELA, DA CURATELA E DA TOMADA DE DECISÃO APOIADA

(*) Nome do Título IV com redação dada pela Lei nº 13.146/2015.

Capítulo I
DA TUTELA

Seção I
Dos Tutores

Art. 1.728. Os filhos menores são postos em tutela:

(*) V. arts. 3º ao 5º do CC.

I – com o falecimento dos pais, ou sendo estes julgados ausentes;

(*) V. arts. 22; e 1.635, I, do CC.

II – em caso de os pais decaírem do poder familiar.

(*) V. arts. 1.635, V; e 1.636 a 1.638 do CC.

Art. 1.729. O direito de nomear tutor compete aos pais, em conjunto.

Parágrafo único. A nomeação deve constar de testamento ou de qualquer outro documento autêntico.

(*) V. arts. 1.634, VI; 1.730 e 1.857 do CC.
(*) Vide Enunciado 528 do CJF.

Art. 1.730. É nula a nomeação de tutor pelo pai ou pela mãe que, ao tempo de sua morte, não tinha o poder familiar.

Art. 1.731. Em falta de tutor nomeado pelos pais incumbe a tutela aos parentes consanguíneos do menor, por esta ordem:

I – aos ascendentes, preferindo o de grau mais próximo ao mais remoto;

II – aos colaterais até o terceiro grau, preferindo os mais próximos aos mais remotos, e, no mesmo grau, os mais velhos aos mais moços; em qualquer dos casos, o juiz escolherá entre eles o mais apto a exercer a tutela em benefício do menor.

Art. 1.732. O juiz nomeará tutor idôneo e residente no domicílio do menor:

I – na falta de tutor testamentário ou legítimo;

II – quando estes forem excluídos ou escusados da tutela;

(*) V. arts. 1.735 a 1.739 do CC.

III – quando removidos por não idôneos o tutor legítimo e o testamentário.

Art. 1.733. Aos irmãos órfãos dar-se-á um só tutor.

§ 1º. No caso de ser nomeado mais de um tutor por disposição testamentária sem indicação de precedência, entende-se que a tutela foi cometida ao primeiro, e que os outros lhe sucederão pela ordem de nomeação, se ocorrer morte, incapacidade, escusa ou qualquer outro impedimento.

§ 2º. Quem institui um menor herdeiro, ou legatário seu, poderá nomear-lhe curador especial para os bens deixados, ainda que o beneficiário se encontre sob o poder familiar, ou tutela.

Art. 1.734. As crianças e os adolescentes cujos pais forem desconhecidos, falecidos ou que tiverem sido suspensos ou destituídos do poder familiar terão tutores nomeados pelo Juiz ou serão incluídos em programa de colocação familiar, na forma prevista pela Lei nº 8.069, de 13 de julho de 1990 – Estatuto da Criança e do Adolescente.

(*) Art. 1.734 com redação dada pela Lei nº 12.010/2009.

Seção II
Dos Incapazes de Exercer a Tutela

Art. 1.735. Não podem ser tutores e serão exonerados da tutela, caso a exerçam:

(*) V. art. 1.751 do CC.

I – aqueles que não tiverem a livre administração de seus bens;

II – aqueles que, no momento de lhes ser deferida a tutela, se acharem constituídos em obrigação para com o menor, ou tiverem que fazer valer direitos contra este, e aqueles cujos pais, filhos ou cônjuges tiverem demanda contra o menor;

III – os inimigos do menor, ou de seus pais, ou que tiverem sido por estes expressamente excluídos da tutela;

IV – os condenados por crime de furto, roubo, estelionato, falsidade, contra a família ou os costumes, tenham ou não cumprido pena;

(*) Vide Enunciado 636 do CJF.

V – as pessoas de mau procedimento, ou falhas em probidade, e as culpadas de abuso em tutorias anteriores;

VI – aqueles que exercerem função pública incompatível com a boa administração da tutela.

Seção III
Da Escusa dos Tutores

Art. 1.736. Podem escusar-se da tutela:

I – mulheres casadas;

II – maiores de 60 (sessenta) anos;

III – aqueles que tiverem sob sua autoridade mais de três filhos;

IV – os impossibilitados por enfermidade;

V – aqueles que habitarem longe do lugar onde se haja de exercer a tutela;

VI – aqueles que já exercerem tutela ou curatela;

VII – militares em serviço.

Art. 1.737. Quem não for parente do menor não poderá ser obrigado a aceitar a tutela, se houver no lugar parente idôneo, consanguíneo ou afim, em condições de exercê-la.

Art. 1.738. A escusa apresentar-se-á nos 10 (dez) dias subsequentes à designação, sob pena de entender-se renunciado o direito de alegá-la; se o motivo escusatório ocorrer depois de aceita a tutela, os 10 (dez) dias contar-se-ão do em que ele sobrevier.

Art. 1.739. Se o juiz não admitir a escusa, exercerá o nomeado a

LIVRO IV – DO DIREITO DE FAMÍLIA   ART. 1.747

tutela, enquanto o recurso interposto não tiver provimento, e responderá desde logo pelas perdas e danos que o menor venha a sofrer.

(*) V. arts. 402 a 405 do CC.

Seção IV
Do Exercício da Tutela

Art. 1.740. Incumbe ao tutor, quanto à pessoa do menor:

I – dirigir-lhe a educação, defendê-lo e prestar-lhe alimentos, conforme os seus haveres e condição;

(*) V. arts. 1.694 a 1.710 do CC.

II – reclamar do juiz que providencie, como houver por bem, quando o menor haja mister correção;

III – adimplir os demais deveres que normalmente cabem aos pais, ouvida a opinião do menor, se este já contar 12 (doze) anos de idade.

Art. 1.741. Incumbe ao tutor, sob a inspeção do juiz, administrar os bens do tutelado, em proveito deste, cumprindo seus deveres com zelo e boa-fé.

Art. 1.742. Para fiscalização dos atos do tutor, pode o juiz nomear um protutor.

Art. 1.743. Se os bens e interesses administrativos exigirem conhecimentos técnicos, forem complexos, ou realizados em lugares distantes do domicílio do tutor, poderá este, mediante aprovação judicial, delegar a outras pessoas físicas ou jurídicas o exercício parcial da tutela.

Art. 1.744. A responsabilidade do juiz será:

I – direta e pessoal, quando não tiver nomeado o tutor, ou não o houver feito oportunamente;

II – subsidiária, quando não tiver exigido garantia legal do tutor, nem o removido, tanto que se tornou suspeito.

Art. 1.745. Os bens do menor serão entregues ao tutor mediante termo especificado deles e seus valores, ainda que os pais o tenham dispensado.

Parágrafo único. Se o patrimônio do menor for de valor considerável, poderá o juiz condicionar o exercício da tutela à prestação de caução bastante, podendo dispensá-la se o tutor for de reconhecida idoneidade.

(*) V. art. 2.040 do CC.

Art. 1.746. Se o menor possuir bens, será sustentado e educado a expensas deles, arbitrando o juiz para tal fim as quantias que lhe pareçam necessárias, considerado o rendimento da fortuna do pupilo quando o pai ou a mãe não as houver fixado.

Art. 1.747. Compete mais ao tutor:

I – representar o menor, até os 16 (dezesseis) anos, nos atos da vida civil, e assisti-lo, após essa idade, nos atos em que for parte;

(*) V. arts. 3º; e 4º, I, do CC.

II – receber as rendas e pensões do menor, e as quantias a ele devidas;

(*) V. art. 1.753 do CC.

III – fazer-lhe as despesas de subsistência e educação, bem como as de administração, conservação e melhoramentos de seus bens;

(*) V. art. 1.754 do CC.

IV – alienar os bens do menor destinados a venda;

(*) V. arts. 1.748, IV; e 1.750 do CC.

V – promover-lhe, mediante preço conveniente, o arrendamento de bens de raiz.

Art. 1.748. Compete também ao tutor, com autorização do juiz:

I – pagar as dívidas do menor;

(*) V. art. 1.754 do CC.

II – aceitar por ele heranças, legados ou doações, ainda que com encargos;

III – transigir;

IV – vender-lhe os bens móveis, cuja conservação não convier, e os imóveis nos casos em que for permitido;

(*) V. art. 1.750 do CC.

V – propor em juízo as ações, ou nelas assistir o menor, e promover todas as diligências a bem deste, assim como defendê-lo nos pleitos contra ele movidos.

Parágrafo único. No caso de falta de autorização, a eficácia de ato do tutor depende da aprovação ulterior do juiz.

Art. 1.749. Ainda com a autorização judicial, não pode o tutor, sob pena de nulidade:

I – adquirir por si, ou por interposta pessoa, mediante contrato particular, bens móveis ou imóveis pertencentes ao menor;

(*) V. arts. 79 a 81 e 82 a 84 do CC.

II – dispor dos bens do menor a título gratuito;

(*) V. art. 580 do CC.

III – constituir-se cessionário de crédito ou de direito, contra o menor.

(*) V. arts. 286 a 298; e 497, I, do CC.

Art. 1.750. Os imóveis pertencentes aos menores sob tutela somente podem ser vendidos quando houver manifesta vantagem, mediante prévia avaliação judicial e aprovação do juiz.

(*) V. arts. 1.747, IV; e 1.748 do CC.

Art. 1.751. Antes de assumir a tutela, o tutor declarará tudo o que o menor lhe deva, sob pena de não lhe poder cobrar, enquanto exerça a tutoria, salvo provando que não conhecia o débito quando a assumiu.

(*) V. art. 1.735, II, do CC.

Art. 1.752. O tutor responde pelos prejuízos que, por culpa, ou dolo, causar ao tutelado; mas tem direito a ser pago pelo que realmente despender no exercício da tutela, salvo no caso do art. 1.734, e a perceber remuneração proporcional à importância dos bens administrados.

(*) V. arts. 402 a 405, 1.741 e 1.760 do CC.

§ 1º. Ao protutor será arbitrada uma gratificação módica pela fiscalização efetuada.

(*) V. art. 1.742 do CC.

§ 2º. São solidariamente responsáveis pelos prejuízos as pessoas às quais competia fiscalizar a atividade do tutor, e as que concorreram para o dano.

(*) V. arts. 264 e 275 a 285 do CC.

Seção V
Dos Bens do Tutelado

Art. 1.753. Os tutores não podem conservar em seu poder dinheiro dos tutelados, além do necessário para as despesas ordinárias com o seu sustento, a sua educação e a administração de seus bens.

(*) V. art. 1.746 do CC.

§ 1º. Se houver necessidade, os objetos de ouro e prata, pedras preciosas e móveis serão avaliados por pessoa idônea e, após autorização judicial, alienados, e o seu produto convertido em títulos, obrigações e letras de responsabilidade direta ou indireta da União ou dos Estados, atendendo-se

LIVRO IV – DO DIREITO DE FAMÍLIA **ART. 1.762**

preferentemente à rentabilidade, e recolhidos ao estabelecimento bancário oficial ou aplicado na aquisição de imóveis, conforme for determinado pelo juiz.

(*) V. art. 1.754, II, do CC.

§ 2º. O mesmo destino previsto no parágrafo antecedente terá o dinheiro proveniente de qualquer outra procedência.

§ 3º. Os tutores respondem pela demora na aplicação dos valores acima referidos, pagando os juros legais desde o dia em que deveriam dar esse destino, o que não os exime da obrigação, que o juiz fará efetiva, da referida aplicação.

(*) V. arts. 406 e 407 do CC.

Art. 1.754. Os valores que existirem em estabelecimento bancário oficial, na forma do artigo antecedente, não se poderão retirar, senão mediante ordem do juiz, e somente:

I – para as despesas com o sustento e educação do tutelado, ou a administração de seus bens;

(*) V. art. 1.747, III, do CC.

II – para se comprarem bens imóveis e títulos, obrigações ou letras, nas condições previstas no § 1º do artigo antecedente;

(*) V. arts. 79 a 81 e 887 a 926 do CC.

III – para se empregarem em conformidade com o disposto por quem os houver doado, ou deixado;

IV – para se entregarem aos órfãos, quando emancipados, ou maiores, ou, mortos eles, aos seus herdeiros.

Seção VI
Da Prestação de Contas

Art. 1.755. Os tutores, embora o contrário tivessem disposto os pais dos tutelados, são obrigados a prestar contas da sua administração.

(*) V. art. 1.783 do CC.

Art. 1.756. No fim de cada ano de administração, os tutores submeterão ao juiz o balanço respectivo, que, depois de aprovado, se anexará aos autos do inventário.

Art. 1.757. Os tutores prestarão contas de dois em dois anos, e também quando, por qualquer motivo, deixarem o exercício da tutela ou toda vez que o juiz achar conveniente.

Parágrafo único. As contas serão prestadas em juízo, e julgadas depois da audiência dos interessados, recolhendo o tutor imediatamente a estabelecimento bancário oficial os saldos, ou adquirindo bens imóveis, ou títulos, obrigações ou letras, na forma do § 1º do art. 1.753.

Art. 1.758. Finda a tutela pela emancipação ou maioridade, a quitação do menor não produzirá efeito antes de aprovadas as contas pelo juiz, subsistindo inteira, até então, a responsabilidade do tutor.

Art. 1.759. Nos casos de morte, ausência, ou interdição do tutor, as contas serão prestadas por seus herdeiros ou representantes.

Art. 1.760. Serão levadas a crédito do tutor todas as despesas justificadas e reconhecidamente proveitosas ao menor.

(*) V. art. 1.752, *caput*, do CC.

Art. 1.761. As despesas com a prestação das contas serão pagas pelo tutelado.

Art. 1.762. O alcance do tutor, bem como o saldo contra o tutelado, são dívidas de valor e vencem juros desde o julgamento definitivo das contas.

Seção VII
Da Cessação da Tutela

Art. 1.763. Cessa a condição de tutelado:

I – com a maioridade ou a emancipação do menor;

II – ao cair o menor sob o poder familiar, no caso de reconhecimento ou adoção.

Art. 1.764. Cessam as funções do tutor:

I – ao expirar o termo, em que era obrigado a servir;

(*) V. art. 1.765 do CC.

II – ao sobrevir escusa legítima;

(*) V. art. 1.736 do CC.

III – ao ser removido.

(*) V. arts. 1.735 e 1.766 do CC.

Art. 1.765. O tutor é obrigado a servir por espaço de 2 (dois) anos.

Parágrafo único. Pode o tutor continuar no exercício da tutela, além do prazo previsto neste artigo, se o quiser e o juiz julgar conveniente ao menor.

Art. 1.766. Será destituído o tutor, quando negligente, prevaricador ou incurso em incapacidade.

(*) V. art. 1.735 do CC.

Capítulo II
DA CURATELA
(*) Vide Enunciado 637 do CJF.

Seção I
Dos Interditos

Art. 1.767. Estão sujeitos a curatela:

(*) V. art. 4º do CC.

I – aqueles que, por causa transitória ou permanente, não puderem exprimir sua vontade;

(*) Inciso I com redação dada pela Lei nº 13.146/2015.

II – (revogado);

(*) Inciso II revogado pela Lei nº 13.146/2015.

III – os ébrios habituais e os viciados em tóxico;

(*) Inciso III com redação dada pela Lei nº 13.146/2015.

IV – (revogado);

(*) Inciso IV revogado pela Lei nº 13.146/2015.

V – os pródigos.

Arts. 1.768 a 1.773. (Revogados).

(*) Arts. 1.768 a 1.773 revogados pela Lei nº 13.105/2015.

Art. 1.774. Aplicam-se à curatela as disposições concernentes à tutela, com as modificações dos artigos seguintes.

(*) V. arts. 1.728 a 1.766 e 1.781 do CC.

Art. 1.775. O cônjuge ou companheiro, não separado judicialmente ou de fato, é, de direito, curador do outro, quando interdito.

(*) V. arts. 1.570 e 1.783 do CC.

§ 1º. Na falta do cônjuge ou companheiro, é curador legítimo o pai ou a mãe; na falta destes, o descendente que se demonstrar mais apto.

§ 2º. Entre os descendentes, os mais próximos precedem aos mais remotos.

§ 3º. Na falta das pessoas mencionadas neste artigo, compete ao juiz a escolha do curador.

(*) Vide Enunciado 638 do CJF.

Art. 1.775-A. Na nomeação de curador para a pessoa com

LIVRO IV – DO DIREITO DE FAMÍLIA   ART. 1.783-A

deficiência, o juiz poderá estabelecer curatela compartilhada a mais de uma pessoa.

(*) Art. 1.775-A acrescido pela Lei nº 13.146/2015.

Art. 1.776. (Revogado).

(*) Art. 1.776 revogado pela Lei nº 13.146/2015.

Art. 1.777. As pessoas referidas no inciso I do art. 1.767 receberão todo o apoio necessário para ter preservado o direito à convivência familiar e comunitária, sendo evitado o seu recolhimento em estabelecimento que os afaste desse convívio.

(*) Art. 1.777 com redação dada pela Lei nº 13.146/2015.

Art. 1.778. A autoridade do curador estende-se à pessoa e aos bens dos filhos do curatelado, observado o art. 5º.

(*) V. art. 1.779, parágrafo único, do CC.

Seção II
Da Curatela do Nascituro e do Enfermo ou Portador de Deficiência Física

Art. 1.779. Dar-se-á curador ao nascituro, se o pai falecer estando grávida a mulher, e não tendo o poder familiar.

(*) V. art. 2º do CC.

Parágrafo único. Se a mulher estiver interdita, seu curador será o do nascituro.

Art. 1.780. (Revogado).

(*) Art. 1.780 revogado pela Lei nº 13.146/2015.

Seção III
Do Exercício da Curatela

Art. 1.781. As regras a respeito do exercício da tutela aplicam-se ao da curatela, com a restrição do art. 1.772 e as desta Seção.

(*) V. arts. 1.740 a 1.752 e 1.774 do CC.

Art. 1.782. A interdição do pródigo só o privará de, sem curador, emprestar, transigir, dar quitação, alienar, hipotecar, demandar ou ser demandado, e praticar, em geral, os atos que não sejam de mera administração.

(*) V. arts. 4º, IV; e 1.767, V, do CC.

Art. 1.783. Quando o curador for o cônjuge e o regime de bens do casamento for de comunhão universal, não será obrigado à prestação de contas, salvo determinação judicial.

(*) V. arts. 1.570, 1.651, 1.667 a 1.671 e 1.775 do CC.

Capítulo III
DA TOMADA DE DECISÃO APOIADA

(*) Capítulo III acrescido pela Lei nº 13.146/2015.

(*) Vide Enunciados 639 e 640 do CJF.

Art. 1.783-A. A tomada de decisão apoiada é o processo pelo qual a pessoa com deficiência elege pelo menos 2 (duas) pessoas idôneas, com as quais mantenha vínculos e que gozem de sua confiança, para prestar-lhe apoio na tomada de decisão sobre atos da vida civil, fornecendo-lhes os elementos e informações necessários para que possa exercer sua capacidade.

§ 1º. Para formular pedido de tomada de decisão apoiada, a pessoa com deficiência e os apoiadores devem apresentar termo em que constem os limites do apoio a ser oferecido e os compromissos dos apoiadores, inclusive o prazo de vigência do acordo e o respeito à vontade, aos direitos e aos interesses da pessoa que devem apoiar.

§ 2º. O pedido de tomada de decisão apoiada será requerido pela pessoa a ser apoiada, com indicação expressa das pessoas aptas a prestarem o apoio previsto no *caput* deste artigo.

§ 3º. Antes de se pronunciar sobre o pedido de tomada de decisão apoiada, o juiz, assistido por equipe multidisciplinar, após oitiva do Ministério Público, ouvirá pessoalmente o requerente e as pessoas que lhe prestarão apoio.

§ 4º. A decisão tomada por pessoa apoiada terá validade e efeitos sobre terceiros, sem restrições, desde que esteja inserida nos limites do apoio acordado.

§ 5º. Terceiro com quem a pessoa apoiada mantenha relação negocial pode solicitar que os apoiadores contra-assinem o contrato ou acordo, especificando, por escrito, sua função em relação ao apoiado.

§ 6º. Em caso de negócio jurídico que possa trazer risco ou prejuízo relevante, havendo divergência de opiniões entre a pessoa apoiada e um dos apoiadores, deverá o juiz, ouvido o Ministério Público, decidir sobre a questão.

§ 7º. Se o apoiador agir com negligência, exercer pressão indevida ou não adimplir as obrigações assumidas, poderá a pessoa apoiada ou qualquer pessoa apresentar denúncia ao Ministério Público ou ao juiz.

§ 8º. Se procedente a denúncia, o juiz destituirá o apoiador e nomeará, ouvida a pessoa apoiada e se for de seu interesse, outra pessoa para prestação de apoio.

§ 9º. A pessoa apoiada pode, a qualquer tempo, solicitar o término de acordo firmado em processo de tomada de decisão apoiada.

§ 10. O apoiador pode solicitar ao juiz a exclusão de sua participação do processo de tomada de decisão apoiada, sendo seu desligamento condicionado à manifestação do juiz sobre a matéria.

§ 11. Aplicam-se à tomada de decisão apoiada, no que couber, as disposições referentes à prestação de contas na curatela.

(*) Art. 1.783-A acrescido pela Lei nº 13.146/2015.

LIVRO V
DO DIREITO DAS SUCESSÕES

TÍTULO I
DA SUCESSÃO EM GERAL

Capítulo I
DISPOSIÇÕES GERAIS

Art. 1.784. Aberta a sucessão, a herança transmite-se, desde logo, aos herdeiros legítimos e testamentários.

(*) V. arts. 35; 80, II; 1.788; 1.789; 1.829 a 1.844; 1.857; 1.923; e 2.041 do CC.

Art. 1.785. A sucessão abre-se no lugar do último domicílio do falecido.

(*) V. arts. 70 a 78 do CC.
(*) V. art. 10 da LINDB.

LIVRO V – DO DIREITO DAS SUCESSÕES   ART. 1.793

Art. 1.786. A sucessão dá-se por lei ou por disposição de última vontade.

(*) V. arts. 1.788 e 1.857 a 1.859 do CC.

Art. 1.787. Regula a sucessão e a legitimação para suceder a lei vigente ao tempo da abertura daquela.

(*) V. art. 2.041 do CC.
(*) V. art. 10, § 2º, da LINDB.

Art. 1.788. Morrendo a pessoa sem testamento, transmite a herança aos herdeiros legítimos; o mesmo ocorrerá quanto aos bens que não forem compreendidos no testamento; e subsiste a sucessão legítima se o testamento caducar, ou for julgado nulo.

(*) V. arts. 1.829, 1.857 e 1.862 a 1.911 do CC.

Art. 1.789. Havendo herdeiros necessários, o testador só poderá dispor da metade da herança.

(*) V. arts. 1.814 e 1.846 do CC.

Art. 1.790. A companheira ou o companheiro participará da sucessão do outro, quanto aos bens adquiridos onerosamente na vigência da união estável, nas condições seguintes:

(*) RE 646721. Decisão: O Tribunal, apreciando o tema 498 da repercussão geral, por maioria e nos termos do voto do Ministro Roberto Barroso, que redigirá o acórdão, deu provimento ao recurso, para reconhecer de forma incidental a inconstitucionalidade do art. 1.790 do CC/2002 e declarar o direito do recorrente de participar da herança de seu companheiro em conformidade com o regime jurídico estabelecido no art. 1.829 do Código Civil de 2002, vencidos os Ministros Marco Aurélio (Relator) e Ricardo Lewandowski. Em seguida, o Tribunal, vencido o Ministro Marco Aurélio (Relator), fixou tese nos seguintes termos: "É inconstitucional a distinção de regimes sucessórios entre cônjuges e companheiros prevista no art. 1.790 do CC/2002, devendo ser aplicado, tanto nas hipóteses de casamento quanto nas de união estável, o regime do art. 1.829 do CC/2002". Ausentes, justificadamente, os Ministros Dias Toffoli e Celso de Mello, e, neste julgamento, o Ministro Gilmar Mendes. Presidiu o julgamento a Ministra Cármen Lúcia. Plenário, 10.5.2017. (*Idem* RE 878694)

I – se concorrer com filhos comuns, terá direito a uma quota equivalente à que por lei for atribuída ao filho;

(*) Vide Enunciado 266 do CJF.

II – se concorrer com descendentes só do autor da herança, tocar-lhe-á a metade do que couber a cada um daqueles;

III – se concorrer com outros parentes sucessíveis, terá direito a 1/3 (um terço) da herança;

IV – não havendo parentes sucessíveis, terá direito à totalidade da herança.

(*) V. arts. 1.829 e 1.844 do CC.
(*) Vide Temas 498 e 809 do STF.
(*) Vide Enunciados 525 e 641 do CJF.

Capítulo II
DA HERANÇA E DE SUA ADMINISTRAÇÃO

Art. 1.791. A herança defere-se como um todo unitário, ainda que vários sejam os herdeiros.

Parágrafo único. Até a partilha, o direito dos coerdeiros, quanto à propriedade e posse da herança, será indivisível, e regular-se-á pelas normas relativas ao condomínio.

(*) V. arts. 1.314 a 1.330, 2.013 a 2.022 e 2.023 do CC.

Art. 1.792. O herdeiro não responde por encargos superiores às forças da herança; incumbe-lhe, porém, a prova do excesso, salvo se houver inventário que a escuse, demostrando o valor dos bens herdados.

(*) V. arts. 836, 1.821 e 1.977 do CC.
(*) Vide Enunciado 344 do CJF.

Art. 1.793. O direito à sucessão aberta, bem como o quinhão de que disponha o coerdeiro, pode ser objeto de cessão por escritura pública.

§ 1º. Os direitos, conferidos ao herdeiro em consequência de substituição ou de direito de acrescer, presumem-se não abrangidos pela cessão feita anteriormente.

(*) V. arts. 1.941 a 1.946 e 1.947 a 1.960 do CC.

§ 2º. É ineficaz a cessão, pelo coerdeiro, de seu direito hereditário sobre qualquer bem da herança considerado singularmente.

§ 3º. Ineficaz é a disposição, sem prévia autorização do juiz da sucessão, por qualquer herdeiro, de bem componente do acervo hereditário, pendente a indivisibilidade.

Art. 1.794. O coerdeiro não poderá ceder a sua quota hereditária a pessoa estranha à sucessão, se outro coerdeiro a quiser, tanto por tanto.

(*) V. art. 1.795, parágrafo único, do CC.

Art. 1.795. O coerdeiro, a quem não se der conhecimento da cessão, poderá, depositado o preço, haver para si a quota cedida a estranho, se o requerer até 180 (cento e oitenta) dias após a transmissão.

Parágrafo único. Sendo vários os coerdeiros a exercer a preferência, entre eles se distribuirá o quinhão cedido, na proporção das respectivas quotas hereditárias.

(*) V. art. 1.794 do CC.

Art. 1.796. No prazo de 30 (trinta) dias, a contar da abertura da sucessão, instaurar-se-á inventário do patrimônio hereditário, perante o juízo competente no lugar da sucessão, para fins de liquidação e, quando for o caso, de partilha da herança.

(*) V. arts. 2.013 a 2.022 do CC.
(*) Vide Súmula 542 do STF.

Art. 1.797. Até o compromisso do inventariante, a administração da herança caberá, sucessivamente:

I – ao cônjuge ou companheiro, se com o outro convivia ao tempo da abertura da sucessão;

II – ao herdeiro que estiver na posse e administração dos bens, e, se houver mais de um nessas condições, ao mais velho;

III – ao testamenteiro;

IV – a pessoa de confiança do juiz, na falta ou escusa das indicadas nos incisos antecedentes, ou quando tiverem de ser afastadas por motivo grave levado ao conhecimento do juiz.

Capítulo III
DA VOCAÇÃO HEREDITÁRIA

Art. 1.798. Legitimam-se a suceder as pessoas nascidas ou já concebidas no momento da abertura da sucessão.

(*) V. arts. 2º e 1.784 do CC.
(*) Vide Enunciado 267 do CJF.

Art. 1.799. Na sucessão testamentária podem ainda ser chamados a suceder:

(*) V. arts. 1.857 ss. do CC.

I – os filhos, ainda não concebidos, de pessoas indicadas pelo testador, desde que vivas estas ao abrir-se a sucessão;

(*) Vide Enunciado 268 do CJF.

II – as pessoas jurídicas;

(*) V. arts. 40 a 69 do CC.

III – as pessoas jurídicas, cuja organização for determinada pelo testador sob a forma de fundação.

(*) V. arts. 62 a 69 do CC.

Art. 1.800. No caso do inciso I do artigo antecedente, os bens da herança serão confiados, após a liquidação ou partilha, a curador nomeado pelo juiz.

§ 1º. Salvo disposição testamentária em contrário, a curatela caberá à

LIVRO V – DO DIREITO DAS SUCESSÕES ART. 1.807

pessoa cujo filho o testador esperava ter por herdeiro, e, sucessivamente, às pessoas indicadas no art. 1.775.

§ 2º. Os poderes, deveres e responsabilidades do curador, assim nomeado, regem-se pelas disposições concernentes à curatela dos incapazes, no que couber.

(*) V. arts. 1.767 a 1.783 do CC.

§ 3º. Nascendo com vida o herdeiro esperado, ser-lhe-á deferida a sucessão, com os frutos e rendimentos relativos à deixa, a partir da morte do testador.

§ 4º. Se, decorridos 2 (dois) anos após a abertura da sucessão, não for concebido o herdeiro esperado, os bens reservados, salvo disposição em contrário do testador, caberão aos herdeiros legítimos.

(*) V. art. 1.829 do CC.

Art. 1.801. Não podem ser nomeados herdeiros nem legatários:

(*) V. art. 1.900, V, do CC.

I – a pessoa que, a rogo, escreveu o testamento, nem o seu cônjuge ou companheiro, ou os seus ascendentes e irmãos;

(*) V. arts. 1.865 e 1.868, do CC.

II – as testemunhas do testamento;

III – o concubino do testador casado, salvo se este, sem culpa sua, estiver separado de fato do cônjuge há mais de 5 (cinco) anos;

(*) Vide Enunciado 269 do CJF.

IV – o tabelião, civil ou militar, ou o comandante ou escrivão, perante quem se fizer, assim como o que fizer ou aprovar o testamento.

(*) V. art. 1.870 do CC.

Art. 1.802. São nulas as disposições testamentárias em favor de pessoas não legitimadas a suceder, ainda quando simuladas sob a forma de contrato oneroso, ou feitas mediante interposta pessoa.

(*) V. art. 1.900, V, do CC.

Parágrafo único. Presumem-se pessoas interpostas os ascendentes, os descendentes, os irmãos e o cônjuge ou companheiro do não legitimado a suceder.

Art. 1.803. É lícita a deixa ao filho do concubino, quando também o for do testador.

(*) Vide Súmula 447 do STF.

Capítulo IV
DA ACEITAÇÃO E RENÚNCIA DA HERANÇA

Art. 1.804. Aceita a herança, torna-se definitiva a sua transmissão ao herdeiro, desde a abertura da sucessão.

(*) V. art. 1.784 do CC.

Parágrafo único. A transmissão tem-se por não verificada quando o herdeiro renuncia à herança.

Art. 1.805. A aceitação da herança, quando expressa, faz-se por declaração escrita; quando tácita, há de resultar tão somente de atos próprios da qualidade de herdeiro.

(*) V. arts. 1.807 e 1.812 do CC.

§ 1º. Não exprimem aceitação de herança os atos oficiosos, como o funeral do finado, os meramente conservatórios, ou os de administração e guarda provisória.

§ 2º. Não importa igualmente aceitação a cessão gratuita, pura e simples, da herança, aos demais coerdeiros.

Art. 1.806. A renúncia da herança deve constar expressamente de instrumento público ou termo judicial.

(*) V. arts. 80, II; 108; 166, IV; 215; 1.647, IV; 1.807; 1.810; 1.812; 1.954; e 2.008 do CC.

Art. 1.807. O interessado em que o herdeiro declare se aceita, ou não, a herança, poderá, 20 (vinte) dias após aberta a sucessão, requerer ao juiz prazo razoável, não maior de 30 (trinta) dias, para, nele, se pronunciar o herdeiro, sob pena de se haver a herança por aceita.

Art. 1.808. Não se pode aceitar ou renunciar a herança em parte, sob condição ou a termo.

(*) V. arts. 121, 131 e 133 do CC.

§ 1º. O herdeiro, a quem se testarem legados, pode aceitá-los, renunciando a herança; ou, aceitando-a, repudiá-los.

§ 2º. O herdeiro, chamado, na mesma sucessão, a mais de um quinhão hereditário, sob títulos sucessórios diversos, pode livremente deliberar quanto aos quinhões que aceita e aos que renuncia.

Art. 1.809. Falecendo o herdeiro antes de declarar se aceita a herança, o poder de aceitar passa-lhe aos herdeiros, a menos que se trate de vocação adstrita a uma condição suspensiva, ainda não verificada.

(*) V. arts. 125 e 1.933 do CC.

Parágrafo único. Os chamados à sucessão do herdeiro falecido antes da aceitação, desde que concordem em receber a segunda herança, poderão aceitar ou renunciar a primeira.

Art. 1.810. Na sucessão legítima, a parte do renunciante acresce à dos outros herdeiros da mesma classe e, sendo ele o único desta, devolve-se aos da subsequente.

(*) V. arts. 1.829 a 1.856 do CC.

(*) Vide Enunciado 575 do CJF.

Art. 1.811. Ninguém pode suceder, representando herdeiro renunciante. Se, porém, ele for o único legítimo da sua classe, ou se todos os outros da mesma classe renunciarem a herança, poderão os filhos vir à sucessão, por direito próprio, e por cabeça.

(*) V. arts. 1.835 e 1.856 do CC.

Art. 1.812. São irrevogáveis os atos de aceitação ou de renúncia da herança.

Art. 1.813. Quando o herdeiro prejudicar os seus credores, renunciando à herança, poderão eles, com autorização do juiz, aceitá-la em nome do renunciante.

§ 1º. A habilitação dos credores se fará no prazo de 30 (trinta) dias seguintes ao conhecimento do fato.

§ 2º. Pagas as dívidas do renunciante, prevalece a renúncia quanto ao remanescente, que será devolvido aos demais herdeiros.

(*) V. arts. 158 a 165 do CC.

Capítulo V
DOS EXCLUÍDOS DA SUCESSÃO

Art. 1.814. São excluídos da sucessão os herdeiros ou legatários:

(*) V. arts. 1.961 a 1.965 do CC.

I – que houverem sido autores, coautores ou partícipes de homicídio doloso, ou tentativa deste, contra a pessoa de cuja sucessão se tratar, seu cônjuge, companheiro, ascendente ou descendente;

(*) Vide Enunciado 264 do CJF.

II – que houverem acusado caluniosamente em juízo o autor da herança ou incorrerem em crime contra a sua honra, ou de seu cônjuge ou companheiro;

(*) Vide Enunciado 264 do CJF.

III – que, por violência ou meios fraudulentos, inibirem ou obstarem o autor da herança de dispor livremente de seus bens por ato de última vontade.

LIVRO V – DO DIREITO DAS SUCESSÕES   ART. 1.822

Art. 1.815. A exclusão do herdeiro ou legatário, em qualquer desses casos de indignidade, será declarada por sentença.

§ 1º. O direito de demandar a exclusão do herdeiro ou legatário extingue-se em 4 (quatro) anos, contados da abertura da sucessão.

(*) § 1º, primitivo parágrafo único, renumerado pela Lei nº 13.532/2017.

§ 2º. Na hipótese do inciso I do art. 1.814, o Ministério Público tem legitimidade para demandar a exclusão do herdeiro ou legatário.

(*) § 2º acrescido pela Lei nº 13.532/2017.
(*) V. arts. 1.939, IV; e 1.965 do CC.
(*) Vide Enunciado 116 do CJF.

Art. 1.816. São pessoais os efeitos da exclusão; os descendentes do herdeiro excluído sucedem, como se ele morto fosse antes da abertura da sucessão.

(*) V. arts. 1.835 e 1.961 a 1.965 do CC.

Parágrafo único. O excluído da sucessão não terá direito ao usufruto ou à administração dos bens que a seus sucessores couberem na herança, nem à sucessão eventual desses bens.

(*) V. arts. 1.390 a 1.411 do CC.

Art. 1.817. São válidas as alienações onerosas de bens hereditários a terceiros de boa-fé, e os atos de administração legalmente praticados pelo herdeiro, antes da sentença de exclusão; mas aos herdeiros subsiste, quando prejudicados, o direito de demandar-lhe perdas e danos.

(*) V. arts. 402 a 405 do CC.

Parágrafo único. O excluído da sucessão é obrigado a restituir os frutos e rendimentos que dos bens da herança houver percebido, mas tem direito a ser indenizado das despesas com a conservação deles.

(*) V. art. 884 do CC.

Art. 1.818. Aquele que incorreu em atos que determinem a exclusão da herança será admitido a suceder, se o ofendido o tiver expressamente reabilitado em testamento, ou em outro ato autêntico.

(*) V. arts. 1.814; e 1.857, § 2º, do CC.

Parágrafo único. Não havendo reabilitação expressa, o indigno, contemplado em testamento do ofendido, quando o testador, ao testar, já conhecia a causa da indignidade, pode suceder no limite da disposição testamentária.

Capítulo VI
DA HERANÇA JACENTE

Art. 1.819. Falecendo alguém sem deixar testamento nem herdeiro legítimo notoriamente conhecido, os bens da herança, depois de arrecadados, ficarão sob a guarda e administração de um curador, até a sua entrega ao sucessor devidamente habilitado ou à declaração de sua vacância.

(*) V. art. 1.276 do CC.

Art. 1.820. Praticadas as diligências de arrecadação e ultimado o inventário, serão expedidos editais na forma da lei processual, e, decorrido 1 (um) ano de sua primeira publicação, sem que haja herdeiro habilitado, ou penda habilitação, será a herança declarada vacante.

Art. 1.821. É assegurado aos credores o direito de pedir o pagamento das dívidas reconhecidas, nos limites das forças da herança.

(*) V. art. 836 do CC.

Art. 1.822. A declaração de vacância da herança não prejudicará os herdeiros que legalmente se habilitarem; mas, decorridos 5 (cinco) anos da abertura da sucessão, os bens arrecadados passarão ao domínio do Município ou do Distrito Federal, se localizados nas respectivas circunscrições, incorporando-se ao domínio da União quando situados em território federal.

(*) V. art. 1.884 do CC.

Parágrafo único. Não se habilitando até a declaração de vacância, os colaterais ficarão excluídos da sucessão.

(*) V. arts. 1.592 e 1.594 do CC.

Art. 1.823. Quando todos os chamados a suceder renunciarem à herança, será esta desde logo declarada vacante.

(*) V. arts. 1.276; 1.804, parágrafo único; 1.806; e 1.812 do CC.

Capítulo VII
DA PETIÇÃO DE HERANÇA

Art. 1.824. O herdeiro pode, em ação de petição de herança, demandar o reconhecimento de seu direito sucessório, para obter a restituição da herança, ou de parte dela, contra quem, na qualidade de herdeiro, ou mesmo sem título, a possua.

(*) Vide Súmula 149 do STF.

Art. 1.825. A ação de petição de herança, ainda que exercida por um só dos herdeiros, poderá compreender todos os bens hereditários.

Art. 1.826. O possuidor da herança está obrigado à restituição dos bens do acervo, fixando-se-lhe a responsabilidade segundo a sua posse, observado o disposto nos arts. 1.214 a 1.222.

Parágrafo único. A partir da citação, a responsabilidade do possuidor se há de aferir pelas regras concernentes à posse de má-fé e à mora.

(*) V. arts. 394 a 401 do CC.

Art. 1.827. O herdeiro pode demandar os bens da herança, mesmo em poder de terceiros, sem prejuízo da responsabilidade do possuidor originário pelo valor dos bens alienados.

Parágrafo único. São eficazes as alienações feitas, a título oneroso, pelo herdeiro aparente a terceiro de boa-fé.

(*) V. art. 1.817 do CC.

Art. 1.828. O herdeiro aparente, que de boa-fé houver pago um legado, não está obrigado a prestar o equivalente ao verdadeiro sucessor, ressalvado a este o direito de proceder contra quem o recebeu.

(*) V. art. 1.934 do CC.

TÍTULO II
DA SUCESSÃO LEGÍTIMA
(*) V. art. 2.041 do CC.

Capítulo I
DA ORDEM DA VOCAÇÃO HEREDITÁRIA

Art. 1.829. A sucessão legítima defere-se na ordem seguinte:

(*) V. arts. 1.784, 1.790, 1.845 a 1.850 e 1.961 a 1.965 do CC.

I – aos descendentes, em concorrência com o cônjuge sobrevivente, salvo se casado este com o falecido no regime da comunhão universal, ou no da separação obrigatória de bens (art. 1.640, parágrafo único); ou se, no regime da comunhão parcial, o autor da herança não houver deixado bens particulares;

(*) V. arts. 1.641, 1.658 a 1.666, 1.667 a 1.671, 1.685, 1.835 e 1.837 do CC.
(*) Vide Enunciados 270, 609 e 641 do CJF.
(*) Vide Temas 498 e 809 do STF.

LIVRO V – DO DIREITO DAS SUCESSÕES — ART. 1.836

II – aos ascendentes, em concorrência com o cônjuge;
(*) V. art. 1.836 do CC.

III – ao cônjuge sobrevivente;
(*) V. art. 1.838 do CC.
(*) Vide Tema Representativo 809 do TNU-CJF.
(*) RE 646721. Decisão: O Tribunal, apreciando o tema 498 da repercussão geral, por maioria e nos termos do voto do Ministro Roberto Barroso, que redigirá o acórdão, deu provimento ao recurso, para reconhecer de forma incidental a inconstitucionalidade do art. 1.790 do CC/2002 e declarar o direito do recorrente de participar da herança de seu companheiro em conformidade com o regime jurídico estabelecido no art. 1.829 do Código Civil de 2002, vencidos os Ministros Marco Aurélio (Relator) e Ricardo Lewandowski. Em seguida, o Tribunal, vencido o Ministro Marco Aurélio (Relator), fixou tese nos seguintes termos: "É inconstitucional a distinção de regimes sucessórios entre cônjuges e companheiros prevista no art. 1.790 do CC/2002, devendo ser aplicado, tanto nas hipóteses de casamento quanto nas de união estável, o regime do art. 1.829 do CC/2002". Ausentes, justificadamente, os Ministros Dias Toffoli e Celso de Mello, e, neste julgamento, o Ministro Gilmar Mendes. Presidiu o julgamento a Ministra Cármen Lúcia. Plenário, 10.5.2017. (*Idem* RE 878694)

IV – aos colaterais.
(*) V. arts. 1.592 e 1.839 a 1.843 do CC.
(*) V. art. 10, § 1º, da LINDB.
(*) Vide Enunciado 525 do CJF.

Art. 1.830. Somente é reconhecido direito sucessório ao cônjuge sobrevivente se, ao tempo da morte do outro, não estavam separados judicialmente, nem separados de fato há mais de 2 (dois) anos, salvo prova, neste caso, de que essa convivência se tornara impossível sem culpa do sobrevivente.
(*) Vide Enunciado 525 do CJF.

Art. 1.831. Ao cônjuge sobrevivente, qualquer que seja o regime de bens, será assegurado, sem prejuízo da participação que lhe caiba na herança, o direito real de habitação relativamente ao imóvel destinado à residência da família, desde que seja o único daquela natureza a inventariar.
(*) V. arts. 1.225, VI; e 1.414 a 1.416 do CC.
(*) Vide Enunciados 117 e 271 do CJF.

Art. 1.832. Em concorrência com os descendentes (art. 1.829, inciso I) caberá ao cônjuge quinhão igual ao dos que sucederem por cabeça, não podendo a sua quota ser inferior à quarta parte da herança, se for ascendente dos herdeiros com que concorrer.
(*) Vide Enunciado 527 do CJF.

Art. 1.833. Entre os descendentes, os em grau mais próximo excluem os mais remotos, salvo o direito de representação.
(*) V. arts. 1.851 a 1.856 do CC.

Art. 1.834. Os descendentes da mesma classe têm os mesmos direitos à sucessão de seus ascendentes.

Art. 1.835. Na linha descendente, os filhos sucedem por cabeça, e os outros descendentes, por cabeça ou por estirpe, conforme se achem ou não no mesmo grau.
(*) V. arts. 1.810; 1.811; 1.816, *caput*; e 1.852 do CC.

Art. 1.836. Na falta de descendentes, são chamados à sucessão os ascendentes, em concorrência com o cônjuge sobrevivente.
(*) V. art. 1.829, II, do CC.
(*) Vide Enunciado 642 do CJF.

§ 1º. Na classe dos ascendentes, o grau mais próximo exclui o mais remoto, sem distinção de linhas.
(*) V. arts. 1.594 e 1.852 do CC.

§ 2º. Havendo igualdade em grau e diversidade em linha, os ascendentes da linha paterna herdam a metade, cabendo a outra aos da linha materna.
(*) Vide Enunciado 676 do CJF.

Art. 1.837. Concorrendo com ascendente em primeiro grau, ao cônjuge tocará 1/3 (um terço) da herança; caber-lhe-á a metade desta se houver um só ascendente, ou se maior for aquele grau.

Art. 1.838. Em falta de descendentes e ascendentes, será deferida a sucessão por inteiro ao cônjuge sobrevivente.

(*) V. art. 1.830 do CC.

Art. 1.839. Se não houver cônjuge sobrevivente, nas condições estabelecidas no art. 1.830, serão chamados a suceder os colaterais até o quarto grau.

(*) V. arts. 1.592, 1.594 e 1.850 do CC.

Art. 1.840. Na classe dos colaterais, os mais próximos excluem os mais remotos, salvo o direito de representação concedido aos filhos de irmãos.

(*) V. arts. 1.592; 1.594; 1.810; 1.811; 1.816, *caput*; 1.841; 1.843; 1.851; 1.853; e 1.856 do CC.

Art. 1.841. Concorrendo à herança do falecido irmãos bilaterais com irmãos unilaterais, cada um destes herdará metade do que cada um daqueles herdar.

(*) V. art. 1.843, § 3º, do CC.

Art. 1.842. Não concorrendo à herança irmão bilateral, herdarão, em partes iguais, os unilaterais.

Art. 1.843. Na falta de irmãos, herdarão os filhos destes e, não os havendo, os tios.

§ 1º. Se concorrerem à herança somente filhos de irmãos falecidos, herdarão por cabeça.

(*) V. art. 1.853 do CC.

§ 2º. Se concorrem filhos de irmãos bilaterais com filhos de irmãos unilaterais, cada um destes herdará a metade do que herdar cada um daqueles.

§ 3º. Se todos forem filhos de irmãos bilaterais, ou todos de irmãos unilaterais, herdarão por igual.

(*) V. art. 1.841 do CC.

Art. 1.844. Não sobrevivendo cônjuge, ou companheiro, nem parente algum sucessível, ou tendo eles renunciado a herança, esta se devolve ao Município ou ao Distrito Federal, se localizada nas respectivas circunscrições, ou à União, quando situada em território federal.

(*) V. arts. 1.276; e 1.822, *caput*, do CC.

Capítulo II
DOS HERDEIROS NECESSÁRIOS

Art. 1.845. São herdeiros necessários os descendentes, os ascendentes e o cônjuge.

(*) V. arts. 1.814, 1.829, 1.830 e 1.961 a 1.965 do CC.

Art. 1.846. Pertence aos herdeiros necessários, de pleno direito, a metade dos bens da herança, constituindo a legítima.

(*) V. arts. 544; 1.789; 1.847; 1.857, § 1º; 1.961; 1.963; e 2.018 do CC.

Art. 1.847. Calcula-se a legítima sobre o valor dos bens existentes na abertura da sucessão, abatidas as dívidas e as despesas do funeral, adicionando-se, em seguida, o valor dos bens sujeitos a colação.

(*) V. arts. 544, 1.997 a 2.001 e 2.002 a 2.012 do CC.

Art. 1.848. Salvo se houver justa causa, declarada no testamento, não pode o testador estabelecer cláusula de inalienabilidade, impenhorabilidade, e de incomunicabilidade, sobre os bens da legítima.

(*) V. arts. 1.857 e 2.042 do CC.

LIVRO V – DO DIREITO DAS SUCESSÕES — ART. 1.860

§ 1º. Não é permitido ao testador estabelecer a conversão dos bens da legítima em outros de espécie diversa.

§ 2º. Mediante autorização judicial e havendo justa causa, podem ser alienados os bens gravados, convertendo-se o produto em outros bens, que ficarão sub-rogados nos ônus dos primeiros.

Art. 1.849. O herdeiro necessário, a quem o testador deixar a sua parte disponível, ou algum legado, não perderá o direito à legítima.

(*) V. art. 1.789 do CC.

Art. 1.850. Para excluir da sucessão os herdeiros colaterais, basta que o testador disponha de seu patrimônio sem os contemplar.

(*) V. art. 1.592 do CC.

Capítulo III
DO DIREITO DE REPRESENTAÇÃO

Art. 1.851. Dá-se o direito de representação, quando a lei chama certos parentes do falecido a suceder em todos os direitos, em que ele sucederia, se vivo fosse.

(*) V. arts. 1.810; 1.811; 1.816, *caput*; 1.841; 1.854; e 1.855 do CC.
(*) Vide Enunciado 610 do CJF.

Art. 1.852. O direito de representação dá-se na linha reta descendente, mas nunca na ascendente.

(*) V. arts. 1.591 e 1.835 do CC.

Art. 1.853. Na linha transversal, somente se dá o direito de representação em favor dos filhos de irmãos do falecido, quando com irmãos deste concorrerem.

(*) V. arts. 1.592; 1.840; e 1.843, *caput*, do CC.

Art. 1.854. Os representantes só podem herdar, como tais, o que herdaria o representado, se vivo fosse.

(*) Vide Enunciado 610 do CJF.

Art. 1.855. O quinhão do representado partir-se-á por igual entre os representantes.

Art. 1.856. O renunciante à herança de uma pessoa poderá representá-la na sucessão de outra.

(*) V. arts. 1.810 e 1.811 do CC.

TÍTULO III
DA SUCESSÃO TESTAMENTÁRIA

Capítulo I
DO TESTAMENTO EM GERAL

Art. 1.857. Toda pessoa capaz pode dispor, por testamento, da totalidade dos seus bens, ou de parte deles, para depois de sua morte.

§ 1º. A legítima dos herdeiros necessários não poderá ser incluída no testamento.

(*) V. arts. 1.845 a 1.847 do CC.

§ 2º. São válidas as disposições testamentárias de caráter não patrimonial, ainda que o testador somente a elas se tenha limitado.

(*) Vide Súmula 447 do STF.
(*) Vide Enunciado 528 do CJF.

Art. 1.858. O testamento é ato personalíssimo, podendo ser mudado a qualquer tempo.

(*) V. art. 1.969 do CC.

Art. 1.859. Extingue-se em 5 (cinco) anos o direito de impugnar a validade do testamento, contado o prazo da data do seu registro.

(*) V. art. 1.909 do CC.

Capítulo II
DA CAPACIDADE DE TESTAR

Art. 1.860. Além dos incapazes, não podem testar os que, no ato

ART. 1.861 CÓDIGO CIVIL – PARTE ESPECIAL

de fazê-lo, não tiverem pleno discernimento.

Parágrafo único. Podem testar os maiores de 16 (dezesseis) anos.

Art. 1.861. A incapacidade superveniente do testador não invalida o testamento, nem o testamento do incapaz se valida com a superveniência da capacidade.

Capítulo III
DAS FORMAS ORDINÁRIAS DO TESTAMENTO

Seção I
Disposições Gerais

Art. 1.862. São testamentos ordinários:

I – o público;
(*) V. arts. 1.864 a 1.867 do CC.
II – o cerrado;
(*) V. arts. 1.868 a 1.875 do CC.
III – o particular.
(*) V. arts. 1.876 a 1.880 do CC.

Art. 1.863. É proibido o testamento conjuntivo, seja simultâneo, recíproco ou correspectivo.

Seção II
Do Testamento Público

Art. 1.864. São requisitos essenciais do testamento público:

I – ser escrito por tabelião ou por seu substituto legal em seu livro de notas, de acordo com as declarações do testador, podendo este servir-se de minuta, notas ou apontamentos;

II – lavrado o instrumento, ser lido em voz alta pelo tabelião ao testador e a 2 (duas) testemunhas, a um só tempo; ou pelo testador, se o quiser, na presença destas e do oficial;

(*) V. art. 228 do CC.

III – ser o instrumento, em seguida à leitura, assinado pelo testador, pelas testemunhas e pelo tabelião.

(*) V. art. 1.865 do CC.

Parágrafo único. O testamento público pode ser escrito manualmente ou mecanicamente, bem como ser feito pela inserção da declaração de vontade em partes impressas de livro de notas, desde que rubricadas todas as páginas pelo testador, se mais de uma.

Art. 1.865. Se o testador não souber, ou não puder assinar, o tabelião ou seu substituto legal assim o declarará, assinando, neste caso, pelo testador, e, a seu rogo, uma das testemunhas instrumentárias.

Art. 1.866. O indivíduo inteiramente surdo, sabendo ler, lerá o seu testamento, e, se não o souber, designará quem o leia em seu lugar, presentes as testemunhas.

Art. 1.867. Ao cego só se permite o testamento público, que lhe será lido, em voz alta, duas vezes, uma pelo tabelião ou por seu substituto legal, e a outra por uma das testemunhas, designada pelo testador, fazendo-se de tudo circunstanciada menção no testamento.

Seção III
Do Testamento Cerrado

Art. 1.868. O testamento escrito pelo testador, ou por outra pessoa, a seu rogo, e por aquele assinado, será válido se aprovado pelo tabelião ou seu substituto legal, observadas as seguintes formalidades:

(*) V. arts. 1.801, I; 1.870; e 1.871 do CC.

I – que o testador o entregue ao tabelião em presença de 2 (duas) testemunhas;

(*) V. art. 228 do CC.

LIVRO V – DO DIREITO DAS SUCESSÕES   ART. 1.878

II – que o testador declare que aquele é o seu testamento e quer que seja aprovado;

III – que o tabelião lavre, desde logo, o auto de aprovação, na presença de 2 (duas) testemunhas, e o leia, em seguida, ao testador e testemunhas;

IV – que o auto de aprovação seja assinado pelo tabelião, pelas testemunhas e pelo testador.

Parágrafo único. O testamento cerrado pode ser escrito mecanicamente, desde que seu subscritor numere e autentique, com a sua assinatura, todas as páginas.

Art. 1.869. O tabelião deve começar o auto de aprovação imediatamente depois da última palavra do testador, declarando, sob sua fé, que o testador lhe entregou para ser aprovado na presença das testemunhas; passando a cerrar e coser o instrumento aprovado.

Parágrafo único. Se não houver espaço na última folha do testamento, para início da aprovação, o tabelião aporá nele o seu sinal público, mencionando a circunstância no auto.

Art. 1.870. Se o tabelião tiver escrito o testamento a rogo do testador, poderá, não obstante, aprová-lo.

Art. 1.871. O testamento pode ser escrito em língua nacional ou estrangeira, pelo próprio testador, ou por outrem, a seu rogo.

Art. 1.872. Não pode dispor de seus bens em testamento cerrado quem não saiba ou não possa ler.

Art. 1.873. Pode fazer testamento cerrado o surdo-mudo, contanto que o escreva todo, e o assine de sua mão, e que, ao entregá-lo ao oficial público, ante as 2 (duas) testemunhas, escreva, na face externa do papel ou do envoltório, que aquele é o seu testamento, cuja aprovação lhe pede.

Art. 1.874. Depois de aprovado e cerrado, será o testamento entregue ao testador, e o tabelião lançará, no seu livro, nota do lugar, dia, mês e ano em que o testamento foi aprovado e entregue.

(*) V. art. 1.972 do CC.

Art. 1.875. Falecido o testador, o testamento será apresentado ao juiz, que o abrirá e o fará registrar, ordenando seja cumprido, se não achar vício externo que o torne eivado de nulidade ou suspeito de falsidade.

Seção IV
Do Testamento Particular

Art. 1.876. O testamento particular pode ser escrito de próprio punho ou mediante processo mecânico.

(*) V. art. 1.880 do CC.

§ 1º. Se escrito de próprio punho, são requisitos essenciais à sua validade seja lido e assinado por quem o escreveu, na presença de pelo menos três testemunhas, que o devem subscrever.

(*) V. art. 228 do CC.

§ 2º. Se elaborado por processo mecânico, não pode conter rasuras ou espaços em branco, devendo ser assinado pelo testador, depois de o ter lido na presença de pelo menos três testemunhas, que o subscreverão.

Art. 1.877. Morto o testador, publicar-se-á em juízo o testamento, com citação dos herdeiros legítimos.

(*) V. art. 1.829 do CC.

Art. 1.878. Se as testemunhas forem contestes sobre o fato da disposição, ou, ao menos, sobre a sua leitura perante elas, e se reconhecerem as próprias assinaturas, assim como a do testador, o testamento será confirmado.

Parágrafo único. Se faltarem testemunhas, por morte ou ausência, e se pelo menos uma delas o reconhecer, o testamento poderá ser confirmado, se, a critério do juiz, houver prova suficiente de sua veracidade.

Art. 1.879. Em circunstâncias excepcionais declaradas na cédula, o testamento particular de próprio punho e assinado pelo testador, sem testemunhas, poderá ser confirmado, a critério do juiz.

(*) Vide Enunciado 611 do CJF.

Art. 1.880. O testamento particular pode ser escrito em língua estrangeira, contanto que as testemunhas a compreendam.

Capítulo IV
DOS CODICILOS

Art. 1.881. Toda pessoa capaz de testar poderá, mediante escrito particular seu, datado e assinado, fazer disposições especiais sobre o seu enterro, sobre esmolas de pouca monta a certas e determinadas pessoas, ou, indeterminadamente, aos pobres de certo lugar, assim como legar móveis, roupas ou joias, de pouco valor, de seu uso pessoal.

(*) V. arts. 1.857, 1.860 e 1.998 do CC.

Art. 1.882. Os atos a que se refere o artigo antecedente, salvo direito de terceiro, valerão como codicilos, deixe ou não testamento o autor.

Art. 1.883. Pelo modo estabelecido no art. 1.881, poder-se-ão nomear ou substituir testamenteiros.

(*) V. art. 1.976 do CC.

Art. 1.884. Os atos previstos nos artigos antecedentes revogam-se por atos iguais, e consideram-se revogados, se, havendo testamento posterior, de qualquer natureza, este os não confirmar ou modificar.

Art. 1.885. Se estiver fechado o codicilo, abrir-se-á do mesmo modo que o testamento cerrado.

(*) V. art. 1.875 do CC.

Capítulo V
DOS TESTAMENTOS ESPECIAIS

Seção I
Disposições Gerais

Art. 1.886. São testamentos especiais:

I – o marítimo;

(*) V. art. 1.888 do CC.

II – o aeronáutico;

(*) V. art. 1.889 do CC.

III – o militar.

(*) V. art. 1.893 do CC.

Art. 1.887. Não se admitem outros testamentos especiais além dos contemplados neste Código.

Seção II
Do Testamento Marítimo e do Testamento Aeronáutico

Art. 1.888. Quem estiver em viagem, a bordo de navio nacional, de guerra ou mercante, pode testar perante o comandante, em presença de 2 (duas) testemunhas, por forma que corresponda ao testamento público ou ao cerrado.

(*) V. arts. 1.864 a 1.867 e 1.868 a 1.875 do CC.

LIVRO V – DO DIREITO DAS SUCESSÕES — ART. 1.896

Parágrafo único. O registro do testamento será feito no diário de bordo.

Art. 1.889. Quem estiver em viagem, a bordo de aeronave militar ou comercial, pode testar perante pessoa designada pelo comandante, observado o disposto no artigo antecedente.

(*) V. art. 1.801, I, do CC.

Art. 1.890. O testamento marítimo ou aeronáutico ficará sob a guarda do comandante, que o entregará às autoridades administrativas do primeiro porto ou aeroporto nacional, contra recibo averbado no diário de bordo.

Art. 1.891. Caducará o testamento marítimo, ou aeronáutico, se o testador não morrer na viagem, nem nos 90 (noventa) dias subsequentes ao seu desembarque em terra, onde possa fazer, na forma ordinária, outro testamento.

Art. 1.892. Não valerá o testamento marítimo, ainda que feito no curso de uma viagem, se, ao tempo em que se fez, o navio estava em porto onde o testador pudesse desembarcar e testar na forma ordinária.

Seção III
Do Testamento Militar

Art. 1.893. O testamento dos militares e demais pessoas a serviço das Forças Armadas em campanha, dentro do País ou fora dele, assim como em praça sitiada, ou que esteja de comunicações interrompidas, poderá fazer-se, não havendo tabelião ou seu substituto legal, ante 2 (duas), ou 3 (três) testemunhas, se o testador não puder, ou não souber assinar, caso em que assinará por ele uma delas.

(*) V. arts. 1.801, II, IV; e 1.896 do CC.

§ 1º. Se o testador pertencer a corpo ou seção de corpo destacado, o testamento será escrito pelo respectivo comandante, ainda que de graduação ou posto inferior.

§ 2º. Se o testador estiver em tratamento em hospital, o testamento será escrito pelo respectivo oficial de saúde, ou pelo diretor do estabelecimento.

§ 3º. Se o testador for o oficial mais graduado, o testamento será escrito por aquele que o substituir.

Art. 1.894. Se o testador souber escrever, poderá fazer o testamento de seu punho, contanto que o date e assine por extenso, e o apresente aberto ou cerrado, na presença de 2 (duas) testemunhas ao auditor, ou ao oficial de patente, que lhe faça as vezes neste mister.

Parágrafo único. O auditor, ou o oficial a quem o testamento se apresente notará, em qualquer parte dele, lugar, dia, mês e ano, em que lhe for apresentado, nota esta que será assinada por ele e pelas testemunhas.

Art. 1.895. Caduca o testamento militar, desde que, depois dele, o testador esteja, 90 (noventa) dias seguidos, em lugar onde possa testar na forma ordinária, salvo se esse testamento apresentar as solenidades prescritas no parágrafo único do artigo antecedente.

Art. 1.896. As pessoas designadas no art. 1.893, estando empenhadas em combate, ou feridas, podem testar oralmente, confiando a sua última vontade a 2 (duas) testemunhas.

(*) V. arts. 121; 128, 1ª parte; 136; e 1.733, § 2º, do CC.

Parágrafo único. Não terá efeito o testamento se o testador não morrer na guerra ou convalescer do ferimento.

Capítulo VI
DAS DISPOSIÇÕES TESTAMENTÁRIAS

Art. 1.897. A nomeação de herdeiro, ou legatário, pode fazer-se pura e simplesmente, sob condição, para certo fim ou modo, ou por certo motivo.

(*) V. arts. 121; 128, 1ª parte; 136; e 1.733, § 2º, do CC.

Art. 1.898. A designação do tempo em que deva começar ou cessar o direito do herdeiro, salvo nas disposições fideicomissárias, ter-se-á por não escrita.

(*) V. arts. 1.951 a 1.960 do CC.

Art. 1.899. Quando a cláusula testamentária for suscetível de interpretações diferentes, prevalecerá a que melhor assegure a observância da vontade do testador.

(*) V. art. 112 do CC.

Art. 1.900. É nula a disposição:

I – que institua herdeiro ou legatário sob a condição captatória de que este disponha, também por testamento, em benefício do testador, ou de terceiro;

II – que se refira a pessoa incerta, cuja identidade não se possa averiguar;

III – que favoreça a pessoa incerta, cometendo a determinação de sua identidade a terceiro;

(*) V. art. 1.901, I, do CC.

IV – que deixe a arbítrio do herdeiro, ou de outrem, fixar o valor do legado;

(*) V. art. 1.901, II, do CC.

V – que favoreça as pessoas a que se referem os arts. 1.801 e 1.802.

(*) V. arts. 1.803 e 1.859 do CC.

Art. 1.901. Valerá a disposição:

I – em favor de pessoa incerta que deva ser determinada por terceiro, dentre 2 (duas) ou mais pessoas mencionadas pelo testador, ou pertencentes a uma família, ou a um corpo coletivo, ou a um estabelecimento por ele designado;

(*) V. art. 1.900, III, do CC.

II – em remuneração de serviços prestados ao testador, por ocasião da moléstia de que faleceu, ainda que fique ao arbítrio do herdeiro ou de outrem determinar o valor do legado.

(*) V. art. 1.900, IV, do CC.

Art. 1.902. A disposição geral em favor dos pobres, dos estabelecimentos particulares de caridade, ou dos de assistência pública, entender-se-á relativa aos pobres do lugar do domicílio do testador ao tempo de sua morte, ou dos estabelecimentos aí sitos, salvo se manifestamente constar que tinha em mente beneficiar os de outra localidade.

Parágrafo único. Nos casos deste artigo, as instituições particulares preferirão sempre às públicas.

(*) V. arts. 142 e 1.881 do CC.

Art. 1.903. O erro na designação da pessoa do herdeiro, do legatário, ou da coisa legada anula a disposição, salvo se, pelo contexto do testamento, por outros documentos, ou por fatos inequívocos, se puder identificar a pessoa ou coisa a que o testador queria referir-se.

(*) V. arts. 142, 1.859, 1.899, 1.900 e 1.909 do CC.

Art. 1.904. Se o testamento nomear 2 (dois) ou mais herdeiros, sem discriminar a parte de cada um,

LIVRO V – DO DIREITO DAS SUCESSÕES   ART. 1.915

partilhar-se-á por igual, entre todos, a porção disponível do testador.

(*) V. art. 1.789 do CC.

Art. 1.905. Se o testador nomear certos herdeiros individualmente e outros coletivamente, a herança será dividida em tantas quotas quantos forem os indivíduos e os grupos designados.

Art. 1.906. Se forem determinadas as quotas de cada herdeiro, e não absorverem toda a herança, o remanescente pertencerá aos herdeiros legítimos, segundo a ordem da vocação hereditária.

(*) V. art. 1.829 do CC.

Art. 1.907. Se forem determinados os quinhões de uns e não os de outros herdeiros, distribuir-se-á por igual a estes últimos o que restar, depois de completas as porções hereditárias dos primeiros.

Art. 1.908. Dispondo o testador que não caiba ao herdeiro instituído certo e determinado objeto, dentre os da herança, tocará ele aos herdeiros legítimos.

(*) V. art. 1.788 do CC.

Art. 1.909. São anuláveis as disposições testamentárias inquinadas de erro, dolo ou coação.

(*) V. arts. 138 a 155 do CC.

Parágrafo único. Extingue-se em 4 (quatro) anos o direito de anular a disposição, contados de quando o interessado tiver conhecimento do vício.

(*) V. arts. 177; e 178, I e II, do CC.

Art. 1.910. A ineficácia de uma disposição testamentária importa a das outras que, sem aquela, não teriam sido determinadas pelo testador.

(*) V. art. 184 do CC.

Art. 1.911. A cláusula de inalienabilidade, imposta aos bens por ato de liberalidade, implica impenhorabilidade e incomunicabilidade.

(*) Redação do art. 1.911 de encontro com a Súmula 49 do STF.

Parágrafo único. No caso de desapropriação de bens clausulados, ou de sua alienação, por conveniência econômica do donatário ou do herdeiro, mediante autorização judicial, o produto da venda converter-se-á em outros bens, sobre os quais incidirão as restrições apostas aos primeiros.

(*) V. art. 1.848 do CC.

Capítulo VII
DOS LEGADOS

Seção I
Disposições Gerais

Art. 1.912. É ineficaz o legado de coisa certa que não pertença ao testador no momento da abertura da sucessão.

(*) V. arts. 1.914; e 1.939, II, do CC.

Art. 1.913. Se o testador ordenar que o herdeiro ou legatário entregue coisa de sua propriedade a outrem, não o cumprindo ele, entender-se-á que renunciou à herança ou ao legado.

(*) V. art. 1.935 do CC.

Art. 1.914. Se tão somente em parte a coisa legada pertencer ao testador, ou, no caso do artigo antecedente, ao herdeiro ou ao legatário, só quanto a essa parte valerá o legado.

(*) V. arts. 1.916; e 1.939, II, do CC.

Art. 1.915. Se o legado for de coisa que se determine pelo gênero, será o mesmo cumprido, ainda que tal coisa não exista entre os bens deixados pelo testador.

(*) V. art. 85 do CC.

Art. 1.916. Se o testador legar coisa sua, singularizando-a, só terá eficácia o legado se, ao tempo do seu falecimento, ela se achava entre os bens da herança; se a coisa legada existir entre os bens do testador, mas em quantidade inferior à do legado, este será eficaz apenas quanto à existente.

(*) V. arts. 1.914; e 1.939, II, do CC.

Art. 1.917. O legado de coisa que deva encontrar-se em determinado lugar só terá eficácia se nele for achada, salvo se removida a título transitório.

Art. 1.918. O legado de crédito, ou de quitação de dívida, terá eficácia somente até a importância desta, ou daquele, ao tempo da morte do testador.

§ 1º. Cumpre-se o legado, entregando o herdeiro ao legatário o título respectivo.

§ 2º. Este legado não compreende as dívidas posteriores à data do testamento.

Art. 1.919. Não o declarando expressamente o testador, não se reputará compensação da sua dívida o legado que ele faça ao credor.

(*) V. arts. 368 a 380 do CC.

Parágrafo único. Subsistirá integralmente o legado, se a dívida lhe foi posterior, e o testador a solveu antes de morrer.

Art. 1.920. O legado de alimentos abrange o sustento, a cura, o vestuário e a casa, enquanto o legatário viver, além da educação, se ele for menor.

(*) V. arts. 1.694 a 1.710; e 1.928, parágrafo único, do CC.

Art. 1.921. O legado de usufruto, sem fixação de tempo, entende-se deixado ao legatário por toda a sua vida.

(*) V. arts. 1.390 a 1.411 do CC.

Art. 1.922. Se aquele que legar um imóvel lhe ajuntar depois novas aquisições, estas, ainda que contíguas, não se compreendem no legado, salvo expressa declaração em contrário do testador.

Parágrafo único. Não se aplica o disposto neste artigo às benfeitorias necessárias, úteis ou voluptuárias feitas no prédio legado.

Seção II
Dos Efeitos do Legado e do seu Pagamento

Art. 1.923. Desde a abertura da sucessão, pertence ao legatário a coisa certa, existente no acervo, salvo se o legado estiver sob condição suspensiva.

§ 1º. Não se defere de imediato a posse da coisa, nem nela pode o legatário entrar por autoridade própria.

§ 2º. O legado de coisa certa existente na herança transfere também ao legatário os frutos que produzir, desde a morte do testador, exceto se dependente de condição suspensiva, ou de termo inicial.

(*) V. arts. 121; 125; 131; 135; 1.784; 1.900, I; e 1.937 do CC.

Art. 1.924. O direito de pedir o legado não se exercerá, enquanto se litigue sobre a validade do testamento, e, nos legados condicionais, ou a prazo, enquanto esteja pendente a condição ou o prazo não se vença.

Art. 1.925. O legado em dinheiro só vence juros desde o dia em

LIVRO V – DO DIREITO DAS SUCESSÕES — ART. 1.937

que se constituir em mora a pessoa obrigada a prestá-lo.

(*) V. arts. 394 a 401, 406 e 407 do CC.

Art. 1.926. Se o legado consistir em renda vitalícia ou pensão periódica, esta ou aquela correrá da morte do testador.

Art. 1.927. Se o legado for de quantidades certas, em prestações periódicas, datará da morte do testador o primeiro período, e o legatário terá direito a cada prestação, uma vez encetado cada um dos períodos sucessivos, ainda que venha a falecer antes do termo dele.

Art. 1.928. Sendo periódicas as prestações, só no termo de cada período se poderão exigir.

Parágrafo único. Se as prestações forem deixadas a título de alimentos, pagar-se-ão no começo de cada período, sempre que outra coisa não tenha disposto o testador.

(*) V. arts. 1.694 a 1.710 e 1.920 do CC.

Art. 1.929. Se o legado consiste em coisa determinada pelo gênero, ao herdeiro tocará escolhê-la, guardando o meio-termo entre as congêneres da melhor e pior qualidade.

(*) V. arts. 244 e 1.930 do CC.

Art. 1.930. O estabelecido no artigo antecedente será observado, quando a escolha for deixada a arbítrio de terceiro; e, se este não a quiser ou não a puder exercer, ao juiz competirá fazê-la, guardado o disposto na última parte do artigo antecedente.

(*) V. art. 252, § 4º, do CC.

Art. 1.931. Se a opção foi deixada ao legatário, este poderá escolher, do gênero determinado, a melhor coisa que houver na herança; e, se nesta não existir coisa de tal gênero, dar-lhe-á de outra congênere o herdeiro, observada a disposição na última parte do art. 1.929.

Art. 1.932. No legado alternativo, presume-se deixada ao herdeiro a opção.

(*) V. arts. 252, *caput*; e 255 do CC.

Art. 1.933. Se o herdeiro ou legatário a quem couber a opção falecer antes de exercê-la, passará este poder aos seus herdeiros.

(*) V. art. 1.809 do CC.

Art. 1.934. No silêncio do testamento, o cumprimento dos legados incumbe aos herdeiros e, não os havendo, aos legatários, na proporção do que herdaram.

Parágrafo único. O encargo estabelecido neste artigo, não havendo disposição testamentária em contrário, caberá ao herdeiro ou legatário incumbido pelo testador da execução do legado; quando indicados mais de um, os onerados dividirão entre si o ônus, na proporção do que recebam da herança.

Art. 1.935. Se algum legado consistir em coisa pertencente a herdeiro ou legatário (art. 1.913), só a ele incumbirá cumpri-lo, com regresso contra os coerdeiros, pela quota de cada um, salvo se o contrário expressamente dispôs o testador.

Art. 1.936. As despesas e os riscos da entrega do legado correm à conta do legatário, se não dispuser diversamente o testador.

Art. 1.937. A coisa legada entregar-se-á, com seus acessórios, no lugar e estado em que se achava ao falecer o testador, passando ao legatário com todos os encargos que a onerarem.

(*) V. art. 1.923 do CC.

Art. 1.938. Nos legados com encargo, aplica-se ao legatário o disposto neste Código quanto às doações de igual natureza.

(*) V. arts. 136 e 538 a 564 do CC.

Seção III
Da Caducidade dos Legados

Art. 1.939. Caducará o legado:

I – se, depois do testamento, o testador modificar a coisa legada, ao ponto de já não ter a forma nem lhe caber a denominação que possuía;

II – se o testador, por qualquer título, alienar no todo ou em parte a coisa legada; nesse caso, caducará até onde ela deixou de pertencer ao testador;

(*) V. arts. 1.912, 1.914 e 1.916 do CC.

III – se a coisa perecer ou for evicta, vivo ou morto o testador, sem culpa do herdeiro ou legatário incumbido do seu cumprimento;

(*) V. arts. 447 a 457 do CC.

IV – se o legatário for excluído da sucessão, nos termos do art. 1.815;

V – se o legatário falecer antes do testador.

Art. 1.940. Se o legado for de duas ou mais coisas alternativamente, e algumas delas perecerem, subsistirá quanto às restantes; perecendo parte de uma, valerá, quanto ao seu remanescente, o legado.

(*) V. art. 253 do CC.

Capítulo VIII
DO DIREITO DE ACRESCER ENTRE HERDEIROS E LEGATÁRIOS

Art. 1.941. Quando vários herdeiros, pela mesma disposição testamentária, forem conjuntamente chamados à herança em quinhões não determinados, e qualquer deles não puder ou não quiser aceitá-la, a sua parte acrescerá à dos coerdeiros, salvo o direito do substituto.

(*) V. arts. 1.943 e 1.947 do CC.

Art. 1.942. O direito de acrescer competirá aos colegatários, quando nomeados conjuntamente a respeito de uma só coisa, determinada e certa, ou quando o objeto do legado não puder ser dividido sem risco de desvalorização.

(*) V. art. 1.929 do CC.

Art. 1.943. Se um dos coerdeiros ou colegatários, nas condições do artigo antecedente, morrer antes do testador; se renunciar a herança ou legado, ou destes for excluído, e, se a condição sob a qual foi instituído não se verificar, acrescerá o seu quinhão, salvo o direito do substituto, à parte dos coerdeiros ou colegatários conjuntos.

(*) V. arts. 1.809 e 1.947 do CC.

Parágrafo único. Os coerdeiros ou colegatários, aos quais acresceu o quinhão daquele que não quis ou não pôde suceder, ficam sujeitos às obrigações ou encargos que o oneravam.

Art. 1.944. Quando não se efetua o direito de acrescer, transmite-se aos herdeiros legítimos a quota vaga do nomeado.

Parágrafo único. Não existindo o direito de acrescer entre os colegatários, a quota do que faltar acresce ao herdeiro ou ao legatário incumbido de satisfazer esse legado, ou a todos os herdeiros, na proporção dos seus quinhões, se o legado se deduziu da herança.

(*) V. arts. 1.906 e 1.908 do CC.

Art. 1.945. Não pode o beneficiário do acréscimo repudiá-lo sepa-

LIVRO V – DO DIREITO DAS SUCESSÕES ART. 1.953

radamente da herança ou legado que lhe caiba, salvo se o acréscimo comportar encargos especiais impostos pelo testador; nesse caso, uma vez repudiado, reverte o acréscimo para a pessoa a favor de quem os encargos foram instituídos.

Art. 1.946. Legado um só usufruto conjuntamente a 2 (duas) ou mais pessoas, a parte da que faltar acresce aos colegatários.

(*) V. arts. 1.390 a 1.411 do CC.

Parágrafo único. Se não houver conjunção entre os colegatários, ou se, apesar de conjuntos, só lhes foi legada certa parte do usufruto, consolidar-se-ão na propriedade as quotas dos que faltarem, à medida que eles forem faltando.

Capítulo IX
DAS SUBSTITUIÇÕES

Seção I
Da Substituição Vulgar e da Recíproca

Art. 1.947. O testador pode substituir outra pessoa ao herdeiro ou ao legatário nomeado, para o caso de um ou outro não querer ou não poder aceitar a herança ou o legado, presumindo-se que a substituição foi determinada para as duas alternativas, ainda que o testador só a uma se refira.

Art. 1.948. Também é lícito ao testador substituir muitas pessoas por uma só, ou vice-versa, e ainda substituir com reciprocidade ou sem ela.

Art. 1.949. O substituto fica sujeito à condição ou encargo imposto ao substituído, quando não for diversa a intenção manifestada pelo testador, ou não resultar outra coisa da natureza da condição ou do encargo.

(*) V. arts. 121 e 136 do CC.

Art. 1.950. Se, entre muitos coerdeiros ou legatários de partes desiguais, for estabelecida substituição recíproca, a proporção dos quinhões fixada na primeira disposição entender-se-á mantida na segunda; se, com as outras anteriormente nomeadas, for incluída mais alguma pessoa na substituição, o quinhão vago pertencerá em partes iguais aos substitutos.

Seção II
Da Substituição Fideicomissária

Art. 1.951. Pode o testador instituir herdeiros ou legatários, estabelecendo que, por ocasião de sua morte, a herança ou o legado se transmita ao fiduciário, resolvendo-se o direito deste, por sua morte, a certo tempo ou sob certa condição, em favor de outrem, que se qualifica de fideicomissário.

(*) V. arts. 1.668, II; 1.898; 1.959; e 1.960 do CC.
(*) Vide Enunciado 529 do CJF.

Art. 1.952. A substituição fideicomissária somente se permite em favor dos não concebidos ao tempo da morte do testador.

Parágrafo único. Se, ao tempo da morte do testador, já houver nascido o fideicomissário, adquirirá este a propriedade dos bens fideicometidos, convertendo-se em usufruto o direito do fiduciário.

(*) V. arts. 1.390 a 1.411 do CC.

Art. 1.953. O fiduciário tem a propriedade da herança ou legado, mas restrita e resolúvel.

Parágrafo único. O fiduciário é obrigado a proceder ao inventário dos bens gravados, e a prestar caução de restituí-los se o exigir o fideicomissário.

(*) V. art. 1.359 do CC.

Art. 1.954. Salvo disposição em contrário do testador, se o fiduciário renunciar a herança ou o legado, defere-se ao fideicomissário o poder de aceitar.

(*) V. arts. 1.806 e 1.943 do CC.

Art. 1.955. O fideicomissário pode renunciar a herança ou o legado, e, neste caso, o fideicomisso caduca, deixando de ser resolúvel a propriedade do fiduciário, se não houver disposição contrária do testador.

(*) V. art. 1.953 do CC.

Art. 1.956. Se o fideicomissário aceitar a herança ou o legado, terá direito à parte que, ao fiduciário, em qualquer tempo acrescer.

Art. 1.957. Ao sobrevir a sucessão, o fideicomissário responde pelos encargos da herança que ainda restarem.

Art. 1.958. Caduca o fideicomisso se o fideicomissário morrer antes do fiduciário, ou antes de realizar-se a condição resolutória do direito deste último; nesse caso, a propriedade consolida-se no fiduciário, nos termos do art. 1.955.

Art. 1.959. São nulos os fideicomissos além do segundo grau.

(*) V. art. 1.954 do CC.

Art. 1.960. A nulidade da substituição ilegal não prejudica a instituição, que valerá sem o encargo resolutório.

Capítulo X
DA DESERDAÇÃO

Art. 1.961. Os herdeiros necessários podem ser privados de sua legítima, ou deserdados, em todos os casos em que podem ser excluídos da sucessão.

(*) V. arts. 1.814 a 1.818, 1.845, 1.962 e 1.963 do CC.

Art. 1.962. Além das causas mencionadas no art. 1.814, autorizam a deserdação dos descendentes por seus ascendentes:

I – ofensa física;

II – injúria grave;

III – relações ilícitas com a madrasta ou com o padrasto;

IV – desamparo do ascendente em alienação mental ou grave enfermidade.

Art. 1.963. Além das causas enumeradas no art. 1.814, autorizam a deserdação dos ascendentes pelos descendentes:

I – ofensa física;

II – injúria grave;

III – relações ilícitas com a mulher ou companheira do filho ou a do neto, ou com o marido ou companheiro da filha ou o da neta;

IV – desamparo do filho ou neto com deficiência mental ou grave enfermidade.

Art. 1.964. Somente com expressa declaração de causa pode a deserdação ser ordenada em testamento.

(*) V. art. 1.975 do CC.

Art. 1.965. Ao herdeiro instituído, ou àquele a quem aproveite a deserdação, incumbe provar a veracidade da causa alegada pelo testador.

Parágrafo único. O direito de provar a causa da deserdação extingue-se no prazo de 4 (quatro) anos, a contar da data da abertura do testamento.

(*) V. art. 1.815, parágrafo único, do CC.

Capítulo XI
DA REDUÇÃO DAS DISPOSIÇÕES TESTAMENTÁRIAS

Art. 1.966. O remanescente pertencerá aos herdeiros legítimos, quando o testador só em parte dispuser da quota hereditária disponível.

(*) V. arts. 1.788, 1.829, 1.845 a 1.850, 1.906 e 1.908 do CC.

Art. 1.967. As disposições que excederem a parte disponível reduzir-se-ão aos limites dela, de conformidade com o disposto nos parágrafos seguintes.

§ 1º. Em se verificando excederem as disposições testamentárias a porção disponível, serão proporcionalmente reduzidas as quotas do herdeiro ou herdeiros instituídos, até onde baste, e, não bastando, também os legados, na proporção do seu valor.

(*) V. arts. 1.846, 1.847 e 2.007 do CC.
(*) Vide Enunciado 118 do CJF.

§ 2º. Se o testador, prevenindo o caso, dispuser que se inteirem, de preferência, certos herdeiros e legatários, a redução far-se-á nos outros quinhões ou legados, observando-se a seu respeito a ordem estabelecida no parágrafo antecedente.

Art. 1.968. Quando consistir em prédio divisível o legado sujeito a redução, far-se-á esta dividindo-o proporcionalmente.

§ 1º. Se não for possível a divisão, e o excesso do legado montar a mais de 1/4 (um quarto) do valor do prédio, o legatário deixará inteiro na herança o imóvel legado, ficando com o direito de pedir aos herdeiros o valor que couber na parte disponível; se o excesso não for de mais de 1/4 (um quarto), aos herdeiros fará tornar em dinheiro o legatário, que ficará com o prédio.

§ 2º. Se o legatário for ao mesmo tempo herdeiro necessário, poderá inteirar sua legítima no mesmo imóvel, de preferência aos outros, sempre que ela e a parte subsistente do legado lhe absorverem o valor.

(*) V. arts. 1.845, 1.847 e 1.849 do CC.

Capítulo XII
DA REVOGAÇÃO DO TESTAMENTO

Art. 1.969. O testamento pode ser revogado pelo mesmo modo e forma como pode ser feito.

(*) V. art. 1.858 do CC.

Art. 1.970. A revogação do testamento pode ser total ou parcial.

Parágrafo único. Se parcial, ou se o testamento posterior não contiver cláusula revogatória expressa, o anterior subsiste em tudo que não for contrário ao posterior.

Art. 1.971. A revogação produzirá seus efeitos, ainda quando o testamento, que a encerra, vier a caducar por exclusão, incapacidade ou renúncia do herdeiro nele nomeado; não valerá, se o testamento revogatório for anulado por omissão ou infração de solenidades essenciais ou por vícios intrínsecos.

Art. 1.972. O testamento cerrado que o testador abrir ou dilacerar, ou for aberto ou dilacerado com seu consentimento, haver-se-á como revogado.

(*) V. arts. 1.868 a 1.875 do CC.

Capítulo XIII
DO ROMPIMENTO DO TESTAMENTO

Art. 1.973. Sobrevindo descendente sucessível ao testador, que não o tinha ou não o conhecia quando testou, rompe-se o testamento em todas as suas disposições, se esse descendente sobreviver ao testador.

(*) V. arts. 1.789 e 1.845 a 1.847 do CC.
(*) Vide Enunciado 643 do CJF.

Art. 1.974. Rompe-se também o testamento feito na ignorância de existirem outros herdeiros necessários.

(*) V. arts. 1.789 e 1.845 a 1.847 do CC.

Art. 1.975. Não se rompe o testamento, se o testador dispuser da sua metade, não contemplando os herdeiros necessários de cuja existência saiba, ou quando os exclua dessa parte.

(*) V. arts. 1.789 e 1.845 a 1.847 do CC.

Capítulo XIV
DO TESTAMENTEIRO

Art. 1.976. O testador pode nomear um ou mais testamenteiros, conjuntos ou separados, para lhe darem cumprimento às disposições de última vontade.

(*) V. arts. 1.883 e 1.986 do CC.

Art. 1.977. O testador pode conceder ao testamenteiro a posse e a administração da herança, ou de parte dela, não havendo cônjuge ou herdeiros necessários.

(*) V. arts. 1.797, III; e 1.845 do CC.

Parágrafo único. Qualquer herdeiro pode requerer partilha imediata, ou devolução da herança, habilitando o testamenteiro com os meios necessários para o cumprimento dos legados, ou dando caução de prestá-los.

Art. 1.978. Tendo o testamenteiro a posse e a administração dos bens, incumbe-lhe requerer inventário e cumprir o testamento.

Art. 1.979. O testamenteiro nomeado, ou qualquer parte interessada, pode requerer, assim como o juiz pode ordenar, de ofício, ao detentor do testamento, que o leve a registro.

(*) V. art. 221 do CC.

Art. 1.980. O testamenteiro é obrigado a cumprir as disposições testamentárias, no prazo marcado pelo testador, e a dar contas do que recebeu e despendeu, subsistindo sua responsabilidade enquanto durar a execução do testamento.

(*) V. art. 1.983 do CC.

Art. 1.981. Compete ao testamenteiro, com ou sem o concurso do inventariante e dos herdeiros instituídos, defender a validade do testamento.

Art. 1.982. Além das atribuições exaradas nos artigos antecedentes, terá o testamenteiro as que lhe conferir o testador, nos limites da lei.

Art. 1.983. Não concedendo o testador prazo maior, cumprirá o testamenteiro o testamento e prestará contas em 180 (cento e oitenta) dias, contados da aceitação da testamentaria.

Parágrafo único. Pode esse prazo ser prorrogado se houver motivo suficiente.

Art. 1.984. Na falta de testamenteiro nomeado pelo testador, a execução testamentária compete a um

LIVRO V – DO DIREITO DAS SUCESSÕES — ART. 1.994

dos cônjuges, e, em falta destes, ao herdeiro nomeado pelo juiz.

(*) V. art. 1.797 do CC.

Art. 1.985. O encargo da testamentaria não se transmite aos herdeiros do testamenteiro, nem é delegável; mas o testamenteiro pode fazer-se representar em juízo e fora dele, mediante mandatário com poderes especiais.

Art. 1.986. Havendo simultaneamente mais de um testamenteiro, que tenha aceitado o cargo, poderá cada qual exercê-lo, em falta dos outros; mas todos ficam solidariamente obrigados a dar conta dos bens que lhes forem confiados, salvo se cada um tiver, pelo testamento, funções distintas, e a elas se limitar.

(*) V. arts. 264 e 275 a 285 do CC.

Art. 1.987. Salvo disposição testamentária em contrário, o testamenteiro, que não seja herdeiro ou legatário, terá direito a um prêmio, que, se o testador não o houver fixado, será de 1 (um) a 5% (cinco por cento), arbitrado pelo juiz, sobre a herança líquida, conforme a importância dela e maior ou menor dificuldade na execução do testamento.

(*) V. art. 1.989 do CC.

Parágrafo único. O prêmio arbitrado será pago à conta da parte disponível, quando houver herdeiro necessário.

(*) V. arts. 1.845 a 1.847 do CC.

Art. 1.988. O herdeiro ou o legatário nomeado testamenteiro poderá preferir o prêmio à herança ou ao legado.

Art. 1.989. Reverterá à herança o prêmio que o testamenteiro perder, por ser removido ou por não ter cumprido o testamento.

Art. 1.990. Se o testador tiver distribuído toda a herança em legados, exercerá o testamenteiro as funções de inventariante.

TÍTULO IV
DO INVENTÁRIO
E DA PARTILHA

Capítulo I
DO INVENTÁRIO

Art. 1.991. Desde a assinatura do compromisso até a homologação da partilha, a administração da herança será exercida pelo inventariante.

(*) V. arts. 1.796, 1.797, 1.977, 1.978, 1.981 e 1.990 do CC.

Capítulo II
DOS SONEGADOS

Art. 1.992. O herdeiro que sonegar bens da herança, não os descrevendo no inventário quando estejam em seu poder, ou, com o seu conhecimento, no de outrem, ou que os omitir na colação, a que os deva levar, ou que deixar de restituí-los, perderá o direito que sobre eles lhe cabia.

(*) V. arts. 2.002 a 2.012 e 2.022 do CC.

Art. 1.993. Além da pena cominada no artigo antecedente, se o sonegador for o próprio inventariante, remover-se-á, em se provando a sonegação, ou negando ele a existência dos bens, quando indicados.

Art. 1.994. A pena de sonegados só se pode requerer e impor em ação movida pelos herdeiros ou pelos credores da herança.

Parágrafo único. A sentença que se proferir na ação de sonegados, movida por qualquer dos herdeiros ou credores, aproveita aos demais interessados.

Art. 1.995. Se não se restituírem os bens sonegados, por já não os ter o sonegador em seu poder, pagará ele a importância dos valores que ocultou, mais as perdas e danos.

(*) V. arts. 402 a 405 do CC.

Art. 1.996. Só se pode arguir de sonegação o inventariante depois de encerrada a descrição dos bens, com a declaração, por ele feita, de não existirem outros por inventariar e partir, assim como arguir o herdeiro, depois de declarar-se no inventário que não os possui.

Capítulo III
DO PAGAMENTO DAS DÍVIDAS

Art. 1.997. A herança responde pelo pagamento das dívidas do falecido; mas, feita a partilha, só respondem os herdeiros, cada qual em proporção da parte que na herança lhe coube.

(*) V. arts. 276, 836, 1.700 e 1.792 do CC.

§ 1º. Quando, antes da partilha, for requerido no inventário o pagamento de dívidas constantes de documentos, revestidos de formalidades legais, constituindo prova bastante da obrigação, e houver impugnação, que não se funde na alegação de pagamento, acompanhada de prova valiosa, o juiz mandará reservar, em poder do inventariante, bens suficientes para solução do débito, sobre os quais venha a recair oportunamente a execução.

§ 2º. No caso previsto no parágrafo antecedente, o credor será obrigado a iniciar a ação de cobrança no prazo de 30 (trinta) dias, sob pena de se tornar de nenhum efeito a providência indicada.

Art. 1.998. As despesas funerárias, haja ou não herdeiros legítimos, sairão do monte da herança; mas as de sufrágios por alma do falecido só obrigarão a herança quando ordenadas em testamento ou codicilo.

(*) V. arts. 965, I; 1.847; e 1.881 do CC.

Art. 1.999. Sempre que houver ação regressiva de uns contra outros herdeiros, a parte do coerdeiro insolvente dividir-se-á em proporção entre os demais.

Art. 2.000. Os legatários e credores da herança podem exigir que do patrimônio do falecido se discrimine o do herdeiro, e, em concurso com os credores deste, ser-lhes-ão preferidos no pagamento.

Art. 2.001. Se o herdeiro for devedor ao espólio, sua dívida será partilhada igualmente entre todos, salvo se a maioria consentir que o débito seja imputado inteiramente no quinhão do devedor.

Capítulo IV
DA COLAÇÃO

Art. 2.002. Os descendentes que concorrerem à sucessão do ascendente comum são obrigados, para igualar as legítimas, a conferir o valor das doações que dele em vida receberam, sob pena de sonegação.

(*) V. arts. 544, 549, 1.995, 2.010 e 2.011 do CC.

Parágrafo único. Para cálculo da legítima, o valor dos bens conferidos será computado na parte indisponível, sem aumentar a disponível.

(*) V. arts. 1.846 e 1.847 do CC.

LIVRO V – DO DIREITO DAS SUCESSÕES — ART. 2.008

Art. 2.003. A colação tem por fim igualar, na proporção estabelecida neste Código, as legítimas dos descendentes e do cônjuge sobrevivente, obrigando também os donatários que, ao tempo do falecimento do doador, já não possuírem os bens doados.

(*) V. art. 2.009 do CC.

Parágrafo único. Se, computados os valores das doações feitas em adiantamento de legítima, não houver no acervo bens suficientes para igualar as legítimas dos descendentes e do cônjuge, os bens assim doados serão conferidos em espécie, ou, quando deles já não disponha o donatário, pelo seu valor ao tempo da liberalidade.

(*) V. art. 2.004 do CC.
(*) Vide Enunciado 644 do CJF.

Art. 2.004. O valor de colação dos bens doados será aquele, certo ou estimativo, que lhes atribuir o ato de liberalidade.

§ 1º. Se do ato de doação não constar valor certo, nem houver estimação feita naquela época, os bens serão conferidos na partilha pelo que então se calcular valessem ao tempo da liberalidade.

(*) Vide Enunciado 119 do CJF.

§ 2º. Só o valor dos bens doados entrará em colação; não assim o das benfeitorias acrescidas, as quais pertencerão ao herdeiro donatário, correndo também à conta deste os rendimentos ou lucros, assim como os danos e perdas que eles sofrerem.

(*) V. arts. 96 e 402 a 405 do CC.
(*) Vide Enunciado 644 do CJF.

Art. 2.005. São dispensadas da colação as doações que o doador determinar saiam da parte disponível, contanto que não a excedam, computado o seu valor ao tempo da doação.

Parágrafo único. Presume-se imputada na parte disponível a liberalidade feita a descendente que, ao tempo do ato, não seria chamado à sucessão na qualidade de herdeiro necessário.

Art. 2.006. A dispensa da colação pode ser outorgada pelo doador em testamento, ou no próprio título de liberalidade.

Art. 2.007. São sujeitas à redução as doações em que se apurar excesso quanto ao que o doador poderia dispor, no momento da liberalidade.

(*) V. arts. 549 e 1.966 a 1.968 do CC.

§ 1º. O excesso será apurado com base no valor que os bens doados tinham, no momento da liberalidade.

§ 2º. A redução da liberalidade far-se-á pela restituição ao monte do excesso assim apurado; a restituição será em espécie, ou, se não mais existir o bem em poder do donatário, em dinheiro, segundo o seu valor ao tempo da abertura da sucessão, observadas, no que forem aplicáveis, as regras deste Código sobre a redução das disposições testamentárias.

§ 3º. Sujeita-se a redução, nos termos do parágrafo antecedente, a parte da doação feita a herdeiros necessários que exceder a legítima e mais a quota disponível.

§ 4º. Sendo várias as doações a herdeiros necessários, feitas em diferentes datas, serão elas reduzidas a partir da última, até a eliminação do excesso.

Art. 2.008. Aquele que renunciou a herança ou dela foi excluído, deve, não obstante, conferir as doações recebidas, para o fim de repor o que exceder o disponível.

(*) V. arts. 1.804 a 1.813, 1.961 a 1.963 e 1.966 a 1.968 do CC.

Art. 2.009. Quando os netos, representando os seus pais, sucederem aos avós, serão obrigados a trazer à colação, ainda que não o hajam herdado, o que os pais teriam de conferir.

(*) V. arts. 1.851 e 1.852 do CC.

Art. 2.010. Não virão à colação os gastos ordinários do ascendente com o descendente, enquanto menor, na sua educação, estudos, sustento, vestuário, tratamento nas enfermidades, enxoval, assim como as despesas de casamento, ou as feitas no interesse de sua defesa em processo-crime.

Art. 2.011. As doações remuneratórias de serviços feitos ao ascendente também não estão sujeitas a colação.

Art. 2.012. Sendo feita a doação por ambos os cônjuges, no inventário de cada um se conferirá por metade.

Capítulo V
DA PARTILHA

Art. 2.013. O herdeiro pode sempre requerer a partilha, ainda que o testador o proíba, cabendo igual faculdade aos seus cessionários e credores.

(*) V. arts. 1.796 e 2.023 do CC.

Art. 2.014. Pode o testador indicar os bens e valores que devem compor os quinhões hereditários, deliberando ele próprio a partilha, que prevalecerá, salvo se o valor dos bens não corresponder às quotas estabelecidas.

(*) V. art. 2.018 do CC.

Art. 2.015. Se os herdeiros forem capazes, poderão fazer partilha amigável, por escritura pública, termo nos autos do inventário, ou escrito particular, homologado pelo juiz.

Art. 2.016. Será sempre judicial a partilha, se os herdeiros divergirem, assim como se algum deles for incapaz.

Art. 2.017. No partilhar os bens, observar-se-á, quanto ao seu valor, natureza e qualidade, a maior igualdade possível.

(*) V. art. 2.024 do CC.

Art. 2.018. É válida a partilha feita por ascendente, por ato entre vivos ou de última vontade, contanto que não prejudique a legítima dos herdeiros necessários.

(*) V. arts. 1.789 e 1.845 do CC.

Art. 2.019. Os bens insuscetíveis de divisão cômoda, que não couberem na meação do cônjuge sobrevivente ou no quinhão de um só herdeiro, serão vendidos judicialmente, partilhando-se o valor apurado, a não ser que haja acordo para serem adjudicados a todos.

§ 1º. Não se fará a venda judicial se o cônjuge sobrevivente ou um ou mais herdeiros requererem lhes seja adjudicado o bem, repondo aos outros, em dinheiro, a diferença, após avaliação atualizada.

§ 2º. Se a adjudicação for requerida por mais de um herdeiro, observar-se-á o processo da licitação.

Art. 2.020. Os herdeiros em posse dos bens da herança, o cônjuge sobrevivente e o inventariante são obrigados a trazer ao acervo os frutos que perceberam, desde a abertura da sucessão; têm direito ao reembolso das despesas necessárias e úteis que fizeram, e respondem pelo dano a que, por dolo ou culpa, deram causa.

Art. 2.021. Quando parte da herança consistir em bens remotos do lugar do inventário, litigiosos, ou de liquidação morosa ou difícil, poderá

LIVRO COMPLEMENTAR – DAS DISPOSIÇÕES FINAIS E TRANSITÓRIAS

proceder-se, no prazo legal, à partilha dos outros, reservando-se aqueles para uma ou mais sobrepartilhas, sob a guarda e a administração do mesmo ou diverso inventariante, e consentimento da maioria dos herdeiros.

Art. 2.022. Ficam sujeitos a sobrepartilha os bens sonegados e quaisquer outros bens da herança de que se tiver ciência após a partilha.

Capítulo VI
DA GARANTIA DOS QUINHÕES HEREDITÁRIOS

Art. 2.023. Julgada a partilha, fica o direito de cada um dos herdeiros circunscrito aos bens do seu quinhão.

Art. 2.024. Os coerdeiros são reciprocamente obrigados a indenizar-se no caso de evicção dos bens aquinhoados.

(*) V. arts. 447 a 457 e 2.017 do CC.

Art. 2.025. Cessa a obrigação mútua estabelecida no artigo antecedente, havendo convenção em contrário, e bem assim dando-se a evicção por culpa do evicto, ou por fato posterior à partilha.

(*) V. arts. 447 a 457 do CC.

Art. 2.026. O evicto será indenizado pelos coerdeiros na proporção de suas quotas hereditárias, mas, se algum deles se achar insolvente, responderão os demais na mesma proporção, pela parte desse, menos a quota que corresponderia ao indenizado.

(*) V. arts. 447 a 457 do CC.

Capítulo VII
DA ANULAÇÃO DA PARTILHA

Art. 2.027. A partilha é anulável pelos vícios e defeitos que invalidam, em geral, os negócios jurídicos.

(*) Art. 2.027 com redação dada pela Lei nº 13.105/2015.

Parágrafo único. Extingue-se em 1 (um) ano o direito de anular a partilha.

(*) V. arts. 447 a 457 do CC.
(*) Vide Enunciado 612 do CJF.

LIVRO COMPLEMENTAR
DAS DISPOSIÇÕES FINAIS E TRANSITÓRIAS

Art. 2.028. Serão os da lei anterior os prazos, quando reduzidos por este Código, e se, na data de sua entrada em vigor, já houver transcorrido mais da metade do tempo estabelecido na lei revogada.

(*) V. arts. 138 a 184 e 441 a 446 do CC.
(*) Vide Enunciados 50, 299 e 564 do CJF.
(*) Vide Súmula 547 do STJ.

Art. 2.029. Até 2 (dois) anos após a entrada em vigor deste Código, os prazos estabelecidos no parágrafo único do art. 1.238 e no parágrafo único do art. 1.242 serão acrescidos de 2 (dois) anos, qualquer que seja o tempo transcorrido na vigência do anterior, Lei nº 3.071, de 1º de janeiro de 1916.

Art. 2.030. O acréscimo de que trata o artigo antecedente, será feito nos casos a que se refere o § 4º do art. 1.228.

Art. 2.031. As associações, sociedades e fundações, constituídas na forma das leis anteriores, bem como os empresários, deverão se adaptar às disposições deste Código até 11 de janeiro de 2007.

(*) Art. 2.031, *caput*, com redação dada pela Lei nº 11.127/2005.

Parágrafo único. O disposto neste artigo não se aplica às organizações religiosas nem aos partidos políticos.

(*) Parágrafo único acrescido pela Lei nº 10.825/2003.
(*) Vide Enunciados 71, 73, 394 e 395 do CJF.

Art. 2.032. As fundações, instituídas segundo a legislação anterior, inclusive as de fins diversos dos previstos no parágrafo único do art. 62, subordinam-se, quanto ao seu funcionamento, ao disposto neste Código.

Art. 2.033. Salvo o disposto em lei especial, as modificações dos atos constitutivos das pessoas jurídicas referidas no art. 44, bem como a sua transformação, incorporação, cisão ou fusão, regem-se desde logo por este Código.

Art. 2.034. A dissolução e a liquidação das pessoas jurídicas referidas no artigo antecedente, quando iniciadas antes da vigência deste Código, obedecerão ao disposto nas leis anteriores.

Art. 2.035. A validade dos negócios e demais atos jurídicos, constituídos antes da entrada em vigor deste Código, obedece ao disposto nas leis anteriores, referidas no art. 2.045, mas os seus efeitos, produzidos após a vigência deste Código, aos preceitos dele se subordinam, salvo se houver sido prevista pelas partes determinada forma de execução.

Parágrafo único. Nenhuma convenção prevalecerá se contrariar preceitos de ordem pública, tais como os estabelecidos por este Código para assegurar a função social da propriedade e dos contratos.

(*) Vide Enunciados 300 e 396 do CJF.

Art. 2.036. A locação de prédio urbano, que esteja sujeita à lei especial, por esta continua a ser regida.

Art. 2.037. Salvo disposição em contrário, aplicam-se aos empresários e sociedades empresárias as disposições de lei não revogadas por este Código, referentes a comerciantes, ou a sociedades comerciais, bem como a atividades mercantis.

Art. 2.038. Fica proibida a constituição de enfiteuses e subenfiteuses, subordinando-se as existentes, até sua extinção, às disposições do Código Civil anterior, Lei nº 3.071, de 1º de janeiro de 1916, e leis posteriores.

§ 1º. Nos aforamentos a que se refere este artigo é defeso:

I – cobrar laudêmio ou prestação análoga nas transmissões de bem aforado, sobre o valor das construções ou plantações;

II – constituir subenfiteuse.

§ 2º. A enfiteuse dos terrenos de marinha e acrescidos regula-se por lei especial.

(*) Vide Súmula 170 do STF.

Art. 2.039. O regime de bens nos casamentos celebrados na vigência do Código Civil anterior, Lei nº 3.071, de 1º de janeiro de 1916, é o por ele estabelecido.

(*) Vide Enunciado 260 do CJF.

LIVRO COMPLEMENTAR – DAS DISPOSIÇÕES FINAIS E TRANSITÓRIAS

Art. 2.040. A hipoteca legal dos bens do tutor ou curador, inscrita em conformidade com o inciso IV do art. 827 do Código Civil anterior, Lei nº 3.071, de 1º de janeiro de 1916, poderá ser cancelada, obedecido o disposto no parágrafo único do art. 1.745 deste Código.

Art. 2.041. As disposições deste Código relativas à ordem da vocação hereditária (arts. 1.829 a 1.844) não se aplicam à sucessão aberta antes de sua vigência, prevalecendo o disposto na lei anterior (Lei nº 3.071, de 1º de janeiro de 1916).

Art. 2.042. Aplica-se o disposto no *caput* do art. 1.848, quando aberta a sucessão no prazo de 1 (um) ano após a entrada em vigor deste Código, ainda que o testamento tenha sido feito na vigência do anterior, Lei nº 3.071, de 1º de janeiro de 1916; se, no prazo, o testador não aditar o testamento para declarar a justa causa de cláusula aposta à legítima, não subsistirá a restrição.

Art. 2.043. Até que por outra forma se disciplinem, continuam em vigor as disposições de natureza processual, administrativa ou penal, constantes de leis cujos preceitos de natureza civil hajam sido incorporados a este Código.

Art. 2.044. Este Código entrará em vigor 1 (um) ano após a sua publicação.

Art. 2.045. Revogam-se a Lei nº 3.071, de 1º de janeiro de 1916 – Código Civil e a Parte Primeira do Código Comercial, Lei nº 556, de 25 de junho de 1850.

(*) V. art. 2.035 do CC.
(*) Vide Enunciados 74, 75 e 164 do CJF.

Art. 2.046. Todas as remissões, em diplomas legislativos, aos Códigos referidos no artigo antecedente, consideram-se feitas às disposições correspondentes deste Código.

Brasília, 10 de janeiro de 2002; 181º da Independência e 114º da República.

Fernando Henrique Cardoso
DOU de 11.1.2002

ANEXOS*

ANEXO I

AÇÃO DIRETA DE INCONSTITUCIONALIDADE Nº 4.815/DF
[arts. 20 e 21 do CC]

Ementa

AÇÃO DIRETA DE INCONSTITUCIONALIDADE – ARTS. 20 E 21 DA LEI Nº 10.406/2002 (CÓDIGO CIVIL) – PRELIMINAR DE ILEGITIMIDADE ATIVA REJEITADA – REQUISITOS LEGAIS OBSERVADOS – MÉRITO: APARENTE CONFLITO ENTRE PRINCÍPIOS CONSTITUCIONAIS: LIBERDADE DE EXPRESSÃO, DE INFORMAÇÃO, ARTÍSTICA E CULTURAL, INDEPENDENTE DE CENSURA OU AUTORIZAÇÃO PRÉVIA (ART. 5º, INCISOS IV, IX, XIV; 220, §§ 1º E 2º) E INVIOLABILIDADE DA INTIMIDADE, VIDA PRIVADA, HONRA E IMAGEM DAS PESSOAS (ART. 5º, INCISO X) – ADOÇÃO DE CRITÉRIO DA PONDERAÇÃO PARA INTERPRETAÇÃO DE PRINCÍPIO CONSTITUCIONAL – PROIBIÇÃO DE CENSURA (ESTATAL OU PARTICULAR) – GARANTIA CONSTITUCIONAL DE INDENIZAÇÃO E DE DIREITO DE RESPOSTA – AÇÃO DIRETA JULGADA PROCEDENTE PARA DAR INTERPRETAÇÃO CONFORME À CONSTITUIÇÃO AOS ARTS. 20 E 21 DO CÓDIGO CIVIL, SEM REDUÇÃO DE TEXTO.

1. A Associação Nacional dos Editores de Livros – Anel – congrega a classe dos editores, considerados, para fins estatutários, a pessoa natural ou jurídica à qual se atribui o direito de reprodução de obra literária, artística ou científica, podendo publicá-la e divulgá-la. A correlação entre o conteúdo da norma impugnada e os objetivos da Autora preenche o requisito de pertinência temática e a presença de seus associados em 9 (nove) Estados da Federação comprova sua representação nacional, nos termos da jurisprudência deste

---

(*) Os artigos citados entre colchetes remetem à base legal da jurisprudência.

Supremo Tribunal. Preliminar de ilegitimidade ativa rejeitada.

2. O objeto da presente ação restringe-se à interpretação dos arts. 20 e 21 do Código Civil relativas à divulgação de escritos, à transmissão da palavra, à produção, publicação, exposição ou utilização da imagem de pessoa biografada.

3. A Constituição do Brasil proíbe qualquer censura. O exercício do direito à liberdade de expressão não pode ser cerceada pelo Estado ou por particular.

4. O direito de informação, constitucionalmente garantido, contém a liberdade de informar, de se informar e de ser informado. O primeiro refere-se à formação da opinião pública, considerado cada qual dos cidadãos que pode receber livremente dados sobre assuntos de interesse da coletividade e sobre as pessoas cujas ações, público-estatais ou público-sociais, interferem em sua esfera do acervo do direito de saber, de aprender sobre temas relacionados a suas legítimas cogitações.

5. Biografia é história. A vida não se desenvolve apenas a partir da soleira da porta de casa.

6. Autorização prévia para biografia constitui censura prévia particular. O recolhimento de obras é censura judicial, a substituir a administrativa. O risco é próprio do viver. Erros corrigem-se segundo o direito, não se coartando liberdades conquistadas. A reparação de danos e o direito de resposta devem ser exercidos nos termos da lei.

7. A liberdade é constitucionalmente garantida, não se podendo anular por outra norma constitucional (inciso IV do art. 60), menos ainda por norma de hierarquia inferior (lei civil), ainda que sob o argumento de se estar a resguardar e proteger outro direito constitucionalmente assegurado, qual seja, o da inviolabilidade do direito à intimidade, à privacidade, à honra e à imagem.

8. Para a coexistência das normas constitucionais dos incisos IV, IX e X do art. 5º, há de se acolher o balanceamento de direitos, conjugando-se o direito às liberdades com a inviolabilidade da intimidade, da privacidade, da honra e da imagem da pessoa biografada e daqueles que pretendem elaborar as biografias.

9. Ação direta julgada procedente para dar interpretação conforme à Constituição aos arts. 20 e 21 do Código Civil, sem redução de texto, para, em consonância com os direitos fundamentais à liberdade de pensamento e de sua expressão, de criação artística, produção científica, declarar inexigível autorização de pessoa biografada relativamente a obras biográficas literárias ou audiovisuais, sendo também desnecessária autorização de pessoas retratadas como coadjuvantes (ou de seus familiares, em caso de pessoas falecidas ou ausentes).

Acórdão

Vistos, relatados e discutidos estes autos, acordam os Ministros do Supremo Tribunal Federal, em Sessão Plenária, sob a Presidência do Ministro Ricardo Lewandowski, o Tribunal, por unanimidade e nos termos do voto da Relatora, julgou procedente o pedido formulado na ação direta para dar interpretação conforme à Constituição aos artigos 20 e 21 do Código Civil, sem redução de texto, para, em consonância com os direitos fundamentais à liberdade de pensamento e de sua expressão, de criação artística, produção científica, declarar inexigível o consentimento de pessoa biografada relativamente a obras biográficas literárias ou audiovisuais, sendo por igual desnecessária autorização de pessoas retratadas como coadjuvantes (ou de seus familiares, em caso de pessoas falecidas). Falaram, pela requerente Associação Nacional dos Editores de Livros – ANEL, o Dr. Gustavo Binenbojm, OAB/RJ 83.152; pelo *amicus curiae* Instituto Histórico e Geográfico Brasileiro – IHGB, o Dr. Thiago Bottino do Amaral, OAB/RJ 102.312; pelo *amicus curiae* Conselho Federal da Ordem dos Advogados do Brasil – CFOAB, o Dr. Marcus Vinicius Furtado Coelho, OAB/PI 2525; pelo *amicus curiae* Instituto dos Advogados de São Paulo – IASP, a Dra. Ivana Co Galdino Crivelli, OAB/SP 123.205-B, e, pelo *amicus curiae* INSTITUTO AMIGO, o Dr. Antônio Carlos de Almeida Castro, OAB/DF 4107. Ausente o Ministro Teori Zavascki, representando o Tribunal no simpósio em comemoração os 70 anos do Tribunal de Disputas Jurisdicionais da República da Turquia, em Ancara.

Brasília, 10 de junho de 2015.

Ministra Cármen Lúcia, Relatora

ANEXO II

ENUNCIADOS DO CONSELHO DA JUSTIÇA FEDERAL*

I JORNADA DE DIREITO CIVIL

(*) I Jornada de Direito Civil: BSB, 12 e 13.9.2002 – Enunciados 1 a 137.

Enunciado 1. [art. 2º do CC] – A proteção que o Código defere ao nascituro alcança o natimorto no que concerne aos direitos da personalidade, tais como: nome, imagem e sepultura.

Enunciado 2. [art. 2º do CC] – Sem prejuízo dos direitos da personalidade nele assegurados, o art. 2º do Código Civil não é sede adequada para questões emergentes da reprogenética humana, que deve ser objeto de um estatuto próprio.

Enunciado 3. [art. 5º do CC] – A redução do limite etário para a definição da capacidade civil aos 18 (dezoito) anos não altera o disposto no art. 16, I, da Lei nº 8.213/1991, que regula específica situação de dependência econômica para fins previdenciários e outras situações similares de proteção, previstas em legislação especial.

Enunciado 4. [art. 11 do CC] – O exercício dos direitos da personali-

---

(*) Disponíveis em: https://www.cjf.jus.br/cjf/corregedoria-da-justica-federal/centro-de-estudos-judiciarios-1/publicacoes-1/jornadas-cej. Acesso em: 30.1.2023. (Atualizados até o Enunciado 693.)

ANEXOS

dade pode sofrer limitação voluntária, desde que não seja permanente nem geral.

Enunciado 5. [arts. 12 e 20 do CC] – As disposições do art. 12 têm caráter geral e aplicam-se, inclusive, às situações previstas no art. 20, excepcionados os casos expressos de legitimidade para requerer as medidas nele estabelecidas; 2) as disposições do art. 20 do novo Código Civil têm a finalidade específica de regrar a projeção dos bens personalíssimos nas situações nele enumeradas. Com exceção dos casos expressos de legitimação que se conformem com a tipificação preconizada nessa norma, a ela podem ser aplicadas subsidiariamente as regras instituídas no art. 12.

Enunciado 6. [art. 13 do CC] – A expressão "exigência médica" contida no art. 13 refere-se tanto ao bem-estar físico quanto ao bem-estar psíquico do disponente.

Enunciado 7. [art. 50 do CC] – Só se aplica a desconsideração da personalidade jurídica quando houver a prática de ato irregular e, limitadamente, aos administradores ou sócios que nela hajam incorrido.

Enunciado 8. [art. 62 do CC] – A constituição de fundação para fins científicos, educacionais ou de promoção do meio ambiente está compreendida no Código Civil, art. 62, parágrafo único.

Enunciado 9. [art. 62, parágrafo único, do CC] – O art. 62, parágrafo único, deve ser interpretado de modo a excluir apenas as fundações com fins lucrativos.

Enunciado 10. [art. 66, § 1º, do CC] – Em face do princípio da especialidade, o art. 66, § 1º, deve ser interpretado em sintonia com os arts. 70 e 178 da LC nº 75/1993.

Enunciado 11. [art. 79 do CC] – Não persiste no novo sistema legislativo a categoria dos bens imóveis por acessão intelectual, não obstante a expressão "tudo quanto se lhe incorporar natural ou artificialmente", constante da parte final do art. 79 do Código Civil.

Enunciado 12. [art. 138 do CC] – Na sistemática do art. 138, é irrelevante ser ou não escusável o erro, porque o dispositivo adota o princípio da confiança.

Enunciado 13. [art. 170 do CC] – O aspecto objetivo da convenção requer a existência do suporte fático no negócio a converter-se.

Enunciado 14. [art. 189 do CC] – 1) O início do prazo prescricional ocorre com o surgimento da pretensão, que decorre da exigibilidade do direito subjetivo; 2) o art. 189 diz respeito a casos em que a pretensão nasce imediatamente após a violação do direito absoluto ou da obrigação de não fazer.

Enunciado 15. [arts. 236 e 240 do CC] – As disposições do art. 236 do novo Código Civil também são aplicáveis à hipótese do art. 240, *in fine*.

Enunciado 16. [art. 299 do CC] – O art. 299 do Código Civil não exclui a possibilidade da assunção cumulativa da dívida quando dois ou mais devedores se tornam responsáveis pelo débito com a concordância do credor.

Enunciado 17. [art. 317 do CC] – A interpretação da expressão "motivos imprevisíveis" constante do art. 317 do novo Código Civil deve abarcar tanto causas de desproporção não previsíveis como também causas previsíveis, mas de resultados imprevisíveis.

Enunciado 18. [art. 319 do CC] – A "quitação regular" referida no art. 319 do novo Código Civil engloba a quitação dada por meios eletrônicos ou por quaisquer formas de "comunicação a distância", assim entendida aquela que permite ajustar negócios jurídicos e praticar atos jurídicos sem a presença corpórea simultânea das partes ou de seus representantes.

Enunciado 19. [art. 374 do CC] – A matéria da compensação no que concerne às dívidas fiscais e parafiscais de estados, do Distrito Federal e de municípios não é regida pelo art. 374 do Código Civil.

Enunciado 20. [art. 406 do CC] – A taxa de juros moratórios a que se refere o art. 406 é a do art. 161, § 1º, do Código Tributário Nacional, ou seja, 1% (um por cento) ao mês. A utilização da taxa SELIC como índice de apuração dos juros legais não é juridicamente segura, porque impede o prévio conhecimento dos juros; não é operacional, porque seu uso será inviável sempre que se calcularem somente juros ou somente correção monetária; é incompatível com a regra do art. 591 do novo Código Civil, que permite apenas a capitalização anual dos juros, e pode ser incompatível com o art. 192, § 3º, da Constituição Federal, se resultarem juros reais superiores a 12% (doze por cento) ao ano.

Enunciado 21. [art. 421 do CC] – A função social do contrato, prevista no art. 421 do novo Código Civil, constitui cláusula geral a impor a revisão do princípio da relatividade dos efeitos do contrato em relação a terceiros, implicando a tutela externa do crédito.

Enunciado 22. [art. 421 do CC] – A função social do contrato, prevista no art. 421 do novo Código Civil, constitui cláusula geral que reforça o princípio de conservação do contrato, assegurando trocas úteis e justas.

Enunciado 23. [art. 421 do CC] – A função social do contrato, prevista no art. 421 do novo Código Civil, não elimina o princípio da autonomia contratual, mas atenua ou reduz o alcance desse princípio quando presentes interesses metaindividuais ou interesse individual relativo à dignidade da pessoa humana.

Enunciado 24. [art. 422 do CC] – Em virtude do princípio da boa-fé, positivado no art. 422 do novo Código Civil, a violação dos deveres anexos constitui espécie de inadimplemento, independentemente de culpa.

Enunciado 25. [art. 422 do CC] – O art. 422 do Código Civil não inviabiliza a aplicação pelo julgador do princípio da boa-fé nas fases pré-contratual e pós-contratual.

Enunciado 26. [art. 422 do CC] – A cláusula geral contida no art. 422 do novo Código Civil impõe ao juiz interpretar e, quando necessário, suprir e corrigir o contrato segundo a boa-fé objetiva, entendida como a exigência de comportamento leal dos contratantes.

Enunciado 27. [art. 422 do CC] – Na interpretação da cláusula geral da boa-fé, deve-se levar em conta o sistema do Código Civil e as conexões sistemáticas com outros estatutos normativos e fatores metajurídicos.

Enunciado 28. [art. 45, §§ 1º e 2º, do CC] – O disposto no art. 445, §§ 1º e 2º, do Código Civil reflete a consagração da doutrina e da jurisprudência quanto à natureza decadencial das ações edilícias.

Enunciado 29. [art. 456 do CC – revogado pelo CPC] – A interpretação do art. 456 do novo Código Civil permite ao evicto a denunciação direta de qualquer dos responsáveis pelo vício.

Enunciado 30. [art. 463 do CC] – A disposição do parágrafo único do art. 463 do novo Código Civil deve ser interpretada como fator de eficácia perante terceiros.

Enunciado 31. [art. 475 do CC] – As perdas e danos mencionados no art. 475 do novo Código Civil dependem da imputabilidade da causa da possível resolução.

Enunciado 32. [art. 534 do CC] – No contrato estimatório (art. 534), o consignante transfere ao consignatário, temporariamente, o poder de alienação da coisa consignada com opção de pagamento do preço de estima ou sua restituição ao final do prazo ajustado.

Enunciado 33. [art. 557 do CC] – O novo Código Civil estabeleceu um novo sistema para a revogação da doação por ingratidão, pois o rol legal previsto no art. 557 deixou de ser taxativo, admitindo, excepcionalmente, outras hipóteses.

Enunciado 34. [art. 591 do CC] – No novo Código Civil, quaisquer contratos de mútuo destinados a fins econômicos presumem-se onerosos (art. 591), ficando a taxa de juros compensatórios limitada ao disposto no art. 406, com capitalização anual.

Enunciado 35. [art. 884 do CC] – A expressão "se enriquecer à custa de outrem" do art. 884 do novo Código Civil não significa, necessariamente, que deverá haver empobrecimento.

Enunciado 36. [art. 886 do CC] – O art. 886 do novo Código Civil não exclui o direito à restituição do que foi objeto de enriquecimento sem causa nos casos em que os meios alternativos conferidos ao lesado encontram obstáculos de fato.

Enunciado 37. [art. 187 do CC] – A responsabilidade civil decorrente do abuso do direito independe de culpa e fundamenta-se somente no critério objetivo-finalístico.

Enunciado 38. [art. 927 do CC] – A responsabilidade fundada no risco da atividade, como prevista na segunda parte do parágrafo único do art. 927 do novo Código Civil, configura-se quando a atividade normalmente desenvolvida pelo autor do dano causar a pessoa determinada um ônus maior do que aos demais membros da coletividade.

Enunciado 39. [art. 928 do CC] – A impossibilidade de privação do necessário à pessoa, prevista no art. 928, traduz um dever de indenização equitativa, informado pelo princípio constitucional da proteção à dignidade da pessoa humana. Como consequência, também os pais, tutores e curadores serão beneficiados pelo limite humanitário do dever de indenizar, de modo que a passagem ao patrimônio do incapaz se dará não quando esgotados todos os recursos do responsável, mas se reduzidos estes ao montante necessário à manutenção de sua dignidade.

Enunciado 40. [art. 928 do CC] – O incapaz responde pelos prejuízos que causar de maneira subsidiária ou excepcionalmente como devedor principal, na hipótese do ressarcimento devido pelos adolescentes que praticarem atos infracionais nos termos do art. 116 do Estatuto da Criança e do Adolescente, no âmbito das medidas socioeducativas ali previstas.

Enunciado 42. [art. 931 do CC] – O art. 931 amplia o conceito de fato do produto existente no art. 12 do Código de Defesa do Consumidor, imputando responsabilidade civil à empresa e aos empresários individuais vinculados à circulação dos produtos.

Enunciado 43. [art. 931 do CC] – A responsabilidade civil pelo fato do produto, prevista no art. 931 do novo Código Civil, também inclui os riscos do desenvolvimento.

Enunciado 44. [art. 934 do CC] – Na hipótese do art. 934, o empregador e o comitente somente poderão agir regressivamente contra o empregado ou preposto se estes tiverem causado dano com dolo ou culpa.

Enunciado 45. [art. 935 do CC] – No caso do art. 935, não mais se poderá questionar a existência do fato ou quem seja o seu autor se essas questões se acharem categoricamente decididas no juízo criminal.

Enunciado 46. [art. 944 do CC] – A possibilidade de redução do montante da indenização em face do grau de culpa do agente, estabelecida no parágrafo único do art. 944 do novo Código Civil, deve ser interpretada restritivamente, por representar uma exceção ao princípio da reparação integral do dano. (Alterado pelo Enunciado 380 – IV Jornada.)

Enunciado 47. [art. 945 do CC] – O art. 945 do novo Código Civil, que não encontra correspondente no Código Civil de 1916, não exclui a aplicação da teoria da causalidade adequada.

Enunciado 48. [art. 950, parágrafo único, do CC] – O parágrafo único do art. 950 do novo Código Civil institui direito potestativo do lesado para exigir pagamento da indenização de uma só vez, mediante arbitramento do valor pelo juiz, atendidos os arts. 944 e 945 e a possibilidade econômica do ofensor.

Enunciado 49. [art. 1.228, § 2º, do CC] – Interpreta-se restritivamente a regra do art. 1.228, § 2º, do novo Código Civil, em harmonia com o princípio da função social da propriedade e com o disposto no art. 187.

Enunciado 50. [art. 2.028 do CC] – A partir da vigência do novo Código Civil, o prazo prescricional das ações de reparação de danos que não houver atingido a metade do tempo previsto no Código Civil de 1916 fluirá por inteiro, nos termos da nova lei (art. 206).

Enunciado 51. [art. 50 do CC] – A teoria da desconsideração da personalidade jurídica – *disregard doctrine* – fica positivada no novo Código Civil, mantidos os parâmetros existentes nos microssistemas legais e na construção jurídica sobre o tema.

Enunciado 52. [art. 903 do CC] – Por força da regra do art. 903 do Código Civil, as disposições relativas aos títulos de crédito não se aplicam aos já existentes.

Enunciado 53. [art. 966 do CC] – Deve-se levar em consideração o princípio da função social na interpretação das normas relativas à empresa, a despeito da falta de referência expressa.

Enunciado 54. [art. 966 do CC] – É caracterizador do elemento empresa a declaração da atividade-fim, assim como a prática de atos empresariais.

Enunciado 55. [arts. 968, 969 e 1.150 do CC] – O domicílio da pessoa jurídica empresarial regular é o estatutário ou o contratual em que indicada a sede da empresa, na forma dos arts. 968, IV, e 969, combinados com o art. 1.150, todos do Código Civil.

Enunciado 57. [art. 983 do CC] – A opção pelo tipo empresarial não afasta a natureza simples da sociedade.

Enunciado 58. [arts. 986 ss. do CC] – A sociedade em comum compreende as figuras doutrinárias da sociedade de fato e da irregular.

Enunciado 59. [arts. 990, 1.009, 1.016, 1.017 e 1.091 do CC] – Os sociogestores e os administradores das empresas são responsáveis subsidiária e ilimitadamente pelos atos ilícitos praticados, de má gestão ou contrários ao previsto no contrato social ou estatuto, consoante estabelecem os arts. 990, 1.009, 1.016, 1.017 e 1.091, todos do Código Civil.

Enunciado 60. [art. 1.011, § 1º, do CC] – As expressões "de peita" ou "suborno" do § 1º do art. 1.011 do novo Código Civil devem ser entendidas como corrupção, ativa ou passiva.

Enunciado 61. [arts. 997, VIII; e 1.023 do CC] – O termo "subsidiariamente" constante do inciso VIII do art. 997 do Código Civil deverá ser substituído por "solidariamente" a fim de compatibilizar esse dispositivo com o art. 1.023 do mesmo Código.

Enunciado 62. [art. 1.031 do CC] – Com a exclusão do sócio remisso, a forma de reembolso das suas quotas, em regra, deve-se dar com base em balanço especial, realizado na data da exclusão.

Enunciado 63. [art. 1.043 do CC] – Suprimir o art. 1.043 ou interpretá-lo no sentido de que só será aplicado às sociedades ajustadas por prazo determinado.

Enunciado 65. [art. 1.052 do CC] – A expressão "sociedade limitada" tratada no art. 1.052 e seguintes do novo Código Civil deve ser interpretada *stricto sensu*, como "sociedade por quotas de responsabilidade limitada".

Enunciado 66. [art. 1.062, § 2º, do CC] – A teor do § 2º do art. 1.062 do Código Civil, o administrador só pode ser pessoa natural.

Enunciado 67. [arts. 1.030; 1.033, III; e 1.085, do CC] – A quebra do *affectio societatis* não é causa para a exclusão do sócio minoritário, mas apenas para dissolução (parcial) da sociedade.

Enunciado 68. [arts. 1.088 e 1.089 do CC] – Suprimir os arts. 1.088 e 1.089 do novo Código Civil em razão de estar a matéria regulamentada em lei especial.

Enunciado 69. [art. 1.093 do CC] – As sociedades cooperativas são

ANEXO II – ENUNCIADOS – CJF

sociedades simples sujeitas à inscrição nas juntas comerciais.

Enunciado 70. [art. 1.116 do CC] – As disposições sobre incorporação, fusão e cisão previstas no Código Civil não se aplicam às sociedades anônimas. As disposições da Lei nº 6.404/1976 sobre essa matéria aplicam-se, por analogia, às demais sociedades naquilo em que o Código Civil for omisso.

Enunciado 73. [art. 2.031 do CC] – Não havendo revogação do art. 1.160 do Código Civil nem modificação do § 2º do art. 1.158 do mesmo diploma, é de interpretar-se este dispositivo no sentido de não aplicá-lo à denominação das sociedades anônimas e sociedades Ltda., já existentes, em razão de se tratar de direito inerente à sua personalidade.

Enunciado 74. [art. 2.045 do CC] – Apesar da falta de menção expressa, como exigido pelas LCs nºs 95/1998 e 107/2001, estão revogadas as disposições de leis especiais que contiverem matéria regulada inteiramente no novo Código Civil, como, v.g., as disposições da Lei nº 6.404/1976, referente à sociedade comandita por ações, e do Decreto nº 3.708/1919, sobre sociedade de responsabilidade limitada.

Enunciado 75. [art. 2.045 do CC] – A disciplina de matéria mercantil no novo Código Civil não afeta a autonomia do Direito Comercial.

Enunciado 76. [art. 1.197 do CC] – O possuidor direto tem direito de defender a sua posse contra o indireto, e este, contra aquele (art. 1.197, in fine, do novo Código Civil).

Enunciado 77. [art. 1.205 do CC] – A posse das coisas móveis e imóveis também pode ser transmitida pelo constituto possessório.

Enunciado 78. [art. 1.210 do CC] – Tendo em vista a não recepção pelo novo Código Civil da *exceptio proprietatis* (art. 1.210, § 2º) em caso de ausência de prova suficiente para embasar decisão liminar ou sentença final ancorada exclusivamente no *ius possessionis*, deverá o pedido ser indeferido e julgado improcedente, não obstante eventual alegação e demonstração de direito real sobre o bem litigioso.

Enunciado 79. [art. 1.210 do CC] – A *exceptio proprietatis*, como defesa oponível às ações possessórias típicas, foi abolida pelo Código Civil de 2002, que estabeleceu a absoluta separação entre os juízos possessório e petitório.

Enunciado 80. [art. 1.212 do CC] – É inadmissível o direcionamento de demanda possessória ou ressarcitória contra terceiro possuidor de boa-fé, por ser parte passiva ilegítima diante do disposto no art. 1.212 do novo Código Civil. Contra o terceiro de boa-fé, cabe tão somente a propositura de demanda de natureza real.

Enunciado 81. [art. 1.219 do CC] – O direito de retenção previsto no art. 1.219 do Código Civil, decorrente da realização de benfeitorias necessárias e úteis, também se aplica às acessões (construções e plantações) nas mesmas circunstâncias.

Enunciado 82. [art. 1.228 do CC] – É constitucional a modalidade aquisitiva de propriedade imóvel prevista nos §§ 4º e 5º do art. 1.228 do novo Código Civil.

Enunciado 83. [art. 1.228 do CC] – Nas ações reivindicatórias propostas pelo Poder Público, não são aplicáveis as disposições constantes dos §§ 4º e 5º do art. 1.228 do novo Código Civil.

Enunciado 84. [art. 1.228 do CC] – A defesa fundada no direito de aquisição com base no interesse social (art. 1.228, §§ 4º e 5º, do novo Código Civil) deve ser arguida pelos réus da ação reivindicatória, eles próprios responsáveis pelo pagamento da indenização.

Enunciado 85. [art. 1.240 do CC] – Para efeitos do art. 1.240, *caput*, do novo Código Civil, entende-se por "área urbana" o imóvel edificado ou não, inclusive unidades autônomas vinculadas a condomínios edilícios.

Enunciado 86. [arts. 1.242 e 1.260 do CC] – A expressão "justo título" contida nos arts. 1.242 e 1.260 do Código Civil abrange todo e qualquer ato jurídico hábil, em tese, a transferir a propriedade, independentemente de registro.

Enunciado 87. [art. 1.245 do CC] – Considera-se também título translativo, para fins do art. 1.245 do novo Código Civil, a promessa de compra e venda devidamente quitada (arts. 1.417 e 1.418 do Código Civil e § 6º do art. 26 da Lei nº 6.766/1979).

Enunciado 88. [art. 1.285 do CC] – O direito de passagem forçada, previsto no art. 1.285 do CC, também é garantido nos casos em que o acesso à via pública for insuficiente ou inadequado, consideradas, inclusive, as necessidades de exploração econômica.

Enunciado 89. [art. 1.331 a 1.358 do CC] – O disposto nos arts. 1.331 a 1.358 do novo Código Civil aplica-se, no que couber, aos condomínios assemelhados, tais como loteamentos fechados, multipropriedade imobiliária e clubes de campo.

Enunciado 90. [art. 1.331 do CC] – Deve ser reconhecida personalidade jurídica ao condomínio edilício (Alterado pelo Enunciado 246 da III Jornada.)

Enunciado 91. [art. 1.331 do CC] – A convenção de condomínio ou a assembleia geral podem vedar a locação de área de garagem ou abrigo para veículos a estranhos ao condomínio.

Enunciado 92. [art. 1.337 do CC] – As sanções do art. 1.337 do novo Código Civil não podem ser aplicadas sem que se garanta direito de defesa ao condômino nocivo.

Enunciado 93. [art. 1.369 do CC] – As normas previstas no Código Civil sobre direito de superfície não revogam as relativas a direito de superfície constantes do Estatuto da Cidade (Lei nº 10.257/2001) por ser instrumento de política de desenvolvimento urbano.

Enunciado 94. [art. 1.371 do CC] – As partes têm plena liberdade para deliberar, no contrato respectivo, sobre o rateio dos encargos e tributos que incidirão sobre a área objeto da concessão do direito de superfície.

Enunciado 95. [art. 1.418 do CC] – O direito à adjudicação compulsória (art. 1.418 do novo Código Civil), quando exercido em face do promitente vendedor, não se condiciona ao registro da promessa de compra e venda no cartório de registro imobiliário (Súmula nº 239 do STJ).

Enunciado 97. [art. 25 do CC] – No que tange à tutela especial da família, as regras do Código Civil que se referem apenas ao cônjuge devem ser estendidas à situação jurídica que envolve o companheiro,

ANEXO II – ENUNCIADOS – CJF

como, por exemplo, na hipótese de nomeação de curador dos bens do ausente (art. 25 do Código Civil).

Enunciado 98. [art. 1.521, IV, do CC] – O inciso IV do art. 1.521 do novo Código Civil deve ser interpretado à luz do Decreto-Lei nº 3.200/1941, no que se refere à possibilidade de casamento entre colaterais de 3º grau.

Enunciado 99. [art. 1.565, § 2º, do CC] – O art. 1.565, § 2º, do Código Civil não é norma destinada apenas às pessoas casadas, mas também aos casais que vivem em companheirismo, nos termos do art. 226, *caput*, §§ 3º e 7º, da Constituição Federal de 1988, e não revogou o disposto na Lei nº 9.263/1996.

Enunciado 100. [art. 1.572 do CC] – Na separação, recomenda-se apreciação objetiva de fatos que tornem evidente a impossibilidade da vida em comum.

Enunciado 101. [art. 1.583 do CC] – Sem prejuízo dos deveres que compõem a esfera do poder familiar, a expressão "guarda de filhos", à luz do art. 1.583, pode compreender tanto a guarda unilateral quanto a compartilhada, em atendimento ao princípio do melhor interesse da criança.

Enunciado 103. [art. 1.593 do CC] – O Código Civil reconhece, no art. 1.593, outras espécies de parentesco civil além daquele decorrente da adoção, acolhendo, assim, a noção de que há também parentesco civil no vínculo parental proveniente quer das técnicas de reprodução assistida heteróloga relativamente ao pai (ou mãe) que não contribuiu com seu material fecundante, quer da paternidade socioafetiva, fundada na posse do estado de filho.

Enunciado 104. [art. 1.597 do CC] – No âmbito das técnicas de reprodução assistida envolvendo o emprego de material fecundante de terceiros, o pressuposto fático da relação sexual é substituído pela vontade (ou eventualmente pelo risco da situação jurídica matrimonial) juridicamente qualificada, gerando presunção absoluta ou relativa de paternidade no que tange ao marido da mãe da criança concebida, dependendo da manifestação expressa (ou implícita) da vontade no curso do casamento.

Enunciado 105. [art. 1.597 do CC] – As expressões "fecundação artificial", "concepção artificial" e "inseminação artificial" constantes, respectivamente, dos incisos III, IV e V do art. 1.597 deverão ser interpretadas como "técnica de reprodução assistida".

Enunciado 106. [art. 1.597, III, do CC] – Para que seja presumida a paternidade do marido falecido, será obrigatório que a mulher, ao se submeter a uma das técnicas de reprodução assistida com o material genético do falecido, esteja na condição de viúva, sendo obrigatória, ainda, a autorização escrita do marido para que se utilize seu material genético após sua morte.

Enunciado 107. [art. 1.597, IV, do CC] – Finda a sociedade conjugal, na forma do art. 1.571, a regra do inciso IV somente poderá ser aplicada se houver autorização prévia, por escrito, dos ex-cônjuges para a utilização dos embriões excedentários, só podendo ser revogada até o início do procedimento de implantação desses embriões.

Enunciado 108. [art. 1.603 do CC] – No fato jurídico do nascimento, mencionado no art. 1.603, compreende-se, à luz do disposto no art. 1.593, a filiação consanguínea e também a socioafetiva.

Enunciado 109. [art. 1.605 do CC] – A restrição da coisa julgada oriunda de demandas reputadas improcedentes por insuficiência de prova não deve prevalecer para inibir a busca da identidade genética pelo investigando.

Enunciado 112. [art. 1.630 do CC] – Em acordos celebrados antes do advento do novo Código, ainda que expressamente convencionado que os alimentos cessarão com a maioridade, o juiz deve ouvir os interessados, apreciar as circunstâncias do caso concreto e obedecer ao princípio *rebus sic stantibus*.

Enunciado 113. [art. 1.639 do CC] – É admissível a alteração do regime de bens entre os cônjuges, quando então o pedido, devidamente motivado e assinado por ambos os cônjuges, será objeto de autorização judicial, com ressalva dos direitos de terceiros, inclusive dos entes públicos, após perquirição de inexistência de dívida de qualquer natureza, exigida ampla publicidade.

Enunciado 114. [art. 1.647, III, do CC] – O aval não pode ser anulado por falta de vênia conjugal, de modo que o inciso III do art. 1.647 apenas caracteriza a inoponibilidade do título ao cônjuge que não assentiu.

Enunciado 115. [art. 1.725 do CC] – Há presunção de comunhão de aquestos na constância da união extramatrimonial mantida entre os companheiros, sendo desnecessária a prova do esforço comum para se verificar a comunhão dos bens.

Enunciado 116. [art. 1.815 do CC] – O Ministério Público, por força do art. 1.815 do novo Código Civil, desde que presente o interesse público, tem legitimidade para promover ação visando à declaração da indignidade de herdeiro ou legatário.

Enunciado 117. [art. 1.831 do CC] – O direito real de habitação deve ser estendido ao companheiro, seja por não ter sido revogada a previsão da Lei nº 9.278/1996, seja em razão da interpretação analógica do art. 1.831, informado pelo art. 6º, *caput*, da CF/1988.

Enunciado 118. [art. 1.967, § 1º, do CC] – O testamento anterior à vigência do novo Código Civil se submeterá à redução prevista no § 1º do art. 1.967 naquilo que atingir a porção reservada ao cônjuge sobrevivente, elevado que foi à condição de herdeiro necessário.

Enunciado 119. [art. 2.004 do CC] – Para evitar o enriquecimento sem causa, a colação será efetuada com base no valor da época da doação, nos termos do *caput* do art. 2.004, exclusivamente na hipótese em que o bem doado não mais pertença ao patrimônio do donatário. Se, ao contrário, o bem ainda integrar seu patrimônio, a colação se fará com base no valor do bem na época da abertura da sucessão, nos termos do art. 1.014 do CPC, de modo a preservar a quantia que efetivamente integrará a legítima quando esta se constituiu, ou seja, na data do óbito (resultado da interpretação sistemática do art. 2.004 e seus parágrafos, juntamente com os arts. 1.832 e 884 do Código Civil).

(*) Os Enunciados 120 a 138 tratam-se de propostas de modificação de artigos do Código Civil, e não sua interpretação.

ANEXO II – ENUNCIADOS – CJF

II JORNADA DE DIREITO CIVIL

(*) Na II Jornada de Direito Civil não houve produção de Enunciados.

III JORNADA DE DIREITO CIVIL

(*) III Jornada de Direito Civil: BSB, 1º a 3.12.2004 – Enunciados 138 a 271.

Enunciado 139. [art. 11 do CC] – Os direitos da personalidade podem sofrer limitações, ainda que não especificamente previstas em lei, não podendo ser exercidos com abuso de direito de seu titular, contrariamente à boa-fé objetiva e aos bons costumes.

Enunciado 140. [art. 12 do CC] – A primeira parte do art. 12 do Código Civil refere-se às técnicas de tutela específica, aplicáveis de ofício, enunciadas no art. 461 do Código de Processo Civil, devendo ser interpretada com resultado extensivo.

Enunciado 141. [art. 41 do CC] – A remissão do art. 41, parágrafo único, do Código Civil às pessoas jurídicas de direito público, a que se tenha dado estrutura de direito privado, diz respeito às fundações públicas e aos entes de fiscalização do exercício profissional.

Enunciado 142. [art. 44 do CC] – Os partidos políticos, os sindicatos e as associações religiosas possuem natureza associativa, aplicando-se-lhes o Código Civil.

Enunciado 143. [art. 44 do CC] – A liberdade de funcionamento das organizações religiosas não afasta o controle de legalidade e legitimidade constitucional de seu registro, nem a possibilidade de reexame, pelo Judiciário, da compatibilidade de seus atos com a lei e com seus estatutos.

Enunciado 144. [art. 44 do CC] – A relação das pessoas jurídicas de direito privado constante do art. 44, incisos I a V, do Código Civil não é exaustiva.

Enunciado 145. [art. 47 do CC] – O art. 47 não afasta a aplicação da teoria da aparência.

Enunciado 146. [art. 50 do CC] – Nas relações civis, interpretam-se restritivamente os parâmetros de desconsideração da personalidade jurídica previstos no art. 50 (desvio de finalidade social ou confusão patrimonial). (Este Enunciado não prejudica o Enunciado nº 7.)

Enunciado 147. [art. 66 do CC] – A expressão "por mais de um Estado", contida no § 2º do art. 66, não exclui o Distrito Federal e os Territórios. A atribuição de velar pelas fundações, prevista no art. 66 e seus parágrafos, ao MP local – isto é, dos Estados, DF e Territórios onde situadas – não exclui a necessidade de fiscalização de tais pessoas jurídicas pelo MPF, quando se tratar de fundações instituídas ou mantidas pela União, autarquia ou empresa pública federal, ou que destas recebam verbas, nos termos da Constituição, da LC nº 75/1993 e da Lei de Improbidade.

Enunciado 148. [art. 157, § 2º, do CC] – Ao "estado de perigo" [art. 156) aplica-se, por analogia, o disposto no § 2º do art. 157.

ANEXOS

Enunciado 149. [art. 157 do CC] – Em atenção ao princípio da conservação dos contratos, a verificação da lesão deverá conduzir, sempre que possível, à revisão judicial do negócio jurídico e não à sua anulação, sendo dever do magistrado incitar os contratantes a seguir as regras do art. 157, § 2º, do Código Civil de 2002.

Enunciado 150. [art. 157 do CC] – A lesão de que trata o art. 157 do Código Civil não exige dolo de aproveitamento.

Enunciado 151. [art. 158 do CC] – O ajuizamento da ação pauliana pelo credor com garantia real (art. 158, § 1º) prescinde de prévio reconhecimento judicial da insuficiência da garantia.

Enunciado 152. [art. 167 do CC] – Toda simulação, inclusive a inocente, é invalidante.

Enunciado 153. [art. 167 do CC] – Na simulação relativa, o negócio simulado (aparente) é nulo, mas o dissimulado será válido se não ofender a lei nem causar prejuízos a terceiros.

Enunciado 154. [art. 194 do CC – revogado pela Lei nº 11.280/2006] – O juiz deve suprir, de ofício, a alegação de prescrição em favor do absolutamente incapaz.

Enunciado 156. [art. 198 do CC] – Desde o termo inicial do desaparecimento, declarado em sentença, não corre a prescrição contra o ausente.

Enunciado 157. [art. 212 do CC] – O termo "confissão" deve abarcar o conceito lato de depoimento pessoal, tendo em vista que este consiste em meio de prova de maior abrangência, plenamente admissível no ordenamento jurídico brasileiro.

Enunciado 158. [art. 215 do CC] – A amplitude da noção de "prova plena" (isto é, "completa") importa presunção relativa acerca dos elementos indicados nos incisos do § 1º, devendo ser conjugada com o disposto no parágrafo único do art. 219.

Enunciado 159. [art. 186 do CC] – O dano moral, assim compreendido todo dano extrapatrimonial, não se caracteriza quando há mero aborrecimento inerente a prejuízo material.

Enunciado 160. [art. 243 do CC] – A obrigação de creditar dinheiro em conta vinculada de FGTS é obrigação de dar, obrigação pecuniária, não afetando a natureza da obrigação a circunstância de a disponibilidade do dinheiro depender da ocorrência de uma das hipóteses previstas no art. 20 da Lei nº 8.036/1990.

Enunciado 161. [arts. 389 e 404 do CC] – Os honorários advocatícios previstos nos arts. 389 e 404 do Código Civil apenas têm cabimento quando ocorre a efetiva atuação profissional do advogado.

Enunciado 162. [art. 395 do CC] – A inutilidade da prestação que autoriza a recusa da prestação por parte do credor deverá ser aferida objetivamente, consoante o princípio da boa-fé e a manutenção do sinalagma, e não de acordo com o mero interesse subjetivo do credor.

Enunciado 163. [arts. 398 e 405 do CC] – A regra do art. 405 do novo Código Civil aplica-se somente à responsabilidade contratual, e não aos juros moratórios na responsabilidade extracontratual, em face do disposto no art. 398 do novo Código Civil, não afastando, pois, o disposto na Súmula 54 do STJ.

Enunciado 164. [arts. 406 e 2.045 do CC] – Tendo início a mora do devedor ainda na vigência do Código Civil de 1916, são devidos juros de mora de 6% (seis por cento) ao ano, até 10 de janeiro de 2003; a partir de 11 de janeiro de 2003 (data de entrada em vigor do novo Código Civil), passa a incidir o art. 406 do Código Civil de 2002.

Enunciado 165. [arts. 413 e 417 do CC] – Em caso de penalidade, aplica-se a regra do art. 413 ao sinal, sejam as arras confirmatórias ou penitenciais.

Enunciado 166. [arts. 421 e 478 do CC] – A frustração do fim do contrato, como hipótese que não se confunde com a impossibilidade da prestação ou com a excessiva onerosidade, tem guarida no Direito brasileiro pela aplicação do art. 421 do Código Civil.

Enunciado 167. [arts. 421 a 426 do CC] – Com o advento do Código Civil de 2002, houve forte aproximação principiológica entre esse Código e o Código de Defesa do Consumidor no que respeita à regulação contratual, uma vez que ambos são incorporadores de uma nova teoria geral dos contratos.

Enunciado 168. [art. 422 do CC] – O princípio da boa-fé objetiva importa no reconhecimento de um direito a cumprir em favor do titular passivo da obrigação.

Enunciado 169. [art. 422 do CC] – O princípio da boa-fé objetiva deve levar o credor a evitar o agravamento do próprio prejuízo.

Enunciado 170. [art. 422 do CC] – A boa-fé objetiva deve ser observada pelas partes na fase de negociações preliminares e após a execução do contrato, quando tal exigência decorrer da natureza do contrato.

Enunciado 171. [arts. 423 e 424 do CC] – O contrato de adesão, mencionado nos arts. 423 e 424 do novo Código Civil, não se confunde com o contrato de consumo.

Enunciado 172. [art. 424 do CC] – As cláusulas abusivas não ocorrem exclusivamente nas relações jurídicas de consumo. Dessa forma, é possível a identificação de cláusulas abusivas em contratos civis comuns, como, por exemplo, aquela estampada no art. 424 do Código Civil de 2002.

Enunciado 173. [art. 434 do CC] – A formação dos contratos realizados entre pessoas ausentes, por meio eletrônico, completa-se com a recepção da aceitação pelo proponente.

Enunciado 174. [art. 445, § 1º, do CC] – Em se tratando de vício oculto, o adquirente tem os prazos do *caput* do art. 445 para obter redibição ou abatimento de preço, desde que os vícios se revelem nos prazos estabelecidos no § 1º, fluindo, entretanto, a partir do conhecimento do defeito.

Enunciado 175. [art. 478 do CC] – A menção à imprevisibilidade e à extraordinariedade, insertas no art. 478 do Código Civil, deve ser interpretada não somente em relação ao fato que gere o desequilíbrio, mas também em relação às consequências que ele produz.

Enunciado 176. [art. 478 do CC] – Em atenção ao princípio da conservação dos negócios jurídicos, o art. 478 do Código Civil de 2002 deverá conduzir, sempre que possível, à revisão judicial dos contratos e não à resolução contratual.

Enunciado 177. [art. 496, parágrafo único, do CC] – Por erro de tramitação, que retirou a segunda hipótese de anulação de venda entre parentes (venda de descendente para ascendente), deve ser desconsiderada a expressão "em ambos os casos", no parágrafo único do art. 496.

Enunciado 178. [art. 528 do CC] – Na interpretação do art. 528, devem ser levadas em conta, após a expressão "a benefício de", as palavras "seu crédito, excluída a concorrência de", que foram omitidas por manifesto erro material.

Enunciado 180. [art. 582 do CC] – A regra do parágrafo único do art. 575 do novo Código Civil, que autoriza a limitação pelo juiz do aluguel-pena arbitrado pelo locador, aplica-se também ao aluguel arbitrado pelo comodante, autorizado pelo art. 582, 2ª parte, do novo Código Civil.

Enunciado 181. [art. 618 do CC] – O prazo referido no art. 618, parágrafo único, do Código Civil refere-se unicamente à garantia prevista no *caput*, sem prejuízo de poder o dono da obra, com base no mau cumprimento do contrato de empreitada, demandar perdas e danos.

Enunciado 182. [art. 655 do CC] – O mandato outorgado por instrumento público previsto no art. 655 do Código Civil somente admite substabelecimento por instrumento particular quando a forma pública for facultativa e não integrar a substância do ato.

Enunciado 183. [art. 661 do CC] – Para os casos em que o parágrafo primeiro do art. 661 exige poderes especiais, a procuração deve conter a identificação do objeto.

Enunciado 184. [arts. 664 e 681 do CC] – Da interpretação conjunta desses dispositivos, extrai-se que o mandatário tem o direito de reter, do objeto da operação que lhe foi cometida, tudo o que lhe for devido em virtude do mandato, incluindo-se a remuneração ajustada e o reembolso de despesas.

Enunciado 185. [art. 757 do CC] – A disciplina dos seguros do Código Civil e as normas da previdência privada que impõem a contratação exclusivamente por meio de entidades legalmente autorizadas não impedem a formação de grupos restritos de ajuda mútua, caracterizados pela autogestão.

Enunciado 186. [art. 790 do CC] – O companheiro deve ser considerado implicitamente incluído no rol das pessoas tratadas no art. 790, parágrafo único, por possuir interesse legítimo no seguro da pessoa do outro companheiro.

Enunciado 187. [art. 798 do CC] – No contrato de seguro de vida, presume-se, de forma relativa, ser premeditado o suicídio cometido nos dois primeiros anos de vigência da cobertura, ressalvado ao beneficiário o ônus de demonstrar a ocorrência do chamado "suicídio involuntário".

Enunciado 188. [art. 884 do CC] – A existência de negócio jurídico válido e eficaz é, em regra, uma justa causa para o enriquecimento.

Enunciado 189. [art. 927 do CC] – Na responsabilidade civil por dano moral causado à pessoa jurídica, o fato lesivo, como dano eventual, deve ser devidamente demonstrado.

ANEXO II – ENUNCIADOS – CJF

Enunciado 190. [art. 931 do CC] – A regra do art. 931 do novo Código Civil não afasta as normas acerca da responsabilidade pelo fato do produto previstas no art. 12 do Código de Defesa do Consumidor, que continuam mais favoráveis ao consumidor lesado.

Enunciado 191. [art. 932 do CC] – A instituição hospitalar privada responde, na forma do art. 932, III, do Código Civil, pelos atos culposos praticados por médicos integrantes de seu corpo clínico.

Enunciado 192. [arts. 949 e 950 do CC] – Os danos oriundos das situações previstas nos arts. 949 e 950 do Código Civil de 2002 devem ser analisados em conjunto, para o efeito de atribuir indenização por perdas e danos materiais, cumulada com dano moral e estético.

Enunciado 193. [art. 966 do CC] – O exercício das atividades de natureza exclusivamente intelectual está excluído do conceito de empresa.

Enunciado 194. [art. 966 do CC] – Os profissionais liberais não são considerados empresários, salvo se a organização dos fatores de produção for mais importante que a atividade pessoal desenvolvida.

Enunciado 195. [art. 966 do CC] – A expressão "elemento de empresa" demanda interpretação econômica, devendo ser analisada sob a égide da absorção da atividade intelectual, de natureza científica, literária ou artística, como um dos fatores da organização empresarial.

Enunciado 196. [arts. 966 e 982 do CC] – A sociedade de natureza simples não tem seu objeto restrito às atividades intelectuais.

Enunciado 197. [arts. 966 e 972 do CC] – A pessoa natural, maior de 16 (dezesseis) e menor de 18 (dezoito) anos, é reputada empresário regular se satisfizer os requisitos dos arts. 966 e 967; todavia, não tem direito a concordata preventiva, por não exercer regularmente a atividade por mais de 2 (dois) anos.

Enunciado 198. [art. 967 do CC] – A inscrição do empresário na Junta Comercial não é requisito para a sua caracterização, admitindo-se o exercício da empresa sem tal providência. O empresário irregular reúne os requisitos do art. 966, sujeitando-se às normas do Código Civil e da legislação comercial, salvo naquilo em que forem incompatíveis com a sua condição ou diante de expressa disposição em contrário.

Enunciado 199. [art. 967 do CC] – A inscrição do empresário ou sociedade empresária é requisito delineador de sua regularidade, e não de sua caracterização.

Enunciado 200. [art. 970 do CC] – É possível a qualquer empresário individual, em situação regular, solicitar seu enquadramento como microempresário ou empresário de pequeno porte, observadas as exigências e restrições legais.

Enunciado 201. [arts. 971 e 984 do CC] – O empresário rural e a sociedade empresária rural, inscritos no registro público de empresas mercantis, estão sujeitos à falência e podem requerer concordata.

Enunciado 202. [arts. 971 e 984 do CC] – O registro do empresário ou sociedade rural na Junta Comercial é facultativo e de natureza constitutiva, sujeitando-o ao regime jurídico empresarial. É inaplicável esse regime ao empresário ou sociedade rural que não exercer tal opção.

Enunciado 203. [art. 974 do CC] – O exercício da empresa por empresário incapaz, representado ou assistido, somente é possível nos casos de incapacidade superveniente ou incapacidade do sucessor na sucessão por morte.

Enunciado 204. [art. 977 do CC] – A proibição de sociedade entre pessoas casadas sob o regime da comunhão universal ou da separação obrigatória só atinge as sociedades constituídas após a vigência do Código Civil de 2002.

Enunciado 205. [art. 977 do CC] – Adotar as seguintes interpretações ao art. 977: (1) a vedação à participação de cônjuges casados nas condições previstas no artigo refere-se unicamente a uma mesma sociedade; (2) o artigo abrange tanto a participação originária (na constituição da sociedade) quanto a derivada, isto é, fica vedado o ingresso de sócio casado em sociedade de que já participa o outro cônjuge.

Enunciado 206. [arts. 981, 997, 1.006, 1.007 e 1.094 do CC] – A contribuição do sócio exclusivamente em prestação de serviços é permitida nas sociedades cooperativas (art. 1.094, I) e nas sociedades simples propriamente ditas (art. 983, 2ª parte).

Enunciado 207. [art. 982 do CC] – A natureza de sociedade simples da cooperativa, por força legal, não a impede de ser sócia de qualquer tipo societário, tampouco de praticar ato de empresa.

Enunciado 208. [arts. 983, 986 e 991 do CC] – As normas do Código Civil para as sociedades em comum e em conta de participação são aplicáveis independentemente de a atividade dos sócios, ou do sócio ostensivo, ser ou não própria de empresário sujeito a registro (distinção feita pelo art. 982 do Código Civil entre sociedade simples e empresária).

Enunciado 209. [arts. 985, 986 e 1.150 do CC] – O art. 986 deve ser interpretado em sintonia com os arts. 985 e 1.150, de modo a ser considerada em comum a sociedade que não tiver seu ato constitutivo inscrito no registro próprio ou em desacordo com as normas legais previstas para esse registro (art. 1.150), ressalvadas as hipóteses de registros efetuados de boa-fé.

Enunciado 210. [art. 988 do CC] – O patrimônio especial a que se refere o art. 988 é aquele afetado ao exercício da atividade, garantidor de terceiro, e de titularidade dos sócios em comum, em face da ausência de personalidade jurídica.

Enunciado 211. [art. 989 do CC] – Presume-se disjuntiva a administração dos sócios a que se refere o art. 989.

Enunciado 212. [art. 990 do CC] – Embora a sociedade em comum não tenha personalidade jurídica, o sócio que tem seus bens constritos por dívida contraída em favor da sociedade, e não participou do ato por meio do qual foi contraída a obrigação, tem o direito de indicar bens afetados às atividades empresariais para substituir a constrição.

Enunciado 213. [art. 997 do CC] – O art. 997, inciso II, não exclui a possibilidade de sociedade simples utilizar firma ou razão social.

Enunciado 214. [arts. 997 e 1.054 do CC] – As indicações contidas no art. 997 não são exaustivas, aplicando-se outras exigências contidas na legislação pertinente, para fins de registro.

Enunciado 215. [art. 998 do CC] – A sede a que se refere o *caput* do art. 998 poderá ser a da administração ou a do estabelecimento onde se realizam as atividades sociais.

Enunciado 216. [arts. 1.004, 1.030 e 1.058 do CC] – O quórum de deliberação previsto no art. 1.004, parágrafo único, e no art. 1.030 é de maioria absoluta do capital representado pelas quotas dos demais sócios, consoante a regra geral fixada no art. 999 para as deliberações na sociedade simples. Esse entendimento aplica-se ao art. 1.058 em caso de exclusão de sócio remisso ou redução do valor de sua quota ao montante já integralizado.

Enunciado 217. [arts. 187, 1.010 e 1.053 do CC] – Com a regência supletiva da sociedade limitada, pela lei das sociedades por ações, ao sócio que participar de deliberação na qual tenha interesse contrário ao da sociedade aplicar-se-á o disposto no art. 115, § 3º, da Lei nº 6.404/1976. Nos demais casos, incide o art. 1.010, § 3º, se o voto proferido foi decisivo para a aprovação da deliberação, ou o art. 187 (abuso do direito), se o voto não tiver prevalecido.

Enunciado 218. [art. 1.011 do CC] – Não são necessárias certidões de nenhuma espécie para comprovar os requisitos do art. 1.011 no ato de registro da sociedade, bastando declaração de desimpedimento.

Enunciado 219. [art. 1.015 do CC] – Está positivada a teoria *ultra vires* no Direito brasileiro, com as seguintes ressalvas: (a) o ato *ultra vires* não produz efeito apenas em relação à sociedade; (b) sem embargo, a sociedade poderá, por meio de seu órgão deliberativo, ratificá-lo; (c) o Código Civil amenizou o rigor da teoria *ultra vires*, admitindo os poderes implícitos dos administradores para realizar negócios acessórios ou conexos ao objeto social, os quais não constituem operações evidentemente estranhas aos negócios da sociedade; (d) não se aplica o art. 1.015 às sociedades por ações, em virtude da existência de regra especial de responsabilidade dos administradores (art. 158, II, Lei nº 6.404/1976).

Enunciado 220. [art. 1.016 do CC] – É obrigatória a aplicação do art. 1.016 do Código Civil de 2002, que regula a responsabilidade dos administradores, a todas as sociedades limitadas, mesmo àquelas cujo contrato social preveja a aplicação supletiva das normas das sociedades anônimas.

Enunciado 221. [art. 1.028 do CC] – Diante da possibilidade de o contrato social permitir o ingresso na sociedade do sucessor de sócio falecido, ou de os sócios acordarem com os herdeiros a substituição de sócio falecido, sem liquidação da quota em ambos os casos, é lícita a participação de menor em sociedade limitada, estando o capital integralizado, em virtude da inexistência de vedação no Código Civil.

Enunciado 222. [arts. 997, V; e 1.053 do CC] – Não se aplica o art. 997, V, à sociedade limitada na hipótese de regência supletiva pelas regras das sociedades simples.

Enunciado 223. [art. 1.053 do CC] – O parágrafo único do art. 1.053

não significa a aplicação em bloco da Lei nº 6.404/1976 ou das disposições sobre a sociedade simples. O contrato social pode adotar, nas omissões do Código sobre as sociedades limitadas, tanto as regras das sociedades simples quanto as das sociedades anônimas.

Enunciado 224. [art. 1.055 do CC] – A solidariedade entre os sócios da sociedade limitada pela exata estimação dos bens conferidos ao capital social abrange os casos de constituição e aumento do capital e cessa após 5 (cinco) anos da data do respectivo registro.

Enunciado 225. [art. 1.057 do CC] – Sociedade limitada. Instrumento de cessão de quotas. Na omissão do contrato social, a cessão de quotas sociais de uma sociedade limitada pode ser feita por instrumento próprio, averbado no registro da sociedade, independentemente de alteração contratual, nos termos do art. 1.057 e parágrafo único do Código Civil.

Enunciado 226. [art. 1.074 do CC] – A exigência da presença de 3/4 (três quartos) do capital social, como quórum mínimo de instalação em primeira convocação, pode ser alterada pelo contrato de sociedade limitada com até 10 (dez) sócios, quando as deliberações sociais obedecerem à forma de reunião, sem prejuízo da observância das regras do art. 1.076 referentes ao quórum de deliberação.

Enunciado 227. [art. 1.076 c/c art. 1.071 do CC] – O quórum mínimo para a deliberação da cisão da sociedade limitada é de 3/4 (três quartos) do capital social.

Enunciado 228. [arts. 1.072 e 1.078 do CC] – As sociedades limitadas estão dispensadas da publicação das demonstrações financeiras a que se refere o § 3º do art. 1.078. Naquelas de até 10 (dez) sócios, a deliberação de que trata o art. 1.078 pode dar-se na forma dos §§ 2º e 3º do art. 1.072, e a qualquer tempo, desde que haja previsão contratual nesse sentido.

Enunciado 229. [art. 1.080 do CC] – A responsabilidade ilimitada dos sócios pelas deliberações infringentes da lei ou do contrato torna desnecessária a desconsideração da personalidade jurídica, por não constituir a autonomia patrimonial da pessoa jurídica escudo para a responsabilização pessoal e direta.

Enunciado 230. [arts. 1.089 e 1.113 ss. do CC] – A fusão e a incorporação de sociedade anônima continuam reguladas pelas normas previstas na Lei nº 6.404/1976, não revogadas pelo Código Civil (art. 1.089), quanto a esse tipo societário.

Enunciado 231. [arts. 1.116 a 1.122 do CC] – A cisão de sociedades continua disciplinada na Lei nº 6.404/1976, aplicável a todos os tipos societários, inclusive no que se refere aos direitos dos credores. Interpretação dos arts. 1.116 a 1.122 do Código Civil.

Enunciado 232. [arts. 1.116, 1.117 e 1.120 do CC] – Nas fusões e incorporações entre sociedades reguladas pelo Código Civil, é facultativa a elaboração de protocolo firmado pelos sócios ou administradores das sociedades; havendo sociedade anônima ou comandita por ações envolvida na operação, a obrigatoriedade do protocolo e da justificação somente a ela se aplica.

ANEXO II – ENUNCIADOS – CJF

Enunciado 233. [arts. 1.142 ss. do CC] – A sistemática do contrato de trespasse delineada pelo Código Civil nos arts. 1.142 e ss, especialmente seus efeitos obrigacionais, aplica-se somente quando o conjunto de bens transferidos importar a transmissão da funcionalidade do estabelecimento empresarial.

Enunciado 234. [art. 1.148 do CC] – Quando do trespasse do estabelecimento empresarial, o contrato de locação do respectivo ponto não se transmite automaticamente ao adquirente. Fica cancelado o Enunciado 64.

Enunciado 235. [art. 1.179 do CC] – O pequeno empresário, dispensado da escrituração, é aquele previsto na Lei nº 9.841/1999. Fica cancelado o Enunciado 56.

Enunciado 236. [arts. 1.196, 1.205 e 1.212 do CC] – Considera-se possuidor, para todos os efeitos legais, também a coletividade desprovida de personalidade jurídica.

Enunciado 237. [art. 1.203 do CC] – É cabível a modificação do título da posse – *interversio possessionis* – na hipótese em que o até então possuidor direto demonstrar ato exterior e inequívoco de oposição ao antigo possuidor indireto, tendo por efeito a caracterização do *animus domini*.

Enunciado 238. [art. 1.210 do CC] – Ainda que a ação possessória seja intentada além de "ano e dia" da turbação ou esbulho, e, em razão disso, tenha seu trâmite regido pelo procedimento ordinário (CPC/1973, art. 924)*, nada impede que o juiz conceda a tutela possessória liminarmente, mediante antecipação de tutela, desde que presentes os requisitos autorizadores do art. 273, I ou II,** bem como aqueles previstos no art. 461-A e parágrafos***, todos do Código de Processo Civil.

♦ CPC/1973. Vide art. 558 do CPC/2015.
♦♦ CPC/1973. Vide arts. 294; 300; e 311, I, do CPC/2015.
♦♦♦ CPC/1973. Vide arts. 498 e 538 do CPC/2015.

Enunciado 239. [art. 1.210 do CC] – Na falta de demonstração inequívoca de posse que atenda à função social, deve-se utilizar a noção de "melhor posse", com base nos critérios previstos no parágrafo único do art. 507 do Código Civil/1916.

Enunciado 240. [art. 1.228 do CC] – A justa indenização a que alude o § 5º do art. 1.228 não tem como critério valorativo, necessariamente, a avaliação técnica lastreada no mercado imobiliário, sendo indevidos os juros compensatórios.

Enunciado 241. [art. 1.228 do CC] – O registro da sentença em ação reivindicatória, que opera a transferência da propriedade para o nome dos possuidores, com fundamento no interesse social (art. 1.228, § 5º), é condicionada ao pagamento da respectiva indenização, cujo prazo será fixado pelo juiz.

Enunciado 242. [art. 1.276 do CC] – A aplicação do art. 1.276 depende do devido processo legal, em que seja assegurado ao interessado demonstrar a não cessação da posse.

Enunciado 243. [art. 1.276 do CC] – A presunção de que trata o § 2º do art. 1.276 não pode ser interpretada de modo a contrariar a norma-princípio do art. 150, inciso IV, da Constituição da República.

Enunciado 244. [art. 1.291 do CC] – O art. 1.291 deve ser interpretado conforme a Constituição, não sendo facultada a poluição das águas, quer sejam essenciais ou não às primeiras necessidades da vida.

Enunciado 245. [art. 1.293 do CC] – Embora omisso acerca da possibilidade de canalização forçada de águas por prédios alheios, para fins industriais ou agrícolas, o art. 1.293 não exclui a possibilidade da canalização forçada pelo vizinho, com prévia indenização aos proprietários prejudicados.

Enunciado 247. [art. 1.331 do CC] – No condomínio edilício é possível a utilização exclusiva de área "comum" que, pelas próprias características da edificação, não se preste ao "uso comum" dos demais condôminos.

Enunciado 248. [art. 1.334 do CC] – O quórum para alteração do regimento interno do condomínio edilício pode ser livremente fixado na convenção.

Enunciado 249. [art. 1.369 do CC] – A propriedade superficiária pode ser autonomamente objeto de direitos reais de gozo e garantia, cujo prazo não exceda a duração da concessão da superfície, não se lhe aplicando o art. 1.474.

Enunciado 250. [art. 1.369 do CC] – Admite-se a constituição do direito de superfície por cisão.

Enunciado 251. [arts. 1.369 e 1.379 do CC] – O prazo máximo para o usucapião extraordinário de servidões deve ser de 15 (quinze) anos, em conformidade com o sistema geral de usucapião previsto no Código Civil.

Enunciado 252. [art. 1.410 do CC] – A extinção do usufruto pelo não uso, de que trata o art. 1.410, inciso VIII, independe do prazo previsto no art. 1.389, inciso III.

Enunciado 253. [art. 1.417 do CC] – O promitente comprador, titular de direito real (art. 1.417), tem a faculdade de reivindicar de terceiro o imóvel prometido a venda.

Enunciado 254. [art. 1.573 do CC] – Formulado o pedido de separação judicial com fundamento na culpa (art. 1.572 e/ou art. 1.573 e incisos), o juiz poderá decretar a separação do casal diante da constatação da insubsistência da comunhão plena de vida (art. 1.511) que caracteriza hipótese de "outros fatos que tornem evidente a impossibilidade da vida em comum" – sem atribuir culpa a nenhum dos cônjuges.

Enunciado 255. [art. 1.575 do CC] – Não é obrigatória a partilha de bens na separação judicial.

Enunciado 256. [art. 1.593 do CC] – A posse do estado de filho (parentalidade socioafetiva) constitui modalidade de parentesco civil.

Enunciado 257. [art. 1.597 do CC] – As expressões "fecundação artificial", "concepção artificial" e "inseminação artificial", constantes, respectivamente, dos incisos III, IV e V do art. 1.597 do Código Civil, devem ser interpretadas restritivamente, não abrangendo a utilização de óvulos doados e a gestação de substituição.

Enunciado 258. [arts. 1.597 e 1.601 do CC] – Não cabe a ação prevista no art. 1.601 do Código Civil se a filiação tiver origem em procriação assistida heteróloga, autorizada pelo marido nos termos do inciso V do art. 1.597, cuja paternidade configura presunção absoluta.

Enunciado 259. [art. 1.621 do CC] – A revogação do consentimento não impede, por si só, a adoção, observado o melhor interesse do adotando.

ANEXO II – ENUNCIADOS – CJF

Enunciado 260. [arts. 1.639, § 2°; e 2.039 do CC] – A alteração do regime de bens prevista no § 2° do art. 1.639 do Código Civil também é permitida nos casamentos realizados na vigência da legislação anterior.

Enunciado 261. [art. 1.641 do CC] – A obrigatoriedade do regime da separação de bens não se aplica a pessoa maior de 60 (sessenta) anos, quando o casamento for precedido de união estável iniciada antes dessa idade.

Enunciado 262. [arts. 1.639 e 1.641 do CC] – A obrigatoriedade da separação de bens nas hipóteses previstas nos incisos I e III do art. 1.641 do Código Civil não impede a alteração do regime, desde que superada a causa que o impôs.

Enunciado 263. [art. 1.707 do CC] – O art. 1.707 do Código Civil não impede seja reconhecida válida e eficaz a renúncia manifestada por ocasião do divórcio (direto ou indireto) ou da dissolução da "união estável". A irrenunciabilidade do direito a alimentos somente é admitida enquanto subsistir vínculo de Direito de Família.

Enunciado 264. [arts. 1.708, parágrafo único; e 1.814 do CC] – Na interpretação do que seja procedimento indigno do credor, apto a fazer cessar o direito a alimentos, aplicam-se, por analogia, as hipóteses dos incisos I e II do art. 1.814 do Código Civil.

Enunciado 265. [art. 1.708 do CC] – Na hipótese de concubinato, haverá necessidade de demonstração da assistência material prestada pelo concubino a quem o credor de alimentos se uniu.

Enunciado 266. [art. 1.790, I, do CC] – Aplica-se o inciso I do art. 1.790 também na hipótese de concorrência do companheiro sobrevivente com outros descendentes comuns, e não apenas na concorrência com filhos comuns.

Enunciado 267. [art. 1.798 do CC] – A regra do art. 1.798 do Código Civil deve ser estendida aos embriões formados mediante o uso de técnicas de reprodução assistida, abrangendo, assim, a vocação hereditária da pessoa humana a nascer cujos efeitos patrimoniais se submetem às regras previstas para a petição da herança.

Enunciado 268. [art. 1.799, I, do CC] – Nos termos do inciso I do art. 1.799, pode o testador beneficiar filhos de determinada origem, não devendo ser interpretada extensivamente a cláusula testamentária respectiva.

Enunciado 269. [art. 1.801 do CC] – A vedação do art. 1.801, inciso III, do Código Civil não se aplica à união estável, independentemente do período de separação de fato (art. 1.723, § 1°).

Enunciado 270. [art. 1.829 do CC] – O art. 1.829, inciso I, só assegura ao cônjuge sobrevivente o direito de concorrência com os descendentes do autor da herança quando casados no regime da separação convencional de bens ou, se casados nos regimes da comunhão parcial ou participação final nos aquestos, o falecido possuísse bens particulares, hipóteses em que a concorrência se restringe a tais bens, devendo os bens comuns (meação) ser partilhados exclusivamente entre os descendentes.

Enunciado 271. [art. 1.831 do CC] – O cônjuge pode renunciar ao direito real de habitação nos autos do inventário ou por escritura pública, sem prejuízo de sua participação na herança.

IV JORNADA DE DIREITO CIVIL

(*) IV Jornada de Direito Civil: BSB, 25 a 27.10.2006 – Enunciados 272 a 396.

Enunciado 272. [art. 10 do CC] – Não é admitida em nosso ordenamento jurídico a adoção por ato extrajudicial, sendo indispensável a atuação jurisdicional, inclusive para a adoção de maiores de 18 (dezoito) anos.

Enunciado 273. [art. 10 do CC] – Tanto na adoção bilateral quanto na unilateral, quando não se preserva o vínculo com qualquer dos genitores originários, deverá ser averbado o cancelamento do registro originário de nascimento do adotado, lavrando-se novo registro. Sendo unilateral a adoção, e sempre que se preserve o vínculo originário com um dos genitores, deverá ser averbada a substituição do nome do pai ou mãe naturais pelo nome do pai ou mãe adotivos.

Enunciado 274. [arts. 11 ss. do CC] – Os direitos da personalidade, regulados de maneira não exaustiva pelo Código Civil, são expressões da cláusula geral de tutela da pessoa humana, contida no art. 1º, inciso III, da Constituição (princípio da dignidade da pessoa humana). Em caso de colisão entre eles, como nenhum pode sobrelevar os demais, deve-se aplicar a técnica da ponderação.

Enunciado 275. [arts. 12, parágrafo único; e 20, parágrafo único, do CC] – O rol dos legitimados de que tratam os arts. 12, parágrafo único, e 20, parágrafo único, do Código Civil também compreende o companheiro.

Enunciado 276. [art. 13 do CC] – O art. 13 do Código Civil, ao permitir a disposição do próprio corpo por exigência médica, autoriza as cirurgias de transgenitalização, em conformidade com os procedimentos estabelecidos pelo Conselho Federal de Medicina, e a consequente alteração do prenome e do sexo no Registro Civil.

Enunciado 277. [art. 14 do CC] – O art. 14 do Código Civil, ao afirmar a validade da disposição gratuita do próprio corpo, com objetivo científico ou altruístico, para depois da morte, determinou que a manifestação expressa do doador de órgãos em vida prevaleça sobre a vontade dos familiares, portanto, a aplicação do art. 4º da Lei nº 9.434/1997 ficou restrita à hipótese de silêncio do potencial doador.

Enunciado 278. [art. 18 do CC] – A publicidade que divulgar, sem autorização, qualidades inerentes a determinada pessoa, ainda que sem mencionar seu nome, mas sendo capaz de identificá-la, constitui violação a direito da personalidade.

Enunciado 279. [art. 20 do CC] – A proteção à imagem deve ser ponderada com outros interesses constitucionalmente tutelados, especialmente em face do direito de amplo acesso à informação e da liberdade de imprensa. Em caso de colisão, levar-se-á em conta a notoriedade do retratado e dos fatos abordados, bem como a veracidade destes e, ainda, as características de sua utilização (comercial, informativa, biográfica), privilegiando-se medidas que não restrinjam a divulgação de informações.

Enunciado 280. [arts. 44, 57 e 60 do CC] – Por força do art. 44, § 2º, consideram-se aplicáveis às sociedades reguladas pelo Livro II da Parte Especial, exceto às limitadas, os arts. 57 e 60, nos seguintes termos: a) em havendo previsão contratual, é possível aos sócios deliberar a exclusão de sócio por justa causa, pela via extrajudicial, cabendo ao contrato disciplinar o procedimento de exclusão, assegurado o direito de defesa, por aplicação analógica do art. 1.085; b) as deliberações sociais poderão ser convocadas por iniciativa de sócios que representem 1/5 (um quinto) do capital social, na omissão do contrato. A mesma regra aplica-se na hipótese de criação, pelo contrato, de outros órgãos de deliberação colegiada.

Enunciado 281. [art. 50 do CC] – A aplicação da teoria da desconsideração, descrita no art. 50 do Código Civil, prescinde da demonstração de insolvência da pessoa jurídica.

Enunciado 282. [art. 50 do CC] – O encerramento irregular das atividades da pessoa jurídica, por si só, não basta para caracterizar abuso da personalidade jurídica.

Enunciado 283. [art. 50 do CC] – É cabível a desconsideração da personalidade jurídica denominada "inversa" para alcançar bens de sócio que se valeu da pessoa jurídica para ocultar ou desviar bens pessoais, com prejuízo a terceiros.

Enunciado 284. [art. 50 do CC] – As pessoas jurídicas de direito privado sem fins lucrativos ou de fins não econômicos estão abrangidas no conceito de abuso da personalidade jurídica.

Enunciado 285. [art. 50 do CC] – A teoria da desconsideração, prevista no art. 50 do Código Civil, pode ser invocada pela pessoa jurídica, em seu favor.

Enunciado 286. [art. 52 do CC] – Os direitos da personalidade são direitos inerentes e essenciais à pessoa humana, decorrentes de sua dignidade, não sendo as pessoas jurídicas titulares de tais direitos.

Enunciado 287. [art. 98 do CC] – O critério da classificação de bens indicado no art. 98 do Código Civil não exaure a enumeração dos bens públicos, podendo ainda ser classificado como tal o bem pertencente a pessoa jurídica de direito privado que esteja afetado à prestação de serviços públicos.

Enunciado 288. [arts. 90 e 91 do CC] – A pertinência subjetiva não constitui requisito imprescindível para a configuração das universalidades de fato e de direito.

Enunciado 289. [art. 108 do CC] – O valor de 30 (trinta) salários mínimos constante no art. 108 do Código Civil brasileiro, em referência à forma pública ou particular dos negócios jurídicos que envolvam bens imóveis, é o atribuído pelas partes contratantes, e não qualquer outro valor arbitrado pela Administração Pública com finalidade tributária.

Enunciado 290. [art. 157 do CC] – A lesão acarretará a anulação do negócio jurídico quando verificada, na formação deste, a desproporção manifesta entre as prestações assumidas pelas partes, não se presumindo a premente necessidade ou a inexperiência do lesado.

Enunciado 291. [art. 157 do CC] – Nas hipóteses de lesão previstas no art. 157 do Código Civil, pode o lesionado optar por não pleitear a anulação do negócio jurídico, deduzindo, desde logo, pretensão com vista à revisão judicial do negócio por meio da redução do proveito do lesionador ou do complemento do preço.

Enunciado 292. [art. 158 do CC] – Para os efeitos do art. 158, § 2º, a anterioridade do crédito é determinada pela causa que lhe dá origem, independentemente de seu reconhecimento por decisão judicial.

Enunciado 293. [art. 167 do CC] – Na simulação relativa, o aproveitamento do negócio jurídico dissimulado não decorre tão somente do afastamento do negócio jurídico simulado, mas do necessário preenchimento de todos os requisitos substanciais e formais de validade daquele.

Enunciado 294. [art. 168 do CC] – Sendo a simulação uma causa de nulidade do negócio jurídico, pode ser alegada por uma das partes contra a outra.

Enunciado 295. [art. 191 do CC] – A revogação do art. 194 do Código Civil pela Lei nº 11.280/2006, que determina ao juiz o reconhecimento de ofício da prescrição, não retira do devedor a possibilidade de renúncia admitida no art. 191 do texto codificado.

Enunciado 296. [art. 197, I, do CC] – Não corre a prescrição entre os companheiros, na constância da união estável.

Enunciado 297. [art. 212, II, do CC] – O documento eletrônico tem valor probante, desde que seja apto a conservar a integridade de seu conteúdo e idôneo a apontar sua autoria, independentemente da tecnologia empregada.

Enunciado 298. [arts. 212, II; e 225 do CC] – Os arquivos eletrônicos incluem-se no conceito de "reproduções eletrônicas de fatos ou de coisas" do art. 225 do Código Civil, aos quais deve ser aplicado o regime jurídico da prova documental.

Enunciado 299. [art. 2.028 do CC] – Iniciada a contagem de determinado prazo sob a égide do Código Civil de 1916, e vindo a lei nova a reduzi-lo, prevalecerá o prazo antigo, desde que transcorrido mais de metade deste na data da entrada em vigor do novo Código. O novo prazo será contado a partir de 11 de janeiro de 2003, desprezando-se o tempo anteriormente decorrido, salvo quando o não aproveitamento do prazo já vencido implicar aumento do prazo prescricional previsto na lei revogada, hipótese em que deve ser aproveitado o prazo já transcorrido durante o domínio da lei antiga, estabelecendo-se uma continuidade temporal.

Enunciado 300. [art. 2.035 do CC] – A lei aplicável aos efeitos atuais dos contratos celebrados antes do novo Código Civil será a vigente na época da celebração; todavia, havendo alteração legislativa que evidencie anacronismo da lei revogada, o juiz equilibrará as obrigações das partes contratantes, ponderando os interesses traduzidos pelas regras revogada e revogadora, bem como a natureza e a finalidade do negócio.

ANEXO II – ENUNCIADOS – CJF

Enunciado 301. [art. 1.198 c/c art. 1.204 do CC] – É possível a conversão da detenção em posse, desde que rompida a subordinação, na hipótese de exercício em nome próprio dos atos possessórios.

Enunciado 302. [arts. 113, 1.200, 1.214, 1.241 e 1.242 do CC] – Pode ser considerado justo título para a posse de boa-fé o ato jurídico capaz de transmitir a posse *ad usucapionem*, observado o disposto no art. 113 do Código Civil.

Enunciado 303. [art. 1.201 do CC] – Considera-se justo título, para a presunção relativa da boa-fé do possuidor, o justo motivo que lhe autoriza a aquisição derivada da posse, esteja ou não materializado em instrumento público ou particular. Compreensão na perspectiva da função social da posse.

Enunciado 304. [art. 1.228 do CC] – São aplicáveis as disposições dos §§ 4º e 5º do art. 1.228 do Código Civil às ações reivindicatórias relativas a bens públicos dominicais, mantido, parcialmente, o Enunciado 83 da I Jornada de Direito Civil, no que concerne às demais classificações dos bens públicos.

Enunciado 305. [art. 1.228 do CC] – Tendo em vista as disposições dos §§ 3º e 4º do art. 1.228 do Código Civil, o Ministério Público tem o poder-dever de atuar nas hipóteses de desapropriação, inclusive a indireta, que encerrem relevante interesse público, determinado pela natureza dos bens jurídicos envolvidos.

Enunciado 306. [art. 1.228 do CC] – A situação descrita no § 4º do art. 1.228 do Código Civil enseja a improcedência do pedido reivindicatório.

Enunciado 307. [art. 1.228 do CC] – Na desapropriação judicial (art. 1.228, § 4º), poderá o juiz determinar a intervenção dos órgãos públicos competentes para o licenciamento ambiental e urbanístico.

Enunciado 308. [art. 1.228 do CC] – A justa indenização devida ao proprietário em caso de desapropriação judicial (art. 1.228, § 5º) somente deverá ser suportada pela Administração Pública no contexto das políticas públicas de reforma urbana ou agrária, em se tratando de possuidores de baixa renda e desde que tenha havido intervenção daquela nos termos da lei processual. Não sendo os possuidores de baixa renda, aplica-se a orientação do Enunciado 84 da I Jornada de Direito Civil.

Enunciado 309. [arts. 1.201 e 1.228 do CC] – O conceito de posse de boa-fé de que trata o art. 1.201 do Código Civil não se aplica ao instituto previsto no § 4º do art. 1.228.

Enunciado 310. [art. 1.228, § 4º, do CC] – Interpreta-se extensivamente a expressão "imóvel reivindicado" (art. 1.228, § 4º), abrangendo pretensões tanto no juízo petitório quanto no possessório.

Enunciado 311. [art. 1.228, § 3º, do CC] – Caso não seja pago o preço fixado para a desapropriação judicial, e ultrapassado o prazo prescricional para se exigir o crédito correspondente, estará autorizada a expedição de mandado para registro da propriedade em favor dos possuidores.

Enunciado 312. [art. 1.239 do CC] – Observado o teto constitucional, a fixação da área máxima para fins de usucapião especial rural levará em consideração o módulo rural e a atividade agrária regionalizada.

Enunciado 313. [arts. 1.239 e 1.240, do CC] – Quando a posse ocorre sobre área superior aos limites legais, não é possível a aquisição pela via da usucapião especial, ainda que o pedido restrinja a dimensão do que se quer usucapir.

Enunciado 314. [art. 1.240 do CC] – Para os efeitos do art. 1.240, não se deve computar, para fins de limite de metragem máxima, a extensão compreendida pela fração ideal correspondente à área comum.

Enunciado 315. [art. 1.241 do CC] – O art. 1.241 do Código Civil permite ao possuidor que figurar como réu em ação reivindicatória ou possessória formular pedido contraposto e postular ao juiz seja declarada adquirida, mediante usucapião, a propriedade imóvel, valendo a sentença como instrumento para registro imobiliário, ressalvados eventuais interesses de confinantes e terceiros.

Enunciado 316. [arts. 1.241 e 1.276 do CC] – Eventual ação judicial de abandono de imóvel, caso procedente, impede o sucesso de demanda petitória.

Enunciado 317. [art. 1.243 do CC] – A *accessio possessionis* de que trata o art. 1.243, primeira parte, do Código Civil não encontra aplicabilidade relativamente aos arts. 1.239 e 1.240 do mesmo diploma legal, em face da normatividade do usucapião constitucional urbano e rural, arts. 183 e 191, respectivamente.

Enunciado 318. [art. 1.258 do CC] – O direito à aquisição da propriedade do solo em favor do construtor de má-fé (art. 1.258, parágrafo único) somente é viável quando, além dos requisitos explícitos previstos em lei, houver necessidade de proteger terceiros de boa-fé.

Enunciado 319. [art. 1.277 do CC] – A condução e a solução das causas envolvendo conflitos de vizinhança devem guardar estreita sintonia com os princípios constitucionais da intimidade, da inviolabilidade da vida privada e da proteção ao meio ambiente.

Enunciado 320. [art. 1.338 do CC] – O direito de preferência de que trata o art. 1.338 deve ser assegurado não apenas nos casos de locação, mas também na hipótese de venda da garagem.

Enunciado 321. [art. 1.369 do CC] – Os direitos e obrigações vinculados ao terreno e, bem assim, aqueles vinculados à construção ou à plantação formam patrimônios distintos e autônomos, respondendo cada um de seus titulares exclusivamente por suas próprias dívidas e obrigações, ressalvadas as fiscais decorrentes do imóvel.

Enunciado 322. [art. 1.376 do CC] – O momento da desapropriação e as condições da concessão superficiária serão considerados para fins da divisão do montante indenizatório (art. 1.376), constituindo-se litisconsórcio passivo necessário simples entre proprietário e superficiário.

Enunciado 323. [art. 1.368-A do CC] – É dispensável a anuência dos adquirentes de unidades imobiliárias no "termo de afetação" da incorporação imobiliária.

ANEXO II – ENUNCIADOS – CJF

Enunciado 324. [art. 1.368-A do CC] – É possível a averbação do termo de afetação de incorporação imobiliária (Lei nº 4.591/1964, art. 31, *b*) a qualquer tempo, na matrícula do terreno, mesmo antes do registro do respectivo Memorial de Incorporação no Registro de Imóveis.

Enunciado 325. [art. 1.364 do CC] – É impenhorável, nos termos da Lei nº 8.009/1990, o direito real de aquisição do devedor fiduciante.

Enunciado 329. [art. 1.520 do CC] – A permissão para casamento fora da idade núbil merece interpretação orientada pela dimensão substancial do princípio da igualdade jurídica, ética e moral entre o homem e a mulher, evitando-se, sem prejuízo do respeito à diferença, tratamento discriminatório.

Enunciado 330. [arts. 1.523 e 1.524 do CC] – As causas suspensivas da celebração do casamento poderão ser arguidas inclusive pelos parentes em linha reta de um dos nubentes e pelos colaterais em segundo grau, por vínculo decorrente de parentesco civil.

Enunciado 331. [arts. 1.528 e 1.639 do CC] – O estatuto patrimonial do casal pode ser definido por escolha de regime de bens distinto daqueles tipificados no Código Civil (art. 1.639 e parágrafo único do art. 1.640), e, para efeito de fiel observância do disposto no art. 1.528 do Código Civil, cumpre certificação a respeito, nos autos do processo de habilitação matrimonial.

Enunciado 332. [art. 1.548, I, do CC – revogado pela Lei nº 13.146/2015] – A hipótese de nulidade prevista no inciso I do art. 1.548 do Código Civil se restringe ao casamento realizado por enfermo mental absolutamente incapaz, nos termos do inciso II do art. 3º do Código Civil.

Enunciado 334. [art. 1.584, § 5º, do CC] – A guarda de fato pode ser reputada como consolidada diante da estabilidade da convivência familiar entre a criança ou o adolescente e o terceiro guardião, desde que seja atendido o princípio do melhor interesse.

Enunciado 335. [art. 1.583 do CC] – A guarda compartilhada deve ser estimulada, utilizando-se, sempre que possível, da mediação e da orientação de equipe interdisciplinar.

Enunciado 336. [art. 1.584 do CC] – O parágrafo único♦ do art. 1.584 aplica-se também aos filhos advindos de qualquer forma de família.

♦ Atual § 5º, ante as alterações promovidas pela Lei nº 11.698/2008 e pela Lei nº 13.058/2014.

Enunciado 337. [art. 1.588 do CC] – O fato de o pai ou a mãe constituírem nova união não repercute no direito de terem os filhos do leito anterior em sua companhia, salvo quando houver comprometimento da sadia formação e do integral desenvolvimento da personalidade destes.

Enunciado 338. [art. 1.588 do CC] – A cláusula de não tratamento conveniente para a perda da guarda dirige-se a todos os que integram, de modo direto ou reflexo, as novas relações familiares.

Enunciado 339. [art. 1.596 do CC] – A paternidade socioafetiva, calcada na vontade livre, não pode ser rompida em detrimento do melhor interesse do filho.

Enunciado 340. [arts. 1.642, III; e 1.647, I, do CC] – No regime da comunhão parcial de bens é sempre indispensável a autorização do cônjuge, ou seu suprimento judicial, para atos de disposição sobre bens imóveis.

Enunciado 341. [art. 1.696 do CC] – Para os fins do art. 1.696, a relação socioafetiva pode ser elemento gerador de obrigação alimentar.

Enunciado 342. [arts. 1.695 e 1.696 do CC] – Observadas suas condições pessoais e sociais, os avós somente serão obrigados a prestar alimentos aos netos em caráter exclusivo, sucessivo, complementar e não solidário quando os pais destes estiverem impossibilitados de fazê-lo, caso em que as necessidades básicas dos alimentandos serão aferidas, prioritariamente, segundo o nível econômico-financeiro de seus genitores.

Enunciado 343. [arts. 1.696, 1.697, 1.700 e 1.792 do CC] – A transmissibilidade da obrigação alimentar é limitada às forças da herança.

Enunciado 344. [art. 1.701 do CC] – A obrigação alimentar originada do poder familiar, especialmente para atender às necessidades educacionais, pode não cessar com a maioridade.

Enunciado 345. [art. 1.708, parágrafo único, do CC] – O "procedimento indigno" do credor em relação ao devedor, previsto no parágrafo único do art. 1.708 do Código Civil, pode ensejar a exoneração ou apenas a redução do valor da pensão alimentícia para quantia indispensável à sobrevivência do credor.

Enunciado 346. [art. 1.725 do CC] – Na união estável o regime patrimonial obedecerá à norma vigente no momento da aquisição de cada bem, salvo contrato escrito.

Enunciado 347. [art. 266 do CC] – A solidariedade admite outras disposições de conteúdo particular além do rol previsto no art. 266 do Código Civil.

Enunciado 348. [arts. 275 e 282 do CC] – O pagamento parcial não implica, por si só, renúncia à solidariedade, a qual deve derivar dos termos expressos da quitação ou, inequivocamente, das circunstâncias do recebimento da prestação pelo credor.

Enunciado 349. [art. 282 do CC] – Com a renúncia à solidariedade quanto a apenas um dos devedores solidários, o credor só poderá cobrar do beneficiado a sua quota na dívida, permanecendo a solidariedade quanto aos demais devedores, abatida do débito a parte correspondente aos beneficiados pela renúncia.

Enunciado 350. [arts. 282 e 284 do CC] – A renúncia à solidariedade diferencia-se da remissão, em que o devedor fica inteiramente liberado do vínculo obrigacional, inclusive no que tange ao rateio da quota do eventual codevedor insolvente, nos termos do art. 284.

Enunciado 351. [art. 282 do CC] – A renúncia à solidariedade em favor de determinado devedor afasta a hipótese de seu chamamento ao processo.

Enunciado 352. [art. 300 do CC] – Salvo expressa concordância dos terceiros, as garantias por eles prestadas se extinguem com a assunção da dívida; já as garantias prestadas pelo devedor primitivo somente serão mantidas se este concordar com a assunção.

Enunciado 353. [art. 303 do CC] – A recusa do credor, quando notificado pelo adquirente de imóvel hipotecado comunicando-lhe o interesse em assumir a obrigação, deve ser justificada.

Enunciado 354. [arts. 395, 396 e 408 do CC] – A cobrança de encargos e parcelas indevidas ou abusivas impede a caracterização da mora do devedor.

Enunciado 355. [art. 413 do CC] – Não podem as partes renunciar à possibilidade de redução da cláusula penal se ocorrer qualquer das hipóteses previstas no art. 413 do Código Civil, por se tratar de preceito de ordem pública.

Enunciado 356. [art. 413 do CC] – Nas hipóteses previstas no art. 413 do Código Civil, o juiz deverá reduzir a cláusula penal de ofício.

Enunciado 357. [art. 413 do CC] – O art. 413 do Código Civil é o que complementa o art. 4º da Lei nº 8.245/1991. Revogado o Enunciado 179 da III Jornada.

Enunciado 358. [art. 413 do CC] – O caráter manifestamente excessivo do valor da cláusula penal não se confunde com a alteração das circunstâncias, a excessiva onerosidade e a frustração do fim do negócio jurídico, que podem incidir autonomamente e possibilitar sua revisão para mais ou para menos.

Enunciado 359. [art. 413 do CC] – A redação do art. 413 do Código Civil não impõe que a redução da penalidade seja proporcionalmente idêntica ao percentual adimplido.

Enunciado 360. [art. 421 do CC] – O princípio da função social dos contratos também pode ter eficácia interna entre as partes contratantes.

Enunciado 361. [arts. 421, 422 e 475 do CC] – O adimplemento substancial decorre dos princípios gerais contratuais, de modo a fazer preponderar a função social do contrato e o princípio da boa-fé objetiva, balizando a aplicação do art. 475.

Enunciado 362. [art. 423 do CC] – A vedação do comportamento contraditório (*venire contra factum proprium*) funda-se na proteção da confiança, tal como se extrai dos arts. 187 e 422 do Código Civil.

Enunciado 363. [art. 422 do CC] – Os princípios da probidade e da confiança são de ordem pública, sendo obrigação da parte lesada apenas demonstrar a existência da violação.

Enunciado 364. [arts. 424; e 828, I, do CC] – No contrato de fiança é nula a cláusula de renúncia antecipada ao benefício de ordem quando inserida em contrato de adesão.

Enunciado 365. [art. 478 do CC] – A extrema vantagem do art. 478 deve ser interpretada como elemento acidental da alteração das circunstâncias, que comporta a incidência da resolução ou revisão do negócio por onerosidade excessiva, independentemente de sua demonstração plena.

Enunciado 366. [art. 478 do CC] – O fato extraordinário e imprevisível causador de onerosidade excessiva é aquele que não está coberto objetivamente pelos riscos próprios da contratação.

Enunciado 367. [art. 479 do CC] – Em observância ao princípio da conservação do contrato, nas ações que tenham por objeto a resolução do pacto por excessiva onerosidade, pode o juiz modificá-lo equitativamente, desde que ouvida a parte autora, respeitada sua vontade e observado o contraditório.

Enunciado 368. [art. 496 do CC] – O prazo para anular venda de ascendente para descendente é decadencial de 2 (dois) anos (art. 179 do Código Civil).

Enunciado 369. [art. 732 do CC] – Diante do preceito constante no art. 732 do Código Civil, teleologicamente e em uma visão constitucional de unidade do sistema, quando o contrato de transporte constituir uma relação de consumo, aplicam-se as normas do Código de Defesa do Consumidor que forem mais benéficas a este.

Enunciado 370. [art. 757 do CC] – Nos contratos de seguro por adesão, os riscos predeterminados indicados no art. 757, parte final, devem ser interpretados de acordo com os arts. 421, 422, 424, 759 e 799 do Código Civil e 1º, inciso III, da Constituição Federal.

Enunciado 371. [art. 763 do CC] – A mora do segurado, sendo de escassa importância, não autoriza a resolução do contrato, por atentar ao princípio da boa-fé objetiva.

Enunciado 372. [art. 766 do CC] – Em caso de negativa de cobertura securitária por doença preexistente, cabe à seguradora comprovar que o segurado tinha conhecimento inequívoco daquela.

Enunciado 373. [art. 787 do CC] – Embora sejam defesos pelo § 2º do art. 787 do Código Civil, o reconhecimento da responsabilidade, a confissão da ação ou a transação não retiram do segurado o direito à garantia, sendo apenas ineficazes perante a seguradora.

Enunciado 374. [arts. 757 a 802 do CC] – No contrato de seguro, o juiz deve proceder com equidade, atentando às circunstâncias reais, e não a probabilidades infundadas, quanto à agravação dos riscos.

Enunciado 375. [art. 801, § 2º, do CC] – No seguro em grupo de pessoas, exige-se o quórum qualificado de 3/4 (três quartos) do grupo, previsto no § 2º do art. 801 do Código Civil, apenas quando as modificações impuserem novos ônus aos participantes ou restringirem seus direitos na apólice em vigor.

Enunciado 376. [art. 763 do CC] – Para efeito de aplicação do art. 763 do Código Civil, a resolução do contrato depende de prévia interpelação.

Enunciado 377. [art. 927, parágrafo único, do CC] – O art. 7º, inciso XXVIII, da Constituição Federal não é impedimento para a aplicação do disposto no art. 927, parágrafo único, do Código Civil quando se tratar de atividade de risco.

Enunciado 378. [art. 931 do CC] – Aplica-se o art. 931 do Código Civil, haja ou não relação de consumo.

Enunciado 379. [art. 944 do CC] – O art. 944, *caput*, do Código Civil não afasta a possibilidade de se reconhecer a função punitiva ou pedagógica da responsabilidade civil.

Enunciado 381. [art. 950, parágrafo único, do CC] – O lesado pode exigir que a indenização sob a forma de pensionamento seja arbitrada e paga de uma só vez, salvo impossibilidade econômica do devedor, caso em que o juiz poderá fixar outra forma de pagamento, atendendo à condição financeira do ofensor e aos benefícios resultantes do pagamento antecipado.

Enunciado 382. [art. 966 do CC] – Nas sociedades, o registro observa a natureza da atividade (empresarial ou não – art. 966); as demais questões seguem as normas pertinentes ao tipo societário adotado (art. 983). São exceções as sociedades por ações e as cooperativas (art. 982, parágrafo único).

Enunciado 383. [arts. 986, 997, 998 e 999 do CC] – A falta de registro do contrato social (irregularidade originária – art. 998) ou de alteração contratual versando sobre matéria referida no art. 997 (irregularidade superveniente – art. 999, parágrafo único) conduz à aplicação das regras da sociedade em comum (art. 986).

Enunciado 384. [art. 997, caput, do CC] – Nas sociedades personificadas previstas no Código Civil, exceto a cooperativa, é admissível o acordo de sócios, por aplicação analógica das normas relativas às sociedades por ações pertinentes ao acordo de acionistas.

Enunciado 385. [art. 999 do CC] – A unanimidade exigida para a modificação do contrato social somente alcança as matérias referidas no art. 997, prevalecendo, nos demais casos de deliberação dos sócios, a maioria absoluta, se outra mais qualificada não for prevista no contrato.

Enunciado 386. [art. 1.026, parágrafo único, do CC] – Na apuração dos haveres do sócio devedor, por consequência da liquidação de suas quotas na sociedade para pagamento ao seu credor (art. 1.026, parágrafo único), não devem ser consideradas eventuais disposições contratuais restritivas à determinação de seu valor.

Enunciado 387. [art. 1.026, caput, do CC] – A opção entre fazer a execução recair sobre o que ao sócio couber no lucro da sociedade ou sobre a parte que lhe tocar em dissolução orienta-se pelos princípios da menor onerosidade e da função social da empresa.

Enunciado 388. [art. 1.026, caput, do CC] – O disposto no art. 1.026 do Código Civil não exclui a possibilidade de o credor fazer recair a execução sobre os direitos patrimoniais da quota de participação que o devedor possui no capital da sociedade.

Enunciado 389. [art. 1.026, caput, do CC] – Quando se tratar de sócio de serviço, não poderá haver penhora das verbas descritas no art. 1.026, se de caráter alimentar.

Enunciado 391. [arts. 1.057 e 1.058 do CC] – A sociedade limitada pode adquirir suas próprias quotas, observadas as condições estabelecidas na Lei das Sociedades por Ações.

Enunciado 392. [art. 1.077 do CC] – Nas hipóteses do art. 1.077 do Código Civil, cabe aos sócios delimitar seus contornos para compatibilizá-los com os princípios da preservação e da função social da empresa, aplicando-se, supletiva (art. 1.053, parágrafo único) ou analogicamente (art. 4º da LICC*), o art. 137, § 3º, da Lei das Sociedades por Ações, para permitir a reconsideração da

ANEXOS

deliberação que autorizou a retirada do sócio dissidente.

♦ Atual LINDB, ante a alteração promovida pela Lei nº 12.376/2010.

Enunciado 393. [art. 1.144 do CC] – A validade da alienação do estabelecimento empresarial não depende de forma específica, observado o regime jurídico dos bens que a exijam.

Enunciado 394. [art. 2.031 do CC] – Ainda que não promovida a adequação do contrato social no prazo previsto no art. 2.031 do Código Civil, as sociedades não perdem a personalidade jurídica adquirida antes de seu advento.

Enunciado 395. [art. 2.031 do CC] – A sociedade registrada antes da vigência do Código Civil não está obrigada a adaptar seu nome às novas disposições.

Enunciado 396. [arts. 972, 981, 985 e 2.035 do CC] – A capacidade para contratar a constituição da sociedade submete-se à lei vigente no momento do registro.

V JORNADA DE DIREITO CIVIL

(*) V Jornada de Direito Civil: BSB, 9 a 11.11.2011 – Enunciados 397 a 529.

Enunciado 397. [art. 5º, parágrafo único, I, do CC] – A emancipação por concessão dos pais ou por sentença do juiz está sujeita à desconstituição por vício de vontade.

Enunciado 398. [art. 12, parágrafo único, do CC] – As medidas previstas no art. 12, parágrafo único, do Código Civil podem ser invocadas por qualquer uma das pessoas ali mencionadas de forma concorrente e autônoma.

Enunciado 399. [arts. 12, parágrafo único; e 20, parágráfo único, do CC] – Os poderes conferidos aos legitimados para a tutela *post mortem* dos direitos da personalidade, nos termos dos arts. 12, parágrafo único, e 20, parágrafo único, do CC, não compreendem a faculdade de limitação voluntária.

Enunciado 400. [arts. 12, parágrafo único; e 20, parágráfo único, do CC] – Os parágrafos únicos dos arts. 12 e 20 asseguram legitimidade, por direito próprio, aos parentes, cônjuge ou companheiro para a tutela contra lesão perpetrada *post mortem*.

Enunciado 401. [art. 13 do CC] – Não contraria os bons costumes a cessão gratuita de direitos de uso de material biológico para fins de pesquisa científica, desde que a manifestação de vontade tenha sido livre, esclarecida e puder ser revogada a qualquer tempo, conforme as normas éticas que regem a pesquisa científica e o respeito aos direitos fundamentais.

Enunciado 402. [art. 14 do CC] – O art. 14, parágrafo único, do Código Civil, fundado no consentimento informado, não dispensa o consentimento dos adolescentes para a doação de medula óssea prevista no art. 9º, § 6º, da Lei nº 9.434/191997 por aplicação analógica dos arts. 28, § 2º (alterado pela Lei nº 12.010/2009), e 45, § 2º, do ECA.

Enunciado 403. [art. 15 do CC] – O Direito à inviolabilidade de consciência e de crença, previsto no art. 5º, VI, da Constituição Federal, aplica-se também à pessoa que se nega a tratamento médico, inclusive transfusão de sangue, com ou sem risco de morte, em razão do tratamento ou da falta dele, desde que observados os seguintes critérios: a) capacidade civil plena, excluído o suprimento pelo representante ou assistente; b) manifestação de vontade livre, consciente e informada; e c) oposição que diga respeito exclusivamente à própria pessoa do declarante.

Enunciado 404. [art. 21 do CC] – A tutela da privacidade da pessoa humana compreende os controles espacial, contextual e temporal dos próprios dados, sendo necessário seu expresso consentimento para tratamento de informações que versem especialmente o estado de saúde, a condição sexual, a origem racial ou étnica, as convicções religiosas, filosóficas e políticas.

Enunciado 405. [art. 21 do CC] – As informações genéticas são parte da vida privada e não podem ser utilizadas para fins diversos daqueles que motivaram seu armazenamento, registro ou uso, salvo com autorização do titular.

Enunciado 406. [art. 50 do CC] – A desconsideração da personalidade jurídica alcança os grupos de sociedade quando estiverem presentes os pressupostos do art. 50 do Código Civil e houver prejuízo para os credores até o limite transferido entre as sociedades.

Enunciado 407. [art. 61 do CC] – A obrigatoriedade de destinação do patrimônio líquido remanescente da associação à instituição municipal, estadual ou federal de fins idênticos ou semelhantes, em face da omissão do estatuto, possui caráter subsidiário, devendo prevalecer a vontade dos associados, desde que seja contemplada entidade que persiga fins não econômicos.

Enunciado 408. [art. 70 do CC; e art. 7º da LINDB] – Para efeitos de interpretação da expressão "domicílio" do art. 7º da Lei de Introdução às Normas do Direito Brasileiro, deve ser considerada, nas hipóteses de litígio internacional relativo a criança ou adolescente, a residência habitual destes, pois se trata de situação fática internacionalmente aceita e conhecida.

Enunciado 409. [art. 113 do CC] – Os negócios jurídicos devem ser interpretados não só conforme a boa-fé e os usos do lugar de sua celebração, mas também de acordo com as práticas habitualmente adotadas entre as partes.

Enunciado 410. [art. 157 do CC] – A inexperiência a que se refere o art. 157 não deve necessariamente significar imaturidade ou desconhecimento em relação à prática de negócios jurídicos em geral, podendo ocorrer também quando o lesado, ainda que estipule contratos costumeiramente, não tenha conhecimento específico sobre o negócio em causa.

Enunciado 411. [art. 186 do CC] – O descumprimento de contrato pode gerar dano moral quando envolver valor fundamental protegido pela Constituição Federal de 1988.

Enunciado 412. [art. 187 do CC] – As diversas hipóteses de exercício inadmissível de uma situação jurídica subjetiva, tais como *supressio, tu quoque, surrectio* e *venire contra factum proprium*, são concreções da boa-fé objetiva.

ANEXOS

Enunciado 413. [art. 187 do CC] – Os bons costumes previstos no art. 187 do CC possuem natureza subjetiva, destinada ao controle da moralidade social de determinada época, e objetiva, para permitir a sindicância da violação dos negócios jurídicos em questões não abrangidas pela função social e pela boa-fé objetiva.

Enunciado 414. [art. 187 do CC] – A cláusula geral do art. 187 do Código Civil tem fundamento constitucional nos princípios da solidariedade, devido processo legal e proteção da confiança, e aplica-se a todos os ramos do direito.

Enunciado 415. [art. 190 do CC] – O art. 190 do Código Civil refere-se apenas às exceções impróprias (dependentes/não autônomas). As exceções propriamente ditas (independentes/autônomas) são imprescritíveis.

Enunciado 416. [art. 202, I, do CC] – A propositura de demanda judicial pelo devedor, que importe impugnação do débito contratual ou de cártula representativa do direito do credor, é causa interruptiva da prescrição.

Enunciado 417. [art. 202, I, do CC] – O art. 202, I, do CC deve ser interpretado sistematicamente com o art. 219, § 1º, do CPC, de modo a se entender que o efeito interruptivo da prescrição produzido pelo despacho que ordena a citação é retroativo até a data da propositura da demanda.

Enunciado 418. [art. 206, § 3º, I, do CC] – O prazo prescricional de 3 (três) anos para a pretensão relativa a aluguéis aplica-se aos contratos de locação de imóveis celebrados com a administração pública.

Enunciado 419. [art. 206, § 3º, V, do CC] – O prazo prescricional de 3 (três) anos para a pretensão de reparação civil aplica-se tanto à responsabilidade contratual quanto à responsabilidade extracontratual.

Enunciado 420. [art. 206, § 3º, V, do CC] – Não se aplica o art. 206, § 3º, V, do Código Civil às pretensões indenizatórias decorrentes de acidente de trabalho, após a vigência da Emenda Constitucional nº 45, incidindo a regra do art. 7º, XXIX, da Constituição da República.

Enunciado 421. [arts. 112, 113 e 421 ss. do CC] – Os contratos coligados devem ser interpretados segundo os critérios hermenêuticos do Código Civil, em especial os dos arts. 112 e 113, considerada a sua conexão funcional.

Enunciado 422. [art. 300 do CC] – A expressão "garantias especiais" constante do art. 300 do CC/2002 refere-se a todas as garantias, quaisquer delas, reais ou fidejussórias, que tenham sido prestadas voluntária e originariamente pelo devedor primitivo ou por terceiro, vale dizer, aquelas que dependeram da vontade do garantidor, devedor ou terceiro para se constituírem. (Fica mantido o teor do Enunciado nº 352.)

Enunciado 423. [art. 301 do CC] – O art. 301 do CC deve ser interpretado de forma a também abranger os negócios jurídicos nulos e a significar a continuidade da relação obrigacional originária em vez de "restauração", porque, envolvendo hipótese de transmissão, aquela relação nunca deixou de existir.

Enunciado 424. [art. 303, segunda parte, do CC] – A comprovada ciência de que o reiterado pagamento é feito por terceiro no interesse próprio produz efeitos equivalentes aos da notificação de que trata o art. 303, segunda parte.

ANEXO II – ENUNCIADOS – CJF

Enunciado 425. [art. 308 do CC] – O pagamento repercute no plano da eficácia, e não no plano da validade como preveem os arts. 308, 309 e 310 do Código Civil.

Enunciado 426. [art. 389 do CC] – Os honorários advocatícios previstos no art. 389 do Código Civil não se confundem com as verbas de sucumbência, que, por força do art. 23 da Lei nº 8.906/1994, pertencem ao advogado.

Enunciado 427. [art. 397 do CC] – É válida a notificação extrajudicial promovida em serviço de registro de títulos e documentos de circunscrição judiciária diversa da do domicílio do devedor.

Enunciado 428. [art. 405 do CC] – Os juros de mora, nas obrigações negociais, fluem a partir do advento do termo da prestação, estando a incidência do disposto no art. 405 da codificação limitada às hipóteses em que a citação representa o papel de notificação do devedor ou àquelas em que o objeto da prestação não tem liquidez.

Enunciado 429. [art. 413 do CC] – As multas previstas nos acordos e convenções coletivas de trabalho, cominadas para impedir o descumprimento das disposições normativas constantes desses instrumentos, em razão da negociação coletiva dos sindicatos e empresas, têm natureza de cláusula penal e, portanto, podem ser reduzidas pelo juiz do trabalho quando cumprida parcialmente a cláusula ajustada ou quando se tornarem excessivas para o fim proposto, nos termos do art. 413 do Código Civil.

Enunciado 430. [art. 416 do CC] – No contrato de adesão, o prejuízo comprovado do aderente que exceder ao previsto na cláusula penal compensatória poderá ser exigido pelo credor independentemente de convenção.

Enunciado 431. [art. 421 do CC] – A violação do art. 421 conduz à invalidade ou à ineficácia do contrato ou de cláusulas contratuais.

Enunciado 432. [art. 422 do CC] – Em contratos de financiamento bancário, são abusivas cláusulas contratuais de repasse de custos administrativos (como análise do crédito, abertura de cadastro, emissão de fichas de compensação bancária, etc.), seja por estarem intrinsecamente vinculadas ao exercício da atividade econômica, seja por violarem o princípio da boa-fé objetiva.

Enunciado 433. [art. 424 do CC] – A cláusula de renúncia antecipada ao direito de indenização e retenção por benfeitorias necessárias é nula em contrato de locação de imóvel urbano feito nos moldes do contrato de adesão.

Enunciado 434. [art. 456 do CC – revogado pelo CPC] – A ausência de denunciação da lide ao alienante, na evicção, não impede o exercício de pretensão reparatória por meio de via autônoma.

Enunciado 435. [art. 463 do CC] – O contrato de promessa de permuta de bens imóveis é título passível de registro na matrícula imobiliária.

Enunciado 436. [art. 474 do CC] – A cláusula resolutiva expressa produz efeitos extintivos independentemente de pronunciamento judicial.

Enunciado 437. [art. 475 do CC] – A resolução da relação jurídica contratual também pode decorrer do inadimplemento antecipado.

ANEXOS

Enunciado 438. [art. 477 do CC] – A exceção de inseguridade, prevista no art. 477, também pode ser oposta à parte cuja conduta põe, manifestamente em risco, a execução do programa contratual.

Enunciado 439. [art. 478 do CC] – A revisão do contrato por onerosidade excessiva fundada no Código Civil deve levar em conta a natureza do objeto do contrato. Nas relações empresariais, observar-se-á a sofisticação dos contratantes e a alocação de riscos por eles assumidas com o contrato.

Enunciado 440. [art. 478 do CC] – É possível a revisão ou resolução por excessiva onerosidade em contratos aleatórios, desde que o evento superveniente, extraordinário e imprevisível não se relacione com a álea assumida no contrato.

Enunciado 441. [art. 488, parágrafo único, do CC] – Na falta de acordo sobre o preço, não se presume concluída a compra e venda. O parágrafo único do art. 488 somente se aplica se houverem diversos preços habitualmente praticados pelo vendedor, caso em que prevalecerá o termo médio.

Enunciado 442. [art. 844 do CC] – A transação, sem a participação do advogado credor dos honorários, é ineficaz quanto aos honorários de sucumbência definidos no julgado.

Enunciado 443. [arts. 393 e 927 do CC] – O caso fortuito e a força maior somente serão considerados como excludentes da responsabilidade civil quando o fato gerador do dano não for conexo à atividade desenvolvida.

Enunciado 444. [art. 927 do CC] – A responsabilidade civil pela perda de chance não se limita à categoria de danos extrapatrimoniais, pois, conforme as circunstâncias do caso concreto, a chance perdida pode apresentar também a natureza jurídica de dano patrimonial. A chance deve ser séria e real, não ficando adstrita a percentuais apriorísticos.

Enunciado 445. [art. 927 do CC] – O dano moral indenizável não pressupõe necessariamente a verificação de sentimentos humanos desagradáveis como dor ou sofrimento.

Enunciado 446. [art. 927 do CC] – A responsabilidade civil prevista na segunda parte do parágrafo único do art. 927 do Código Civil deve levar em consideração não apenas a proteção da vítima e a atividade do ofensor, mas também a prevenção e o interesse da sociedade.

Enunciado 447. [art. 927 do CC] – As agremiações esportivas são objetivamente responsáveis por danos causados a terceiros pelas torcidas organizadas, agindo nessa qualidade, quando, de qualquer modo, as financiem ou custeiem, direta ou indiretamente, total ou parcialmente.

Enunciado 448. [art. 927 do CC] – A regra do art. 927, parágrafo único, segunda parte, do CC aplica-se sempre que a atividade normalmente desenvolvida, mesmo sem defeito e não essencialmente perigosa, induza, por sua natureza, risco especial e diferenciado aos direitos de outrem. São critérios de avaliação desse risco, entre outros, a estatística, a prova técnica e as máximas de experiência.

Enunciado 449. [art. 928, parágrafo único, do CC] – A indenização equitativa a que se refere o art. 928, parágrafo único, do Código Civil não é necessariamente reduzida

ANEXO II – ENUNCIADOS – CJF

sem prejuízo do Enunciado nº 39 da I Jornada de Direito Civil.

Enunciado 450. [art. 932, I, do CC] – Considerando que a responsabilidade dos pais pelos atos danosos praticados pelos filhos menores é objetiva, e não por culpa presumida, ambos os genitores, no exercício do poder familiar, são, em regra, solidariamente responsáveis por tais atos, ainda que estejam separados, ressalvado o direito de regresso em caso de culpa exclusiva de um dos genitores.

Enunciado 451. [arts. 932 e 933 do CC] – A responsabilidade civil por ato de terceiro funda-se na responsabilidade objetiva ou independente de culpa, estando superado o modelo de culpa presumida.

Enunciado 452. [art. 936 do CC] – A responsabilidade civil do dono ou detentor de animal é objetiva, admitindo-se a excludente do fato exclusivo de terceiro.

Enunciado 453. [art. 942 do CC] – Na via regressiva, a indenização atribuída a cada agente será fixada proporcionalmente à sua contribuição para o evento danoso.

Enunciado 454. [art. 943 do CC] – O direito de exigir reparação a que se refere o art. 943 do Código Civil abrange inclusive os danos morais, ainda que a ação não tenha sido iniciada pela vítima.

Enunciado 455. [art. 944 do CC] – Embora o reconhecimento dos danos morais se dê, em numerosos casos, independentemente de prova (*in re ipsa*), para a sua adequada quantificação, deve o juiz investigar, sempre que entender necessário, as circunstâncias do caso concreto, inclusive por intermédio da produção de depoimento pessoal e da prova testemunhal em audiência.

Enunciado 456. [art. 944 do CC] – A expressão "dano" no art. 944 abrange não só os danos individuais, materiais ou imateriais, mas também os danos sociais, difusos, coletivos e individuais homogêneos a serem reclamados pelos legitimados para propor ações coletivas.

Enunciado 457. [art. 944 do CC] – A redução equitativa da indenização tem caráter excepcional e somente será realizada quando a amplitude do dano extrapolar os efeitos razoavelmente imputáveis à conduta do agente.

Enunciado 458. [art. 944 do CC] – O grau de culpa do ofensor, ou a sua eventual conduta intencional, deve ser levado em conta pelo juiz para a quantificação do dano moral.

Enunciado 459. [art. 945 do CC] – A conduta da vítima pode ser fator atenuante do nexo de causalidade na responsabilidade civil objetiva.

Enunciado 460. [art. 951 do CC] – A responsabilidade subjetiva do profissional da área da saúde, nos termos do art. 951 do Código Civil e do art. 14, § 4º, do Código de Defesa do Consumidor, não afasta a sua responsabilidade objetiva pelo fato da coisa da qual tem a guarda, em caso de uso de aparelhos ou instrumentos que, por eventual disfunção, venham a causar danos a pacientes, sem prejuízo do direito regressivo do profissional em relação ao fornecedor do aparelho e sem prejuízo da ação direta do paciente, na condição de consumidor, contra tal fornecedor.

Enunciado 461. [art. 889 do CC] – As duplicatas eletrônicas podem ser protestadas por indicação e constituirão título executivo extrajudicial mediante a exibição pelo credor do instrumento de protesto, acompanhado do comprovante de entrega das mercadorias ou de prestação dos serviços.

Enunciado 462. [art. 889 do CC] – Os títulos de crédito podem ser emitidos, aceitos, endossados ou avalizados eletronicamente, mediante assinatura com certificação digital, respeitadas as exceções previstas em lei.

Enunciado 463. [art. 897 do CC] – A prescrição da pretensão executória não atinge o próprio direito material ou crédito que podem ser exercidos ou cobrados por outra via processual admitida pelo ordenamento jurídico.

Enunciado 464. [art. 903 do CC] – Revisão do Enunciado nº 52 – As disposições relativas aos títulos de crédito do Código Civil aplicam-se àqueles regulados por leis especiais no caso de omissão ou lacuna.

Enunciado 465. [arts. 968, § 3º; e 1.033, parágrafo único, do CC] – A "transformação de registro" prevista no art. 968, § 3º, e no art. 1.033, parágrafo único, do Código Civil não se confunde com a figura da transformação de pessoa jurídica.

Enunciado 466. [arts. 968, IV, parte final; e 997, II, do CC] – Para fins do Direito Falimentar, o local do principal estabelecimento é aquele de onde partem as decisões empresariais, e não necessariamente a sede indicada no registro público.

Enunciado 467. [art. 974, § 3º, do CC] – A exigência de integralização do capital social prevista no art. 974, § 3º, não se aplica à participação de incapazes em sociedades anônimas e em sociedades com sócios de responsabilidade ilimitada nas quais a integralização do capital social não influa na proteção do incapaz.

Enunciado 468. [art. 980-A do CC] – A empresa individual de responsabilidade limitada só poderá ser constituída por pessoa natural.

Enunciado 469. [arts. 44; e 980-A, § 1º, do CC] – A empresa individual de responsabilidade limitada (EIRELI) não é sociedade, mas novo ente jurídico personificado.

Enunciado 470. [art. 980-A do CC] – O patrimônio da empresa individual de responsabilidade limitada responderá pelas dívidas da pessoa jurídica, não se confundindo com o patrimônio da pessoa natural que a constitui, sem prejuízo da aplicação do instituto da desconsideração da personalidade jurídica.

Enunciado 471. [art. 980-A do CC] – Os atos constitutivos da EIRELI devem ser arquivados no registro competente, para fins de aquisição de personalidade jurídica. A falta de arquivamento ou de registro de alterações dos atos constitutivos configura irregularidade superveniente.

Enunciado 472. [art. 980-A, § 1º, do CC] – É inadequada a utilização da expressão "social" para as empresas individuais de responsabilidade limitada.

Enunciado 473. [art. 980-A, § 5º, do CC] – A imagem, o nome ou a voz não podem ser utilizados para a integralização do capital da EIRELI.

Enunciado 474. [arts. 981 e 983 do CC] – Os profissionais liberais podem organizar-se sob a forma de sociedade simples, convencionando a responsabilidade limitada dos sócios por dívidas da sociedade, a despeito da responsabilidade ilimitada por atos praticados no exercício da profissão.

Enunciado 475. [arts. 981 e 983 do CC] – Considerando ser da essência do contrato de sociedade a partilha do risco entre os sócios, não desfigura a sociedade simples o fato de o respectivo contrato social prever distribuição de lucros, rateio de despesas e concurso de auxiliares.

Enunciado 476. [art. 982 do CC] – Eventuais classificações conferidas pela lei tributária às sociedades não influem para sua caracterização como empresárias ou simples, especialmente no que se refere ao registro dos atos constitutivos e à submissão ou não aos dispositivos da Lei nº 11.101/2005.

Enunciado 477. [art. 983 do CC] – O art. 983 do Código Civil permite que a sociedade simples opte por um dos tipos empresariais dos arts. 1.039 a 1.092 do Código Civil. Adotada a forma de sociedade anônima ou de comandita por ações, porém ela será considerada empresária.

Enunciado 478. [art. 997, *caput* e III, do CC] – A integralização do capital social em bens imóveis pode ser feita por instrumento particular de contrato social ou de alteração contratual, ainda que se trate de sociedade sujeita ao registro exclusivamente no registro civil de pessoas jurídicas.

Enunciado 479. [art. 997, VII, do CC] – Na sociedade simples pura (art. 983, parte final, do CC/2002), a responsabilidade dos sócios depende de previsão contratual. Em caso de omissão, será ilimitada e subsidiária, conforme o disposto nos arts. 1.023 e 1.024 do CC/2002.

Enunciado 481. [art. 1.030, parágrafo único, do CC] – O insolvente civil fica de pleno direito excluído das sociedades contratuais das quais seja sócio.

Enunciado 482. [arts. 884 e 1.031 do CC] – Na apuração de haveres de sócio retirante de sociedade *holding* ou controladora, deve ser apurado o valor global do patrimônio, salvo previsão contratual diversa. Para tanto, deve-se considerar o valor real da participação da *holding* ou controladora nas sociedades que o referido sócio integra.

Enunciado 483. [art. 1.033, parágrafo único, do CC] – Admite-se a transformação do registro da sociedade anônima, na hipótese do art. 206, I, *d*, da Lei nº 6.404/1976, em empresário individual ou empresa individual de responsabilidade limitada.

Enunciado 484. [art. 1.074, § 1º, do CC] – Quando as deliberações sociais obedecerem à forma de reunião, na sociedade limitada com até 10 (dez) sócios, é possível que a representação do sócio seja feita por outras pessoas além das mencionadas no § 1º do art. 1.074 do Código Civil (outro sócio ou advogado), desde que prevista no contrato social.

Enunciado 485. [art. 1.076 do CC] – O sócio que participa da administração societária não pode votar nas deliberações acerca de suas próprias contas, na forma dos arts. 1.071, I, e 1.074, § 2º, do Código Civil.

Enunciado 486. [art. 1.134 do CC] – A sociedade estrangeira pode, independentemente de autorização do Poder Executivo, ser sócia em sociedades de outros tipos além das anônimas.

Enunciado 487. [arts. 50, 884, 1.009, 1.016, 1.036 e 1.080 do CC] – Na apuração de haveres de sócio retirante (art. 1.031 do CC), devem ser afastados os efeitos da diluição injustificada e ilícita da participação deste na sociedade.

Enunciado 488. [art. 1.142; e Súmula 451 do STJ] – Admite-se a penhora do *website* e de outros intangíveis relacionados com o comércio eletrônico.

Enunciado 489. [arts. 1.043, II; 1.051; 1.063, § 3º; 1.084, § 1º; 1.109, parágrafo único; 1.122; 1.144; 1.146; 1.148; e 1.149 do CC] – No caso da microempresa, da empresa de pequeno porte e do microempreendedor individual, dispensados de publicação dos seus atos (art. 71 da Lei Complementar nº 123/2006), os prazos estabelecidos no Código Civil contam-se da data do arquivamento do documento (termo inicial) no registro próprio.

Enunciado 490. [art. 1.147 do CC] – A ampliação do prazo de 5 (cinco) anos de proibição de concorrência pelo alienante ao adquirente do estabelecimento, ainda que convencionada no exercício da autonomia da vontade, pode ser revista judicialmente, se abusiva.

Enunciado 491. [art. 1.166 do CC] – A proteção ao nome empresarial, limitada ao Estado-Membro para efeito meramente administrativo, estende-se a todo o território nacional por força do art. 5º, XXIX, da Constituição da República e do art. 8º da Convenção Unionista de Paris.

Enunciado 492. [art. 1.196 do CC] – A posse constitui direito autônomo em relação à propriedade e deve expressar o aproveitamento dos bens para o alcance de interesses existenciais, econômicos e sociais merecedores de tutela.

Enunciado 493. [art. 1.198 do CC] – O detentor (art. 1.198 do Código Civil) pode, no interesse do possuidor, exercer a autodefesa do bem sob seu poder.

Enunciado 494. [art. 1.207 do CC] – A faculdade conferida ao sucessor singular de somar ou não o tempo da posse de seu antecessor não significa que, ao optar por nova contagem, estará livre do vício objetivo que maculava a posse anterior.

Enunciado 495. [art. 1.210, § 1º, do CC] – No desforço possessório, a expressão "contanto que o faça logo" deve ser entendida restritivamente, apenas como a reação imediata ao fato do esbulho ou da turbação, cabendo ao possuidor recorrer à via jurisdicional nas demais hipóteses.

Enunciado 496. [art. 1.228, §§ 4º e 5º, do CC] – O conteúdo do art. 1.228, §§ 4º e 5º, pode ser objeto de ação autônoma, não se restringindo à defesa em pretensões reivindicatórias.

Enunciado 497. [art. 1.238 do CC] – O prazo, na ação de usucapião, pode ser completado no curso do processo, ressalvadas as hipóteses de má-fé processual do autor.

Enunciado 498. [art. 1.240-A do CC] – A fluência do prazo de 2 (dois) anos previsto pelo art. 1.240-A para a nova modalidade de usucapião nele contemplada tem início com a entrada em vigor da Lei nº 12.424/2011.

Enunciado 500. [art. 1.240-A do CC] – A modalidade de usucapião prevista no art. 1.240-A do Código Civil pressupõe a propriedade comum do casal e compreende todas as formas de família ou entidades familiares, inclusive homoafetivas.

Enunciado 501. [art. 1.240-A do CC] – As expressões "ex-cônjuge" e "ex-companheiro", contidas no art. 1.240-A do Código Civil, correspondem à situação fática da separação, independentemente de divórcio.

Enunciado 502. [arts. 1.197 e 1.240-A do CC] – O conceito de posse direta referido no art. 1.240-A do Código Civil não coincide com a acepção empregada no art. 1.197 do mesmo Código.

Enunciado 503. [art. 1.245 do CC] – É relativa a presunção de propriedade decorrente do registro imobiliário, ressalvado o sistema Torrens.

Enunciado 504. [arts. 1.332 a 1.334 do CC] – A escritura declaratória de instituição e convenção firmada pelo titular único de edificação composta por unidades autônomas é título hábil para registro da propriedade horizontal no competente registro de imóveis, nos termos dos arts. 1.332 a 1.334 do Código Civil.

Enunciado 505. [arts. 1.336, § 1º; e 1.420, § 1º, do CC] – É nula a estipulação que, dissimulando ou embutindo multa acima de 2% (dois por cento), confere suposto desconto de pontualidade no pagamento da taxa condominial, pois configura fraude à lei (Código Civil, art. 1336, § 1º), e não redução por merecimento.

Enunciado 506. [art. 1.361, § 1º, do CC] – Estando em curso contrato de alienação fiduciária, é possível a constituição concomitante de nova garantia fiduciária sobre o mesmo bem imóvel, que, entretanto, incidirá sobre a respectiva propriedade superveniente que o fiduciante vier a readquirir, quando do implemento da condição a que estiver subordinada a primeira garantia fiduciária; a nova garantia poderá ser registrada na data em que convencionada e será eficaz desde a data do registro, produzindo efeito *ex tunc*.

Enunciado 507. [arts. 1.228 e 1.239 do CC] – Na aplicação do princípio da função social da propriedade imobiliária rural, deve ser observada a cláusula aberta do § 1º do art. 1.228 do Código Civil, que, em consonância com o disposto no art. 5º, inciso XXIII, da Constituição de 1988, permite melhor objetivar a funcionalização mediante critérios de valoração centrados na primazia do trabalho.

Enunciado 508. [arts. 1.228 e 1.337 do CC] – Verificando-se que a sanção pecuniária mostrou-se ineficaz, a garantia fundamental da função social da propriedade (arts. 5º, XXIII, da CRFB e 1.228, § 1º, do CC) e a vedação ao abuso do direito (arts. 187 e 1.228, § 2º, do CC) justificam a exclusão do condômino antissocial, desde que a ulterior assembleia prevista na parte final do parágrafo único do art. 1.337 do Código Civil delibere a propositura de ação judicial com esse fim, asseguradas todas as garantias inerentes ao devido processo legal.

Enunciado 509. [arts. 1.359, 1.360 e 1.499 do CC] – A resolução da propriedade, quando determinada por causa originária, prevista no título, opera *ex tunc* e *erga omnes*; se decorrente de causa superveniente, atua *ex nunc* e *inter partes*.

ANEXOS

Enunciado 510. [art. 1.373 do CC] – Ao superficiário que não foi previamente notificado pelo proprietário para exercer o direito de preferência previsto no art. 1.373 do CC é assegurado o direito de, no prazo de 6 (seis) meses, contado do registro da alienação, adjudicar para si o bem mediante depósito do preço.

Enunciado 511. [arts. 1.227, 1.245 e 1.364 do CC] – Do leilão, mesmo que negativo, a que se refere o art. 27 da Lei nº 9.514/1997, será lavrada ata que, subscrita pelo leiloeiro, poderá ser averbada no registro de imóveis competente, sendo a transmissão da propriedade do imóvel levado a leilão formalizada mediante contrato de compra e venda.

Enunciado 512. [art. 1.517 do CC] – O art. 1.517 do Código Civil, que exige autorização dos pais ou responsáveis para casamento, enquanto não atingida a maioridade civil, não se aplica ao emancipado.

Enunciado 513. [art. 1.527 do CC] – O juiz não pode dispensar, mesmo fundamentadamente, a publicação do edital de proclamas do casamento, mas sim o decurso do prazo.

Enunciado 514. [art. 1.571 do CC] – A Emenda Constitucional nº 66/2010 não extinguiu o instituto da separação judicial e extrajudicial.

Enunciado 515. [art. 1.574, *caput*, do CC] – Pela interpretação teleológica da Emenda Constitucional nº 66/2010, não há prazo mínimo de casamento para a separação consensual.

Enunciado 516. [art. 1.574, parágrafo único, do CC] – Na separação judicial por mútuo consentimento, o juiz só poderá intervir no limite da preservação do interesse dos incapazes ou de um dos cônjuges, permitida a cindibilidade dos pedidos com a concordância das partes, aplicando-se esse entendimento também ao divórcio.

Enunciado 517. [art. 1.580 do CC] – A Emenda Constitucional nº 66/2010 extinguiu os prazos previstos no art. 1.580 do Código Civil, mantido o divórcio por conversão.

Enunciado 518. [arts. 1.583 e 1.584 do CC] – A Lei nº 11.698/2008, que deu nova redação aos arts. 1.583 e 1.584 do Código Civil, não se restringe à guarda unilateral e à guarda compartilhada, podendo ser adotada aquela mais adequada à situação do filho, em atendimento ao princípio do melhor interesse da criança e do adolescente. A regra aplica-se a qualquer modelo de família.

Enunciado 519. [art. 1.593 do CC] – O reconhecimento judicial do vínculo de parentesco em virtude de socioafetividade deve ocorrer a partir da relação entre pai(s) e filho(s), com base na posse do estado de filho, para que produza efeitos pessoais e patrimoniais.

Enunciado 520. [art. 1.601 do CC] – O conhecimento da ausência de vínculo biológico e a posse de estado de filho obstam a contestação da paternidade presumida.

Enunciado 521. [art. 1.606 do CC] – Qualquer descendente possui legitimidade, por direito próprio, para propor o reconhecimento do vínculo de parentesco em face dos avós ou de qualquer ascendente de grau superior, ainda que o pai não tenha iniciado a ação de prova da filiação em vida.

Enunciado 522. [arts. 1.694, 1.696, primeira parte; e 1.706 do CC] –

ANEXO II – ENUNCIADOS – CJF

Cabe prisão civil do devedor nos casos de não prestação de alimentos gravídicos estabelecidos com base na Lei nº 11.804/2008, inclusive deferidos em qualquer caso de tutela de urgência.

Enunciado 523. [art. 1.698 do CC] – O chamamento dos codevedores para integrar a lide, na forma do art. 1.698 do Código Civil, pode ser requerido por qualquer das partes, bem como pelo Ministério Público, quando legitimado.

Enunciado 524. [art. 1.723 do CC] – As demandas envolvendo união estável entre pessoas do mesmo sexo constituem matéria de Direito de Família.

Enunciado 525. [arts. 1.723, § 1º; 1.790; 1.829; e 1.830 do CC] – Os arts. 1.723, § 1º, 1.790, 1.829 e 1.830 do Código Civil admitem a concorrência sucessória entre cônjuge e companheiro sobreviventes na sucessão legítima, quanto aos bens adquiridos onerosamente na união estável.

Enunciado 526. [art. 1.726 do CC] – É possível a conversão de união estável entre pessoas do mesmo sexo em casamento, observados os requisitos exigidos para a respectiva habilitação.

Enunciado 527. [art. 1.832 do CC] – Na concorrência entre o cônjuge e os herdeiros do *de cujus*, não será reservada a quarta parte da herança para o sobrevivente no caso de filiação híbrida.

Enunciado 528. [arts. 1.729, parágrafo único; e 1.857 do CC] – É válida a declaração de vontade expressa em documento autêntico, também chamado "testamento vital", em que a pessoa estabelece disposições sobre o tipo de tratamento de saúde, ou não tratamento, que deseja no caso de se encontrar sem condições de manifestar a sua vontade.

Enunciado 529. [art. 1.951 do CC] – O fideicomisso, previsto no art. 1.951 do Código Civil, somente pode ser instituído por testamento.

VI JORNADA DE DIREITO CIVIL

(*) VI Jornada de Direito Civil: BSB, 11 e 12.3.2013 – Enunciados 530 a 575.

Enunciado 530. [arts. 5º e 1.635 do CC] – A emancipação, por si só, não elide a incidência do Estatuto da Criança e do Adolescente.

Enunciado 531. [art. 11 do CC] – A tutela da dignidade da pessoa humana na sociedade da informação inclui o direito ao esquecimento.

Enunciado 532. [arts. 11 e 13 do CC] – É permitida a disposição gratuita do próprio corpo com objetivos exclusivamente científicos, nos termos dos arts. 11 e 13 do Código Civil.

Enunciado 533. [art. 15 do CC] – O paciente plenamente capaz poderá deliberar sobre todos os aspectos concernentes a tratamento médico que possa lhe causar risco de vida, seja imediato ou mediato, salvo as situações de emergência ou no curso de procedimentos médicos cirúrgicos que não possam ser interrompidos.

ANEXOS

Enunciado 534. [art. 53 do CC] – As associações podem desenvolver atividade econômica, desde que não haja finalidade lucrativa.

Enunciado 535. [art. 93 do CC] – Para a existência da pertença, o art. 93 do Código Civil não exige elemento subjetivo como requisito para o ato de destinação.

Enunciado 536. [art. 169 do CC] – Resultando do negócio jurídico nulo consequências patrimoniais capazes de ensejar pretensões, é possível, quanto a estas, a incidência da prescrição.

Enunciado 537. [art. 169 do CC] – A previsão contida no art. 169 não impossibilita que, excepcionalmente, negócios jurídicos nulos produzam efeitos a serem preservados quando justificados por interesses merecedores de tutela.

Enunciado 538. [art. 179 do CC] – No que diz respeito a terceiros eventualmente prejudicados, o prazo decadencial de que trata o art. 179 do Código Civil não se conta da celebração do negócio jurídico, mas da ciência que dele tiverem.

Enunciado 539. [art. 187 do CC] – O abuso de direito é uma categoria jurídica autônoma em relação à responsabilidade civil. Por isso, o exercício abusivo de posições jurídicas desafia controle independentemente de dano.

Enunciado 540. [art. 263, § 2º, do CC] – Havendo perecimento do objeto da prestação indivisível por culpa de apenas um dos devedores, todos respondem, de maneira divisível, pelo equivalente e só o culpado, pelas perdas e danos.

Enunciado 541. [art. 593 do CC] – O contrato de prestação de serviço pode ser gratuito.

Enunciado 542. [arts. 765, 796 e 797 do CC] – A recusa de renovação das apólices de seguro de vida pelas seguradoras em razão da idade do segurado é discriminatória e atenta contra a função social do contrato.

Enunciado 543. [art. 765 do CC] – Constitui abuso do direito a modificação acentuada das condições do seguro de vida e de saúde pela seguradora quando da renovação do contrato.

Enunciado 544. [art. 787, *caput*, do CC] – O seguro de responsabilidade civil facultativo garante dois interesses, o do segurado contra os efeitos patrimoniais da imputação de responsabilidade e o da vítima à indenização, ambos destinatários da garantia, com pretensão própria e independente contra a seguradora.

Enunciado 545. [arts. 179 e 496 do CC] – O prazo para pleitear a anulação de venda de ascendente a descendente sem anuência dos demais descendentes e/ou do cônjuge do alienante é de 2 (dois) anos, contados da ciência do ato, que se presume absolutamente, em se tratando de transferência imobiliária, a partir da data do registro de imóveis.

Enunciado 546. [arts. 422; e 787, § 2º, do CC] – O § 2º do art. 787 do Código Civil deve ser interpretado em consonância com o art. 422 do mesmo diploma legal, não obstando o direito à indenização e ao reembolso.

Enunciado 547. [arts. 366 e 835 do CC] – Na hipótese de alteração da obrigação principal sem o consentimento do fiador, a exoneração deste é automática, não se aplicando o disposto no art. 835 do Código Civil quanto à necessidade de per-

ANEXO II – ENUNCIADOS – CJF

manecer obrigado pelo prazo de 60 (sessenta) dias após a notificação ao credor, ou de 120 (cento e vinte) dias no caso de fiança locatícia.

Enunciado 548. [arts. 389 e 475 do CC] – Caracterizada a violação de dever contratual, incumbe ao devedor o ônus de demonstrar que o fato causador do dano não lhe pode ser imputado.

Enunciado 549. [art. 538 do CC] – A promessa de doação no âmbito da transação constitui obrigação positiva e perde o caráter de liberalidade previsto no art. 538 do Código Civil.

Enunciado 550. [arts. 186 e 944 do CC] – A quantificação da reparação por danos extrapatrimoniais não deve estar sujeita a tabelamento ou a valores fixos.

Enunciado 551. [arts. 186, 884, 927 e 944 do CC] – Nas violações aos direitos relativos a marcas, patentes e desenhos industriais, será assegurada a reparação civil ao seu titular, incluídos tanto os danos patrimoniais como os danos extrapatrimoniais.

Enunciado 552. [art. 786, *caput*, do CC] – Constituem danos reflexos reparáveis as despesas suportadas pela operadora de plano de saúde decorrentes de complicações de procedimentos por ela não cobertos.

Enunciado 553. [art. 927 do CC] – Nas ações de responsabilidade civil por cadastramento indevido nos registros de devedores inadimplentes realizados por instituições financeiras, a responsabilidade civil é objetiva.

Enunciado 554. [art. 927, parágrafo único, do CC] – Independe de indicação do local específico da informação a ordem judicial para que o provedor de hospedagem bloqueie determinado conteúdo ofensivo na internet.

Enunciado 555. [art. 927, parágrafo único, do CC] – "Os direitos de outrem" mencionados no parágrafo único do art. 927 do Código Civil devem abranger não apenas a vida e a integridade física, mas também outros direitos, de caráter patrimonial ou extrapatrimonial.

Enunciado 556. [art. 937 do CC] – A responsabilidade civil do dono do prédio ou construção por sua ruína, tratada pelo art. 937 do CC, é objetiva.

Enunciado 557. [art. 938 do CC] – Nos termos do art. 938 do CC, se a coisa cair ou for lançada de condomínio edilício, não sendo possível identificar de qual unidade, responderá o condomínio, assegurado o direito de regresso.

Enunciado 558. [art. 942 do CC] – São solidariamente responsáveis pela reparação civil, juntamente com os agentes públicos que praticaram atos de improbidade administrativa, as pessoas, inclusive as jurídicas, que para eles concorreram ou deles se beneficiaram direta ou indiretamente.

Enunciado 559. [arts. 732 e 736 do CC] – Observado o Enunciado 369 do CJF, no transporte aéreo, nacional e internacional, a responsabilidade do transportador em relação aos passageiros gratuitos, que viajarem por cortesia, é objetiva, devendo atender à integral reparação de danos patrimoniais e extrapatrimoniais.

Enunciado 560. [art. 948 do CC] – No plano patrimonial, a manifestação do dano reflexo ou por ricochete

ANEXOS

não se restringe às hipóteses previstas no art. 948 do Código Civil.

Enunciado 561. [art. 952 do CC] – No caso do art. 952 do Código Civil, se a coisa faltar, dever-se-á, além de reembolsar o seu equivalente ao prejudicado, indenizar também os lucros cessantes.

Enunciado 562. [art. 931 do CC] – Aos casos do art. 931 do Código Civil aplicam-se as excludentes da responsabilidade objetiva.

Enunciado 563. [art. 1.196 do CC] – O reconhecimento da posse por parte do Poder Público competente anterior à sua legitimação nos termos da Lei nº 11.977/2009 constitui título possessório.

Enunciado 564. [arts. 1.238, 1.242 e 2.028 do CC] – As normas relativas à usucapião extraordinária (art. 1.238, *caput*, CC) e à usucapião ordinária (art. 1.242, *caput*, CC), por estabelecerem redução de prazo em benefício do possuidor, têm aplicação imediata, não incidindo o disposto no art. 2.028 do Código Civil.

Enunciado 565. [art. 1.275, III, do CC] – Não ocorre a perda da propriedade por abandono de resíduos sólidos, que são considerados bens socioambientais, nos termos da Lei nº 12.305/2012.

Enunciado 566. [art. 1.335, I, do CC] – A cláusula convencional que restringe a permanência de animais em unidades autônomas residenciais deve ser valorada à luz dos parâmetros legais de sossego, insalubridade e periculosidade.

Enunciado 567. [art. 1.364 do CC] – A avaliação do imóvel para efeito do leilão previsto no § 1º do art. 27 da Lei nº 9.514/1997 deve contemplar o maior valor entre a avaliação efetuada pelo município para cálculo do imposto de transmissão inter vivos (ITBI) devido para a consolidação da propriedade no patrimônio do credor fiduciário e o critério fixado contratualmente.

Enunciado 568. [art. 1.369 do CC] – O direito de superfície abrange o direito de utilizar o solo, o subsolo ou o espaço aéreo relativo ao terreno, na forma estabelecida no contrato, admitindo-se o direito de sobrelevação, atendida a legislação urbanística.

Enunciado 569. [art. 1.242, parágrafo único, do CC] – No caso do art. 1.242, parágrafo único, a usucapião, como matéria de defesa, prescinde do ajuizamento da ação de usucapião, visto que, nessa hipótese, o usucapiente já é o titular do imóvel no registro.

Enunciado 570. [arts. 1.607 e 1.609 do CC] – O reconhecimento de filho havido em união estável fruto de técnica de reprodução assistida heteróloga "a patre" consentida expressamente pelo companheiro representa a formalização do vínculo jurídico de paternidade-filiação, cuja constituição se deu no momento do início da gravidez da companheira.

Enunciado 571. [arts. 1.571 a 1.582 do CC] – Se comprovada a resolução prévia e judicial de todas as questões referentes aos filhos menores ou incapazes, o tabelião de notas poderá lavrar escrituras públicas de dissolução conjugal.

Enunciado 572. [arts. 1.695; e 1.701, parágrafo único, do CC] – Mediante ordem judicial, é admissível, para a satisfação do crédito alimentar atual, o levantamento do saldo de conta vinculada ao FGTS.

Enunciado 573. [art. 1.694, § 1º, do CC] – Na apuração da possibilidade

ANEXO II – ENUNCIADOS – CJF

do alimentante, observar-se-ão os sinais exteriores de riqueza.
Enunciado 575. [art. 1.810 do CC] – Concorrendo herdeiros de classes diversas, a renúncia de qualquer deles devolve sua parte aos que integram a mesma ordem dos chamados a suceder.

VII JORNADA DE DIREITO CIVIL

(*) VII Jornada de Direito Civil: BSB, 28 e 29.9.2015 – Enunciados 576 a 612.

Enunciado 576. [art. 21 do CC] – O direito ao esquecimento pode ser assegurado por tutela judicial inibitória.

Enunciado 577. [arts. 55 e 59 do CC] – A possibilidade de instituição de categorias de associados com vantagens especiais admite a atribuição de pesos diferenciados ao direito de voto, desde que isso não acarrete a sua supressão em relação a matérias previstas no art. 59 do CC.

Enunciado 578. [art. 167, *caput*, do CC] – Sendo a simulação causa de nulidade do negócio jurídico, sua alegação prescinde de ação própria.

Enunciado 579. [art. 189 do CC] – Nas pretensões decorrentes de doenças profissionais ou de caráter progressivo, o cômputo da prescrição iniciar-se-á somente a partir da ciência inequívoca da incapacidade do indivíduo, da origem e da natureza dos danos causados.

Enunciado 580. [art. 206, § 3º, V, do CC] – É de 3 (três) anos, pelo art. 206, § 3º, V, do CC, o prazo prescricional para a pretensão indenizatória da seguradora contra o causador de dano ao segurado, pois a seguradora sub-roga-se em seus direitos.

Enunciado 581. [art. 191 do CC] – Em complemento ao Enunciado 295, a decretação *ex officio* da prescrição ou da decadência deve ser precedida de oitiva das partes.

Enunciado 582. [arts. 421 e 425 do CC] – Com suporte na liberdade contratual e, portanto, em concretização da autonomia privada, as partes podem pactuar garantias contratuais atípicas.

Enunciado 583. [art. 441 do CC] – O art. 441 do Código Civil deve ser interpretado no sentido de abranger também os contratos aleatórios, desde que não inclua os elementos aleatórios do contrato.

Enunciado 584. [art. 472 do CC] – Desde que não haja forma exigida para a substância do contrato, admite-se que o distrato seja pactuado por forma livre.

Enunciado 585. [arts. 765 e 766 do CC] – Impõe-se o pagamento de indenização do seguro mesmo diante de condutas, omissões ou declarações ambíguas do segurado que não guardem relação com o sinistro.

Enunciado 586. [art. 475 do CC] – Para a caracterização do adimplemento substancial (tal qual reconhecido pelo Enunciado 361 da CJF), levam-se em conta tanto aspectos quantitativos quanto qualitativos.

ANEXOS

Enunciado 587. [art. 927 do CC] – O dano à imagem restará configurado quando presente a utilização indevida desse bem jurídico, independentemente da concomitante lesão a outro direito da personalidade, sendo dispensável a prova do prejuízo do lesado ou do lucro do ofensor para a caracterização do referido dano, por se tratar de modalidade de dano *in re ipsa*.

Enunciado 588. [art. 927 do CC] – O patrimônio do ofendido não pode funcionar como parâmetro preponderante para o arbitramento de compensação por dano extrapatrimonial.

Enunciado 589. [art. 927 do CC] – A compensação pecuniária não é o único modo de reparar o dano extrapatrimonial, sendo admitida a reparação *in natura*, na forma de retratação pública ou outro meio.

Enunciado 590. [art. 932, I, do CC] – A responsabilidade civil dos pais pelos atos dos filhos menores, prevista no art. 932, inciso I, do Código Civil, não obstante objetiva, pressupõe a demonstração de que a conduta imputada ao menor, caso o fosse a um agente imputável, seria hábil para a sua responsabilização.

Enunciado 591. [art. 1.364 do CC] – A ação de reintegração de posse nos contratos de alienação fiduciária em garantia de coisa imóvel pode ser proposta a partir da consolidação da propriedade do imóvel em poder do credor fiduciário e não apenas após os leilões extrajudiciais previstos no art. 27 da Lei nº 9.514/1997.

Enunciado 592. [art. 519 do CC] – O art. 519 do Código Civil derroga o art. 35 do Decreto-Lei nº 3.365/1941 naquilo que ele diz respeito a cenários de tredestinação ilícita. Assim, ações de retrocessão baseadas em alegações de tredestinação ilícita não precisam, quando julgadas depois da incorporação do bem desapropriado ao patrimônio da entidade expropriante, resolver-se em perdas e danos.

Enunciado 593. [art. 1.196 do CC] – É indispensável o procedimento de demarcação urbanística para regularização fundiária social de áreas ainda não matriculadas no Cartório de Registro de Imóveis, como requisito à emissão dos títulos de legitimação da posse e de domínio.

Enunciado 594. [art. 1.239 do CC] – É possível adquirir a propriedade de área menor do que o módulo rural estabelecido para a região, por meio da usucapião especial rural.

Enunciado 595. [art. 1.240-A do CC] – O requisito "abandono do lar" deve ser interpretado na ótica do instituto da usucapião familiar como abandono voluntário da posse do imóvel somado à ausência da tutela da família, não importando em averiguação da culpa pelo fim do casamento ou união estável. Revogado o Enunciado 499.

Enunciado 596. [arts. 1.238, 1.241 e 1.332 do CC] – O condomínio edilício pode adquirir imóvel por usucapião.

Enunciado 597. [art. 1.276 do CC] – A posse impeditiva da arrecadação, prevista no art. 1.276 do Código Civil, é efetiva e qualificada por sua função social.

Enunciado 598. [art. 1.293 do CC] – Na redação do art. 1.293, "agri-

ANEXO II – ENUNCIADOS – CJF

cultura e indústria" não são apenas qualificadores do prejuízo que pode ser causado pelo aqueduto, mas também finalidades que podem justificar sua construção.

Enunciado 601. [art. 1.514 do CC] – É existente e válido o casamento entre pessoas do mesmo sexo.

Enunciado 602. [art. 1.571 do CC] – Transitada em julgado a decisão concessiva do divórcio, a expedição do mandado de averbação independe do julgamento da ação originária em que persista a discussão dos aspectos decorrentes da dissolução do casamento.

Enunciado 603. [art. 1.583, § 2º, do CC] – A distribuição do tempo de convívio na guarda compartilhada deve atender precipuamente ao melhor interesse dos filhos, não devendo a divisão de forma equilibrada, a que alude o § 2º do art. 1.583 do Código Civil, representar convivência livre ou, ao contrário, repartição de tempo matematicamente igualitária entre os pais.

Enunciado 604. [art. 1.583, § 2º, do CC] – A divisão, de forma equilibrada, do tempo de convívio dos filhos com a mãe e com o pai, imposta na guarda compartilhada pelo § 2º do art. 1.583 do Código Civil, não deve ser confundida com a imposição do tempo previsto pelo instituto da guarda alternada, pois esta não implica apenas a divisão do tempo de permanência dos filhos com os pais, mas também o exercício exclusivo da guarda pelo genitor que se encontra na companhia do filho.

Enunciado 605. [art. 1.583, § 2º, do CC] – A guarda compartilhada não exclui a fixação do regime de convivência.

Enunciado 606. [art. 1.583, § 2º, do CC] – O tempo de convívio com os filhos "de forma equilibrada com a mãe e com o pai" deve ser entendido como divisão proporcional de tempo, da forma que cada genitor possa se ocupar dos cuidados pertinentes ao filho, em razão das peculiaridades da vida privada de cada um.

Enunciado 607. [art. 1.583, § 2º, c/c art. 1.694 c/c 1.701 do CC] – A guarda compartilhada não implica ausência de pagamento de pensão alimentícia.

Enunciado 608. [arts. 1.593 e 1.596 do CC] – É possível o registro de nascimento dos filhos de pessoas do mesmo sexo originários de reprodução assistida, diretamente no Cartório do Registro Civil, sendo dispensável a propositura de ação judicial, nos termos da regulamentação da Corregedoria local.

Enunciado 609. [arts. 1.640, parágrafo único; e 1.829 do CC] – O regime de bens no casamento somente interfere na concorrência sucessória do cônjuge com descendentes do falecido.

Enunciado 610. [arts. 1.851 e 1.854 do CC] – Nos casos de comoriência entre ascendente e descendente, ou entre irmãos, reconhece-se o direito de representação aos descendentes e aos filhos dos irmãos.

Enunciado 611. [art. 1.879 do CC] – O testamento hológrafo simplificado, previsto no art. 1.879 do Código Civil, perderá sua eficácia se, nos 90 (noventa) dias subsequentes ao fim das circunstâncias excepcionais que autorizaram a sua confecção, o disponente, podendo fazê-lo, não testar por uma das formas testamentárias ordinárias.

ANEXOS

Enunciado 612. [art. 2.027 do CC] – O prazo para exercer o direito de anular a partilha amigável judicial, decorrente de dissolução de sociedade conjugal ou de união estável, extingue-se em 1 (um) ano da data do trânsito em julgado da sentença homologatória, consoante dispõem o art. 2.027, parágrafo único, do Código Civil de 2002, e o art. 1.029, parágrafo único, do Código de Processo Civil [art. 657, parágrafo único, do Novo CPC).

VIII JORNADA DE DIREITO CIVIL

(*) VIII Jornada de Direito Civil: BSB abril de 2018 – Enunciados 613 a 644.

Enunciado 613. [arts. 1º e 12 do CC] – A liberdade de expressão não goza de posição preferencial em relação aos direitos da personalidade no ordenamento jurídico brasileiro.

Enunciado 614. [art. 7º do CC] – Os efeitos patrimoniais da presunção de morte posterior à declaração da ausência são aplicáveis aos casos do art. 7º, de modo que, se o presumivelmente morto reaparecer nos dez anos seguintes à abertura da sucessão, receberá igualmente os bens existentes no estado em que se acharem.

Enunciado 615. [art. 53 do CC] – As associações civis podem sofrer transformação, fusão, incorporação ou cisão.

Enunciado 616. [art. 166 do CC] – Os requisitos de validade previstos no Código Civil são aplicáveis aos negócios jurídicos processuais, observadas as regras processuais pertinentes.

Enunciado 617. [art. 187 do CC] – O abuso do direito impede a produção de efeitos do ato abusivo de exercício, na extensão necessária a evitar sua manifesta contrariedade à boa-fé, aos bons costumes, à função econômica ou social do direito exercido.

Enunciado 618. [arts. 288 e 290 do CC] – O devedor não é terceiro para fins de aplicação do art. 288 do Código Civil, bastando a notificação prevista no art. 290 para que a cessão de crédito seja eficaz perante ele.

Enunciado 619. [art. 397 do CC] – A interpelação extrajudicial de que trata o parágrafo único do art. 397 do Código Civil admite meios eletrônicos como e-mail ou aplicativos de conversa on-line, desde que demonstrada a ciência inequívoca do interpelado, salvo disposição em contrário no contrato.

Enunciado 620. [arts. 50 e 884 do CC] – A obrigação de restituir o lucro da intervenção, entendido como a vantagem patrimonial auferida a partir da exploração não autorizada de bem ou direito alheio, fundamenta-se na vedação do enriquecimento sem causa.

Enunciado 621. [arts. 112, 113 e 421 do CC] – Os contratos coligados devem ser interpretados a partir do exame do conjunto das cláusulas contratuais, de forma a privilegiar a finalidade negocial que lhes é comum.

Enunciado 622. [art. 541, parágrafo único, do CC] – Para a análise do que seja bem de pequeno valor, nos termos do que consta do art. 541, parágrafo único, do Código Civil, deve-se levar em conta o patrimônio do doador.

Enunciado 623. [art. 504, parágrafo único, do CC] – Ainda que sejam muitos os condôminos, não há direito de preferência na venda da fração de um bem entre dois coproprietários, pois a regra prevista no art. 504, parágrafo único, do Código Civil, visa somente a resolver eventual concorrência entre condôminos na alienação da fração a estranhos ao condomínio.

Enunciado 624. [art. 1.247 do CC] – A anulação do registro, prevista no art. 1.247 do Código Civil, não autoriza a exclusão dos dados invalidados do teor da matrícula.

Enunciado 625. [art. 1.358-A, § 3º, do CC] – A incorporação imobiliária que tenha por objeto o condomínio de lotes poderá ser submetida ao regime do patrimônio de afetação, na forma da lei especial.

Enunciado 626. [art. 1.428 do CC] – Não afronta o art. 1.428 do Código Civil, em relações paritárias, o pacto marciano, cláusula contratual que autoriza que o credor se torne proprietário da coisa objeto da garantia mediante aferição de seu justo valor e restituição do supérfluo (valor do bem em garantia que excede o da dívida).

Enunciado 627. [arts. 1.510-A a 1.510-C e 1.238 a 1.244 do CC] – O direito real de laje é passível de usucapião.

Enunciado 628. [art. 1.358-A, § 3º, do CC] – Os patrimônios de afetação não se submetem aos efeitos de recuperação judicial da sociedade instituidora e prosseguirão sua atividade com autonomia e incomunicáveis em relação ao seu patrimônio geral, aos demais patrimônios de afetação por ela constituídos e ao plano de recuperação até que extintos, nos termos da legislação respectiva, quando seu resultado patrimonial, positivo ou negativo, será incorporado ao patrimônio geral da sociedade instituidora.

Enunciado 629. [art. 944 do CC] – A indenização não inclui os prejuízos agravados, nem os que poderiam ser evitados ou reduzidos mediante esforço razoável da vítima. Os custos da mitigação devem ser considerados no cálculo da indenização.

Enunciado 630. [art. 945 do CC] – Culpas não se compensam. Para os efeitos do art. 945 do Código Civil, cabe observar os seguintes critérios: (i) há diminuição do *quantum* da reparação do dano causado quando, ao lado da conduta do lesante, verifica-se ação ou omissão do próprio lesado da qual resulta o dano, ou o seu agravamento, desde que (ii) reportadas ambas as condutas a um mesmo fato, ou ao mesmo fundamento de imputação, conquanto possam ser simultâneas ou sucessivas, devendo-se considerar o percentual causal do agir de cada um.

Enunciado 631. [art. 946 do CC] – Como instrumento de gestão de riscos na prática negocial paritária, é lícita a estipulação de cláusula que exclui a reparação por perdas e danos decorrentes do inadimplemento (cláusula excludente do dever de indenizar) e de cláusula que fixa valor máximo de indenização (cláusula limitativa do dever de indenizar).

Enunciado 632. [art. 1.596 do CC] – Nos casos de reconhecimento de multiparentalidade paterna ou materna, o filho terá direito à participação na herança de todos os ascendentes reconhecidos.

Enunciado 633. [art. 1.597, III, do CC] – É possível ao viúvo ou ao companheiro sobrevivente, o acesso à técnica de reprodução assistida póstuma – por meio da maternidade de substituição, desde que haja expresso consentimento manifestado em vida pela sua esposa ou companheira.

Enunciado 634. [art. 1.641 do CC] – É lícito aos que se enquadrem no rol de pessoas sujeitas ao regime da separação obrigatória de bens (art. 1.641 do Código Civil) estipular, por pacto antenupcial ou contrato de convivência, o regime da separação de bens, a fim de assegurar os efeitos de tal regime e afastar a incidência da Súmula 377 do STF.

Enunciado 635. [art. 1.655 do CC] – O pacto antenupcial e o contrato de convivência podem conter cláusulas existenciais, desde que estas não violem os princípios da dignidade da pessoa humana, da igualdade entre os cônjuges e da solidariedade familiar.

Enunciado 636. [art. 1.735, IV, do CC] – O impedimento para o exercício da tutela do inc. IV do art. 1.735 do Código Civil pode ser mitigado para atender ao princípio do melhor interesse da criança.

Enunciado 637. [arts. 1.767 ss. do CC] – Admite-se a possibilidade de outorga ao curador de poderes de representação para alguns atos da vida civil, inclusive de natureza existencial, a serem especificados na sentença, desde que comprovadamente necessários para proteção do curatelado em sua dignidade.

Enunciado 638. [art. 1.775 do CC] – A ordem de preferência de nomeação do curador do art. 1.775 do Código Civil deve ser observada quando atender ao melhor interesse do curatelado, considerando suas vontades e preferências, nos termos do art. 755, II, e § 1º, do CPC.

Enunciado 639. [art. 1.783-A do CC] – A opção pela tomada de decisão apoiada é de legitimidade exclusiva da pessoa com deficiência.
– A pessoa que requer o apoio pode manifestar, antecipadamente, sua vontade de que um ou ambos os apoiadores se tornem, em caso de curatela, seus curadores.

Enunciado 640. [art. 1.783-A do CC] – A tomada de decisão apoiada não é cabível, se a condição da pessoa exigir aplicação da curatela.

Enunciado 641. [arts. 1.790 e 1.829 do CC] – A decisão do Supremo Tribunal Federal que declarou a inconstitucionalidade do art. 1.790 do Código Civil não importa equiparação absoluta entre o casamento e a união estável. Estendem-se à união estável apenas as regras aplicáveis ao casamento que tenham por fundamento a solidariedade familiar. Por outro lado, é constitucional a distinção entre os regimes, quando baseada na solenidade do ato jurídico que funda o casamento, ausente na união estável.

Enunciado 642. [art. 1.836 do CC] – Nas hipóteses de multiparentalidade, havendo o falecimento do descendente com o chamamento de seus ascendentes à sucessão legítima, se houver igualdade em grau e diversidade em linha entre os ascendentes convocados a herdar, a herança deverá ser dividida em tantas linhas quantos sejam os genitores.

Enunciado 643. [art. 1.973 do CC] – O rompimento do testamento (art. 1.973 do Código Civil) se refere exclusivamente às disposições de caráter patrimonial, mantendo-se válidas e eficazes as de caráter extrapatrimonial, como o reconhecimento de filho e o perdão ao indigno.

Enunciado 644. [arts. 2.003 e 2.004 do CC] – Os arts. 2.003 e 2.004 do Código Civil e o art. 639 do CPC devem ser interpretados de modo a garantir a igualdade das legítimas e a coerência do ordenamento.
– O bem doado, em adiantamento de legítima, será colacionado de acordo com seu valor atual na data da abertura da sucessão, se ainda integrar o patrimônio do donatário.
– Se o donatário já não possuir o bem doado, este será colacionado pelo valor do tempo de sua alienação, atualizado monetariamente.

IX JORNADA DE DIREITO CIVIL

(*) IX Jornada de Direito Civil: Comemoração dos 20 anos da Lei nº 10.406/2002 e da Instituição da Jornada de Direito Civil – Enunciados 645 a 693.

Enunciado 645. [art. 8º do CC] – A comoriência pode ocorrer em quaisquer das espécies de morte previstas no direito civil brasileiro.

Enunciado 646. [art. 13 do CC] – A exigência de autorização de cônjuges ou companheiros, para utilização de métodos contraceptivos invasivos, viola o direito à disposição do próprio corpo.

Enunciado 647. [art. 251 do CC] – A obrigação de não fazer é compatível com o inadimplemento relativo (mora), desde que implique o cumprimento de prestações de execução continuada ou permanente e ainda útil ao credor.

Enunciado 648. [art. 299 do CC] – Aplica-se à cessão da posição contratual, no que couber, a disciplina da transmissão das obrigações prevista no CC, em particular a expressa anuência do cedido, *ex vi* do art. 299 do CC.

Enunciado 649. [art. 413 do CC] – O art. 421-A, inc. I, confere às partes a possibilidade de estabelecerem critérios para a redução da cláusula penal, desde que não seja afastada a incidência do art. 413.

Enunciado 650. [art. 421 do CC] – O conceito de pessoa superendividada, previsto no art. 54-A, §1º, do Código de Defesa do Consumidor, deve abranger, além das dívidas de consumo, as dívidas em geral, de modo a se verificar o real grau de comprometimento do seu patrimônio mínimo para uma existência digna.

Enunciado 651. [art. 447 do CC] – A evicção pode decorrer tanto de decisão judicial como de outra origem, a exemplo de ato administrativo.

Enunciado 652. [art. 476 do CC] – É possível opor exceção de contrato não cumprido com base na violação de deveres de conduta gerados pela boa-fé objetiva.

Enunciado 653. [art. 483 do CC] – O quadro-resumo a que se refere o art. 35-A da Lei nº 4.591/1964 é obrigação do incorporador na alienação de imóveis em fase de construção ou já construídos.

Enunciado 654. [art. 544 do CC] – Em regra, é válida a doação celebrada entre cônjuges que vivem sob o regime da separação obrigatória de bens.

Enunciado 655. [art. 684 do CC] – Nos casos do art. 684 do Código Civil, ocorrendo a morte do mandante, o mandatário poderá assinar escrituras de transmissão ou aquisição de bens para a conclusão de negócios jurídicos que tiveram a quitação enquanto vivo o mandante.

Enunciado 656. [art. 765 do CC] – Do princípio da boa-fé objetiva, resulta o direito do segurado, ou do beneficiário, de acesso aos relatórios e laudos técnicos produzidos na regulação do sinistro.

Enunciado 657. [art. 765 do CC] – Diante do princípio da boa-fé objetiva, o regulador do sinistro tem o dever de probidade, imparcialidade e celeridade, o que significa que deve atuar com correção no cumprimento de suas atividades.

Enunciado 658. [arts. 402 e 927 do CC] – As perdas e danos indenizáveis, na forma dos arts. 402 e 927, do Código Civil, pressupõem prática de atividade lícita, sendo inviável o ressarcimento pela interrupção de atividade contrária ao Direito.

Enunciado 659. [art. 927 do CC] – O reconhecimento da dificuldade em identificar o nexo de causalidade não pode levar à prescindibilidade da sua análise.

Enunciado 660. [art. 928 do CC] – Suprime-se o Enunciado 41 da I Jornada de Direito Civil do Conselho da Justiça Federal. ("A única hipótese em que poderá haver responsabilidade solidária do menor de 18 anos com seus pais é ter sido emancipado nos termos do art. 5º, parágrafo único, inc. I, do novo Código Civil.")

Enunciado 661. [art. 931 do CC] – A aplicação do art. 931 do Código Civil para a responsabilização dos empresários individuais e das empresas pelos danos causados pelos produtos postos em circulação não prescinde da verificação da antijuridicidade do ato.

Enunciado 662. [art. 932 do CC] – A responsabilidade civil indireta do curador pelos danos causados pelo curatelado está adstrita ao âmbito de incidência da curatela tal qual fixado na sentença de interdição, considerando o art. 85, *caput* e § 1º, da Lei nº 13.146/2015.

Enunciado 663. [art. 51, § 3º, do CC] – Para evitar a extinção do registro marcário, os sócios de sociedade liquidada poderão requerer ao Instituto Nacional da Propriedade Industrial – INPI a transferência da titularidade da marca.

Enunciado 664. [art. 1.240-A do CC] – O prazo da usucapião contemplada no art. 1.240-A só iniciará seu curso caso a composse tenha cessado de forma efetiva, não sendo suficiente, para tanto, apenas o fim do contato físico com o imóvel.

Enunciado 665. [art. 1.351 do CC] – A reconstrução de edifício realizada com o propósito de comercialização das unidades durante a obra sujeita-se ao regime da incorporação imobiliária e torna exigível o registro do Memorial de Incorporação.

Enunciado 666. [art. 1.424, IV, do CC] – No penhor de créditos futuros, satisfaz o requisito da especificação, de que trata o art. 1.424, IV, do Código Civil, a definição, no ato constitutivo, de critérios ou procedimentos objetivos que permitam a determinação dos créditos alcançados pela garantia.

Enunciado 667. [art. 1.424, IV, do CC] – No penhor constituído sobre bens fungíveis, satisfaz o requisito da especificação de que trata o art. 1.424, IV, do Código Civil, a definição, no ato constitutivo, da espécie, qualidade e quantidade dos bens dados em garantia.

Enunciado 668. [art. 1.431, parágrafo único, do CC] – Os direitos de propriedade industrial caracterizados pela exclusividade são suscetíveis de penhor, observadas as necessidades de averbação junto ao Instituto Nacional da Propriedade Industrial para a plena eficácia perante terceiros.

Enunciado 669. [art. 1.510-A do CC] – É possível o registro do direito real de laje sobre construção edificada antes da vigência da lei, desde que respeitados os demais requisitos previstos tanto para a forma quanto para o conteúdo material da transmissão.

Enunciado 670. [art. 11 da Lei nº 9.610/1998] – Independentemente do grau de autonomia de um sistema de inteligência artificial, a condição de autor é restrita a seres humanos.

Enunciado 671. [art. 1.583, § 2º, do CC] – A tenra idade da criança não impede a fixação de convivência equilibrada com ambos os pais.

Enunciado 672. [art. 1.589, parágrafo único, do CC] – O direito de convivência familiar pode ser estendido aos avós e pessoas com as quais a criança ou adolescente mantenha vínculo afetivo, atendendo ao seu melhor interesse. (O enunciado cancela o Enunciado 333, da IV JDC).

Enunciado 673. [art. 1.635 do CC] – Na ação de destituição do poder familiar de criança ou adolescente que se encontre institucionalizada, promovida pelo Ministério Público, é recomendável que o juiz, a título de tutela antecipada, conceda a guarda provisória a quem esteja habilitado a adotá-lo, segundo o perfil eleito pelo candidato à adoção.

Enunciado 674. [art. 1.659, IV, do CC] – Comprovada a prática de violência doméstica e familiar contra a mulher, o ressarcimento a ser pago à vítima deverá sair exclusivamente da meação do cônjuge ou companheiro agressor.

Enunciado 675. [art. 1.694 do CC] – As despesas com doula e consultora de amamentação podem ser objeto de alimentos gravídicos, observado o trinômio da necessidade, possibilidade e proporcionalidade para a sua fixação.

Enunciado 676. [art. 1.836, § 2º, do CC] – A expressão diversidade em linha, constante do § 2º do art. 1.836 do Código Civil, não deve mais ser restrita à linha paterna e à linha materna, devendo ser compreendidas como linhas ascendentes.

Enunciado 677. – A identidade pessoal também encontra proteção no ambiente digital.

Enunciado 678. – Ao tratamento de dados realizado para os fins exclusivos elencados no inciso III do art. 4º da Lei Geral de Proteção de Dados (segurança pública, defesa nacional; segurança do Estado e atividades de investigação e repressão de infrações penais), aplicam-se o devido processo legal, os princípios gerais de proteção e os direitos do titular previstos na LGPD, sem prejuízo de edição de legislação específica futura.

Enunciado 679. – O Relatório de Impacto à Proteção de Dados Pessoais (RIPD) deve ser entendido como uma medida de prevenção e de *accountability* para qualquer operação de tratamento de dados considerada de alto risco, tendo sempre como parâmetro o risco aos direitos dos titulares.

Enunciado 680. – A Lei Geral de Proteção de Dados Pessoais não exclui a possibilidade de nomeação pelo controlador de pessoa jurídica, ente despersonalizado ou de mais de uma pessoa natural para o exercício da função de encarregado pelo tratamento de dados pessoais.

Enunciado 681. – A existência de documentos em que há dados pessoais sensíveis não obriga à decretação do sigilo processual dos autos. Cabe ao juiz, se entender cabível e a depender dos dados e do meio como produzido o documento, decretar o sigilo restrito ao documento específico.

Enunciado 682. – O consentimento do adolescente para o tratamento de dados pessoais, nos termos do art. 14 da LGPD, não afasta a responsabilidade civil dos pais ou responsáveis pelos atos praticados por aquele, inclusive no meio digital.

Enunciado 683. – A legítima expectativa do titular quanto ao tratamento de seus dados pessoais se relaciona diretamente com o princípio da boa-fé objetiva e é um dos parâmetros de legalidade e juridicidade do legítimo interesse.

Enunciado 684. – O art. 14 da Lei nº 13.709/2018 (Lei Geral de Proteção de Dados – LGPD) não exclui a aplicação das demais bases legais, se cabíveis, observado o melhor interesse da criança.

Enunciado 685. – O interesse legítimo do terceiro, mencionado no inciso IX do art. 7º da Lei Geral de Proteção de Dados, não se restringe à pessoa física ou jurídica singularmente identificadas, admitindo-se sua utilização em prol de grupos ou da coletividade para atividades de tratamento que sejam de seu interesse.

Enunciado 686. – Aplica-se o sistema de proteção e defesa do consumidor, conforme disciplinado pela Lei nº 8.078, de 11 de setembro de 1990, às relações contratuais formadas entre os aplicativos de transporte de passageiros e os usuários dos serviços correlatos.

Enunciado 687. – O patrimônio digital pode integrar o espólio de bens na sucessão legítima do titular falecido, admitindo-se, ainda, sua disposição na forma testamentária ou por codicilo.

Enunciado 688. – A Lei de Acesso à Informação (LAI) e a Lei Geral de Proteção de Dados Pessoais (LGPD) estabelecem sistemas compatíveis de gestão e proteção de dados. A LGPD não afasta a publicidade e o acesso à informação nos termos da LAI, amparando-se nas bases legais do art. 7º, II ou III, e art. 11, II, "a" ou "b", da Lei Geral de Proteção de Dados.

Enunciado 689. – Não há hierarquia entre as bases legais estabelecidas nos arts. 7º e 11 da Lei Geral de Proteção de Dados (Lei nº 13.709/2018).

Enunciado 690. – A proteção ampliada conferida pela LGPD aos dados sensíveis deverá ser também aplicada aos casos em que houver tratamento sensível de dados pessoais, tal como observado no § 1º do art. 11 da LGPD.

Enunciado 691. – A possibilidade de divulgação de dados e imagens de crianças e adolescentes na internet deve atender ao seu melhor interesse e ao respeito aos seus direitos fundamentais, observados os riscos associados à superexposição.

Enunciado 692. – Aplica-se aos conceitos de criança e adolescente, dispostos no art. 14 da Lei Geral de Proteção de Dados, o contido no art. 2º do Estatuto da Criança e do Adolescente.

Enunciado 693. – A proteção conferida pela LGPD não se estende às pessoas jurídicas, tendo em vista sua finalidade de proteger a pessoa natural.

ANEXO III

TEMAS REPRESENTATIVOS
TURMA NACIONAL DE UNIFORMIZAÇÃO
CORREGEDORIA DA JUSTIÇA FEDERAL*

Tema 42. [art. 205 do CC]
Tese firmada – A ação para cobrança de juros progressivos sujeita-se à prescrição trintenal cujo início se dá a cada mês no dia em que era obrigação da CEF creditá-los em conta vinculada. Vide Súmula 56 da TNU.

Tema 48. [art. 927 do CC]
Tese firmada – A responsabilidade civil da universidade pública pela guarda de veículos na área de estacionamento é subjetiva e depende da existência de aparato de vigilância para segurança do estacionamento.

Tema 55. [art. 406 do CC]
Tese firmada – São devidos, além dos juros progressivos sobre os saldos fundiários, juros moratórios, previstos no art. 406 do Código Civil e art. 161, § 1º, do Código Tributário Nacional, pela taxa SELIC, contados a partir da citação até a data do pagamento. Vide Tema 176 do STJ – Recursos Repetitivos.

Tema 83. [art. 202 do CC]
Tese firmada – O reconhecimento da dívida em sede administrativa antes de consumada a prescrição interrompe o seu curso, ficando o prazo suspenso até que ocorra o pagamento ou até que o devedor pratique ato que configure resistência em quitar a dívida, quando recomeçará a correr, pela metade (Decreto nº 20.910/1932, art. 9º).

Tema 89. [art. 205 do CC]
Tese firmada – O prazo prescricional da pretensão à cobrança de

---

(*) Disponíveis em: https://www.cjf.jus.br/cjf/corregedoria-da-justica-federal/turma-nacional-de-uniformizacao/temas-representativos. Acesso em: 30.1.2023. (Total de 317 temas.)

honorários periciais contra a Fazenda Pública é de 5 (cinco) anos (Decreto nº 20.910/1932, art. 1º), afastando-se a aplicação do prazo prescricional do Código Civil.

Tema 108. [arts. 186 e 754 do CC]
Tese firmada – O roubo da mercadoria transportada constitui motivo de força maior, a exonerar o transportador da responsabilidade civil respectiva, uma vez demonstrado que não houve descuido no dever de cautela no transporte da mercadoria.

Tema 185. [art. 927 do CC]
Tese Firmada – O extravio pela Empresa Brasileira de Correios e Telégrafos (ECT) de correspondência ou encomenda registradas, e sem a demonstração de quaisquer das excludentes de responsabilidade, acarreta dano moral *in re ipsa*.

ANEXO IV
SÚMULAS DO SUPREMO TRIBUNAL FEDERAL*

Súmula 23. [art. 1.228, § 3º, do CC] – Verificados os pressupostos legais para o licenciamento da obra, não o impede a declaração de utilidade pública para desapropriação do imóvel, mas o valor da obra não se incluirá na indenização, quando a desapropriação for efetivada.

Súmula 28. [art. 927 do CC] – Os servidores públicos não têm vencimentos irredutíveis, prerrogativa dos membros do Poder Judiciário e dos que lhes são equiparados.

Súmula 49. [art. 1.911 do CC] – A cláusula de inalienabilidade inclui a incomunicabilidade dos bens.

Súmula 120. [arts. 1.301 e 1.378 ss. do CC] – Parede de tijolos de vidro translúcido pode ser levantada a menos de metro e meio do prédio vizinho, não importando servidão sobre ele.

Súmula 121. [art. 407 do CC] – É vedada a capitalização de juros, ainda que expressamente convencionada.

Súmula 149. [art. 1.615 do CC] – É imprescritível a ação de investigação de paternidade, mas não o é a de petição de herança.

Súmula 150. [art. 193 do CC] – Prescreve a execução no mesmo prazo de prescrição da ação.

Súmula 151. [arts. 206, "b"; e 786 do CC] – Prescreve em 1 (um) ano a ação do segurador sub-rogado para haver indenização por extravio ou perda de carga transportada por navio.

Súmula 153. [art. 202, III, do CC] – Simples protesto cambiário não interrompe a prescrição.

Súmula 154. [art. 202, VI, do CC] – Simples vistoria não interrompe a prescrição.

Súmula 158. [arts. 502, 578 e 1.219 do CC] – Salvo estipulação contratual averbada no registro imobiliá-

---

(*) Disponíveis em: https://portal.stf.jus.br/textos/verTexto.asp?servico=jurisprudenciaSumula. Acesso em: 30.1.2023. (Atualizadas até a Súmula 736.)

ANEXO IV – SÚMULAS – STF

rio, não responde o adquirente pelas benfeitorias do locatário.

Súmula 159. [art. 940 do CC] – Cobrança excessiva, mas de boa-fé, não dá lugar às sanções do art. 1.531 do Código Civil (atual art. 940)♦.
♦ CC/1916. V. art. 940 do CC/2002.

Súmula 161. [arts. 734 e 927 do CC] – Em contrato de transporte, é inoperante a cláusula de não indenizar.

Súmula 163. [art. 405 do CC] – Salvo contra a Fazenda Pública, sendo a obrigação ilíquida, contam-se os juros moratórios desde a citação inicial para a ação.

Súmula 170. [art. 2.038 do CC] – É resgatável a enfiteuse instituída anteriormente à vigência do Código Civil.

Súmula 173. [art. 401 do CC] – Em caso de obstáculo judicial admite-se a purga da mora, pelo locatário, além do prazo legal.

Súmula 187. [arts. 734 e 934 do CC] – A responsabilidade contratual do transportador, pelo acidente com o passageiro, não é elidida por culpa de terceiro, contra o qual tem ação regressiva.

Súmula 188. [arts. 349, 778, 786 e 934 do CC] – O segurador tem ação regressiva contra o causador do dano, pelo que efetivamente pagou, até ao limite previsto no contrato de seguro.

Súmula 189. [arts. 897 e 898 do CC] – Avais em branco e superpostos consideram-se simultâneos e não sucessivos.

Súmula 190. [art. 1.072, § 4º, do CC] – O não pagamento de título vencido há mais de 30 (trinta) dias, sem protesto, não impede a concordata preventiva.

Súmula 229. [art. 927 do CC] – A indenização acidentária não exclui a do direito comum, em caso de dolo ou culpa grave do empregador.

Súmula 237. [art. 1.238 do CC] – O usucapião pode ser arguido em defesa.

Súmula 260. [art. 1.191 do CC] – O exame de livros comerciais, em ação judicial, fica limitado às transações entre os litigantes.

Súmula 263. [art. 1.238 do CC] – O possuidor deve ser citado pessoalmente para a ação de usucapião.

Súmula 265. [art. 1.031 do CC] – Na apuração de haveres não prevalece o balanço não aprovado pelo sócio falecido, excluído ou que se retirou.

Súmula 335. [art. 78 do CC] – É válida a cláusula de eleição do foro para os processos oriundos do contrato.

Súmula 340. [arts. 98, 102, 1.238 e 1.242 do CC] – Desde a vigência do Código Civil, os bens dominicais, como os demais bens públicos, não podem ser adquiridos por usucapião.

Súmula 341. [art. 951 do CC] – É presumida a culpa do patrão ou comitente pelo ato culposo do empregado ou preposto.

Súmula 346. [arts. 166 e 172 do CC] – A Administração Pública pode declarar a nulidade dos seus próprios atos.

Súmula 377. [art. 1.641, II, do CC] – No regime de separação legal de bens, comunicam-se os adquiridos na constância do casamento.

Súmula 378. [art. 1.228, § 5º, do CC] – Na indenização por desapropriação incluem-se honorários do advogado do expropriado.

Súmula 380. [art. 1.727 do CC] – Comprovada a existência de socie-

ANEXOS

dade de fato entre os concubinos, é cabível a sua dissolução judicial, com a partilha do patrimônio adquirido pelo esforço comum.

Súmula 381. [art. 7º, § 6º, da LINDB] – Não se homologa sentença de divórcio obtida, por procuração, em país de que os cônjuges não eram nacionais.

Súmula 382. [arts. 550 e 1.727 do CC] – A vida em comum sob o mesmo teto, *more uxorio*, não é indispensável à caracterização do concubinato.

Súmula 387. [art. 889 do CC] – A cambial emitida ou aceita com omissões, ou em branco, pode ser completada pelo credor de boa-fé antes da cobrança ou do protesto.

Súmula 390. [art. 1.191 do CC] – A exibição judicial de livros comerciais pode ser requerida como medida preventiva.

Súmula 391. [art. 1.238 do CC] – O confinante certo deve ser citado, pessoalmente, para a ação de usucapião.

Súmula 412. [arts. 402, 420 e 465 do CC] – No compromisso de compra e venda com cláusula de arrependimento, a devolução do sinal, por quem o deu, ou a sua restituição em dobro, por quem o recebeu, exclui indenização maior, a título de perdas e danos, salvo os juros moratórios e os encargos do processo.

Súmula 413. [art. 463, *caput*, do CC] – O compromisso de compra e venda de imóveis, ainda que não loteados, dá direito à execução compulsória, quando reunidos os requisitos legais.

Súmula 414. [art. 1.301 do CC] – Não se distingue a visão direta da oblíqua na proibição de abrir janela, ou fazer terraço, eirado, ou varanda, a menos de metro e meio do prédio de outrem.

Súmula 415. [arts. 1.213, 1.285 e 1.378 ss. do CC] – Servidão de trânsito não titulada, mas tornada permanente, sobretudo pela natureza das obras realizadas, considera-se aparente, conferindo direito à proteção possessória.

Súmula 420. [art. 15 da LINDB] – Não se homologa sentença proferida no estrangeiro sem prova do trânsito em julgado.

Súmula 439. [art. 1.191 do CC] – Estão sujeitos à fiscalização tributária ou previdenciária quaisquer livros comerciais, limitado o exame aos pontos objeto da investigação.

Súmula 442. [art. 576 do CC] – A inscrição do contrato de locação no Registro de Imóveis, para a validade da cláusula de vigência contra o adquirente do imóvel, ou perante terceiros, dispensa a transcrição no Registro de Títulos e Documentos.

Súmula 443. [art. 205 do CC] – A prescrição das prestações anteriores ao período previsto em lei não ocorre, quando não tiver sido negado, antes daquele prazo, o próprio direito reclamado, ou a situação jurídica de que ele resulta.

Súmula 447. [arts. 1.803 e 1.847 do CC] – É válida a disposição testamentária em favor de filho adulterino do testador com sua concubina.

Súmula 477. [art. 99 do CC] – As concessões de terras devolutas situadas na faixa de fronteira, feitas pelos Estados, autorizam, apenas, o uso, permanecendo o domínio com a União, ainda que se mantenha inerte ou tolerante, em relação aos possuidores.

ANEXO V – SÚMULAS VINCULANTES – STF

Súmula 487. [art. 1.210 do CC] – Será deferida a posse a quem, evidentemente, tiver o domínio, se com base neste for ela disputada.

Súmula 490. [arts. 927 e 950 do CC] – A pensão correspondente à indenização oriunda de responsabilidade civil deve ser calculada com base no salário mínimo vigente ao tempo da sentença e ajustar-se-á às variações ulteriores.

Súmula 491. [art. 927 do CC] – É indenizável o acidente que cause a morte de filho menor, ainda que não exerça trabalho remunerado.

Súmula 492. [art. 927 do CC] – A empresa locadora de veículos responde, civil e solidariamente com o locatário, pelos danos por este causados a terceiro, no uso do carro locado.

Súmula 494. [arts. 179 e 533 do CC] – A ação para anular venda de ascendente a descendente, sem consentimento dos demais, prescreve em 20 (vinte) anos, contados da data do ato, revogada a Súmula nº 152.

Súmula 542. [art. 1.796 do CC] – Não é inconstitucional a multa instituída pelo Estado-membro, como sanção pelo retardamento do início ou da ultimação do inventário.

Súmula 562. [arts. 402, 927 e 952 do CC] – Na indenização de danos materiais decorrentes de ato ilícito cabe a atualização de seu valor, utilizando-se, para esse fim, dentre outros critérios, dos índices de correção monetária.

Súmula 618. [arts. 406, § 5º; e 1.228 do CC] – Na desapropriação, direta ou indireta, a taxa dos juros compensatórios é de 12% (doze por cento) ao ano.

Súmula 645. [arts. 1.142 a 1.149 do CC] – É competente o Município para fixar o horário de funcionamento de estabelecimento comercial.

Súmula 650. [art. 98 do CC] – Os incisos I e XI do art. 20 da CF não alcançam terras de aldeamentos extintos, ainda que ocupadas por indígenas em passado remoto.

ANEXO V

SÚMULAS VINCULANTES DO SUPREMO TRIBUNAL FEDERAL*

Súmula Vinculante 8. [arts. 189 ss. do CC] – São inconstitucionais o parágrafo único do artigo 5º do Decreto-Lei nº 1.569/1977 e os artigos 45 e 46 da Lei nº 8.212/1991, que tratam de prescrição e decadência de crédito tributário.

Súmula Vinculante 11. [art. 954 do CC] – Só é lícito o uso de algemas em casos de resistência e de fundado receio de fuga ou de perigo à integridade física própria ou alheia, por parte do preso ou de terceiros, justificada a excepcionalida-

---

(*) Disponíveis em: https://portal.stf.jus.br/textos/verTexto.asp?servico=jurisprudenciaSumulaVinculante. Acesso em: 30.1.2023. (Atualizadas até a Súmula Vinculante 58.)

de por escrito, sob pena de responsabilidade disciplinar, civil e penal do agente ou da autoridade e de nulidade da prisão ou do ato processual a que se refere, sem prejuízo da responsabilidade civil do Estado.

Súmula Vinculante 25. [art. 629 do CC] – É ilícita a prisão civil de depositário infiel, qualquer que seja a modalidade do depósito.

Súmula Vinculante 47. [art. 389 do CC] – Os honorários advocatícios incluídos na condenação ou destacados do montante principal devido ao credor consubstanciam verba de natureza alimentar cuja satisfação ocorrerá com a expedição de precatório ou requisição de pequeno valor, observada ordem especial restrita aos créditos dessa natureza.

ANEXO VI
TEMAS COM REPERCUSSÃO GERAL DO SUPREMO TRIBUNAL FEDERAL*

Tema 33. [art. 406 do CC]

Os requisitos de relevância e urgência previstos no art. 62 da Constituição Federal estão presentes na Medida Provisória 2.170-36/2001, que autoriza a capitalização de juros com periodicidade inferior a um ano nas operações realizadas pelas instituições integrantes do Sistema Financeiro Nacional.

Tema 98. [art. 406 do CC]

A norma do § 3º do artigo 192 da Constituição, revogada pela Emenda Constitucional nº 40/2003, que limitava a taxa de juros reais a 12% ao ano, tinha sua aplicação condicionada à edição de lei complementar.

Tema 130. [art. 186 do CC]

A responsabilidade civil das pessoas jurídicas de direito privado prestadoras de serviço público é objetiva relativamente a terceiros usuários e não usuários do serviço, segundo decorre do art. 37, § 6º, da Constituição Federal.

Tema 349. [art. 1.361 do CC]

É constitucional o § 1º do artigo 1.361 do Código Civil no que revela a possibilidade de ter-se como constituída a propriedade fiduciária de veículos com o registro do contrato na repartição competente para o licenciamento do bem.

Tema 362. [art. 927 do CC]

Nos termos do artigo 37, § 6º, da Constituição Federal, não se caracteriza a responsabilidade civil objetiva do Estado por danos decorrentes de crime praticado por pessoa foragida do sistema prisional, quando não demonstrado o nexo causal direto entre o momento da fuga e a conduta praticada.

(*) Disponíveis em: https://portal.stf.jus.br/jurisprudenciaRepercussao/pesquisarProcesso.asp. Acesso em: 30.1.2023. (Com 587 teses com trânsito em julgado.)

ANEXO VI – TEMAS COM REPERCUSSÃO GERAL – STF

Tema 366. [art. 927 do CC]

Para que fique caracterizada a responsabilidade civil do Estado por danos decorrentes do comércio de fogos de artifício, é necessário que exista a violação de um dever jurídico específico de agir, que ocorrerá quando for concedida a licença para funcionamento sem as cautelas legais ou quando for de conhecimento do poder público eventuais irregularidades praticadas pelo particular.

Tema 498. [arts. 1.790 e 1.829 do CC]

É inconstitucional a distinção de regimes sucessórios entre cônjuges e companheiros prevista no art. 1.790 do CC/2002, devendo ser aplicado, tanto nas hipóteses de casamento quanto nas de união estável, o regime do art. 1.829 do CC/2002. (A mesma tese foi fixada para o Tema 809).

Tema 512. [art. 927 do CC]

O Estado responde subsidiariamente por danos materiais causados a candidatos em concurso público organizado por pessoa jurídica de direito privado (art. 37, § 6°, da CRFB/88), quando os exames são cancelados por indícios de fraude.

Tema 529. [art. 1.521, VI, do CC]

A preexistência de casamento ou de união estável de um dos conviventes, ressalvada a exceção do artigo 1.723, § 1°, do Código Civil, impede o reconhecimento de novo vínculo referente ao mesmo período, inclusive para fins previdenciários, em virtude da consagração do dever de fidelidade e da monogamia pelo ordenamento jurídico-constitucional brasileiro.

Tema 622. [arts. 1.607 ss. do CC]

A paternidade socioafetiva, declarada ou não em registro público, não impede o reconhecimento do vínculo de filiação concomitante baseado na origem biológica, com os efeitos jurídicos próprios.

Tema 809. [arts. 1.790 e 1.829 do CC]

É inconstitucional a distinção de regimes sucessórios entre cônjuges e companheiros prevista no art. 1.790 do CC/2002, devendo ser aplicado, tanto nas hipóteses de casamento quanto nas de união estável, o regime do art. 1.829 do CC/2002. (A mesma tese foi fixada para o Tema 498).

Tema 815. [arts. 1.238 ss. do CC]

Preenchidos os requisitos do art. 183 da Constituição Federal, o reconhecimento do direito à usucapião especial urbana não pode ser obstado por legislação infraconstitucional que estabeleça módulos urbanos na respectiva área em que situado o imóvel (dimensão do lote).

Tema 899. [art. 206 do CC]

É prescritível a pretensão de ressarcimento ao erário fundada em decisão de Tribunal de Contas.

Tema 940. [art. 186 do CC]

A teor do disposto no art. 37, § 6°, da Constituição Federal, a ação por danos causados por agente público deve ser ajuizada contra o Estado ou a pessoa jurídica de direito privado prestadora de serviço público, sendo parte ilegítima para a ação o autor do ato, assegurado o direito de regresso contra o responsável nos casos de dolo ou culpa.

Tema 999. [arts. 206 e 927 do CC]
É imprescritível a pretensão de reparação civil de dano ambiental.

Tema 1.055. [art. 927 do CC]
É objetiva a Responsabilidade Civil do Estado em relação a profissional da imprensa ferido por agentes policiais durante cobertura jornalística, em manifestações em que haja tumulto ou conflitos entre policiais e manifestantes. Cabe a excludente da responsabilidade da culpa exclusiva da vítima, nas hipóteses em que o profissional de imprensa descumprir ostensiva e clara advertência sobre acesso a áreas delimitadas, em que haja grave risco à sua integridade física.

ANEXO VII

SÚMULAS DO SUPERIOR TRIBUNAL DE JUSTIÇA*

Súmula 11. [art. 1.238 do CC] – A presença da União ou de qualquer de seus Entes, na ação de Usucapião Especial, não afasta a competência do foro da situação do imóvel.

Súmula 26. [arts. 265, 897 e 899 do CC] – O avalista do título de crédito vinculado a contrato de mútuo também responde pelas obrigações pactuadas, quando no contrato figurar como devedor solidário.

Súmula 28. [art. 1.361 do CC] – O contrato de alienação fiduciária em garantia pode ter por objeto bem que já integrava o patrimônio do devedor.

Súmula 31. [art. 757 do CC] – A aquisição, pelo segurado, de mais de um imóvel financiado pelo Sistema Financeiro da Habitação, situados na mesma localidade, não exime a seguradora da obrigação de pagamento dos seguros.

Súmula 37. [arts. 186 e 927 do CC] – São cumuláveis as indenizações por dano material e dano moral oriundos do mesmo fato.

Súmula 43. [arts. 186 e 927 do CC] – Incide correção monetária sobre dívida por ato ilícito a partir da data do efetivo prejuízo.

Súmula 54. [arts 398 e 405 do CC] – Os juros moratórios fluem a partir do evento danoso, em caso de responsabilidade extracontratual.

Súmula 56. [arts. 1.378 ss. do CC] – Na desapropriação para instituir servidão administrativa são devidos os juros compensatórios pela limitação de uso da propriedade.

Súmula 72. [art. 1.364 do CC] – A comprovação da mora é imprescindível à busca e apreensão do bem alienado fiduciariamente.

Súmula 76. [arts. 397 e 1.417 do CC] – A falta de registro do compromisso de compra e venda de imóvel não dispensa a prévia interpelação para constituir em mora o devedor.

(*) Disponíveis em: https://www.stj.jus.br/docs_internet/jurisprudencia/tematica/download/SU/Verbetes/Verbetes STJ_asc.pdf. Acesso em: 30.1.2023. (Atualizadas até a Súmula 656.)

ANEXO VII – SÚMULAS – STJ

Súmula 92. [art. 1.361 do CC] – A terceiro de boa-fé não é oponível a alienação fiduciária não anotada no certificado de registro do veículo automotor.

Súmula 109. [art. 754 do CC] – O reconhecimento do direito a indenização, por falta de mercadoria transportada via marítima, independe de vistoria.

Súmula 130. [art. 927 do CC] – A empresa responde, perante o cliente, pela reparação de dano ou furto de veículo ocorrido em seu estabelecimento.

Súmula 143. [art. 206, § 5º, I, do CC] – Prescreve em 5 (cinco) anos a ação de perdas e danos pelo uso de marca comercial.

Súmula 145. [arts. 392, 736 e 927 do CC] – No transporte desinteressado, de simples cortesia, o transportador só será civilmente responsável por danos causados ao transportado quando incorrer em dolo ou culpa grave.

Súmula 179. [art. 629 do CC] – O estabelecimento de crédito que recebe dinheiro, em depósito judicial, responde pelo pagamento da correção monetária relativa aos valores recolhidos.

Súmula 186. [art. 927 do CC] – Nas indenizações por ato ilícito, os juros compostos somente são devidos por aquele que praticou o crime.

Súmula 193. [arts 1.238 a 1.244 e 1.260 do CC] – O direito de uso de linha telefônica pode ser adquirido por usucapião.

Súmula 214. [art. 819 do CC] – O fiador na locação não responde por obrigações resultantes de aditamento ao qual não anuiu.

Súmula 221. [arts. 186 e 927 do CC] – São civilmente responsáveis pelo ressarcimento de dano, decorrente de publicação pela imprensa, tanto o autor do escrito quanto o proprietário do veículo de divulgação.

Súmula 227. [arts. 52, 186 e 927 do CC] – A pessoa jurídica pode sofrer dano moral.

Súmula 229. [art. 771 do CC] – O pedido de pagamento de indenização à seguradora suspende o prazo de prescrição até que o segurado tenha ciência da decisão.

Súmula 239. [art. 1.418 do CC] – O direito à adjudicação compulsória não se condiciona ao registro do compromisso de compra e venda no cartório de imóveis.

Súmula 245. [art. 1.364 do CC] – A notificação destinada a comprovar a mora nas dívidas garantidas por alienação fiduciária dispensa a indicação do valor do débito.

Súmula 246. [art. 927 do CC] – O valor do seguro obrigatório deve ser deduzido da indenização judicialmente fixada.

Súmula 257. [arts. 778 ss. do CC] – A falta de pagamento do prêmio do seguro obrigatório de Danos Pessoais Causados por Veículos Automotores de Vias Terrestres (DPVAT) não é motivo para a recusa do pagamento da indenização.

Súmula 260. [art. 1.333 do CC] – A convenção de condomínio aprovada, ainda que sem registro, é eficaz para regular as relações entre os condôminos.

Súmula 277. [art. 1.703 do CC] – Julgada procedente a investigação de paternidade, os alimentos são devidos a partir da citação.

ANEXOS

Súmula 291. [art. 206, § 3º, II, do CC] – A ação de cobrança de parcelas de complementação de aposentadoria pela previdência privada prescreve em 5 (cinco) anos.

Súmula 301. [arts. 1.607 ss. do CC] – Em ação investigatória, a recusa do suposto pai a submeter-se ao exame de DNA induz presunção *juris tantum* de paternidade.

Súmula 304. [art. 652 do CC] – É ilegal a decretação da prisão civil daquele que não assume expressamente o encargo de depositário judicial.

Súmula 305. [art. 652 do CC] – É descabida a prisão civil do depositário quando, decretada a falência da empresa, sobrevém a arrecadação do bem pelo síndico.

Súmula 308. [art. 303 do CC] – A hipoteca firmada entre a construtora e o agente financeiro, anterior ou posterior à celebração da promessa de compra e venda, não tem eficácia perante os adquirentes do imóvel.

Súmula 322. [art. 877 do CC] – Para a repetição de indébito, nos contratos de abertura de crédito em conta-corrente, não se exige a prova do erro.

Súmula 332. [arts. 818, IV; 1.642, III; e 1.647 do CC] – A fiança prestada sem autorização de um dos cônjuges implica a ineficácia total da garantia.

Súmula 335. [art. 578 do CC] – Nos contratos de locação, é válida a cláusula de renúncia à indenização das benfeitorias e ao direito de retenção.

Súmula 358. [art. 1.703 do CC] – O cancelamento de pensão alimentícia de filho que atingiu a maioridade está sujeito à decisão judicial, mediante contraditório, ainda que nos próprios autos.

Súmula 362. [arts. 186 e 927 do CC] – A correção monetária do valor da indenização do dano moral incide desde a data do arbitramento.

Súmula 364. [art. 1.711 do CC] – O conceito de impenhorabilidade de bem de família abrange também o imóvel pertencente a pessoas solteiras, separadas e viúvas.

Súmula 369. [art. 396 do CC] – No contrato de arrendamento mercantil (*leasing*), ainda que haja cláusula resolutiva expressa, é necessária a notificação prévia do arrendatário para constituí-lo em mora.

Súmula 370. [art. 186 do CC] – Caracteriza dano moral a apresentação antecipada de cheque pré-datado.

Súmula 379. [art. 406 do CC] – Nos contratos bancários não regidos por legislação específica, os juros moratórios poderão ser convencionados até o limite de 1% (um por cento) ao mês.

Súmula 380. [art. 394 do CC] – A simples propositura da ação de revisão de contrato não inibe a caracterização da mora do autor.

Súmula 387. [art. 186 do CC] – É lícita a cumulação das indenizações de dano estético e dano moral.

Súmula 388. [arts. 186 e 927 do CC] – A simples devolução indevida de cheque caracteriza dano moral.

Súmula 402. [arts. 186, 757 e 789 do CC] – O contrato de seguro por danos pessoais compreende os danos morais, salvo cláusula expressa de exclusão.

Súmula 403. [arts. 20, 186 e 927 do CC] – Independe de prova do prejuízo a indenização pela publicação não autorizada de imagem de pessoa com fins econômicos ou comerciais.

Súmula 405. [art. 206, § 3º, IX, do CC] – A ação de cobrança do seguro obrigatório (DPVAT) prescreve em 3 (três) anos.

Súmula 412. [art. 205 do CC] – A ação de repetição de indébito de tarifas de água e esgoto sujeita-se ao prazo prescricional estabelecido no Código Civil.

Súmula 419. [art. 652 do CC] – Descabe a prisão civil do depositário judicial infiel.

Súmula 421. [art. 381 do CC] – Os honorários advocatícios não são devidos à Defensoria Pública quando ela atua contra a pessoa jurídica de direito público à qual pertença.

Súmula 423. [art. 565 do CC] – A Contribuição para Financiamento da Seguridade Social – Cofins – incide sobre as receitas provenientes das operações de locação de bens móveis.

Súmula 427. [art. 206, § 3º, II, do CC] – A ação de cobrança de diferença de valores de complementação de aposentadoria prescreve em 5 (cinco) anos contados da data do pagamento.

Súmula 435. [arts. 1.033 a 1.038 do CC] – Presume-se dissolvida irregularmente a empresa que deixar de funcionar no seu domicílio fiscal, sem comunicação aos órgãos competentes, legitimando o redirecionamento da execução fiscal para o sócio-gerente.

Súmula 449. [art. 1.711 do CC] – A vaga de garagem que possui matrícula própria no registro de imóveis não constitui bem de família para efeito de penhora.

Súmula 451. [art. 1.142 do CC] – É legítima a penhora da sede do estabelecimento comercial.

Súmula 464. [arts. 354 e 379] do CC – A regra de imputação de pagamentos estabelecida no art. 354 do Código Civil não se aplica às hipóteses de compensação tributária.

Súmula 465. [arts. 757, 765 e 785 do CC] – Ressalvada a hipótese de efetivo agravamento do risco, a seguradora não se exime do dever de indenizar em razão da transferência do veículo sem a sua prévia comunicação.

Súmula 472. [arts. 170 e 422 do CC] – A cobrança de comissão de permanência – cujo valor não pode ultrapassar a soma dos encargos remuneratórios e moratórios previstos no contrato – exclui a exigibilidade dos juros remuneratórios, moratórios e da multa contratual.

Súmula 473. [arts. 757 e 788 do CC] – O mutuário do SFH não pode ser compelido a contratar o seguro habitacional obrigatório com a instituição financeira mutuante ou com a seguradora por ela indicada.

Súmula 475. [art. 889, *caput*, do CC] – Responde pelos danos decorrentes de protesto indevido o endossatário que recebe por endosso translativo título de crédito contendo vício formal extrínseco ou intrínseco, ficando ressalvado seu direito de regresso contra os endossantes e avalistas.

Súmula 476. [arts. 188, I; 917; e 927 do CC] – O endossatário de título de crédito por endosso-mandato só responde por danos decorrentes de protesto indevido se extrapolar os poderes de mandatário.

Súmula 478. [arts. 958; 961; e 1.422, parágrafo único, do CC] – Na execução de crédito relativo a cotas condominiais, este tem preferência sobre o hipotecário.

Súmula 479. [arts. 186 e 927 do CC] – As instituições financeiras respondem objetivamente pelos danos gerados por fortuito interno relativo a fraudes e delitos praticados por terceiros no âmbito de operações bancárias.

Súmula 496. [arts. 99 e 1.231 do CC] – Os registros de propriedade particular de imóveis situados em terrenos de marinha não são oponíveis à União.

Súmula 498. [art. 186 do CC] – Não incide imposto de renda sobre a indenização por danos morais.

Súmula 503. [art. 206, § 5º, do CC] – O prazo para ajuizamento de ação monitória em face do emitente de cheque sem força executiva é quinquenal, a contar do dia seguinte à data de emissão estampada na cártula.

Súmula 504. [art. 206, § 5º, do CC] – O prazo para ajuizamento de ação monitória em face do emitente de nota promissória sem força executiva é quinquenal, a contar do dia seguinte ao vencimento do título.

Súmula 523. [art. 406 do CC] – A taxa de juros de mora incidente na repetição de indébito de tributos estaduais deve corresponder à utilizada para cobrança do tributo pago em atraso, sendo legítima a incidência da taxa Selic, em ambas as hipóteses, quando prevista na legislação local, vedada sua cumulação com quaisquer outros índices.

Súmula 529. [art. 787 do CC] – No seguro de responsabilidade civil facultativo, não cabe o ajuizamento de ação pelo terceiro prejudicado direta e exclusivamente em face da seguradora do apontado causador do dano.

Súmula 530. [arts. 112, 113, 122, 170, 406 e 591 do CC] – Nos contratos bancários, na impossibilidade de comprovar a taxa de juros efetivamente contratada – por ausência de pactuação ou pela falta de juntada do instrumento aos autos –, aplica-se a taxa média de mercado, divulgada pelo Bacen, praticada nas operações da mesma espécie, salvo se a taxa cobrada for mais vantajosa para o devedor.

Súmula 532. [art. 187 do CC] – Constitui prática comercial abusiva o envio de cartão de crédito sem prévia e expressa solicitação do consumidor, configurando-se ato ilícito indenizável e sujeito à aplicação de multa administrativa.

Súmula 537. [art. 757 do CC] – Em ação de reparação de danos, a seguradora denunciada, se aceitar a denunciação ou contestar o pedido do autor, pode ser condenada, direta e solidariamente junto com o segurado, ao pagamento da indenização devida à vítima, nos limites contratados na apólice.

Súmula 539. [art. 591 do CC] – É permitida a capitalização de juros com periodicidade inferior à anual em contratos celebrados com instituições integrantes do Sistema Financeiro Nacional a partir de 31.3.2000 (MP nº 1.963-17/2000, reeditada como MP nº 2.170-36/2001), desde que expressamente pactuada.

Súmula 541. [art. 591 do CC] – A previsão no contrato bancário de taxa de juros anual superior ao duodécuplo da mensal é suficiente para permitir a cobrança da taxa efetiva anual contratada.

Súmula 543. [arts. 122 e 884 do CC] – Na hipótese de resolução de contrato de promessa de compra e venda de imóvel submetido ao Código de Defesa do Consumidor, deve ocorrer a imediata restituição das parcelas pagas pelo promitente comprador – integralmente, em caso de culpa exclusiva do promitente vendedor/construtor, ou parcialmente, caso tenha sido o comprador quem deu causa ao desfazimento.

Súmula 547. [arts. 206, § 3º, IV, e § 5º, I; e 2.028 do CC] – Nas ações em que se pleiteia o ressarcimento dos valores pagos a título de participação financeira do consumidor no custeio de construção de rede elétrica, o prazo prescricional é de 20 (vinte) anos na vigência do Código Civil de 1916. Na vigência do Código Civil de 2002, o prazo é de 5 (cinco) anos se houver revisão contratual de ressarcimento e de 3 (três) anos na ausência de cláusula nesse sentido, observada a regra de transição disciplinada em seu art. 2.028.

Súmula 549. [art. 1.711 do CC] – É válida a penhora de bem de família pertencente a fiador de contrato de locação.

Súmula 595. [arts. 186 e 927 do CC] – As instituições de ensino superior respondem objetivamente pelos danos suportados pelo aluno/consumidor pela realização de curso não reconhecido pelo Ministério da Educação, sobre o qual não lhe tenha sido dada prévia e adequada informação.

Súmula 596. [art. 1.698 do CC] – A obrigação alimentar dos avós tem natureza complementar e subsidiária, somente se configurando no caso de impossibilidade total ou parcial de seu cumprimento pelos pais.

Súmula 609. [arts. 422, 765 e 766 do CC] – A recusa de cobertura securitária, sob a alegação de doença preexistente, é ilícita se não houve a exigência de exames médicos prévios à contratação ou a demonstração de má-fé do segurado.

Súmula 610. [arts. 797 e 798 do CC] – O suicídio não é coberto nos dois primeiros anos de vigência do contrato de seguro de vida, ressalvado o direito do beneficiário à devolução do montante da reserva técnica formada.

Súmula 619. [arts. 1.208 e 1.255 do CC] – A ocupação indevida de bem público configura mera detenção, de natureza precária, insuscetível de retenção ou indenização por acessões e benfeitorias.

Súmula 620. [art. 768 do CC] – A embriaguez do segurado não exime a seguradora do pagamento da indenização prevista em contrato de seguro de vida.

Súmula 621. [art. 1.703 do CC] – Os efeitos da sentença que reduz, majora ou exonera o alimentante do pagamento retroagem à data da citação, vedadas a compensação e a repetibilidade.

Súmula 624. [arts. 186 e 927 do CC] – É possível cumular a indenização do dano moral com a reparação econômica da Lei nº 10.559/2002 (Lei da Anistia Política).

Súmula 632. [art. 757 do CC] – Nos contratos de seguro regidos pelo Código Civil, a correção monetária sobre a indenização securitária incide a partir da contratação até o efetivo pagamento.

Súmula 642. [art. 943 do CC] – O direito à indenização por danos morais transmite-se com o falecimento do titular, possuindo os herdeiros da vítima legitimidade ativa para ajuizar ou prosseguir a ação indenizatória.

Súmula 652. [art. 927 do CC] – A responsabilidade civil da Administração Pública por danos ao meio ambiente, decorrente de sua omissão no dever de fiscalização, é de caráter solidário, mas de execução subsidiária.

Súmula 655. [arts. 1.641 e 1.725 do CC] – Aplica-se à união estável contraída por septuagenário o regime da separação obrigatória de bens, comunicando-se os adquiridos na constância, quando comprovado o esforço comum.

Súmula 656. [art. 819 do CC] – É válida a cláusula de prorrogação automática de fiança na renovação do contrato principal. A exoneração do fiador depende da notificação prevista no art. 835 do Código Civil.

ÍNDICE REMISSIVO

AGÊNCIA E DISTRIBUIÇÃO, contrato de: arts. 710 a 721
ALIMENTOS: arts. 1.694 a 1.710
ANTICRESE: arts. 1.419 a 1.430 e 1.506 a 1.510
- Cláusulas essenciais: art. 1.424
- Cláusula nula: art. 1.428
- Credor anticrético: arts. 1.507 a 1.509
- Definição: art. 1.506
- Legitimidade: art. 1.420
- Pagamento parcial, não exoneração: art. 1.421
- Preferência do credor: art. 1.423
- Remição antes do vencimento da dívida: art. 1.510
- Vencimento antecipado da dívida: arts. 1.425 e 1.426
- Vínculo real do bem: art. 1.419

ARRAS: arts. 417 a 420
ASSOCIAÇÕES: arts. 53 a 61
- Adaptação às disposições do CC de 2002: arts. 2.031, 2.033 e 2.034
- Assembleia Geral, competência: art. 59
- Associados, categorias com vantagens especiais: art. 55
- Associados, direitos iguais: art. 55
- Associados, exclusão: art. 57
- Associados, impedimento de exercer direito ou função: art. 58
- Associados, inexistência de direitos e obrigações recíprocos: art. 53, parágrafo único
- Associados, intransmissibilidade: art. 56
- Convocação dos órgãos deliberativos: art. 60
- Definição: art. 53, *caput*
- Dissolução: art. 61
- Estatuto: art. 54
- Transferência de quota ou fração ideal do patrimônio da associação: art. 56, parágrafo único.

ASSUNÇÃO DE DÍVIDA: arts. 299 a 303
ATOS ILÍCITOS: arts. 186 a 188
- Excesso no exercício: art. 187
- Não constituição: art. 188
- Violação de direito: art. 186

ATOS JURÍDICOS LÍCITOS: art. 185
- Validade dos constituídos antes da vigência do CC de 2002: art. 2.035

AUSÊNCIA: arts. 22 a 39
BEM DE FAMÍLIA: arts. 1.711 a 1.722
BENS DIVISÍVEIS: arts. 87 e 88
- Definição: art. 87
- Indivisibilidade por determinação legal: art. 88

BENS FUNGÍVEIS E CONSUMÍVEIS: arts. 85 e 86

BEN — CÓDIGO CIVIL

- Consumíveis, definição: art. 67
- Fungíveis, definição: art. 85
- **BENS IMÓVEIS:** arts. 79 a 81
- Definição: art. 79
- Mantença caráter de imóvel: art. 81
- Por designação legal: art. 80
- **BENS MÓVEIS:** arts. 82 a 84
- Definição: art. 82
- Mantença caráter de móvel: art. 84
- Por designação legal: art. 83
- **BENS PÚBLICOS:** arts. 98 a 103
- Alienáveis: art. 101
- Definição: art. 98
- Inalienáveis: art. 100
- Tipos de: art. 99
- Uso gratuito ou oneroso: art. 103
- Usucapião, não sujeição: art. 102
- **BENS RECIPROCAMENTE CONSIDERADOS:** arts. 92 a 97
- Benfeitorias, não consideração: art. 97
- Benfeitorias, tipos: art. 96
- Frutos e produtos, objeto de negócio jurídico: art. 95
- Negócio jurídico com bem principal: art. 94
- Pertenças: art. 93
- Principal e acessório, definição: art. 92
- **BENS SINGULARES E COLETIVOS:** arts. 89 a 91
- Singulares, definição: art. 89
- Universalidade de direito: art. 91
- Universalidade de fato: art. 90
- **CASAMENTO:** arts. 1.511 a 1.590
- Capacidade para o: arts. 1.517 a 1.520
- Causas suspensivas: arts. 1.523 e 1.524
- Celebração do: arts. 1.533 a 1.542
- Civil, gratuidade da celebração: art. 1.512
- Comunhão plena de vida: art. 1.511
- Dissolução da sociedade e do vínculo conjugal: arts. 1.571 a 1.582
- Eficácia do: arts. 1.565 a 1.570
- Impedimentos: arts. 1.521 e 1.522
- Impossibilidade de intervir na comunhão de vida constituída: art. 1.513
- Invalidade do: arts. 1.548 a 1.564
- Momento da realização: art. 1.514
- Processo de habilitação para o: arts. 1.526 a 1.532
- Provas do: art. 1.543 a 1.547
- Religioso, equiparação ao civil: art. 1.515
- Religioso, registro: art. 1.516
- **CESSÃO DE CRÉDITO:** arts. 286 a 298
- **CLÁUSULA PENAL:** arts. 408 a 416
- Abrangência: art. 409
- Exigência juntamente com o desempenho da obrigação principal: art. 411
- Inadimplemento total: art. 410
- Incidência: art. 408
- Momento da instituição: art. 409
- Obrigação divisível: art. 415
- Obrigação indivisível: art. 414
- Pena convencional: art. 416
- Proteção da pessoa dos filhos: arts. 1.583 a 1.590
- Redução equitativa: art. 413
- Valor: art. 412
- **COAÇÃO:** arts. 151 a 155
- **COMISSÃO, CONTRATO DE:** art. 693 a 709
- **COMODATO:** arts. 579 a 585
- **COMORIÊNCIA:** art. 8º
- **COMPENSAÇÃO:** arts. 368 a 380
- **COMPRA E VENDA, CONTRATO DE:** arts. 481 a 532

ÍNDICE REMISSIVO CON

- À vista de amostras: art. 484
- Condomínio em coisa indivisível: art. 504
- De imóvel com preço por medida de extensão ou determinação de área, direito de exigir complementação: art. 500
- Débitos até o momento da tradição, responsabilidade: art. 502
- Defeito oculto em coisas vendidas conjuntamente: art. 503
- Definição: art. 481
- Despesas de escritura e registro: art. 490
- Entre ascendente e descente: art. 496
- Entre cônjuges: art. 499
- Fixação de preço: arts. 485 a 489
- Objeto: art. 483
- Pessoas proibidas de comprar: arts. 497 e 498
- Prazo para complementação de área: art. 501
- Preempção ou preferência: arts. 513 a 520
- Pura, obrigatoriedade: art. 482
- Retrovenda: arts. 505 a 508
- Sujeita a prova: arts. 510, 511 e 512
- Tradição da coisa: arts. 491 a 495
- Venda a contento: arts. 509, 511 e 512
- Venda com reserva de domínio: arts. 521 a 528
- Venda sobre documentos: arts. 529 a 532

COMPROMISSO, CONTRATO DE: arts. 851 a 853

CONDIÇÃO: arts. 121 a 130

- Definição: art. 121
- Desconsideração: art. 126
- Inexistentes: art. 124
- Invalidade do negócio jurídico: art. 123
- Lícitas: art. 122
- Má-fé, consideração da: art. 129
- Permissão de prática de atos de conservação: art. 130
- Resolutiva: arts. 127 e 128
- Suspensiva: art. 125

CONDOMÍNIO DE LOTES: art. 1.358-A

- Limitação ou impedimento da instituição da multipropriedade: art. 1.358-U

CONDOMÍNIO EDILÍCIO: arts. 1.331 a 1.358

- Adoção do regime de multipropriedade: arts. 1.358-O a 1.358-Q
- Administração do condomínio: arts. 1.347 a 1.356
- Administrador profissional quando em regime de multipropriedade: art. 1.358-R
- Adquirente, responde por débitos do alienante: art. 1.345
- Aluguel de área para veículo: art. 1.338
- Áreas comuns: art. 1.339
- Convenção: arts. 1.332 a 1.334
- Despesas manutenção área comum: art. 1.340
- Deveres do condômino: art. 1.336
- Direitos do condômino: art. 1.335
- Extinção do condomínio: arts. 1.357 e 1.358
- Inadimplemento do multiproprietário: art. 1.358-S
- Instituição: art. 1.332
- Limitação ou impedimento da instituição da multipropriedade: art. 1.358-U
- Multa: art. 1.337

CON CÓDIGO CIVIL

- Obras no condomínio: arts. 1.341 a 1.343
- Propriedade exclusiva e comum: art. 1.331
- Renúncia do multiproprietário em favor do condomínio: art. 1.358-T
- Seguro obrigatório: art. 1.346
- Terraço de cobertura: art. 1.344

CONDOMÍNIO EM GERAL: arts. 1.314 a 1.330

- Necessário: arts. 1.327 a 1.330
- Voluntário, Administração do condomínio: arts. 1.323 a 1.326
- Voluntário, Direitos e deveres dos condôminos: arts. 1.314 a 1.322

CONDOMÍNIO EM MULTIPROPRIEDADE: arts. 1.358-B a 1.358-U

- Administração da: arts. 1.358-M e 1.358-N
- Definição: art. 1.358-C
- Direitos do multiproprietário: art. 1.358-I
- Equiparação a multiproprietário: art. 1.358-K
- Fração de tempo: art. 1.358-E
- Imóvel objeto de: art. 1.358-D
- Instituição: arts. 1.358-F a 1.358-H
- Obrigações do multiproprietário: art. 1.358-J
- Regência: art. 1.358-B
- Transferência da: art. 1.358-L

CONFISSÃO

- Ineficácia: art. 213
- Irrevogabilidade: art. 214

CONFUSÃO: arts. 381 a 384

CONTRATOS: arts. 421 a 853

- Aceitação: arts. 430 a 434
- Aleatórios: arts. 458 a 461
- Atípicos, licitude: art. 425
- Cláusula resolutiva: arts. 474 e 475
- Com pessoa a declarar: arts. 467 a 471
- De adesão, interpretação e cláusulas nulas: arts. 423 e 424
- Distrato: arts. 472 e 473
- Espécies de contratos: arts: 481 a 853
- Estipulação em favor de terceiro: arts. 436 a 438
- Evicção: arts. 447 a 457
- Exceção de contrato não cumprido: arts. 476 e 477
- Excepcionalidade da revisão contratual: art. 421, parágrafo único
- Função social: arts. 421, *caput;* e 2.035, parágrafo único
- Herança de pessoa viva, impossibilidade de ser objeto do: art. 426
- Lugar do: art. 435
- Paritariedade e simetria: art. 421-A
- Preliminar: arts. 462 a 466
- Princípio da intervenção mínima: art. 421, parágrafo único
- Princípios da probidade e boa-fé: art. 422
- Promessa de fato de terceiro: arts. 439 e 440
- Proposta: arts. 427 a 429
- Resolução por onerosidade excessiva: arts. 478 a 480
- Vícios redibitórios: arts. 441 a 446

Vide espécies de contratos específicos

CONSTITUIÇÃO DE RENDA, CONTRATO DE: arts. 803 a 813

CORRETAGEM, CONTRATO DE: arts. 722 a 729

CURADORIA DOS BENS DO AUSENTE: arts. 22 a 25

CURATELA: arts. 1.767 a 1.783

- Do nascituro: art. 1.779
- Exercício da: arts. 1.781 a 1.783
- Interditos: arts. 1.767 a 1.778

ÍNDICE REMISSIVO

DAÇÃO EM PAGAMENTO:
arts. 356 a 359
DECADÊNCIA: arts. 207 a 211
DEPÓSITO, CONTRATO DE:
arts. 627 a 652
– Necessário: arts. 647 a 652
– Voluntário: arts. 627 a 646 e 652
DIREITOS REAIS: arts. 1.225 a 1.227
– Descrição dos: art. 1.225
– Sobre coisas móveis: art. 1.226
– Sobre imóveis: art. 1.227
DOAÇÃO, CONTRATO DE:
arts. 538 a 564
– A entidade futura: art. 554
– Aceitação, fixação de prazo: art. 539
– Aceitação, quando feita a nascituro: art. 542
– Aceitação, se donatário absolutamente incapaz: art. 543
– Adiantamento do que cabe por herança: art. 544
– Anulabilidade: art. 550
– Definição: art. 538
– Em comum a mais de uma pessoa: art. 551
– Em forma de subvenção periódica, extinção: art. 545
– Evicção, sujeição: art. 552
– Feita ao nascituro: art. 542
– Feita em contemplação de casamento futuro com certa e determinada pessoa: art. 546
– Formas: art. 541
– Liberalidade: art. 540
– Nulidade: arts. 548 e 549
– Obrigação do donatário: art. 553
– Retorno ao patrimônio do doador: art. 547
– Revogação: arts. 555 a 564

DOLO: arts. 145 a 150
DOMICÍLIO: arts. 70 a 78
– Da pessoa jurídica, definição: art. 75
– Da pessoa natural, alteração: art. 74
– Da pessoa natural, definição: arts. 70 a 73
– De agente diplomático: art. 77
– Especificação em contrato escrito: art. 78
– Necessário: art. 76
EMPREITADA, CONTRATO DE:
arts. 610 a 626
EMPRESA INDIVIDUAL DE RESPONSABILIDADE LIMITADA:
art. 980-A
EMPRESÁRIO: arts. 966 a 980
– Adaptação às disposições do CC de 2002: arts. 2.031, 2.033 e 2.034
– Aplicação disposições de lei não revogadas pelo CC 2002: art. 2.037
– Associação futebolística: art. 971, parágrafo único
– Atividade rural principal: art. 971, *caput*
– Capacidade: arts. 972 a 980
– Definição: art. 966, *caput*
– Escrituração contábil: arts. 1.179 a 1195
– Inscrição: arts. 967 e 968
– Legislação não revogada: art. 2.037
– Profissão intelectual: art. 966, parágrafo único
– Registro: arts. 1.150 a 1.154
– Sucursal, filial ou agência: art. 969
– Tratamento diferenciado: art. 970
EMPRÉSTIMO, CONTRATO DE:
arts. 579 a 592
– Comodato: arts. 579 a 585
– Mútuo: arts. 586 a 592
ENCARGO: arts. 136 e 137

ENF — CÓDIGO CIVIL

ENFITEUSE E SUBENFITEUSE
– Proibição de constituição: art. 2.038

ENRIQUECIMENTO SEM CAUSA: arts. 884 a 886

ERRO OU IGNORÂNCIA: arts. 138 a 144

ESCRITURA PÚBLICA: art. 215

ESTABELECIMENTO: arts. 1.142 a 1.149
– Adquirente, responsabilidade débitos anteriores: art. 1.146
– Alienação do, eficácia: art. 1.145
– Cessão dos créditos referentes ao estabelecimento transferido: art. 1.149
– Concorrência ao adquirente, prazo: art. 1.147
– Contrato de alienação, usufruto ou arrendamento, produção de efeitos: art. 1.144
– Definição: art. 1.142
– Objeto unitário: art. 1.143
– Sub-rogação do adquirente: art. 1.148

ESTADO DE PERIGO: art. 156

ESTIMATÓRIO, CONTRATO: arts. 534 a 537

FIANÇA, CONTRATO DE: arts. 818 a 839
– Abrangência: art. 822
– Credor, não é obrigado a aceitar fiador: art. 825
– Definição: art. 818
– Dívidas futuras, objeto: art. 821
– Efeitos da: arts. 827 a 836
– Extinção da: arts. 837 a 839
– Forma escrita: art. 819
– Insuscetibilidade: art. 824
– Limite: art. 823
– Sem consentimento do devedor: art. 820
– Substituição do fiador: art. 826

FRAUDE CONTRA CREDORES: arts. 158 a 165

FUNDAÇÕES: arts. 62 a 69
– Adaptação às disposições do CC de 2002: arts. 2.031 a 2.034
– Bens insuficientes: art. 63
– Constituição por negócio jurídico entre vivos: art. 64
– Criação: art. 62, *caput*
– Estatuto, alteração: arts. 67 e 68
– Estatuto, elaboração: art. 65
– Extinção: art. 69
– Finalidade: art. 62, parágrafo único
– Ministério Público: art. 66

FUNDO DE INVESTIMENTO: arts. 1.368-C a 1.368-F

FUSÃO DE SOCIEDADES
– Credor anterior prejudicado: art. 1.122
– Decisão para: art. 1.120
– Definição: art. 1.119
– Inscrição: art. 1.121

GESTÃO DE NEGÓCIOS: arts. 861 a 875

GUARDA (dos filhos): arts. 1.583 a 1.590
– Direito de visitas e fiscalização da manutenção e educação: art. 1.589
– Extensão aos filhos maiores incapazes: art. 1.590
– Formas de constituição: art. 1.584
– Invalidade do casamento: art. 1.587
– Novas núpcias do detentor da guarda: art. 1.588
– Oitiva de ambas as partes: art. 1.585
– Regulação diferenciada: art. 1.586
– Tipos de: art. 1.583

HABITAÇÃO: arts. 1.414 a 1.416

ÍNDICE REMISSIVO

HIPOTECA: arts. 1.419 a 1.430 e 1.473 a 1.505
- Adquirente de imóvel hipotecado: arts. 1.479 a 1.481
- Cédula hipotecária, emissão: art. 1.486
- Cláusula nula: art. 1.428
- Cláusulas essenciais: art. 1.424
- De vias férreas: arts. 1.502 a 1.505
- Extinção da: arts. 1.499 a 1.501
- Garantia de dívida futura: art. 1.487
- Imóvel loteado ou constituir condomínio edilício: art. 1.488
- Legal: arts. 1.489 a 1.491; e 2.040
- Legitimidade: art. 1.420
- Objeto da: arts. 1.473 e 1.474
- Obrigação pessoal: art. 1.430
- Pagamento parcial não exonera: art. 1.421
- Pluralidade de hipotecas sobre mesmo bem: arts. 1.476 a 1.478
- Preferência do credor: art. 1.422
- Prorrogação: art. 1.485
- Registro da: arts. 1.492 a 1.498
- Remição parcial por sucessor: art. 1.429
- Valor ajustado: art. 1.484
- Vencimento antecipado da dívida: arts. 1.425 e 1.426
- Venda de imóvel hipotecado: art. 1.475
- Vínculo real do bem: art. 1.419

IMPUTAÇÃO DO PAGAMENTO: arts. 352 a 355

INCORPORAÇÃO DE SOCIEDADES
- Credor anterior prejudicado: art. 1.122
- Definição: art. 1.116
- Sociedade incorporadora, aprovação: arts. 1.117 e 1.118

INVALIDADE DO NEGÓCIO JURÍDICO: arts. 166 a 184
- Anulabilidade, causas: art. 171
- Anulabilidade, decadência: arts. 178 e 179
- Anulabilidade, efeito: art. 177
- Anulabilidade, incapaz: arts. 180 e 181
- Anulabilidade, ratificação: arts. 172 a 175
- Anulabilidade validação por terceiros: art. 176
- Anulação, efeitos: arts. 182 a 184
- Nulidade, alegação: art. 168
- Nulidade, causas: art. 166
- Nulidade, imprescritibilidade: art.169, segunda parte
- Nulidade, ratificação: art. 169, primeira parte
- Simulação, nulidade: art. 167
- Subsistência: art. 170

INVENTÁRIO E PARTILHA: arts. 1.991 a 2.027
- Anulação da partilha: art. 2.027
- Colação: arts. 2.002 a 2.012
- Garantia dos quinhões hereditários: arts. 2.023 a 2.026
- Inventário: art. 1.991
- Pagamento das dívidas: arts. 1.997 a 2.001
- Partilha: arts. 2.013 a 2.022
- Sonegados: arts. 1.992 a 1.996

JOGO E APOSTA, CONTRATO DE: arts. 814 a 817

JUROS LEGAIS: arts. 406 e 407

LAJE: arts. 1.510-A a 1.510-E

LESÃO: art. 157

LIQUIDAÇÃO DE SOCIEDADE: arts. 1.102 a 1.112
- Credor não satisfeito: art. 1.110
- Encerramento: art. 1.109
- Judicial: arts. 1.111 e 1.112
- Liquidante: art. 1.102, parágrafo único

- Liquidante, deveres: arts. 1.103 a 1.106 e 1.108
- Prestação final de contas: art. 1.108
- Regência: art. 1.102, *caput*
- Resolução antes de ultimada a liquidação: art. 1.107

LOCAÇÃO DE COISAS, CONTRATO DE: arts. 565 a 578
- Alienação da coisa durante a locação: art. 576
- De prédio urbano sujeita a lei especial: art. 2.036
- Definição: art. 565
- Deterioração da coisa: art. 567
- Direito de retenção: art. 578
- Emprego da coisa em uso diverso: art. 570
- Morte do locador: art. 577
- Notificação para restituição: art. 575
- Obrigações do locador: arts. 566 e 568
- Obrigações do locatário: art. 569
- Por prazo determinado, cessação: art. 573
- Por prazo determinado, obrigações: arts. 571 e 572
- Prorrogação sem prazo: art. 574

LUGAR DO PAGAMENTO: arts. 327 a 330

MAIORIDADE CIVIL: art. 5º

MANDATO, CONTRATO DE: arts. 653 a 692
- Aceitação: art. 659
- Atos ineficazes: art. 662
- Definição: art. 653
- Especial: arts. 660 e 661
- Extinção: arts. 682 a 691
- Geral: arts. 660; e 661, *caput*
- Instrumento particular (por): art. 654
- Judicial: art. 692
- Mandante, obrigações: arts. 675 a 681
- Mandatário: arts. 663 a 666
- Mandatário, obrigações: arts. 667 a 674
- Outorga sujeita à forma exigida: art. 657
- Presunção de gratuidade: art. 658
- Ratificação de atos praticados por quem não tenha mandato: art. 662, parágrafo único
- Substabelecimento: art. 655
- Tipos de: art. 656

MENORIDADE CIVIL, CESSAÇÃO DA: art. 5º

MORA: arts. 394 a 401
- Definição: art. 394
- Encargos: art. 395
- Inocorrência: art. 396
- Purga: art. 401
- Responsabilidade do credor: art. 400
- Responsabilidade do devedor: art. 399
- Termo inicial: arts. 397 e 398

MORTE PRESUMIDA: art. 7º

NEGÓCIO JURÍDICO: arts. 104 a 184
- Cláusula por instrumento público: art. 109
- Declaração, validade: art. 107
- Defeitos: arts. 138 a 165
- Escritura pública: art. 108
- Impossibilidade inicial do objeto: art. 106
- Incapacidade relativa, alegação: art. 105
- Intenção na declaração de vontade: art. 112
- Interpretação conforme boa-fé e usos e costumes: art. 113
- Interpretação estrita: art. 114
- Invalidade: arts. 166 a 184

ÍNDICE REMISSIVO

- Manifestação de vontade: art. 110
- Silêncio: art. 111
- Validade dos constituídos antes da vigência do CC de 2002: art. 2.035
- Validade, requisitos: art. 104

Vide: Coação; Dolo; Erro; Estado de perigo; Fraude contra credores; Invalidade do negócio jurídico; Lesão

NOME EMPRESARIAL: arts. 1.155 a 1.168

NOVAÇÃO: arts. 360 a 367

OBJETO DO PAGAMENTO: arts. 313 a 326

- Aumento progressivo: art. 316
- Convenções nulas: art. 318
- Desproporção: art. 317
- Dívidas em dinheiro: art. 315
- Encargos do devedor: art. 325
- Medida ou peso (por): art. 326
- Obrigação divisível: art. 314
- Prestação diversa do devido: art. 313
- Presunção do pagamento: art. 324
- Quitação: arts. 319 a 323

OBRIGAÇÃO: arts. 233 a 251

- De dar coisa certa: arts. 233 a 242
- De dar coisa incerta: arts. 243 e 244
- De fazer: arts. 247 a 249
- De não fazer: arts. 250 e 251

OBRIGAÇÕES

- Alternativas: arts. 252 a 256
- Definição: art. 264
- Divisíveis e indivisíveis: arts. 257 a 263
- Inadimplemento, responsabilidades do devedor: arts. 389 a 394
- Não presunção: art. 265
- Solidárias: arts. 264 a 285
- Solidariedade ativa: arts. 267 a 274
- Solidariedade passiva: arts. 275 a 285
- Tipos: art. 266

PAGAMENTO: arts. 304 a 333

- Credor incapaz, invalidade: art. 310
- Credor putativo, validade: art. 309
- Eficácia: art. 307
- Lugar: arts. 327 a 330
- Objeto: arts. 313 a 326
- Penhora sobre o crédito: art. 312
- Por terceiro não interessado: arts. 305 e 306
- Portador da quitação: art. 311
- Quem deve receber: art. 308
- Quem pode pagar: art. 304
- Tempo do: arts. 331 a 333

PAGAMENTO EM CONSIGNAÇÃO: arts. 334 a 345

- Aquiescência pelo credor, consequências: art. 340
- De coisa imóvel ou corpo certo: art. 341
- De coisa indeterminada: art. 342
- Definição: art. 334
- Despesas: art. 343
- Legitimação para: art. 335
- Levantamento pelo devedor: arts. 338 e 339
- Local para: art. 337
- Obrigação litigiosa: arts. 344 e 345
- Requisitos: art. 336

PAGAMENTO EM SUB-ROGAÇÃO: arts. 346 a 351

PAGAMENTO INDEVIDO: arts. 876 a 883

PARTILHA

Vide: Inventário e Partilha

PENHOR: arts. 1.419 a 1.472

- Cláusulas essenciais: art. 1.424
- Cláusula nula: art. 1.428
- Constituição do: arts. 1.431 e 1.432

PEN — CÓDIGO CIVIL

- Direitos do credor pignoratício: arts. 1.433 e 1.434
- Extinção do: arts. 1.436 e 1.437
- Legitimidade: art. 1.420
- Obrigação pessoal: art. 1.430
- Obrigações do credor pignoratício: art. 1.435
- Pagamento parcial, não exoneração: art. 1.421
- Preferência do credor: art. 1.422
- Remição parcial por sucessor: art. 1.429
- Vencimento antecipado da dívida: arts. 1.425 e 1.426
- Vínculo real do bem: art. 1.419

PENHOR DE DIREITOS E TÍTULOS DE CRÉDITO: arts. 1.451 a 1.460

PENHOR DE VEÍCULOS: arts. 1.461 a 1.466

PENHOR INDUSTRIAL E MERCANTIL: arts. 1.447 a 1.450

PENHOR LEGAL: arts. 1.467 a 1.472

PENHOR RURAL: arts. 1.438 a 1.448

- Agrícola (do penhor): arts. 1.442 e 1.443
- Constituição: art. 1.438
- Constituição independentemente da anuência do credor hipotecário: art. 1.440
- Direito do credor de verificar as coisas empenhadas: art. 1.441
- Pecuário (do penhor): arts. 1.444 a 1.446
- Prazo superior aos das obrigações garantias, impossibilidade: art. 1.439

PERDAS E DANOS: arts. 402 a 405

- Abrangência: arts. 402 e 403
- Atualização monetária: art. 404
- Causa: art. 389
- Juros de mora, termo inicial: art. 405

PERSONALIDADE CIVIL:

- Direitos: arts. 11 a 21
- Dispor do próprio corpo em vida: art. 13
- Disposição gratuita do corpo *post mortem*: art. 14
- Imagem, exposição/utilização: art. 20
- Início: art. 2º
- Intransmissibilidade e irrenunciabilidade: art. 11
- Legitimidade para representação de morto: art. 12, parágrafo único
- Nome, direito a: art. 16
- Nome, exposição: art. 17
- Nome alheio, permissão de uso: art. 18
- Perdas e danos ante ameaça: art. 12
- Pseudônimo: art. 19
- Tratamento médico ou intervenção cirúrgica com risco de vida, proibição: art. 16
- Vida privada, inviolabilidade: art. 21

PESSOA JURÍDICA: arts. 40 a 69

- Abuso da personalidade: art. 50
- Administração coletiva: art. 48
- Administrador provisório: art. 49
- Assembleia geral por meio eletrônico: art. 48-A
- Autonomia patrimonial: art. 49-A
- De direito privado, definição: art. 44
- De direito privado, início da existência legal: arts. 45 e 46
- De direito público externo, definição: art. 42
- De direito público interno, definição: art. 41
- De direito público interno, responsabilidade: art. 43
- Direito da personalidade: art. 52

- Dissolução: art. 51
- Obrigação sobre os atos dos administradores: art. 47
- Tipos de: art. 40

PESSOA NATURAL: arts. 1º a 39
- Absolutamente incapaz: art. 3º
- Capaz: art. 1º
- Registros sobre: arts. 9º e 10
- Relativamente incapaz: art. 4º
- Término da existência: art. 6º

PODER FAMILIAR: arts. 1.630 a 1.638
- Competência: art. 1.631
- Exercício do: art. 1.634
- Inalterabilidade da relação entre pais e filhos: art. 1.632
- Não reconhecimento pelo pai: art. 1.633
- Sujeição a: art. 1.630
- Suspensão e extinção do: arts. 1.635 a 1.638
- Usufruto e administração dos bens de filhos menores: arts. 1.689 a 1.693

POSSE: arts. 1.196 a 1.224
- Aquisição da: arts. 1.204 a 1.209
- Compossuidores: art. 1.199
- De boa-fé: arts. 1.201 e 1.202
- Definição: art. 1.196
- Detentor: art. 1.198
- Direta: art. 1.197
- Efeitos da: arts. 1.210 a 1.222
- Inalterabilidade de caráter: art. 1.203
- Justa: art. 1.200
- Perda da: arts. 1.223 e 1.224

PRAZOS REDUZIDOS PELO ATUAL CC: arts. 2.028 a 2.030

PREFERÊNCIAS E PRIVILÉGIOS CREDITÓRIOS: arts. 955 a 965
- Crédito real prefere ao pessoal: art. 961
- Direitos sobre preço e valor da indenização: arts. 959 e 960
- Discussão entre credores: art. 956
- Igualdade entre os credores: art. 957
- Insolvência, definição: art. 955
- Privilégio especial: arts. 963 e 964
- Privilégio geral: art. 965
- Rateio: art. 962
- Títulos legais de preferência: art. 958

PREPOSTOS: arts. 1.169 a 1.178
- Contabilista e outros auxiliares: arts. 1.177 e 1.178
- Entrega de documentos pelo: art. 1.171
- Gerente: arts. 1.172 a 1.176
- Impossibilidade de negociar por conta própria: art. 1.170
- Insubstituibilidade: art. 1.169
- Limitações na outorga de poderes ao gerente, necessidade de registro: art. 1.174
- Permanente: art. 1.172
- Preponente, responsabilidade: arts. 1.175, 1.177 e 1.178

PRESCRIÇÃO: arts. 189 a 206
- Definição: arts. 189 e 190
- Inalterabilidade: art. 192
- Inocorrência: arts. 197 a 201
- Intercorrente: art. 206-A
- Interrupção: arts. 202 a 204
- Prazos da: arts. 205 e 206
- Prazo para alegação: art. 193
- Renúncia a: art. 191
- Responsabilidade assistentes ou representantes: art. 195
- Sucessão: art. 196

PRESTAÇÃO DE SERVIÇO, CONTRATO DE: arts. 593 a 609

PRO CÓDIGO CIVIL

PROMESSA DE RECOMPENSA: arts. 854 a 860

PROMITENTE COMPRADOR, DIREITO: arts. 1.417 e 1.418

PROPRIEDADE EM GERAL
– Abrangência: arts. 1.229 e 1.230
– Descoberta da: arts. 1.233 a 1.237
– Frutos e produtos: art. 1.232
– Perda da: arts. 1.275 e 1.276
– Presunção de plenitude: art. 1.231
– Proprietário, direitos: art. 1.228, *caput*
– Proprietário, exercício dentro das finalidades econômicas: art. 1.228, §§ 1º e 2º
– Proprietário, privação: art. 1.228, §§ 3º ao 5º

PROPRIEDADE FIDUCIÁRIA: arts. 1.361 a 1.368-B

PROPRIEDADE IMÓVEL, FORMAS DE AQUISIÇÃO: arts. 1.260 a 1.274
– Acessão, aluvião: art. 1.250
– Acessão, álveo abandonado: art. 1.252
– Acessão, avulsão: art. 1.251
– Acessão, construções e plantações: art. 1.253
– Acessão, formas de: art. 1.248
– Acessão, formação de ilhas: arts. 1.249 a 1.259
– Registro do título: arts. 1.245 a 1.247
– Usucapião: arts. 1.238 a 1.244

PROPRIEDADE MÓVEL, FORMAS DE AQUISIÇÃO: arts. 1.260 a 1.274
– Achado do tesouro: arts. 1.264 a 1.266
– Confusão, comissão e adjunção: arts. 1.272 a 1.274
– Especificação (obtenção de espécie nova): arts. 1.269 a 1.271
– Ocupação: art. 1.263
– Tradição: arts. 1.267 e 1.268
– Usucapião: arts. 1.260 a 1.262

PROPRIEDADE RESOLÚVEL: arts. 1.359 e 1.360

PROVA: arts. 212 a 232
– Anuência de outrem: art. 220
– Certidões: arts. 216 a 219
– Cópia fotográfica: art. 223
– Declaração: art. 219
– Documentos em língua estrangeira: art. 224
– Documentos empresariais: art. 226
– Instrumento particular: art. 221
– Perícia: arts. 231 e 232
– Reproduções mecânicas e eletrônicas em geral: art. 225
– Telegrama: art. 222
– Testemunhal: arts. 227 e 228
– Tipos: art. 212
– Traslados: arts. 216 a 219

REGIME DE BENS ENTRE OS CÔNJUGES
– Alteração do: art. 1.639, § 2º
– Celebrado na vigência do CC anterior: art. 2.039
– Cônjuges, não podem, sem autorização do outro: arts. 1.647 a 1.650
– Cônjuges, podem independentemente de autorização do outro: art. 1.643
– Cônjuges podem livremente: art. 1.642
– Data de início: art. 1.639, § 1º
– Incapacidade de exercer a administração por um dos cônjuges: arts. 1.651 e 1.652
– Obrigação solidária: art. 1.644
– Pacto antenupcial: arts. 1.639, *caput*; e 1.653 a 1.657

- Regime da comunhão parcial: arts. 1.658 a 1.666
- Regime da comunhão universal: arts. 1.667 a 1.671
- Regime da separação obrigatório: art. 1.641
- Regime de participação final nos aquestos: arts. 1.672 a 1.686
- Regime de separação de bens: arts. 1.687 e 1.688
- Regime Legal: art. 1.640, *caput*
- Regime, livre escolha: art. 1.640, parágrafo único
- Responsabilidade exclusiva: arts. 1.645 e 1.646

RELAÇÕES DE PARENTESCO: arts. 1.591 a 1.638
- Adoção: arts. 1.618 e 1.619
- Contagem: art. 1.594
- Definição em linha colateral ou transversal: art. 1.592
- Definição em linha reta: art. 1.591
- Filiação: arts. 1.596 a 1.606
- Reconhecimento dos filhos: arts. 1.607 a 1.617
- Tipos de: art. 1.593
- Vínculo da afinidade: art. 1.595

REMISSÃO DAS DÍVIDAS: arts. 385 a 388

REPRESENTAÇÃO: arts. 115 a 120
- Anulabilidade do negócio: arts. 117 e 119
- Comprovação da qualidade de representante: art. 118
- Efeitos da manifestação de vontade: art. 116
- Poderes, forma de se conferir: art. 115
- Requisitos, sobre: art. 120

RESPONSABILIDADE CIVIL: arts. 927 a 943
- Animal: art. 936
- Coisas lançadas ou caídas de prédio: art. 938
- Demanda antes de vencida a dívida: arts. 939 e 941
- Demanda por dívida já paga: arts. 940 e 941
- Deterioração ou destruição de coisa alheia: arts. 929 e 930
- Edifício em construção: art. 937
- Empresas: art. 931
- Empresários Individuais: art. 931
- Incapaz, do: art. 928
- Indenização: arts. 944 a 954
- Independente da criminal: art. 935
- Obrigação de Indenizar: art. 927
- Responsáveis, outros, pela reparação: arts. 932 e 933
- Retorno do que pagar, possibilidade: art. 934
- Solidariedade: art. 942
- Transmissão por herança: art. 943

SEGURO, CONTRATO DE: arts. 757 a 802
- À conta de outrem: art. 767
- Agentes autorizados: art. 775
- Apólice, cosseguro: art. 761
- Apólice, emissão: art. 759
- Apólice, requisitos: art. 760
- Boa-fé: art. 765
- Comunicação imediata ao segurador: art. 769
- De dano: arts. 778 a 788
- De pessoa: arts. 789 a 802
- Definição: art. 757, *caput*
- Diminuição do risco no curso do contrato: art. 770
- Má-fé do segurador: art. 773
- Mora do segurador em pagar o sinistro: art. 772
- Nulidade: art. 762

- Obrigatoriedade do pagamento do prêmio: arts. 764 e 766
- Observância ao Código Civil: art. 777
- Perda da garantia: arts. 766, 768 e 769
- Perda da indenização: arts. 763 e 771
- Prejuízo sob risco assumido: art. 776
- Prova: art. 758
- Recondução tácita: art. 774
- Segurador: art. 757, parágrafo único

SERVIDÕES: arts. 1.378 a 1.389
- Constituição: arts. 1.378 e 1.379
- Exercício das: arts. 1.380 a 1.386
- Extinção das: arts. 1.387 a 1.389

SOCIEDADE: arts. 981 a 1.141
- Adaptação às disposições do CC de 2002: arts. 2.031, 2.033 e 2.034
- Atividade própria de empresário rural: art. 984
- Definição: art. 981
- Empresária, aplicação disposições de lei não revogadas pelo CC 2002: art. 2.037
- Empresária (sociedade), constituição: art. 983
- Empresária (sociedade), definição: art. 982
- Empresária (sociedade), escrituração contábil: arts. 1.179 a 1.195
- Empresária (sociedade), registro: arts. 1.150 a 1.154
- Personalidade jurídica: art. 985
- Não personificada (sociedade em comum): arts. 986 a 990
- Não personificada (sociedade em conta de participação): arts. 991 a 996
- Personificada: arts. 997 a 1.038

Vide sociedades específicas

SOCIEDADE ANÔNIMA: arts. 1.088 e 1.089
- Capital por ações: art. 1.088
- Regência por Lei Especial: art. 1.089

SOCIEDADE COOPERATIVA: arts. 1.093 a 1.096
- Características: art. 1.094
- Regência: arts. 1.093 e 1.096
- Responsabilidade dos sócios: art. 1.095

SOCIEDADE EM COMANDITA POR AÇÕES: arts. 1.090 a 1.092
- Administração: art. 1.091
- Assembleia geral, poderes: art. 1.092
- Regência: art. 1.090

SOCIEDADE EM COMANDITA SIMPLES: arts. 1.045 a 1.051
- Dissolução: art. 1.051
- Duas categorias de sócios: art. 1.045
- Regência também pelos artigos da Sociedade em nome coletivo: art. 1.046
- Sócio Comanditário: arts. 1.047 a 1.050

SOCIEDADE EM NOME COLETIVO: arts. 1.039 a 1.044
- Administração: art. 1.042
- Contrato: art. 1.041
- Credor particular de sócio: art. 1.043
- Dissolução: art. 1.044
- Exclusão de pessoa jurídica na sociedade: art. 1.039
- Regência também pelos artigos da Sociedade Simples: art. 1.040
- Responsabilidade solidária e ilimitada dos sócios: art. 1.039

SOCIEDADE DEPENDENTE DE AUTORIZAÇÃO DO PODER EXECUTIVO: arts. 1.123 a 1.141
- Caducidade para entrar em funcionamento: art. 1.124
- Cessação de autorização: art. 1.125
- Regência: art. 1.123
- Sociedade Estrangeira: arts. 1.134 a 1.141
- Sociedade Nacional: arts. 1.126 a 1.133

SOCIEDADE LIMITADA: arts. 1.052 a 1.087
- Administração: arts. 1.060 a 1.065
- Assembleia digital: art. 1.080-A
- Aumento ou redução do capital: arts. 1.081 a 1.084
- Conselho Fiscal: arts. 1.066 a 1.070
- Contrato: arts. 1.053, parágrafo único; e 1.054
- Deliberações dos Sócios: arts. 1.071 a 1.080
- Dissolução: art. 1.087
- Quotas: arts. 1.055 a 1.059
- Regência: art. 1.053
- Resolução em relação a sócios minoritários: arts. 1.085 e 1.086
- Responsabilidade do sócio: art. 1.052

SOCIEDADE SIMPLES: arts. 997 a 1.038
- Administração: arts. 1.010 a 1.021
- Contrato social: arts. 997 a 1.000
- Direitos e obrigações dos sócios: arts. 1.001 a 1.009
- Dissolução: arts. 1.033 a 1.038
- Relações com terceiros: arts. 1.022 a 1.027
- Resolução em relação a um sócio: arts. 1.028 a 1.032

SOCIEDADE, LIQUIDAÇÃO
Vide: Liquidação de sociedade

SOCIEDADES COLIGADAS: arts. 1.097 a 1.101
- Coligada: art. 1.099
- Controlada: art. 1.098
- Definição: art. 1.097
- Impedimento: art. 1.101
- Simples participação: art. 1.100

SOCIEDADES, TRANSFORMAÇÃO, INCORPORAÇÃO E FUSÃO
Vide: Fusão de Sociedades; Incorporação de Sociedades; Transformação das Sociedades

SUCESSÃO DEFINITIVA: arts. 37 a 39

SUCESSÃO EM GERAL: arts. 1.784 a 1.828
- Aceitação e renúncia da herança: arts. 1.804 a 1.813
- Excluídos da sucessão: arts. 1.814 a 1.818
- Formas de: art. 1.786
- Herança e sua administração: arts. 1.791 a 1.797
- Herança jacente: arts. 1.819 a 1.823
- Legitimação: art. 1.787
- Local de abertura: art. 1.785
- Morte sem testamento: art. 1.788
- Participação do (a) companheiro (a): art. 1.790
- Petição de herança: arts. 1.824 a 1.828
- Testamento com herdeiros necessários: art. 1.789
- Transmissão imediata: art. 1.784
- Vocação hereditária: arts. 1.798 a 1.803; e 2.041

SUCESSÃO LEGÍTIMA: arts. 1.829 a 1.858
- Direito de Representação: arts. 1.851 a 1.856

SUC — CÓDIGO CIVIL

- Herdeiros necessários: arts. 1.845 a 1.850; e 2.042
- Ordem da vocação hereditária: arts. 1.829 a 1.844

SUCESSÃO PROVISÓRIA: arts. 26 a 36

SUCESSÃO TESTAMENTÁRIA: arts. 1.857 a 1.990

- Capacidade de testar: arts. 1.860 e 1.861
- Codicilos: arts. 1.881 a 1.885
- Deserção: arts. 1.961 a 1.965
- Direito de acrescer entre herdeiros e legatários: arts. 1.941 a 1.946
- Disposições testamentárias: arts. 1.897 a 1.911
- Formas de testamentos ordinários: art. 1.862
- Legados: arts. 1.912 a 1.940
- Redução das disposições testamentárias: arts. 1.966 a 1.968
- Revogação do Testamento: arts. 1.969 a 1.972
- Rompimento do Testamento: arts. 1.973 a 1.975
- Substituição fideicomissária: arts. 1.951 a 1.960
- Substituição vulgar e recíproca: arts. 1.947 a 1.950
- Testamenteiro: arts. 1.976 a 1.990
- Testamento cerrado: arts. 1.868 a 1.875
- Testamento conjuntivo, proibição: art. 1.863
- Testamento em geral: arts. 1.857 a 1.859
- Testamentos Especiais, formas: arts. 1.886 e 1.887
- Testamentos Especiais, Marítimo e Aeronáutico: arts. 1.888 a 1.892
- Testamentos Especiais, Militar: arts. 1.893 a 1.896
- Testamento particular: arts. 1.876 a 1.880
- Testamento público: arts. 1.864 a 1.867

SUPERFÍCIE: arts. 1.369 a 1.377

TEMPO DO PAGAMENTO: arts. 331 a 333

- Cobrança antecipada: art. 333
- Exigência imediata: art. 331
- Obrigações condicionais: art. 332

TERMO: arts. 131 a 135

- Computação dos prazos: art. 132
- Inicial: arts. 131 e 135
- Negócios entre vivos, exequíveis de pronto: art. 134
- Testamentos, em favor do herdeiro: art. 133

TÍTULOS DE CRÉDITO: arts. 887 a 926

- À ordem: arts. 910 a 920
- Ao portador: arts. 904 a 909
- Assinatura mandatário ou representante, responsabilidade pessoal: art. 892
- Aval: arts. 897, 898 e 900
- Avalista: art. 899
- Conteúdo mínimo: art. 889, *caput*
- Cláusulas consideradas não escritas: art. 890
- Desoneração: art. 901
- Forma de emissão: art. 889, § 3º
- Garantidor enquanto em circulação: art. 895
- Incompleto: art. 891
- Lugar de emissão e de pagamento se não indicado: art. 889, § 2º
- Nominativo: arts. 921 a 926
- Observância ao Código Civil: art. 903
- Pagamento antes do vencimento: art. 902

ÍNDICE REMISSIVO

- Portador, direito de transferência: art. 894
- Portador, posse pacífica: art. 896
- Requisitos legais, necessidade: art. 887
- Requisitos legais, omissão, não invalida o negócio: art. 888
- Transferência: art. 893
- Vencimento à vista: art. 889, § 1º

TOMADA DE DECISÃO APOIADA: art. 1.783-A

TRANSAÇÃO, CONTRATO DE: arts. 840 a 850

TRANSFORMAÇÃO DAS SOCIEDADES
- Ato de transformação independência: art. 1.113
- Consentimento de todos os sócios: art. 1.114
- Credor anterior prejudicado: art. 1.122
- Preservação dos direitos dos credores: art. 1.115

TRANSPORTE, CONTRATO DE: arts. 730 a 756
- Cumulativo: art. 733
- De coisas: arts. 743 a 756
- De pessoas: arts. 734 a 742
- Definição: art. 730
- Legislação especial: arts. 731 e 732

TROCA OU PERMUTA, CONTRATO DE: art. 533

TUTELA: arts. 1.728 a 1.766
- Bens do tutelado: arts. 1.753 e 1.754
- Cessação da tutela: arts. 1.763 a 1.766
- Escusa dos tutores: arts. 1.736 a 1.739
- Exercício da: arts. 1.740 a 1.752
- Incapazes de exercer a: art. 1.735
- Prestação de contas: arts. 1.755 a 1.762
- Tutores: arts. 1.728 a 1.734

UNIÃO ESTÁVEL: arts. 1.723 a 1.727

USO: arts. 1.412 e 1.413

USUFRUTO: arts. 1.390 a 1.411
- De imóveis, constituição: art. 1.391
- Deveres do usufrutuário: arts. 1.400 a 1.409
- Direitos do usufrutuário: arts. 1.394 a 1.399
- Extensão aos acessórios: art. 1.392
- Extinção do: arts. 1.410 e 1.411
- Inalienabilidade: art. 1.393
- Objeto do: art. 1.390

VIZINHANÇA, DIREITO DE: arts. 1.277 a 1.313
- Águas: arts. 1.288 a 1.296
- Árvores limítrofes: arts. 1.282 a 1.284
- Construir: arts. 1.299 a 1.313
- Passagem de cabos e tubulações: arts. 1.286 e 1.827
- Passagem forçada: art. 1.285
- Tapagem: arts. 1.297 e 1.298
- Uso anormal da propriedade: arts. 1.277 a 1.281

Este livro foi impresso pela Gráfica Grafilar
em fonte Arial sobre papel Offset 70 g/m²
para a Edipro.